Wir sehen sie in Kirchen, über Portalen und auf Fassaden, doch meist wissen wir nicht, wer sie sind. Der Heiligenkalender gliedert das Kirchenjahr, aber Bedeutung und Wirken der Heiligen sind uns nicht mehr präsent. Dabei gibt es hier die spannendsten Geschichten zu entdecken. Die Heiligenlegenden erzählen von Gottessuche und Selbstüberwindung, von Askese, Martyrium und Todesqualen, von Zuversicht und Glauben. Sachkundig und unterhaltsam schildert Erhard Gorys Leben und Leiden von zahlreichen katholischen sowie griechisch- oder russisch-orthodoxen Heiligen. Er nennt ihre Attribute, die eine Identifizierung in der religiösen Kunst ermöglichen, verzeichnet Festtage und gibt Auskunft über den Prozeß der Selig- und Heiligsprechung. Ein ausführliches Glossar sowie je ein Verzeichnis der Attribute und Patronate schließen das Lexikon ab.

Erhard Gorys, geboren 1926, studierte Kunstgeschichte und Rechtswissenschaften in Göttingen und Cambridge. Er lebt als freier Autor in Krefeld und veröffentlichte u.a. den Kunst-Reiseführer ›Heiliges Land‹.

Lexikon der Heiligen

Von Erhard Gorys

Mit 43 Abbildungen

Deutscher Taschenbuch Verlag

Von Erhard Gorys sind außerdem
im Deutschen Taschenbuch Verlag erschienen:
Die Kunst, Zigarre zu rauchen (36076)
Zu Gast in Klöstern (36171)
Das neue Küchenlexikon (36245)

Originalausgabe
Dezember 1997
4. Auflage Dezember 2001
© Deutscher Taschenbuch Verlag GmbH & Co. KG,
München
www.dtv.de
Umschlaggestaltung: Balk & Brumshagen
Umschlagbild: Hl. Hieronymus und hl. Augustinus, Ausschnitt des Gemäldes
›Marienkrönung‹ (um 1490) von Sandro Botticelli
Satz: Design-Typo-Print GmbH, Ismaning
Gesetzt aus der Times (QuarkXPress 3.31 Mac)
Druck und Bindung: Druckerei C. H. Beck, Nördlingen
Gedruckt auf säurefreiem, chlorfrei gebleichtem Papier
Printed in Germany · ISBN 3-423-32507-0

Inhalt

Heilige

Große Heilige und kleine
feiert jegliche Gemeine;
hölzern und von Steine feine,
große Heilige und kleine.

Heilge Annen und Kathrinen,
die im Traum erschienen ihnen,
baun sie sich und dienen ihnen,
heilgen Annen und Kathrinen.

Wenzel laß ich auch noch gelten,
weil sie selten ihn bestellten;
denn zu viele gelten selten –
nun, Sankt Wenzel laß ich gelten.

Aber diese Nepomucken!
Von des Torgangs Lucken gucken
und auf allen Brucken spucken
lauter, lauter Nepomucken!

Rainer Maria Rilke

Zu diesem Buch

Jahr für Jahr reisen zahllose Menschen in die verschiedensten Länder Europas und des Mittelmeerraumes und treffen dort in Kirchen, Kapellen und an anderen Stätten auf Heilige des Christentums, auf Bildnisse und Reliquien von katholischen, griechisch- und russisch-orthodoxen, armenischen, koptischen und anderen Heiligen, die aus der Geschichte, Kirchengeschichte, auch aus der Kunstgeschichte berichten. Nicht immer verraten die Heiligen ihren Namen, doch aus ihrer Darstellung, aus den Gegenständen, die sie bei sich führen oder die sie begleiten, aus ihren Attributen, kann der interessierte Betrachter ihre Identität feststellen und ihre Vita, die Geschichte ihres Lebens und Wirkens, womöglich ihres Martyriums, erfahren. Dazu möge das ›Lexikon der Heiligen‹ eine Hilfe sein.

Die meisten Heiligen dieses Lexikons stammen aus dem Bereich der römisch-katholischen Kirche bzw. aus der Zeit vor der Kirchenspaltung (Schisma 1054), viele aber werden nur von Angehörigen einer Ostkirche verehrt. Leider konnten hier nicht sämtliche im Römischen Generalkalender und in den Kalendern der Diözesen und Orden sowie in den Kalendern der nichtrömischen christlichen Glaubensgemeinschaften aufgeführten Heiligen erwähnt und beschrieben werden, weil sonst die Ausführlichkeit gelitten hätte. Eine Auswahl der wichtigsten und interessantesten, der beliebtesten und bekanntesten Heiligen war also erforderlich. Auch mußte aus demselben Grund eine Erwähnung der seliggesprochenen Frauen und Männer unterbleiben.

Zum praktischen Gebrauch des ›Lexikons der Heiligen‹ wäre noch zu sagen, daß sich die Jahreszahlen in den Klammern hinter den Herrschernamen immer auf die Regierungszeit, hinter den Papstnamen immer auf ihr Wirken als Oberhaupt der katholischen Kirche beziehen. Die durch Semikolons getrennte Aufzählung der Attribute der Heiligen ist jeweils als Alternative zu verstehen.

Allen, die meine Arbeit mit Rat und Tat unterstützten, sei an dieser Stelle gedankt. Nennen möchte ich die Damen und Herren der Bischöflichen und Erzbischöflichen Generalvikariate, der Kongregationen der

Franziskaner und anderer Orden. Danken möchte ich auch meiner Lektorin, Frau Katharina Festner, die bei der Durchsicht der Manuskripte immer wieder feststellen mußte, daß gewisse Jahreszahlen und Fakten nicht übereinstimmten (leider geben die Quellen unterschiedliche Auskünfte), und nicht zuletzt meiner Frau, die mir bei meiner Arbeit unermüdlich half, mich auf allen Reisen begleitete und zahllose Recherchen durchführte. Trotz aller Unterstützung wird manch Wichtiges fehlen, das eine oder andere Widerspruch herausfordern, etliches ergänzungs- oder korrekturbedürftig sein. Ich wäre daher jedem Benutzer dieses Lexikons für entsprechende Hinweise dankbar.

Man fragte mich einmal: Wer interessiert sich heutzutage noch für Heilige? Nun, die Antwort ist, daß seit einigen Jahren immer mehr Menschen, die Jugend vor allem, an Pilgerfahrten zu Marienheiligtümern und zu Heiligenreliquien – allein in Deutschland gibt es über 200 (!) Wallfahrtsorte – teilnehmen und die alten und neuen Stätten des Christentums aus religiösen Gründen, aber auch aus kunsthistorischem Interesse besuchen.

Wer wegen der überaus großen Zahl an Heiligen verwirrt ist, möge daran denken, daß sich in den rund 2000 Jahren christlichen Lebens vieles verändert hat, daß so mancher Heilige seine Aufgabe, Vorbild für die Gläubigen und Fürsprecher bei Gott zu sein, nicht mehr erfüllen kann; kaum jemand kennt ihn noch, und niemand verehrt ihn mehr. So mußten und müssen neue Heilige, Frauen und Männer einer anderen Zeit, an ihre Stelle treten, denn es wird wohl immer gelten, was Joseph Kardinal Ratzinger einmal mit Blick auf den Zustand der Welt meinte: »Es kann nie genug Heilige geben.«

Erhard Gorys

Die Verehrung der christlichen Heiligen

Ursprünglich waren alle heilig, die an Jesus Christus glaubten (1 Kor 1, 2). Doch schon bald nannten die frühen Christen vorzugsweise nur solche Menschen heilig, die sich durch eine besondere Glaubenskraft auszeichneten, wie die Apostel und die Evangelisten.

Allmählich ging die katholische Kirche dazu über, jene verstorbenen Christen als heilig zu bezeichnen, die durch ihr außergewöhnliches Leben, Wirken und Sterben der ewigen Seligkeit teilhaftig geworden sind. Der gläubige Christ soll seine Heiligen verehren (veneratio), nicht anbeten (adoratio) wie Gott Vater und Sohn. Er darf sie wegen ihrer Nähe zu Gott um Fürsprache bitten (intercessio) und um Fürbitte anrufen (invocatio). Solche Heiligen waren im 3. und frühen 4. Jh., im Orient schon im 2. Jh., zumeist Märtyrer, Männer und Frauen aller Gesellschaftsschichten und jeden Alters, die für ihren Glauben an Christus bei grausamen Folterungen das Martyrium erlitten hatten.

In der Zeit des Konstantinischen Friedens (seit dem Toleranzedikt von Mailand 313), als es, zumindest im Westteil des Römischen Reiches, kaum mehr Hinrichtungen aus religiösen Gründen gab, wurden auch Nichtmärtyrer, Männer und Frauen, die sich durch ein besonderes, Gott wohlgefälliges Leben ausgezeichnet hatten, nach ihrem Tod zu Heiligen erhoben. Martin von Tours (316/317–397) gilt als der erste Nichtmärtyrer, den das Volk als Heiligen verehrte. In dieser Zeit begann man, Maria, die Mutter Jesu, die Gottesgebärerin, als »Königin aller Heiligen« zu bezeichnen; ihr gebührte eine größere Verehrung (cultus hyperduliae) als allen anderen Heiligen (cultus duliae). Die Heiligen wurden zu nachahmenswerten Vorbildern, man feierte ihre Gedächtnis- bzw. Festtage (Sterbetag oder Tag, an dem man ihre Gebeine barg oder sie an einen anderen, würdigeren Ort überführte), hielt zu ihren Ehren Messen und Predigten, weihte ihnen Kirchen und Altäre, zu ihnen pilgerten die Gläubigen, nahmen an Prozessionen teil.

Bei der Christianisierung ersetzte die Kirche häufig die heidnischen Götter, die Bergkuppen und Quellen hüteten, durch ihre Heiligen, denn die Heiligkeit eines Ortes besteht für die Gläubigen fort. 609 übergab Kaiser Phokas von Byzanz das Pantheon in Rom, ein Heiligtum der antiken Götterwelt, Papst Bonifatius IV. (608–615), der den mächtigen Kuppelbau in die christliche Kirche S. Maria ad Martyres umwandelte. 609 ist damit das Geburtsjahr eines Festes für alle Heiligen, das die griechische Kirche als »Herrentag aller Heiligen« schon seit dem 4. Jh. jeweils am Sonntag nach Pfingsten feiert. Das jeweils am 1. November stattfindende und von den katholischen Christen gefeierte ›Allerheiligenfest‹ führte Papst Gregor IV. (827–844) 839 ein.

Was waren das für Menschen, die das Volk und die Kirche zu Heiligen erhoben? Wenn man ihre Viten studiert, findet man sämtliche Charaktere: Tat- und Gedankenmenschen, Kämpfernaturen und stille Dulder, Strategen und Träumer, sogar »Narren um Christi willen«, nur keine vollkommenen Menschen, denn Gott verlangt von den Heiligen keine Vollkommenheit, aber das Streben danach. Da sind die großen Missionare wie Paulus, Bonifatius und Franz Xaver, die großen Prediger und Exegeten wie Ambrosius, Johannes Chrysostomos, Thomas von Aquin und Philipp Neri, die Kirchenreformerinnen wie Katharina von Siena und Theresa von Ávila, die Heiligen der Nächstenliebe wie Martin von Tours und Elisabeth von Thüringen, die »Narren« Simeon Stylites der Ältere und der Jüngere, die stillen Dulder wie Aloisius von Gonzaga und Pothinus von Lyon. Sie alle waren fehlbare Menschen, aus denen die Gnade Gottes einen Heiligen machte. Die Verehrung der Heiligen ist somit ein Lobpreis auf die Gnade Gottes. Als Sinn und Ziel der Heiligenverehrung nannte das 2. Vatikanische Konzil (1962–1965) »Beispiel und Antrieb für uns, in allen Wechselfällen des Lebens die Einheit der ganzen Kirche zu erfahren und einzuüben und so zu Christus als der Krone aller Heiligen zu gelangen«.

Die Heiligsprechung (Kanonisation)

Anfangs bestimmte das Volk, die Gemeinschaft der Christen, wer für sie ein Heiliger war. Einige galten schon zu Lebzeiten als heilig, die meisten erhielten diesen Ehrentitel erst nach dem Tod. Vom 6. Jh. an bedurfte eine neue Verehrung der bischöflichen Genehmigung, die dann aus Anlaß der feierlichen Erhebung (elevatio) oder Überführung (translatio) der sterblichen Überreste des Heiligen, die der Bischof persönlich oder ein von ihm beauftragter Abt zelebrierte, bestätigt wurde. Nun war es nicht immer nur Frömmigkeit, die zu einem neuen Kult führte, sondern auch wirtschaftliches Kalkül, denn ein Heiliger brachte viele Menschen und damit Geld in den Ort der Verehrung. Nicht jeder Heilige war damals ein Vorbild, und außerdem nahm die Zahl der Heiligen überhand, die Einrichtung der Heiligenverehrung wurde somit oft entwertet. Daher verbot die Synode in Frankfurt am Main 794 die Anrufung neuer Heiliger. Und Kaiser Karl der Große erneuerte und verschärfte 805 dieses Verbot. Vom 10. Jh. an zogen die Päpste das Recht der Heiligsprechung an sich. Bischof Ulrich von Augsburg († 973) war der erste, der durch einen Papst, durch Johannes XV. (985-996) am 31. Januar 993 in einer förmlichen und feierlichen Kanonisation heiliggesprochen wurde. War diese Heiligsprechung durch einen Papst noch eine Ausnahme, so machte sie Papst Alexander III. (1159–1181) von 1170 (oder 1181) an zur Regel. Papst Gregor IX. (1227–1241) wiederholte diese Forderung 1234 in seinem Dekret ›Audivimus‹. Da viele Bischöfe weiterhin kanonisierten, entstand der Unterschied zwischen »beatus« (selig) und »sanctus« (heilig), d. h. die bischöfliche Kanonisation bewertete man als »Seligsprechung«, die päpstliche Kanonisation als »Heiligsprechung«. Fortan wurden alle vom Papst kanonisierten Heiligen in ein amtliches Verzeichnis, das »Martyrologium Romanum«, kurz »Kanon«, eingetragen.

Im 14. und 15. Jh. bekämpften die Humanisten mit den Waffen der Wissenschaft und oft auch der Satire die Heiligenverehrung. Die Reformation lehnte sie ab, denn über die Kanonisation entscheide ja der Mensch, und der könne sich irren. Allerdings räumte Martin Luther ein, daß sie zur

Stärkung des Glaubens nützlich sei und auch das Andenken des vorbildlichen Christen zu bewahren vermöge. Auch in der katholischen Kirche gab es Kritiker, denn es bestand kein Zweifel, daß der Heiligenkult gegenüber dem Gott gebührenden »cultus supremus absolutus« nur ein »cultus inferior relativus« sei, was aber in der Praxis nicht immer beobachtet werden könne.

Nachdem Papst Alexander III. 1170 (oder 1181) das Recht der Heiligsprechung an sich gezogen hatte, verlangte Papst Urban VIII. (1623–1644) in einem Breve von 1634 das alleinige Recht des Papstes, einer verstorbenen Person den Titel »Heilige(r)« oder »Selige(r)« zuzuteilen. Außerdem setzte er die Regeln für die beiden Verfahren fest. Papst Klemens XII. (1730–1740) ließ diese im Grundsatz noch heute gültigen Regeln von Kardinal Lambertini Prospero, dem späteren Papst Benedikt XIV., in dem 1735 erschienenen vierbändigen Werk ›De servorum Beatificationem et Beatorum canonisazione‹ zusammenstellen und ausführlich kommentieren. Voraussetzung für eine Heiligsprechung ist danach, daß ihr eine Seligsprechung, gewissermaßen als Vorstufe, vorausgehen müsse. In einem Kanonisationsprozeß, der einem Gerichtsverfahren nachgebildet ist, findet eine langwierige, gewissenhafte Untersuchung statt. Voraussetzung ist auch, daß mindestens ein Wunder auf die Fürbitte des Heiligzusprechenden bewirkt worden ist. Die Durchführung des Selig- und Heiligsprechungsprozesses, die seit 1588 der Ritenkongregation oblag, übertrug Papst Paul VI. (1963–1978) 1969 der »Congregatio pro Causis Sanctorum«. 1983 erließ Papst Johannes Paul II. die Verfahrensbestimmungen der Apostolischen Konstitution ›Divinus perfectionis magister‹.

Verfahrenslauf im Kanonisierungsprozeß: Ein Antragsteller (promotor), z.B. ein Orden, eine Diözese oder eine private Gruppe, bittet den Papst um Wiederaufnahme (reassumptio) des Verfahrens zur Kanonisation eines Seligen. Nach Genehmigung des Antrags beginnt die Kanonisierungskongregation mit der Untersuchung der eingereichten Unterlagen, vor allem der behaupteten Wunder, wobei immer Wissenschaftler (Ärzte u. a.) als Gutachter hinzuzuziehen sind. Dabei sind drei Instanzen zu durchlaufen. Zuletzt holt der Papst das Urteil der Kardinäle ein. Ein dreifaches Konsistorium, ein geheimes (ausschließlich Kardinäle), ein öffentliches (Kardinäle, Prälaten, nichtkirchliche Würdenträger) und ein halböffentliches (Kardinäle und die in Rom anwesenden Bischöfe) schlägt die Kanonisation des Seligen vor. Die Entscheidung aber trifft allein der Papst. Feierlich verkündet der Papst das Heiligsprechungsdekret

(Litterae Decretales), das die Vita, das Martyrium bzw. den heroischen Tugendgrad, die Wunder und auch den Verfahrensablauf enthält. 1983 sprach Papst Johannes Paul II. den Diözesanbischöfen eine stärkere Beteiligung an dem Kanonisierungsprozeß zu, indem er ihnen alle für den Prozeß bedeutsamen Erkundigungen, Nachforschungen, Materialbeschaffungen sowie das Erstellen der Vita übertrug.

Der oder die Heilige wird in den ›Römischen Generalkalender‹ (›Calendarium Romanum‹) aufgenommen, der weltweit für die katholische Kirche gilt, aber seit der Kalenderreform von 1969 nur noch solche Heiligengedächtnisse enthält, die von allgemeiner Bedeutung sind. Heilige von mehr oder weniger lokaler Bedeutung erscheinen in den Regional-, Diözesan- und Ordenskalendern. So ist z.B. die hl. Katharina von Alexandria seit 1969 nur noch im Regionalkalender für das deutsche Sprachgebiet enthalten.

Abkürzungen

Apg	Apostelgeschichte
Dtn	Buch Deuteronomium (5. Buch Mose)
Ex	Buch Exodus (2. Buch Mose)
Gal	Brief an die Galater
Gen	Buch Genesis (1. Buch Mose)
Jes	Buch Jesaja
Joh	Evangelium nach Johannes
1 Kor	erster Brief des Paulus an die Korinther
Lev	Buch Levitikus (3. Buch Mose)
Lk	Evangelium nach Lukas
Mk	Evangelium nach Markus
Mt	Evangelium nach Matthäus
Num	Buch Numeri (4. Buch Mose)
Offb	Offenbarung des Johannes
Röm	Brief an die Römer

A

Abachum, Abacuc, → Marius und Martha.

Abbacyrus und Johannes, → Kyros und Johannes.

Abdon und Sennen († 249), Märtyrer, Patrone der Diözese Perpignan (Westfrankreich), der Kinder, Böttcher und Gärtner, Helfer bei Augenkrankheiten. Nach der Legende waren die beiden persische »subreguli« (Angehörige des höheren Adels) oder gar freigelassene Sklaven. In der Christenverfolgung unter Decius wurden sie in Rom von Gladiatoren getötet. Man bestattete die Märtyrer im Coemeterium des → Pontianus in Rom, seit 826 befinden sich ihre Gebeine in S. Marco, ebenfalls Rom.
Festtag: 30. Juli.
Darstellung: mit phrygischer Mütze, mit Palme und Schwert, Löwen und Bären liegen zu ihren Füßen; mit Trauben und Ähren.

Abel († zwischen 750 und 760), Benediktinermönch. Pippin III. der Jüngere, Hausmeier in Franken, und → Bonifatius erhoben ihn 744 zum Erzbischof von Reims. Abel zog sich aber bald in das Kloster Lobbes (Belgien) zurück, wo er auch starb.
Festtag: 5. August.

Abraham von Kiduna (4. Jh.), Einsiedler und Missionar, Onkel von →

Maria der Büßerin, die er bekehrt hatte. Er lebte und wirkte rund 50 Jahre in einer Hütte bei Kiduna (Kidun, Chiduna) nahe Edessa (heute Urfa, Südosttürkei), dessen Bewohner er missionierte. Abraham starb im Alter von etwa 70 Jahren.
Festtag: 16. März, Ostkirchen: 29. Oktober.
Darstellung: als Eremit mit langem, feuerrotem Bart.

Acacius, → Achatius von Armenien.

Achahildis, Achatia, Atzin, Atzia, Atza († um 970), der Legende nach eine Schwester der hl. → Kunigunde. Sie stiftete die Kirche auf dem Wendelstein bei Nürnberg, heute steht hier eine kleine Kapelle.
Festtag: 1. November.
Darstellung: in bürgerlicher Kleidung mit drei Gänsen, einem Gänsebein oder einem früchtetragenden Kirschbaum (Kornelkirsche). Die Attribute erinnern an zwei Wunder: an die Gans, die von ihrem Gesinde gestohlen und verzehrt, von Achahildis als Zeichen der Vergebung aber wieder ins Leben zurückgerufen worden war, und an die reifen Früchte an einem Kirschbaum im tiefen Winter, als sie während einer Schwangerschaft Appetit auf Kirschen bekam.

Achatius von Armenien, Acacius, Akakios, Agatus (2. Jh.), legendärer Märtyrer, einer der Vierzehn → Not-

15

helfer. Kaiser Hadrian soll Achatius, einen orientalischen Fürsten oder Söldnerführer, mit 9 000 Kriegern für einen Feldzug im östlichen Kleinasien angeworben haben. Als die Truppe in der Schlacht zu verlieren drohte, kamen Engel vom Himmel herab und versprachen den Soldaten, daß sie siegen würden, wenn sie zu Christus beteten. Sie beteten, siegten und ließen sich taufen. Doch den Abfall vom Kaiserglauben mußten alle mit dem Martertod bezahlen. Römische Legionäre zerfleischten die Körper der Getauften mit Dornenästen, anschließend wurden sie gekreuzigt. Dabei schlossen sich tausend Legionäre den Todgeweihten an, ließen sich taufen und erlitten ebenfalls das Martyrium, so daß mit Achatius rund 10 000 Menschen zu Füßen des Ararat den Tod fanden. Die Legende von Achatius und den 10 000 Märtyrern entstand vermutlich im 12. Jh. als Ansporn für die Kreuzfahrer.
Festtag: 22. Juni.
Darstellung: als römischer Legionär mit Dornenstrauch oder Dornenkrone, gelegentlich auch mit Kreuz und Schwert bzw. Streitaxt.

Achatius Klimax (5. Jh.), Eremit in Kleinasien, in der Nähe des Klosters am Monte Latrum in Karien (Südwesttürkei). Man gab ihm den Beinamen »Klimax« (= Leiter), weil ihn → Johannes Klimakos in seinem Hauptwerk ›Klimax tu paradeísu‹ (= Treppe zum Paradies, nach Jakobs Traum von der Himmelsleiter, Gen 28, 10 – 19) erwähnt.
Festtag: 27. November.
Darstellung: als Asket oder Mönch.

Ada († Ende 7. Jh.), Äbtissin des Benediktinerinnenklosters St-Julien bei Le Mans (Nordwestfrankreich).
Festtag: 28. Juli.

Adalar, Adelar, Adolar, Aethelheri († 754), Priester, Gefährte und Leidensgenosse des hl. → Bonifatius, Patron von Erfurt. 741 hatte Bonifatius das Bistum Erfurt gegründet und Adalar als Bischof eingesetzt. Am 5. Juni 754 erlitt Adalar auf einer Missionsreise nach Friesland bei Dokkum (Niederlande) zusammen mit Bonifatius den Märtyrertod. Sein Grab ist im Dom zu Erfurt.
Festtag: 5. Juni, in Fulda am 7. Juni, weil der 5. Juni Festtag des hl. Bonifatius, des Patrons der Diözese Fulda, ist. In Erfurt ist auch der 20. April als Festtag mit dem hl. Adalar verbunden.
Darstellung: in bischöflicher Tracht mit Buch und Stab.

Adalbald († um 645), fränkischer Adliger am Hofe des Merowingerkönigs Dagobert I. (623/629 – 639) und Gemahl der hl. → Richtrudis. Die vier Kinder des Paares, → Adalsind, → Chlotsind, → Eusebia und → Maurontus, werden in Frankreich ebenfalls als Heilige verehrt.
Festtag: 2. Februar.

Adalbero von Würzburg (um 1010 – 1090), Bischof. Der Graf von Lambach-Wels (Oberösterreich) wurde 1045 Bischof von Würzburg und war als Taufpate mit dem Bayernkönig und späteren Kaiser Heinrich IV. eng verbunden. Er förderte die Cluniazensische Reform und trug damit wesentlich zur Erneuerung der Kirche und zu ihrer Blüte im hohen Mittelalter bei. Er gründete das Stift Neumünster in Würzburg und verwandelte seine Burg Lambach in ein Benediktinerkloster. Er erbaute den Dom zu Würzburg und zahlreiche Kirchen. 1883 sprach ihn Papst Leo XIII. heilig.
Festtag: 6. Oktober.

Darstellung: als Bischof mit einem Kirchenmodell.

Adalbert von Magdeburg († 981), Erzbischof und Sorbenapostel, begann seine Karriere um 950 als Urkundenschreiber beim Kölner Erzbischof. 953 –958 wirkte er als Kanzleinotar bei Otto I. dem Großen, dem späteren römischen Kaiser, bevor er 959 als Mönch in das Benediktinerkloster St. Maximin zu Trier eintrat. 961/962 missionierte Adalbert erfolglos in Rußland und arbeitete dann als Kanzleinotar bei König Otto II. 966 wurde er Abt des Klosters Weißenburg (Elsaß), 968 Erzbischof von Magdeburg, wobei er sich besonders der Sorbenmission widmete. Adalbert starb in Zscherben bei Merseburg, sein Grab befindet sich im Dom zu Magdeburg.
Festtag: 20. Juni.

Adalbert von Prag (956–997), Apostel der Prussen (Preußen), der »erste europäische Heilige«, weil Tschechen, Polen, Deutsche und Russen ihn heute für sich beanspruchen.
Der Sohn des Fürsten Slavnik hieß eigentlich Vojtěch, erst zur Firmung erhielt er den Namen Adalbert. Damals stellte die Dynastie der Přemysliden die Könige von Böhmen. Um das konkurrierende Fürstenhaus der Slavnikiden zu beruhigen, bestimmte Herzog Boleslav II. (972–999) den jungen, 981 zum Priester geweihten Adalbert 983 zum Bischof von Prag. Starke politische Widerstände und das Festhalten der Bevölkerung an den heidnischen Bräuchen bewogen Adalbert, 989 ein Kloster in Rom aufzusuchen, aus dem er erst 992 auf den Prager Bischofsstuhl zurückkehrte. Doch schon 994 verließ er seine Diözese endgültig, missionierte in Ungarn und – nach

kurzem Rombesuch – auch die Prussengaue an der Ostsee, wo er 997 am Frischen Haff von heidnischen Prussen erschlagen wurde, entweder bei Fischhausen (heute Primorsk) im Samland oder bei Truso (später Elbing, heute Elblag). In Tenkitten nahe Fischhausen stand seit 1831 das fast 9 m hohe Adalbertkreuz, das 1945 zerstört, aber 1997 zum tausendjährigen Todestag des Heiligen wiedererrichtet wurde. Seine Gebeine ließ der Herzog nach Gnesen überführen, 1039 holte sie Herzog Břetislav I. nach Prag, wo sie seitdem im Veitsdom hohe Verehrung genießen. Schon zwei Jahre nach dem Martyrium sprach Papst Silvester II. Adalbert 999 heilig.
Festtag: 23. April.
Darstellung: im Bischofsornat mit Keule oder Lanze und mit einem Adler, der nach der Legende den Leichnam bis Gnesen begleitet haben soll. Gelegentlich trägt der Heilige auch sein abgeschlagenes Haupt in den Händen.

Adalgar, Adalger († 909), Erzbischof von Bremen und Hamburg. Als Mönch in der Benediktinerabtei Corvey an der Weser lernte er Erzbischof → Rimbert von Bremen und Hamburg kennen, wurde sein Assistent und nach seinem Tod im Jahre 888 Nachfolger auf dem Erzbischofsstuhl. Ständige Einfälle der Normannen behinderten seine Missionsbemühungen im Norden. Adalgar starb am 9. Mai 909 in Bremen. Seine Reliquien werden in der ehemaligen Abteikirche zu Corvey verehrt.
Festtag: 9. Mai.
Darstellung: als Erzbischof mit Pallium.

Adalgott von Chur, Adelgoz, Algotus († 1160), Bischof. Der Zisterziensermönch wurde 1151 Bischof von Chur, gründete noch im selben Jahr das Benediktinerkloster Marienberg bei Mals (Südtirol). Er reformierte mehrere Klöster und veranlaßte den Neubau der Kathedrale von Chur. *Festtag:* 3. Oktober.

Adalhard von Corbie, Adelhard, Edelhard (um 751–826), Abt von Corbie, Gründer der Abtei Corvey. Der Vetter → Karls des Großen war Mönch, seit 780 Abt des Klosters Corbie bei Amiens (Nordfrankreich) und Ratgeber Karls des Großen. Nach einem Streit mit seinem Neffen Ludwig I. dem Frommen wurde Adalhard 814 auf eine Insel vor der Loiremündung verbannt. Nach der Aussöhnung gründete er mit seinem Bruder Wala 822 die Benediktinerabtei Corvey (von »Corbie«) bei Höxter an der Weser, das älteste und bald berühmteste Kloster Norddeutschlands, und das Frauenstift Herford in Westfalen. *Festtag:* 2. Januar. *Darstellung:* als Abt, der im Garten gräbt; ein Engel krönt ihn mit Dornen.

Adalsind (7. Jh.), Tochter des hl. → Adalbald und der hl. → Richtrudis, trat nach dem Tode ihres Vaters um 646 in das von ihrer Mutter gestiftete und als Äbtissin geleitete Benediktinerinnenkloster Marchiennes bei Lille (Nordfrankreich) ein. Adalsind wird vor allem in Frankreich als Heilige verehrt.

Adam Hilarius, → Albert Chmielowski.

Adauctus, → Felix und Adauctus.

Addai, → Thaddäus.

Adela, → Adula von Pfalzel.

Adelar, → Adalar.

Adelgoz, → Adalgott von Chur.

Adelgundis von Maubeuge, Aldegundis, Edelgund (um 630–ca. 695), Patronin gegen Krebs und Kinderkrankheiten. Um einen ungeliebten Mann nicht heiraten zu müssen, floh Adelgundis, Schwester der hl. → Waldetrudis, aus dem Elternhaus nach Hautmont (Nordfrankreich) und trat in das dortige Kloster ein. Im nahen Maubeuge gründete sie später ein Doppelkloster und wurde Äbtissin. *Festtag:* 30. Januar. *Darstellung:* auf dem Wasser schreitend (Flucht vor der Heirat), eine fliegende Taube hält den Nonnenschleier; im Gewand einer Äbtissin hält sie eine brennende Kerze.

Adelhard, → Adalhard von Corbie.

Adelheid (931–999), deutsche Königin und römische Kaiserin. Die Tochter König Rudolfs II. von Burgund und Berthas, der Tochter Herzog Burchards von Schwaben, heiratete 947 König Lothar von Italien. Nach seinem Tod im Jahr 950 wurde sie von Berengar II. (seit 950 König von Italien) gefangengehalten, der die junge Witwe zur Heirat mit seinem Sohn Adalbert zwingen wollte. Sie entkam nach Canossa und rief Otto I. den Großen herbei, der die Macht Berengars brach und Adelheid 951 heiratete. 962 erhielten beide in Rom von Papst Johannes XII. die Kaiserkrone. Nach dem Tod ihres Sohnes Otto II. übernahm Adelheid 983 für ihren Enkel Otto III. die vormundschaftliche Regentschaft in Italien, nach dem Tod ihrer Schwiegertochter Theophano 991 auch die Regentschaft in Deutschland (gemeinsam mit Erzbi-

schof → Willigis von Mainz). 995 zog sich Adelheid, die die Cluniazensische Reform gefördert und mehrere Klöster gegründet hatte, in ihre Klosterstiftung Selz (Elsaß) zurück, wo sie 999 starb. 1097 wurde sie von Papst Urban II. heiliggesprochen.
Festtag: 16. Dezember.
Darstellung: mit Kaiserkrone, Almosen verteilend; gelegentlich hält sie ein Kirchenmodell in der Hand oder ein kleines Schiff, das an die Flucht aus der Gefangenschaft des Berengar erinnert.

Adelheid von Scharbeke (Schaerbeek), Aleydis, Alice, Alix († 1249). Die in Belgien (Schaerbeek bei Brüssel) geborene Adelheid trat als Siebenjährige in das Zisterzienserinnenkloster Maria Kammeren bei Brüssel ein. Ein langes, schweres Leiden formte sie zur Mystikerin.
Festtag: 11. Juni.

Adelheid von Vilich († um 1015), Äbtissin, Patronin gegen Augenerkrankungen. Im Jahre 983 gründeten Adelheids gräfliche Eltern das Kanonissenstift Vilich bei Bonn, dessen erste Äbtissin Adelheid wurde. Nach dem Tod ihrer Schwester Bertha (Bertrada) übernahm sie die Leitung des Klosters St. Maria im Kapitol zu Köln und wurde enge Beraterin des Erzbischofs → Heribert von Köln, Kanzler des Heiligen Römischen Reiches. Sie starb zwischen 1008 und 1021, vermutlich 1015, in Köln, wurde aber in Vilich bestattet, wo man sie noch heute verehrt (Wallfahrten zum »Adelheidsbrünnchen«, dessen Wasser kranke Augen heilen soll).
Festtag: 5. Februar.
Darstellung: als Äbtissin mit Buch (Ordensregeln) oder Weinkrug, mit Stab, der durch ihre Hand die Quelle zum Sprudeln brachte, und Kirchenmodell.

Adelmann von Beauvais († 846), Bischof. Adelmann wirkte als Mönch im Benediktinerkloster Corbie bei Amiens (Nordfrankreich), wo der Abt → Adalhard sein Lehrer und geistlicher Vater war. Seinen Empfehlungen hatte es Adelmann zu verdanken, daß er 821 Bischof von Beauvais in der Picardie (Nordfrankreich) wurde.
Festtag: 4. Dezember.

Adelphus von Metz, Adolfus (4. Jh). Über das Leben und Wirken des Mannes, der vermutlich Nachfolger des Bischofs → Rufus von Metz war, ist nur wenig bekannt. Zwischen 830 und 844 wurden seine Gebeine von Metz in die Benediktinerabtei St. Peter und Paul in Neuweiler (Elsaß) überführt, vom 11. bis 16. Jh. befanden sie sich in der zu seinen Ehren in Neuweiler erbauten Adelphi-Stiftskirche, zu Beginn der Reformationszeit kehrten sie wieder in die Abteikirche zurück.
Festtag: 29. August.
Darstellung: im Bischofsornat mit Buch, Stab und Kirchenmodell.

Adelpret von Trient († 1172), Bischof und Märtyrer. 1156, kurze Zeit nach der Krönung Friedrichs I. Barbarossa zum Kaiser, wurde Adelpret Bischof von Trient (Norditalien) und erhielt vom Kaiser für das Bistum umfangreiche Schenkungen, zumeist Ländereien. Im Verlauf von Auseinandersetzungen mit der Stadt Trient um die bischöflichen Rechte wurde er ermordet.
Festtag: 27. März.

Adeltrudis, Aldetrude († um 696), Äbtissin. Die Tochter sehr frommer Eltern – ihr Vater war der hl. → Vinzenz Ma-

delgar, ihre Mutter die hl. → Waldetrudis – kam schon als junges Mädchen in das von ihrer Tante → Adelgundis gegründete und geleitete Kloster von Maubeuge (Nordfrankreich) und wurde dort von etwa 684 an bis zu ihrem Tod Adelgundis' Nachfolgerin.
Festtag: 25. Februar.

Adolana, → Adula von Pfalzel.

Adolar, → Adalar.

Adolf von Osnabrück (um 1185 – 1224), Bischof. Der Sohn des Grafen Simon von Tecklenburg wirkte in Köln als Domherr, trat danach in das Kloster Camp bei Rheinberg (Niederrhein), die älteste Zisterzienserabtei in Deutschland (1122), ein und wurde 1216 Bischof von Osnabrück. Den Kult des hl. Adolf erkannte die Kirche erst 1625 an.
Festtag: 30. Juni, in Osnabrück: 13. Februar.
Darstellung: in Pontifikalkleidung mit Bischofsstab.

Adolf von Utrecht, († 660), Bischof. Über den vermutlichen Bruder des hl. → Botulf ist nur bekannt, daß er aus England stammte und Bischof von Utrecht oder Maastricht war.
Festtag: 17. Juni.

Adolfus, → Adelphus von Metz.

Adula von Pfalzel, Adela, Adolana († um 734), Äbtissin. Die Tochter der hl. → Irmina von Trier gründete in einer spätrömischen Palastanlage bei Trier im ausgehenden 7. Jh. das Nonnenkloster Pfalzel, das 1030 – 1802 als Stift fortbestand. Sie wirkte hier bis zu ihrem Tod als Äbtissin, ihre Reliquien bewahrt die Pfarrkirche von Pfalzel,

das seit 1969 ein Stadtteil von Trier ist. Im Kloster Pfalzel wirkten vorübergehend auch Adulas Enkel → Gregor von Utrecht sowie → Bonifatius.
Festtag: 24. Dezember.

Aelfred, → Alfred der Große.

Aelfrik von Canterbury († 1005), Erzbischof. Der aus einer vornehmen Familie in Kent (Südostengland) stammende Aelfrik trat als Mönch in die Benediktinerabtei Abingdon (am Themseufer bei Oxford) ein, wurde Abt von St. Albans (nördlich von London), 974 Abt von Malmesbury (ebenfalls nahe London), 990 Bischof von Wilton (heutiger Bischofssitz: Salisbury) und schließlich 995 Erzbischof von Canterbury. Aelfrik starb in der Abingdon-Abtei.
Festtag: 28. August.
Darstellung: als Erzbischof mit Pallium und Rindsknochen.

Aemiliana, Emiliana († um 550), Tante von Papst → Gregor I. dem Großen. Sie führte in einem der von Gregor auf Sizilien gegründeten Klöster ein heiligmäßiges Leben.
Festtag: 5. Januar.

Aemilianus Cucullatus, Millán de la Cogolla (473 – 574). Der aus dem nordspanischen Berceo stammende Hirt lebte fast 40 Jahre als Einsiedler in einer Höhle des Distercio-Gebirges, wirkte dann als Pfarrer in Verdejo, schließlich als Lehrer, bis er im hohen Alter von über hundert Jahren starb. Als König Sancho I. Garcés von Navarra 923 die Mauren aus der nordspanischen Provinz La Rioja vertrieb, ließen sich Mönche am Grab des hl. Millán nieder, das heute eine der schönsten spanischen Klosteranlagen

umgibt: das Doppelkloster San Millán de la Cogolla, das Kloster des hl. Aemilianus in der »Mönchskutte« (cogolla). Ein unbekannter Baumeister aus dem islamischen Süden entwarf im oberen Bereich (San Millán de Suso) eine Kirche im mozarabischen Stil, einer Mischung aus frühromanischen und arabischen Elementen; 984 wurde diese Kirche geweiht. An die Nordwand der Kirche grenzen drei Höhlen, eine enthält das Grab des Millán mit einem gemauerten Steinsarkophag. Seine Gebeine aber hütet ein Reliquienschrein im unteren Teil des Doppelklosters (San Millán de Yuso). Diese Anlage entstand 1054, wurde häufig umgebaut und 1809 von französischen Soldaten unter Napoleon geplündert. 1835 verließen die Benediktiner das Doppelkloster, 1878 übernahmen Augustinermönche die Abtei. Der Schrein mit seinen überaus kostbaren Elfenbeinschnitzereien ist ein Werk des rheinischen Meisters Engelram aus dem Jahr 1067.
Festtag: 12. November.
Darstellung: als Einsiedler im Hirtengewand, als Abt, was er ja gar nicht war, hoch zu Roß mit Stab und Schwert in der Schlacht von Hacinas (10. Jh.) gegen die Mauren.

Aemilianus von Lagny († zwischen 660 und 675). Der irische Mönch kam um 640 in das Frankenreich und trat hier in das Kloster Lagny (östlich von Paris an der Marne) ein, das der hl. → Fursa gegründet hatte. Nach Fursas Tod 649 trat er in dessen Nachfolge als Abt an.
Festtag: 10. März.

Aemilius und Castus von Capua († 303), Märtyrer. In der großen Christenverfolgung des Jahres 303 unter Kaiser Diokletian wurden die in Capua (Kampanien) lebenden Christen Aemilius und Castus verhaftet und unter Folter verhört, bis sie ihrem christlichen Glauben abschworen. Bei einer zweiten Festnahme kurze Zeit danach beharrten sie aber darauf, Christen zu sein, und erlitten das Martyrium, vermutlich durch Verbrennen.
Festtag: 22. Mai.
Darstellung: als Jünglinge mit gefesselten Händen.

Aethelheri, → Adalar.

Afra († 304), Märtyrerin, Patronin der Diözese Augsburg, der Büßerinnen, reuigen Dirnen und armen Seelen, der Heilkräuter; Helferin bei Feuersnot.
Ihre Vita ist weitgehend legendär. Danach war sie die Tochter des Königs von Zypern und kam, nachdem der König ermordet worden war, in der zweiten Hälfte des 3. Jh. mit ihrer Mutter → Hilaria über Rom nach Augsburg, wo die beiden Frauen mit drei Reisegefährtinnen ein Freudenhaus eröffneten. Auf der Flucht vor den Christenverfolgungen unter Kaiser Diokletian fand → Narcissus, der Bischof von Gerona (Nordostspanien), 304 mit seinem Diakon → Felix von Gerona im Hause der Afra Unterschlupf. Afra war von den Gebeten des Bischofs so beeindruckt, daß sie sich gemeinsam mit ihrer Mutter und den drei Gefährtinnen von Narcissus taufen ließ. Sie schloß das Bordell, was mehrere Augsburger veranlaßte, Afra wegen ihres christlichen Glaubens anzuzeigen. Der Bischof und sein Diakon waren bereits abgereist, als man Afra verhaftete und vor Gericht stellte. Da sie es ablehnte, den römischen Göttern zu opfern, wurde sie auf einer Insel des Lech an einen Baum gebunden, den

die Henkersknechte anzündeten. Bald darauf sperrte man Afras Mutter und die drei Gefährtinnen in eine Hütte, die man in Flammen aufgehen ließ. Der Kult der Afra reicht bis in das 6., vielleicht sogar 4. Jh. zurück. Im 8. Jh. befand sich ihr Grab in der Augsburger Stiftskirche St. Afra. 1064 sprach Papst Alexander II. die Märtyrerin heilig, im selben Jahr entdeckte man in Augsburg einen spätrömischen Sarkophag mit angekohlten Gebeinen. Heute steht der Sarkophag in der neuen Afrakapelle der Kirche St. Ulrich und Afra zu Augsburg.

Festtag: 7. August.

Darstellung: in vornehmer Kleidung mit Kopftuch oder Schleier, manchmal mit Königskrone (königliche Herkunft), oft an einen Baum gebunden oder von Flammen umzüngelt. Ihr Attribut ist der Fichtenzapfen, der wohl dem Augsburger Stadtwappen entnommen ist, das eine Zirbelnuß, den Samen der Arve oder Zirbelkiefer, zeigt.

Afrem, → Ephraim der Syrer.

Agapitus von Praeneste (3. Jh.), Märtyrer, Patron der kranken Kinder und der Schwangeren, Helfer bei Bauchschmerzen. Agapitus, ein junger römischer Christ, erlitt nach seiner legendären Vita als Fünfzehnjähriger in Praeneste (heute Palestrina bei Rom) nach grausamen Folterungen das Martyrium. Bei einer Christenverfolgung unter einem der Kaiser Decius (249–251), Valerian (253–260) oder Diocletian (284–305) – die Quellen berichten unterschiedlich – wurde Agapitus an den Füßen über einem brennenden Holzstoß aufgehängt, dann sollten ihn Löwen zerfleischen, doch sie schmiegten sich an ihn. Schließlich wurde er enthauptet. Über seinem Grab in

Palestrina errichtete man im 4. Jh. eine kleine Kirche, die von Papst Leo III. (795–816) restauriert und erst 1864 zwischen Wohnhäusern wiederentdeckt wurde. Agapitus' Kult wird in Palestrina, Bologna, vor allem aber in Kremsmünster (Oberösterreich) gepflegt, dessen 777 gegründete Benediktinerabtei Reliquien des Heiligen verwahrt.

Festtag: 18. August.

Darstellung: als Knabe oder Jüngling mit Palme, Krone und Löwen, oft wird die Marter gezeigt.

Agapitus von Rom, → Felicissimus und Agapitus.

Agatha (um 225–249 oder 251), Märtyrerin, Patronin der Malteser, der Stadt Catania, der Ammen und Hirtinnen, der Glockengießer, Weber, Goldschmiede und Bergleute, der Armen und Hungerleidenden, Helferin bei Brusterkrankungen, Viehseuchen, bei Feuer, Unwetter, Erdbeben, Unglück, Ausbruch des Ätna.

Agatha, die außergewöhnlich schöne Tochter vornehmer Eltern in Catania oder Palermo (Sizilien), wies als Christin den Heiratsantrag des heidnischen Statthalters von Sizilien, Quintianus, zurück. Wutentbrannt steckte er sie dreißig Tage in ein Freudenhaus. Nachdem sie sich aber nach wie vor nicht von ihrem Glauben trennen wollte, ließ er ihr die Brüste abschneiden und sie mit brennenden Fackeln martern. Nachts erschien der hl. → Petrus und heilte sie. Als man sie am folgenden Tag auf glühende Kohlen und Glasscherben legte, starb sie. Ihre Gebeine bewahrt der Dom von Catania (Duomo S. Agata) in einem kostbaren Schrein aus dem 16. Jh. Der Dom hütet auch den Schleier der Heiligen, den

die Einwohner von Catania im Jahre nach dem Martyrium dem heranflutenden Lavastrom des Ätna entgegenhielten und ihn so zum Stillstand brachten. Der Kult um die hl. Agatha entstand schon sehr früh, galt als besonders volkstümlich und verbreitete sich schnell über ganz Italien und Österreich, er erreichte auch Köln. Noch heute sorgen auf Sizilien geweihte »Agathenbrote« für gesundes Vieh, und »Agathenkerzen« schützen vor Feuer. Reliquien der Heiligen befinden sich auch im Dom von Verona.
Festtag: 5. Februar.
Darstellung: die Heilige im Kerker, ihre Brüste auf einer Schale oder auf ihren Händen tragend, Zange und Kohlenbecken stehen für die Marter, das Horn eines Einhorns symbolisiert die Jungfräulichkeit der Heiligen.

Agatho († 681), Papst (678–681). Der aus Sizilien stammende Mönch trug drei Jahre lang einen Stein im Mund, um Schweigen zu lernen. 678 wählte man ihn zum Papst. Auf dem 680/681 gehaltenen 6. Ökumenischen Konzil in Konstantinopel – nach dem Versammlungsort im Kupelsaal des Kaiserpalastes (griech. trullos = Kuppel) auch »Trullanische Synode« genannt – wandte sich Papst Agatho entschieden gegen die Lehre der Monotheleten. Diese erkannten in Christus zwar die Zweiheit der Naturen (die göttliche und die menschliche) an, ordneten dieser Doppelnatur aber nur einen einzigen gottmenschlichen Willen zu. Der Monotheletismus wurde auf dem Konzil verurteilt.
Festtag: 10. Januar.
Darstellung: im Papstgewand mit Tiara, Kreuzstab und Buch.

Agatus, → Achatius von Armenien.

Ägidius, Egid, Gilles († um 723), Abt von St-Gilles (Provence), Patron der Jäger und Hirten, der Schiffbrüchigen und Bogenschützen, des Viehs, der stillenden Mütter, der Bettler und Aussätzigen, Stadtpatron u.a. von Graz, Nürnberg, Osnabrück und Braunschweig, Helfer bei Feuer, Dürre, Sturm und Unglück, in seelischer Not und Verlassenheit, bei der Beichte, bei Unfruchtbarkeit von Mensch und Tier, einer der Vierzehn → Nothelfer, → Pestpatron.
Ägidius – nach der Legende soll er um 640 in Griechenland (Athen) geboren sein – lebte als Einsiedler in der Provence und ernährte sich von der Milch einer Hirschkuh. Während einer Jagd des Westgotenkönigs Wamba (672–680) wurde Ägidius versehentlich von einem Pfeil getroffen und verletzt. Wamba unterstützte ihn daraufhin bei der Gründung des später nach ihm benannten Benediktinerklosters St-Gilles, am Rande der Camargue nahe der Stadt Arles. Das Kloster, das Ägidius als Abt leitete, lag an einer wichtigen Pilgerroute zum Jakobsweg nach Santiago de Compostela und war im Mittelalter eine berühmte Wallfahrtsstätte, um die sich die Stadt St-Gilles entwickelte. Das Kloster wurde in den Hugenottenkriegen des 16. Jh. zerstört. Die Gebeine des hl. Ägidius bewahrt die Kirche St-Sernin in Toulouse (Südfrankreich). Die Bedeutung des Kultes um den hl. Ägidius zeigt sich in zahlreichen Ortsnamen, wie Gildweiler (Elsaß), Gilgenberg (Oberösterreich), Gillenfeld (bei Trier), Gillersheim (bei Göttingen), Illgen (Schlesien), Ilgesheim (bei Trier), St. Gilgen (bei Salzburg), St. Ilgen (bei Heidelberg) usw. Der Ägidiustag (Egidientag, Egidii, Gilgentag) ist noch heute vielerorts ein Tag der Volksfeste.

Festtag: 1. September.
Darstellung: als Einsiedler in einer Höhle, mit Pfeil und Hirschkuh.

Agilolf († um 751), Bischof von Köln, war Mönch in dem berühmten Benediktinerkloster Stavelot (dt. Stablo, Ostbelgien), das der hl. → Remaclius, Bischof von Lüttich, um 650 gegründet hatte. Später wurde Agilolf dort Abt und 745, nach dem Tod des Reginfrid, anstelle → des Bonifatius Bischof von Köln. 1068 brachte man die als Märtyrerreliquie verehrten Gebeine eines gewissen Agilolf, der gegen 716 in der Nähe der Abtei Malmedy ermordet worden war, nach Köln, wo sie fortan in St. Maria ad gradus als die sterblichen Überreste des Kölner Bischofs und Heiligen verehrt wurden. Heute befinden sie sich im Kölner Dom.
Festtag: 9. Juli.
Darstellung: im Bischofsornat mit Stab, Palmenzweig, Buch und Schwert oder einen Falken tragend.

Agnes von Aislingen († 1504). Die im schwäbischen Aislingen geborene Agnes führte als Reklusin (freiwillig in einer Zelle eingeschlossene Gläubige) ein langes Leben in Gebet und Askese.
Festtag: 21. Januar.

Agnes von Böhmen, Anežka (1211– 1282), Äbtissin, Tochter des Königs Přemysl Ottokar I. Dieser König ist bekannt als böhmischer Städtegründer, der deutsche Kaufleute, Handwerker und Bauern ins Land rief und die neuen Gemeinwesen nach deutschem Recht, nach Nürnberger oder Magdeburger Stadtrecht, gestaltete. Als Agnes' Bruder Wenzel I. den Böhmenthron bestieg, hielt Kaiser Friedrich II. um ihre Hand an. Doch sie lehnte ab, weil sie der Landgräfin → Elisabeth von Thüringen in Demut und freigewählter Armut nacheifern wollte. Agnes verehrte Franz von Assisi und korrespondierte mit → Klara von Assisi. 1233 bewog sie ihren Bruder, in Prag ein Kloster für die Klarissinnen (den weiblichen Zweig der Franziskaner) zu gründen. Agnes wurde die erste Äbtissin dieses Klosters. 1874 sprach Papst Pius IX. Agnes von Böhmen selig, am 12. November 1989 folgte die Kanonisation durch Papst Johannes Paul II.
Festtag: 2. März.
Darstellung: als Äbtissin mit Krone, Kranke pflegend.

Agnes von Rom († 258, 259 oder 304), Märtyrerin, Patronin der Keuschheit, der Jungfrauen und Gärtner. Ihre Vita ist legendär: Die außergewöhnlich schöne Tochter reicher christlicher Eltern erhielt schon als Zwölfjährige mehrere Heiratsanträge, die sie aber alle mit dem Hinweis, daß sie bereits verlobt sei, zurückwies. Auch der Sohn des Stadtpräfekten Sempronius warb vergeblich um sie. Als er den Namen des Verlobten wissen wollte, antwortete sie: Jesus Christus. Daraufhin stellte sie der Präfekt vor Gericht, Agnes aber hielt an ihrem Glauben fest. Man entkleidete sie, doch ihr Haar umhüllte ihren Körper, und brachte sie in ein Freudenhaus. Dort besuchte sie der Sohn des Stadtpräfekten – als er sie berührte, fiel er tot um. Durch ihr Gebet rief Agnes den Toten wieder ins Leben zurück. Der Wiedererweckte beschuldigte sie nunmehr öffentlich der Zauberei, was ihre Verurteilung zum Tod zur Folge hatte. Man warf Agnes im Domitian-Stadion ins Feuer, aber die Flammen verschonten sie. Da stieß der Henker sein Schwert durch ihre Kehle. Über dem Grab der Märtyrerin in Rom entstand schon im 4. Jh. eine

Kirche, gestiftet von → Konstantia, einer Tochter Konstantins des Großen. Im 7. Jh. wurde die Kirche S. Agnese fuori le mura erneuert. Die Legende der hl. Agnes war schon im 4. Jh. weit verbreitet.

Festtag: 21. Januar.

Darstellung: als Braut mit Palmenzweig, Schwert und Buch oder Schriftrolle, ein Lamm tragend oder neben ihr stehend (Symbol der Keuschheit); oft mit langem Haar.

Agricola, → Vitalis und Agricola.

Agritius, Agricius, Agroecius (um 260 – um 335), Bischof von Trier. Agritius, dessen Herkunft und Vita weitgehend unbekannt sind, wurde nach der Legende von der Kaiserin → Helena, die zeitweise in Trier residierte (Trier war von 286 bis etwa 400 eine Residenz der weströmischen Kaiser), als Bischof des wohl schon seit dem 1. Jh. bestehenden Bistums Trier vorgeschlagen. Für Agritius und seine Diözese ließ sie den »Heiligen Rock«, den Christus auf seinem Weg zur Kreuzigung getragen hatte, und die Gebeine des Apostels → Matthias von Jerusalem nach Trier bringen, wo die Reliquien noch heute im Dom bzw. in der Klosterkirche St. Matthias verwahrt werden. Der »Heilige Rock« (Tunika Christi) wird selten ausgestellt, im 20. Jh. nur dreimal: 1933, 1959 und 1996.

Festtag: 19. Januar.

Darstellung: im Bischofsgewand mit Buch und Kreuz.

Aidan († 651), Missionsbischof in Northumbrien. Der hl. → Oswald lernte den klugen und tatkräftigen Mönch im Inselkloster Hy (heute Iona vor der Westküste Schottlands) kennen und schätzen. Als er 634 König wurde, be-

auftragte er Aidan mit der Christianisierung des angelsächsischen Königreichs Northumbrien (Nordostengland). 635 wurde Aidan Bischof. Mit König Oswald gründete er das Kloster Lindisfarne auf Holy Island, einer Insel vor der nordenglischen Ostküste.

Festtag: 31. August.

Aigulf von Lérins († um 676), Märtyrer. Der Benediktinermönch Aigulf wirkte im Kloster Fleury bei Narbonne (Südfrankreich) und wurde um 670 zum Abt des Inselklosters St-Honorat auf einer der beiden Îles de Lérins gegenüber der Stadt Cannes (Südfrankreich) berufen. Das heute von Zisterziensern bewohnte Kloster hatte 410 der hl. → Honoratus von Arles gegründet. Aigulf führte die strenge Benediktinerregel ein und wurde deshalb von den Mönchen des Klosters in die Verbannung geschickt, wo man ihn um 676 erschlug. Seine Gebeine befinden sich in der Kirche St-Ayoul (von Aigulf) zu Provins (bei Paris).

Festtag: 3. September.

Akakios, → Achatius von Armenien.

Alacoque, → Margareta Maria.

Alban von England, Albin, Albinus († 303), erster Märtyrer Englands. Geboren in Verulamium (heute St. Albans bei London), verbrachte Alban in der Jugend einige Zeit in Rom. Später wurde er zum Christentum bekehrt und während der Christenverfolgungen unter Diokletian in seiner Heimatstadt hingerichtet. Seine Gebeine kamen nach Rom. Gegen 985 brachte die römisch-deutsche Kaiserin Theophano, die für ihren minderjährigen Sohn Otto III. die Regentschaft führte, mit Unterstützung des mitregierenden Kanzlers

und Mainzer Erzbischofs → Willigis die Reliquien des hl. Alban (Albinus) nach Köln, wo sie in der Kirche St. Pantaleon, der späteren Grabstätte der Kaiserin, ihre bleibende Stätte fanden. Nach dem Heiligen wurde das römische Verulamium, damals eine der bedeutendsten Städte Britanniens, in St.Albans umbenannt. 795 hatte König Ossa von Mercia, einem der sieben angelsächsischen Königreiche, ein Benediktinerkloster, die St.-Albans-Abtei gestiftet. Die Abteikirche hütet das »Goldene Grab« des Heiligen, wohl ein Kenotaph (Scheingrab).
Festtag: 22. Juni.
Darstellung: als römischer Legionär, das Schwert in der rechten, den eigenen abgeschlagenen Kopf in der linken Hand haltend.

Alban von Mainz, Albanus († um 406), Priester und Märtyrer, Patron von Mainz, Patron der Bauern, Helfer bei Hals- und Kopfschmerzen, bei Pest, Epilepsie und Harnwegserkrankungen sowie bei Unwetter. Nach dem Martyrologium des Mainzer Erzbischofs → Hrabanus Maurus war Alban ein Priester, der nach 400 von einer Insel im östlichen Mittelmeerraum nach Italien kam, nach Gallien weiterreiste und sich in Mainz niederließ, wo er im Vandalensturm von 406, der die Stadt völlig verwüstete, ums Leben kam. Nach der Legende trug er nach der Enthauptung selbst seinen Kopf an einen Platz, wo er begraben sein wollte.
Festtag: 21. Juni.
Darstellung: als Priester oder Diakon, oft auch als Bischof (obwohl Alban kein Bischof war), mit Schwert, das abgeschlagene Haupt auf einem Buch tragend.

Alberich von Cîteaux, Aubry, Elbe-rich (um 1050 – 1109), Abt, zählt mit → Robert von Molesme und → Stephan Harding zu den drei Gründern des Zisterzienserordens. Alberich wirkte unter Robert von Molesme als Prior des Benediktinerklosters Molesme (Burgund). 1098 ging er nach Cîteaux (Burgund), wo Robert ein Reformkloster gründete und die Ordensregeln der Zisterzienser entwarf. Als Robert 1099 auf Anordnung des Papstes Urban II. in sein altes Kloster Molesme zurückkehrte, übernahm Alberich die Nachfolge als Abt von Cîteaux. Er vollendete das Regelwerk des neuen Ordens und schuf die ersten Vorschriften über Kleidung, Nahrung und klösterliche Gewohnheiten.
Festtag: 26. Januar, zugleich Fest der drei Ordensgründer.

Alberich von Utrecht, Albricus (um 710 – 784), Bischof. Der aus dem fränkischen Königsgeschlecht der Merowinger stammende Alberich begann als Benediktinermönch, wurde dann Prior des Martinsklosters zu Köln und schließlich als Nachfolger seines Onkels → Gregor von Utrecht Bischof der niederländischen Diözese Utrecht, in der er die letzten Heiden zum Christentum bekehrte. Die Bischofsweihe erhielt er 780 in Köln. Seine Reliquien befinden sich in der Abteikirche von Süsteren bei Maastricht.
Festtag: 14. November.
Darstellung: fast ausschließlich neben Bischof Gregor von Utrecht.

Albert von Brabant, → Albert von Lüttich.

Albert Chmielowski, Adam Hilarius (1845 – 1916), Ordensgründer. Geboren am 20. August 1845 in Igolonija (Distrikt Miechów, Polen), wurde mit elf Jahren Waise und auf die Kadettenschule von St. Petersburg geschickt. Anschließend besuchte er Schulen in Warschau und Pulawy (bei Lublin). 1863 nahm Albert an der polnischen Volkserhebung gegen die Russen teil; eine schwere Verwundung (ein Bein wurde amputiert) rettete ihn vor der Hinrichtung. 1865 ging er nach Paris, um dort das Studium der Malerei aufzunehmen, das er schließlich in München abschloß. 1880 trat Albert in den Jesuitenorden ein, mußte ihn aber schon nach wenigen Monaten aus gesundheitlichen Gründen wieder verlassen. Daraufhin wandte er sich dem Dritten Orden des hl. Franziskus zu, dessen Ideale ihn schon immer begeistert hatten. Für diesen Orden warb »Bruder Albert« im damals polnischen bzw. russischen Podolien (heute Ukraine). In Krakau nahm er sich der in unvorstellbarem Elend dahinvegetierenden obdachlosen Bettler an, gründete für sie Herbergen und Notquartiere und schuf Werkstätten. 1888 legte Albert vor Kardinal-Erzbischof Albin Dunajewski von Krakau die Gelübde der Armut und der Keuschheit ab und gründete mit seinen Helfern und Helferinnen die beiden Ordenskongregationen der Brüder und Schwestern im Dritten Orden des hl. Franziskus, kurz »Albertiner-Brüder« und »Albertiner-Schwestern« genannt. Bruder Albert lebte und wirkte in vollkommener Selbstlosigkeit und Bedürfnislosigkeit. Er starb am 25. Dezember 1916 in Krakau.

Am 22. Juni 1983 sprach ihn Papst Johannes Paul II., von 1964 bis 1978 als Karol Wojtyla Erzbischof von Krakau, selig, bereits am 1. November 1989 ließ er die Heiligsprechung folgen.

Festtag: 25. Dezember.

Albert der Große, → Albertus Magnus.

Albert von Jerusalem, Albert von Vercelli († 1214), Bischof, Patriarch von Jerusalem. Er war Bischof von Vercelli (Nordwestitalien), bevor er eine Wallfahrt in das Heilige Land unternahm und dort Patriarch von Jerusalem wurde. Zwischen 1205 und 1214 gab er einer Eremitengemeinschaft auf dem Karmelgebirge eine Ordensregel. Aus der Gemeinschaft entwickelte sich bis 1247 der Orden der »Brüder unserer Lieben Frau vom Berge Karmel«, kurz »Karmeliter« genannt. 1214 wurde Albert von Jerusalem ermordet.

Festtage: 16., 25. und 26. September.

Darstellung: mit Kruzifix, Buch und Kreuzstab, mit einer Taube, bei der Abfassung der Ordensregel, bei ihrer Übergabe an den Prior der Karmeliter.

Albert von Lüttich, von Löwen, von Brabant (um 1166–1192), Bischof und Märtyrer. Der Sohn des Brabanter Herzogs Godefroid III. aus dem Hause Löwen (Leuven) war Archidiakon in Lüttich und gewann am 8. September 1191 die umstrittene Bischofswahl gegen Albert von Rethel. Beide baten Kaiser Heinrich VI. um eine Entscheidung, der die Diözese kurzerhand an einen Dritten, Lothar von Hochstaden, übertrug. Daraufhin ging Albert nach Rom und erhielt von Papst Cölestin III. die Bestätigung seiner Wahl. Da der Bischofsstuhl aber inzwischen besetzt war, übertrug ihm der Papst die Würde eines Kardinal-Diakons. 1192 empfing er in Reims die Priester- und Bischofsweihe, unmittelbar danach wurde er von drei Lütticher Ministerialen ermordet.

Festtag: 24. November.

Darstellung: als Bischof oder Kardinal mit Palmenzweig, Buch und dem Wappen von Brabant; drei Schwerter symbolisieren seine Mörder.

Albert von Messina, → Albert von Trapani.

Albert von Pontida († 1095), Benediktiner. Albert entstammte dem italienischen Adelsgeschlecht der Predazzi und gründete mit Unterstützung des → Hugo von Cluny die Benediktinerabtei Pontida bei Bergamo (Norditalien), die er als Prior leitete. Albert wurde in seiner Abtei beigesetzt, 1373 kamen seine Reliquien nach Bergamo, von wo aus sie 1911 wieder in die Abteikirche von Pontida zurückkehrten.
Festtag: 12. September.

Albert von Regensburg, → Albertus Magnus.

Albert von Trapani, von Messina, Albertus Siculus (1212–1307), Mönch und Prediger der Beschuhten Karmeliten. Patron von Messina, Trapani, Erice, Palermo und Mantua, der Karmeliten und Böttcher, Helfer bei Besessenheit, Unfruchtbarkeit, in Geburtsnöten und bei Fieber (Albertuswasser).
Der Sohn aus vornehmem Florentiner Haus trat in Trapani auf Sizilien in den Orden der Beschuhten Karmeliten (Orden der Brüder der Seligen Jungfrau Maria vom Berge Karmel) ein und stieg schnell zum Ordensprovinzial von Sizilien auf. Seine markanten Predigten und zahlreichen Wunder führten viele Sizilianer wieder dem christlichen Glauben zu. Er starb im Kloster zu Messina. 1476 sprach Papst Sixtus IV. Albert von Trapani heilig. Sein Grab befindet sich in Messina, Trapani hütet sein Haupt, weitere Reliquien

sind über viele Städte Italiens verstreut.
Festtag: 7. August.
Darstellung: in Karmelitentracht mit Buch (Ordensregel), Kruzifix und Lilien (Symbole der Keuschheit), auch mit Rosenkranz und Vogelkrallen, die unter dem Mantel hervorschauen und auf Versuchungen des Teufels hinweisen; ein Teufel an der Kette erinnert an den Exorzismus an einem besessenen Mädchen.

Albert von Vercelli, → Albert von Jerusalem.

Albertus Magnus, Albert der Große, Albert von Regensburg (um 1200–1280), Bischof, Provinzial, Kirchenlehrer, Gelehrter mit dem ehrenden Beinamen »Doctor universalis«, Patron der Theologen, Naturwissenschaftler und Studenten sowie der Bergleute.
Albert, Graf von Bollstädt, geboren in Lauingen an der Donau als Sohn eines bayerisch-schwäbischen Ritters, studierte ab 1223 an der Universität von Padua, wo er dem Dominikanerorden beitrat. Nach Beendigung des Studiums kam Albert nach Köln und unterrichtete an den Ordensschulen zu Hildesheim, Freiburg im Breisgau, Regensburg und Straßburg. 1243/1244 schickte ihn der Orden nach Paris, damit er seine Studien mit dem Magister der Theologie abschließen und an der dortigen Universität Vorlesungen halten konnte. 1248–1254 lehrte er in Köln, wo → Thomas von Aquin zu seinen Schülern zählte. Als Ratgeber des Erzbischofs Konrad von Hochstaden förderte er den Plan zur Erbauung des Kölner Doms (1248–1880). 1254–1257 leitete er als Provinzial das deutsche Ordensgebiet der Dominikaner, lehrte 1257–1260 wieder in Köln und

wurde 1260 von Papst Alexander IV. als Bischof Albert II. von Regensburg eingesetzt. Schon zwei Jahre später bat er Papst Urban IV. um Entbindung von seinem Bischofsamt. 1263/1264 wirkte er über ein Jahr lang als päpstlicher Kreuzzugsprediger in Deutschland und Böhmen (7. Kreuzzug). Anschließend zog er ruhelos von Ort zu Ort, lehrte 1264–1266 in Würzburg, 1266–1269 in Straßburg und von 1269 bis zu seinem Tod wieder in Köln. Sein außergewöhnliches Wissen auf den Gebieten der Theologie, Philosophie und Naturwissenschaften verband er mit altgriechischem (Aristoteles), arabischem (Ghasali, Jakut) und jüdischem (Maimonides) Gedankengut. Seine unzähligen Schriften wurden in 21 Bänden gesammelt. Als besonders wichtig könnte man vielleicht sein ›Compendium theologicae veritatis‹ nennen. Albertus Magnus starb 1280 in Köln. Seine Gebeine ruhen in der Kölner Andreaskirche, die Hirnschale bewahrt die Stadtpfarrkirche zu Lauingen, ein Schulterblatt befindet sich im Dom zu Regensburg. 1622 sprach ihn Papst Gregor XV. selig. Erst 650 Jahre nach seinem Tod wurde einer der größten abendländischen Denker und Theologen kanonisiert, und zwar 1931 von Papst Pius XI., der ihn zugleich zum Kirchenlehrer erhob. 1941 ernannte Papst Pius XII. Albertus Magnus zum Patron der Naturwissenschaftler. Oftmals brachten ihn seine für die damalige Zeit ungewöhnlichen Kenntnisse auf den Gebieten der Botanik, Physik und Chemie in den Verdacht der Zauberei, so daß sich viele Sagen um seinen Namen rankten.
Festtag: 15. November, in Österreich am 16. November, weil am Vortag der Landespatron → Leopold III. gefeiert wird.

Darstellung: im Bischofsgewand mit Mitra, Stab und Buch oder im Gewand der Dominikaner; als Attribute dienen Buch und Schreibfeder.

Albertus Siculus, → Albert von Trapani.

Albin, **Albinus**, → Alban von England.

Albinus von Angers, Aubin (um 496–554), Bischof, Patron der Kinder, Helfer bei Blindheit und Keuchhusten. Der Abt des Klosters Tincillacense (Westfrankreich) wurde um 529 Bischof von Angers (Westfrankreich) und nahm 538, 541 und 549 an den Synoden von Orléans teil.
Festtag: 1. März.
Darstellung: als Bischof Blinde heilend.

Albricus, → Alberich von Utrecht.

Albuin von Säben-Brixen († 1006), Bischof. Albuin entstammte dem Kärntner Adelsgeschlecht der Aribonen, seine Mutter war die selige Agatha Hildegardis. 975 wählte man ihn zum Bischof von Säben bei Klausen (Südtirol). Kaiser Ludwig IV. das Kind, hatte 901 den großen Meierhof Prichsna dem Bischof Johannes von Säben geschenkt. Aus Prichsna entwickelte sich Brixen, das eine würdigere Bischofsresidenz zu werden versprach. So verlegte Albuin 992 den seit dem 6. Jh. bestehenden Bischofssitz nach Brixen am Eisack (ebenfalls Südtirol), das über acht Jahrhunderte, bis 1802, die Kapitale eines geistlichen Fürstentums war. Säben diente fortan als bischöfliche Sommerresidenz, 1685 wurde es in ein Benediktinerinnenkloster umgewandelt. Kaiser Otto

II. beschenkte seinen treuen Ratgeber Albuin mit reichen Gütern. Der Bischof starb in Brixen und wird seit dem 11. Jh. als Heiliger verehrt. 1141 kamen seine Gebeine in den Brixener Dom.
Festtag: 5. Februar.
Darstellung: als Bischof mit Mitra und Stab, oft zusammen mit dem hl. → Ingenuin, Albuins Vorgänger im Bischofsamt.

Alchmund, → Alkmund.

Aldebrand von Fossombrone († 1219), Bischof und Patron von Fossombrone, einer Stadt in der italienischen Provinz Pesaro e Urbina. Aldebrand war Propst von Rimini und wurde, als er in seinen Predigten die Laster seiner Zeit allzu heftig anprangerte, aus der Stadt gejagt. Gegen 1170 wählte man ihn zum Bischof von Fossombrone, wo er eine Kathedrale baute, die heute S. Aldebrando heißt. Er starb in Fossombrone, das noch immer Diözesanhauptstadt ist, und wurde in seiner Kathedrale beigesetzt.
Festtag: 1. Mai.
Darstellung: als Bischof mit Glocke, Glockenturm oder einem Rebhuhn, das an das Wunder von der Wiederbelebung eines gebratenen Vogels erinnert.

Aldegundis, → Adelgundis von Maubeuge.

Aldelm, → Aldhelm von Sherborne.

Aldemar von Capua (11. Jh.), Abt. Zunächst lebte Aldemar als Mönch in der Abtei Montecassino (Süditalien), dem 529 von → Benedikt von Nursia gegründeten Mutterkloster des abendländischen Mönchtums. Unter Abt Desiderius, Fürst von Benevent, dem späteren Papst Viktor III., erreichte die Abtei ihre Blüte. Desiderius bewirkte, daß Aldemar Abt des Klosters S. Lorenzo zu Capua wurde. In seinen letzten Lebensjahren – sein Sterbejahr ist unbekannt – lebte er als Priester in Bocchanico bei Chieti. Seine Gebeine hütet die Kirche S. Urbano zu Bocchanico.
Festtag: 24. März.

Aldetrude, → Adeltrud.

Aldhelm von Sherborne, Aldelm, Ealdhelm (um 639–709), Bischof. Der im angelsächsischen Königreich Wessex (Südwestengland) geborene, aus königlichem Geschlecht stammende Aldhelm genoß seine Erziehung in Canterbury und Malmesbury (bei Bristol). 661 wurde er Benediktinermönch und wirkte in verschiedenen angelsächsischen Klöstern als Lehrer. 675 wählte man ihn zum Abt des Klosters Malmesbury, das er in kurzer Zeit zu hoher kultureller Blüte führte. Er gründete Klöster in den Grafschaften Somerset und Wiltshire und setzte in den angelsächsischen Königreichen einheitlich das römische Osterdatum durch. 699 besuchte er Papst Sergius I. in Rom und wurde 705 Bischof von Sherborne, einer kleinen Stadt in der südenglischen Grafschaft Dorset. Bekannt machten ihn vor allem seine geistlichen und weltlichen Lieder, die leider verlorengingen. Er starb in Doulting, nahe Malmesbury, in dessen Klosterkirche er seine letzte Ruhestätte fand. Reliquien des Heiligen befinden sich heute in Malmesbury, Salisbury, Abingdon und Peterborough, alle Orte in Südengland.
Festtag: 25. Mai.
Darstellung: als Bischof im Meßge-

wand mit Stab und Mitra, als Abt mit einem Kelch.

Alexander, Alexandros († 328), seit 313 Patriarch von Alexandria. Um 318 begann er seinen Kampf gegen die Lehre des Arian, nach der Gott Vater und Gott Sohn nicht wesensgleich, sondern wesensähnlich sind. Der Streit gegen den Arianismus erreichte seinen Höhepunkt auf dem Konzil von Nicäa (325), auf dem Alexander und → Athanasius, sein Sekretär und späterer Nachfolger als Patriarch, die Wortführer waren. Auf dem Konzil setzte sich das »Nicänische Glaubensbekenntnis« (Symbolum Nicaenum) durch, mit dem die Lehre des Arian zurückgewiesen wurde. *Festtag:* 18. April, koptische Kirche: 22. April.

Alexander I., Papst († 116?), 5. Nachfolger des hl. → Petrus, Märtyrer, Helfer bei Kropfleiden und Skrofulose. Über sein Leben und Wirken ist nichts bekannt. Man nimmt an, daß er Opfer einer Christenverfolgung unter Kaiser Trajan wurde, denn Legenden des 6. Jh. berichten über seinen Märtyrertod. Allerdings ist auch eine Verwechslung mit einem anderen unbekannten Märtyrer namens Alexander möglich. Er soll → Hermes, den Stadtpräfekten von Rom, und → Quirinus von Neuss, einen römischen Tribun, sowie dessen Tochter → Balbina zum Christentum bekehrt haben. Sie alle wurden enthauptet. Alexander banden die Henker an eine Säule, zerbrachen seine Glieder, zerfleischten mit Schwerthieben seinen Körper und schlugen ihm den Kopf ab. Die Reliquien Alexanders kamen 834 nach Freising (Oberbayern), das 739–1821 Bistumssitz war. *Festtag:* 3. Mai.

Darstellung: mit Tiara, Papstkreuz und Schwert.

Alexander Newskij (um 1220–1263), Fürst von Nowgorod (1236–1251), Großfürst von Kiew (seit 1250) und von Wladimir (seit 1252).
Alexander wurde in Wladimir (nordöstlich von Moskau) als Sohn des Fürsten Jaroslaw Wsewolodowitsch von Nowgorod geboren. Als sein Vater 1238 den Großfürstenstuhl von Susdal bestieg, wurde Alexander Fürst von Nowgorod. 1240 schlug er in der Schlacht an der Newa (daher sein Beiname) die Schweden, die im Auftrag und mit Unterstützung des Papstes Gregor IX. einen Kreuzzug gegen die orthodoxen Russen führten. Bald danach entzweite er sich mit der selbstbewußten Nowgoroder Bürgerschaft und zog sich in sein Stammfürstentum Pereslawl zurück. Als 1241 der Deutsche Orden von Livland her in Nowgorods Territorien einfiel und die Stadt Pleskau (Pskow) eroberte, holten die Nowgoroder Alexander zurück, der die Ordensritter wieder aus dem Land jagte. Doch im zeitigen Frühjahr 1242 griff der Orden nochmals an. In der berühmten »Schlacht auf dem Eise«, auf dem noch zugefrorenen Peipussee, gelang es Alexander Newskij, das riesige Ordensheer zu vernichten. Im Nowgoroder Frieden wurde die Narwa zur Grenzlinie zwischen dem Deutschen Orden und dem Fürstentum Nowgorod, zu einer Grenze, die für Jahrhunderte zwei Kulturen, die römisch-katholische und die russisch-orthodoxe, voneinander trennte.
1236–1241 hatten die Mongolen unter ihrem Fürsten Batu Khan, einem Enkel des großen Dschingis Khan, ganz Mittel- und Südrußland erobert und waren auf dem Weg nach Nowgorod im tiefen

Alexander Sauli

Schnee steckengeblieben. Daraufhin hatte Alexander den Invasoren Tributzahlungen angeboten, da ein Kampf gegen das vielfach überlegene Mongolenheer aussichtslos war. Batu Khan hatte zugestimmt, weil er das reiche Handelszentrum Nowgorod als Drehscheibe zwischen Ost und West nutzen wollte. 1247 begegnete Alexander in der Residenz Karakorum des Großkhans Dschutschi dem päpstlichen Gesandten Plano Carpini. Papst Innozenz IV. schickte daraufhin einen Brief an Alexander Newskij, in dem er ihm den Anschluß an Rom und ein Zusammengehen im Kampf gegen die »Goldene Horde« – so nannten die Russen das Westreich der Mongolen – nahelegte. Aber Alexander wies das Angebot zurück. 1250 ernannte die Goldene Horde Alexander Newskij zum Großfürsten von Kiew, nachdem sein Vater beim Besuch des Großkhans in Karakorum vergiftet worden war. Niemand weiß, wie Alexander zumute war, aber er sah in der Unterwerfung unter die Mongolen die einzige Chance für das Überleben der russischen Kirche, ja auch des russischen Volkes. Als die Goldene Horde immer höheren Tribut verlangte und die Steuerlast für das Volk dadurch immer unerträglicher wurde, suchte Alexander Newskij 1263 den Großkhan auf, um eine Herabsetzung der Lasten zu erbitten. Ob er Erfolg hatte, ist nicht überliefert. Auf dem Rückweg erkrankte er in Nischnij Nowgorod an der Wolga und starb. Er wurde in Wladimir, dessen Großfürstenwürde er seit 1252 ebenfalls bekleidete, beigesetzt. Nach Auffindung seiner Gebeine 1380 wurde Alexander Newskij heiliggesprochen. 1729 ließ Peter der Große, seit 1721 Kaiser von Rußland, die Gebeine nach St. Petersburg bringen, wo sie seitdem im kurz

zuvor gegründeten Alexander-Newskij-Kloster, einer Lawra, verehrt werden.
Festtag: 14. November (Todestag), 23. November (Beisetzung in Wladimir), 30. August (Translation der Gebeine nach St. Petersburg).
Darstellung: als Großfürst mit Krone, Zepter und Zarenapfel.

Alexander Sauli (1534–1593), Ordensgeneral, Bischof, Patron von Korsika, Pavia und Genua. Der in Mailand geborene Alessandro stammte aus einer adligen Genueser Familie. Er trat in Mailand in den 1530 vom hl. → Antonius Maria Zaccaria gegründeten Orden der Barnabiten (Paulaner) ein, empfing 1556 die Priesterweihe und wirkte ab 1563 in Pavia als Professor der Theologie und Philosophie. 1567 wurde der Seelenführer des hl. → Karl Borromäus zum Ordensgeneral und 1569 zum Bischof von Aléria (Korsika) ernannt. Er führte seine Diözese zu hoher Blüte und bekam daher den Ehrennamen »Apostel Korsikas«. 1591 übertrug ihm Papst Gregor XIV. die Diözese Pavia (Oberitalien). Alexander Sauli starb während einer Visitationsreise in Calosso d'Asti und wurde in der Kathedrale von Pavia beigesetzt. 1741 sprach ihn Papst Benedikt XIV. selig, 1904 folgte die Kanonisation durch Papst Pius X.
Festtag: 11. Oktober.
Darstellung: im Bischofsornat mit Mitra und Stab.

Alexandros, → Alexander.

Alexius von Edessa (4./5. Jh.), der »Mann Gottes«, Patron der Pilger, Bettler und Vagabunden, der Kranken und Gürtler, Helfer bei Erdbeben, Blitz und Unwetter, bei Pest und anderen Seuchen.

Seine bereits im 5. Jh. entstandene Legende wurde in späterer Zeit im Westen wie im Osten weiter ausgeschmückt. Der Sohn reicher römischer Eltern verließ am Tag der Hochzeit seine Braut, zog ins Heilige Land und weiter in das nördliche Syrien, wo er bei Edessa (heute Urfa, Südosttürkei) ein Leben als Einsiedler in äußerster Armut, aber hoher Verehrung bis zu seinem Tod führte. Als sein Kult im 10. Jh. nach Rom drang, entstand eine andere Legende, nach der er aus Edessa nach Rom zurückgekehrt war und unerkannt als Bettler unter der Treppe seines Elternhauses lebte, wo den »Mann Gottes« in seiner Todesstunde sogar der Papst aufsuchte. In den Händen hielt der Tote einen Brief, in dem er sich zu erkennen gab.

Das Leben des hl. Alexius war im Mittelalter und noch im Barock ein beliebtes Thema für Dichtung und Musikdrama. So komponierte der Italiener Stefano Landi im 17. Jh. die Oper ›Il Sant' Alessio‹ zu einem Libretto des späteren Papstes Klemens IX. Nach dem Heiligen nannte sich eine um 1350 gegründete katholische Brüdergenossenschaft zur Pflege von Geisteskranken und zur Bestattung von Toten »Alexianer«, nach der ihnen von Papst Sixtus IV. 1472 gewährten Regel auch »Augustiner«. Noch im 14. Jh. gesellte sich die entsprechende weibliche Ordensgenossenschaft der »Alexianerinnen« (auch Augustinerinnen, Cellitinnen oder Christenserinnen) hinzu.

Festtag: 17. Juli, Ostkirchen: 17. März, Syrische Monophysiten (zumeist Armenier): 12. März.

Darstellung: als Pilger oder Eremit, als Bettler unter einer Treppe, wobei eine Magd einen Kübel Wasser über ihm entleert.

Aleydis, → Adelheid von Scharbeke.

Alfons Maria von Liguori, Alonso Maria di Liguori (1696–1787), Bischof, Moraltheologe, Kirchenlehrer, Gründer des Redemptoristenordens, Patron der Beichtväter und Moraltheologen.

Geboren in Marianella, einem Vorort von Neapel, als Sohn eines Edelmannes, schloß Alfons sein Studium an der Universität Neapel 1713 mit dem Doktor beider Rechte ab und wirkte in seiner Vaterstadt als besonders angesehener Rechtsanwalt. Als er 1723 aber einen wichtigen, schon gewonnen geglaubten Prozeß verlor, wandte er sich enttäuscht von der Juristerei ab und der Theologie zu, empfing 1726 die Priesterweihe und trat einer Weltpriestervereinigung bei. Er betätigte sich mit großem Erfolg in der Volksmission und schulte im »Werk der Kapellen« Laienapostel. 1732 gründete Alfons mit Unterstützung des Bischofs Thomas Falcoja in Scala bei Amalfi die »Kongregation des allerheiligsten Er-

*Der heilige Alexius von Edessa
als Bettler*

lösers« (Congregatio Sanctissimi Redemptoris), den Orden der Redemptoristen, nach ihrem Stifter oft auch »Liguorianer« genannt. Der Orden versuchte mit derb-drastischen, oft theatralischen Mitteln die Landbevölkerung und die Armen der Städte, um die sich damals kaum ein Priester kümmerte, für die Kirche zu begeistern. 1749 erhielt der Orden die päpstliche Approbation. 1762–1775 wirkte Alfons als Bischof von Sta. Agata de' Goti (nördlich von Neapel). Danach zog er sich in das Kloster Nocera dei Pagani bei Neapel zurück, wo er auch starb und beigesetzt wurde. 1839 sprach ihn Papst Gregor XVI. heilig, 1871 erhob Papst Pius IX. »den hervorragendsten und mildesten unter den Moraltheologen« zum Kirchenlehrer (wichtigstes Werk: ›Theologia moralis‹.

Festtag: 1. August.
Darstellung: als Bischof oder im schwarzen Redemptoristengewand mit dem Missionskreuz oder Rosenkranz, mit Federkiel, Kruzifix und Marienbild.

Alfons Rodríguez, Alonso Rodríguez (1531–1617), Jesuit. Geboren in der spanischen Provinzhauptstadt Segovia am Rande der Hochfläche Altkastiliens. Alfons (Alonso) studierte ein Jahr lang im Jesuitenkolleg in Alcalá, wurde danach jedoch Kaufmann. Als 1571 seine geliebte Frau starb, trat er in Valencia in die Gesellschaft Jesu (Jesuitenorden) ein und kam nach sechsmonatigem Noviziat in das neugegründete Kloster Montesión in Palma de Mallorca. Hier wirkte er bis zu seinem Tod als Laienbruder in verschiedenen Hausämtern, allein 24 Jahre als Klosterpförtner. Alfons, ein begnadeter Mystiker, verfaßte

zahlreiche bedeutende theologische Schriften. Er begeisterte → Petrus Claver, der hier 1605–1608 Philosophie studierte, für die Mission in Südamerika.
Festtag: 31. Oktober.
Darstellung: im Ordensgewand mit der Vision von Christus und Maria.

Alfred, → Altfrid von Hildesheim.

Alfred der Große, Aelfred (um 849 – um 899), König von Wessex (England). Geboren in Wantage (heutige Grafschaft Berkshire) als Sohn des Königs Ethelwulf und seiner Gemahlin Osburg. Schon als Fünfjähriger wurde Alfred von Papst Leo IV. in Rom zum König gesalbt. Nach dem Tod seines Bruders Ethelred bestieg er im April 871 den Thron von Wessex, des bedeutendsten der sieben angelsächsischen Königreiche. An der Spitze der Angelsachsen kämpfte er verzweifelt gegen die andrängenden heidnischen Dänen, die er lediglich aus Wessex und dem benachbarten Mercia fernhalten konnte. Alfred reorganisierte das Heer, baute die erste englische Flotte (»Vater der englischen Marine«) und befestigte die Städte. 878 gelang es ihm, die Dänen in der Schlacht bei Edington zu besiegen und ihnen den schon damals bedeutenden Handelsplatz London zu entreißen. 885 kam endlich ein Friedensvertrag mit den Dänen zustande, der das angelsächsische Königtum sicherte.
König Alfred stiftete nach dem Vorbild → Karls des Großen Klöster, Kirchen und Schulen und förderte das angelsächsische Geistesleben, indem er bedeutende Schriften aus dem Lateinischen übersetzen ließ, wie die Pastoralregeln → Leos I. des Großen und die Soliloquien des → Augustinus, und auch selber übersetzte (noch im 36.

Lebensjahr hatte er Latein gelernt), etwa die ›Regula pastoralis‹ → Gregors des Großen, ›De consolatione philosophiae‹ von Boethius, die Kirchengeschichte des Beda und die Weltgeschichte des Orosius. Er zog zahlreiche Gelehrte aus dem Frankenreich an seinen Hof, initiierte die erste angelsächsische Gesetzessammlung, aus der später das Common Law (Gemeines Recht) erwuchs, und schuf eine wirksame Verwaltung. Alfred, bald nach seinem Tod »der Große« genannt, wurde in der Kathedrale Saint Swithun in Winchester beigesetzt. Seine Gebeine kamen später in das Benediktinerkloster Hyde Abbey und folgten dem Kloster 1110 nach Hyde Mead. Offiziell wurde Alfred der Große nie kanonisiert, doch die Engländer verehren ihn noch heute als einen ihrer größten Heiligen.
Festtag: 28. Oktober.
Darstellung: als englischer König ohne besondere Attribute.

Algotus, → Adalgott von Chur.

Alice, **Alix**, → Adelheid von Scharbeke.

Alkmund, Alchmund († um 800), Märtyrer. Nach der Legende war er der Sohn des Königs Alred von Northumbrien, einem zeitweise mächtigen angelsächsischen Reich im heutigen Nordengland. Die Zeit des kulturellen Blüte im frühen 8. Jh. war gerade einer Zeit der Anarchie gewichen, die erst 829 mit dem Anschluß an das Königreich Wessex endete. In dieser Zeit der Anarchie erlitt Prinz Alkmund das Martyrium, wobei die Todesart unbekannt blieb.
Festtag: 19. März.

Aloisius von Gonzaga, Luigi (1568–1591), Jesuit, Märtyrer der Nächstenliebe, Patron von Mantua, der studierenden Jugend, der Jugend allgemein, Helfer bei der Berufswahl, Helfer gegen Pest und Augenleiden.
Aloisius von Gonzaga – sein Taufname war Ludovico – wurde am 9. März 1568 auf Schloß Castiglione delle Stiviere bei Mantua (Oberitalien) als ältester Sohn des Marchese Ferrante di Gonzaga geboren. Als Page am Hof von Florenz legte er 1578 das Gelübde der ewigen Keuschheit ab und erhielt 1580 aus der Hand des Kardinals → Karl Borromäus die erste hl. Kommunion. 1581–1583 lebte er mit zwei jüngeren Brüdern am Hof des Königs Philipp II. von Spanien und Portugal. Der Eindruck, den Karl Borromäus bei Aloisius hinterlassen hatte, war so stark, daß der Junge beschloß, Theologe zu werden. Es war nicht leicht, den Vater davon zu überzeugen, daß er weder für eine militärische noch für eine politische Karriere geschaffen sei, sondern allein den Menschen als Christ dienen wolle. Er verzichtete auf sämtliche Ansprüche als ältester Sohn und wurde 1585 Jesuit. Nach zweijährigem Noviziat legte Aloisius seine Gelübde ab und widmete sich fortan theologischen Studien, vor allem aber der Pflege schwerkranker Menschen. Als 1591 in Rom die Pest ausbrach, war Aloisius Tag und Nacht bei den Kranken und Sterbenden, half, wo er konnte, gab ihnen Hoffnung und spendete Trost. Schließlich erkrankte er selbst an der furchtbaren Seuche und starb am 21. Juni, erst 23 Jahre alt. Sein Leib ruht in der Kirche S. Ignazio in Rom; in dem angrenzenden Jesuitenkolleg kann man noch heute das Zimmer des Paters besichtigen. Sein Haupt kam in die Aloisius-Basilika von Castiglione.

1726 sprach Papst Benedikt XIII. Aloisius von Gonzaga, den Gottesmann, der sich in seinen zahlreichen Briefen vor allem an die Jugend gewandt hatte, heilig. 1729 wurde er zum Patron der studierenden Jugend bestimmt, 1926 hat Papst Pius XI. dies bestätigt.
Festtag: 21. Juni.
Darstellung: als Jesuit mit Soutane und Rochett (spitzenbesetztes Chorhemd), mit Rosenkranz und Lilie, dem Symbol der Keuschheit, betend vor dem Kreuz, zu seinen Füßen Geißel oder Totenkopf (Sinnbild der Pest).

Alonso Maria di Liguori, → Alfons Maria von Liguori.

Alonso Rodríguez, → Alfons Rodríguez.

Altfrid von Hildesheim, Alfred (vor 800–874). Seine theologische Ausbildung erfuhr Altfrid in den Klöstern Fulda, St-Riquier und St-Quentin. 829 wurde er Leiter der Klosterschule an der Benediktinerabtei Corvey an der Weser und 851 zum Bischof von Hildesheim bestellt. Er gab 852 den Auftrag zum Bau des Hildesheimer Mariendoms und gründete im selben Jahr das Kanonissenstift in Essen, ein Stift für adelige Damen, dann gemeinsam mit Graf Liudolf von Sachsen († 866) und dessen Gemahlin Oda das Stift Gandersheim und schließlich auch das Kanonissenstift Lamspringe. Der ostfränkische König Ludwig der Deutsche (833–837 und 840/843–876) schätzte den Rat des Bischofs Altfrid sehr. Er ist in Essen beigesetzt, seine Reliquien in der dortigen Münsterkirche werden noch heute verehrt. 1965 wurde er von Papst Paul VI. heiliggesprochen.

Festtag: 15. August, in Essen und Hildesheim: 16. August (da am 15. August das Hochfest der Mariä Himmelfahrt begangen wird).
Darstellung: als Bischof mit dem Stab in der linken Hand, die rechte Hand weist auf seine Stiftungen: die Münster- und die Johanneskirche in Essen.

Altmann von Passau (um 1015–1091), Bischof. Der aus einer westfälischen Adelsfamilie stammende Altmann studierte an mehreren Universitäten, u.a. in Paris, geistliche Wissenschaften und wurde Lehrer und Kanoniker an der Domschule in Paderborn. 1046 ließ der deutsche König Heinrich III., ein tatkräftiger Herrscher, der die kirchlichen Reformideen von Cluny förderte, auf der Bischofsversammlung (Synode) von Sutri (bei Viterbo, Mittelitalien) die drei gleichzeitig regierenden Päpste Benedikt IX., Silvester III. und Gregor VI. absetzen und erhob den deutschen Bischof Suidger von Bamberg als Klemens II. zum Papst, der ihn am Weihnachtsfest 1046 zum Kaiser krönte. Gegen 1051 übernahm Altmann das Amt des Propstes am Kollegiatsstift des Aachener Münsters und wurde Hofkaplan des Kaisers. Nach dem Tod Heinrichs III. 1056 wallfahrtete Altmann mit der Kaiserin, der jungen Witwe Agnes von Poitou, nach Passau. 1065 erhielt er die Weihe zum Bischof von Passau. Er unterstützte die Reformbestrebungen des Papstes Gregor VII. und bewirkte im Investiturstreit, daß Papst Gregor VII. den deutschen König Heinrich IV. mit dem Bann belegte. Nach Lösung des Banns in Canossa (1077) mußte Bischof Altmann aus Deutschland fliehen. Im österreichischen Teil der Passauer Diözese ließ er sich unter dem

Schutz des Markgrafen Leopold II. in der um 1070 von ihm gegründeten Benediktinerabtei Göttweig (Bezirk Krems, Niederösterreich) nieder. 1080 ernannte ihn Papst Gregor VII. zum päpstlichen Vikar für Deutschland, das er aber nie mehr betreten konnte. Bischof Altmann starb in Zeiselmauer bei Wien und wurde in der Abtei Göttweig beigesetzt. Ein kostbarer Goldschrein in der Altmann-Krypta der Abteikirche bewahrt seine Schädelreliquie. Er wurde offiziell nie kanonisiert, sein Kult fand erst spät, 1884 für die Diözesen Linz und St. Pölten, 1890 für die Diözese Passau, eine Bestätigung.

Festtag: 8. August; in Linz, Passau, St. Pölten und Wien am 9. August.

Darstellung: im Bischofsgewand, mit Pedum (Krummstab) und Buch, gelegentlich mit der Kaiserin Agnes.

Alto († um 760), Abt von Altomünster. Alto gehörte zu jenen angelsächsischen Missionaren, die im frühen 8. Jh. im südlichen Bayern das Christentum verbreiteten. Im heutigen Kreis Dachau lebte er als Eremit und gründete kurz nach 752 auf einer Landschenkung Pippins III. des Jüngeren, König der Franken, östlich von Augsburg ein Benediktinerkloster, das später den Namen »Altomünster« erhielt. König Pippin III., oft »der Kurze« genannt, Sohn Karl Martells und Vater Karls des Großen, schuf das fränkische Großreich und förderte die Kirche, stellte aber das Recht des Staates über das Recht der Kirche. Alto wurde erster Abt des von ihm gegründeten Klosters, wo er auch starb. Seine Gebeine ruhen unter dem rechten Seitenaltar der heutigen Pfarrkirche St. Alto zu Altomünster. Ein Reliquienschrein bewahrt seine Hirnschale.

Festtag: 9. Februar.
Darstellung: als Abt mit Mitra und Stab, oft mit einem Kelch, in dem das Jesuskind sitzt. Weitere Attribute sind Buch und Messer – mit dem Messer soll Abt Alto die zu rodenden Bäume markiert haben.

Amadeus von Lausanne (um 1110 – 1159), Bischof. Der Sohn eines französischen Adligen kam auf Schloß Chatte (westlich von Grenoble) zur Welt. Nach dem Tod der Mutter trat sein Vater 1119 als Mönch in das Zisterzienserkloster Bonneval (nordwestlich von Orléans) ein. Amadeus besuchte dort die Klosterschule, wechselte 1121 zur Benediktinerabtei Cluny und vollendete seine Ausbildung am Hofe Kaiser Heinrichs V. 1125 trat er als Mönch in die Zisterzienserabtei Clairvaux (östlich von Paris) ein, wurde 1139 Abt der Zisterzienserabtei Hautecombe (am Lac du Bourget nahe Aix-les-Bains) und 1144 Bischof von Lausanne am Genfer See, wo er auch starb. Sein Kult wurde 1710 und nochmals 1903 genehmigt. 1911 wurden seine Gebeine in der Kathedrale von Lausanne wiederaufgefunden.

Festtag: 27. August, in der Diözese Lausanne-Genève-Fribourg 30. August.
Darstellung: mit fürstlichen Insignien, die Gottesmutter reicht ihm den Handschuh.

Amalberga von Gent, Amalia († 8. Jh.), Patronin der Bauern und Seeleute, Helferin bei Schiffbruch, Hagel und Fieber. Die aus fränkischem Fürstengeschlecht stammende Amalberga wurde von ihrer Tante → Landrada, Äbtissin von Münster-Bilsen (Belgien) ausgebildet und zog sich danach auf ihren nahen Erbbesitz Tamise zurück. Hier soll die schöne junge Frau nach

der Legende den Heiratsantrag Karl Martells, Hausmeier und Begründer der fränkischen Großmacht, zurückgewiesen haben. Daraufhin nahm sie auf Rat des hl. → Willibrord den Schleier und wurde Nonne. Nach einem an Visionen und Wundern reichen Leben starb sie im Kloster Münster-Bilsen. Ihre Reliquien kamen später nach Wintershoven, 870 auf den Blandinienberg im belgischen Gent. Die Verehrung der Amalberga begann schon sehr früh und fand eine weite Verbreitung.
Festtag: 10. Juli.
Darstellung: meist in fürstlichem Gewand mit Krone, ein Kirchenmodell haltend, Karl Martell zu ihren Füßen, als Nonne mit Palme und Buch. Fische ziehen ein Boot mit dem Schrein ihrer Reliquien. Wildgänse erinnern an die Legende von einer Wildgansplage in Belgien, die die Heilige durch ihr Gebet beendete.

Amalberga von Maubeuge, Amalia († um 690), Herzogin und Nonne. Die aus dem fränkischen Gau Bracbantum (heute Brabant, Landschaft zwischen Maas und Schelde) stammende Amalberga war die Gemahlin des Grafen → Witgar, dem sie nach der Legende die hll. → Emebert, → Gudula von Brüssel und → Reineldis gebar. Als ihre Kinder groß waren, trat sie zusammen mit ihren beiden Töchtern Gudula und Reineldis in das Benediktinerinnenkloster Maubeuge (Nordfrankreich) ein. Ihr Grab befindet sich im Kloster St-Pierre in Lobbes bei Thuin (belg. Hennegau).
Festtag: 10. Juli.
Darstellung: als Nonne mit Rosenkranz, mit Kreuz und Buch, mit ihrer Tochter Gudula, mit der Erscheinung eines Herzens mit Kreuz.

Amalberte, → Madelberta.

Amalia, → Amalberga von Gent, → Amalberga von Maubeuge.

Amandus von Maastricht (594–679 oder 684), Apostel der Belgier, Patron von Flandern, Maastricht, Utrecht, Salzburg, Patron der Weinhändler.
Der junge Adlige aus der Gascogne trat als Mönch in das Kloster Oye bei La Rochelle ein, lebte 15 Jahre in strenger Inkluse (freiwillige Einsperrung zu Askese und Gebet) bei der Martinskathedrale in Bourges (Frankreich). Noch vor 638 zum Bischof geweiht, wirkte er als erster Missionsbischof Galliens im heutigen Belgien, später auch in Tirol und Kärnten. Amandus baute Kirchen und gründete mehrere Klöster, darunter 639 die Abtei Elnon im heutigen St-Amand (Nordfrankreich). 647–649 war er Bischof von Maastricht, danach Berater des Papstes → Martinus I. Amandus bewirkte mehrere Wunder: Er erweckte einen Hingerichteten zum Leben, befreite auf wunderbare Weise unschuldig Gefangene und entging stets den Anschlägen seiner Feinde. Amandus' Grab befindet sich in Elnon.
Festtag: 6. Februar.
Darstellung: im Bischofsgewand mit Stab, Buch und Schlange (Symbol des Satans), mit Ketten (Überwindung des Heidentums) und Kirchenmodell (Gründung von Kirchen und Klöstern).

Amandus von Straßburg (um 290 – um 355), Bischof. Über das Leben und Wirken des vermutlich ersten Bischofs von Straßburg ist nur wenig bekannt. Historisch belegt ist allein, daß er 343 am Konzil von Sardika und 346 an der Synode von Köln teilgenommen hat. Seine Gebeine kamen zuerst in das Inselkloster Honau (Unterelsaß), im Jahr 1290 überführte man sie in das Benediktinerkloster Rheinau (bei Zürich), seit 1398 hütet sie die Alt-St.-Peterskirche in Straßburg. Der Heilige wird häufig mit → Amandus von Maastricht verwechselt, der aber rund drei Jahrhunderte später lebte.

Festtag: 26. Oktober.
Darstellung: im Bischofsornat mit Mitra, Stab und Buch.

Amandus von Worms (7. Jh.), Bischof. Als Günstling des Merowingerkönigs Dagobert I. (629–639) erhielt der Romane Amandus das Amt des Bischofs von Worms übertragen. Seine Reliquien kamen schon früh nach Salzburg, doch ist eine Verwechslung mit den Reliquien des → Amandus von Maastricht möglich.

Festtag: 6. Februar, in Mainz 26. Oktober.
Darstellung: im Bischofsgewand mit Pallium, Mitra und Stab. Ist eine Schlange als Attribut dargestellt, so handelt es sich um Amandus von Maastricht.

Amatus von Sitten († um 690), Bischof. Der Benediktiner Amatus war Bischof von Sitten (Sion) im Kanton Wallis (Schweiz). Der Frankenkönig Theuderich III. verbannte ihn nach Peronne (bei St-Quentin, Nordfrankreich). Zuletzt lebte Amatus bei Lille (Nordfrankreich), wo er im nahen Douai sein Grab fand.

Festtag: 13. September.
Darstellung: als Bischof, der nach einer Legende mit vollen Händen Geld in den Fluß wirft, um nicht habsüchtig zu werden; oder mit einem Raben, der einen Wasserkrug umwirft.

Ambrosius (um 340–397), Bischof, ältester der vier → Kirchenväter, Kirchenlehrer, Patron von Mailand und Bologna, Patron der Imker und Wachszieher (Kerzenmacher), der Bienen und der Haustiere.

Ambrosius wurde um das Jahr 340 in Trier geboren, das den weströmischen Kaisern damals als Residenz diente. Sein Vater, der römische Statthalter von Gallien, ließ Ambrosius in Rom ausbilden. Um 370 ernannte Kaiser Valentinian den tüchtigen jungen Mann zum Statthalter von Oberitalien mit Sitz in Mailand. In dieser Stellung wurde Ambrosius so beliebt, daß man ihn bei der strittigen Bischofswahl 374 zum Bischof von Mailand wählte, obwohl er kein Christ war. Die Taufe holte man schnell nach, und acht Tage darauf erhielt er seine Weihe zum Bischof. Er verkaufte sein ganzes Hab und Gut und verteilte den Erlös an die Armen. Als Bischof sorgte er angesichts des zusammenbrechenden Römischen Reiches für eine feste Organisation der Kirche und für die Unabhängigkeit der Kirche vom Staat (»Der Kaiser steht innerhalb der Kirche, nicht über der Kirche«). Als Kaiser Theodosius I. der Große 390 einen blutigen Aufstand der Bürger von Thessalonike (heute Saloniki, Griechenland) gegen die römische Besatzung niederschlug, riet ihm Bischof Ambrosius davon ab, die Stadt zu strafen. Doch der Kaiser mißachtete den Rat und ließ im Zirkus der nordgriechischen Stadt 7 000 Bürger hinrichten. Erst nach öffentlicher Reue und Buße erlaubte Ambrosius dem Kaiser, wieder im Chor der Mailänder Hauptkirche Platz zu nehmen. Am 24. Februar 391 verbot der Kaiser auf Ambrosius' Drängen alle heidnischen Kulte, was zu gewaltsamen Zerstörungen der heidnischen

Heiligtümer führte, und erhob das Christentum zur Staatsreligion. Ambrosius trat allen christlichen Irrlehren, vor allem der arianischen Lehre, entschieden entgegen und setzte die allgemeine Geltung des Nicänischen Glaubensbekenntnisses (Wesenseinheit von Gott Vater und Gott Sohn) durch. Ambrosius war unermüdlich tätig. Er dichtete Hymnen, komponierte geistliche Lieder und schrieb zahlreiche Bücher. Mit seinem Schaffen beeinflußte er maßgeblich das Kulturleben des 4. Jh. und der Jahrhunderte danach. Er entwickelte den Ambrosianischen Gesang, eine rhythmisch-melodische Singweise mit östlichen und altgriechischen Elementen. Der ihm zugeschriebene Ambrosianische Lobgesang, das »Te Deum laudamus«, entstand erst im 5. Jh. Ambrosius führte den Gemeindegesang ein (»Vater des Kirchengesanges«) und taufte 387 den hl. → Augustinus, ebenfalls einer der vier Kirchenväter. Ambrosius starb am 4. April 397 und wurde unter dem Hochaltar der Mailänder Basilika S. Ambrogio beigesetzt. Am 8. August 1871 entdeckte man die Gebeine des Heiligen unter dem Altar, am 7. Dezember 1873 wurden sie durch päpstliches Breve (Erlaß) für echt erklärt.

Festtag: 7. Dezember.

Darstellung: als Bischof mit einem Bienenkorb (Symbol des Fleißes und der Beredsamkeit), mit Schreibfeder und Taube (göttliche Inspiration), mit einem Kirchenmodell, mit dem Kind in der Wiege, mit Buch und Geißel (weil er den Arianismus mit Erfolg bekämpfte), mit menschlichen Gebeinen (weil er die Reliquien der hll. → Gervasius und Protasius fand).

Ambrosius von Saint-Maurice († um 560), Abt. 516 wurde Ambrosius Nachfolger des hl. → Hymnemodus als Abt des Klosters St-Maurice (Kanton Wallis, Schweiz) und vollendete dessen Werk.

Festtag: 2. November.

Ammon von Nitria, Ammunas († um 350), Eremit und Mönchsvater. Ammon stammte aus einer reichen alexandrinischen Familie. Fast 18 Jahre lang lebte er mit seiner Gattin in einer Josephsehe. Als die Ehe gegen 320 zerbrach, zog sich Ammon in die Wüste bei Alexandria zurück, wo er fortan beim Mons Nitria südlich des Sees Mareotis (heute Mariut) als Einsiedler in strengster Askese lebte. Damals trafen sich in der Nitrischen Wüste viele Anachoreten (Einsiedler), die Ammon theologisch und ökonomisch zu Mönchskolonien zusammenfaßte. So gilt er – wie auch → Antonius der Große – heute als »Vater des Mönchtums«. Auch Antonius der Große lebte und wirkte in der Wüste bei Alexandria und schätzte Ammon sehr. Als Ammon starb, sah Antonius der Legende nach, wie Engel dessen Seele zum Himmel trugen. Im Jahr darauf, 351, verließ der inzwischen hundertjährige Antonius die Wüste, um in Alexandria öffentlich gegen die Arianer aufzutreten.

Festtag: 4. Oktober.

Darstellung: als Eremit mit langem Bart und langem Haar; die Vision Antonius' des Großen.

Amor († 767/777), Benediktiner, Missionar. Seine Herkunft ist ungewiß, sein Leben legendär. Möglicherweise stammt er aus Schottland, vielleicht aber auch aus Südfrankreich (Aquitanien). Er schloß sich Bischof → Pirmin von der Reichenau an, der am Oberrhein und im Elsaß missionierte. Auch

für Bischof Burkhard von Würzburg war er tätig. Um 714 ließ er an einer heilkräftigen Quelle des Odenwaldes eine Kapelle bauen, die er Bischof Pirmin weihte und die später den Namen »Amorsbrunnen« erhielt. Nahebei gründete er 730 ein Benediktinerkloster, dessen erster Abt er wurde. Das Kloster Amorbach gehört seit 1803 den Grafen von Leiningen. Aus der Klostersiedlung entstand die kleine Stadt Amorbach im heutigen bayerischen Kreis Miltenberg.
Festtag: 17. August.
Darstellung: in Pilgerkleidung mit Kirchenmodell und Pilgerstab.

Anaklet I., Anakletus, Cletus, Kletus († um 91), Papst (um 79–91), → Kanonheiliger. Über sein Leben und Wirken ist kaum etwas bekannt. Man weiß nur, daß er nach → Linus der zweite Nachfolger des Petrus als Bischof von Rom und Haupt der Kirche war. Möglicherweise fiel er einer Christenverfolgung zum Opfer. Sein Grab befindet sich im Vatikan.
Festtag: 13. Juli, als Cletus (Kletus) 26. April.

Anargyroi, heilige Ärzte. Meist werden sie paarweise genannt und dargestellt und vor allem von den Gläubigen der Ostkirchen verehrt. Den Beinamen »Anargyroi« (= ohne Geld) erhielten sie, weil sie die Armen unentgeltlich behandelten. Beispiele: → Kosmas und Damianus, → Kyros und Johannes, → Pantaleon, → Sampson, → Diomedes.

Anastasia von Sirmium († 304), Märtyrerin, Patronin der Pressezensur, Helferin bei Erkrankungen des Kopfes und der Brust sowie bei Seelennöten, → Kanonheilige.

Anastasia, als Tochter eines Heiden und einer Christin um die Mitte des 3. Jh. in Rom geboren, durchlitt eine kurze, aber furchtbare Ehe mit einem brutalen Mann. Nach seinem Tod widmete sie sich den in den Gefängnissen auf ihr Martyrium wartenden Christen. Als ihr Lehrer → Chrysogonus bei den Christenverfolgungen von 303 unter Kaiser Diokletian in Rom verhaftet und in das oberitalienische Aquileia gebracht wurde, folgte sie ihm. Dabei wurde sie ebenfalls festgenommen und in Sirmium, einer bedeutenden Stadt Pannoniens an der Save (heute Sremska Mitrovica im kroatischen Slawonien), gefoltert und zum Tode verurteilt. Sie kam gefesselt auf ein Schiffswrack, das man auf den reißenden Fluß hinaustrieb. Doch das löchrige Wrack ging zur Verwunderung aller Zuschauer nicht unter. Daraufhin verbrannte man sie auf dem Scheiterhaufen. Nach einer anderen Legende wurde Anastasia gemeinsam mit 200 Jungfrauen verbrannt.
Schon bald nach ihrem Martyrium wurde Anastasia in vielen Ländern als Heilige verehrt. Im 4. Jh. fand ihr Todestag, der 25. Dezember, Eingang in das römische Kirchenjahr. Ihr Name erschien in der Allerheiligenlitanei und im römischen Meßkanon (Kanonheilige). Im 4. Jh. stiftete Anastasia, Schwester von Kaiser Konstantin dem Großen, in Rom die Kirche S. Anastasia, die am Fuß des Palatin auf den Ruinen eines römischen Portikus erstand und einige Reliquien der Heiligen aufnahm. Unter dem byzantinischen Kaiser Leon I. dem Großen kamen die Gebeine der hl. Märtyrerin aus Sirmium nach Konstantinopel. Weitere Reliquien befinden sich u.a. in Rom, Verona, Zadar (Kroatien) und seit 1053 im oberbayerischen Kloster

Benediktbeuren, dem mittelalterlichen Zentrum der Anastasiaverehrung. In der um die Mitte des 18. Jh. von Johann Michael Fischer erbauten Anastasiakapelle der Klosterkirche steht das berühmte Kopfreliquiar der Heiligen, ein Werk von Egid Quirin Asam (1725).
Festtag: 25. Dezember. Der früh einsetzende und fast über ganz Europa verbreitete Kult führte zu zahlreichen neuen Legenden bzw. zur Vermischung mit den Legenden von anderen lokal verehrten Heiligen desselben Namens Anastasia die Pharmazeutin, Anastasia Romana.
Darstellung: als Märtyrerin mit Schleier, eine Krone haltend, mit einer Palme, mit einem Salbgefäß für die Einbalsamierung der Gemarterten, auf einem Scheiterhaufen, oft gemeinsam mit anderen Heiligen; als Patronin der Pressezensur mit einer Schere.

Anastasius I. († 402), Papst (399–402). Der in Rom geborene Kleriker wurde am 27. November 399 zum Papst gewählt. Er war mit → Hieronymus und → Paulinus von Nola befreundet und führte gegen die damals weitverbreiteten »Irrlehren« der Origenisten und der Donatisten einen verzweifelten, doch nur wenig erfolgreichen Kampf. Anastasius starb in Rom und wurde neben der Basilika der hll. Abdon und Sennen bestattet.
Festtag: 27. April.
Darstellung: als Papst mit Bart, mit Tunika und Pallium, mit Tiara, Doppelkreuz und Buch.

Anastasius I. von Antiochia († 599), Patriarch von Antiochia von 559 bis 599. In Antiochia am Orontes (heute Antakya, Südosttürkei) nannte man die Anhänger der neuen Religion erstmals »Christen« (Apg 11, 26). Der Leiter der frühchristlichen Gemeinde dieser Stadt genoß bald sehr hohes Ansehen; so rangierte der Patriarch von Antiochia in der damaligen Kirchenhierarchie an vierter Stelle, hinter dem Bischof von Rom (Papst) und den Patriarchen von Konstantinopel und Alexandria. Anastasius wurde vor allem durch seinen Kampf gegen die sog. Irrlehre der Aphthartodoketen bekannt, einer besonders fanatischen Gruppe der Monophysiten. Diese Auseinandersetzung wurde so erbittert geführt, daß der byzantinische Kaiser Justinos II. (565–578), ein Anhänger des Monophysitismus, Anastasius im Jahr 570 in die Verbannung schickte.
Festtag: 21. April.

Anastasius der Perser, Magundat (um 600–628), Märtyrer, Patron der Goldschmiede, Helfer bei Kopfschmerzen und Besessenheit.
Der persische Ritter Magundat kam 614 mit dem Heer der Perser unter Chosrau II. Parwez nach Jerusalem, das nach dreiwöchiger Belagerung die Tore öffnete. Das darauf folgende ungeheure Blutbad unter der christlichen Bevölkerung beeindruckte den jungen Perser so sehr, daß er sich 620, als sich der Zorn auf die Christen gelegt hatte, taufen ließ und unter dem Namen Anastasius in das Kloster der hl. Anastasia in Jerusalem eintrat. 627 führte ihn das Heimweh nach Persien zurück, wo er in Betsaloë in den Kerker geworfen wurde und am 22. Januar 628 mit etwa 70 Gefährten den Martertod starb. Papst Honorius I. (625–638) ließ seinen Leichnam auslösen und nach Konstantinopel bringen. Das Haupt des Anastasius kam in die Kirche Aquae Salviae südlich von Rom. Heute ist dieser Ort, nach der Überlieferung der

Ort der Hinrichtung des Apostels Paulus, von der Trappistenabtei Tre Fontane umgeben, und die Kirche, die im 7. Jh. auch die Reliquien des hl. → Vinzenz von Saragossa aufnahm, heißt SS. Vincenzo ed Anastasio.
Festtag: 22. Januar.
Darstellung: als Mönch, mit der Axt erschlagen, als junger Märtyrer in fürstlicher Kleidung mit Palme und Kreuz.

Andreas († 60), einer der zwölf Jünger Jesu, Apostel von Rußland und Konstantinopel, Patron von Schottland, der Achaia (Landschaft im Nordwesten der Peloponnes, Griechenland), Patron der Fischer und Fischhändler, der Metzger, Seiler und Bergleute. Wird angerufen vor Heirat und bei Unfruchtbarkeit, gemeinsam mit → Thomas Heiratspatron.
Geboren in Bethsaida (heute et-Tell) nahe der Mündung des Jordan in den See Genezareth (Joh 1, 44), wohnte später mit seinem Bruder Simon (→ Petrus) in Kapernaum, wo beide ein Haus besaßen (Mk 1, 29) und als Fischer arbeiteten. Schon bald schloß sich Andreas → Johannes dem Täufer an (Joh 1, 35–40), der in der Wüste das Reich Gottes verkündete und ihn auf Jesus den Messias verwies. Jesus berief Andreas zu seinem ersten Jünger. Nach Jesu Tod missionierte er der Legende nach in Kleinasien (Pontus und Bithynien), auf dem Balkan (Thrakien) und in Griechenland (Epirus und Achaia). In Patras (Patrai), der Hauptstadt der Achaia, heilte er im Jahr 60 Maximilla, die Frau des Statthalters Aegeas, und bekehrte sie zum Christentum. Als er ihr eheliche Enthaltsamkeit anriet, solange ihr Mann ungetauft war, ließ ihn der Statthalter an ein Kreuz mit schrägen Balken (Andreas-

kreuz) schlagen. 356 brachte man seine Gebeine in die Apostelkirche zu Konstantinopel, von wo aus sie 1208 nach Amalfi (bei Neapel) übertragen wurden. Sein Haupt kam 1462 nach Rom und 1964 wieder nach Patras zurück.
Festtag: 30. November. In der Nacht zum 30. November, der Andreasnacht, begann noch im 19. Jh. die Zeit der »Klöpfelnächte« (»Glöckelnächte«), in denen Kinder und Burschen, meist maskiert, von Haus zu Haus zogen, an die Türen klopften, lustige Verse sangen, Erbsen oder Bohnen warfen und dafür kleine Geschenke erhielten. Heiratswillige Mädchen versuchten in dieser Nacht den Zukünftigen zu erkennen.
Darstellung: als alter Mann mit grauem oder weißem Haar, kräftiger Nase und buschigen Augenbrauen, mit Schriftrolle oder Buch, mit Fisch, Strick und dem Andreaskreuz.

Andreas Avellino (1521–1608), Oberer des Theatinerordens, Patron von Neapel, Sizilien und Avellino (Kampanien), Helfer bei Gewitter, Schlaganfall und plötzlichem Tod. Geboren in Castronuovo bei Palermo, wurde 1545 Priester, studierte in Neapel Rechtswissenschaften und war als Anwalt der Kirche in theologischen Streitfällen tätig. Doch bald wandte er sich der Seelsorge zu, trat 1556 in den Orden der Theatiner ein und wirkte in Kampanien und in der Lombardei als Prediger. Schließlich wurde er zum Ordensoberen gewählt. Andreas Avellino starb in Neapel zu Beginn einer heiligen Messe am Schlag. Sein Grab fand er in der Theatinerkirche S. Paolo Maggiore in Neapel. Papst Klemens XI. sprach den Theatiner 1712 heilig.
Festtag: 10. November.

Darstellung: sein Tod vor dem Altar, Heilung eines Besessenen.

Andreas Bobola (1592–1657), Märtyrer, Jesuit, Fürbitter für die Einheit der Kirchen.
Der Sohn polnischer Adliger stammte aus der Gegend von Sandomir (heute Sandomierz an der Weichsel, Polen). Seine Familie stiftete ein Jesuitennoviziat in Wilna (heute Vilnius, Litauen), in das er 1611 eintrat. Der junge Jesuit wirkte als Prediger und Kongregationsleiter an der soeben erbauten frühbarocken St.-Kasimir-Kirche in Wilna. Danach setzte ihn der Orden als Volksmissionar in der Gegend von Pinsk ein, das 1521 zu Polen gekommen war und heute zu Weißrußland gehört. Seine Predigten brachten ganze Dorfgemeinschaften dazu, vom russisch-orthodoxen zum römisch-katholischen Glauben überzutreten. Das empörte die orthodoxe Kirche, die aufgrund der »Union von Brest« (1596 war ein großer Teil der orthodoxen Kirche Polens unter Beibehaltung der Lehre und Riten dem Papst unterstellt worden) ohnehin in Aufruhr war: Sie ließ den »Duszochwat« (Seelenräuber) Andreas Bobola in Janow (bei Lublin, Polen) zu Tode martern. Papst Pius XI. sprach Andreas Bobola 1938 heilig und erklärte ihn zugleich zum Fürbitter für die Einheit der russisch-orthodoxen und der römisch-katholischen Kirche. Bislang gab es allerdings noch nicht einmal ein Zusammentreffen von Papst und Patriarch.
Festtag: 16. Mai.

Anežka, → Agnes von Böhmen.

Angela Merici, Angela von Brescia (1474–1540), Ordensgründerin.
Sie wurde in Desenzano am Gardasee geboren. In Brudazzo erhielt sie durch eine Vision den Auftrag, Kindern die christliche Lehre nahezubringen. Im oberitalienischen Brescia scharte sie die Kinder der Straße um sich, erzählte ihnen Geschichten aus der Bibel und brachte ihnen viel Nützliches bei. Bald war sie hier bei groß und klein so bekannt und beliebt, daß man sie »Angela von Brescia« oder kurz »Madre« (Mutter) nannte. 1525 nahm sie an einer Wallfahrt in das Heilige Land teil und erblindete dabei allmählich. Aus ihrer Arbeit mit der Jugend entstand der Orden der Ursulinen, den Papst Paul III. 1535 bestätigte. 1537 wurde Angela Merici erste Oberin des Ordens, der sich bis heute zum größten und bedeutendsten Frauenorden für Erziehung und Unterricht entwickelte. Angela starb in Brescia und fand ihr Grab in der dortigen Kirche S. Afra. 1768 sprach Papst Klemens XIII. Angela Merici selig, 1807 folgte die Kanonisation durch Papst Pius VII.
Festtag: 27. Januar.
Darstellung: als Oberin mit Kreuz, Rosenkranz und offenem Buch, manchmal ist eine Himmelsleiter (Gen 28,12 f.) im Hintergrund (eine ihrer Visionen).

Anicetus, Aniketos († um 166), Papst (154/155 – um 166). Der gebürtige Syrer stammte aus Emesa (heute Homs am Orontes, Westsyrien). Bekannt wurde er durch seine ergebnislosen Verhandlungen um 155 in Rom mit → Polykarp von Smyrna über den Termin des Osterfestes (»Passahstreit«, → Viktor I.). Anicetus wurde in den Calixtuskatakomben beigesetzt, Reliquien befinden sich in Bologna und in München in St. Michael.
Festtag: 17. April.

Anna, Mutter der Jungfrau → Maria. Patronin der Bretagne, für eine glückliche Heirat, Patronin der Ehe, der Mütter und der Witwen, Patronin der Hausfrauen und Haushälterinnen, der Dienstboten und Arbeiterinnen, der Weber, Schneider und Strumpfwirker, der Müller und Krämer, Schiffer und Seiler, Tischler und Drechsler, der Bergwerke, Bergleute und Goldschmiede, der Armen; Helferin für eine glückliche Geburt und für Kindersegen.

Anna ist nach christlicher Tradition die Frau des hl. → Joachim (Protoevangelium des Jakobus, um 150). Ihre Vita ist der alttestamentlichen Erzählung von Hanna und ihrem Sohn Samuel nachgebildet. Nach zwanzigjähriger Ehe wurde sie Mutter der Jungfrau Maria. Ihre Verehrung war schon im 4. Jh. weit verbreitet. Der hl. Anna zu Ehren bildete sich im 13. Jh. die St.-Annen-Bruderschaft (Annenbrüder) der Kaufleute. Im ausgehenden Mittelalter erreichte der Annenkult in Mitteleuropa durch den Bau zahlreicher Annenkirchen und Annenkapellen, zu denen stark besuchte Wallfahrten führten, ihren Höhepunkt. Seit dem Jahr 1500 befinden sich Reliquien ihres Hauptes in der St.-Anna-Kirche zu Düren (Nordrhein-Westfalen). 1584 bestimmte Papst Gregor XIII. den 26. Juli zu ihrem Festtag, dem »Annentag«.

Festtag: 26. Juli (mit Joachim).

Darstellung: als ältere Frau, zumeist in der Gruppe der »Anna selbdritt« mit Maria und dem Jesusknaben, seltener als »Anna selbviert« unter Hinzufügung der hl. → Emerentia, der Mutter von Anna. Bekannt ist auch die Darstellung der »Heiligen Sippe«, die nach der ›Legenda Aurea‹ aus Anna, ihren drei Gatten, ihren Töchtern, Schwiegersöhnen und Enkeln besteht. Immerhin war die schon recht alte Anna nach Joachims Tod noch zweimal verheiratet.

Anno von Köln, Hanno (um 1010–1075), Erzbischof, Patron der Gichtkranken.

Anno stammte aus einem schwäbischen Adelsgeschlecht, wurde in der Bamberger Domschule erzogen und wirkte ab 1044 als Propst in Goslar. Hier lernte ihn Kaiser Heinrich III. (1039–1056) kennen und schätzen, so daß Anno ihn auf seinen Ungarnzügen 1051 und 1052 begleiten mußte. 1056 wurde er als Anno II. zum Erzbischof von Köln geweiht. Er stiftete zahlreiche Kirchen und Klöster, mehrte die Größe und Macht des Kölner Bistums und kümmerte sich um die Armen und Hilflosen. Nachdem Kaiser Heinrich III. noch im selben Jahr unerwartet gestorben war und dessen Gemahlin Agnes die Vormundschaft über ihren minderjährigen Sohn Heinrich IV. und die Verwaltung des Reiches übernommen hatte, entführte Erzbischof Anno mit Hilfe einiger Fürsten 1062 in einer Art Staatsstreich den jungen König aus Kaiserswerth (heute Stadtteil von Düsseldorf) und riß auch die Reichsverwaltung an sich. Diese mußte er jedoch schon nach einem Jahr an Erzbischof Adalbert von Bremen abgeben. Nach Adalberts Tod übernahm Anno nochmals auf Wunsch Heinrichs IV. die Staatsgeschäfte, zog sich 1072 aber vom Hof in die von ihm 1064 gestiftete Benediktinerabtei St. Michael in Siegburg zurück, in der er 1075 starb und seine Ruhestätte fand (Annoschrein des Nikolaus von Verdun, 1183). Zu Beginn des 12. Jh. besang ein Siegburger Mönch das Leben und Wirken Annos in einem epischen Gedicht, dem

*Die Heilige Sippe: Joseph, Maria, Joachim, Anna und das Jesuskind
(Hans Baldung Grien)*

›Annolied‹. 1183 sprach Papst Lucius III. den ehrgeizigen und tatkräftigen Erzbischof heilig.
Festtag: 5. Dezember.
Darstellung: als Erzbischof mit Kirchenmodell, Buch und Schwert.

Anselm von Canterbury (1033–1109), Erzbischof, Philosoph, Kirchenlehrer. Anselm, in Aosta (Norditalien) als Sohn eines lombardischen Adligen geboren, wurde 1060 Mönch, 1063 Prior und 1078 Abt des Benediktinerklosters Bec in der Normandie. 1093 trat er die Nachfolge des verstorbenen Erzbischofs von Canterbury (Südengland) an. Mit dem englischen König Wilhelm Rufus (= der Rote; 1087–1100) und dessen Sohn und Nachfolger Heinrich I. (1100–1135) kam es zu langem, heftigem Streit um die Machtansprüche der Kirche, die schon wenige Jahre zuvor, 1077, zwischen dem deutschen König Heinrich IV. und Papst Gregor VII. zur Demütigung der weltlichen Macht geführt hatten (Gang nach Canossa). Wilhelm Rufus wurde bei der Jagd ermordet, niemand weiß bis heute, wer den tödlichen Pfeil in wessen Auftrag abgeschossen hatte. Erzbischof Anselm mußte wegen des Streits zweimal England verlassen: 1097–1100 und 1103–1106. Erst unter Papst Paschalis II. kam 1107 ein Vergleich zwischen den verfeindeten Parteien zustande, ein Kompromiß, der Vorbild wurde für das Wormser Konkordat von 1122 zwischen Kaiser Heinrich V. und Papst Calixtus II. Anselm starb am 21. April 1109 in Canterbury und fand sein Grab in der dortigen Kathedrale. Papst Alexander VI. sprach Anselm von Canterbury 1494 heilig, Papst Klemens XI. nahm ihn 1720 unter die Kirchenlehrer auf.

Große Bedeutung erlangte der Kirchenlehrer Anselm für die mittelalterliche Scholastik (»Vater der Scholastik«) durch die Betonung der Vernunft, seinen Grundsatz »Credo, ut intelligam« (»Ich glaube, um zu erkennen«). In diesem Sinne behandelte er die Trinität; das Dasein Gottes folgerte er aus der Zufälligkeit des Endlichen. Berühmt ist sein ontologischer Gottesbeweis (Schriften ›Monologium‹ und ›Proslogium‹).
Festtag: 21. April.
Darstellung: als Bischof, Abt oder Mönch mit Buch oder Schrifttafel, oft hält er ein kleines Schiff in der Hand oder hat eine Marienerscheinung.

Ansgar von Hamburg, Anscarius, Oskar (um 801–865), Bischof und Erzbischof, Apostel des Nordens, Asket. Patron der Bistümer Hamburg und Bremen.
Ansgar wurde in der Nähe von Amiens geboren, er war Schüler, dann Mönch im Benediktinerkloster Corbie (Picardie). 823 ging er als Lehrer an die Klosterschule der Abtei Corvey (gehört heute zu Höxter an der Weser). Ab 827 missionierte er in Dänemark, ab 830 in Schweden. 832 wurde Ansgar erster Bischof von Hamburg. Papst Gregor IV. (827–844) ernannte ihn zum Erzbischof und zum päpstlichen Legaten für Skandinavien und Dänemark. 845 wurde Ansgar zusätzlich Bischof von Bremen, er ging nochmals für kürzere Zeit nach Dänemark und Schweden und übernahm 864 die Leitung des vereinigten Erzbistums Hamburg-Bremen. Er starb in Bremen. Ansgar machte sich vor allem um die Ausbreitung des Christentums in Schweden, Jütland und Schleswig verdient.
Festtag: 3. Februar.
Darstellung: als Bischof mit Mitra und

Stab, mit Buch und mit Pelzbesatz am Gewand (Apostel des Nordens), mit Kirchenmodell.

Antonius der Große, Antonius der Einsiedler, Antonius Abbas (251/252–356), Patron der Ritter, der Weber, Zuckerbäcker, Bauern, Korbflechter und Bürstenmacher, Glöckner, Schweinehirten, Metzger und Totengräber, Patron der Haustiere, besonders der Schweine, Nothelfer bei Pest, Lepra und Syphilis, bei Feuer und Viehseuchen. »Vater des Mönchtums«, »Stern der Wüste«, Dämonenbezwinger und Wundertäter, einer der vier → Marschälle.

Antonius, geboren in Kome (heute Keman, Mittelägypten), stammte aus einer vornehmen Familie. Als seine Eltern starben, verschenkte der Zwanzigjährige das Erbe an die vielen Armen seiner Heimat und begann das Leben eines Einsiedlers in der umliegenden Wüste, dann in einem Felsengrab in der Thebais, Oberägypten, wo im späten 3. Jh., vor allem im 4. Jh., unzählige Christen seinem Beispiel folgten und sich in regelrechten Einsiedler-Kolonien (einer Vorform des Mönchtums) niederließen. Um Antonius sammelte sich ein immer größerer Kreis von Jüngern, die sein selbstloses und wundertätiges Wirken priesen. Als Kaiser Maximinus Daia 311 die Christen in Ägypten mit größter Grausamkeit zu verfolgen begann, ging Antonius nach Alexandria, um dort seinen Glaubensbrüdern mit Trost und tätiger Hilfe beizustehen.

Nach dem Abebben der Verfolgungen kehrte er in die Wüste zurück, wo die Zahl seiner Anhänger immer mehr zunahm, wo ihn Kranke und Notleidende, Priester und Bischöfe aufsuchten und seine Hilfe und seinen Rat erbaten. Von hier aus führte er einen regen Briefwechsel mit Kaiser → Konstantin dem Großen, der seit seinem Toleranzedikt von Mailand (313) das Christentum begünstigte, sich aber erst kurz vor seinem Tode taufen ließ. Und er korrespondierte mit dessen Sohn und Nachfolger Constantius II., der seit 337 als Augustus die oströmischen Provinzen, seit 352 das ganze Römische Reich beherrschte. Vergeblich versuchte der schon greise Antonius, Constantius von dessen Unterstützung des Arianismus abzubringen, jener schon auf dem Konzil von Nicäa (325) verworfenen Lehre, nach der Christus nicht selbst Gott, sondern Geschöpf sei. 351 ging er auf Bitten seines Freundes → Athanasius der Große nach Alexandria, um dort öffentlich gegen die Arianer aufzutreten. Der große Antonius starb im Alter von 105 Jahren. 561 überführte man seine Gebeine nach Alexandria, 635 nach Konstantinopel. Um 1 000 kamen sie nach Frankreich, seit 1491 befinden sie sich in der Pfarrkirche St-Julien zu Arles. Athanasius zeichnete um 370 die Vita des Antonius auf.

Die Verehrung des hl. Antonius setzte bereits im 5. Jh. ein, wobei man ihn im Osten vor allem als Einsiedler und Mönchsvater, im Westen als Wunderheiler und Schutzpatron gegen Krankheiten und Seuchen schätzte. Die Verehrung verstärkte sich mit der Gründung des Antoniusordens (Antonianer, Antoniter) Ende des 11 Jh. in St-Didier-de-la-Motte (Dauphiné, Südfrankreich). Der französische Edelmann Gaston soll den Orden, anfangs als Laienbruderschaft, als Dank für die Heilung seines Sohnes vom »Antoniusfeuer«, einer im Mittelalter in ganz Europa verbreiteten epidemischen Krankheit, gestiftet haben. Papst Urban II. bestätigte den Orden 1095, Papst Bonifatius VIII. wandelte ihn 1298 in einen Chorherrenorden um.

Festtag: 17. Januar, Antoniustag. In Rom wird jährlich vom 17. bis 25. Januar vor der Antoniuskirche (S. Antonio) das Fest der Weihe der Haustiere begangen.

Darstellung: als bärtiger Eremit, als Mönch mit Kapuze und Abtstab, als Attribut erscheinen Antoniuskreuz (T-förmiges Kreuz), Weihwedel, Rosenkranz, Antoniusglöckchen (zum Almosensammeln der Antoniten), Schwein (zum Unterhalt der ordenseigenen Hospitäler). Dargestellt werden häufig die »Versuchungen des hl. Antonius«, die Kämpfe mit den Dämonen, denen er in der Wüste ausgesetzt war, sowie die Begegnungen des Antonius mit dem hl. → Paulus von Theben.

Antonius Maria Zaccaria (1502–1539), Arzt, Priester, Gründer des Ordens der Barnabiten. Der in Cremona (Oberitalien) geborene Antonio studierte zuerst Medizin, danach Theologie und erhielt 1528 die Priesterweihe. Zwei Jahre darauf, 1530, gründete er mit Bartholomäus Ferrari und Jakob Anton Morigi die »Kongregation der Regularkleriker vom hl. Paulus« (Paulanerorden) zur Mission des Volkes, vor allem zur Erziehung der Jugend; 1533 erließ Klemens VII. die päpstliche Approbation. Als die Ordensgründer 1538 das Kloster S. Barnaba zu Mailand bezogen, wurden sie »Barnabiten« genannt. Bereits 1530 hatte Antonius die Gräfin Luise Torelli von Guastalla dazu angeregt, als weibliches Pendant den Orden der Angeliken (Engelschwestern) zu stiften, einer mit den Barnabiten verbundenen »Frauenkongregation zur Bekehrung und Belehrung des weiblichen Geschlechts«. Der Frauenorden erlosch zu Beginn des 19. Jh.; nur in Mailand überdauerte ein Institut der Guastallinen oder Töchter Mariens. Zur gleichen Zeit endete auch das Wirken der Barnabiten in ihrer deutschsprachigen Provinz. Heute existieren in aller Welt noch 71 Häuser mit über 300 Priestern. Unter den zahlreichen Reformen, die die katholische Kirche im 16. Jh. durchführte, geht das Freitagsläuten (zum Gedenken des Kreuzestodes Christi) und das Vierzigstündige Gebet (zur Erinnerung an die Grabesruhe Christi) auf Anregung des Antonius Maria Zaccaria zurück. Antonius starb in Cremona, seine Gebeine ruhen in der Kirche des hl. Barnabas (Angelikenkirche) in Mailand. 1897 sprach ihn Papst Leo XIII. heilig.

Festtag: 6. Juli.

Darstellung: als Priester mit Lilie, Kreuz, Kelch und Hostie.

Antonius von Padua, Fernando Martin de Bulhom (1195–1231), Franziskaner, Kirchenlehrer, Volksprediger, Patron der Franziskaner, der Diözesen Padua, Lissabon, Spalato, Paderborn und Hildesheim; Patron der Liebenden, der Eheleute, Frauen und Kinder, der Reisenden, Pferde und Esel, der Armen und Sozialarbeiter, der Bergleute, Fayencefabrikanten und Bäcker; Helfer beim Wiederfinden von verlorenen Sachen, Helfer gegen Unfruchtbarkeit und für eine glückliche Entbindung, gegen Dämonen, Fieber und Pest, bei Schiffbruch und in Kriegsnöten, bei Viehkrankheiten, kurz »Helfer gegen alle Nöte«.

Fernando – so der Taufname des hl. Antonius von Padua – wurde in Lissabon als Sohn einer reichen Adelsfamilie geboren. Mit fünfzehn Jahren, 1210, trat er bei den Regulierten Chorherren des hl. → Vinzenz (von Sara-

49

gossa) in Lissabon ein, besuchte nach zwei Jahren das Studienzentrum der Augustiner-Chorherren in Coimbra (Portugal) und empfing dort die Priesterweihe. Als 1220 fünf in Marokko ermordete Franziskaner-Missionare in Coimbra beigesetzt wurden, ergriff ihn das so, daß er in das Franziskanerkloster St. Antonius in Coimbra wechselte. Fortan nannte er sich Antonius. Er ging als Missionar nach Marokko, aber eine schwere Erkrankung zwang ihn zur Rückkehr. In Forlì (Mittelitalien) entdeckte der Orden seine Rednerbegabung und setzte ihn 1222–1224 in Rimini und Mailand gegen die Katharer, 1224–1227 in Südfrankreich gegen die Albigenser, 1227–1230 wieder in Oberitalien, zuletzt in Padua, mit großem Erfolg als Bußprediger ein. → Franz von Assisi ernannte ihn zum Lektor der Theologie an der Universität Bologna, wo er sich vor allem mit der asketisch-mystischen Theologie des → Augustinus befaßte. Antonius wurde 1224 Guardian in Le Puy, 1226 Kustos in Limoges und 1227 Provinzial der Romagna. 1230 zog er sich völlig zurück und lebte auf einem Nußbaum in Camposampiero bei Padua. Antonius starb in Arcella auf dem Weg nach Padua. 1232, ein knappes Jahr nach seinem Tod, sprach ihn Papst Gregor IX. im bisher kürzesten Kanonisierungsprozeß der Kirchengeschichte heilig. 1263 wurde Antonius' Leib in Anwesenheit des Ordensgenerals → Bonaventura erhoben und in die neue Basilika S. Antonio in Padua überführt. Dabei stellte man fest, daß die Zunge des berühmten Redners noch völlig unversehrt war. 1946 ernannte Papst Pius XII. den hl. Antonius von Padua, den meistverehrten Heiligen der Italiener, zum Kirchenlehrer.

Festtag: 13. Juni.
Darstellung: häufig barfuß, als jugendlicher bartloser Franziskaner mit Lilie und Buch, mit dem Jesuskind, mit Flamme oder mit flammendem Herzen (Liebe zu Jesus und Maria); den Fischen predigend (als Antonius in Rimini den Ketzern predigen wollte und niemand erschien, predigte er den Fischen, die daraufhin ihre Köpfe aus dem Wasser streckten); das sog. Hostienwunder: Antonius zeigt dem hungernden Esel eines Ketzers eine Hostie; der Esel verschmäht sein Futter und kniet nieder, woraufhin der Ketzer sich bekehrt.

Apollinaris von Ravenna († 75 oder um 200), Bischof, Märtyrer. Patron von Ravenna, Remagen und Düsseldorf. Patron der Nadler (Nadelmacher), Helfer bei Steinleiden (Gallen- und Nierensteine), Gicht, Epilepsie und Geschlechtskrankheiten.
Die Vita des hl. Apollinaris ist legendarisch und recht verwirrend. Nach einigen Quellen war er als Begleiter des Apostels → Petrus von Antiochia am Orontes (heute Antakya, Südosttürkei) nach Rom gekommen und von ihm zur Mission nach Ravenna gesandt worden, von wo er nach Folter und Kerker glücklich mit dem Schiff entkam. Daraufhin soll er das Evangelium in Dalmatien verkündet haben und, wieder nach Ravenna zurückgekehrt, erschlagen worden sein. Nach anderen Quellen geschah dies alles – etwas glaubwürdiger – unabhängig von Petrus, der ja viel früher lebte, an der Wende zum 3. Jh. Über seinem Grab in Classe (Vorort südlich von Ravenna) entstand im 6. Jh. S. Apollinare, eine prächtige dreischiffige Basilika, geweiht 549 durch Bischof Maximian. Auch die arianische Hofkirche des Gotenkönigs

Theoderichs des Großen (471–526), ein dreischiffiger Backsteinbau, weihten die Katholiken später dem hl. Apollinaris (S. Apollinare Nuovo). Reliquien des Heiligen kamen nach Reims, Dijon, Obermichelbach (bei Mülhausen, Oberelsaß), Aachen-Burtscheid, Gorkum (bei Utrecht, Niederlande), Düsseldorf, Siegburg und vor allem nach Remagen, dessen Apollinarisberg sich zu einem berühmten Wallfahrtsort entwickelte (Haupt des hl. Apollinaris).

Festtag: 23. Juli.

Darstellung: als Bischof mit Ähren (Abwendung einer Hungersnot) und Keule (Martyrium).

Apostolische Väter. Als heilig verehrte Schüler der Apostel, frühchristliche Schriftsteller, deren Schriften große Bedeutung für die Entwicklung der kirchlichen Tradition hatten. Sie lebten zwischen 60 und 150 n. Chr. Die wichtigsten Apostolischen Väter sind → Barnabas, → Klemens I. (Clemens Romanus), → Ignatius von Antiochia, → Polykarp von Smyrna, → Papias von Hierapolis und → Hermas von Philippopolis.

Arindrud, → Erentrudis von Salzburg.

Arnulf von Metz (um 582–641), Bischof und Ahnherr der Karolinger, Patron der Brauer und Müller, Helfer bei der Suche nach verlorengegangenen Dingen.

Der Sohn aus ostfränkischem Adelshaus genoß seine Erziehung am Königshof zu Metz. Als seine Gemahlin Doda, die ihm einen Sohn geboren hatte, in ein Trierer Kloster eintrat, empfing Arnulf die Priesterweihe und wurde 614 Bischof von Metz sowie Minister des Frankenkönigs Chlotar II. 623 befreundete er sich mit Pippin dem Älteren, der soeben Hausmeier (Kanzler) von Chlotars Sohn Dagobert I., König von Austrien (östliches Frankenreich) geworden war. Beide Freunde regierten fortan gemeinsam und sehr erfolgreich für den jungen König Dagobert. Arnulfs Sohn Ansegisel heiratete Pippins Tochter Begga. Diese Verbindung bewirkte, daß sowohl Pippin der Ältere als auch Arnulf von Metz als die Ahnherren der Karolingerdynastie, deren bedeutendster Herrscher Karl der Große werden sollte, gelten. Als Dagobert I. 629 die Alleinherrschaft über das gesamte Frankenreich übernahm, zog sich Arnulf mit dem Hofbeamten → Romarich in die Vogesen (Elsaß) zurück, um dort als Einsiedler die Leprastation Remiremont zu gründen. Nach Arnulfs Tod ließ Bischof Abbo 642 die sterblichen Überreste des Heiligen nach Metz in die Kirche St-Arnoul (St.-Arnulf-Kirche) überführen; heute befinden sie sich im Dom zu Metz.

Festtag: 18. Juli.

Darstellung: der Heilige bei der Krankenpflege; ein Fisch und ein Ring erinnern an die Legende, wonach Arnulf seinen Bischofsring in die Mosel warf und erklärte, daß seine Sünden erst dann vergeben seien, wenn er seinen Ring zurückbekäme. Schon bald darauf brachte man ihm einen Fisch, in dessen Bauch Arnulf den Ring wiederfand.

Athanasius der Große, Athanasios (um 295–373), Patriarch von Alexandria, einer der griechischen → Kirchenväter. Der in Alexandria (Ägypten) geborene Athanasius erhielt von seinen christlichen Eltern und von → Antonius dem Großen eine erlesene

Ausbildung. Als Diakon begleitete er 325 Alexander, den Patriarchen von Alexandria, auf das erste Ökumenische Konzil von Nicäa (heute Iznik, Türkei), auf dem das »Nicänische Glaubensbekenntnis« (Symbolum Nicaenum) die Wesenseinheit (Homousie) von Gott Sohn mit Gott Vater festlegte. 328 wurde Athanasius Nachfolger des verstorbenen Patriarchen Alexander. Noch waren die Arianer, die Gegner der Homousie, so mächtig, daß Athanasius immer wieder in die Verbannung gehen mußte: 335–337 nach Trier, 340–346 nach Rom, 356–362 in die ägyptische Wüste, 362–363 nach Oberägypten (Thebais) und 365–366 in die Einöde bei Alexandria. Und überall verbreitete er die christliche Glaubenslehre von der Dreieinigkeit (Trinität) der göttlichen Personen Vater, Sohn und Heiliger Geist. Um 370 verfaßte er die Biographie des hl. → Antonius des Großen, die zu einer starken Verbreitung des Einsiedlerlebens und schließlich zur Bildung von Einsiedlergemeinden, Vorläufern der späteren Klöster, führte. Athanasius »der Große«, die »Säule der Kirche«, der »Vater der Orthodoxie«, ein Mann des Geistes und der Unbeugsamkeit, ein unerbittlicher Kämpfer, aber auch ein Mann des Friedens und der Versöhnung, starb am 2. Mai in Alexandria.
Festtag: 2. Mai.
Darstellung: fast immer als alter Mann mit kahlem Haupt und langem Bart, im Gewand eines griechischen Bischofs, ein Buch oder eine Schriftrolle in der Hand, zwischen zwei Säulen stehend.

Atza, Atzia, Atzin, → Achahildis.

Aubert, → Autbert von Cambrai.

Aubet, → Drei heilige Jungfrauen.

Aubin, → Albinus von Angers.

Aubry, → Alberich von Cîteaux.

Audifax, → Marius und Martha.

Augustinus, Aurelius Augustinus (354–430), Bischof, → Kirchenvater, Kirchenlehrer. Patron der Theologen, Bierbrauer und Buchdrucker; Helfer für gute Augen.
Augustinus wurde am 13. November 354 in Thagaste, Numidien (heute Souk-Arrhas, südlich von Bône, Algerien) als Sohn des Heiden Patricius und der Christin → Monika geboren. Während seines Studiums – Theologie und Philosophie an den geisteswissenschaftlichen Schulen von Karthago – pflegte er einen ausschweifenden Lebenswandel, wandte sich dann aber der Religion des Manichäismus und der Philosophie des Skeptizismus zu. Er wirkte als Lehrer der Freien Künste in Thagaste, Karthago und Rom und wurde 384 Professor der Rhetorik in Mailand. Hier führte ihn Bischof → Ambrosius zum christlichen Glauben und spendete ihm 387 die Taufe. Augustinus verzichtete auf alle Ämter, kehrte nach Thagaste zurück und ließ sich 391 zum Priester weihen. 395 wurde Augustinus Koadjutor des Bischofs Valerius und ein Jahr später sein Nachfolger als Bischof von Hippo Regius (heute Annaba, vorher Bône, Hafenstadt in Nordostalgerien). Er lebte mit seinen Priestern in klösterlicher Gemeinschaft und wurde zum geistigen Führer der frühen abendländischen Kirche. Die Regel dieser Gemeinschaft wurde zum Vorbild für alle späteren Augustiner-Gemeinschaften. Augustinus war ein unbändiger Kämpfer ge-

gen alle häretischen Strömungen, wie Manichäismus, Donatismus, Pelagianismus und Arianismus.

429 brach König Geiserich mit 80 000 Wandalen und von ihnen unterworfenen Völkern von Spanien aus in Nordafrika ein und begann 430 mit der Belagerung von Hippo Regius, während der Augustinus starb. Seine Gebeine überführte der Langobardenkönig Liutprand im 8. Jh. nach Pavia, wo sie sich noch heute unter dem Hochaltar der Augustinerkirche S. Pietro in Ciel d'Oro befinden. Über dem Hochaltar erhebt sich seit dem 14. Jh. die dreigeschossige Arca di S. Agostino, das Grabmal des hl. Augustinus aus weißem Marmor. 1842 kam ein Teil der Reliquien nach Hippo Regius zurück.

Man nennt Augustinus den vielseitigsten und bedeutendsten Kirchenvater, den größten Kirchenlehrer des christlichen Altertums. Er gilt als der bedeutendste philosophische und theologische Denker der frühabendländischen Kirche. Ganze Generationen gläubiger Christen, auch Nichtkatholiken, beriefen sich auf Augustinus. Hauptsächlich beschäftigte sich Augustinus mit dem Verhältnis des Menschen zu Gott. Unter seinen zahlreichen Schriften ragen besonders heraus: ›Confessiones‹ (Bekenntnise) und ›De civitate Dei‹ (Über den Gottesstaat).
Festtag: 28. August.
Darstellung: als Bischof oder Gelehrter mit Buch und Schreibfeder, Engel oder Jesuskind, mit flammendem oder pfeildurchbohrtem Herzen. Ein wasserschöpfender Knabe am Meer erinnert an jene Legende, wonach Augustinus am Meeresstrand ein Kind trifft, das mit einer Muschel (oder einem Löffel) Wasser aus dem Meer schöpft und in eine Sandkuhle gießt. Auf seine

*Der heilige Augustinus
(Simone Martini)*

Frage, was er da mache, antwortete der Knabe: »Ich tue das gleiche wie du. Du willst die Unergründlichkeit Gottes mit deinen Gedanken ausschöpfen, ich versuche, das Meer auszuschöpfen.«

Augustinus von Canterbury († 604), Benediktiner, Bischof und Missionar, Apostel der Angelsachsen.
Der Römer Augustinus war Prior des Andreasklosters in Rom, das → Gregor I. der Große gegründet hatte. 596 sandte ihn Papst Gregor (590–604) mit etwa 40 Benediktinermönchen nach England, um dort die Angelsachsen zu christianisieren. Doch folgten die Mönche seinen Anweisungen nur recht widerwillig, so daß er umkehrte und sich vom Papst zum Abt ernennen ließ.

Bei der Reise durch das Frankenreich nahm er noch die Würde eines Bischofs an und begann nun 597 in Kent mit der Missionierung. König Ethelbert sah Augustinus' Arbeit mit Wohlwollen und wies ihm Canterbury, das römische Durovernum, nun Hauptstadt des Königreichs Kent, als Bischofssitz und Mittelpunkt der Missionsarbeit zu. Hier gründete Augustinus noch 597 außerhalb der Stadtmauern eine Abtei, die spätere St. Augustine's Abbey, die größte und bedeutendste christliche Klosteranlage nächst Montecassino. Er baute die berühmte Christ Church und innerhalb der Stadt die Kathedrale. Augustinus ging recht geschickt vor: statt die heidnischen Tempel zu zerstören, wandelte er sie nach und nach in Kirchen um. Sein Wirken war so erfolgreich, daß sich bald auch König Ethelbert taufen ließ. 601 wurde Augustinus zum ersten Erzbischof von Canterbury ernannt. Er starb in Canterbury und wurde in der Klosterkirche St. Peter und Paul beigesetzt.

Festtag: 28. Mai.

Darstellung: als Bischof mit Pallium, Stab und Mitra.

Aurelia (3. oder 11. Jh.). Um diese Heilige ranken sich so viele Legenden, daß niemand mehr weiß, wer sie in Wirklichkeit war, wann sie lebte und was sie bewirkte. Möglicherweise war sie eine Gefährtin der hl. → Ursula von Köln und starb mit ihr den Märtyrertod (Straßburger Überlieferung). Oder sie war die Tochter von Hugo Capet, König von Frankreich (987–996) und Begründer der Dynastie der Ka-

petinger, die unter dem hl. → Wolfgang von Regensburg als Reklusin im Benediktinerkloster St. Emmeram in Regensburg lebte. Über fünf Jahrzehnte bis zu ihrem Tod soll sie in ihrer Zelle eingeschlossen gewesen sein. In der dortigen Klosterkirche, um 790 vollendet und im 18. Jh. von den Brüdern Asam barockisiert, hat Aurelia ihr kostbares Hochgrab (1330) gefunden.

Festtag: 15. Oktober.

Darstellung: mit einem Buch in der Hand tritt die Heilige ins Kloster ein.

Aurelius Augustinus, → Augustinus.

Autbert von Cambrai, Autbertus, Aubert, Otbert († 669), Patron der Bäcker. Er war mit dem Frankenkönig Dagobert I. (623–639) verwandt, wirkte als Mönch im damals berühmten Kloster Luxeuil (nordwestlich von Belfort), das der hl. → Kolumban 590 gegründet hatte, und kam schon früh an den königlichen Hof. Hier förderte er die Missionsarbeit in Flandern und unterstützte die dortigen Klöster. 633 wurde er Bischof von Cambrai, wo er nach langer, erfolgreicher Tätigkeit sein Grab fand. Einige Reliquien gelangten um 950 nach Magdeburg. Seit 1015 ruhen seine Gebeine in der Kirche St-Géry-et-Aubert in Cambrai.

Festtag: 13. Dezember.

Darstellung: als Bischof mit Mitra, Stab und Buch, als Bäcker mit Heiligenschein; zu seinen Füßen ein Esel, beladen mit Brotkörben, die er nach der Legende regelmäßig von der Klosterbäckerei allein in die Stadt trug.

B

Badulf, → Botulf.

Balbina († um 130), Märtyrerin. Nach einer legendären Vita aus dem 6. Jh. war sie die schwer erkrankte Tochter des römischen Tribunen → Quirinus (von Neuss). Sie wurde von Papst → Alexander I. durch Berühren der Kette Petri geheilt, woraufhin sich Vater und Tochter taufen ließen. Um 130 starben sie in Rom den Martertod. Balbina wurde an der Via Appia beigesetzt.
Festtag: 31. März.
Darstellung: mit Kreuz und Lilienzepter, eine Kette haltend (Heilungswunder), mit einem Engel, der zum Himmel weist.

Balthasar, → Drei Heilige Könige.

Barbara († 306), Märtyrerin, zählt zu den Vierzehn → Nothelfern und zu den → Drei heiligen Madl'n; Patronin des Bergbaus und der Bergleute, der Bauern, der Architekten, Maurer, Zimmerleute und Dachdecker, der Steinmetze und Schmiede, der Metzger und Köche, der Gießer und Glöckner, der Hutmacher, Feuerwehrleute und Totengräber, Patronin der Artillerie und der Festungswerke, des Militärs und der Gefangenen; Helferin für ein gutes Sterben, bei Feuer, Gewitter, Fieber und Pest. Nach der im Laufe der Zeit vielfach abgewandelten legendarischen Vita lebte die Tochter des wohlhabenden Christenhassers Dioskuros in Nikomedia in Bithynien (heute Izmit am Marmarameer, Türkei) – nach anderer Legende in Heliopolis (Baalbek, Liba-

Martyrium der heiligen Barbara (Anton Koberger)

55

non). Sie war so schön, daß ihr Vater sie in einem Turm einschloß, um ihre Unberührtheit zu sichern. Weil das kluge Mädchen viele Fragen hatte, die ihre Bücher nicht beantworten konnten, schrieb sie an den großen Theologen Origenes in Alexandria. Origenes antwortete ihr durch den Priester Valentinus, der sie, als Arzt ausgegeben, besuchen durfte, woraufhin sie die Taufe verlangte. Für die Taufe war nach damaligem Verständnis ein größeres Wasserbecken erforderlich. Daher bat sie ihren Vater um den Einbau eines Bades. Bei dieser Gelegenheit – ihr Vater befand sich gerade auf einer Reise – ließ sie sich ein drittes Fenster, als weithin sichtbares Symbol der Dreifaltigkeit, in den Turm brechen, stellte ein Kreuz auf und empfing von dem Priester die Taufe. Als der Vater nach seiner Rückkehr das dritte Fenster erblickte und Barbara nach dem Grund für die Veränderung fragte, sagte sie ihm, daß sie nunmehr Christin wäre. Da wollte er sie voller Wut erschlagen, aber die Mauer öffnete sich, und sie entkam zu einem Hirten. Der Hirt aber verriet ihr Versteck, und der Vater brachte sie zum Statthalter Marcianus. Dieser ließ Barbara geißeln, mit Keulen schlagen, ihre Brüste abschneiden und sie mit brennenden Fackeln quälen. Das nackte, blutende Mädchen jagte er über den Marktplatz, wobei Engel einen Schleier über sie breiteten. Schließlich enthauptete sie der eigene Vater, wonach ihn ein Blitz erschlug. Die Reliquien der hl. Barbara kamen um 1000 nach S. Marco in Venedig und später in das Kloster S. Giovanni Evangelista auf der Insel Torcello vor Venedig. Um die hl. Barbara entstanden im Mittelalter zahlreiche Volksbräuche, wie das Schneiden der »Barbarazweige«

am 4. Dezember: stellt man die Zweige von Apfel- oder Kirschbäumen in wassergefüllte Vasen, so tragen die Zweige Weihnachten Blüten. Im Rheinland ist die hl. Barbara die Gefährtin des Nikolaus, die die Kinder beschert. An ihre Funktion als Helferin für ein gutes Sterben erinnert der folgende Spruch aus dem 15. Jh.: »Sankt Bärbel, die vermag zu stärken. Denn wer in ihren Diensten steht, nie ohne Sakrament von hinnen geht.«

Festtag: 4. Dezember.

Darstellung: in vornehmer Kleidung mit Kelch und Hostie, mit Schwert und einem dreifenstrigen Turm (ihr Kerker, in den Gottes Dreifaltigkeit drang), oft gemeinsam mit den hll. → Katharina von Alexandria und → Margareta von Antiochia.

Barnabas († 61), Apostelschüler (→ Apostolische Väter), Apostel Zyperns, Märtyrer, Patron von Mailand und Florenz, Patron der Weber, Böttcher und Küfer, Helfer bei Streit und Traurigsein, bei Hagel und Steinschlag.
Barnabas wurde auf Zypern als Sohn eines jüdischen (levitischen) Gutsbesitzers geboren. Er hieß eigentlich Josef und erhielt seinen Taufnamen Barnabas (= Sohn des Trostes) erst von den Aposteln. Nach dem frühen Tod der Eltern verkaufte er seinen ganzen Besitz und übergab den Erlös den Aposteln zur Verwendung für die ersten judenchristlichen Gemeinden (Apg 4, 36 –37). Er wirkte anfangs mit → Paulus als Missionar und Lehrer in Antiochia, wo man seine seherischen Fähigkeiten bewunderte (Apg 13, 1). Dann begleitete er Paulus auf dessen erster Missionsreise nach Zypern und Südkleinasien (Apg 13 und 14). Er war Teilnehmer am Apostelkonzil in Jerusalem (Apg 15, 2–35) und besuchte mit

→ Markus die Christengemeinden auf Zypern (Apg 15, 39). Vermutlich wirkte Barnabas 50/51 mit Paulus in Korinth (1 Kor 9, 6). Auch in Alexandria und Rom soll er gepredigt haben. Die Legende machte ihn gar zum ersten Bischof von Mailand. In Salamis bei Famagusta (Zypern) erlitt er den Märtyrertod durch Steinigung. Sein Grab auf Zypern wurde im 5. Jh. entdeckt. Seither wird Barnabas in Mailand als Heiliger verehrt. Seine Reliquien sind in vielen Kirchen Italiens, auch in Prag, Toulouse, Namur, Köln und Andechs (Oberbayern) zu finden. An den Heiligen erinnert das Kloster S. Barnabas in Mailand; als die vom hl. → Antonius Maria Zaccaria 1530 gegründete »Kongregation der Regularkleriker vom hl. Paulus« hier einzog, nannte man sie fortan »Barnabiten«.

Festtag: 11. Juni, Ostkirchen: 11. April.

Darstellung: im Apostelgewand mit Ölzweig, Evangelienbuch (-rolle) oder Stein (Martyrium), im Bischofsornat ohne Attribut.

Bartholomäus († um 51), Apostel, Märtyrer. Patron von Altenburg, Frankfurt am Main, Pilsen, Maastricht und Lüttich; Patron der Bergleute, der Gerber, Lederarbeiter, Handschuhmacher, Schuhmacher und Buchbinder, der Bauern, Winzer und Hirten, der Metzger und Schneider; des Wetters; Helfer bei Nervenkrankheiten.

Bartholomäus war einer der zwölf Jünger Jesu (Mt 10, 3, Mk 3, 18, Lk 6, 14, Apg 1, 13). Nach Jesu Tod wirkte er als Missionar in vielen Ländern, in Indien, Mesopotamien, Kleinasien und Armenien. Vermutlich predigte er auch in Ägypten, wie das die koptischen Christen behaupten. Weil er König Polymios von Armenien bekehrte, soll dessen

Der heilige Bartholomäus
(Albrecht Dürer)

Bruder Astyages Bartholomäus gemartert haben. Nach anderer Vita soll er die Frau des Astyages bekehrt haben. Die Art seines Martyriums ist nicht bekannt. Vielleicht wurde er enthauptet, gekreuzigt oder gar enthäutet – damals die übliche persische Todesstrafe. Die Gebeine des Märtyrers wurden um 580 auf die Insel Lipari vor Sizilien übertragen und um 838, als Sarazenen die Insel überfielen, nach Benevent bei Neapel. Kaiser Otto II. brachte sie 983 schließlich nach Rom in die Bartholomäuskirche. Die Hirnschale des Apostels kam im 13. Jh. nach Frankfurt am Main, wo sie sich noch heute im Dom St. Bartholomäus befindet.

Festtag: 24. August, Ostkirchen: 11. Juni.

Darstellung: mit kurzgeschorenem Haar, in der einen Hand ein Buch, in der anderen ein Messer (mit dem er enthäutet wurde), oft hält er seine abgezogene Haut in den Händen.

Basilius der Große (um 330–397), Erzbischof von Caesarea Cappadociae (heute Kayseri, Türkei), Kirchenlehrer und einer der vier großen → Kirchenväter der griechisch-orthodoxen Gemeinschaft. Mit seinem Freund → Gregor der Jüngere von Nazianz und seinem Bruder → Gregor von Nyssa zählt er zu den »drei → Kappadokiern«.

Geboren im kappadokischen Caesarea, studierte Basilius in seiner Heimatstadt, in Konstantinopel und in Athen. In Athen lernte er den etwa gleichaltrigen → Gregor von Nazianz kennen, mit dem ihn eine lebenslange Freundschaft verband. 356 ließ er sich in Caesarea taufen und reiste anschließend, 357 und 358, durch Syrien, Palästina, Ägypten und Mesopotamien, um dort das klösterliche Leben zu studieren. 359 verschenkte er sein ererbtes Vermögen, ließ sich in einer einsamen Gegend bei Neocaesarea am Schwarzen Meer (heute Niksar, Türkei) nieder, begründete dort eine klösterliche Gemeinschaft und arbeitete mit Gregor d. J. von Nazianz jene Regeln aus, die noch heute für das Klosterleben innerhalb der Ostkirchen gelten (Basiliusorden); somit wurde er zum »Vater des ostkirchlichen Mönchslebens«. 364 verließ er sein Kloster, ließ sich zum Priester weihen und engagierte sich in der Kirchenpolitik. 370 wurde er Erzbischof von Caesarea und Metropolit von ganz Kappadokien. Basilius gründete Krankenhäuser und Pilgerhospize. Seine größte Aufgabe sah er im Kampf gegen den Arianismus, den er gemeinsam

mit Gregor d. J. von Nazianz, Gregor von Nyssa und anderen auf dem Konzil von Konstantinopel (381) gewann. Die Lehre von der Wesensgleichheit von Vater, Sohn und Heiligem Geist (Trinität, Dreieinigkeit) setzte sich hier endgültig durch. Basilius starb in seiner Geburtsstadt Caesarea.

Festtag: 2. Januar, Ostkirchen: 1. Januar; Tag der Bischofsweihe: 14. Juni.

Darstellung: zumeist im griechisch-orthodoxen Bischofsornat mit einer Taube (Sinnbild des Heiligen Geistes) auf dem Arm.

Beatrix da Silva Meneses (1424 – 1490), Gründerin des Ordens der Konzeptionistinnen (Orden von der Unbefleckten Empfängnis). Sie kam in Ceuta (heute Spanisch-Marokko) als Tochter eines portugiesischen Adligen zur Welt. Mit 21 Jahren wurde die Schwester des seligen Amadeus IX. von Savoyen Hofdame bei König Johann II. von Kastilien-Leon. Hofintrigen und eine unglückliche Liebe veranlaßten Beatrix, 1453 in das Zisterzienserinnenkloster Santo Domingo el Real bei Toledo (Zentralspanien) einzutreten. 1484 gründete sie in Toledo den Orden der Konzeptionistinnen zum beschaulichen Leben, der heute in den romanischen Ländern und in Südamerika weit verbreitet ist. Beatrix starb in Toledo, sie wurde 1926 von Papst Pius XI. selig- und 1976 von Papst Paul VI. heiliggesprochen.

Festtag: 16. August.

Becket, Thomas, → Thomas Becket von Canterbury.

Beda, genannt Venerabilis (= Beda der Ehrwürdige, 672/673–735), Benediktiner, Kirchenlehrer. Der in dem kleinen Ort Monkton im angelsächsischen Kö-

nigreich Northumberland geborene Beda kam im Alter von sechs Jahren als Oblate (für den Ordensstand bestimmtes Kind) zur Ausbildung in das Benediktinerkloster Wearmouth (bei Sunderland, Nordengland). 691 wechselte der junge Beda in das nahe Kloster Jarrow, wo er Diakon und 702 Presbyter wurde. Hier wirkte er als Lehrer an der Klosterschule und entfaltete eine reiche schriftstellerische Tätigkeit. Er verfaßte zahlreiche Kommentare zur Bibel, zu Predigten, Hymnen, Heiligenviten und schrieb eine berühmte Kirchengeschichte Englands, weshalb man ihm den Beinamen »Vater der englischen Geschichtsschreibung« gab. Beda war der erste, der in seinen zahlreichen Schriften die »Dionysische Zeitrechnung« verwandte, die Zeitrechnung des Abtes Dionysius Exiguus (um 530). Bei dieser Zeitrechnung beginnt die Jahreszählung – wie das heute in den meisten Ländern üblich ist – bei Christi Geburt. Beda gilt als der erste wissenschaftliche Theologe des Mittelalters, seine Werke behandeln das gesamte damalige Wissen, selbst auf den Gebieten der Mathematik, Astronomie und Musik. Beda Venerabilis wurde im Kloster Jarrow begraben, 1093 kamen seine Reliquien in die neue, soeben geweihte Kathedrale von Durham (Nordostengland). 1899 sprach ihn Papst Leo XIII. heilig und ernannte ihn zum Kirchenlehrer.
Festtag: 25. Mai.
Darstellung: mit Buch und Federkiel.

Bellarmin, Robert, Bellarmino, Franz Romulus, → Robert Bellarmin.

Benedetto, → Benedikt von Nursia.

Benedikt Biscop Baducing (628–689/690), Abt, Patron der Benediktiner in England, Patron der Maler und Musiker. Er stammt aus einer alten Adelsfamilie im angelsächsischen Königreich Northumbrien. 666 trat er als Mönch in das Benediktinerkloster St-Honorat auf den Îles de Lérins vor Cannes ein. 669 kam er nach Canterbury und gründete von hier aus 674 das Kloster Wearmouth (bei Sunderland, Nordengland) und 682 das Kloster Jarrow (nordwestlich von Sunderland). Er förderte in den angelsächsischen Königreichen entscheidend die Klosterzucht und die Klosterkultur. Auf seinen sechs Romreisen erwarb er zahlreiche Reliquien, Bücher und Kunstschätze, die er auf die Benediktinerklöster Englands verteilte.
Festtag: 12. Januar.

Benedikt von Nursia, Benedetto (ital.), Benoît (frz.) (um 480–547), Ordensgründer und »Vater des abendländischen Mönchtums«, Patron Europas, der Lehrer und Schüler, der Bergleute und Kupferschmiede, der Höhlenforscher (seit 1957) und der Sterbenden; Helfer bei Fieber, Entzündungen, Vergiftungen und Steinleiden (Nieren- und Gallensteine), gegen Zauberei. Benedikt, geboren in Nursia (heute Norcia, Umbrien), stammte aus einer adligen Familie. Er studierte in Rom, brach das Studium wegen der sittenlosen Umgebung jedoch vorzeitig ab und schloß sich in Affile (Enfide) bei Rom einer Asketengemeinschaft an. Nach einiger Zeit zog er sich in die Einsamkeit des Aniotales (heute Anienetal) bei Subiaco im Sabinergebirge zurück und führte hier fast drei Jahre lang in einer Höhle ein strenges Büßerleben. Dann wählten ihn die Mönche des Höhlenklosters von Vicovaro bei Tivoli zu ihrem Abt. Als ihn einer der Mönche wegen seiner Strenge zu vergiften versuchte, kehrte er in das Aniotal zurück, wo er etwa ein Dutzend kleine Klöster, sog. Zönobien mit je zwölf Mönchen, einrichtete. Bis heute haben das Monastero di S. Benedetto und das Monastero di S. Scolastica überdauert. Um 529 gründete er mit den Mönchen des Aniotales auf dem Monte Cassino bei Neapel ein Kloster, das Mutterkloster des abendländischen Mönchtums. Hier stellte er unter dem Wahlspruch »Ora et labora« (Bete und arbeite) die Ordensregel der Benediktiner, des ältesten westlichen Mönchsordens, auf. Diese erste Regel einer christlichen Ordensgemeinschaft nennt Gebet, Arbeit und Studium als wichtigste Aufgaben. Die Benediktiner sollten die Kultur des abendländischen Mittelalters prägen. 543 besuchte der Ostgotenkönig Totila Benedikt in seinem Kloster. Benedikt starb an einem Gründonnerstag in Monte Cassino. 673 oder 703 wurden seine Gebeine in die Benediktinerabtei Fleury (bei Orléans) übertragen, die seitdem St-Benoît-sur-Loire heißt. Um die Mitte des 8. Jh. ließ Papst → Zacharias einen Teil der Gebeine nach Montecassino zurückbringen. Bei den Wiederaufbauarbeiten des im Zweiten Weltkrieg 1944 zerstörten Klosters stießen Archäologen auf das ursprüngliche Grab des hl. Benedikt. Reliquien des Heiligen befinden sich heute auch in Einsiedeln (Schweiz), Metten (Niederbayern) und in Benediktbeuern (Oberbayern). Von Papst → Gregor I. († 604) stammt eine Lebensbeschreibung.

Festtag: 11. Juli (Übertragung der Gebeine), früher 21. März (Todestag).

Darstellung: als Benediktiner im schwarzen Ordenshabit mit dem Kruzifix und Regelbuch; ein zersprungenes Weinglas bzw. ein Becher mit Schlange oder ein Rabe, der ein vergiftetes Stück Brot wegträgt, erinnern an den Vergiftungsversuch des Mönchs; oft mit anderen Heiligen, insbesondere mit seiner Zwillingsschwester → Scholastica.

Benno von Meißen († 1106), Bischof, Apostel der Wenden. Patron der Stadt München, von Altbayern, der Bistümer Dresden-Meißen und München-Freising sowie der Städte Berlin und Görlitz; Patron der Fischer und Tuchmacher; Helfer gegen Unwetter und für Regen.

Der sächsische Grafensohn Benno wurde Kanoniker in Goslar am Harz und 1066 zum Bischof von Meißen ernannt. Es war die Zeit, als die Fürsten den deutschen König Heinrich IV. zur Entlassung Adalberts, des Erzbischofs von Bremen und Führers der deutschen Politik, zwangen. 1073–1074 erhoben sich die Sachsen unter Otto von Northeim, dem gestürzten Berater des Königs, doch Heinrich IV. gelang es, die Sachsen 1075 bei Homburg an der Unstrut zu besiegen; der sächsische Adel unterwarf sich, Benno wurde 1074–1076 ins Gefängnis gesteckt. 1077 wählte er mit den Fürsten den Herzog Rudolf von Schwaben (Rudolf von Rheinfelden) zum neuen deutschen König, ohne die Entscheidung des Papstes Gregor VII. (1073–1085) abzuwarten, der Heinrichs Bußgang nach Canossa akzeptierte und seinen Bann aufhob. 1085 wurde Benno von Heinrich IV. abgesetzt, doch durfte er 1088 sein Bistum wieder in Besitz nehmen.

Benno von Meißen sorgte für die Christianisierung der Slawenstämme an der Elbe und an der Ostsee und wird deshalb als »Apostel der Wenden« bezeichnet. Benno starb in Meißen und wurde 1523 von Papst Klemens VII.

heiliggesprochen. Als man am 16. Juni seine Gebeine feierlich erhob, verfaßte der Reformator Martin Luther die Schrift ›Wider den neuen Abgott und alten Teufel, der zu Meißen soll erhoben werden‹. Weil man in der Reformationszeit Angst vor der Schändung seiner Reliquien hatte, ließ Bischof Johann von Haugwitz 1576 die Reliquien nach Bayern an Herzog Albrecht V. überführen, der sie 1580 in der Münchener Frauenkirche sicher verwahrte.

Festtag: 16. Juni.

Darstellung: als Bischof mit einem Fisch, der zwei Schlüssel im Maul trägt (Legende von den Schlüsseln des Meißener Doms, die Bischof Benno vor seiner Absetzung 1085 in die Elbe warf und bei seiner Wiedereinsetzung 1088 im Bauch eines Fisches wiederfand).

Bernhard von Clairvaux (1090–1153), Abt, Kirchenlehrer, bedeutender Vertreter der Mystik, Patron der Zisterzienser, von Burgund und Ligurien, von Genua und Gibraltar, Patron der Imker, Wachszieher und Bienen, Helfer bei Kinderkrankheiten, Besessenheit und in der Todesstunde, bei Tierseuchen, Gewitter und Unwetter.

Bernhard wurde als Sproß burgundischen Adels auf Schloß Fontaines-lès-Dijon geboren, seine Eltern waren Tescelin de Saur und Aleth de Montbard. Er besuchte die Schule der Stiftsherren von St-Vorles in Châtillon-sur-Seine. 1112 trat er, von einer Vision des Christuskindes tief beeindruckt, mit 26 adligen Freunden und vier seiner Brüder in das Zisterzienserkloster Cîteaux ein. Bereits drei Jahre darauf, 1115, sandte man ihn nach Clairvaux an der Aube, um dort ein Kloster zu gründen, von dem aus allein zu Bernhards Lebzeiten 68 weitere Klöster entstanden. 1118

übernahm er auch die Leitung des Zisterzienserordens und verfaßte die noch heute gültigen Ordensstatuten. Seine tiefe Gläubigkeit, sein hoher Intellekt und seine einzigartige Integrität machten ihn zu einem begehrten Schiedsrichter der Fürsten und Bischöfe, zu einem Ratgeber der Päpste. Seine begeisternden Predigten entflammten 1146 das Abendland zum 2. Kreuzzug in das Heilige Land (1147–1149), der allerdings mit militärischen Katastrophen und dem Zerwürfnis der beteiligten Mächte endete. Bernhard ging hart gegen alle abweichlerischen Strömungen vor, er verdammte den scholastischen Philosophen Abaelard und bekämpfte energisch die Albigenser, Katharer, Waldenser und andere Sekten. Die Christus-Mystik Bernhards, des »ungekrönten Papstes und Kaisers eines Jahrhunderts«, des »Bernhardinischen Zeitalters«, beeinflußte → Thomas von Aquin, Meister Eckart, Dante Alighieri, Thomas von Kempen, Martin Luther, → Ignatius von Loyola, → Theresa von Ávila, → Franz von Sales und viele andere. Seine Traktate und Hymnen, darunter das von Paul Gerhardt deutsch bearbeitete Lied »O Haupt voll Blut und Wunden«, haben noch heute nichts von ihrer Wirksamkeit verloren. Bernhard starb in Clairvaux und wurde in Cluny beigesetzt. Papst Alexander III. sprach ihn 1173 heilig, Papst Pius VIII. erhob ihn 1830 zum Kirchenlehrer (Doctor ecclesiae). Das von Bernhard gegründete Zisterzienserkloster Clairvaux, einst eine der berühmtesten Abteien des Abendlandes, wurde in der Französischen Revolution aufgehoben, die Gebäude dienen seit 1808 als Gefängnis.

Als man seine Gebeine in den Wirren der Französischen Revolution 1793 retten wollte, kamen sie mit denen des

Der heilige Bernhard und der heilige Robert (Francisco de Goya)

hl. → Malachias von Armagh durcheinander; sie befinden sich heute in der Kirche von Ville-sous-la-Ferté-sur-Aube (bei Clairvaux).

Festtag: 20. August.

Darstellung: im Habit eines Abtes oder Mönches der Zisterzienser, mit Kreuz, Rosenkranz, Totenschädel oder einem weißen Hündchen, das an einen Traum von Bernhards Mutter erinnert: Sie träumte, sie werde einen Hund gebären, der energisch alle Feinde des Christentums anbellen würde. Ein Teufel, den der Heilige fest an der Kette hält, verweist auf die Überwindung von Versuchungen. Oft steht die Gottesmutter Maria neben Bernhard und benetzt seine Lippen mit der Milch ihrer Brüste (Lactatio). Auf seine betörende Rhetorik bezieht sich auch das Attribut des Bienenkorbes, der auf seinen Titel »honigtriefender Kirchenlehrer« (Doctor mellifluus) hinweist.

Bernward von Hildesheim (um 960–1022), Bischof. Patron der Diözese Hildesheim, Patron der Goldschmiede.

Bernward stammte aus sächsischem Hochadel. Ab 975 studierte er an der Hildesheimer Domschule Wissenschaften und Künste, 987 berief man ihn zum Erzieher Ottos III., der bereits seit 983 deutscher König war, aber noch unter der Vormundschaft seiner Mutter Theophano stand. 993 bestieg Bernward, kurz bevor Otto III. mündig wurde, den Stuhl des Bischofs von Hildesheim. Die Zucht des Klerus, das kulturelle und geistige Niveau der Klöster und das Wohlergehen des Volkes waren seine Hauptanliegen. Bischof Bernward baute Stadtmauern und Burgen als Schutz gegen die Raubzüge der Wikinger und Slawen. Er zog als Reichsbischof nach Rom, Flandern und Frankreich. Hildesheim machte er zu einem bedeutenden Kunstzentrum der Jahrtausendwende. Er gründete die Hildesheimer Werkstätten, aus der einzigartige Werke der Baukunst, der Malerei, Erzgießerei, Goldschmiede- und Buchkunst (Bernward-Evangeliar) hervorgingen. Bernward selbst soll – wie sein Biograph Thangmar berichtete – einige Goldschmiedearbeiten geschaffen haben. Er gab auch den Bau der St.-Michaels-Kirche, einer der schönsten ottonischen Bauten, in Auftrag (herausragend: bronzene Bernwardstür, Bronzesäule). Die Krypta weihte er 1015 ein. 1022 nahm sie seine sterbliche Hülle auf, der Sarkophag Bernwards soll nach seinem eigenen Entwurf gestaltet worden sein. 1192 sprach Papst Cölestin III. Bischof Bernward von Hildesheim heilig.

Festtag: 20. November.

Darstellung: als Bischof und Künstler, mit dem Hammer einen Kelch bearbeitend (Bernwardskelch), mit einem Kreuz in der Hand (Bernwardskreuz), mit einem Kirchenmodell.

Berthold von Kalabrien († um 1195), Eremit auf dem Karmel. Der aus Salignac bei Limoges (Südwestfrankreich) stammende Berthold ließ sich um 1156 mit anderen Pilgern am Eliasbrunnen auf dem Berg Karmel (Palästina) als Einsiedler nieder. 1185 wählte ihn die Eremitengemeinschaft zu ihrem Oberen. Nach seinem Tod wurde Berthold in den Ruinen eines Kreuzfahrerklosters im Wadi es-Siah (westlicher Karmel) beigesetzt. Zwischen 1205 und 1214 nahm die Eremitengemeinschaft die Regel des hl. → Albert von Jerusalem an. 1247 ging aus der Gemeinschaft der Orden der »Brüder unserer Lieben Frau vom Berge Karmel«, kurz »Karmeliter« genannt, hervor.

Festtag: 29. März.

Darstellung: als Karmeliter mit Kirchenmodell oder einem Ring mit drei Blumen und zwölf Sternen (Blume = Vaterunser, Stern = Ave Maria).

Biagio, → Blasius von Sebaste.

Birgitta von Schweden, Brigitta (um 1303–1373), Ordensgründerin, Mystikerin, Patronin der Pilger und für einen friedlichen Tod.

Die aus Finstad bei Uppsala (Südschweden) stammende Birgitta wurde sehr fromm erzogen und hatte schon früh Visionen des gekreuzigten Jesus. 1316 wurde das kaum vierzehnjährige Mädchen vom Vater – die Mutter war bereits gestorben – mit dem Adligen Ulf Gudmarsson vermählt, dem sie vier Söhne und vier Töchter schenkte, darunter → Katharina von Schweden. 1335 wurde sie Hofmeisterin der Gemahlin von Magnus Eriksson, König von Schweden und Norwegen. 1342–1343 unternahm Birgitta mit ihrem Mann eine Wallfahrt nach Santiago de Compostela. Nach der Rückkehr zog sich ihr Mann in das Zisterzienserkloster Alvastra (Südschweden) zurück, wo er nach wenigen Monaten starb. In Alvastra hatte sie mehrere Visionen, die ihr nahelegten, Gottes Braut und Mittlerin zu werden. Hierzu gründete sie einen Orden, den nach ihr benannten Birgittenorden, dem sie als Regel die entsprechend ergänzte Augustinerregel gab. Dieser Orden sollte ein Doppelorden sein, mit Nonnen (sorores) und geistlich betreuenden Priestern (fratres), gewissermaßen eine Klosterfamilie als Symbol der Urgemeinde. König Magnus Eriksson stellte ihr für den Bau des Ordenshauses das Königsgut Vadstena am Vättersee zur Verfügung. Noch heute ist das Birgittaklo-

ster mit der Blåkyrkan, der Blauen Kirche aus dem 14. Jh., ein reizvolles Ziel für Gläubige aus aller Welt.

1349 ging Birgitta mit ihrer Tochter Katharina nach Rom, um für die Verbreitung ihres Ordens und seine Anerkennung zu sorgen, aber auch, um für die Rückkehr der Päpste aus Avignon zu wirken. 1370 bestätigte Papst Urban V. den Orden. 1372 unternahm sie mit ihrer Tochter Katharina eine Pilgerreise in das Heilige Land und starb in Rom bald nach ihrer Rückkehr. Ihr Leichnam wurde, mit Ausnahme eines Armes, der als Reliquie in Rom verblieb, nach Vadstena überführt. 1391 sprach Papst Klemens VI. Birgitta von Schweden heilig.

Ihre Schriften sind überaus zahlreich. Allein über 600 Offenbarungen schrieb sie in schwedischer Sprache, ihre Beichtväter Petrus Olavi von Alvastra und Matthias von Linköping übersetzten sie ins Lateinische. Diese Offenbarungen (›Revelationes‹) umfassen ein Spektrum von großartigen Visionen bis zu politischen Angriffen auf berühmte Zeitgenossen.

Festtag: 23. Juli.

Darstellung: als Äbtissin mit Stab und Buch; als Pilgerin mit Hut, Pilgerstab und -tasche sowie Kalebasse; als Nonne mit Schreibfeder und Tintenfaß; als Herz mit aufgemaltem Kreuz in der Hand, teilweise mit einer weißen Bügelkrone mit fünf roten Flecken (= fünf Wundmale Christi).

Birndorfer, Johann Evangelist, → Konrad von Parzham.

Biscop Baducing, → Benedikt Biscop Baducing.

Blanca, Blanche (1188–1252), Königin von Frankreich.

Die Vision der heiligen Birgitta (Albrecht Dürer)

Die Tochter des Königs Alfons IX. von Kastilien wurde im Alter von zwölf Jahren mit Ludwig VIII. von Frankreich vermählt. Ihr ältester Sohn war → Ludwig IX. von Frankreich, der Heilige. Nach dem frühen Tod ihres Gemahls, 1226, übernahm sie für ihren minderjährigen Sohn die Regentschaft. Ab 1235 regierte König Ludwig IX. selbständig, überließ ihr aber während seiner Abwesenheit durch den 6. Kreuzzug ab 1248 das Regieren. Blanca starb in dem von ihr gestifteten Zisterzienserkloster Maubuisson.
Festtag: 1. Dezember.

Blasius von Sebaste, Biagio, Vlasij († um 316), Bischof, Märtyrer, → Nothelfer. Patron der Stadt Dubrovnik und des Welfenhauses, Patron der Ärzte, der Bauarbeiter, Maurer, Gipser und Steinhauer, der Gerber, Hutmacher und Schuhmacher, der Weber, Schneider, Strumpfwirker und Wollhändler, der Wachszieher und Seifensieder, der Blasmusiker und der Haustiere; Helfer bei Halsschmerzen und steckengebliebenen Fischgräten (er rettete einen Knaben, dem eine Gräte in die Luftröhre geraten war, vor dem Erstickungstod), bei Blasenkrankheiten, Blutungen, Geschwüren, Zahnschmerzen und bei der Pest sowie bei Windschäden (Wetterheiliger).
Über sein Leben weiß man nur, daß der Arzt Blasius Bischof von Sebaste, der späteren Hauptstadt der Provinz Armenia prima, wurde (heute heißt die Stadt Sivas und liegt an der türkischen Schwarzmeerküste). Bischof Blasius erlitt unter dem römischen Kaiser Licinius (308–324) das Martyrium. Reliquien von ihm gelangten u.a. nach St. Blasien (Schwarzwald), Mainz, Trier, Lübeck, Köln, Braunschweig, Mailand, Neapel, Tarent, Rom, Montpellier, Paris.

Festtag: 3. Februar, Ostkirchen: 11. Februar.
Darstellung: als Bischof mit einer brennenden Kerze oder mit zwei gekreuzten Kerzen (der gegen Halsleiden wirkende »Blasiussegen« wurde früher über zwei gekreuzten, brennenden Kerzen gespendet); mit einem Eisenkamm oder einer Hechel (Marterwerkzeug zum Zerfleischen des Körpers). Wolf und Schwein bzw. Schweinskopf erinnern an die Legende, wonach auf Blasius' Ruf hin ein Wolf ein Schwein lebendig zurückbrachte, das er einer armen Frau geraubt hatte. Die Frau schlachtete das Schwein und gab als Dank Blasius den Schweinskopf, dazu Brot und eine Kerze.

Boillet, → Coletta.

Bonaventura, eigentlich Giovanni di Fidanza (1221?–1274), Bischof, Philosoph, Kirchenlehrer, Patron der Franziskaner, der Theologen und Kinder, der Lastenträger, Seidenhersteller und Arbeiter allgemein.
Geboren in Bagnorea (heute Bagnoreggio) bei Viterbo (Mittelitalien), studierte er 1236–1242 in Paris die Artes liberales, die sieben freien Künste des Mittelalters: Grammatik, Rhetorik, Dialektik, Arithmetik, Geometrie, Musik und Astronomie. 1243 trat er in den Franziskanerorden ein und wurde 1248 zum Priester geweiht. 1253 berief man ihn mit → Thomas von Aquin als Lehrer der Theologie an das soeben von dem Domherrn Robert de Sorbon gegründete Internat für arme Theologiestudenten, aus dem sich später die berühmte Pariser Universität »Sorbonne« entwickelte. 1257 wählten ihn die Franziskaner zum Ordensgeneral, 1273 wurde Bonaventura Kardinal und Bischof von Albano (bei Rom).

1274 entsandte ihn Gregor X. als päpstlichen Legaten zur Kirchenversammlung von Lyon, auf der die Union zwischen der römischen und der griechischen Kirche für kurze Zeit wiederhergestellt wurde. Doch nach seinem Tod auf der Versammlung am 15. Juli 1274 zerbrach die Union erneut. Bonaventura wurde in der Kathedrale von Lyon beigesetzt. Seine Heimatstadt Bagnoreggio erhielt von König Karl VIII. von Frankreich (1483–1498) eine Armreliquie des hl. Bonaventura, die restlichen Gebeine verbrannten bzw. gingen später verloren. 1482 sprach Papst Sixtus IV. Bonaventura heilig, 1587 nahm ihn Papst Sixtus IV. in die Reihe der → Kirchenlehrer auf.

Neben dem Dominikaner → Thomas von Aquin war der Franziskaner Bonaventura die führende Gestalt der Hochscholastik. Die Franziskaner achten ihn als ihren größten Gelehrten, als ihren »Doctor seraphicus«. Bonaventuras Religionsphilosophie gründete sich auf dem im 3. Jh. von den Neuplatonikern geschaffenen System der griechisch-christlichen Philosophie, verbunden mit den Einsichten des → Augustinus. Bonaventuras Gedankenwelt beruhte auf tiefer mystischer Frömmigkeit, weshalb ihn auch Martin Luther hoch schätzte.

Über die Entstehung seines Namens berichtet die Legende: Bonaventura war schwerkrank zur Welt gekommen. Seine Mutter Maria Ritelli brachte das Knäblein Giovanni zum hl. → Franz von Assisi, der es segnete. Als der Heilige 1226 im Sterben lag, besuchte ihn die Mutter mit dem inzwischen genesenen Jungen nochmals, um ihm zu danken. Da rief ihm Franziskus zu: »O buona ventura!« (= O, gute Zukunft!). Von da an nannte man den jungen Giovanni »Bonaventura«.

Festtag: 15. Juli.
Darstellung: als Franziskaner mit Kruzifix, neben ihm ein Kardinalshut, ein Engel reicht ihm die hl. Hostie.

Bonifatius, eigentlich Winfrid (672/673–754), Bischof und »Apostel der Deutschen« (seit 16. Jh.), Patron des Bistums Fulda, Patron der Bierbrauer und Schneider.

Bonifatius stammt aus einer Adelsfamilie im angelsächsischen Königreich Wessex (Südwestengland). Als Benediktinermönch leitete er die Klosterschule zu Nhutscelle (heute Nursling bei Southampton, Südengland) und verfaßte mehrere wissenschaftliche Schriften und Dichtungen. 716 missionierte er erfolglos bei den Friesen, ließ sich 719 von Papst Gregor II. (der ihm in Rom am 15. Mai, dem Tag nach dem Festtag des hl. → Bonifatius von Tarsus, den Namen »Bonifatius« verliehen hatte) besondere Vollmachten geben und missionierte dann in Thüringen und als Mitarbeiter des Bischofs → Willibrord noch einmal in Friesland.

Ab 721 wirkte Bonifatius in Hessen und gründete das Kloster Amanaburch (heute Amöneburg bei Marburg). 722 weihte ihn Papst Gregor II. zum Bischof. Mit Mönchen und Nonnen aus seiner angelsächsischen Heimat setzte er das Missionswerk in Hessen fort. In dieser Zeit fällte Bonifatius nach der Legende die Donareiche zu Geismar (bei Fritzlar), ein bedeutendes vorchristliches Heiligtum; hier gründete er 723 das Kloster Fritzlar. Der Erfolg seiner Missionen und seine wachsende Verehrung weckten den Neid des fränkischen Klerus. So wandte er sich 725 der Festigung seiner geistlichen Eroberungen zu, schuf eine gut organisierte Verwaltung und damit die Voraussetzung für die Ausdehnung des Frankenreiches unter Karl dem Großen. 732 ernannte ihn Papst Gregor III. zum Erzbischof und Primas von ganz Deutschland. Auf seiner dritten Romreise 737/738 erhielt Bonifatius die Ernennung zum »Legatus Germanicus«, zum Legaten des Heiligen Stuhls. Gregor III. wies ihn an, die fränkische Kirche zu reformieren und die Bistümer Passau, Salzburg, Freising und Regensburg neu zu gliedern und abzugrenzen. 744 gründete er sein Lieblingskloster Fulda sowie zahlreiche weitere Klöster. 747 übernahm er das Bistum Mainz, 753/754 zog er zu erneuter Mission nach Friesland, wo er am 5. Juni 754 mit 52 Gefährten bei Dokkum (Nordniederlande) den Märtyrertod fand. In feierlichem Zug kam sein Leichnam nach Fulda, wo er noch heute in der Domkrypta ruht.

Festtag: 5. Juni.
Darstellung: als Fäller der Donareiche. Ein Buch, das ein Schwert durchschlägt, verweist auf sein Martyrium (mit einem Buch wollte er den tödlichen Hieb abfangen). Unter seinem Bischofsstab entspringt eine Quelle; Fuchs und Rabe begleiten ihn.

Bonifatius von Tarsus († um 306), Märtyrer, → Eisheiliger. Für sein Leben gibt es keine eindeutigen Belege, alle Angaben hierzu sind legendär. Danach soll der junge Römer Bonifatius, ein Nichtchrist, von einer reichen Römerin nach Tarsus (heute Türkei) entsandt worden sein, um dort Reliquien christlicher Märtyrer aufzuspüren und nach Rom zu bringen. Während der Christenverfolgungen von 306 unter Kaiser Galerius traf er in Tarsus ein und erlebte dort Folterungen und Tötungen von Christen. Davon war er so beeindruckt, daß er sich taufen ließ,

seinen christlichen Glauben öffentlich bekannte und daraufhin das Martyrium durch siedendes Pech erlitt. Als einzige Reliquie brachten die Begleiter des Bonifatius seine Gebeine nach Rom, wo sie in einer Katakombe an der Via Latina beigesetzt wurden. Seinen Namen nahm im 8. Jh. der »Apostel der Deutschen«, → Bonifatius, an.

Festtag: 14. Mai.
Darstellung: fast ausschließlich beim Martyrium.

Boris und Gleb († 1015), Protomärtyrer, die ersten Heiligen der russischen Kirche, heiliggesprochen noch vor ihrem Vater → Wladimir I. dem Heiligen und ihrer Urgroßmutter → Olga. Nach dem Tod Wladimirs I., des Großfürsten von Rußland, bemächtigte sich ihr Halbbruder Swjatopolk der Hauptstadt Kiew und ließ sofort Boris töten, der – auf Kriegszug gegen das aufständische Türkvolk der Petschenegen – über die größte Streitmacht verfügte. Gleich danach sorgte er für die Ermordung von Gleb, dem jüngsten der Brüder. Swjatoslaw, ein weiterer Bruder, war in die Karpaten geflohen, doch starb auch er unter den Messern seiner Häscher. Von den Brüdern kam nur Jaroslaw, der in Nowgorod residierte, mit dem Leben davon. 1019 besiegte er das Heer des Swjatopolk und jagte Swjatopolk in die Tatra, wo er schmählich umkam. Jaroslaw, später der Weise genannt, hatte somit die Ermordung seiner Brüder gerächt. Boris und Gleb – ihre Taufnamen waren Roman und David – wurden vermutlich 1071 heiliggesprochen, als ihre Gebeine in die soeben geweihte Boris-und-Gleb-Kirche in Wyschgorod bei Kiew überführt wurden. Bis heute werden Kirchen und Klöster nach den beiden Heiligen benannt, auch eine Stadt erhielt ihren Namen: Borissoglebsk bei Woronesch am Don.

Festtag: 24. Juli (Todestag), 2. Mai (Tag der Translation).

Darstellung: fast immer gemeinsam als russische Prinzen, die Schwerter erhoben (weil sie nicht kämpften), oft auch mit ihrem Vater Wladimir I. dem Heiligen.

Borromeo, Carlo, → Karl Borromäus.

Bosco, → Johannes Bosco.

Botulf, Badulf († 655). Der Bruder des hl. → Adolf von Utrecht gilt als Gründer des Benediktinerklosters Ikanhoe (heute Boston, nördlich London), dessen Abt er war.
Festtag: 17. Juni.

Brigitta von Schweden, → Birgitta von Schweden.

Bruder Klaus, → Nikolaus von der Flüe.

Bruder Konrad, → Konrad von Parzham.

Brun, Bruns, → Bruno I. der Große, → Bruno von Würzburg.

Brun Bonifatius, → Bruno von Querfurt.

Bruno von Asti, Bruno von Segni (um 1049–1123), Bischof. Der in Solero bei Asti (Piemont) geborene, aus dem alten Adelsgeschlecht der Herren von Soleria stammende Bruno war zuerst Kanonikus an der Kathedrale zu Asti, danach Domherr in Siena. Auf der Synode in Rom (1079) verteidigte er mit Geist und vielbeachteter Rhetorik die katholische Lehre vom Abendmahl

gegen den Scholastiker Berengar von Tours, der die Verwandlung von Brot und Wein in Leib und Blut Christi in Frage stellte. Papst → Gregor VII. ernannte ihn daraufhin noch im selben Jahr zum Bischof von Segni (bei Rom) und zum Kardinal. Nicht nur Gregor VII. nutzte die vielseitigen Fähigkeiten des Bischofs, auch die Päpste Viktor III., Urban II. und Paschalis II. suchten seinen Rat. Ohne seinen Bischofsstuhl aufzugeben, trat Bruno 1102 als Mönch in das Benediktinerkloster Montecassino ein, das damals seine große Zeit erlebte, und wurde 1107 Abt dieses Klosters. Wegen eines öffentlichen Angriffs auf Papst Paschalis II. mußte er 1116 das Kloster wieder verlassen. Er kehrte in seine Diözese zurück und starb dort als ein bedeutender Theologe und Kirchenschriftsteller, als einer der besten Exegeten des Mittelalters. 1183 wurde Bischof Bruno von Papst Lucius III. heiliggesprochen.
Festtag: 18. Juli.
Darstellung: als Bischof mit Cappa, Mitra, Stab und Buch.

Bruno I. der Große, Bruno I. von Köln, Brun, Bruns (925–965), Erzbischof, Erzkanzler des Heiligen Römischen Reiches, Herzog von Lothringen. Der jüngste Sohn des deutschen Königs Heinrich I. und seiner Gemahlin, der hl. → Mathilde, kam schon als Vierjähriger zu Bischof Balderich von Utrecht, der ihm an der Utrechter Kathedralschule eine ausgezeichnete Erziehung angedeihen ließ. 939 holte ihn sein Bruder Otto I. der Große, seit drei Jahren als Nachfolger seines Vaters deutscher König, an seinen Hof, damit er gemeinsam mit dem irischen Bischof Israel das Studienwesen ordne. 940 ernannte ihn Otto I. zum Kanzler, 951 zum Erzkanzler des Reiches. 953

übernahm Bruno zusätzlich das Erzbistum Köln sowie das Herzogtum Lothringen und wurde damit wichtigste Stütze für die Reichs- und Kirchenpolitik seines Bruders. Während des zweiten Italienzugs von Otto I. (961–965), auf dem sich Otto von Papst Johannes XII. zum Kaiser krönen ließ, führte Bruno gemeinsam mit Erzbischof Wilhelm von Mainz als Reichsverweser die Verwaltung des Reiches. Daneben erneuerte er die Klöster im Sinne der Reform von Cluny, gründete in Köln die Benediktinerabtei St. Pantaleon und die Stifte Groß-St.-Martin und St. Andreas sowie in Soest das Patroklistift. Bruno von Köln starb auf einer Frankreichreise in Reims und wurde in St. Pantaleon beigesetzt. Schon bald genoß er die Verehrung eines Heiligen.
Festtag: 11. Oktober.
Darstellung: mit Lanze, Kirchenmodell und Stab.

Bruno von Kärnten, → Bruno von Würzburg.

Bruno der Kartäuser, → Bruno von Köln.

Bruno von Köln, Bruno der Kartäuser, Magister Bruno (um 1030/1040–1101), Gründer des Kartäuserordens. Pestpatron.
Der gebürtige Kölner studierte in Reims und erhielt in Köln seine Weihe zum Priester und ein Kanonikat an der St.-Kunibert-Kirche. 1057 wurde er Leiter der Domschule in Reims, wo zu seinen Schülern Odo de Lagery (de Châtillon), der spätere Papst Urban II., gehörte. Nach fast zwanzigjähriger pädagogischer Tätigkeit ernannte ihn Erzbischof Manasse von Reims 1075 zum erzbischöflichen Kanzler. Als es

zum Streit mit dem Erzbischof kam, mußte Bruno Reims verlassen. Erst 1080, als Manasse von Papst Gregor VII. abgesetzt worden war, kehrte Bruno nach Reims zurück und ließ sich 1081 zum Erzbischof wählen. Doch König Philipp II. Augustus von Frankreich setzte einen eigenen Kandidaten, Helinand von Laon, durch. So verließ Bruno enttäuscht die Stadt Reims und trat 1083 als Benediktinermönch in das Kloster Molesme ein, dessen Abt → Robert von Molesme ihm die Errichtung einer Eremitensiedlung auf dem klostereigenen Gut Sèche-Fontaine ermöglichte. Nach kurzer Zeit ging er mit sechs Gefährten zu seinem früheren Schüler Bischof → Hugo von Grenoble und gründete 1084 mit dessen Unterstützung in der Waldwildnis einer Kalkalpengruppe auf 1000 Meter Höhe »La Grande Chartreuse«, das Stammkloster des von ihm gestifteten streng beschaulichen Eremitenordens der Kartäuser. 1090 berief ihn sein ehemaliger Schüler Papst Urban II. als seinen geistlichen Berater nach Rom. Schon wenige Monate später mußte er im Investiturstreit den Papst auf dessen Flucht vor den Truppen Kaiser Heinrichs IV. nach Süditalien begleiten. 1091 gründete Bruno in Kalabrien bei La Torre die Kartause S. Maria dell' Eremo und bald darauf in der Nähe die Kartause S. Stefano del Bosco, in der er starb und auch beigesetzt wurde. 1122 kamen seine Gebeine nach S. Maria dell' Eremo. 1622 nahm Papst Gregor XV. den »Magister Bruno« in den Heiligenkalender des Missale Romanum auf. Bis zum Beginn der Reformation zählte der Kartäuserorden 195 Kartausen, heute existieren davon noch 24.
Festtag: 6. Oktober.
Darstellung: als Kartäuser in weißer Kutte, mit einem Stern auf der Brust,

eine Sternglorie schwebt über seinem Haupt, in der Hand zwei über Kreuz gehaltene Palmen, sein Fuß steht auf einer Erdkugel (Symbol der Weltverachtung).

Bruno I. von Köln, → Bruno I. der Große.

Bruno von Querfurt, Brun Bonifatius (um 947–1009), Erzbischof, Märtyrer, nach → Adalbert von Prag der zweite Apostel der Preußen.
Bruno stammte aus dem Hause der Grafen von Querfurt. In Magdeburg war er Domschüler und anschließend Domherr zu St. Moritz. 996 begleitete er König Otto III. als Hofkaplan nach Rom, wo der König seinen Vetter Brun von Kärnten zum Papst wählen ließ, den ersten deutschen Papst. Dieser, Gregor V. genannt, krönte Otto III. daraufhin zum Kaiser des Deutschen Reiches. 998 zog sich Bruno als Mönch in das Alexiuskloster in Rom und 1001 in die Einsiedelei Pereum bei Ravenna zurück, wo der hl. → Romuald sein Lehrer wurde. Doch schon bald trieb ihn sein ruheloser Geist zu neuen Aufgaben. Kaiser Heinrich II. und Boleslaw I. Chrobry, Herzog von Polen, unterstützten sein Projekt einer Ostmission. Die Ausführung scheiterte aber an einer Folge von drei Kriegen, die Boleslaw ab 1002 gegen das Reich führte. So ging Bruno nach Siebenbürgen, um die dortigen Szekler, ein türkisch-magyarisches Mischvolk, zu missionieren. 1004 weihte ihn Erzbischof Tageno von Magdeburg zum »Erzbischof der Heiden«, zum Missions-Erzbischof. 1005 ging Bruno nach Ungarn, 1007 zu den Petschenegen in der heutigen Ukraine, 1008 nahm er die Mission bei den Prussen im heutigen Ostpreußen auf, was ihm den Ehrennamen

»Bonifatius« (lat. bonum = das Gute, fatum = Schicksal) einbrachte. Schon nach einem Jahr wurde er bei Braunsberg (»Berg des Brun«, heute Braniewo bei Elblag) mit 18 Gefährten von heidnischen Prussen erschlagen.
Festtag: 9. März und 15. Oktober.
Darstellung: als Reiter auf einem Esel.

Bruno von Segni, → Bruno von Asti.

Bruno von Würzburg, Bruno von Kärnten, Brun (um 1005–1045). Der Sohn des Herzogs Konrad von Kärnten und der Mathilde von Schwaben war 1027–1034 Leiter der italienischen Kanzlei von Kaiser Konrad II. 1034 wurde er Bischof von Würzburg, begann mit dem Bau des Würzburger Domes und förderte die Bildung und geistliche Zucht des Klerus. Er starb in Persenbeug bei Linz an der Donau (Niederösterreich) auf einem Heereszug des Kaisers Heinrich III. gegen die Ungarn. Sein Grab wird im Würzburger Dom, »in seinem Dom«, verehrt.
Festtag: 27. Mai, in Würzburg 17. Mai.
Darstellung: als Bischof, meist mit Fahne.

Bulhom, Fernando Martin de,→ Antonius von Padua.

Burkhard von Würzburg († 754), Bischof, Helfer bei Rheumatismus und bei Erkrankungen der Nieren und der Gallenblase. Der angelsächsische Benediktinermönch schloß sich 735 dem hl. → Bonifatius als Missionar an, wurde von ihm 741 zum ersten Bischof von Würzburg geweiht und nahm 743 am Reformkonzil des Bonifatius sowie 747 an der fränkischen Synode teil. 750/751 war Burkhard in Rom, um die Zustimmung des Papstes Zacharias zur Königswahl des fränkischen Hausmeiers Pippin III., der Jüngere oder Kurze genannt, zu erhalten. In Würzburg gründete er das St.-Andreas-Kloster, an das heute noch die Stiftskirche St. Burkhard erinnert, die allerdings erst 1033 – 1042 als romanischer Nachfolgebau entstand. 752 erhob er die Gebeine des hl. → Kilian von Würzburg und ließ sie in die Kirche auf dem Marienberg bringen. Für Kilian erbaute er einen ersten Würzburger Dom, der 788 in Gegenwart → Karls des Großen geweiht wurde (der heutige Dom entstand 862 – 1189). Eine Legende aus dem 12. Jh. berichtet von seiner Abdankung als Bischof. Burkhard starb am 2. Februar 754 im Kloster Hohenburg (Odenwald). An einem 14. Oktober zwischen 984 und 990 kamen seine Gebeine in das Würzburger St.-Andreas-Kloster. Seit 1552 existiert nur noch die Kopfreliquie des Heiligen.

Festtag: 2. Februar, in Würzburg 14. Oktober.

Darstellung: als Bischof mit Stab und Buch oder Kirchenmodell.

C

Cabrini, Maria Francesca, → Franziska Xaveria.

Cäcilia († um 230), Märtyrerin. Patronin der Kirchenmusik (seit 15. Jh.), der Sänger, Musiker und Dichter, der Musikinstrumenten- und speziell der Orgelbauer (ihr wird auch die Erfindung der Orgel zugeschrieben).

Cäcilias Vita ist legendär, doch seit

Die heilige Cäcilia beim Orgelspiel (Peter Paul Rubens)

dem 5. Jh. im Abendland weit verbreitet. Danach stammte Cäcilia aus der römischen Patrizierfamilie der Cäcilier, sie soll zusammen mit ihrem Verlobten, dem hl. Valerianus, und dessen Bruder, dem hl. Tiburtius, von Papst Urban II. getauft und bald danach wegen ihres christlichen Glaubens hingerichtet worden sein – obwohl unter Kaiser Alexander Severus (222–235) keine Christenverfolgungen stattfanden. Cäcilia ließ man in einen Bottich mit kochendheißem Wasser steigen, was ihr aber keinen Schaden zufügte. Daraufhin sollte sie enthauptet werden. Der Henker schlug dreimal zu, vermochte aber nicht, ihr Haupt abzutrennen. So starb sie erst drei Tage später an den Wunden. Die Standhaftigkeit der drei Christen überzeugte auch Maximus, den Sekretär des Richters, der sich bekehrte und dann ebenfalls das Martyrium erlitt. Papst Paschalis I. (817–824) übertrug die Gebeine der vier Märtyrer 821 in die Kirche S. Cecilia in Trastevere (Stadtteil von Rom), die im 5. Jh. durch Umwandlung ihres Wohnhauses entstanden ist.

Der italienische Komponist Giovanni Palestrina (1525–1594) begründete in Rom eine von Papst Gregor XIII. bestätigte Bruderschaft, den »Verein der heiligen Cäcilia« zur Pflege der geistlichen Musik. Papst Pius IX. (1846–1878) verwandelte die Bruderschaft in eine Akademie und stiftete für besondere Leistungen auf dem Gebiet der Kirchenmusik den Cäcilienorden. Heute bestehen in mehreren Ländern Cäcilienvereine, wie der »Allgemeine Cäcilien-Verband für die Länder der deutschen Sprache« (ACV) zur Pflege der katholischen Kirchenmusik.

Festtag: 22. November, der anderen Märtyrer: 14. April.

Darstellung: mit einem Kranz aus Rosen und Lilien (in Abwandlung der Märtyrerkrone und als Zeichen ihrer Jungfräulichkeit), mit Buch und Palme, mit tiefen Wunden am Hals; seit dem 15. Jh. mit der Orgel, ihrem Hauptattribut, oder einem anderen Musikinstrument.

Caecilius Cyprianus Thascius → Cyprianus von Karthago.

Caesarius von Nazianz († 368), Patron der Ärzte. Der Sohn des Bischofs → Gregor des Älteren von Nazianz studierte Medizin und wurde in Konstantinopel (heute Istanbul, Türkei) Hofarzt der römischen Kaiser Constantius II. (337–361) und Julian Apostata (361–363). Als ihn Kaiser Julian aufforderte, dem christlichen Glauben zu entsagen, verließ Caesarius den Hof. Kaiser Jovian (363–364) holte ihn zurück, und Kaiser Valens (364–378) machte ihn gar zum Statthalter der kleinasiatischen Provinz Bithynien. Hier residierte er in Nikomedia (heute Izmit) am Marmarameer und war somit für den Kaiser jederzeit erreichbar. Nachdem er 368 bei einem Erdbeben beinahe umgekommen wäre, zog er sich nach Nazianz (heute Nenezi, Zentraltürkei) zurück.

Festtag: 25. Februar, Ostkirchen: 9. März.

Cajetanus von Thiene, → Kajetan von Tiene.

Calixtus I., Kalixt, Kallistus († 222), Papst (217–222), Märtyrer. Er war Sklave des Christen Carpophorus (nicht mit Carpophorus aus Pannonien identisch), der ihn eines Tages freiließ, damit er Priester werden konnte. Papst → Zephyrinus ernannte ihn zum Archidiakon und Verwalter des Gemein-

defriedhofs an der Via Appia. 217 bestieg Calixtus den Stuhl Petri, wurde also Bischof von Rom und Papst. Energisch bekämpfte er alle Formen der Häresie, so besonders die Monarchianer, die der Dreifaltigkeitslehre widersprachen und den Arianismus des 4. Jh. vorbereiteten. Seine Vergangenheit, vor allem aber seine moralischen Auffassungen stärkten die Opposition, was unter dem Gegenpapst → Hippolyt von Rom zum ersten Schisma der Kirche führte. So durften nach Calixtus' Meinung sog. Unzuchtsünder in der Kirche bleiben, Ehen zwischen Adligen und Sklaven erhielten den kirchlichen Segen. Eine Legende des 7. Jh. berichtet vom Martertod des Papstes: Empörte Christen sollen Calixtus aus dem Fenster seiner Residenz geworfen und ihn anschließend mit einem Stein um den Hals im Brunnen ertränkt haben. Für die Wahrheit der Legende spricht, daß Calixtus nicht in der Papstgruft an der Via Appia, den späteren Katakomben S. Callisto, beigesetzt wurde, sondern im Coemeterium des Calepodius in Trastevere, wo heute die älteste Marienkirche Roms steht.
Festtag: 14. Oktober.
Darstellung: als Papst mit Tiara und Buch, als Märtyrer mit einem Stein um den Hals.

Canisius, → Petrus Canisius.

Carolus Magnus, → Karl der Große.

Carpophorus aus Pannonien, → Quattuor Coronati.

Caspar, → Drei Heilige Könige.

Castorius aus Pannonien, → Kastor aus Pannonien.

Castulus († um 286/287), Märtyrer. Er war unter Diokletian (284–305) kaiserlicher Hofbeamter, vielleicht Speisenmeister oder Aufseher über die Zimmer der Kaiserfamilie, vielleicht aber auch Hoflieferant, und mit der hl. → Irene verheiratet. Als Anhänger der neuen Religion fiel er den schweren Christenverfolgungen der Jahre 286/287 zum Opfer und erlitt das Martyrium, indem man ihn eine Grube ausheben ließ, ihn hineinstieß und bei lebendigem Leibe begrub. Castulus' Leichnam wurde in einer Katakombe an der Via Labicana beigesetzt. Später kamen seine Gebeine nach Pavia, im 8. Jh. brachte sie Abt Reginpert in die Abtei Moosburg bei Freising, 1598 gelangten sie nach Landshut, wo sie heute noch in der St.-Martins-Kirche ruhen.
Festtag: 26. März.
Darstellung: in Tunika mit Palme, im Mantel mit Barett, Schwert, Banner oder Lanze, mit einem Spaten (Martyrium).

Castus, → Aemilius und Castus von Capua.

Caterina von Siena, → Katharina von Siena.

Chantal, → Johanna Franziska von Chantal.

Charlemagne, → Karl der Große.

Chiara dei Scefi, → Klara von Assisi.

Chlothilde, Chlothildis, Chrodechilde (um 474–544), Königin der Franken, Patronin der Frauen, Notare und Lahmen; Helferin bei der Bekehrung eines Gatten, bei Fieber, Kinderkrankheiten und plötzlichem Tod.

Chlothilde wurde in Lyon als Tochter des Burgunderkönigs Chilperich I. (443–um 480) geboren (nicht zu verwechseln mit dem merowingischen König von Neustrien Chilperich I., 539–584). Nach dem Tod des Vaters kam sie an den Hof ihres Onkels Godegisel von Genf, der die junge, katholisch getaufte Frau 493 dem heidnischen Frankenkönig Chlodwig I. (482–511) auf dessen Wunsch hin zur Gemahlin gab. Gemeinsam mit → Remigius, dem Bischof von Reims, wirkte Chlothilde auf Chlodwig ein, sich taufen zu lassen. Der König versprach es schließlich, wenn er die Alemannen besiegen würde. Die Schlacht bei Zülpich (?) (nördlich der Eifel) wurde zu seinen Gunsten entschieden, und Weihnachten 496 fand in Reims die Taufe statt. Tausende von Franken folgten ihrem König, bald war das ganze Frankenreich katholisch. Chlothilde, der dieses Werk neben Bischof Remigius zu danken war, stiftete auch mehrere Kirchen. Nach dem Tod ihres Gemahls 511 zog sie sich nach Tours zurück, wo sie bis zu ihrem Tod noch vieles für die Kirche und das Christentum tat. Ihre Gebeine wurden in die Kirche St-Pierre in Paris übertragen, gingen aber während der Französischen Revolution verloren.
Festtag: 3. Juni, in der Diözese Lausanne-Genf-Freiburg 4. Juni.
Darstellung: als Königin mit Krone, Zepter und Schleier, mit einem Kirchenmodell, mit einem Schild, das drei Lilien zeigt (Wappen der Bourbonen), Almosen austeilend, oft zusammen mit ihrem Mann Chlodwig I.

Chlotsind, Tochter des hl. → Adalbald und der hl. → Richtrudis. Nach dem Tode ihres Vaters trat sie um 646 in das von ihrer Mutter gestiftete und als Äbtissin geleitete Benediktinerinnenkloster Marchiennes bei Lille (Nordfrankreich) ein. Chlotsind wird vor allem in Frankreich als Heilige verehrt.
Kein Festtag.

Chmielowski, → Albert Chmielowski.

Christophorus, Christophoros († um 249), Märtyrer, einer der Vierzehn → Nothelfer. Patron des Verkehrs, der Autofahrer, Radfahrer, Fuhrleute, Lastenträger, Athleten, Seeleute, Fährleute, Flößer, Piloten, Reisenden, Pilger; der Straßen und Brücken (Brückenheiliger); der Gärtner, Obsthändler (Stabwunder), der Bergleute, Schatzgräber, Zimmerleute, Färber, Hutmacher und Buchbinder; der Festungen, der Kinder, der schwangeren Frauen, der Ärzte; Helfer gegen einen unerwarteten und für einen guten Tod, bei Seuchen, besonders bei Pest, bei Feuer- und Wassergefahren, Helfer gegen Dürre, Unwetter und Hagel, gegen Augenleiden, Zahnschmerzen und Wunden.
Christophorus ist zweifellos einer der bekanntesten und volkstümlichsten aller Heiligen, trotzdem geben fast nur Legenden Auskunft über sein Leben. Vermutlich stammte er aus Lykien (Südwesttürkei), vielleicht erlitt er unter Kaiser Decius das Martyrium. Mehr weiß man nicht. Doch ranken sich um den Heiligen zahlreiche Legenden, wie die ›Legenda aurea‹ (goldene Legende) des Jacobus a Voragine (13. Jh.), in der Christophorus der »Riese Offerus« ist, der nur dem Mächtigsten dienen will. So dient er erst dem König, dann dem Teufel, schließlich Christus. Älter ist die Legende vom menschenfressenden Reprobus aus dem Volk der Kynoskephalen (Hundsköpfe), der auf den Namen Christophorus getauft wurde und wun-

derbarerweise menschliche Sprache und Züge erhielt, so daß er für Christus missionieren konnte. Er predigte in Lykien, und Gott war mit seinen Reden zufrieden, so daß er Christophorus' Wanderstab Blätter und Früchte tragen ließ.

Einer anderen Legende zufolge trat Christophorus in das kaiserliche Heer ein, wurde wegen seines Glaubens unter König Dagnus verfolgt und furchtbar gemartert. Er widerstand den Verführungen der Dirnen Nicaea und Aquilina, bekehrte sie sowie viele Soldaten und wurde schließlich enthauptet. Oder: Ein Eremit forderte Christophorus einst auf, Pilger über einen reißenden Fluß zu tragen. Also trug der starke Mann, ohne es zu wissen, auch das Jesuskind, das auf seinen Schultern aber immer schwerer wurde, bis er erschöpft ins Wasser tauchte. Da taufte ihn das Kind und gab ihm den Namen »Christophorus« (= Christusträger).

Es gibt kaum ein Land, in dem nicht wenigstens eine Kirche dem heiligen

Der heilige Christophorus (Albrecht Dürer)

Mann geweiht ist, in Kleinasien wird er seit dem 5. Jh. verehrt, in Frankreich seit dem 6. Jh. Seine Reliquien verehrt man in der Peterskirche in Rom wie in der Benediktinerabtei St-Denis bei Paris. Noch heute führen zahllose Menschen ein winziges Bild oder ein Figürchen des Christophorus mit sich und glauben fest daran, daß sie der heilige Mann beschützen wird.
Festtag: 25. Juli, Ostkirchen: überwiegend 9. Mai.
Darstellung: meist als bärtiger Riese, einen Baumstamm in der Hand, das Jesuskind auf der Schulter durch den Fluß tragend. Sein Attribut ist ein Stab in allen möglichen Formen.

Chrodechilde, → Chlothilde.

Chrodegang von Metz (um 700–766), Bischof. Er stammte aus dem ostfränkischen Hochadel, wirkte ab 741 als Mitarbeiter des fränkischen Hausmeiers Karl Martell und ab 742 (747) als Bischof von Metz (in Lothringen). Er gründete und reformierte mehrere Klöster, holte aus Rom Märtyrerreliquien nach Austrien und setzte in den Kirchen des Frankenreiches die römische Liturgie durch. Nach → Bonifatius' Tod 754 wurde er dessen Nachfolger und somit Erzbischof und Metropolit von Austrien. Chrodegang starb in Metz und wurde in der nahen, von ihm gegründeten Benediktinerabtei Gorze beigesetzt. Seine Gebeine befinden sich heute in der Kirche St-Symphorian in Metz.
Festtag: 6. März.

Chrysogonus von Aquileia († um 303), Märtyrer, → Kanonheiliger, einer der drei Tegernseer Patrone (→ Kastor aus Pannonien, → Quirinus vom Tegernsee). Der aus Rom stammende

Lehrer, Erzieher und Beichtvater der hl. → Anastasia von Sirmium wurde in den Christenverfolgungen von 303 unter Kaiser Diokletian von Rom nach Aquileia (Oberitalien) verschleppt und dort enthauptet. Sein Leichnam wurde ins Meer geworfen, doch Fischer brachten ihn wieder an Land, wo man ihn in Aquileia bestattete. Im 11. Jh. kamen Reliquien des Heiligen nach Verona und von dort in das 746 gegründete Benediktinerkloster Tegernsee, verehrt werden sie in der ehemaligen Klosterkirche St. Quirin (11. Jh.).
Festtag: 24. November.
Darstellung: als junger Ritter mit Lanze und Schild, der die Aufschrift »IHS« (Iesus hominum salvator = Jesus der Menschen Retter) trägt; Fische ziehen den Leichnam des Heiligen an Land.

Chunebertus, → Kunibert von Köln.

Chuniald und Gislar von Salzburg, Kunold und Giselher (8. Jh.). Sie waren Priester und Gefährten des hl. → Rupert von Salzburg und unterstützten ihn bei der Christianisierung des Umlandes von Salzburg und Oberösterreichs. Nach der Legende sollen sie bis Wien gekommen sein und dort bei den Awaren missioniert haben. Bischof → Virgilius von Salzburg übertrug ihre Gebeine zusammen mit denen Ruperts im Jahr 774 in den neuerbauten Salzburger Dom (der heutige Dom entstand 1614–1628).
Festtag: 24. September, Salzburg: 28. September.
Darstellung: als Diakone mit Buch.

Clara von Assisi, → Klara von Assisi.

Claudius aus Pannonien, → Quattuor Coronati.

Claver, → Petrus Claver.

Clemens Romanus, → Klemens I.

Cletus, → Anaklet I.

Cölestin I., Coelestinus († 432), Papst (422–432). Vor seiner Papstwahl war er römischer Diakon. Als Papst hatte er vor allem gegen die Irrlehren, die das Frühchristentum begleiteten, zu kämpfen, besonders gegen den Pelagianismus, den die weströmischen Kaiser zwar schon 411 verboten hatten, der dennoch in England, Irland und auch in Südgallien immer wieder aufflackerte. So sandte er zwei rechtgläubige Streiter in die Krisengebiete, 429 → Germanus von Auxerre nach England, 431 → Palladius nach Irland. 430 ließ er von einem römischen Konzil die Lehre des Nestorius verbieten, die auch 431 auf dem dritten Ökumenischen Konzil in Ephesus im Beisein von drei päpstlichen Legaten als häretisch verdammt wurde. Cölestin starb in Rom und wurde im Coemeterium der Priscilla beigesetzt.
Festtag: 6. April.
Darstellung: als Papst mit Pallium und Schriftrolle.

Cölestin V., Petrus Coelestinus, Pietro del Murrone (um 1215–1296), Papst (5. Juli 1294–13. Dezember 1294). Patron der Buchbinder.
Cölestin wurde in Isernia in den Abruzzen (nördlich von Neapel) geboren, trat in den Benediktinerorden ein und lebte als Einsiedler auf dem Monte Murrone (bei Sulmona), wo man ihn Pietro del Murrone nannte. In seiner näheren Umgebung lebten noch andere Anachoreten, die er ab 1254 zu einem Orden der Cölestiner zusammenfaßte, welcher der Regel des hl. → Benedikt von Nursia folgte. Papst Urban IV. und

Papst Gregor X. bestätigten 1264 und 1274 den Mönchsorden. Die Cölestiner trugen weiße Kleidung mit schwarzer Kapuze und Skapulier und widmeten sich ganz dem beschaulichen Leben. Ab 1276 wirkte Pietro del Murrone als Abt des Klosters Faifoli (Benevent), war aber froh, 1279 wieder in die Einsamkeit der Abruzzen zurückkehren zu können. Der Cölestinerorden verbreitete sich rasch über ganz Italien, Frankreich und die Niederlande und griff im 14. Jh. auch nach Deutschland über, wo Kaiser Karl IV. 1369 das Cölestinerkloster Oybin bei Zittau stiftete. Heute existiert der Orden nicht mehr.
Als sich nach dem Tod des Papstes Nikolaus IV. 1292 die beiden Parteien unter Führung der römischen Adelsfamilien Colonna und Orsini nicht auf einen Nachfolger einigen konnten, schlug König Karl II. von Anjou den fast achtzigjährigen Einsiedler Pietro del Murrone vor, der 1295 als Papst Cölestin V. den Stuhl Petri bestieg. Die zahlreichen Abhängigkeiten einerseits und die ungewohnte Atmosphäre am Hof des Papstes andererseits veranlaßten Cölestin, zwei Bestimmungen zu erlassen bzw. zu erneuern: die Wiedereinführung des strengen Konklaves für eine unabhängige Papstwahl und eine Konstitution über die Abdankung von Päpsten. Drei Tage darauf stellte Papst Cölestin V. sein Amt zur Verfügung und kehrte zu seinen Mönchen in die geliebte Bergeinsamkeit zurück. Sein Nachfolger Bonifatius VIII. aber mißtraute dem beliebten alten Mann, er befürchtete ein Schisma und hielt ihn bis zu seinem Tod auf dem Felsenschloß Fumone bei Anagni (östlich von Rom) in sog. ehrenvoller Haft. Papst Klemens V., der als Franzose nicht nach Rom wollte und deshalb das

Coletta

»Babylonische Exil« in Avignon begründete (1309–1376), sprach Cölestin V. 1313 in Avignon heilig.
Festtag: 19. Mai.
Darstellung: als Papst, der die Tiara, das dreifache Kreuz und die päpstlichen Schlüssel beiseite legt, als Ordensstifter im Gewand der Cölestiner.

Coletta, Koleta, eigentlich Nicolette Boillet (1381–1447), Patronin der Klarissen, von Corbie, Gent und Poligny, der Zimmerleute und Dienstmägde, Helferin bei Fieber, Kopfschmerzen und Augenleiden, bei Unfruchtbarkeit und für eine glückliche Geburt.
Die in Corbie geborene Coletta lebte mehrere Jahre als Einsiedlerin, bevor sie 1406 als Nonne in den Klarissenorden, den 1212 von → Franz von Assisi und → Klara von Assisi gegründeten Zweiten Orden (Frauenorden) der Franziskaner, eintrat. Coletta reformierte den Orden und führte ihn zur ursprünglichen Strenge zurück. Sie gründete 18 neue Klöster, deren Mitglieder sich »Colettinen« (Colettinerinnen) nannten. Auch Männerklöster schlossen sich ab 1412 ihrer Reform an (Colettaner). Coletta starb in Gent (Belgien), sie wurde 1740 selig- und am 25. Mai 1807 von Papst Pius VII. heiliggesprochen.
Festtag: 6. März.
Darstellung: als Nonne mit Buch und Kruzifix sowie mit Lamm und Lerche, ihren ständigen Begleitern.

Columba, Columban, → Kolumban der Ältere, → Kolumban der Jüngere.

Comgall, Comgell (um 516 – um 601), Abt. Der Nordire war Soldat, dann Student, schließlich Einsiedler. 555 (oder 559) gründete er das Kloster Bangor (bei Belfast, Nordirland), das er zu einer bedeutenden und einflußreichen Stätte klösterlicher Kultur entwickelte. Zu seinen berühmtesten Schülern zählen die hll. → Gallus und → Kolumban der Jüngere.
Festtag: 10. Mai.

Concordia von Rom († 258), Märtyrerin, Patronin der Ammen und Kindermädchen. Als → Laurentius von Rom seinen Kerkermeister → Hippolyt den Soldaten bekehrte und taufte, konnte der Heilige auch Concordia, die Amme des Hippolyt, sowie dessen 19 Hausgenossen dem Christentum zuführen. Nach dem Tod des Laurentius erlitten sie alle das Martyrium, Concordia geißelte man mit Bleiruten zu Tode, die 19 Hausgenossen wurden enthauptet.
Festtag: 13. August.
Darstellung: Concordia hält ihre Marterwerkzeuge in der Hand.

Constantia, → Konstantia.

Corbinianus, → Korbinian von Freising.

Cornelius, → Kornelius.

Corona, Korona (2. Jh.), Märtyrerin. Patronin der Schatzgräber, des Geldes und der Metzger. Sie soll im Alter von sechzehn Jahren in Ägypten oder Syrien wegen ihres christlichen Glaubens mit ihrem Mann zum Tod verurteilt worden sein. Der Überlieferung nach brachte man sie auf grausame Weise um: Die Spitzen zweier Palmen wurden zur Erde gebogen und Corona an ihnen befestigt. Beim Emporschnellen der Palmen wurde sie zerrissen. 997 schenkte Kaiser Otto III. Reliquien der hl. Corona dem Aachener Münster. Kaiser Karl IV., einer der eifrigsten Reliquiensammler, brachte andere Relik-

te der Märtyrerin im 14. Jh. aus Feltre bei Venedig in den Prager Dom. Besonders verehrt wird die hl. Corona in Bayern und in Niederösterreich, z. B. St. Corona am Schöpfl und St. Corona am Wechsel.
Festtag: 14. Mai.
Darstellung: mit einer Palme oder einem Palmenzweig, an zwei herabgebogene Palmen gebunden.

Cosmas, → Kosmas und Damianus.

Crescentia, → Vitus.

Crispinus und Crispinianus († um 304), Märtyrer, 2. Patrone des Bistums Osnabrück, Stadtpatrone von Soissons und Osnabrück; Patrone der Schuhmacher (wobei man die beiden zu einem hl. Crispin zusammenfaßte:»Crispin machte den Armen die Schuh' und stahl das Leder auch dazu«. Dieses Sprichwort beruht aber auf einer falschen Übersetzung des mittelhochdeutschen Wortes »stalt«, das nicht »stahl«, sondern »stellte« bedeutet; Patron der Gerber und Sattler, der Weber und Schneider.
Das Leben und Wirken der beiden Brüder ist nur aus Legenden bekannt. Danach stammten sie aus einer vornehmen römischen Familie. Sie ließen sich taufen und flohen während der Verfolgungen unter Kaiser Diokletian nach Soissons (nordöstlich von Paris), wo sie das Schuhmacherhandwerk erlernten und für die Armen unentgeltlich Schuhe herstellten. Gleichzeitig predigten sie das Christentum. Schließlich wurden sie verraten und wegen ihres Glaubens vor Gericht gestellt. Um sie zur Abkehr vom christlichen Glauben zu bewegen, wurden sie gefoltert, wobei man ihre Haut in Streifen abzogen und sie ihnen höh-

nisch als Schuhleder in die Hand gedrückt haben soll. Schließlich wurde der eine von ihnen enthauptet, der andere ertränkt. Ihre Gebeine ruhen in Soissons.
Festtag: 25. Oktober.
Darstellung: als Schuhmacher mit Schuhmacherwerkzeug, Hautstreifen haltend, mit Schwert und Mühlstein (Martyrium).

Cruz, Juan de la, → Johannes vom Kreuz.

Cubet, → Drei heilige Jungfrauen.

Cunibert, → Kunibert von Köln.

Cyprianus von Karthago, Caecilius Cyprianus Thascius (200/210–258), Bischof, Märtyrer, → Kanonheiliger, Patron gegen die Pest.
Geboren in Karthago (bei Tunis) als Sohn reicher nichtchristlicher Eltern. Seine Redekunst war schon weithin berühmt, als er sich taufen ließ und Priester wurde. 248/249 erkor ihn das Volk zum Bischof von Karthago, aber schon 250, als unter Kaiser Decius Christenverfolgungen ausbrachen, mußte er sich verborgen halten, er führte aber brieflich seine Diözese weiter. Nach dem Ende der Verfolgungen hatte sich Cyprianus mit dem Problem der »Lapsi«, der angesichts des Martertodes abtrünnigen Christen, auseinanderzusetzen. Der nordafrikanischen Kirche drohte ein Schisma, als ein gewisser Novatian die Wiederaufnahme der Abgefallenen ablehnte, während Cyprianus wie auch Papst → Kornelius sie befürwortete. 251 entschied die Synode von Karthago für die Wiederaufnahme. 255 geriet Bischof Cyprianus in der Frage der Ketzertaufe mit Papst → Stephan I. in Streit. Cyprianus lehnte die

Gültigkeit der Taufe durch häretische Priester ab, denn ein Häretiker stehe außerhalb der Kirche (»extra ecclesiam nulla salus« = außerhalb der Kirche ist kein Heil). Bischof → Dionysius der Große von Alexandria, der auf der Seite Roms stand, schlichtete den Streit und verhinderte damit eine Spaltung der Kirche. Wertvoll und zeitlos sind Cyprianus' zahlreiche Schriften, so daß er als bedeutendster Kirchenschriftsteller des Frühchristentums bis Augustinus gilt. 257 wurde Cyprianus bei den Christenverfolgungen unter Kaiser Valerian verbannt und im Jahr darauf enthauptet. Reliquien gelangten im 9. Jh. nach Compiègne bei Paris und nach Lyon, das Haupt des Heiligen kam nach Kornelimünster bei Aachen.

Festtag: 16. September (zusammen mit Papst Kornelius).

Darstellung: als Bischof mit Schwert, Palme und Buch.

Cyriacus von Rom, Kyriakos († 305), Diakon, Märtyrer, einer der Vierzehn → Nothelfer. Helfer bei Besessenheit und gegen Anfechtungen böser Geister. Er soll Diakon von Papst → Marcellus I. gewesen sein, was aber nicht möglich ist, weil er den Martertod erlitt, bevor Marcellus Papst wurde (Verwechslung mit Papst → Marcellinus?). In den Christenverfolgungen unter Kaiser Diokletian wurde er zur Zwangsarbeit am Bau der Thermen des Diokletian eingesetzt, dann in den Kerker geworfen, wo er Artemia, die Tochter des Kaisers, von der Besessenheit heilte. Als Dank erhielt er die Freiheit, wurde aber unter Diokletians Nachfolger, dem Caesar Maximinus Daia, mit Gefährten zu Tode gemartert (genannt werden in Missalien aus dem 13. Jh. u.a. Largus und Smaragdus). Papst Marcellus ließ den Leichnam am 7.

Meilenstein der Via Ostiensis, wo man 1915 einen frühchristlichen Friedhof entdeckte, beisetzen. Im 9. Jh. kamen Reliquien des Heiligen nach Ancona (Mittelitalien; Kathedrale S. Ciriaco), nach Altdorf im Elsaß und nach Neuhausen bei Worms (Stiftskirche St. Cyriacus), eine Armreliquie ließ Kaiser Otto der Große im 10. Jh. in den Bamberger Dom bringen. Vor allem im Rheinland genießt der hl. Cyriacus noch heute große Verehrung.

Festtag: 8. August.

Darstellung: als junger Diakon mit Buch, Palme, Schwert, manchmal einen gefesselten Drachen zu seinen Füßen (Überwindung des Bösen).

Cyrillus von Alexandria, Kyrill, Kyrillos (um 380–444), Patriarch von Alexandria, Kirchenlehrer. Der in Alexandria gebürtige Cyrillus genoß eine sehr gute Ausbildung und lebte anschließend einige Jahre bei den christlichen Eremiten in der Wüste bei Alexandria. Dann übernahm ihn sein Onkel Theophilus, Patriarch von Alexandria, in den Klerus. Auf der sog. Eichensynode im Kloster Rufinianai bei Chalkedon (403) wurde er Zeuge der Hetzkampagne, die sein Onkel im Einvernehmen mit dem Kaiserhof gegen → Johannes Chrysostomos betrieb. 412 wählte man Cyrillus nach dem Tod des Onkels zum Bischof von Alexandria. Die ersten Jahre seiner Amtszeit prägten die blutigen Auseinandersetzungen in der ägyptischen Metropole mit den Juden und der ermüdende, wenig erfolgreiche Kampf gegen die zahlreichen christlichen Abweichler wie Arianer, Nestorianer, Novatianer. Auf dem Konzil zu Ephesus (431) gelang es Cyrillus, die alexandrinische Glaubensformel durchzusetzen, daß Maria in Jesus Christus Gott geboren habe. Der Nestorianismus wurde verurteilt, sein Begründer Nestorius, Patriarch von Konstantinopel, als Häretiker abgesetzt und nach Achmim (Oberägypten) oder Petra (heute Jordanien) verbannt. Cyrillus verfaßte zahlreiche theologische Schriften und Briefe, von denen ein großer Teil erhalten blieb. Er starb in Alexandria. Papst Leo XIII. ernannte ihn 1882 zum lateinischen Kirchenlehrer.

Festtag: 9. Februar bzw. 27. Juni, Ostkirchen: 9. Juni.

Darstellung: als Bischof ohne Mitra mit Buch, auf seiner Schulter sitzt eine Taube (Symbol des Heiligen Geistes), die Gottesmutter erscheint ihm.

Cyrillus von Jerusalem, Kyrill, Kyrillos (um 313–387), Bischof von Jerusalem, Kirchenlehrer. Über seinen Geburtsort und seine Jugend berichtet nicht einmal die Legende. 345 wurde Cyrillus zum Priester geweiht und bestieg 348/350 nach dem Tod des Bischofs → Maximus von Jerusalem durch die Protektion des Bischofs Acacius von Caesarea (Palästina), des Metropoliten der Arianer, den Bischofsstuhl von Jerusalem. Doch Cyrillus vertrat nicht, wie es anfangs schien, den Arianismus, sondern wandte sich bald in Schrift und Wort scharf gegen diese Lehre. Berühmt waren seine Predigten, die er in der Jerusalemer Grabeskirche hielt und deren Wortlaut noch heute nachwirkt. Wegen seiner Rechtgläubigkeit und seines unerbittlichen Vorgehens gegen die Arianer wurde Cyrillus fünfmal in die Verbannung geschickt, so daß er fast länger im Exil zubrachte als auf seinem Bischofsstuhl. Papst Leo XIII. ernannte ihn 1882 zum lateinischen Kirchenlehrer.

Festtag: 18. März.

Darstellung: mit rundem Bart, mit Geldbeutel, weil er sich sehr für die Armen einsetzte.

Cyrillus und Methodius, → Kyrillos und Methodios.

D

Dagobert II. (um 652–679), König von Austrien, Märtyrer.

Als der Frankenkönig → Sigibert III. von Austrien (östliches Frankenreich) im Jahr 656 starb, übernahm der Hausmeier Grimoald für den vierjährigen Prinzen Dagobert die Regentschaft und die Vormundschaft. Doch wollte Grimoald den Thron für seinen eigenen Sohn Childebert sichern, und so gab er den kleinen Dagobert nach Irland in ein Kloster. Bischof → Wilfrith von York vereitelte diese Absicht, indem er den inzwischen volljährigen Dagobert 676 zurückkehren und zum König krönen ließ. Schon bald geriet der junge König mit Ebroin, dem Hausmeier Neustriens (westliches Frankenreich), in Streitigkeiten. Kurz vor dem Weihnachtsfest 679 ließ Ebroin König Dagobert II. während einer Jagd in den Wäldern von Woevre (bei Verdun) ermorden. Dagobert wurde in dem kleinen Ort Stenay (bei Verdun) beigesetzt, und schon kurz danach verehrte ihn das Volk als Märtyrer.

Festtag: 23. Dezember.

Darstellung: als König mit Krone, Zepter, Palme und den Mordwerkzeugen (Lanzenspitze und Nagel).

Damasus I. (um 305–384), Papst (366–384). Er stammte nicht – wie vielfach behauptet wurde – aus Spanien oder Portugal, sondern war mit großer Wahrscheinlichkeit Römer. Die ersten Jahrzehnte seines Lebens liegen im dunkeln. Gegen 352 wurde Damasus Diakon bei Papst Liberius (352–366), dem er nach Streitigkeiten mit den Arianern 355 in die Verbannung nach Thrakien folgte. Doch wandte er sich bald wieder Rom zu und wirkte als Diakon des Gegenpapstes Felix II. Nachdem Papst Liberius 358 aus der Verbannung zurückgekehrt war, wechselte er reuig wieder zu diesem. Als Liberius 366 starb, kam es zwischen den Anhängern des Diakons Damasus und denen des Diakons Ursinus zu gewalttätigen Auseinandersetzungen um die Wahl des Nachfolgers. Damasus ließ am 1. Oktober in der Juliansbasilika über hundert Angehörige der Ursinus-Partei umbringen und sich von seinen Leuten zum Papst weihen, wobei ihn der Stadtpräfekt von Rom unterstützte und Ursinus aus der Stadt wies. Im Bund mit dem Staat führte Damasus die römische Kirche zielbewußt, aber mit äußerster Härte zu glänzender Höhe. Er bekämpfte erfolgreich die Lehren der Donatisten, Arianer und anderer Sektierer und ließ die Grabstätten der frühchristlichen Märtyrer in den Katakomben erneuern und mit selbstverfaßten Epigrammen schmükken (»Damasianische Lettern« des päpstlichen Kalligraphen Furius Dionysius Philocalus). Er beauftragte den hl. → Hieronymus, die lateinische Bibelübersetzung (›Itala‹) zu überarbeiten (ab 383) bzw. die Bibel aus dem Hebräischen neu zu übersetzen (ab 390

›Vulgata‹). Damasus' Gebeine ruhen in der von ihm erbauten Kirche S. Lorenzo in Damaso zu Rom.
Festtag: 11. Dezember.
Darstellung: mit päpstlichem Doppelkreuz und einem Kirchenmodell oder der ›Vulgata‹.

Damian, Damianus, → Kosmas und Damianus.

Daniel Stylites, Daniel der Säulensteher (um 409–493), Säulenheiliger.
Geboren in Maratha bei Samosata (heute Samsat am Euphrat, Syrien). Im Alter von zwölf Jahren trat er in ein Kloster ein, das er bald wieder verließ, um nach Jerusalem und anschließend nach Kal'at Sim'an (nordwestlich von Aleppo, Syrien) zu pilgern. Hier wurde er Schüler des ersten großen Säulenstehers → Simeon Stylites des Älteren. Um 460 bestieg er in Anaplus (nördlich von Konstantinopel am Bosporus) eine Säule, von der aus er 33 Jahre lang zu seinen Besuchern gepredigt haben soll. Die Nähe zur Hauptstadt des Byzantinischen Reiches führte viele Menschen zu Daniel, der sich auch zu politischen Fragen kritisch äußerte. Einmal besuchte ihn Kaiser Leon I. von Byzanz (457–474). Daniel Stylites starb in Anaplus.
Festtag: 11. Dezember.
Darstellung: auf einer Säule predigend.

Dentelin (7. Jh.), Stadtpatron von Rees.
Der Sohn des hl. → Vinzenz Madelgar und der hl. → Waldetrudis starb bereits im Alter von sieben Jahren und wurde im Kloster Soignies (Hainaut (Hennegau), Belgien) beigesetzt. An der Stelle des im Jahre 653 gegründeten Klosters entstand im 12. Jh. die romanische St.-Vinzenz-Kirche. Der Heilige wird im ganzen Hennegau verehrt und ist Patron der niederrheinischen Stadt Rees.
Festtag: 14. Juli.

Desiderius (um 590 – um 655), Bischof von Cahors. Er wurde vermutlich in Obroge bei Narbonne (Südfrankreich) geboren und genoß mit seinen Brüdern eine gediegene Erziehung am Hof des Frankenkönigs Chlotar II. 618 erhielt er eine Anstellung als königlicher Schatzmeister. 630 ernannte ihn König Dagobert I., Sohn und Nachfolger Chlotars II., zum Bischof von Cahors (Südfrankreich), die Weihe vollzog Erzbischof → Sulpicius II. Desiderius gründete in seiner Diözese mehrere Kirchen und Klöster, führte eine Wasserleitung nach Cahors und schützte die Stadt durch eine stattliche Mauer, die zum Teil noch heute erhalten ist. Berühmt wurde Cahors durch seine »Banker«, Geldwechsler, die im Mittelalter einen erheblichen Teil des mitteleuropäischen Geldverkehrs beherrschten und »Cahorsini«, in Deutschland »Cawertsche« oder »Cauder-Welsche« genannt wurden, wovon sich das deutsche Wort »Kauderwelsch« (= unverständliche Sprache) herleitet. Desiderius starb bei einem Besuch des Bischofs → Amandus von Maastricht in der Abtei Elnon, die bis zu den Hugenottenkriegen 1571 auch sein Grab hütete.
Festtag: 15. November.

Diakone, heilige. Man kennt mehrere Gruppen von heiligen Diakonen. Die bekannteste Gruppe sind die *sieben hll. Diakone*: »Sieben Männer von gutem Ruf und voll Geist und Weisheit« (Apg 6, 1–7), gewählt von der christlichen Urgemeinde von Jerusalem, um »den Dienst an den Tischen«, also die soziale Betreuung der Familien der ersten Heidenchristen, zu versehen und die zwölf Apostel bei ihrer eigentlichen Aufgabe, dem »Gebet und dem Dienst am Wort«, zu entlasten. Zu ihnen gehören: → Stephanus, → Philippus von Hierapolis, → Prochorus, → Nikanor, → Timon, → Parmenas und Nikolaus, der Proselyt aus Antiochia am Orontes (Apg 6, 5). Diese sieben hellenistischen Diakone waren keine Diakone im Sinn des späteren kirchlichen Amtes, sondern »Diener« im ursprünglichen Sinn des griechischen Wortes »diakonos«.

Eine Gruppe von *vier hll. Diakonen* bilden → Euplus von Catania, → Laurentius von Rom, → Romanus von Caesarea und → Stephanus.

Im 14. Jh. entstand eine Gruppe von *drei hll. Diakonen*: → Laurentius von Rom, → Stephanus und → Vinzenz von Saragossa.

Diomedes († 303), Arzt und Märtyrer. Er stammte aus Tarsus, der Hauptstadt Kilikiens (Südosttürkei). Man schätzte ihn als einen begnadeten Arzt und verehrte ihn, weil er von den Armen für seine Behandlung kein Geld nahm (→ Anargyroi). Bei den Christenverfolgungen unter Diokletian um 303 wurde der getaufte Diomedes enthauptet.
Festtag: 16. August.

Dionysius von Augsburg (3./4. Jh.), Bischof von Augsburg, Märtyrer (?). Das Wissen über diesen Heiligen entstammt vor allem der legendären ›Conversio sanctae Afrae‹ (Bekehrung der hl. Afra) aus dem 8. Jh. Danach war Dionysius (oder Zosimus?) der Onkel der hl. → Afra. Der hl. → Narcissus von Gerona taufte ihn um das Jahr 304 und weihte ihn zum ersten Bischof von Augsburg. Historisch wurde Augsburg allerdings erst im 6. Jh. Bischofsstadt. Eine spätere Legende berichtete vom Martyrium des hl. Dionysius durch Enthauptung bzw. Verbrennung. Bei Ausschachtungen in der Augsburger Ulrichskirche zu Beginn des 12. Jh. fand man Reliquien, die Dionysius zugeschrieben wurden. Papst Alexander ließ die Gebeine am 26. Februar 1258 feierlich erheben. 1508 führte Bischof Heinrich IV. von Augsburg den Kult des hl. Dionysius ein.
Festtag: 26. Februar.

Dionysius der Große, Dionysios (um 170–264/265), Bischof von Alexandria. Origenes, der große griechische Kirchenschriftsteller des 3. Jh., der die christliche Theologie bis in das 5. Jh. hinein geprägt hat, war Dionysius' Lehrer an der Katechetenschule von Alexandria. 231/232 – Origenes war nach Caesarea (Palästina) gegangen – vertraute Bischof → Heraklas von Alexandria Dionysius die Leitung der Schule an. Als Heraklas 248 starb, folgte ihm Dionysius auf dem Bischofsstuhl. Schon kurze Zeit darauf ordnete Kaiser Decius (249–251) eine allgemeine Christenverfolgung an. Dionysius hielt sich verborgen, sandte seinen Gläubigen aber regelmäßig Briefe, in denen er sie zum Festhalten am christlichen Glauben bewegte. Unter Kaiser Valerian (253–260), der 257/258 ebenfalls die Christen im gesamten Imperium Romanum verfolgen ließ, wurde Bischof Dionysius nach Libyen, später in die Mareotis (heute Mariut, südlich von Alexandria) verbannt.

Dionysius zählt zu den bedeutendsten, den weisen und milden Theologen des frühen Christentums. Er war bereit, die in der Verfolgung Abgefallenen nach entsprechender Buße wieder in die Kirche aufzunehmen. Er erkannte die von häretischen Priestern vollzogenen Taufen als gültig an. Er hielt Frieden mit all den zahlreichen andersdenkenden Gruppen, was ihn allerdings nicht daran hinderte, den Häretikern die Meinung zu sagen. So attackierte er die Millenaristen, die auf das tausendjährige Reich Christi warteten, und die Sabellianisten, die Vater, Sohn und Heiligen Geist als reine Erscheinungswesen betrachteten. Berühmt waren die Osterfestbriefe, die Bischof Dionysius alljährlich versandte. Seine Tugenden und seine Werke veranlaßten die Nachwelt, Dionysius von Alexandria den ehrenden Beinamen »der Große« zu geben. *Festtag*: 17. November. Von dem Heiligen sind keine Darstellungen bekannt.

Dionysius von Paris († nach 250), Bischof, Märtyrer, einer der Vierzehn → Nothelfer, Nationalheiliger der Franzosen, Apostel Galliens und erster

Der heilige Dionysius von Paris (Stundenbuch Karls VIII.)

Bischof von Paris. Patron der Schützen; Helfer gegen Kopfschmerzen, Hundebiß und Syphilis. Papst → Kornelius (251–253) oder Papst → Stephan I. (254–257) sandte Dionysius zur Missionsarbeit nach Gallien, wo er in Paris, Chartres und in anderen Orten Kirchen errichtete. In der Nähe von Paris erlitt er mit seinen Gefährten Rusticus und Eleutherius das Martyrium. Seine Gebeine werden in der Abteikirche St-Denis zu Paris, der Grablege der französischen Könige, verehrt. *Festtag*: 9. Oktober. *Darstellung*: als Bischof mit seinem abgeschlagenen Haupt in den Händen; an der Stelle, an der der enthauptete Dionysius zusammengebrochen war, soll später die Abtei St-Denis entstanden sein.

Dodart, → Theodard von Maastricht.

Domingo, → Dominikus.

Domingo de Silos, → Dominikus von Silo.

Dominikus, Dominicus, Domingo (um 1170–1221), Ordensgründer. Patron der Dominikaner und der Diözesen Córdoba, Bologna und Palermo, Patron der Näherinnen und Schneider; Helfer gegen Fieber und Hagel. Dominikus stammte aus der altkastilischen Adelsfamilie Guzmán und wurde in dem kleinen Ort Caleruega südöstlich von Burgos geboren. Er studierte an der Domschule von Palencia Philosophie und Theologie, empfing die Priesterweihe und wurde um 1195 Domkapitular am regulierten Domstift von El Burgo de Osma bei Valladolid (Nordspanien). Auf einer Romreise mit seinem Bischof Diégo (Didacus) von

Der heilige Dominikus (Fra Angelico)

Azevedo kam Dominikus 1206 durch Südfrankreich, wo die häretischen Sekten der Albigenser und Waldenser Verwirrung stifteten. Sie beschlossen, bei Toulouse eine Missionsstation zu gründen, um die Abgefallenen zum katholischen Glauben zurückzuführen. 1207 starb der Bischof. Dominikus zog mit seinen Gefährten von Ort zu Ort, demütig, bescheiden und mit aufrüttelnden Predigten die Herzen und Seelen der Südfranzosen gewinnend. In Toulouse gründete er 1215 eine Genossenschaft von Priestern, aus der 1216 der Predigerorden der Dominikaner hervorging. Dieser Bettelorden erhielt die Regel des hl. → Augustinus. Er breitete sich schnell in ganz Europa aus und wurde bereits 1216 von Papst Honorius III. bestätigt. 1217 lernte Dominikus in Rom den anderen großen Ordensstifter → Franz von Assisi kennen. Dominikus starb auf einer Missionsreise in Bologna, wo er in der dorti-

gen Ordenskirche sein Grab fand. Papst Gregor IX. sprach Dominikus 1234 heilig.

Anfang des 13. Jh. führte Dominikus in seinem Kampf gegen die Albigenser in Südfrankreich das Rosenkranzgebet ein. Im 15. Jh. entwickelten sich die Rosenkranzbruderschaften. 1888 dehnte Papst Leo XIII. (1878–1903) die Rosenkranzmesse der Dominikaner auf die gesamte Kirche aus.

Festtag: 8. August (seit 1972), vorher 4. August.

Darstellung: als Prediger im weißen Dominikanerhabit, mit Buch, Lilie, Stab, Rosenkranz, ein Stern schwebt über seiner Stirn oder der Brust; ein kleiner schwarz-weißer Hund hält eine Fackel im Maul und läuft um die Weltkugel (damit entflammt er die Welt für Christus; Traum seiner Mutter vor der Geburt), was zu der scherzhaften Bezeichnung der Dominikaner als »Wachhunde des Herrn« führte.

Dominikus von Silo, Domingo de Silos (um 1000–1073), Abt, Patron der Hirten.

Domingo wurde in dem Dorf Cañas bei Logroño (Nordspanien) geboren. Als Knabe hütete er die Herden seines Vaters, als junger Mann trat er in das berühmte Benediktiner-Doppelkloster S. Millán de la Cogolla ein (→ Aemilianus Cucullatus). Später baute er das verfallene Stift S. Maria in seinem Heimatdorf wieder auf und kehrte als Prior nach S. Millán de la Cogolla zurück. Als König García I. von Navarra hohe Abgaben von dem Kloster verlangte und Dominikus ablehnte, drohte der König mit Zwangsmaßnahmen, woraufhin Dominikus nur die Flucht blieb. Er ging nach Kastilien, wo er im Kloster S. Sebastián de Silos nahe Burgos Aufnahme fand und 1041

dessen Abt wurde. Dieses alte Kloster – der Westgotenkönig Rekkared I. soll es 593 gegründet haben – brachte Dominikus zu hoher Blüte. Er förderte das Klosterleben, machte das Kloster zu einem bedeutenden religiösen und kulturellen Zentrum und wirkte laut Legende Wunder, was zahllose Jakobspilger anzog (das Kloster war am Pilgerweg nach Santiago gelegen). Dominikus von Silo wurde sofort nach seinem Tod als Heiliger verehrt, im 13. Jh. nahm das Kloster seinen Namen an: Monasterio de Santo Domingo de Silos. 1835 wurde es säkularisiert, aber bereits 1880 von der Benediktinerabtei Solesmes bei Le Mans (Nordfrankreich) neu bewohnt. Heute leben in der großartigen Einsamkeit der Peñas de Cervera noch immer Benediktiner, deren Liturgie von mozarabischen (christlich-arabischen) Elementen beeinflußt ist.
Festtag: 20. Dezember.
Darstellung: als Benediktinerabt mit Fesseln (weil er zahlreiche Christen aus maurischer Gefangenschaft befreite).

Don Bosco, → Johannes Bosco.

Dorothea von Kappadokien, Dorothea von Caesarea († um 305), legendäre Märtyrerin. Patronin der Bräute, Neuvermählten und Wöchnerinnen, der Gärtner, Blumenhändler, Brauer und Bergleute; Helferin in Todesnöten und bei falscher Anschuldigung.
Über diese Heilige weiß man nur, daß sie in Caesarea Cappadociae, der alten Hauptstadt der römischen Provinz Cappadocia (heute Kayseri, Inneranatolien), wegen ihres Glaubens in den Christenverfolgungen unter Kaiser Diokletian das Martyrium erlitt; sie wurde gesotten, geschlagen, mit Fackeln gebrannt und schließlich enthauptet.
Festtag: 6. Februar.
Darstellung: als Jungfrau mit Palme und Schwert, von Blumen und Früchten umgeben, ein Kranz von Rosen schmückt ihr Haupt; ein Knabe trägt einen Korb mit drei Rosen und drei Äpfeln herbei. (Nach der Legende spottete Theophilus, der Schreiber des Gerichts, das über Dorothea die Todesstrafe verhängt hatte, beim Gang zur Richtstätte im tiefen Winter, Dorothea möge ihm doch je drei Rosen und Äpfel aus dem Paradies schicken, wenn sie jemals dort ankäme. Nach Dorotheas Hinrichtung erschien ein Knabe oder Engel mit einem Korb, in dem sich trotz des strengen Frostes duftende Rosen und würzige Äpfel befanden, woraufhin Theophilus die christliche Taufe verlangte.)

Drei heilige Jungfrauen (3. Jh.), Helferinnen bei Pest. Nach der Legende kamen drei junge Frauen – mal heißen sie Einbeth, Earbeth und Wilbeth, mal Aubet, Cubet und Quere – im Gefolge der hl. → Ursula von Rom nach Straßburg und pflegten hier die sterbende hl. → Aurelia. Sie blieben auch nach Aurelias Tod in der Stadt und halfen Alten, Kranken und Gebrechlichen. Ihr Kult verbreitete sich über ganz Süddeutschland und Österreich bis Südtirol. An manchen Orten, wie Schildthurn (Niederbayern) finden heute noch zu ihren Ehren Wallfahrten statt. Vgl. → Drei heilige Madl'n.
Festtag: 16. September.
Darstellung: in langen, weiten Gewändern mit Krone, Buch und Lilie oder mit Palme, Pfeil und Schwert.

Drei Heilige Könige, die legendären »Weisen aus dem Morgenland«, die persisch-mesopotamischen Sterndeuter, die den »neugeborenen König der Juden« suchten, um ihm zu huldigen (Mt 2, 1–12). Patrone der Stadt Köln, des Landes Sachsen; Patrone der Reisenden und Pilger, der Gasthäuser und Hospize, der Spielkartenhersteller (wegen der üblichen Kartenspiele in Wirtshäusern), der Kürschner (wegen der winterlichen Pelzkleidung des alten Balthasar) und der Reiter; Helfer gegen Zauberei (Magier) und für einen guten Tod.

Die Heiligen Drei Könige kamen wohl aus Persien oder Babylonien (Mesopotamien) und gehörten der angesehenen Kaste der Magier, der Priestergelehrten, an, die seit vielen Jahrhunderten den Lauf der Gestirne mit erstaunlicher Genauigkeit zu berechnen vermochten. Die drei Magier – erst im 5. Jh. wurden sie zu Königen – folgten einem Stern, dem »Stern der Weisen«, nach unserem Wissen dem Planeten Jupiter, der im Jahr 7 v. Chr., dem Geburtsjahr Jesu, eine dreifache Begegnung (große Konjunktion) mit dem Planeten Saturn, dem »Planeten Israels«, hatte. Diese seltene Begegnung – die nächste fand erst wieder 1603/04 statt – ereignete sich im Sternbild Fische, das nach babylonischer Deutung dem Westen, also Palästina, zugeordnet war. Die dritte und letzte Begegnung der beiden Planeten erfolgte am 5. Dezember des Jahres 7 v. Chr. und kündigte ein großes Ereignis im Westen an – nach Ansicht jüdischer Rabbiner, die in Babylon lebten, die Geburt eines großen Königs, des Messias womöglich. Die drei Magier oder Weisen folgten dem Jupiter westwärts und entdeckten in Bethlehem das Jesuskind. Sie huldigten dem Kind und überbrachten ihm Geschenke: Gold als Symbol der Macht, Weihrauch als Ausdruck der Verehrung und Myrrhe als Zeichen der reinerhaltenden Kraft der Selbstbeherrschung.

Der Legende nach erlebten die drei Weisen auf ihrem Rückweg zahlreiche Wunder, auch sollen sie vom Apostel → Thomas getauft und zu Bischöfen geweiht worden sein. 54 n. Chr. starben sie.

Kaiserin → Helena (um 257– um 336) holte die Gebeine nach Konstantinopel. Von dort kamen sie um die Mitte des 4. Jh. nach Mailand. Im 6. Jh. wurden die drei Weisen zu Königen und erhielten die Namen Caspar, Melchior und Balthasar. Als Kaiser Friedrich I. Barbarossa Mailand 1158 eroberte, brachte sein Kanzler, der Erzbischof Rainald von Dassel, die Gebeine nach Köln, wo sie noch heute im »Dreikönigsschrein«, einem Werk des Nikolaus von Verdun (um 1200) in der Schatzkammer des Doms verehrt werden. Vom 12. Jh. an beachtete man auch ihr Alter: Caspar war der Jüngling, Melchior der Mann mittleren Alters und Balthasar der Greis. Gegen 1300 wurde Caspar zum Neger, zum Mauren, so daß die drei Könige Afrika, Asien und Europa repräsentierten. Um die Heiligen Drei Könige haben sich seit dem Mittelalter zahlreiche Volksbräuche entwickelt, die zum Teil vorchristliche Elemente aufweisen und sich bis heute erhalten haben, wie das »Sternsingen« und die »Hausweihe«, bei der u.a. die Anfangsbuchstaben der drei Heiligen und die Jahreszahl mit Kreide auf die oberen Türpfosten geschrieben werden, z.B. »19 * C + M + B * 99« (Abwehrsegen). Heute deutet man die drei Anfangsbuchstaben vielfach als »Christus Mansionem Benedicat« (Christus segne dieses Heim). *Festtag:* 6. Januar, in Köln 23. Juli (Translation).

Darstellung: als Könige in orientalischer Tracht mit Geschenken vor der Krippe in Bethlehem.

Drei heilige Madl'n. Virgines capitales, eine heilige Dreiergruppe, bestehend aus → Barbara, → Katharina von Alexandria und → Margareta von Antiochia. Alle drei heiligen Frauen zählen zu den Vierzehn → Nothelfern. Lokale Tradition tauschte gelegentlich die eine oder andere Heilige aus bzw. fügte sie der Dreiergruppe hinzu, wie → Dorothea von Cäsarea oder → Maria Magdalena. Vgl. → Drei heilige Jungfrauen. Die heiligen Madl'n werden vor allem im deutschsprachigen Raum als »Schützerinnen des Nährstandes (Margareta), des Lehrstandes (Katharina) und des Wehrstandes (Barbara)« verehrt. Ein bekannter Merkspruch lautet:
»Margareta mit dem Wurm,
Barbara mit dem Turm,
Katharina mit dem Radl,
das sind die drei heiligen Madl.«
Darstellung: alle drei zusammen mit der Gottesmutter.

E

Ealdhelm, → Aldhelm von Sherborne.

Earbeth, → Drei heilige Jungfrauen.

Edelgund, → Adelgundis von Maubeuge.

Edelhard, → Adalhard von Corbie.

Egid, → Ägidius.

Ehrentraud, → Erentrudis von Salzburg.

Einbeth, → Drei heilige Jungfrauen.

Eirenaios, → Irenäus von Lyon.

Eisheilige, »Gestrenge Herren«, volkstümliche Bezeichnung für Kälterückfälle im Mai. In Norddeutschland sind es der 11. bis 13. Mai, die Festtage der hll. → Mamertus, → Pankratius und → Servatius, in Mitteldeutschland der 12. bis 14. Mai, die Festtage der hll. → Pankratius, → Servatius und → Bonifatius, in Süddeutschland, Österreich und der Schweiz kommt noch der 15. Mai, der Tag der »Kalten Sophie« (→ Sophia von Rom), hinzu.

Elberich, → Alberich von Cîteaux.

Eleasar, → Lazarus von Bethanien.

Eleutherus († 189), Papst (174–189).

Der aus Nikopolis (Nordwestgriechenland) stammende Grieche war unter Papst → Anicetus Diakon in Rom und wurde nach dem Tod von → Soter 174 zum Papst gewählt. Papst Eleutherus lag im Streit mit Häretikern wie den Montanisten, einer apokalyptisch-christlichen Gemeinschaft, die das unmittelbare Ende der Welt erwartete. Die Markioniten und Valentinianer wiederum versuchten, die im christlichen Glauben verborgenen Geheimnisse durch philosophische Spekulationen zu erkennen. Papst Eleutherus starb am 26. Mai 189 eines natürlichen Todes. Die Legende, daß er im Feuerofen gemartert und anschließend enthauptet wurde, ist unglaubwürdig. Sein Grab fand Eleutherus im Vatikan. Reliquien verwahrt S. Anna de' Funari in Rom.
Festtag: 26. Mai.
Darstellung: als Papst bartlos oder mit kurzem weißem Bart, mit Tiara und Buch, gelegentlich mit Kreuzstab.

Eligius, frz. Éloi (um 588 – um 660), Bischof, Patron der Gold- und Silberschmiede, der Hufschmiede, Schmiede, Schlosser, Büchsenmacher und Metallarbeiter allgemein, der Bergleute, Uhrmacher, Graveure, Münzenschläger und Numismatiker, Wagner, Sattler, Kutscher und Pferdehändler, der Lampen- und Korbmacher, der Tierärzte und Pächter sowie der Pferde, Helfer bei Pferdekrankheiten. Die Zahl der Patronate hängt meist mit der

Visitatio, Maria besucht Elisabeth (Giotto)

Popularität und dem Grad der Verehrung des Heiligen zusammen.

Eligius wurde in Chaptelat bei Limoges (Mittelfrankreich) geboren, wurde Goldschmied und Münzmeister am Hof der Merowinger und zugleich Ratgeber der Könige Chlotar II. und Dagobert I. Er veranlaßte den Bau von

Kirchen und Klöstern, darunter 632 gemeinsam mit → Remaclius das Benediktinerkloster Solignac (bei Limoges, Mittelfrankreich). Er kaufte Sklaven frei und stiftete Spitäler und Hospize. Nach König Dagoberts Tod 639 verließ er den Hof, empfing die Priesterweihe und wurde 641 Bischof von Noyon (Nordfrankreich), von wo aus er die Germanen in Nordfrankreich und Flandern missionierte. Gestorben ist Eligius in Noyon, dessen Dom seine Gebeine hütet; sein Haupt kam in die Kirche St-André in Chelles bei Paris.

Festtag: 1. Dezember.

Darstellung: als Hufschmied mit Amboß, Zange, Hammer und Hufeisen, oft einen abgetrennten Pferdehuf beschlagend, mit dem huflosen Pferd daneben (Legende, nach der Eligius einem unruhigen Pferd zum Beschlagen den Huf abhackte und ihn anschließend wieder anheilte); als Goldschmied in Berufskleidung mit Pokal oder Kelch, mit diversem Werkzeug und Handwerkszeichen, als Bischof mit Stab und Mitra.

Elisabeth, Mutter → Johannes' des Täufers. Sie war die Gattin des Priesters → Zacharias und lebte in En Kerem (Ain Karim), einem Ort bei Jerusalem (heute Vorort der Hauptstadt Israels). Elisabeth war schon ziemlich alt, als sie ihr erstes Kind erwartete, das ein Engel des Herrn dem Zacharias angekündigt hatte (Lk 1,13). → Maria, eine Kusine oder Nichte von ihr, kam aus Nazareth, um ihr in der Zeit vor der Geburt beizustehen (Lk 1, 39–56). Drei Monate blieb sie bei ihr, bis Elisabeths Sohn Johannes geboren war.

Festtag: 5. November.

Darstellung: häufig als ältere Frau; die Begegnung zwischen Maria und Elisabeth ist Thema der ›Heimsuchung Mariä‹ (Visitatio).

Elisabeth von Thüringen, Elisabeth von Ungarn (1207–1231), Landgräfin, Patronin der Caritas, des Deutschen Ordens, der Elisabethinerinnen, der Bettler und Kranken, Witwen und Waisen, der Bäcker und Spitzenmacherinnen.

1207 wurde Elisabeth (Erszébet), Tochter des Ungarnkönigs Andreas (Endre) II. und seiner Frau Gertrud von Andechs-Meranien, auf Burg Sáros Patak (Nordungarn) geboren. Im selben Jahr soll der Zauberer Klingsor (Klinschor) beim legendären Sängerkrieg auf der Wartburg die baldige Ankunft der ungarischen Königstochter Elisabeth als künftige Gemahlin des Landgrafen von Thüringen geweissagt haben. Und tatsächlich führte bald darauf die Einmischungspolitik von Papst Innozenz III. in Deutschland (Machtkampf zwischen den beiden deutschen Königen Philipp von Schwaben und Otto IV.) zu einer engen Verbindung zwischen Ungarn und Thüringen durch Heirat. 1211 kam die vierjährige Ungarnprinzessin Elisabeth an den Hof des Landgrafen Hermann I. von Thüringen und wurde mit dessen gleichnamigem elfjährigem Sohn verlobt. 1216 starb ihr Verlobter, ein Jahr später sein Vater. Daraufhin wollte die Landgrafenfamilie die »wegen ihrer außergewöhnlichen Frömmigkeit, Sittsamkeit und Schönheit« am Hofe unbeliebte Prinzessin wieder nach Ungarn zurückschicken, zumal auch ihre Mitgift nicht allzu üppig war. Doch da verliebte sich der Bruder ihres verstorbenen Verlobten, Ludwig, in Elisabeth. 1218 wurde er volljährig und als → Ludwig IV., später »der Heilige« genannt, Landgraf. 1221 fand die Hochzeit statt.

Elisabeths Bestreben, Armen und Kranken zu helfen und selber in äußerster Bescheidenheit zu leben, entfrem-

*Die heilige Elisabeth von Thüringen
(Elisabethkirche, Marburg)*

»Rosenwunder« zugeordnet: Als Elisabeth eines Tages wieder einmal den Armen heimlich einen Korb mit Broten brachte, trat ihr der Landgraf entgegen. »Was trägst du da?« fragte er und öffnete, ohne ihre Antwort abzuwarten, den Korb, in dem er aber nichts anderes als Rosen entdeckte. Immer stärker geriet Elisabeth unter den Einfluß ihres Beichtvaters, des Prämonstratensers Konrad von Marburg, der ihr die strengsten geistlichen Übungen auferlegte. 1227 starb Ludwig IV., dem Elisabeth drei Kinder geschenkt hatte, in Brindisi auf dem 5. Kreuzzug in das Heilige Land. Ihr Schwager Heinrich Raspe, der für ihren minderjährigen Sohn Hermann die Regentschaft übernahm, vertrieb die junge Witwe, die nach längerem Umherirren mit ihren drei Kindern bei dem Bischof von Bamberg, ihrem Onkel, auf Schloß Bottenstein unterkam. Heinrich Raspe söhnte sich wieder mit ihr aus und setzte sie auch in den Besitz ihres Wittums (Witwenvermögen). 1229 folgte Elisabeth ihrem Beichtvater und Seelenführer Konrad nach Marburg und verwendete ihr Wittum zur Stiftung eines Spitals, in dem sie aufopferungsvoll im Dienst an den Kranken und Siechen wirkte, bis sie 1231 in völliger Erschöpfung starb.
Die vielen Wunder, die an ihrem Grab in der Spitalkapelle geschehen sein sollen, veranlaßten Papst Gregor IX., Elisabeth von Thüringen 1235 heiligzusprechen. Sie gilt als erste Heilige des Deutschen Ordens, dessen Ballei (Verwaltungsbezirk) Hessen ihren Sitz in Marburg hatte. Der Orden erweiterte ihre Stiftung und errichtete 1235–1283 die Elisabethkirche, ein Meisterwerk der deutschen Frühgotik. Ihr kostbarer Sarkophag in der Sakristei der Kirche ist leer, denn 1539 ließ

dete sie dem höfischen Leben mehr und mehr, sogar ihr Gemahl erlag immer häufiger den Einflüsterungen des Hofes. Dieser Zeit wird das bekannte

Landgraf Philipp von Hessen im Zuge der Reformation ihre Gebeine an anderer, unbekannter Stelle beisetzen, um ihrer Verehrung ein Ende zu bereiten. Das schon früher dem Sarkophag entnommene Haupt der Heiligen verwahrt heute die Elisabethinenkirche in Wien.

Festtag: 19. November.

Darstellung: in prächtigem, oft aber auch schlichtem Gewand mit Brotkorb und Weinkanne oder Schüssel mit Fischen oder einem Korb mit Rosen (Rosenwunder). Gelegentlich hockt ein Bettler oder ein Aussätziger zu ihren Füßen.

Elmo, → Erasmus.

Éloi, → Eligius.

Emebert, Emesbert, Imbert († 713 oder 715), Sohn des Grafen → Witgar und seiner Gemahlin → Amalberga von Maubeuge, der Legende nach Bruder der hll. → Gudula von Brüssel und → Reineldis. Er wurde Bischof von Cambrai-Arras und exkommunizierte die Schänder des Grabes seiner Schwester Gudula. Sein Grab fand er zunächst in Ham (belg. Hennegau), später im Benediktinerkloster zu Maubeuge (Nordfrankreich). Seit dem 17. Jahrhundert sind die Gebeine des hl. Emebert verschollen.

Festtag: 15. Januar.

Emerentia (1. Jh. v. Chr.), Mutter der hl. → Anna. Ihre Vita ist legendär und beruht u.a. auf der Vision eines im 12. Jh. auf dem Karmel bei Haifa (heute Israel) lebenden Mönches. Danach heiratete Emerentia einen gewissen Stollanus und gebar ihm Anna, die Mutter der → Maria. Den Kult der Emerentia nahm der 1247 auf dem Karmel gegründete Karmeliterorden (Brüder unserer Lieben Frau vom Berge Karmel) auf und sorgte für seine Verbreitung.

Festtag: nicht bekannt.

Darstellung: als ältere Frau ohne besondere Attribute, mit Anna, Maria und dem Jesuskind als »Anna Selbviert«.

Emerich, → Emmerich von Ungarn.

Emerita von Chur († 5./6. Jh.), Märtyrerin, Helferin für und gegen Regen. Nach der Legende war sie die Schwester des hl. → Lucius von Chur, mit dem sie in Chur (Graubünden) als Missionarin wirkte. Bei der schwierigen Missionsarbeit im Siedlungsgebiet der Rätoromanen erlitt sie das Martyrium auf dem Scheiterhaufen.

Festtag: 26. Mai und 4. Dezember.

Darstellung: als Jungfrau mit Krone, Zepter und brennendem Reisig.

Emesbert, → Emebert.

Emiliana, → Aemiliana.

Emmelia († 372), die Mutter des hl. → Basilius des Großen. Sie stammte aus einer christlichen Familie in Caesarea Cappadociae (heute Kayseri, Türkei), wollte schon als junges Mädchen in ein Kloster eintreten, mußte aber wegen des frühen Todes ihrer Eltern heiraten. Ihrem Gemahl Basilius dem Älteren gebar sie zehn Kinder, von denen vier später heiliggesprochen wurden: → Makrina die Jüngere, → Basilius der Große, → Gregor von Nyssa und → Petrus von Sebaste. Nach dem Tode ihres Gemahls im Jahre 330 zog sie sich mit ihren Kindern auf ihr Familiengut bei Amaseia (heute Amasya, Türkei) am Fluß Iris (heute

Yesilırmak) zurück und trat später in ein Kloster bei Neocaesarea am Schwarzen Meer (heute Niksar, Türkei) ein, in dem sie 372 starb und beigesetzt wurde. Neocaesarea war seit dem Wirken des hier 213 geborenen → Gregor des Wundertäters eine kleinasiatische Hochburg des Christentums. *Festtag:* 30. Mai.

Emmeram von Regensburg, Heimhram, Heimeran († 715), Bischof, Nebenpatron der Diözese Regensburg.
Der vermutlich aus Poitiers (Nordwestfrankreich) stammende fränkische Wanderbischof erhielt zu Beginn des 8. Jh. eine Berufung nach Regensburg, um von hier aus die Christianisierung Bayerns voranzutreiben. 715 verklagte ihn der Sohn des Bayernherzogs Theodor fälschlich, seine Schwester Ota (Uta) verführt zu haben. Als sich Emmeram kurz danach auf eine Reise nach Rom begab, wurde er in Kleinhelfendorf bei Aibling (Oberbayern) überfallen und durch Verstümmelung aller Gliedmaßen zu Tode gemartert. Sein Leichnam kam in die Peterskirche von Aschheim, dann in die St.-Georgs-Kirche, die spätere Kirche St. Emmeram, in Regensburg. 816 entstand über seinem Grab die Benediktinerabtei St. Emmeram.
Festtag: 22. September.
Darstellung: als Bischof mit Kasel, von hinten mit einer Lanze durchstoßen, an eine Leiter gebunden und in Stücke zerschnitten, Schergen hacken ihm die Glieder ab.

Emmerich von Ungarn, Emerich, Imre (1000/1007–1031), einziger Sohn des Königs → Stephan I. von Ungarn und der seligen Königin Gisela, der das Mannesalter erreichte. Von Bischof → Gerhard von Csanád erzogen,

heiratete er eine griechische Prinzessin, mit der er in Josephsehe lebte. Als König Stephan seinen Sohn an der Regierung beteiligen und deshalb zum König krönen wollte, starb Emmerich (vermutlich am 2. September 1031) kurz vor der Krönung an den Folgen eines Jagdunfalls. Er wurde in Stuhlweißenburg (heute Székesfehérvár) bestattet und 1083 auf Veranlassung des Ungarnkönigs → Ladislaus I. gemeinsam mit seinem Vater und seinem Lehrer Gerhard von Csanád von Papst Gregor VII. kanonisiert. Reliquien des Heiligen befinden sich in Melk, Passau und Wien (Österreich) sowie in Gran (heute Esztergom, Ungarn).
Festtag: 5. November, vor allem in Eisenstadt (Burgenland, Österreich).
Darstellung: als junger, meist bartloser Mann in Ritterrüstung oder königlichem Gewand, als Attribut erscheinen ein Schild mit dem Ungarnwappen, ein Schwert und eine Lilie (Symbol der jungfräulichen Ehe), gelegentlich auch Krone, Reichsapfel und Zepter.

Enecon, → Enneco.

Engelbert I. von Köln, Engelbert der Heilige (um 1185–1225), Erzbischof, Märtyrer.
Der Sohn des Grafen Engelbert von Berg, Herr auf Schloß Burg an der Wupper, begann seine geistliche Karriere schon im Alter von 14 Jahren als Domizellar, als ein Kanoniker ohne Chorsitz, Stimmrecht und Pfründe. 1198 wurde er Propst von St. Georg in Köln, ein Jahr später Dompropst. Nach dem Tod Kaiser Heinrichs VI. 1197 entstand ein Nachfolgestreit, der 1198 in eine verhängnisvolle Doppelwahl mündete. Die mit Frankreich verbündeten Staufer wählten Philipp von Schwaben, den jüngsten Sohn des Kai-

sers Friedrich Barbarossa; die mit England verbündeten Welfen wählten Otto IV. von Braunschweig, den Sohn Heinrichs des Löwen. Da sich Engelbert nach Ansicht der Kirche für den falschen Thronanwärter einsetzte, für Otto IV., verlor er seine Stellung und wurde sogar – angeblich wegen Gewalttätigkeiten – exkommuniziert. Doch der Papst verzieh dem jungen Heißsporn, setzte ihn wieder als Dompropst ein und ließ ihn zur Buße gegen die häretischen Albigenser kämpfen. Nach der Absetzung des Erzbischofs Adolf I. wählte das Domkapitel 1216 Engelbert einstimmig zum Erzbischof von Köln. Engelbert sorgte für einen wirtschaftlichen und geistigen Aufschwung im Kölner Kirchengebiet und betrieb eine kluge und vertrauensvolle Zusammenarbeit mit Friedrich II. Friedrich ernannte ihn zum Reichsverweser und machte ihn zum Vormund seines Sohnes Heinrich, den Engelbert 1222 in Aachen zum deutschen König krönte. Weil er Klöster und kirchliche Anstalten vor Übergriffen durch die Landvögte schützte, zog er sich den Haß des Adels zu. So ließ ihn schließlich sein Verwandter Friedrich von Isenburg, Vogt von Essen, im Lindengraben bei Gevelsberg nahe Köln überfallen und grausam ermorden. Seine Gebeine weisen 35 Schwertstreiche auf, jeder von tödlicher Wucht. Friedrich von Isenburg wurde in Köln gerädert. Die Gebeine des hl. Engelbert verwahrt ein kostbarer Schrein im Kölner Dom, sein Herz ruht im »Bergischen Dom«, der Klosterkirche von Altenberg (heute ein Ortsteil von Odenthal, Rheinisch-Bergischer Kreis). Erzbischof Engelbert wird ohne Kanonisation als Heiliger verehrt, doch schon 1226 nannte ihn der päpstliche Legat Konrad von Porto einen Märtyrer.

Festtag: 7. November.
Darstellung: als Erzbischof mit Pallium und Buch, mit Kreuz, Palme oder Schwert.

Engoule, → Gudula von Brüssel.

Enneco, Enecon, Ynigo († 1057), Einsiedler, Abt. Der Benediktinermönch Enneco lebte viele Jahre, weithin geachtet und verehrt, als Einsiedler in den Pyrenäen. Nach dem Tod ihres Abtes Garcia baten ihn die Benediktiner von San Salvador in Oña (bei Burgos, Nordspanien), die Leitung ihres Klosters zu übernehmen. Erst nach langem Zögern folgte Enneco ihrer Bitte. Er verwaltete sein Amt so hervorragend und war beim Volk so beliebt, daß an seinem Grab sogar Juden und Sarazenen geweint haben sollen. Papst Alexander III. sprach Enneco 1163 heilig.
Festtag: 1. Juni.

Ephraim der Syrer, Ephräm, Afrem (um 306 – 373), Diakon, Kirchenlehrer und Hymnendichter. Geboren bei Nisibis (heute Nusaybın, Südosttürkei) in einer christlichen Familie. Ephraim lehrte an der bischöflichen Schule von Nisibis und ging, als der Ort 363 an Persien fiel, nach Edessa (heute Urfa, Südosttürkei). Als Lehrer der syrischen Sprache verfaßte er zahlreiche religiöse Hymnen, besonders auf die Gottesmutter Maria. 1920 ernannte ihn Papst Benedikt XV. zum Kirchenlehrer.
Festtag: 9. Juni, Ostkirchen: 28. Januar.
Darstellung: in schlichtem Lehrergewand mit Buch oder Schriftrolle in der Hand. Eine Feuersäule am Himmel wies ihm den geistigen Weg zu → Basilius dem Großen.

Erasmus, Elmo, Herasmus, Rasimus

(† 303). Bischof und Märtyrer, einer der Vierzehn → Nothelfer, Stadtpatron von Gaeta, Patron der Seeleute, Schiffer, Weber, Seiler, Garnwinder und Drechsler, Patron der Haustiere; Helfer bei Krämpfen, Koliken, Magenkrankheiten und Unterleibsbeschwerden, bei der Geburt, bei Viehseuchen.

Der Heilige wurde schon im frühen Mittelalter so sehr verehrt, daß zahllose Legenden über sein Leben entstanden. Er soll aus Kleinasien stammen und Bischof von Antiochia am Orontes (heute Antakya, Südosttürkei) gewesen sein. Während der Christenverfolgungen unter den Kaisern Diokletian und Maximian im Jahr 303 soll er an seinem Bischofssitz und auch bei einer Missionsreise an die Save schwer gefoltert worden sein. Auf der Überfahrt nach Italien geriet das Schiff mit Erasmus und anderen Reisenden in einen heftigen Sturm und drohte zu kentern. Da betete der todkranke Erasmus laut zu Gott, und der Sturm legte sich. An den Mastspitzen begannen blaue

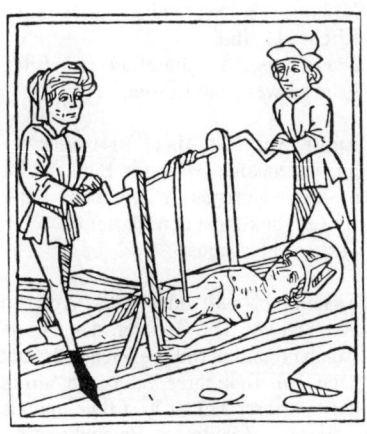

Das Martyrium des heiligen Erasmus (Günther Zainer)

Flämmchen zu tanzen, elektrische Entladungen, die man noch heute »Elmsfeuer« (Feuer des St. Elmo) nennt und die gutes Wetter versprechen. Kurz nach seiner Ankunft erlag Erasmus in Formia bei Gaeta nahe Neapel seinen Verletzungen.

Festtag: 2. Juni.

Darstellung: als Bischof mit Schiffswinde und Ankertau (was Binnenländer seit dem 12. Jh. als Marterwerkzeug mißverstanden, mit dem man dem Heiligen bei lebendigem Leib den Darm aus dem Leib gezogen haben soll), mit Pfriemen (die man Erasmus unter die Fingernägel trieb), mit einem dreibeinigen Kessel (in dem er in flüssigem Pech gesotten wurde), mit Stab und Buch; Raben ernähren den Einsiedler.

Erentrudis von Salzburg, Erentrudis von Nonnberg, Arindrud, Ehrentraud, Erentraud († 718). 696 kam Erentrudis als Nonne mit ihrem Onkel Rupert (→ Rupert von Salzburg) von Worms nach Salzburg. Um 700 gründete Rupert das Bistum Salzburg und das Frauenstift auf dem Nonnberg, dessen Leitung als Äbtissin Erentrudis übernahm. Nach ihrem Ableben wurde sie in der Krypta der Stiftskirche beigesetzt, wo noch heute der leere Sarkophag steht. Die Stiftskirche heißt heute »Zu Unserer Lieben Frau Himmelfahrt und St. Erentraud«. Ein Kopfreliquiar von 1318 und ein Silberschrein von 1624 enthalten ihre Reliquien.

Festtag: 30. Juni.

Darstellung: als Äbtissin mit Stab und Kirchenmodell, mit Kreuz und flammendem Herzen.

Ermengildo, Ermingild, → Hermenegild.

Ermete, → Hermes von Rom.

Euphemia von Chalkedon, Eufemija
(† 304), Märtyrerin.
Sie stammte aus einer geachteten Patrizierfamilie in Chalkedon bei Konstantinopel. Sie wurde christlich erzogen und erlitt als fünfzehnjähriges
Mädchen während der Christenverfolgungen unter Kaiser Diokletian in ihrer Heimatstadt das Martyrium. Da sie
dem Kaiser kein Opfer darbringen
wollte, wurde sie zunächst auf ein
brennendes Rad gebunden, dann zwischen Mühlsteine gelegt, schließlich
warf man sie im Amphitheater den
Löwen vor. Einer der Löwen durchbiß
ihr schnell das Genick, aber keines der
wilden Tiere rührte danach ihren Körper an. Über ihrem Grab entstand wenige Jahrzehnte später eine Kirche, in
der 451 das 4. Ökumenische Konzil,
das Konzil von Chalkedon, stattfand.
Dieses für das Christentum entschei-
dende Konzil beschloß die »Chalcedo-
nensische Formel«, nach der in der
Person Christi die göttliche und die
menschliche Natur »unvermischt« und
»unzertrennlich« vereinigt seien. Während des Konzils ereignete sich das
berühmte Briefwunder: Man öffnete
den Sarkophag der hl. Euphemia, legte
je ein orthodoxes und ein eutychioni-
sches (häretisches) Glaubensbekenntnis auf ihre Brust und versiegelte den
Sarkophag. Als man nach dem Konzil
den Sarkophag wieder öffnete, lag das
eutychionische Bekenntnis zu ihren
Füßen, das rechtgläubige hielt sie in
ihrer rechten Hand.
Bevor 620 die Perser die Stadt Chalkedon eroberten, brachte man die Gebeine der hl. Euphemia nach Konstantinopel. Während des Bilderstreits (726–
787) verschwand der marmorne Sarkophag und strandete Jahre später, wohl

um das Jahr 800, vor der Stadt Rovinj
auf der Halbinsel Istrien (Kroatien).
Niemandem gelang es, den schweren
Sarg an das Ufer zu ziehen. Nach einigen Tagen erschien die Heilige nachts
einem Fischerjungen im Schlaf, sie
sagte ihm, daß sie Euphemia von Chalkedon, die Verlobte von Jesus Christus
sei, und bat ihn, ihren Sarg mit einem
Ochsengespann an Land zu ziehen.
Das gelang dem Jungen auch mühelos,
obwohl an den Tagen davor viele Och-
sengespanne erfolglos an dem Sarg ge-
zerrt hatten. Die Leute von Rovinj
stellten den Marmorsarg mit der Heiligen in ihre St.-Georgs-Kirche hoch
oben auf der Stadtinsel. Immer mehr
Menschen kamen zur hl. Euphemia, so
daß man im 10. Jh. eine größere Kirche baute, die den beiden Heiligen →
Georg und Euphemia geweiht wurde.
In der heutigen Kirche aus dem 18. Jh.
verehren die Pilger und auch die zahlreichen Touristen aus Deutschland,
Österreich und Italien die hl. Euphemia in ihrem Marmorsarkophag aus
dem 4. Jh.
Festtag: 16. September, griechische
Kirche: 11. Juli.
Darstellung: als Jungfrau mit Lilie,
Palmenzweig und Löwen.

Euplus von Catania († 304), einer der
hll. → Diakone, Märtyrer. Euplus erlitt
in den Christenverfolgungen unter
Kaiser Diokletian den Martertod.
Festtag: 11. August.

Eusebia († 680 oder 689), Äbtissin
von Hamay. Die Tochter des hl. →
Adalbald und der hl. → Richtrudis trat
nach dem Tode ihres Vaters um 646 in
das von ihrer Mutter gestiftete und als
Äbtissin geleitete Benediktinerinnenkloster Marchiennes bei Lille ein.
Von dort ging sie in das Kloster Ha-

100

may (Nordfrankreich), das sie bis zu ihrem Tod als Äbtissin leitete. Eusebia wird in Frankreich als Heilige verehrt.
Festtag: 16. März.

Eustachius (2. Jh.), Märtyrer, → Nothelfer, Patron von Paris und Madrid, Patron der Jäger und Förster, der Strumpfwirker und Tuchhändler, der Krämer und Klempner, Helfer bei Trauer und in allen schwierigen Lebenslagen.
Nach seiner legendenhaften Vita war er ein römischer Heerführer namens Placidus (Placidas). Als er auf einer Jagd an einem Karfreitag einen Hirsch verfolgte, hatte er eine Vision: zwischen dem Geweih sah er ein leuchtendes Kreuz. Daraufhin ging er in sich und ließ sich mit seiner Frau Theopista und seinen Söhnen Agapius und Theopistus taufen, wobei er den neuen Namen Eustachius annahm. Auf einer Reise wurde er von seiner Familie getrennt, fand sie später aber auf wunderbare Weise wieder. Unter Kaiser Hadrian (117–138) erlitt die Familie das Martyrium, indem sie in Anwesenheit des Kaisers im Amphitheater den wilden Tieren vorgeworfen wurde oder – so eine andere Legende – in einem Backofen verkohlte.
Das Austauschen von Viten und Namen von Heiligen kam im Mittelalter häufig vor. So findet man in der Geschichte des Eustachius eindeutige Anklänge an das Leben des hl. Hubertus (→ Hubert von Maastricht und Lüttich).
Festtag: 20. September.
Darstellung: als Jäger hoch zu Roß, das Jagdhorn blasend, mit einem Hirsch, dessen Geweih in der Mitte ein Kreuz trägt; als Ritter auf einem Pferd. Dargestellt wird auch sein Martyrium.

Eustathios († 337), Patriarch. Eustathios ist vermutlich die historische Persönlichkeit, die hinter dem legendären → Eustachius steckt. Er wurde in Side (Pamphylien, heute Südtürkei) geboren und war zunächst Bischof von Beröa (Mazedonien), bevor er 323 oder 324 Patriarch von Antiochia am Orontes (heute Antakya, Südosttürkei) wurde. Seine ganze Kraft widmete Eustathios dem Kampf gegen die arianische Lehre, auf dem Konzil von Nicäa (325) war er einer der Hauptgegner der Arianer. Als der Arianismus wenig später immer mehr Anhänger fand, wurde Eustathios auf der Synode von Antiochia (331) abgesetzt und nach Thrakien verbannt, wo er um 337 starb. 482 kamen seine Gebeine nach Antiochia am Orontes.
Festtag: 16. Juli, Ostkirchen: 21. Februar, 5. Juni und 23. August.
Darstellung: als Bischof mit Kasel, Omophorion und Kodex.

Eustochium, → Julia Eustochium.

Eventius und Theodolus († um 130), Märtyrer. Unter Kaiser Hadrian wurden sie in Rom wegen ihres christlichen Glaubens gemartert und enthauptet.
Festtag: 3. Mai.
Darstellung: Eventius mit Kodex, Theodolus als Bischof mit Pallium und Stab; beide auf brennendem Scheiterhaufen.

F

Fabianus (vor 200–250), Papst (236–250), Märtyrer, Patron der Töpfer und Zinngießer. Fabianus wurde 236 zum Papst gewählt und nutzte die für Christen relativ friedliche Zeit seiner Hirtenschaft zur Festigung der Kirche von Rom, zu zahlreichen organisatorischen Verbesserungen und zur besonderen Pflege der christlichen Begräbnisstätten. 249 nahm Decius den Purpur des Kaisers und begann unverzüglich, die Christen mit äußerster Grausamkeit zu verfolgen. Am 20. Januar 250 wurde Papst Fabianus enthauptet und in der Calixtuskatakombe beigesetzt. 1915 fand man seinen Sarkophag.
Festtag: 20. Januar.
Darstellung: als Papst im Ornat mit Tiara, Buch und Kreuzstab, mit Schwert (Martyrium), mit einer Taube, die an die Papstwahl erinnert, als sich eine Taube als Symbol des Heiligen Geistes auf seinem Haupt niederließ.

Felicissimus und Agapitus († 258), Märtyrer. Die beiden Diakone des Papstes → Sixtus II. wurden während der Christenverfolgung unter Kaiser Valerian enthauptet, ihre Leichname in einer Katakombe an der Via Appia beigesetzt. Papst → Damasus I. (366–384) ließ an ihrer Grabstätte ein Epitaph anbringen. Papst Gregor IV. (827–844) schenkte die Reliquien der beiden Märtyrer dem 741 gegründeten Benediktinerkloster Niederalteich (bei Deggendorf, Niederbayern), von dort kamen sie in die Kirche von Isarhofen (Bayerischer Wald).
Festtag: 7. August (statt 6. August, dem Fest der Verklärung Christi).

Felicitas, → Perpetua und Felicitas.

Felix von Gerona († um 307), Diakon des Bischofs von Gerona, Märtyrer. Er kam während der Christenverfolgungen des Jahres 304 in Begleitung des Bischofs → Narcissus nach Augsburg, wo Narcissus die Bordellbesitzerin → Afra und andere taufte und Afras Onkel → Dionysius zum ersten Bischof von Augsburg weihte. Um 307 erlitt Felix zusammen mit Bischof Narcissus in Gerona den Martertod.
Festtag: 18. März.

Felix von Trier († um 400), Bischof (386–398).
Im Januar 385 wurde in Trier der Spanier Priscillianus hingerichtet. Diese erste Ketzerhinrichtung der Kirchengeschichte hätte fast die abendländische Kirche gespalten. Priscillianus stand an der Spitze einer asketischen Bewegung, die zwar das Christentum und auch die katholische Kirche nicht gefährden wollte und konnte, aber mit raffinierten psychologischen Tricks und mit falschen Behauptungen eine große Anhängerschaft, besonders unter den Frauen, gewann. Ob ein Todesurteil überhaupt nötig war, darüber ent-

spann sich ein heftiger Streit, der zu einem Schisma zu eskalieren drohte. 386 bestieg Felix den Trierer Bischofsstuhl und schlichtete mit all seinen Möglichkeiten diesen Streit. 398 dankte er erschöpft ab, zog sich in die Einsamkeit zurück und starb in Trier.

Festtag: 26. März.

Darstellung: als Bischof mit einer goldenen Taube, in deren Gestalt seine Seele zum Himmel aufsteigt.

Ferdinand III. der Heilige (1199/1201–1252), König von Kastilien (seit 1217) und León (seit 1230). Patron der Armen und Gefangenen.

Ferdinand erbte von seiner Mutter Berengaria 1217 das Königreich Kastilien, von seinem Vater Alphons IX. 1230 das Königreich León. Beide Reiche vereinigte er für immer in Personalunion. Seit 1219 führte er mit Beatrix, einer Tochter Philipps von Schwaben eine sehr glückliche Ehe, sie stand ihm würdig zur Seite. 1236 erreichte die Reconquista, die Rückeroberung Spaniens aus arabisch-islamischer Herrschaft, ihren Höhepunkt; in diesem Jahr eroberten die Christen unter Ferdinands Heeresführung Córdoba. 1243 folgte Murcia, 1246 Jaén und 1248 schließlich Sevilla. Nur Granada konnte sich als maurisches Emirat halten, mußte aber ab 1246 Tribut zahlen.

1221 erbaute Ferdinand die Kathedrale von Burgos (Nordspanien) und erweiterte 1243 die von seinem Vater 1218 gegründete Universität Salamanca (Westspanien). König Ferdinand III. starb in Sevilla und wurde neben seiner Gemahlin in der dortigen Kathedrale beigesetzt. 1671 sprach Papst Klemens X. den großen christlichen Herrscher heilig.

Festtag: 30. Mai.

Darstellung: als König mit einem Kreuz auf der Brust und einer Madonnenfigur im Arm; als »Matamoros« (Maurentöter) mit erhobenem Schwert einen feurigen Schimmel reitend, eine Kreuzfahne (Kämpfer für Christus) und einen Schlüssel (Eroberer von Städten) haltend, der Teufel (hier Symbol für die Mauren) wälzt sich besiegt am Boden.

Fernando Martin de Bulhom, → Antonius von Padua.

Filippo Neri, → Philipp Neri.

Firminus († um 303), Bischof und Märtyrer, Patron von Pamplona, Amiens und der Picardie (Nordfrankreich), Patron der Kinder, Bäcker, Böttcher und Weinhändler, Helfer bei Fieber, Krämpfen und Rheuma sowie bei Dürre.

Nach der Legende in Pamplona (Nordspanien) geboren und von einem Priester namens Honestus ausgebildet, begann er in seiner Heimat zu missionieren und ging dann nach Südfrankreich, wo er ebenfalls das Christentum verkündete. 301 wurde er erster Bischof von Amiens und erlitt hier bei der Christenverfolgung unter Kaiser Diokletian den Märtyrertod durch Enthauptung. An den Heiligen erinnern in Amiens die »Porte du Saint Firmin« (linkes Tor der Westfassade der Kathedrale) und die vergoldeten Hochreliefs an den Chorschranken der Bischofskirche.

Festtag: 25. September.

Darstellung: im Bischofsornat mit Schwert und Palme, das abgeschlagene Haupt mit Mitra in den Händen, zu seinen Füßen ein Einhorn.

Florentia von Cartagena, Florentina (um 554–610/612), Nonne, Patronin der Diözese Plasencia.

Florentia war die Tochter des römischen Militärpräfekten Severianus und hatte drei Brüder: → Leander von Sevilla, → Fulgentius von Astigi und → Isidor von Sevilla. Als byzantinische Truppen des Kaisers Justinian I. (527–565) 543 die von Westgoten beherrschten südiberischen Städte bedrohten, flüchtete die Familie aus der Hafenstadt Cartagena nach Sevilla. Florentia wurde später Äbtissin in dem Benediktiner-Frauenkloster S. Maria de Valle bei Astigi (heute Écija) nahe Córdoba. Ihr Leib ruht in der Kathedrale von Sevilla zwischen ihren Brüdern Isidor und Leander. Reliquien der Florentia kamen nach Berzacano bei Plasencia (Estremadura, Südwestspanien) sowie nach Murcia und in das Kloster San Lorenzo del Escorial (60 km nordwestlich von Madrid). *Festtag*: 20. Juni.

Darstellung: als Nonne oder Äbtissin, ihre Herzogskrone wegwerfend (ein Herzog soll vergeblich um ihre Hand angehalten haben).

Florian von Lorch, Florianus († um 304), Märtyrer. Patron von Oberösterreich, von Bologna und Krakau, des Augustiner-Chorherrenstiftes St. Florian bei Linz; Hauptpatron gegen Feuer (»Heiliger Sankt Florian, verschon' mein Haus, zünd' andere an!«); Patron gegen Hochwasser, Sturm und Dürre sowie gegen Unfruchtbarkeit der Felder; Patron der Feuerwehren (Floriansjünger), der Böttcher und Bierbrauer, der Schmiede und Seifensieder, der Hafner (Töpfer, Ofensetzer) und Schornsteinfeger.

Florian stammte aus dem heutigen Zeiselmauer bei Wien. Er lebte, wirkte und starb in Lauriacum (heute Enns, Stadtteil Lorch, Oberösterreich), einer Stadt, die sich aus einem römischen Kastell

des Kaisers Marcus Aurelius (161–180) entwickelt hatte. Schon Mitte des 3. Jh. war hier ein Bistum entstanden. Kaiser Diokletian (284–305) erhob Lauriacum zur Hauptstadt der Provinz Noricum mit dem Sitz eines kaiserlichen Statthalters. Florian war anfangs römischer Offizier und wurde in Lauriacum Kanzleivorstand des Statthalters Aquilinus. Als 303 die Christenverfolgungen begannen, wurden in Lauriacum 40 Christen, zumeist Soldaten, eingekerkert. Florian wollte diesen Gefangenen helfen, wurde selbst ergriffen und sollte das gesetzlich vorgeschriebene Götteropfer leisten. Da er ablehnte, wurde er gefoltert und schließlich, mit einem Mühlstein beschwert, in der Enns ertränkt. Später fand man in der Donau seinen Leichnam, den die Christin Valeria auf ihrem Landgut bestattete. Darüber entstand eine Kapelle, deren Stelle heute das berühmte Augustiner-Chorherrenstift St. Florian einnimmt. Reliquien des hl. Florian gelangten im 11. Jh. nach Rom und durch den hl. → Kasimir nach Krakau. Zum Patron der Feuerwehren wurde St. Florian, weil er nach der Legende schon als Kind ein brennendes Haus mit einem Schaff (Bottich) Wasser löschte. *Festtag*: 4. Mai.

Darstellung: als römischer Legionär mit Harnisch und Lanze sowie einem Mühlstein; aus einem Schaff gießt der Heilige Wasser auf ein brennendes Haus.

Floribert von Lüttich († 746), Bischof. Floribert wurde 727 der Nachfolger seines Vaters → Hubert von Maastricht und Lüttich auf dem Stuhl des Bischofs von Lüttich. *Festtag*: 25. April.

Florinus von Remüs, Florinus vom

Vintschgau († 856), Priester, Patron des Unterengadins und des Vintschgaus (Val Venosta, Südtirol), gemeinsam mit dem hl. → Lucius von Chur Landespatron des Fürstentums Liechtenstein.
Florinus wurde in Mals (Vintschgau) geboren. Sein Vater, ein Angelsachse, und seine Mutter, eine getaufte Jüdin, hatten sich auf einer Pilgerfahrt nach Rom kennen- und liebengelernt und sich im schönen Vintschgau niedergelassen. Vom Pfarrer in Remüs (Unterengadin, Kanton Graubünden) erzogen, wurde Florinus Priester und Nachfolger seines Erziehers an der Pfarrkirche St. Peter zu Remüs. Im Laufe seines Lebens, vor allem aber nach seinem Tod soll Florinus zahlreiche Wunder bewirkt haben, so daß seine Heiligkeit bald weit über das Unterengadin und den Vintschgau hinausstrahlte. Reliquien des Heiligen kamen nach Chur, Vaduz, Regensburg und Koblenz, wo im 11. Jh. dem Heiligen zu Ehren das Florinus-Stift gegründet wurde.
Festtag: 17. November.
Darstellung: im Priestergewand mit Kelch oder einer Kanne Wein, die an die Legende vom Weinwunder erinnert: Als Hilfsgeistlicher sollte er für den Pfarrer von Remüs Weißwein holen, den er aber an Kranke ausschenkte. Den leeren Krug füllte er mit Wasser, das sich sofort in Wein verwandelte.

Flüe, Nikolaus von der, → Nikolaus von der Flüe.

Foillan von Fosses († 655), Märtyrer, Benediktinermissionar. Der Sohn des irischen Königs Fyltan von Mounster (Südirland) war wie seine Brüder Benediktiner. In England übernahm er die Leitung des von seinem Bruder → Fursa gegründeten Klosters Cnobyeresbury (in der heutigen Grafschaft Suffolk). Als Fursa 649 in der Picardie starb, zog Foillan nach Rom, wo ihn Papst Martin I. zum Regionarbischof weihte und nach Brabant, jener historischen Landschaft zwischen Maas und Schelde, entsandte, wo ihm die Äbtissin → Gertrud von Nivelles Ländereien westlich von Namur zur Gründung eines Klosters als Missionsstation übertrug. Dort entstand nun das Benediktinerkloster St-Maur-Les-Fosses, kurz Fosses, dessen Leitung Foillans Bruder → Ultan übernahm. Foillan selbst wirkte fortan missionarisch im Klosterbereich von Nivelles. Als er eines Tages auf dem Weg zu seinem Bruder Ultan war, wurde er im Wald von Charbonnière überfallen und ermordet. Sein Grab fand Foillan im Kloster Fosses.
Festtag: 31. Oktober.
Darstellung: im Bischofsgewand mit Brustkreuz; Enthauptungsszene.

Francesca Romana, → Franziska von Rom.

Francesca Saveria, → Franziska Xaveria.

Franz von Assisi, Francesco, Franciscus, Franziskus, Giovanni Bernardone (1181/82–1226), Gründer und Patron der Franziskaner, Klarissen (mit → Klara von Assisi) und Terziaren; Hauptpatron Italiens (seit 1939), der Diözese Basel, der Stadt Assisi, Patron der Armen, der Kaufleute, Flachshändler, Weber, Schneider, Tuchhändler, der Sozialarbeiter und des Umweltschutzes; Helfer bei Kopfschmerzen und gegen die Pest.
Giovanni wurde in Assisi bei Perugia

*Der heilige Franz von Assisi
(Cimabue)*

als Sohn eines reichen Tuchhändlers und einer Französin aus vornehmem provenzalischem Haus geboren. Von Kindheit an nannte man ihn wegen der Abstammung seiner Mutter »Francesco«. Der junge verschwenderische und extravagante Francesco wollte Ritter werden, aber der Städtekrieg zwischen Assisi und Perugia im Jahr 1202 brachte ihm lediglich eine einjährige Gefangenschaft in den Verliesen von Perugia ein. Wieder frei, pilgerte er nach Rom und kehrte tief beeindruckt von der Verehrung Christi in sein heimatliches Assisi zurück. Er betete nun oft in einer kleinen, verfallenen Kapelle unterhalb von Assisi. Eines Tages, wohl um das Jahr 1205, hörte er, wie Christus vom Kreuz herab zu ihm sagte: »Francesco, stelle mein Haus wieder her.« Und er verkaufte einige Stoffballen aus dem Lager seines Va-

ters und ließ das Kirchlein erneuern. Sein Vater war wütend und forderte von ihm das Geld zurück. Vor dem Bischof und einer großen Menschenmenge kam es zum Streit, Franz verzichtete auf sein Erbe, entledigte sich seiner Kleider und rannte nackt aus der Stadt. Barfuß und nur mit einer groben Kutte bekleidet zog der »Poverello« (der kleine Arme) fortan als Bettler durch Umbrien, den Menschen das Licht Christi zeigend, den Elenden und Kranken helfend, zu den Tieren, seinen »Brüdern und Schwestern« predigend. Bald folgten ihm Gleichgesinnte, und mit ihnen gründete er 1209 eine Gemeinschaft, den Bettelorden der Minderen Brüder, auch Minores oder Minoriten genannt. 1210 bestätigte Papst Innozenz III. mündlich die Ordensregel. Von den Benediktinern erhielt Franz die Kirche S. Maria degli Angeli (St. Maria von den Engeln) bei Assisi. Er setzte mit seinen Gefährten das Kirchlein instand, nannte es »Portiuncula« (kleiner Anteil) und baute daneben ein Haus, das sich zum Stammkloster des Franziskanerordens entwickelte. Mit seiner Jugendfreundin Klara von Assisi gründete Franz den weiblichen Zweig des Ordens, den Zweiten Orden oder Orden der Klarissen (Klarissinnen). 1212 predigte Franz von Assisi in Dalmatien (heute kroatische Adriaküste), 1213–1215 in Spanien. 1219 versuchte er gar, in der ägyptischen Stadt Damiette (heute Dumjat), den Sultan el-Malik el-Kamil, von dem Friedrich II. zehn Jahre später auf dem 5. Kreuzzug die heiligen Stätten der Christenheit ohne einen Schwertstreich zurückeroberte, zum Christentum zu bekehren – allerdings ohne Erfolg. 1221 ermöglichte er auch Laien den Zutritt in den Dritten Orden der Franziskaner, den der Terziaren.

1223 bestätigte Papst Honorius III. die letzte Franziskaner-Ordensregel, »die endgültige«. Im Jahr darauf, 1224, fühlte Franz von Assisi, daß er – der aus Demut stets die Priesterweihe abgelehnt hatte – den steigenden Anforderungen des Ordens nicht mehr gewachsen war. Er übergab die Leitung des Ordens an Elias von Cortona und zog sich in die Einsamkeit der Alvener Berge (bei Arezzo) zurück. 1224 verfaßte Franz von Assisi seinen berühmten ›Sonnengesang‹ (›Il cantico di frate Sole‹), eines der frühen Zeugnisse italienischer Dichtung. Noch im selben Jahr, am 17. September, empfing er die Wundmale des Herrn, die erste sicher bezeugte Stigmatisation in der Geschichte des Christentums. Er erblindete immer mehr und litt zunehmend an Gliederschmerzen. 1226 starb er in Portiuncula. 1228 sprach Papst Gregor IX. Franz von Assisi heilig. Zugleich beauftragte er den deutschen Baumeister Jacobus mit der Errichtung der Grabeskirche S. Francesco (1228–1253), einer der schönsten gotischen Kirchen Italiens. Aber erst 1818 fand man die aus Angst vor Reliquienräubern an geheimem Ort bestatteten sterblichen Überreste des Heiligen wieder, die nunmehr in der Krypta der Kirche ihren vorgesehenen Platz fanden. 1569 begann der Italiener Giacomo da Vignola mit dem Bau der mächtigen Kirche S. Maria degli Angeli, die das alte Kirchlein Portiuncula und die Sterbezelle des Heiligen umschließt. *Festtag*: 4. Oktober.

Darstellung: im dunkelbraunen Franziskanerhabit, mit den Wundmalen Christi, zu den Fischen und Vögeln predigend, mit Buch, Rosenkranz und Totenkopf, mit Lilien, zu seinen Füßen die Erdkugel oder der Reichsapfel, mit einem Wolf oder einem Lamm. Neben

Maria ist Franz von Assisi die am häufigsten abgebildete Heiligengestalt.

Franz von Sales (1567–1622), Bischof, Ordensgründer, Kirchenlehrer, Patron der Salesianerinnen und der Salesianer Don Boscos, Patron der Stadt und des Kantons Genf, zweiter Patron der Diözese Lausanne-Genf-Freiburg, Patron von Annecy und Chambéry, der Schriftsteller und der katholischen Presse (mit Franz Xaver).
Franz von Sales wurde auf Schloß Sales bei Thorens nahe Annecy (Südostfrankreich) geboren. 1582–1588 studierte er in Paris Rechtswissenschaften und Theologie. Hier kam er in Berührung mit den Gedanken des Reformators Johann Calvin, die ihn so stark beschäftigten und seinen Glauben erschütterten. Erst ein langes Gebet vor einem Marienbildnis gab ihm das Vertrauen auf die Liebe Gottes zurück. 1589–1591 schloß Franz seine Studien in Padua mit der Promotion ab. 1593 empfing er die Priesterweihe und ging als Missionar in das calvinistische Chablais (Ostfrankreich), wo ihm die Rekatholisierung der Bevölkerung gelang. 1599 wurde er Koadjutor des Bischofs von Genf, 1602 übernahm er den Genfer Bischofsstuhl. 1604 lernte er die Witwe Jeanne-Françoise Frémyot de Chantal (→ Johanna Franziska von Chantal) kennen und gründete mit ihr 1610 den »Orden von der Heimsuchung Mariä« (Salesianerinnen, auch Visitantinnen genannt), den Papst Paul V. 1618 bestätigte. Berühmt waren die Fastenpredigten, die Franz von Sales in mehreren Städten Frankreichs, u.a. in Paris, Dijon, Grenoble, hielt – zu ihnen kamen die Menschen von weither. 1622 starb er in Lyon. Sein Leichnam wurde nach Annecy überführt, wo er heute gemeinsam mit den Gebeinen

der hl. Johanna Franziska von Chantal in der Kirche des Ordens der Heimsuchung Mariä (Monastère de la Visitation) ruht. Papst Alexander VII. sprach Franz von Sales 1661 selig und 1665 heilig. 1877 ernannte ihn Papst Pius IX. zum Kirchenlehrer. In seinen zahlreichen Schriften setzte sich Franz von Sales vor allem mit der Prädestinationslehre des Calvin, der Lehre von der göttlichen Vorherbestimmung des einzelnen Menschen zur Seligkeit oder zur Verdammnis, auseinander. Seine bekanntesten Schriften sind ›Theotimus‹ (Über die Liebe Gottes) und ›Philothea‹ (Anleitung zum gottseligen Leben).
Festtag: 24. Januar (seit 1972, vorher 29. Januar).
Darstellung: als Bischof, schreibend oder mit Buch, eine Glorie über ihm rahmt ein durchbohrtes Herz mit Dornenkranz oder Dornenkrone und Kreuz (Herz-Jesu-Verehrung). Oft gemeinsam mit Johanna Franziska von Chantal.

Franz Xaver, Francisco de Jassu y Javier (1506–1552), Jesuit, »größter Missionar«, Apostel Indiens und Japans, Schutzpatron Indiens (seit 1748), Patron des Vereins zur Verbreitung des Glaubens (seit 1904), Patron aller Missionen (seit 1927), Patron der Seefahrer und Glaubensboten, der katholischen Presse (mit Franz von Sales) und der Philosophischen Fakultät Freiburg im Breisgau; Helfer für ein gutes Sterben, Helfer gegen Sturm und Pest.
Franz Xaver wurde als Sohn des Vorsitzenden des Königlichen Rates von Navarra auf Schloß Javier bei Sangüesa in Navarra (Nordostspanien) geboren. Im Palacio nuevo des trutzigen Castillo wird das Geburtszimmer des Heiligen gezeigt. In dem Krieg zwischen Frankreich und Spanien (1521

erstürmten die Franzosen Pamplona, → Ignatius von Loyola wurde verwundet), verarmte die Familie. Franz ging 1525 nach Paris, studierte dort Theologie und schloß sich am 15. August 1534 der kleinen Gruppe um Ignatius an, die sich später »Societas Jesu« (Gesellschaft Jesu, Jesuiten) nannte. 1537 empfing Franz in Venedig die Priesterweihe und folgte Ignatius nach Rom, wo beide die Ordensstatuten ausarbeiteten und für die Verbreitung des Ordens sorgten.
1541 fuhr Franz Xaver als päpstlicher Legat und Beauftragter des Königs Johann III. von Portugal nach Indien, wo er in der portugiesischen Kolonie Goa zwei Jahre lang missionierte und rund 30 000 Inder taufte. Anschließend wirkte er auf den Molukken (1546) und in Japan (ab 1549). 1552 versuchte er, nach China zu gelangen, obwohl Ausländern damals jeder Zutritt streng verboten war. All seine Begleiter verließen ihn. Enttäuscht starb er im Alter von 46 Jahren auf der Insel Sancian (Santschao) vor Kanton. Seinen Leichnam brachte man nach Malakka und 1554 nach Goa, er ruht hier in der Kirche Bom Jesus in einem silbernen Reliquienschrein. 1615 kam sein rechter Arm als Ordensreliquie nach Rom, wo er seitdem in der Jesuitenkirche Il Gesù verehrt wird. 1619 wurde Franz Xaver von Papst Paul V. seliggesprochen, 1622 sprach ihn Papst Gregor XV. zusammen mit Ignatius von Loyola heilig. 1748 ernannte ihn Papst Benedikt XIV. zum Schutzpatron Indiens, 1904 erhob ihn Pius X. zum Patron des Vereins zur Verbreitung des Glaubens, 1927 ehrte ihn Pius XI. als Patron aller Missionen.
Festtag: 3. Dezember.
Darstellung: als Jesuit mit dem Kreuz in der Hand, oft mit einem flammenden

Herzen auf der Brust (als Zeichen seiner Liebe); auf einem Schiff; Kranke heilend, Tote erweckend, einen knienden Inder taufend, Krebswunder (der Heilige verliert auf einer Seereise sein Kreuz, ein Krebs bringt es zurück).

Franziska von Rom, Francesca Romana, »Ceocolella« genannt (1384–1440), Ordensgründerin. Patronin Roms; Patronin der Frauen und der Autofahrer (seit 1925); Helferin gegen die Qualen des Fegefeuers und der Pest.
Die gebürtige Römerin stammte aus dem Adelsgeschlecht der Busci und war mit den großen römischen Adelsfamilien der Orsini, Savelli und Mellini verwandt. Mit elf Jahren wollte Francesca in ein Kloster eintreten, doch die Eltern erlaubten es nicht. So heiratete sie – gerade zwölf Jahre alt – den reichen römischen Adligen Lorenzo de Ponziani, schenkte ihm vier Kinder und blieb ihm vierzig Jahre lang eine liebevolle Gattin. Sie versorgte die Kranken in den damals kargen Spitälern und half allen, die in Not waren und ihrer Hilfe bedurften. 1425 gründete sie an der Kirche S. Maria Nuova in Rom den weiblichen Zweig des Olivetanerordens (Benediktiner) und nannte ihn »Compagnia delle Oblate del Monastero Olivetano di S. Maria Nuova«. Nach dem Tod ihres Mannes trat sie 1436 als Nonne in diesen Orden ein und wurde bereits nach wenigen Tagen zur Oberin gewählt. Franziska hatte zahlreiche Visionen und pflegte der Legende nach vertrauten Umgang mit ihrem Schutzengel. Franziska starb in Rom, ihr Leichnam ruht in der Kirche S. Maria Nuova. 1608 sprach Papst Paul V. sie heilig.
Festtag: 9. März.
Darstellung: als Benediktinerin mit Gürtel und weißem Schleier, neben ihr stehend ihr Seelenführer, der Olivetanerpriester Don Giovanni Matteotti; mit einem Brotkorb oder einem Bündel Brennholz (für die Armen).

Franziska Xaveria, Francesca Saveria, Maria Francesca Cabrini (1850–1917), Ordensgründerin, erste Heilige der USA. Patronin der Auswanderer (seit 1950).
Sie wurde in Sant'Angelo Lodigiano (südwestlich von Mailand) als dreizehntes Kind einfacher Bauern geboren. Schon als Heranwachsende kümmerte sie sich um verwahrloste Kinder. 1874 übernahm sie in Codogno (nahe Mailand) die Leitung eines christlichen Pensionates und gründete dort 1880 die Kongregation der »Missionarinnen vom Heiligsten Herzen«; 1881 wurde der Orden bestätigt. 1888 verlegte sie ihren Wirkungskreis in die Vereinigten Staaten und gründete von New York aus in allen größeren Städten – nach und nach auch in Süd- und Mittelamerika – Krankenhäuser, Schulen und Heime aller Art. Besonders kümmerte sich Franziska Xaveria (so nannte sich nun die Oberin der Kongregation zu Ehren des hl. → Franz Xaver) um Einwanderer. Das Mutterhaus mit der zentralen Leitung aller Nebenstellen richtete sie in Chicago ein, wo sie auch starb. 1938 sprach Papst Pius XI. Franziska Xaveria selig, heiliggesprochen wurde sie 1946 von Papst Pius XII.
Festtag: 22. Dezember.

Franziskus, → Franz von Assisi.

Fulgentius von Astigi († um 633), Bischof. Der Bruder der hll. → Leander von Sevilla, → Isidor von Sevilla und → Florentia von Cartagena war Bischof von Astigi (heute Écija, Südwestspanien). Zu seiner Diözese gehörte auch das Benediktiner-Frauenkloster S. Maria de Valle, das seine Schwester Florentia als Äbtissin leitete. Später wurde Fulgentius Bischof von Cartagena. 619 nahm er am 2. Konzil von Sevilla teil. Er starb in Cartagena und wurde in der Kathedrale von Sevilla beigesetzt.

Festtag: 14. Januar.

Darstellung: als Bischof, meist zusammen mit seinen Geschwistern.

Fursa, Furseus († 649), Benediktinermissionar. Der irische Königssohn – sein Vater Fyltan war König von Mounster (Südirland) – trat in den Benediktinerorden ein und leitete mehrere Jahre lang ein irisches Kloster. Dann ging er mit seinen Brüdern → Foillan und → Ultan nach England, wo er das Kloster Cnobyeresbury (in der heutigen Grafschaft Suffolk) gründete und dessen Leitung Foillan übertrug. Mit Ultan lebte er als Eremit, zog aber 640, als sich die kriegerischen Einfälle des angelsächsischen Nachbarreiches Mercier immer mehr häuften, nach Frankreich. Hier gründete er mit Unterstützung des Merowingerkönigs Chlodwig II. das Kloster Lagny (östlich von Paris an der Marne) und folgte einem Ruf des Bischofs von Paris als Generalvikar. Nach seinem Tod in Péronne (Picardie, Nordfrankreich) wurde Fursa im Kloster Lagny beigesetzt. Berichte über seine Visionen und Wunder führten schon bald nach seinem Tod zu einem weitverbreiteten Kult des irischen Missionars.

Festtag: 16. Januar.

Darstellung: als Mönch auf einem Ochsenkarren.

G

Gabriel, Erzengel. Patron der Boten, Postangestellten und Briefmarkensammler, des Fernmelde- und Nachrichtendienstes (seit 1951).

Gabriel bringt den Menschen die göttliche Botschaft und legt sie gleich aus (Dan 8, 16 ff und 9, 21 ff). Neben → Michael, → Raphael und → Uriel ist er einer der vier höchsten Engel, die vor dem Thron Gottes stehen. In der islamischen Tradition ist er der höchste Engel, von dem Mohammed seine Offenbarung empfing. Für die Juden ist Gabriel sowohl der Todesengel als auch der Herr des Paradieses, nach dem Talmud der Fürst des Feuers. Bei den Christen verkündet Gabriel dem Priester → Zacharias die Geburt → Johannes des Täufers (Lk 1, 11–20) und der Maria die Geburt Jesu (Lk 1, 26–38).

Festtag: 29. September (mit Michael und Raphael), kath. Kirche: 24. März.

Darstellung: als Verkündigungsengel mit Stab, Lilie, mit Weltkugel und Zepter.

Gaetano, → Kajetan von Tiene.

Gallus (um 550 – um 640), irischer Missionar, Patron der Diözese, des Kantons und der Stadt St. Gallen, der Gänse und Hühner (lat. gallus = Hahn), Helfer der Fieberkranken.

Der im Kloster Bangor (bei Belfast) ausgebildete irische Mönch – sein Name bedeutet »der Gallier« oder richti-ger »der Gäle« (keltischer Bewohner Irlands) – folgte um 590 dem hl. → Kolumban dem Jüngeren auf dessen Missionsreise in das Frankenreich, wo Kolumban etliche Klöster gründete. 610 wurden die Missionare aus Burgund vertrieben, woraufhin sie sich den alemannischen Siedlungsgebieten am Bodensee zuwandten. In Arbon am Bodensee blieb Gallus 612 krank zurück, während Kolumban nach Oberitalien weiterreiste. Nach seiner Genesung drang Gallus in Begleitung des Diakons Hiltibold in die Wildnis der Berge vor und richtete sich südlich des Bodensees im Tal der Steinach eine Klause ein. Mehrere von Gallus bewirkte Wunder führten dazu, daß man ihm 614 den verwaisten Bischofsstuhl von Konstanz und 625 die Würde des Abtes von Luxeuil bei Belfort (Ostfrankreich) antrug. Er lehnte ab und sammelte in seiner Klause zahlreiche Schüler um sich, die er nach der strengen Mönchsregel des Kolumban ausbildete. Gallus starb in Arbon am Bodensee im hohen Alter von 90 oder gar 95 Jahren. Beigesetzt wurde er in seiner Klause, die der Abt → Otmar 719 in das Benediktinerkloster St. Gallen verwandelte.

Festtag: 16. Oktober.

Darstellung: als Einsiedler mit Pilgerstab, Brot und einfachem Kreuz. Ein Bär erinnert an eine Legende: Gallus zog dem Tier einen Dorn aus dem Fuß, woraufhin der dankbare Bär emsig Brennholz für die Klause sammelte.

Gangolf

Gangolf, Gandulph, Gangwulfis, Gengoult, Gignoux († um 760), Märtyrer. Patron der Gerber und Schuhmacher, der Kinder, der Haustiere, Patron zahlreicher Quellen; Helfer bei Knieerkrankungen und Eheproblemen.

Gangolf war nach einer legendarischen Vita ein Edelmann am merowingischen Königshof. In Varennes-sur-Amance bei Langres an der Marne gehörte ihm um 716 ein Kloster. Da das Kloster an Wassermangel litt, soll Gangolf in der Champagne eine Quelle gekauft und sie durch ein Wunder nach Varennes-sur-Amance transferiert haben. Als er eines Tages von einem Kriegszug im Gefolge des Frankenkönigs Theuderich IV. heimkehrte, trug man ihm zu, daß ihn seine Frau mit einem Priester betrüge. Er forderte von ihr ein Brunnenordal, ein Gottesurteil, bei dem sie ihre Hand in den Brunnen ihres Hauses tauchen sollte. Bliebe ihre Hand unversehrt, wäre ihre Unschuld bewiesen. Doch als sie die Hand wieder aus dem Wasser zog, hatte sich die Haut von den Fingern gelöst. Seiner Frau verbot er, weiterhin seine Gemächer zu betreten, den Priester schickte er außer Landes. Aber die Frau rief den Priester zurück, ließ ihn nachts ein und überredete ihn, ihren Mann zu ermorden. Sie flohen, doch soll der Priester bald an einer gräßlichen Krankheit, die sein Inneres zerfraß, gestorben sein.

Schon im 9. Jh. begann sich die Verehrung des ermordeten Gangolf durch Benediktiner und Ritter beiderseits des Rheins zu verbreiten, wo noch heute zahlreiche Brunnen, Quellheiligtümer und Kirchen seinen Namen tragen (z.B. Pfarrkirche St. Gangolf in Trier, gegründet 958).

Festtag: 11. Mai oder 13. Mai.

Darstellung: als Ritter mit Lanze, Schwert und Schild, das ein Kreuz zeigt; mit einem Stab, der eine Quelle öffnete (Quellwunder) oder einem Speer (Hinweis auf Ermordung).

Gaubert, → Walbert.

Gaugerich von Cambrai, Géry (um 540–um 625), Bischof, Patron von Cambrai, Valenciennes und Brüssel, Patron der Gefangenen und Sklaven. Der aus Yvry (Luxemburg) stammende Mönch wurde von Mangerich, Bischof von Trier, zum Diakon geweiht und 580 oder 586 als Bischof von Cambrai eingesetzt. Er nahm am Pariser Konzil von 614 teil. Gaugerich gründete die nach ihm benannte Abtei St-Géry. Sein Grab befindet sich in der Kirche St-Médard bei Cambrai. Nach der Legende befreite er die Umgebung von Brüssel von einem Drachen.

Festtag: 11. August.

Gellért, → Gerhard von Csanád.

Gengoult, → Gangolf.

Georg von Kappadokien († um 303), Märtyrer, »Groß-Märtyrer« (Megalomartyros) der Ostkirchen, einer der Vierzehn → Nothelfer, Schirmherr der Kreuzfahrer und des Deutschen Ordens, Schutzheiliger der Engländer, Patron des englischen Königreiches, der Georgs-Ritterorden und der Pfadfinder; Patron der Bauern (griech. georgos) und des bäuerlichen Besitzes, der Reiter, Ritter, Kavalleristen, Sattler, Hufschmiede und Schmiede, der Harnisch- und Büchsenmacher, Waffenschmiede, Soldaten und Schützen, der Landsknechte und Wanderer, der Gefangenen, der Bergleute und Böttcher, der Artisten; der Spitäler; Patron der Pferde und des Viehs; Helfer bei Erkrankung der Haustiere.

Georgs Lebensbeschreibung scheint sich nur aus Legenden zusammenzusetzen, die allerdings schon früh bekannt wurden. Danach stammte er aus Kappadokien, kämpfte als römischer Legionär an vielen Enden des Imperium Romanum, wurde Christ und erlitt in den Verfolgungen unter Kaiser Diokletian ein Martyrium besonders entsetzlicher Art, das die Legende in zwei Varianten beschreibt. Einer Version zufolge erschien ihm Christus im Kerker und prophezeite ihm ein siebenjähriges Leiden: dreimal werde er einen grausamen Tod erleiden, zweimal wiederauferstehen. Da wurde Georg zuerst auf das Rad geflochten, später trieben ihm die Marterknechte sechzig Nägel in den Kopf, und bei der dritten Marter zerrissen ihn vier Pferde. Die zweite Variante erzählt von einer sich allmählich steigernden Tortur, die mit glühenden Eisenkrallen, die sich in seinen Körper fraßen, begann, bis zum langsamen Eintauchen in einen Kessel mit flüssigem Blei. Sämtliche Viten aber berichten von den Wundern, die Georg vollbrachte.

Der heilige Georg (Albrecht Dürer)

Im 11. Jh. kam das Motiv des Drachenkampfes auf, das den Heiligen bis heute begleitet (und auch in der ›Legenda aurea‹ des Jacobus a Voragine im 13. Jh. thematisiert wurde): Einst bedrohte in Libyen ein furchterregender Drache die Stadt Silena. Täglich mußten ihm die Bewohner zwei Schafe opfern, damit er sich nicht an ihnen vergriffe. Als es in der Stadt keine Schafe mehr gab, verlangte der Drache täglich einen Menschen zum Fraß. Eines Tages fiel das Los auf die junge, schöne Tochter des Königs. Am Ufer des Sees erwartete sie betend das Ungeheuer. Doch da erschien der hl. Georg und tötete es, woraufhin sich der König, seine Tochter und alle Einwoh-

ner von Silena taufen ließen. Wie in allen ähnlichen Legenden verkörpert der Drache das Böse, das Heidnische, das durch den Glauben an Christus besiegt wird. Christus – hier vertreten durch Georg – führt die Menschheit zum Licht. – Übrigens veranlaßte die ›Legenda aurea‹ den Nürnberger Hans Sachs, 1557 seine ›Tragedi des hürnen (hörnernen) Sewfried‹ zu dichten, und führte im selben Jahrhundert auch zur Erweiterung des ›Nibelungenlieds‹ durch die Geschichte von Siegfrieds Kampf mit dem Drachen.

Georgs Grab wird in Lod (Israel) vermutet, einer kleinen, sehr alten Stadt, die der römische Kaiser Septimius Severus (193–211) zur römischen Colonia Diospolis (Gottesstadt) erhoben hatte. Georgs Grab hüten heute einträchtig nebeneinander eine griechisch-orthodoxe Kirche und eine Mo-

schee. Die auf das 4. Jh. zurückgehende Kirche ließ Richard Löwenherz im
12. Jh. erneuern. Im 13. Jh. errichteten
die Moslems daneben die El-Khadr-
Moschee. Mit el-Khadr (der Grüne)
bezeichnen die Moslems den hl. Georg, von dem sie erwarten, daß er am
Jüngsten Tag bei Lod den Dämon Dad-
jal töten werde. Viele Christen wie
Moslems halten Lod für den Geburtsort des Heiligen. Und sie sind davon
überzeugt, daß die griechische Sage,
wonach Perseus beim nahen Jaffa die
Königstochter Andromeda vor einem
Meeresungeheuer errettete, den Ursprung für die Georgslegende vom
Kampf mit dem Drachen bildete. Richard I. Löwenherz, König von England, nahm 1190–1192 am dritten
Kreuzzug teil und brachte die Georgs-
verehrung 1194 nach England, wo der
Heilige 1222 zum Patron des Königreichs England ernannt wurde.
Festtag: 23.April.
Darstellung: als Ritter hoch zu Roß
mit weißer Fahne im Kampf mit dem
Drachen, ein Kreuz schmückt Fahne
und Schild; mit einer Lanze; als Märtyrer mit Palme.

Gereon in Köln, → Thebäische Legion.

Gerhard von Csanád, Gellért, Gherardo (um 980 – 1046), Bischof, Märtyrer,
Patron von Budapest und Patron der
Pädagogen.
Er entstammt dem vornehmen venezianischen Patriziergeschlecht der Sag-
redo und kam als Fünfjähriger nach
Genesung von einer schweren Krankheit in das Benediktinerkloster auf der
Isola di San Giorgio (Venedig). Später
studierte er in Bologna, wurde Benediktinermönch und Abt auf San Giorgio. 1015 legte Gerhard sein Amt nie-

der, um im Heiligen Land ein Eremi-
tenleben wie der hl. → Hieronymus zu
führen. Ein Sturm zwang jedoch das
Schiff, auf dem er reiste, bei der
Adriainsel St. Andreas vor Anker zu
gehen. In dem dortigen Kloster traf er
den Gesandten des Königs → Stephan
I. von Ungarn, der ihn mit nach Ungarn nahm. Dort war er kurze Zeit
beim Bischof von Fünfkirchen (heute
Pécs) zu Gast und lernte bei den Feierlichkeiten zu Mariä Himmelfahrt in
Stuhlweißenburg (heute Székesfehérvár) König Stephan kennen, der von
Gerhards Fähigkeiten und seiner Persönlichkeit so angetan war, daß er ihn
zum Erzieher seines Sohnes → Emmerich von Ungarn bestellte und zum Bischof von Csanád (heute Rumänien)
ernannte, einem Bistum, das vorerst
noch nicht existierte. 1023 zog sich
Gerhard in die St.-Moritz-Abtei im
Bakonywald (nördlich vom Plattensee)
zurück, um zu meditieren und sein
Wissen zu erweitern. 1030 konnte er
endlich seine Diözese Csanád übernehmen und mit der Missionierung der
noch immer heidnischen Bevölkerung
beginnen.
In den Thronwirren nach dem Tod König Stephans im Jahr 1038 gewann Bischof Gerhard an politischem Einfluß.
So weigerte er sich, den tyrannisch
herrschenden König Aba Samuel zu
krönen und versagte auch dessen
Nachfolger Peter Orseolo, einem Vene-
zianer, der Ungarn lediglich als ein
neues Jagdrevier betrachtete und sich
ebenfalls wie ein Tyrann aufführte, die
Unterstützung. Die Thronwirren führten zu Unruhen, die 1046 zu einem
blutigen Aufstand des Volkes eskalier-
ten. Der Zorn der zumeist heidnischen
Rädelsführer richtete sich aber nicht
nur gegen das Königshaus, sondern
auch gegen die Kirche. In Buda bewar-

fen Aufständische den Bischof mit Steinen, kippten seinen Wagen um und erstachen ihn mit einer Lanze. Nach einer anderen Darstellung steckten ihn die Mörder in ein Faß, das sie von den Klippen des Berges Kelen (heute Gellértberg) in die Donau stürzten. 1053 wurde sein Leichnam in das von ihm gegründete Marienkloster in Csanád überführt. Schon 1083 sprach Papst Gregor VII. Gerhard von Csanád heilig. 1514 wurden Kloster und Grabstätte des Heiligen im Bauernkrieg vernichtet, einige Reliquien kamen in die Abtei S. Giorgio in Venedig.
Festtag: 24. September.
Darstellung: im Bischofsornat mit Mitra und Stab, mit einem pfeildurchbohrten Herzen in der Hand oder von einer Lanze durchbohrt vor dem Bild der Madonna kniend.

Germain l'Auxerrois, → Germanus von Auxerre.

Germanos I. von Konstantinopel († um 740), Bekenner, einer der → Vier Patriarchen von Konstantinopel. Über Germanos ist nur bekannt, daß er seine kirchliche Karriere als Kleriker in Konstantinopel begann und dann Bischof von Kyzikos wurde, einer in der Antike berühmten Handelsstadt am Südufer des Marmarameeres (etwa 8 km vom heutigen Städtchen Erdek entfernt). 715 wurde Germanos zum Patriarchen von Konstantinopel gewählt und von Kaiser Anastasios II. (713–716) bestätigt, kurz bevor dieser auf seine Krone verzichtete und in ein Kloster ging, weil das zum Feldzug gegen die Araber aufgestellte Heer meuterte. 717 bestieg Leo III. der Isaurier (717–741), seit 713 »Feldherr des Orients«, den byzantinischen Thron. 717/718 verteidigte er

ein Jahr lang Konstantinopel erfolgreich gegen den Ansturm der Araber, die mit hohen Verlusten wieder abziehen mußten. Ab 725 kämpfte er vergeblich gegen die Bilderverehrung und enthob 729 Germanos seines Amtes, weil dieser sich allzu energisch für die Bilderverehrung eingesetzt hatte. Germanos starb ein Jahr vor dem Kaiser.
Festtag: 12. Mai.

Germanus von Auxerre, Germain l'Auxerrois (um 378–448), Bischof, »Wundertäter der Gallier« (laut → Martin von Tours), »der meistverehrte französische Heilige« (laut → Franz von Sales).
Der aus vornehmer Familie stammende Germain wurde in Auxerre (Burgund) geboren. Er studierte in Autun und anschließend in Rom Rechtswissenschaften und wurde vom weströmischen Kaiser Honorius zum Präfekten von Auxerre ernannt. Hier ließ er sich taufen, wurde Priester und 418 Bischof der Diözese Auxerre. In dieser Funktion lernte er den hl. → Patrick kennen und wurde Lehrmeister des späteren Apostels von Irland. Nach der Trennung von seiner Frau Eustachia begründete er in Gallien das Koinobitentum, eine besonders strenge Form des klösterlichen Gemeinschaftslebens. 429 und 444/445 ging er nach England, um dort gegen den bereits 411 verurteilten, aber noch immer verbreiteten Pelagianismus, eine Lehre des angelsächsischen Mönches Pelagius, vorzugehen. 448 wirkte er in Ravenna als Friedensvermittler zwischen dem Bund der Armoriker und Kaiser Valentinian III. Die keltischen Armoriker, Bewohner der Bretagne und der Normandie, hatten sich 420 für unabhängig von der römischen Herrschaft er-

klärt und sollten nun für diese Unbotmäßigkeit bestraft werden. Während dieser Mission, bei der sich Germanus erfolgreich für die Armoriker einsetzte, starb Germanus in Ravenna. Die Armoriker erkannten erst 497 wieder eine Oberhoheit an: die des Frankenkönigs Chlodwig. Dessen Frau → Chlothilde baute über dem Grab des Germanus in Auxerre eine Kirche, die sich zur bedeutendsten Wallfahrtsstätte Frankreichs entwickelte.
Festtag: 31. Juli.
Darstellung: meist als Jäger, erlegtes Wild zu seinen Füßen (Kampf gegen die häretischen Pelagianer), als Bischof einen siebenköpfigen Drachen fütternd (seine Vermittlertätigkeit).

Germanus von Besançon († 407), Bischof und Märtyrer. Die Vita des Bischofs von Besançon ist legendär. Nach ihr wurde Germanus in Grandfontaine bei Besançon (Burgund) von christlichen Arianern, die er zum katholischen Glauben führen wollte, durch Pfeile getötet. Seine Gebeine kamen zu Beginn des 7. Jh. in die Frauenabtei Baume-les-Dames bei Besançon; seit der Auflösung des Klosters in der Französischen Revolution sind sie verschollen.
Festtag: 11. Oktober.

Germanus von Münster-Granfelden (um 610–675), Abt und Märtyrer. Der Sohn angesehener und vermögender Eltern aus Trier war Schüler des Bischofs → Modoald von Trier. Im Alter von 17 Jahren verlor er seine Eltern. Er trat als Mönch in das Benediktinerkloster Remiremont (Vogesen) ein, wechselte später in das Kloster Luxeuil (bei Besançon, Ostfrankreich) und ließ sich von Abt → Walbert zum Priester weihen. Als Walbert um 640 in der

Schweiz das Kloster Münster-Granfelden (Moutier-Grandval, Kanton Bern) gründete, setzte er Germanus als Abt ein. Das Kloster erhielt vom Alemannenherzog Gondon großzügige Zuwendungen. Dessen Nachfolger Athich aber bereicherte sich am Klostergut. Als ihm Germanus deswegen Vorhaltungen machte, ließ ihn der Herzog durch seine Leute umbringen, wobei auch der hl. → Randoald ums Leben kam. Die Gebeine der beiden Märtyrer befinden sich in der Pfarrkirche Delsberg (Delémont, Kanton Bern), 10 km von Münster-Granfelden entfernt.
Festtag: 21. Februar.
Darstellung: als Abt mit Buch, Stab und Palme, zu seinen Füßen gelegentlich ein Bettler.

Germanus von Paris (um 496–576), Patron der Gefangenen. Geboren bei der Stadt Autun (Ostfrankreich), lebte Germanus schon im Knabenalter unter der Anleitung eines mit ihm verwandten Priesters als Einsiedler. 530 empfing er die Priesterweihe, wurde bald danach Verwalter und um 540 Abt des Stiftes St-Symphorian von Autun. 543 gründete er in Paris die Abtei St-Germain-des-Prés mit der Gruftkirche der merowingischen Könige. Um 550 wählte man ihn zum Bischof von Paris und zugleich zum Erzkaplan des Merowingerkönigs Childebert I. (511–558). Erzkaplan blieb er auch unter den Herrschern Chlothar I. (558–561), Charibert I. (561–567) und Sigbert I. (567–576), die zum Teil in schwere Thronstreitigkeiten verwickelt waren – Germanus versuchte zu schlichten. Germanus galt als großer Prediger und Reformer der Liturgie. Unermüdlich kümmerte er sich um die Armen und Siechen, vor allem auch um die Gefangenen in seiner Diözese. Bischof Ger-

manus starb in Paris und wurde in St-Germain-des-Prés begraben. 1793 gingen in der Französischen Revolution die Reliquien des Heiligen verloren.
Festtag: 28. Mai.
Darstellung: als Bischof mit Schlüssel und Ketten in den Händen (weil er sich für mildere Strafen einsetzte), mit brennendem Haus (sein Gebet soll einen furchtbaren Stadtbrand zum Erlöschen gebracht haben).

Gero von Köln († 976), Erzbischof. Der Sohn des Markgrafen Christian von Thüringen und Neffe des Markgrafen Gero, des Slawenbezwingers, war Kaplan bei Kaiser Otto I. dem Großen (936–973) und wurde 969 zum Erzbischof von Köln gewählt. 971 reiste Gero nach Konstantinopel, um die neunzehnjährige Prinzessin Theophanu, Tochter des Kaisers Romanos II. von Byzanz, als Braut für den jungen Kaiser Otto II. (967–983) abzuholen und bei dieser Gelegenheit Reliquien des hl. → Pantaleon für die Benediktinerabtei Köln mitzubringen. Die prächtige Hochzeit fand 972 in Rom statt. Gero gründete zwei Abteien: Dammersfeld am Harz (970) und Gladbach (974).
Festtag: 28. Juni.

Gertrud von Karlburg (8./9. Jh.). Der legendäre Besuch der hl. → Gertrud von Nivelles in der Benediktinerinnenabtei Karlburg (Neustadt am Main) führte bis zum 17. Jh. zur Verehrung einer hl. Gertrud von Karlburg als Schwester Kaiser → Karls des Großen. Sie galt als Stifterin von Kirchen und Klöstern, Helferin der Gebärenden. Im 18. Jh. sind Schiffswallfahrten auf dem Main zu Ehren dieser Heiligen bezeugt. Einzelheiten ihres Kultes, der Festtag und zum Teil auch ihre Darstellung verweisen auf Gertrud von Nivelles.

Festtag: 17. März.
Darstellung: als Äbtissin mit Buch und Stab, mit Kirchenmodell und einer Krone zu ihren Füßen.

Gertrud von Nivelles (626–653 oder 659), Patronin der Spitäler, der Pilger und Reisenden, der Armen und Witwen, der Gärtner, der Feld- und Gartenfrüchte, Helferin gegen Mäuse- und Rattenplage.
Die Tochter Pippins des Älteren, des fränkischen Hausmeiers (Kanzlers) und Stammvaters der Karolinger, trat nach Ablehnung einer sehr vorteilhaften Ehe in das Kloster Nivelles (südlich von Brüssel) ein, das ihre Mutter → Iduberga von Nivelles nach dem Tode ihres Mannes († 640) gestiftet hatte. Als Iduberga 652 starb, wurde Gertrud Äbtissin dieses Klosters. Sie berief irische Wandermissionare, um das theologische Wissen der Nonnen zu erweitern und zugleich die Christianisierung des Landes voranzutreiben. Dem Iren → Foillan von Fosses stellte sie zur Gründung des Benediktinerklosters St-Maur-Les-Fosses Ländereien zur Verfügung. Für die irischen Missionare richtete sie ein Spital ein, in dem sie sich selbstlos der Krankenbetreuung widmete. Daher trugen viele Krankenhäuser bis in die Neuzeit hinein ihren Namen. Gertrud fand im Kloster Nivelles ihre letzte Ruhestätte. Der 1298 geschaffene silberne Reliquienschrein (Gertrudenschrein) ging im Zweiten Weltkrieg (1940) verloren. Umstritten ist eine Personengleichheit mit → Gertrud von Karlburg. Häufig gebrauchte verballhornte Heiligennamen, wie Cateculia, Cutubilla, Kakukilla, Katacila u.ä. gehen sämtlich auf »Nivigella« zurück und beziehen sich auf Gertrud von Nivelles.
Festtag: 17. März.

Darstellung: als Äbtissin mit Buch und Stab, auf denen Mäuse (Symbole des Teufels) herumklettern, als Fürstin einen Edelmann abweisend und das Kreuz festhaltend, mit Palme oder Spitalmodell und Lilie, mit Schiff und Meeresungeheuer, was sie als Beschützerin der Pilger, Reisenden und Seeleute ausweist.

Gervasius und Protasius († um 270), Märtyrer, Patrone von Mailand und von Breisach am Rhein, der Kinder und Landarbeiter, Helfer für eine gute Ernte, bei Blutungen jeder Art (»Blutfluß«) und gegen Diebstahl.
Ihre Viten sind legendär und wurden erst im 5. Jh. niedergeschrieben. Danach waren sie die Zwillingssöhne des hl. → Vitalis und der Valeria und fanden bei dem Markomanneneinfall um 270 den Tod. Als Bischof → Ambrosius 386 in Mailand eine neue Basilika weihte, verlangten die Gläubigen Reliquien für diese Kirche. Der Bischof veranlaßte aufgrund eines Traumes Ausgrabungen unter einem benachbarten Gotteshaus und fand die Gebeine der Märtyrer Gervasius und Protasius. Diese wurden in der neuen Basilika beigesetzt und gaben ihr auch den Namen. Nach dem Tod des Bischofs 397 erhielt die Kirche den Namen des Stifters Ambrosius. Noch heute ist S. Ambrogio mit den bekleideten Gebeinen der drei Heiligen in der Krypta das Ziel zahlloser Wallfahrer.
Festtag: 19. Juni.
Darstellung: als Märtyrer, Edelmänner oder Diakone, mit Geißel oder Keule (Gervasius) und mit Schwert (Protasius).

Géry, → Gaugerich von Cambrai.

Gestrenge Herren, → Eisheilige.

Gherardo, → Gerhard von Csanád.

Ghislain, → Gislenus.

Gignoux, → Gangolf.

Gilles, → Ägidius.

Giovanni Bernardone, → Franz von Assisi.

Giovanni Bosco, → Johannes Bosco.

Giovanni di Fidanza, → Bonaventura.

Gislenus, Gislan, Gislein, Ghislain (um 650–nach 680), Abt. Der Sohn fränkischer Eltern beschloß, Eremit zu werden, und gründete bei Mons im belgischen Hennegau die Einsiedelei St. Peter und Paul, die sich später zu einem Kloster entwickelte und nach dem Gründer »Saint Ghislain« genannt wurde. Um 930 kam das Kloster unter den Einfluß der Benediktiner. Gislenus war der geistliche Berater der hll. → Adelgundis und → Waldetrudis. Die Legende bezeichnet Gislenus als Griechen, der in Athen Philosophie studierte und später Basilianermönch wurde. Seit 1647 ruhen seine Gebeine im Kloster St-Ghislain.
Festtag: 9. Oktober.
Darstellung: mit Adler und Bär, die ihm den Ort zeigen, wo er seine Einsiedelei einrichten soll.

Gleb, → Boris und Gleb.

Goar (um 495–575) Missionar, Priester und Einsiedler. Patron von St. Goar, Patron der Winzer und Gastwirte, der Schiffer, Töpfer und Ziegelbrenner sowie für einen ehrlichen Namen.

Goar stammte aus Aquitanien (Südwestfrankreich). Er kam gegen 520 als Priester an den Rhein, um hier zu missionieren. Mit Genehmigung des Bischofs von Trier gründete Goar nicht weit von Koblenz eine Zelle, um die sich in späterer Zeit die Städte Sankt Goar und jenseits des Rheins Sankt Goarshausen entwickelten. Pippin III. der Jüngere bzw. der Kurze, König der Franken, übergab die Zelle des hl. Goar 765 an Asuarius, Abt des 721 gegründeten Benediktinerklosters Prüm, als Benefizium.

Festtag: 6. Juli, Limburg: 9. Juli, Trier: 24. Juli.

Darstellung: als Einsiedler, der seine Mütze an einen Sonnenstrahl hängt, mit einem Milchtopf in der Hand und drei Hirschkühen, mit deren Milch er durstige Schiffer labt; manchmal sitzt ihm der Teufel im Genick (weil man ihn fälschlich der Zauberei verdächtigte bzw. als Vater eines unehelichen Kindes verleumdete).

Goëlen, → Gudula von Brüssel.

Gondulf und Grimoald († 680), Märtyrer. → Reineldis, ihr Diener Gondulf und Subdiakon Grimoald wurden in der Kirche Ste-Eutrope in Saintes (Südwestfrankreich) von heidnischen Sachsen oder von Hunnen erschlagen. Nach anderen Legenden erlitten die drei Pilger das Martyrium in der Kirche von Zauchte (Belgien) oder in der Nähe von Sognies (Hennegau).

Festtag: 16. Juli.

Gorgonia († nach 369), Tochter von → Gregor dem Älteren von Nazianz und seiner Gemahlin → Nonna. Sie war mit einem gewissen Vitalianus verheiratet und hatte mit ihm sechs Kinder, die sie zu frommen Christen erzog. Ihr Sterben begleitete → Basilius der Große, ihr geistlicher Vater.

Festtag: 9. Dezember, Ostkirchen: 23. Februar.

Gorgonius von Nikomedia († 303), hoher Beamter am Sitz des Statthalters von Bithynien in Nikomedia (heute Izmit, Türkei) am Marmarameer. Da er bei den Christenverfolgungen unter Kaiser Diokletian im Jahre 303 nicht von seinem Glauben ließ, starb er den Martertod.

Festtag: 11. März.

Gorgonius von Rom († 305), Märtyrer. Er fiel den Christenverfolgungen unter Kaiser Diokletian zum Opfer. Ein Kupferstich aus dem 18. Jh. zeigt, wie der Henker brennendes Pech in den Magen des Gorgonius gießt. Sein Leichnam wurde in den frühchristlichen Katakomben an der Via Labicana beigesetzt und kam 764/765 in die Benediktinerabtei St-Gorgon in Gorze bei Metz.

Festtag: 9. September.

Darstellung: als Ritter mit Schild und Schwert.

Graf Rath, → Rasso von Andechs.

Gregor der Ältere von Nazianz (um 280–374), Bischof. Er war der Gemahl der → Nonna, der Vater von → Gorgonia, → Gregor dem Jüngeren von Nazianz und → Caesarius von Nazianz. Er bekleidete hohe Staatsämter und gehörte den Hypsistariern an, einer Glaubensgemeinschaft, deren Lehre sich aus Elementen des Heidentums und des Judentums zusammensetzte. So verehrten die Hypsistarier den einen Gott (griech.: hypsistos = der Höchste) als eine Mischung von

Zeus und Jahwe, sie verehrten das Feuer und das Licht, beachteten die Sabbat- und Speisegesetze, lehnten aber Opfer und Beschneidung ab. Gregors Gemahlin bekehrte ihren Mann zum Christentum, wobei er die Staatsämter und seinen Freundeskreis verlor. 325 ließ er sich taufen, 329 wurde er Bischof von Nazianz (heute Nenezi nahe Aksaray, Zentraltürkei). Als Gregor das für die Arianer günstige Ergebnis (Christus ist nicht Gott, sondern ein Geschöpf Gottes) der Synode von Rimini (359) anerkannte, geriet er in Streit mit den kappadokischen Diözesen, den aber sein redegewandter Sohn Gregor der Jüngere von Nazianz beilegen konnte. *Festtag:* 1. Januar.

Darstellung: als Greis mit grauem bis schlohweißem Haar und Bart, immer gemeinsam mit seinem Sohn Gregor dem Jüngeren von Nazianz.

Gregor I. der Große (um 540–604), Papst (590–604), Kirchenlehrer, Patron der Gelehrten, Lehrer, Studenten und Schüler, der Sänger, Musiker, Knopfmacher und Posamenter, der Maurer (Gregor stiftete zahlreiche Klöster und Krankenhäuser) und der Bergwerke, Helfer gegen Gicht und Pest.

Gregor stammte aus der römischen Senatorenfamilie der Anicier. Er erhielt eine vielseitige und gediegene Ausbildung, widmete sich den Rechtswissenschaften und studierte die Schriften der Kirchenväter. 571–573 war er Stadtpräfekt von Rom. Nach dem Tod seines Vaters, des Senators Gordianus, verwandelte er den elterlichen Stadtpalast in ein Benediktinerkloster (Andreaskloster am Clivus Scauri), in das er sich 575 mit zwölf Gefährten als Mönch zurückzog. In Sizilien gründete er mit dem ererbten Geld sechs Klöster. 577 bestellte Papst Benedikt I.

Gregor zum Regionardiakon. 579 sandte ihn Papst Pelagius II. als Apokrisiar (eine Art päpstlicher Gesandter) an den Kaiserhof in Konstantinopel. Hier bewies Gregor seine besonderen diplomatischen Fähigkeiten und betrieb mit Erfolg die Aussöhnung des Kaisers mit dem Papst. 585 kehrte Gregor als Ratgeber des Papstes nach Rom zurück. Nach Pelagius' II. Tod wählten ihn der Klerus, der Senat und das Volk von Rom 590 zum neuen Papst (Weihe am 3. September 590).

Papst Gregor pflegte ausgezeichnete Beziehungen zu dem Frankenkönig Childebert II., dessen christliche Tochter Bertha mit Aethelberht, dem König des angelsächsischen Kent, verheiratet war. So führte diese Verbindung zu einer verstärkten Christianisierung der Franken und der Angelsachsen, zumal Kent im 7. Jh. eine Vormachtstellung unter den angelsächsischen Königreichen erlangte. Auch in Spanien, wo König Rekkared eine Neuausrichtung auf Rom anstrebte, konvertierten die arianischen Westgoten zum Katholizismus. Sogar die ebenfalls arianischen Langobarden, die 592 und 593 Rom belagerten, konnte er über ihre Königin Theodelinde, Tochter des Bayernherzogs Garibald, zum Wechsel ihres christlichen Glaubens bewegen. So wurde Papst Gregor I. dank seiner Klugheit und seines Verständnisses für die Eigenarten der einzelnen Völker zum bedeutendsten und einflußreichsten Kirchenführer des ersten Jahrtausends.

Nur das Verhältnis zum Osten, zum byzantinischen Kaiser, verschlechterte sich, und mit dem Patriarchen von Konstantinopel, Johannes IV., geriet Gregor sogar in Streit, weil dieser sich anmaßte, das Oberhaupt aller Kirchen zu sein (episcopus universalis), während sich Gregor als »Knecht der Knechte Gottes« (servus servorum Dei) bezeichnete.

Neben der äußeren Machtstellung der katholischen Kirche war für Papst Gregor auch ihre innere Gestaltung von größter Bedeutung. So nutzte er den Wohlstand der gut geführten Klöster zum Ausgleich sozialer Härten, er setzte sich für das Wohl der Armen und Siechen ein, für die Rechte der Juden. Er achtete auf die Einhaltung der priesterlichen Zucht und reformierte die Liturgie. 595 ersetzte er den bisher gebräuchlichen Ambrosianischen durch den »Gregorianischen Gesang«, das heißt, er ließ alle Gesänge der römischen Kirche sammeln und neu ordnen. Eine Neugestaltung der Melodien (was man heute unter »Gregorianik« versteht) erfolgte erst unter Papst Vitalianus (657–672). Gregor verfaßte zahlreiche theologische Schriften, die teilweise bis heute nachwirken, so daß man ihn bereits um 800 zusammen mit → Augustinus, → Ambrosius und → Hieronymus zu den vier auserlesenen lateinischen Kirchenlehrern zählte. Sein Grab fand Gregor I. der Große im Petersdom.

Um Papst Gregor I. ranken sich zahlreiche Legenden. So soll sich Gregor, als er 590 zum Papst gewählt worden war, in einem Faß versteckt haben. Er ließ sich vor die Stadt rollen, um in der Einsamkeit als Eremit ein beschauliches Leben führen zu können. Doch eine himmlische Lichtsäule verriet sein Versteck. Im Jahr darauf kehrte die Pest, die schon seinen Vorgänger Pelagius II. dahingerafft hatte, nach Rom zurück. Gregor beschloß, unverzüglich eine Bittprozession durch die Stadt zu veranstalten, und führte den Zug mit einem Marienbild, das der heilige → Lukas gemalt hatte, an. Als Gregor an der Spitze des Zuges am Hadriansgraben vorbeikam, stand auf dem Dach des gewaltigen Bauwerks ein Engel, der sein blutiges Schwert in die Scheide steckte. Die Seuche klang aus, das Grabmal wurde fortan Engelsburg genannt. Eine weitere Legende berichtete von einer schweren Krankheit, die Gregor auf sich nahm, um den Kaiser Trajan aus dem Fegefeuer zu erlösen. Die bekannteste Legende erzählt von der »Gregormesse«. Vielfach wurde diese Legende im Laufe der Jahrhunderte verändert. Eines Tages zweifelte die Bäckersfrau, die regelmäßig das Brot für die Meßfeier backte, daran, daß sich in der Eucharistiefeier Brot und Wein zum Leib Christi verwandeln können. Als nun Gregor in der Kirche S. Croce in Gerusalemme zu Rom die Messe zelebrierte, erschien Christus als Schmerzensmann auf dem Altar, Blutstrahlen ergossen sich aus seinem Körper in den Kelch. Die Bäckersfrau, die der Messe beigewohnt hatte, zweifelte nun nicht mehr.

Festtag: 3. September (Tag der Papstweihe), bis 1969 galt der 12. März (Todestag).

Darstellung: als Papst mit Buch und Federkiel, eine Taube (Sinnbild des Heiligen Geistes) sitzt auf seiner Schulter.

Gregor der Jüngere von Nazianz, Gregor der Theologe (330 – 390), Bischof von Nazianz, Kirchenlehrer, Kirchenvater, einer der »drei → Kappadokier«, Patron der Dichter.

Geboren auf einem einsamen Landgut (heute Nenezi bei Aksaray, Zentraltürkei) als Sohn von → Gregor dem Älteren von Nazianz und dessen Gemahlin → Nonna. Er studierte in Caesarea Cappadociae (heute Kayseri, Türkei), in Caesarea Palaestinae (heute südlich

von Haifa, Israel) und zuletzt in Athen, wo er → Basilius den Großen kennenlernte, mit dem ihn dann eine lebenslange Freundschaft verband. Nach seiner Rückkehr um 358 wirkte er als Rhetor, ließ sich taufen und folgte Basilius in dessen klösterliche Gemeinschaft am Schwarzen Meer. 361 ließ er sich in seiner Heimatstadt zum Priester weihen und übernahm 362 den Stuhl des Bischofs von Sasima (unweit Nazianz), dessen Diözese nur aus einem winzigen Dorf bestand. Ab 374 war er Bischof von Nazianz, ging schon im Jahr darauf nach Antiochia am Orontes (heute Antakya, Südosttürkei). 379 beriefen ihn die Gegner des Arius nach Konstantinopel, wo sein Kampf gegen die Arianer begann, der so energisch und erfolgreich war, daß ihn Kaiser Theodosius I. zum Patriarchen ernannte. Die Synode des Konzils von 381 verurteilte die Arianer und wählte Gregor zum Bischof von Konstantinopel. Doch kirchliche Intrigen veranlaßten ihn zum Verzicht auf das Bischofsamt und zur baldigen Rückkehr nach Nazianz. Auf dem nahen Landgut, der Stätte seiner Geburt und Kindheit, verfaßte er den Großteil seiner berühmten schriftlichen Hinterlassenschaft (244 Briefe, 400 Gedichte, 44 Reden), die ein hohes stilistisches Können verrät.
Festtag: 2. Januar, Griechen 19. und 25. Januar, Syrer 1. Januar, Georgier 23. August.
Darstellung: als schreibender Bischof, eine Taube auf seiner Schulter; auch mit Personifikationen von Weisheit und Keuschheit. Einer der meistdargestellten Heiligen der Ostkirchen.

Gregor von Nyssa (um 334–nach 394), Bischof, Kirchenvater und mit seinem älteren Bruder → Basilius dem Großen und seinem Freund → Gregor

dem Jüngeren von Nazianz einer der »drei → Kappadokier«.
Geboren in Caesarea Cappadociae (heute Kayseri, Türkei) als Sohn von → Basilius dem Älteren und dessen Gemahlin → Emmelia. Gregor studierte zuerst Rhetorik, widmete sich dann aber in dem von Basilius dem Großen am Schwarzen Meer gegründeten Kloster dem Studium der Theologie und der Askese und wurde 372 von Basilius dem Großen zum Bischof von Nyssa, einem kleinen Ort am Halys (heute Kızılırmak), etwa 150 km westlich von Kayseri, geweiht. 376 schickte man Gregor wegen angeblicher Unregelmäßigkeiten im Finanzwesen der Diözese ins Exil, holte ihn zwei Jahre darauf wieder zurück und ernannte ihn 380 zum Metropoliten von Sebaste (heute Sivas, Türkei). 381 setzte Gregor, ein heftiger Gegner des Arianismus, gemeinsam mit den beiden anderen »Kappadokiern« auf dem Konzil zu Konstantinopel die Lehre von der Wesensgleichheit von Vater, Sohn und Hl. Geist durch.
Festtag: 9. März, Ostkirchen: 10. Januar.
Darstellung: als Bischof mit Omophorion, Buch und Schreibfeder.

Gregor von Pfalzel, → Gregor von Utrecht.

Gregor der Theologe, → Gregor der Jüngere von Nazianz.

Gregor von Utrecht, Gregor von Pfalzel (um 707–776). Er stammte aus einer vornehmen fränkischen Familie. In dem Kloster Pfalzel (bei Trier), das seine Großmutter, die hl. → Adula von Pfalzel, gegründet hatte und als Äbtissin leitete, lernte er 722 → Bonifatius kennen, den er auf seinen Missionsreisen und 738/739 nach Rom begleitete. Später wurde Gregor Abt des Benediktinerklosters St. Martin in Utrecht (Niederlande), danach Administrator des Utrechter Bistums. In dieser Zeit leitete er auch ein Missionsseminar. Sein Haupt wird im Kirchenschatz der Abteikirche Susteren (bei Limburg, Niederlande) verwahrt.

Festtag: 25. August, in Trier: 26. August, in Utrecht: 8. November.

Darstellung: als Bischof, die Armen beschenkend.

Gregor der Wundertäter, Gregorios Thaumaturgos (um 213–270 oder 275), Bischof. Geboren in Neocaesarea am Schwarzen Meer (heute Niksar, Türkei). Als Vierzehnjähriger empfing der Sohn aus vornehmem nichtchristlichem Hause die Taufe und studierte einige Jahre darauf mit seinem Bruder Athenodoros in Caesarea Cappadociae (heute Kayseri, Türkei) Latein, Rhetorik und Rechtswissenschaften. Auf ihrer Reise durch das Heilige Land besuchten die jungen Männer 233 auch Caesarea Palaestinae (Caesarea ad mare; heute Israel), wo sie fünf Jahre lang bei dem großen christlichen Lehrer Origenes (185–254) Theologie, Philosophie und Naturwissenschaften studierten. Nach Rückkehr in seine Heimatstadt Neocaesarea wurde Gregor zum Bischof geweiht und bekehrte die Bewohner der Stadt und des ganzen Umlandes zum christlichen Glauben. Die althergebrachten heidnischen Feierlichkeiten verwandelte er in ebenso beliebte christliche Märtyrerfeste. Gregor hinterließ zahlreiche bedeutende Schriften, darunter die erste christliche Selbstbiographie.

Festtag: 17. November.

Darstellung: beim Vertreiben des Teufels aus Götzenbildern. Oft hält er einen Stab, der an eines seiner Wunder erinnert, als er unweit von Smyrna (heute Izmir, Westtürkei) mit seinem Bischofsstab einen über die Ufer getretenen Fluß in sein Bett zurückwies.

Grimoald, → Gondulf und Grimoald.

Gudula von Brüssel, Gudila, Guodila, Gudule, Engoule, Goëlen († 712), Patronin von Brüssel. Sie war die Tochter des Grafen → Witgar und seiner Gemahlin → Amalberga von Maubeuge, der Legende nach die Schwester der hll. → Reineldis und → Emebert. Ihre Patin → Gertrud von Nivelles sorgte für ihre gute Erziehung. Nach dem Tod des Vaters trat die inzwischen erwachsene Gudula mit Mutter und Schwester in das Benediktinerinnennkloster Maubeuge (Nordfrankreich) ein. Bald darauf, 653 oder 659, nachdem sie das Gelübde der Jungfräulichkeit abgelegt hatte, richtete sie im Dorf Moorsel (Südbrabant) nahe der dortigen Salvatorkirche eine Zelle ein, in der sie ein strenges Büßerinnenleben führte. Als man nach Gudulas Tod eines Tages ihr Grab schändete, exkommunizierte ihr Bruder Emebert, Bischof von Cambrai-Arras, die Grabschänder. 978 kamen die Gebeine der Heiligen nach Brüssel und ruhen seit 1047 in der dortigen Michaelskirche, der heutigen Gudulakirche (Ste-Gudule).

Festtag: 8. Januar.

Darstellung: in Nonnentracht oder in langem Mantel mit Kopftuch beim nächtlichen Gang zum Gebet, wobei ihr der Teufel die Kerze oder Laterne ausbläst; auf ihr Gebet hin leuchtet das Licht wieder auf bzw. zündet es ein Engel wieder an.

H

Hanno, → Anno von Köln.

Hedwig von Polen, Jadwiga (1374–1399), Königin von Polen. Hedwig, die jüngste Tochter Ludwigs I. des Großen, König von Ungarn und Polen aus dem französischen Adelshaus Anjou, wurde im Alter von vier Jahren mit Wilhelm von Habsburg verlobt. Nach dem Tod des Vaters 1382 wurde die Verlobung wieder gelöst und Hedwig 1384 als Jadwiga zur Königin von Polen gekrönt. Die polnischen Magnaten erkoren den litauischen Großfürsten Jogaila (poln. Jagiello) zu ihrem Ehemann, wodurch die beiden Staaten Polen und Litauen in Personalunion zu einer Großmacht verschmolzen, die mit der Schlacht bei Tannenberg 1410 schließlich den Niedergang des Deutschen Ordens herbeiführte. Jogaila beugte sich Hedwigs Bedingung, sich vor der Hochzeit taufen zu lassen. Auch für Litauen, das nicht einmal der Deutsche Orden zu missionieren vermocht hatte, wurde das Christentum zur Staatsreligion bestimmt. Nach der Hochzeit bestieg Großfürst Jogaila 1386 in Krakau als Wladyslaw II. Jagiello den polnischen Königsthron. Die somit begründete Dynastie der Jagiellonen herrschte bis 1572 über Polen und Litauen, zeitweise auch über Böhmen und Ungarn. Hedwig stiftete zahlreiche Kirchen und führte die Volkssprache in die Liturgie ein. 1397 setzte sie bei Papst Bonifatius IX. die Einrichtung einer theologischen Fakultät an der 1364 gegründeten Universität Krakau durch. Sie sorgte unermüdlich für die Armen und Bedrängten des Landes, weshalb sie das Volk verehrte. Hedwig starb, erst 25 Jahre alt, und wurde im Krakauer Dom auf dem Wawel beigesetzt. Papst Johannes Paul II. erklärte 1974, als er noch Erzbischof Karol Wojtyla von Krakau war, die öffentliche Verehrung der jungen Königin für legitim. 1979 überbrachte Papst Johannes Paul II. der Diözese Krakau das Dekret der Ritenkongregation, wonach die selige Hedwig in den liturgischen Kalender der Diözese aufgenommen wurde. Am 8. Juni 1997 sprach der Papst die »gute Königin« heilig.

Festtag: 17. Juli.

Darstellung: als junge Königin, auf dem Mantel die Anjou-Lilien, gelegentlich vor dem Kreuz oder der Madonna kniend.

Hedwig von Schlesien, Hedwig von Andechs, Hedwig die Heilige (1174–1243), Herzogin von Schlesien. Patronin von Schlesien, Breslau, Trebnitz, Berlin, Polen und Krakau; Patronin der Brautleute und der Heimatvertriebenen.

Die Tante der hl. → Elisabeth von Thüringen wurde auf Schloß Andechs am Ammersee (Oberbayern) als Tochter des Grafen Berthold IV. von Meran aus dem Geschlecht der Grafen von

Andechs geboren. Sie wurde im Kloster Kitzingen erzogen und 1186 mit Herzog Heinrich I. dem Bärtigen (1167/1174–1238) von Schlesien vermählt, dem sie sieben Kinder schenkte. Herzogin Hedwig unterstützte ihren Gatten vor allem in seinen Bemühungen, den christlichen Glauben der schlesischen Bevölkerung zu vertiefen, das kulturelle Niveau des Landes zu heben und Siedler nach Schlesien zu holen. Sie rief mehrere Orden nach Schlesien, förderte sie nach Kräften und stiftete das Zisterzienserinnenkloster Trebnitz (nördlich von Breslau). Schon vor dem Tod ihres Mannes 1238 hatte sich Hedwig in dieses Kloster zurückgezogen, in dem sie am 15. Oktober 1243 als Nonne starb. 1267 wurde Hedwig von Schlesien von Papst Klemens IV. heiliggesprochen. Ihre Begräbnisstätte im Kloster Trebnitz ist noch heute ein vielbesuchter Wallfahrtsort. Reliquien der Heiligen kamen schon früh in das Kloster Andechs, das heutige Wallfahrtsziel schlesischer Katholiken. Nach der hl. Hedwig benannt sind die mittelalterlichen»Hedwigsgläser«, die im Tiefschnitt stilisierte Tiere, meist Löwen oder Greifen zeigen. Sie erinnern an die Legende, nach der Hedwig stets Wasser statt Wein trank; als ihr Gemahl einmal unerwartet ihr Glas ergriff, um daraus zu trinken, hatte sich das Wasser in Wein verwandelt.
Festtag: 16. Oktober, in Görlitz am 25. August (Translation 1267).
Darstellung: als Herzogin mit Kirchenmodell (Stiftung von Trebnitz), als Zisterzienserin mit Herzogskrone; betend vor einem Kruzifix; oft barfuß, ihre Schuhe in der Hand tragend.

Heilige Drei Könige, → Drei Heilige Könige.

Heimeran, Heimhram, → Emmeram von Regensburg.

Heinrich II. (6.5.973 – 13.7.1024), Kaiser. Geboren in Hildesheim (?) als Sohn Heinrichs II. von Bayern, des Zänkers, und erzogen vom hl. → Wolfgang von Regensburg. 995 folgte er seinem verstorbenen Vater auf dem Herzogsthron, 1002 wurde er zum deutschen König gewählt und gemeinsam mit seiner Gemahlin → Kunigunde von Erzbischof → Willigis in Mainz gekrönt. In zahlreichen kriegerischen Auseinandersetzungen gelang es ihm, das zerbrechende Frankenreich, das Heilige Römische Reich, wiederherzustellen. 1014 erhielt er, wiederum mit Kunigunde, in Rom von Papst Benedikt VIII. die Kaiserkrone. Er starb in Grona bei Göttingen (heute Ortsteil Grone) und wurde im Bamberger Dom beigesetzt. Seine großzügigen Stiftungen für die Kirche (u.a. Bistum Bamberg, 1007), seine Kriegszüge für Papst Benedikt und seine tiefe Frömmigkeit führten 1146 zu seiner Heiligsprechung durch Papst Eugen III.
Festtag: 13. Juli.
Darstellung: in prächtigem Gewand, mit Krone, Zepter, oft ein Kirchenmodell (Stiftung des Bamberger Doms) haltend, meistens gemeinsam mit seiner Gemahlin Kunigunde.

Helena (um 257 – um 336), römische Kaiserin, Mutter Kaiser → Konstantins des Großen, Patronin von Frankfurt am Main und Pesaro (Italien), des Erzbistums Bamberg, der Bistümer Trier und Basel, Patronin der Färber und Nadler (Nadelhersteller), der Bergleute und Schatzgräber, Helferin gegen Blitz und Feuer, Aufdeckung von Diebstählen und Auffindung verlorener Gegenstände.

Die heilige Helena
(Kirche St. Helena, Ulten)

Helena wurde in Depranum, einem Dorf in Bithynien (Nordwesttürkei), vermutlich als Tochter eines Schankwirts, geboren. Sie könnte auch aus Trier stammen, wo sie – wie eine andere Legende berichtet – als Dienstmagd beschäftigt war. Seit 275 lebte sie mit dem römischen Offizier Constantius Chlorus im Konkubinat und gebar ihm um 280 einen Sohn, den sie Konstantin nannte. Constantius stammte aus einer vornehmen Familie, seine Mutter war eine Nichte des Kaisers Claudius II., sein Vater ein einflußreicher Dardaner (Illyrer). Nach schnellem Aufstieg wurde Constantius Heerführer und er-

hielt 293 sogar den Purpur des Kaisers. Nun mußte er sich von Helena wegen ihrer einfachen Herkunft trennen, der dreizehnjährige Konstantin kam zur weiteren Erziehung an den Hof des Kaisers Diokletian. Als der junge Konstantin 306 vom Heer zum Kaiser ausgerufen wurde, nahm er seine Mutter Helena zu sich, 312 ließ sie sich taufen. 325 erhob Konstantin seine Mutter zur »Augusta«, zur Kaiserin, nachdem er seit 324 Alleinherrscher über das Römische Reich geworden war; ihr Bild schmückte fortan die Münzen des Reiches. Helena ließ Spitäler und Hospize für Alte und Kranke bauen, stiftete Kirchen und Klöster (Eleonakirche und Kreuzkloster in Jerusalem, Geburtskirche in Bethlehem, Apostelkirche (jetzt Fatih-Moschee) in Konstantinopel. S. Croce in Rom sowie Kirchen in Köln (St. Gereon?), Xanten und Bonn). Um 326 soll sie nach einer Legende aus dem 11./12. Jh. in Jerusalem das Kreuz Christi, das Gewand, das Christus auf dem Weg nach Golgatha getragen hatte, und die Gebeine des Apostels → Matthias wiedergefunden haben. Das nahtlose Gewand und die Gebeine schenkte sie dem Bischof → Agritius von Trier; der »Heilige Rock«, zuletzt 1959 und 1996 gezeigt, befindet sich im Trierer Dom, die Reliquien des Apostels verwahrt die Kirche des Benediktinerklosters St. Matthias in Trier. Helena starb um das Jahr 336 in Nikomedia (heute Izmit, Türkei). Reliquien der hl. Helena befinden sich u.a. in Rom (S. Maria in Aracoeli auf dem Capitol), in Trier und in der Abtei Hautvilliers (Champagne, Frankreich).

Festtag: 18. August, Ostkirchen: 21. Mai.

Darstellung: mit Kaiserkrone und Kirchenmodell, mit Kreuz und Nägeln (symbolisieren die Wiederauffindung des Kreuzes Christi).

Helena, → Olga.

Heraklas von Alexandria († 248), Bischof. Er war in Alexandria Schüler des Ammonios Sakkas, der um 200 n. Chr. den Neuplatonismus der griechischen Philosophie begründet hatte. Anschließend besuchte Heraklas die berühmte Katechetenschule des Origenes, unter dessen Einfluß er sich taufen ließ. 215 stellte Origenes seinen besten Schüler als Lehrer für die Katechumenen ein. Als Origenes 231 nach Caesarea (Palästina) ging, bestimmte er Heraklas zum Leiter seiner Schule. 232 wurde Heraklas Bischof von Alexandria und bestätigte als solcher die Exkommunikation seines Förderers Origenes.
Festtag: 14. Juli.

Herasmus, → Erasmus.

Heribert von Köln, Herbart von Köln (um 970–1021), Erzbischof, Patron von Deutz, Wetterpatron (für Regen).
Als Sohn des Grafen Hugo von Worms besuchte er die dortige Domschule und anschließend die Schule des Klosters Gorze (Lothringen). Kaum zwanzig Jahre alt, wurde der intelligente junge Mann Dompropst in Worms. 994 ernannte ihn Kaiser Otto III. zum Kanzler von Italien. 995 erhielt er die Priesterweihe und wurde 998 auch Kanzler von Deutschland. 999 bestätigten Papst und Kaiser die Wahl Heriberts zum Erzbischof von Köln. Als Otto III. um 1000 in Aachen das Grab Karls des Großen öffnete, war sein Freund und Berater Heribert von Köln dabei. Er war auch dabei, als der Kaiser 1002 in Paterno (Provinz Viterbo) starb. Unter

schweren Kämpfen gelang es ihm, mit Hilfe der kaiserlichen Garde den Leichnam des Kaisers und die Reichsinsignien nach Aachen zu bringen. In Aachen aber wartete bereits Heinrich von Bayern auf ihn, um ihn zur Herausgabe der hl. Lanze zu zwingen (diese hl. Lanze, Teil der Reichsinsignien, befindet sich heute in Wien). Nach der Beisetzung Ottos III. in Aachen gab Heribert das Kanzleramt ab. Heribert von Köln starb in der von ihm 1002 gegründeten Benediktinerabtei Deutz (heute Köln, rechtsrheinisch) und wurde in der Abteikirche bestattet. Über seine Kanonisation existiert keine Urkunde, man nimmt aber an, daß er zwischen 1046 und 1048 heiliggesprochen wurde.
Festtag: 16. März, in Köln: 30. August (Übertragung der Gebeine).
Darstellung: als Erzbischof, der durch sein Gebet Regen herbeiführt.

Hermas von Philippopolis, Hermes († um 180), Bischof, Apostelschüler (→ Apostolische Väter). Der Schüler des Apostels → Paulus, erwähnt in dessen ›Brief an die Römer‹ (Röm 16, 14), war vermutlich Bischof von Philippopolis, der Hauptstadt der römischen Provinz Thrakien (heute Plowdiw, Bulgarien).
Festtag: 9. Mai, Ostkirchen: 8. März, 4. November.
Darstellung: als Bischof mit Schulterband und einem Stapel Schriften, gelegentlich zusammen mit anderen Schülern des Paulus.

Hermenegild, Ermengildo, Ermingild, Irmingild (550–585), westgotischer Königssohn.
Hermenegild stammte aus der ersten Ehe des Westgotenkönigs Leowigild (568–586) mit Theodosia. Um 579

ehelichte er Ingundis, die Tochter des Königs Sigibert I. von Austrien (Austrasien), dem Ostreich der Franken an Rhein und Maas. Ingundis war Katholikin und weigerte sich, den von Goesintha, der zweiten Gemahlin des Leowigild, geforderten Übertritt zum arianischen Glauben zu vollziehen. König Leowigild kümmerte sich weniger um Glaubensangelegenheiten, er akzeptierte Ingundis und übertrug seinem Sohn Hermenegild die Herrschaft über einen Teil der Provinz Baetica mit der Hauptstadt Sevilla. Mit Hilfe von Ingundis gelang es dem Erzbischof → Leander von Sevilla, Hermenegild zum katholischen Glauben zu bekehren. Goesintha war wütend, entzweite Vater und Sohn und stiftete ihren Gemahl schließlich sogar an, einen Kriegszug gegen Hermenegild durchzuführen. Mit einem Heer marschierte König Leowigild 584 nach Sevilla, eroberte die Stadt, ließ die katholischen Priester gefangennehmen und seinen Sohn im Kerker von Tarragona schmachten, in der Hoffnung, er kehre wieder zum arianischen Glauben zurück. Doch Hermenegild blieb Katholik und wurde am 13. April 585 mit der Begründung, er empöre sich gegen seinen arianischen Vater, in Tarragona enthauptet. Jesuiten verbreiteten den Kult des Hermenegild, den Papst Sixtus V. 1586 für Spanien und Papst Urban VIII. 1636 für die Gesamtkirche bestätigte.
Festtag: 13. April.
Darstellung: in königlichem Gewand mit Krone und Zepter, mit Ketten und anderen Marterwerkzeugen, mit einem Beil.

Hermes, → Hermas von Philippopolis.

Hermes von Rom, Ermete († 2. oder 3. Jh.), Märtyrer. Der legendäre Stadtpräfekt von Rom – die Liste der Präfekten enthält nicht seinen Namen – erlitt in einer Christenverfolgung in Rom gemeinsam mit Papst → Alexander I., → Quirinus von Neuss und → Balbina den Märtyrertod. Er wurde im Basilla-Coemeterium (Katakombe S. Ermete) beigesetzt. Papst → Damasus I. versah sein Grab mit einer Gedenkinschrift. Reliquien des Märtyrers kamen nach Salzburg.
Festtag: 28. August.
Darstellung: mit pelzbesetztem Mantel (Kleidung der Stadtpräfekten), eine Märtyrerkrone in der Hand; als junger Soldat mit dem Teufel an der Kette (Überwindung von Versuchungen).

Hieronymus, Sophronius Eusebius (um 347–419/420), einer der vier lateinischen → Kirchenväter, Kirchenlehrer. Patron von Dalmatien und von Lyon; Patron der Theologen, Gelehrten, Lehrer, Studenten, Schüler, Übersetzer und Asketen, der Universitäten und wissenschaftlichen Vereinigungen; Helfer bei Augenerkrankungen.
Hieronymus wurde im dalmatinischpannonischen Grenzort Stridon (heute Sdrin in Kroatien) geboren. Seine katholischen Eltern erzogen ihn im christlichen Glauben und schickten ihn 354 zum Studium nach Rom, wo er auch die Taufe empfing. Auf einer Reise durch Gallien lernte er in Trier das Klosterleben kennen. 373 gründete er in Aquileia (westlich von Triest) mit Freunden eine Klerikergemeinschaft, die aber bald zerbrach. Er pilgerte in das Heilige Land und trat in der Wüste von Chalkis unweit Aleppo (Nordsyrien) in ein Kloster ein, in dem er umfangreiche theologische Studien betrieb. 375 wurde Hieronymus in Antio-

Der heilige Hieronymus zieht dem Löwen den Dorn aus (Albrecht Dürer)

chia am Orontes (heute Antakya, Südosttürkei) Schüler des Theologen Apollinaris von Laodicea, der dort seine Lehre verbreitete, wonach Jesus keine menschliche Seele hatte. 379 weihte ihn der Bischof von Antiochia zum Priester. 380/381 war Hieronymus als Schüler von → Gregor dem Jüngeren von Nazianz in Konstantinopel. 382 nahm er an der von Papst → Damasus I. in Rom einberufenen Synode teil, die über verschiedene Häresien richtete. Papst Damasus bestellte Hieronymus zu seinem Sekretär, der in dieser Eigenschaft starken Einfluß auf die aszetischen Bestrebungen mehrerer Römerinnen ausübte, wie auf die Witwen → Marcella und → Paula von Rom sowie auf deren Tochter → Julia Eustochium. Nach Damasus' Tod 384 versuchte eine klerikale Partei, Hieronymus zum Nachfolger auf Petri Stuhl zu wählen, doch verhinderten dies seine Gegner, denen Hieronymus' Angriffe auf den verweltlichten Klerus mißfielen. 385 verließ Hieronymus enttäuscht Rom, reiste mit Paula und Julia Eustochium nach Palästina und Ägypten und ließ sich 386 in Bethlehem nieder, wo er mehrere Klöster gründete und deren Leitung übernahm. Hieronymus, der mit den Bischöfen des Landes in ständigem Streit lag, führte fortan ein zurückgezogenes Leben, das er fast ausschließlich seinen theologischen und philologischen Arbeiten widmete. Er verfaßte Bibelkommentare, dogmatische Streitschriften und die erste christliche Literaturgeschichte ›De viris illustribus‹. Sein Hauptwerk aber war die lateinische Bibelübersetzung ›Vulgata‹, die er 383 im Auftrag des Papstes Damasus mit der Revision der ›Itala‹ begann und bis zu seinem Tod nahezu abschloß. 1907–1979 wurde das Werk, das im

Laufe der Jahrhunderte zahlreiche Entstellungen erfahren hatte, kritisch überarbeitet und als ›Neo-Vulgata‹ für die Gesamtkirche als verbindlich erklärt, insbesondere für Übersetzungen in die Volkssprachen (Apostolische Konstitution ›Scripturarum thesaurus‹ vom 27. April 1979). Hieronymus starb in Bethlehem, seine Gebeine kamen im 13. Jh. in die Kirche S. Maria Maggiore in Rom.

Festtag: 30. September, in Basel am 1. Oktober, in Bamberg am 3. Oktober.

Darstellung: als alter Gelehrter (»Doctor Ecclesiae«), Bücher schreibend; als Eremit und Büßer in der Einöde mit Kruzifix und Totenkopf, Stern oder Geißel, einem Löwen einen Dorn aus der Pranke ziehend (symbolisch für: dem Irrtum den Stachel nehmend).

Hilaria († 304), Märtyrerin. Ihre Vita ist legendär. Danach war sie die Mutter der hl. → Afra. Nach der Ermordung ihres Gemahls, des Königs von Zypern, kam sie mit ihrer Tochter und drei Gefährtinnen über Rom nach Augsburg, wo sie ein Freudenhaus eröffnete. Bischof → Narcissus bekehrte sie; in den Augsburger Christenverfolgungen von 304 fand sie den Märtyrertod.

Festtag: 12. August.

Hilarius von Mainz (2. Jh.), Bischof, Märtyrer. Er wurde um 150 Bischof von Mainz und fiel den Christenverfolgungen unter Kaiser Antoninus Pius (138–161) zum Opfer. An der Stelle seines Wohnhauses entstand im 4. Jh. eine Kirche.

Festtag: 26. Februar.

Hilarius von Poitiers (um 310–367), Bischof, Kirchenlehrer, erster lateinischer Hymnendichter und größter

Dogmatiker vor → Augustinus. Patron von Poitiers, La Rochelle und Luçon.

Der vermutlich in Pictavium (heute Poitiers, Westfrankreich) geborene Hilarius stammte aus einer wohlhabenden und einflußreichen heidnischen Familie, die ihm eine gute Ausbildung angedeihen ließ. Er wurde im Geiste der neuplatonischen Philosophie erzogen. Wie man annimmt, war er dann im höheren Verwaltungsdienst tätig. 345 ließ er sich mit Frau und Tochter taufen, er wurde Priester und schon nach fünf Jahren vom Volk zum Bischof von Poitiers gewählt. Wohl um das Jahr 351 begegnete ihm → Martin von Tours, der sein Schüler wurde.

Gleich zu Beginn seiner Bischofszeit entwickelte sich der Arianismus, der zwar 325 auf dem 1. Ökumenischen Konzil in Nicäa verdammt worden war, aber vor allem bei den germanischen Völkern überdauerte, auch in Gallien zu einer immer stärkeren Kraft. Um die Mitte des 4. Jh. bildeten sich in Gallien zwei Parteien: Anführer der Arianer war Bischof Saturninus von Arles, der mit Hilfe des Kaisers Constantius II. und der Synode von Arles (353) den Arianismus durchzusetzen versuchte. Hauptgegner der Arianer war Bischof Hilarius, der noch im selben Jahr mit einer eigenen Synode die Beschlüsse von Arles revidierte. Aber Saturninus gab nicht auf und berief 356 eine weitere Synode nach Béziers ein, deren Ergebnis wiederum der Kaiser beeinflußte: Der Beschluß lautete, Bischof Hilarius nach Phrygien (heute Zentraltürkei) zu verbannen. Im kleinasiatischen Phrygien verfaßte Hilarius sein zwölfbändiges Werk ›De Trinitate‹ (Über die Dreifaltigkeit), mit dem er den Arianismus widerlegte. Hier im Osten versuchte er, eine Verständigung zwischen den arianischen und den katholischen Bischöfen zu erreichen. Dadurch galt er aber als »Unruhestifter« und wurde um 360 nach Poitiers zurückgeschickt. Bei der Rückkehr bereitete ihm die Bevölkerung von Poitiers einen triumphalen Empfang. Sofort ging er daran, Gallien endlich vom Arianismus zu befreien, was er 361 auf der Synode von Paris durch Absetzung seines Hauptgegners Saturninus erreichte. Auch in Oberitalien, wo die Arianer seit 355 die Oberhand erlangt hatten, versuchte er einzugreifen. Mit halbem Erfolg, denn die italienischen Bischöfe blieben arianisch, allerdings propagierten sie diese Lehre nicht mehr. Hilarius, der nüchtern kühl vorgehende, sehr aktive Seelenhirt, starb in Poitiers. Reliquien kamen nach Paris, Arras, Le Puy, Parma und im 5. Jh. auch in mehrere Städte des Oberrheins, wo man ihn noch heute verehrt. 1851 erhob Papst Pius IX. den hl. Hilarius, den St. Hilaire, zum Kirchenlehrer.

Festtag: 13. Januar.

Darstellung: als Bischof mit einem Buch, Schlangen zertretend oder einen Drachen (Arianismus) mit seinem Bischofsstab durchbohrend.

Hildegard von Bingen (1098–1179), Benediktinerin, Äbtissin, erste deutsche Mystikerin. Patronin der Sprachforscher, Esperantisten und Naturwissenschaftler.

Sie wurde vermutlich in Bermersheim bei Alzey (nahe Bingen am Rhein) als Tochter des Edlen Hildebert von Bermersheim geboren und im nahen Benediktinerinnenkloster Disibodenberg an der Nahe erzogen, wo sie 1114 Benediktinerin wurde. Nach dem Tod der Äbtissin, der sel. Jutta, übernahm sie 1136 die Leitung einer Gemeinschaft frommer Frauen. Zwischen 1147 und

1150 gründete sie auf dem Ruperts-berg (Bingerbrück) ein Kloster und 1165 in Eibingen bei Rüdesheim ein Tochterkloster dazu. Sie reiste nach Köln, Trier und auch nach Süddeutsch-land und Frankreich, war mit → Bern-hard von Clairvaux befreundet, hielt zahlreiche für das Volk und den Klerus unbequeme Predigten und wurde von zahlreichen Persönlichkeiten, darunter Kaiser Friedrich I. Barbarossa, mehre-ren Päpsten, Königen, Bischöfen und Ordensoberen, um Rat gefragt, was über 300 Briefe belegen. Schon von Kindheit an hatte Hildegard Visionen, die sie in ihren prophetischen Schrif-ten, Erstlingen der deutschen Mystik, beschrieb, z. B. ›Scivias‹ (lat. sci vias = Wisse die Wege). Sie gilt auch als Begründerin der wissenschaftlichen Naturgeschichte in Deutschland und ist noch heute durch ihre Volksheilkun-de weithin bekannt. Hildegard starb in ihrem Kloster Rupertsberg, ihre Reli-quien ruhen in der ehemaligen Kloster-kirche von Eibingen.

Festtag: 17. September.

Darstellung: als Äbtissin mit Stab, Buch und Schreibfeder.

Hippolyt von Rom († 235), Kirchen-schriftsteller, Gegenpapst, Märtyrer, Patron der Stadt und Diözese St. Pöl-ten (Niederösterreich), von St. Pilt (St-Hippolyte, Elsaß), Helfer bei Körper-schwäche.

Hippolyt stammte vermutlich aus Kleinasien und war ein Schüler des Kirchenlehrers → Irenäus von Lyon. Er stieg rasch auf und wurde Vertrauter des Papstes → Viktor I. Nach Viktors Tod bestieg → Zephyrinus den Papst-stuhl und wählte den ehemaligen Skla-ven → Calixtus (Kallistus) als Ratge-ber. Bald gerieten Hippolyt und Calix-tus in scharfen persönlichen Gegen-

satz. Als Calixtus 217 zum Papst ge-wählt wurde, ließ sich Hippolyt von seinen Anhängern zum Gegenpapst ausrufen, dem ersten Gegenpapst in der Kirchengeschichte. Auch als Calix-tus 222 starb, dauerte das Schisma un-ter den Folgepäpsten → Urban I. (222-230) und → Pontianus (230-235) an. Erst der Soldatenkaiser Maximinus Thrax (der »Thraker«) beendete es, in-dem er beide Päpste 235 kurzerhand nach Sardinien verbannte, wo sie in ei-nem Steinbruch Zwangsarbeit verrich-ten mußten. Hier söhnten sich Hippo-lyt und Pontianus aus, beide traten von ihren Ämtern zurück und starben – völlig entkräftet – innerhalb eines Jah-re. Papst → Fabianus (236-250) über-führte die Leichname 236 nach Rom, wo Hippolyt in dem nach ihm benann-ten Coemeterium an der Via Tiburtina, Pontianus in der Papstgruft der Calix-tuskatakombe feierlich beigesetzt wur-den. Die Christen verehrten beide Päp-ste schon im 4. Jh. als Märtyrer.

Festtag: 13. August (Überführung des Leichnams) und 22. August (Beiset-zung in Rom); Ostkirchen: 30. Januar.

Darstellung: als Gelehrter (Philosoph) auf einem Stuhl sitzend.

Hippolyt der Soldat, Pölt, Pilt († 258), Märtyrer, Patron der Stadt und Diözese St. Pölten (Niederösterreich), Patron von St. Pilt (St-Hippolyte, Elsaß), der Gefängniswärter und der Pferde. Die-ser Hippolyt ist mit großer Wahrschein-lichkeit eine legendarische Umwand-lung des historischen → Hippolyt von Rom. Danach war er römischer Soldat und Kerkermeister des hl. → Laurenti-us, der ihn zum Christentum bekehrte und taufte. Nach dem Martertod des Laurentius wurde auch Hippolyt ver-haftet, gefoltert und erlitt schließlich mit seiner Amme → Concordia (von

Rom) und 19 Hausgenossen das Martyrium. Der Kult um den Soldaten Hippolyt war seit dem späten Mittelalter bis zum heutigen Tag weiter verbreitet als die Verehrung des Papstes Hippolyt. *Festtag:* 13. August.
Darstellung: als römischer Soldat mit Fahne bzw. Lanze und Schild, das Martyrium (Vierteilen, von Pferden zu Tode schleifen, mit Hecheln zerfleischen); Attribute sind verschiedene Marterwerkzeuge (Knüppel, Hechel, Gurt und Stricke).

Hofbauer, Klemens Maria, → Klemens Maria Hofbauer.

Honoberthus, → Kunibert von Köln.

Honoratus von Amiens, Honoré (spätes 6. Jh.), Bischof, Patron der Bäcker. Die Vita des Zeitgenossen von Papst Pelagius II. (579 – 590) ist lückenhaft und legendär. Sie wird recht anschaulich auf dem prächtigen Portal des südlichen Querschiffs der Kathedrale von Amiens (Nordfrankreich) dargestellt, der größten Kathedrale Frankreichs (13. Jh.). Seine Gebeine ruhen in der Kirche St-Firmin zu Amiens. An den Heiligen erinnern in Paris eine nach ihm benannte Vorstadt, eine Straße und eine Kirche.
Festtag: 16. Mai.

Honoratus von Arles († 429/430), Bischof, Helfer bei zuviel Regen und sonstigem Unglück. Vermutlich stammt Honoratus aus einer vornehmen Trierer Konsulsfamilie. Um 410 ging er mit seinem Bruder Venantius auf eine Pilgerreise nach Griechenland. Schon in der Provence starb der Bruder, wonach sich Honoratus als Eremit in einer Höhle des Estérel-Gebirges bei Cannes niederließ. Später

gründete er auf einer der beiden Lerinischen Inseln, der heutigen Insel St-Honorat, ein Kloster, das sich bald zu einem bedeutenden kulturellen Zentrum entwickelte. Erst nach der Klostergründung empfing Honoratus die Priesterweihe, wurde Abt des Klosters und 427 zum Bischof von Arles (Südfrankreich) bestellt. Seine Gebeine wurden 1788 zur Kathedrale von Grasse (nordwestlich von Cannes) überführt, wo man sie seither als die des »hl. Transitus« (lat. transitus = der Übergesiedelte) verehrt.
Festtag: 16. Januar.

Honoré, → Honoratus von Amiens.

Hrabanus Maurus, Rhabanus Maurus (780–856), Erzbischof. Seine Erziehung erhielt der in Mainz geborene Hrabanus in der Klosterschule Fulda. Dort trat er auch in den Benediktinerorden ein und ging zu weiterem Studium nach Tours (an der Loire), wo er Schüler des großen angelsächsischen Theologen Alkuin (um 730–804) wurde. Alkuin, der → Benedikt von Nursia sehr verehrte, gab wie dieser seinem Lieblingsschüler den Beinamen »Maurus« (der Afrikaner). 803 kehrte Hrabanus Maurus nach Fulda zurück, um die Leitung der Klosterschule zu übernehmen, die er zu einer der besten Schulen des Landes formte. 814 erhielt er die Priesterweihe und wurde 822 Abt von Fulda. Wegen seiner Parteinahme im Erbfolgestreit zwischen Ludwig dem Deutschen und Lothar I. trat er 842 als Abt zurück, söhnte sich aber bald darauf mit König Ludwig dem Deutschen wieder aus und wurde 847 Erzbischof von Mainz, seiner Geburtsstadt, in der er auch starb und beigesetzt wurde. 1515 kamen seine Gebeine nach Halle.

Hrabanus führte die erfolgreichen Lehrmethoden Alkuins in Ostfranken ein und galt bald als der bedeutendste Lehrer Deutschlands, als »Praeceptor Germaniae«. Sein literarisches Schaffen ist außerordentlich umfangreich und umfassend, es betrifft theologische wie naturwissenschaftliche Themen, Schul- und Lehrbücher, Enzyklopädien, Heiligenviten, Hymnen und Gedichte. Zu seinen wichtigsten Werken zählen ›De institutione clericorum (Über die Unterweisung der Kleriker), ›De rerum naturis‹ (Über die Natur der Dinge, eine 22bändige Realenzyklopädie) und ›Liber sanctae crucis‹ (Buch über das hl. Kreuz).
Festtag: 4. Februar.
Darstellung: als Abt oder Bischof, meist mit dem Schriftband »Veni Creator Spiritus«, das an sein weithin bekanntes Pfingstlied »Komm, Schöpfer Geist« erinnert.

Hrodbert, → Rupert von Salzburg.

Hubert von Maastricht und Lüttich, Hubertus (um 655–727), Bischof, »Apostel der Ardennen«, einer der → Nothelfer und einer der vier heiligen → Marschälle; Patron des Bistums Lüttich und des Herzogtums Jülich sowie der Ardennen; Patron der Jäger, Förster und Schützenvereinigungen, der Büchsen- und Schellenmacher, Metallarbeiter, Gießer, Mathematiker, Optiker, Drechsler, Metzger und Kürschner; der Jagdhunde; Helfer bei Hundebiß, Tollwut, Schlangenbiß, Wasserscheu.
Er stammte aus vornehmer fränkischer Familie, war vielleicht gar der Sohn des Herzogs von Aquitanien (Südwestfrankreich). Verwandt war er ziemlich sicher mit dem Hausmeier des Frankenreiches, Pippin II. dem Mittleren

(um 635–714). Als junger Mann kam Hubert nach Paris an den Hof des Frankenkönigs Theuderich III. (673–691), der ihn zum Pfalzgrafen ernannte. Als er mit Ebroin, dem Hausmeier der fränkischen Teilreiche Neustrien und Burgund, in schweren Streit geriet, floh er zu Pippin, der in Metz residierte und ihm das Amt des Oberhofmeisters anvertraute. Huberts Gemahlin Floribana, eine Tochter des Grafen von Löwen, gebar ihm Floribert (→ Floribert von Lüttich). Am Hof Pippins lernte Hubert Bischof → Lambert von Maastricht kennen, der ihn in die Schriften der Christenheit einführte. Als 695 seine Frau starb, zog sich Hubert in die Waldeinsamkeit der Ardennen zurück. 702/703 unternahm er eine Wallfahrt nach Rom. Um 706 wurde er Bischof von Maastricht und verlegte 717 den Sitz des Bistums nach Lüttich, wo sein Lehrer Lambert das Martyrium erlitten hatte. Hier baute er die Kathedrale von Lüttich, die Lamberts Gebeine aufnahm. Hubert missionierte in den Ardennen und erbaute dort zahlreiche Kirchen. Er starb am 30. Mai 727 in Tervueren bei Brüssel an einer ihm versehentlich zugefügten Verletzung beim Fischfang. Seine Gebeine wurden am 3. November 743 erhoben, 825 kamen sie in das Benediktinerkloster Andage in den Ardennen (heute St-Hubert-en-Ardennes); sie verschwanden jedoch in den Wirren der Reformation. Mit dem Patronat der Jäger hängt eine Legende zusammen, nach der Hubert an einem Karfreitag auf der Pirsch einen Hirsch sah, zwischen dessen Geweihenden ein Kreuz leuchtete (diese Begebenheit ist vermutlich aus der Legende des hl. → Eustachius auf ihn übertragen worden). Ein Jäger im eigentlichen Sinne war der Heilige aber nie gewesen, allerdings machte er

»Jagd« auf all diejenigen Christen, die in den Ardennen noch heidnische Bräuche pflegten. So was es in alter Zeit für jeden Jäger guter Brauch, die jeweils erste Beute eines Jagdtages der Göttin Diana zu opfern. Nach Hubertus' Tod aber weihten die Jäger ihre Erstbeute dem heiligen Bischof. Und heute weihen sie ihrem St. Hubertus einen »Eichenbruch«, einen Eichenzweig mit Blättern und Eicheln, mit dem sie das erlegte Wild schmücken. An seinem Festtag, dem 3. November, findet die Hubertusjagd statt, die erste Jagd der Saison. Noch immer weiht man mancherorts am Hubertustag Brot, Salz und Wasser nach altem Brauch, um nach deren Genuß gegen Hundebisse gefeit zu sein.

Festtag: 3. November (Erhebung der Gebeine).

Darstellung: als Jäger, der einen Hirsch mit leuchtendem Kreuz im Geweih sieht; als Bischof mit einem Buch, das einen Hirschkopf zeigt.

Hugo von Bonnevaux (um 1120–1194), Abt, Patron der Diözese Valence (Südostfrankreich). Der aus adligem Geschlecht stammende Hugo wurde in Châteauneuf-les-Bains (Auvergne) geboren. Der Neffe des hl. → Hugo von Grenoble trat 1138 als Mönch in das Zisterzienserkloster Mézières (bei Beaune, Ostfrankreich) ein. Vor 1162 wurde er Abt des Klosters Léoncel, 1166 des Klosters Bonnevaux (beide bei Vienne, Südostfrankreich). In die Geschichte ging er vor allem wegen seiner Vermittlung im Streit zwischen Kaiser Friedrich I. (Barbarossa) und Papst Alexander III. ein, womit er den Friedensvertrag von Venedig ermöglichte. Pius X. bestätigte 1903 den Kult.

Festtag: 1. April.

Hugo von Cluny (1024–1109), Erzabt von Cluny, Helfer bei Fieber. Hugo, Sohn des burgundischen Grafen Dalmatius von Semur bei Dijon (Ostfrankreich), trat 1039, erst 14 Jahre alt, in das schon berühmte Kloster Cluny (Ostfrankreich) ein, der »Mutter westlicher Zivilisation«. Abt dieses Klosters war → Odilo, einer der großen Reformer des katholischen Mönchtums. 1044 erhielt Hugo die Priesterweihe und wurde bald darauf zum Großprior bestellt. 1049 schließlich wurde er 6. Abt von Cluny. In den folgenden 60 Jahren seines Wirkens erneuerte Hugo die Kirche nach ihrem Niedergang in der spätkarolingischen Zeit und führte das Kloster zum Gipfel der seit dem 10. Jh. wirkenden »Cluniazensischen Reform«, der bedeutendsten monastischen Erneuerungsbewegung des Mittelalters. Er reiste durch Deutschland, Ungarn, Spanien und Italien, wo inzwischen über 2 000 Klöster von Cluny aus gegründet worden waren bzw. sich der Reformbewegung angeschlossen hatten. Er schuf die »Kongregation von Cluny«, den Zusammenschluß aller Reformklöster im Orden der Cluniazenser, unabhängig von Bischöfen und weltlichen Herren, nur dem »Erzabt« von Cluny unterstellt, der wiederum allein dem Papst Gehorsam entgegenbrachte. 1068 ließ Hugo vom Abt Bernhard von St-Victor das cluniazensische Gewohnheitsrecht (Consuetudines) aufzeichnen und in die Ordensverfassung aufnehmen. Alle Päpste seiner Zeit – vor allem Gregor VII. (1073–1085) – schätzten den Rat des hochintelligenten, tatkräftigen und gütigen Erzabtes. Auch mit den deutschen Königen Heinrich III. und Heinrich IV. verband ihn eine tiefe Freundschaft. 1077 gelang es ihm, im Investiturstreit zwischen dem deutschen König Heinrich IV. und Papst Gregor VII. zu vermitteln (»Gang nach Canossa«). Hugo ließ ab 1089 die riesige Abteikirche, die dritte in der Geschichte des Klosters Cluny und damals mit rund 180 m längste Kirche der Welt, erbauen. In den Hugenottenkriegen (16. Jh.) wurden die Reliquien des hl. Hugo verstreut, einen Arm hütet die Kirche von Marcigny an der oberen Loire. Die Abteikirche fiel der Französischen Revolution zum Opfer, doch ihre gewaltige Ruine beeindruckt noch heute. 1121 sprach Papst Kalixtus II. Hugo von Cluny heilig.

Festtag: 28. April. Verehrt wird der Heilige vor allem innerhalb des Benediktinerordens und in der Diözese Autun (östliches Mittelfrankreich).

Darstellung: als Abt mit schwarzer Kutte und Stab, im Meßgewand mit Buch.

Hugo von Grenoble (1053–1132), Bischof, Patron von Grenoble. Der in Chateauneuf-d'Isère bei Valence (Südostfrankreich) geborene Hugo war Kanoniker, bevor ihn Papst → Gregor VII. 1080 zum Bischof von Grenoble weihte. Er setzte sich mit Eifer für die Reformideen Gregors ein, der die Priesterehe und die Simonie verurteilte, zog sich aber 1082 vor den heftigen Widerständen in der damaligen Kirche in die Einsamkeit des Benediktinerklosters Chaise-Dieu (bei Le Puy, Mittelfrankreich) zurück. Papst Gregor befahl ihm jedoch, wieder auf seinen Bischofsstuhl zurückzukehren. 1084 wies Hugo → Bruno von Köln (Bruno der Kartäuser) den Ort zu, an dem dieser in der Bergwildnis zwischen Chambéry und Grenoble ein Kloster gründen konnte. Dieses Kloster »La Grande Chartreuse« wurde zum Stammkloster des Kartäuserordens. Bischof Hugo unterstützte Bruno, sein Kloster und den neuen Orden nach Kräften. Sein Grab fand der Bischof in der Kathedrale von Grenoble. Schon zwei Jahre nach seinem Tod, 1134, sprach Papst Anaklet II. Hugo von Grenoble heilig.

Festtag: 1. April.

Darstellung: als Kartäuser, als Bischof mit einem Schwan, der die Liebe zur Einsamkeit versinnbildlicht, mit einer Laterne, mit sieben Sternen, die Hugos Vision von der Ankunft des hl. Bruno mit seinen sechs Gefährten symbolisieren.

Hymnemodus, Hynnemond († 516), Abt. Der vermutlich aus Burgund stammende Hymnemodus war Mönch im Kloster Grave (Vienne bei Lyon, Frankreich), als ihn König → Sigismund von Burgund als Abt in das vom König gestiftete Kloster St-Maurice (Wallis, Schweiz) bestellte. Hier, am Grabe der Märtyrer der → Thebäischen Legion, verwandelte Hymnemodus die dort seit langem bestehende Eremitengemeinschaft in eine Klostergemeinschaft. Der König ließ die notwendigen Gebäude errichten und stattete das Kloster mit reichlich Landbesitz aus, Hymnemodus gab der Gemeinschaft eine eigene Regel. Aber schon nach sieben Monaten starb Hymnemodus, sein Nachfolger → Ambrosius von St-Maurice vollendete das Gründungswerk. Seit 1128 ist das Kloster St-Maurice ein Augustiner-Chorherrenstift und entwickelte sich im 17. und 18. Jh. zu einer berühmten Wallfahrtsstätte.

Festtag: 3. Januar.

I

Ida, → Iduberga von Nivelles.

Iduberga von Nivelles, Ida, Ita, Itta († 652). Die Tochter eines Herzogs aus Aquitanien (Südwestfrankreich) war die Gemahlin Pippins I. des Älteren, des Hausmeiers (Kanzlers) von König Dagobert I. Engster Freund des Hauses und Mitregent Pippins war der Bischof → Arnulf von Metz. Dessen Sohn Ansegisel heiratete Idubergas Tochter Begga. Pippin und Arnulf gelten als Ahnherren der Karolingerdynastie, deren bedeutendster Herrscher Karl der Große war. Iduberga stiftete das Nonnenkloster Nivelles südlich von Brüssel, in dem ihre zweite Tochter → Gertrud Äbtissin wurde. Nach dem Tode Pippins im Jahre 640 trat sie als Nonne in das Kloster ein.
Festtag: 8. Mai.

Ignatius, Ignatios (um 798–877), Patriarch von Konstantinopel. Ignatius' Vater, der byzantinische Kaiser Michael I. Rhangabe, hatte 813 die Schlacht bei Adrianopel (heute Edirne, Türkei) gegen die Bulgaren verloren, weshalb ihn der byzantinische Heerführer Leo V. der Armenier stürzte und sich zum neuen Kaiser erhob. Leo schickte den abgesetzten Kaiser mit seinem Sohn Ignatius, den er entmannen ließ, in die Verbannung auf die Insel Pronti (heute die Prinzeninsel Kınalı) im Marmarameer, wo die beiden bis zum Tod des Vaters 845 als Mönche lebten. Ignatius

gründete in dieser Zeit drei Klöster (auf den Marmarameerinseln Pronti (Kınalı), Prinkipio (Büyük Ada) und Terebinthos (Tavşan)), wurde Abt und förderte die Bilderverehrung. 847 berief ihn Kaiserin Theodora, die für ihren unmündigen Sohn Michael III. regierte, zum Patriarchen von Konstantinopel, wo er mit unerbittlicher Strenge gegen die Ikonoklasten (Bilderstürmer) vorging. Doch diese fanden Unterstützung bei Papst Leo IV. Ignatius dankte 858 ab und wurde auf die Insel Terebinthos verbannt. Sein Nachfolger als Patriarch wurde Photios, der Führer der Ikonoklasten, doch setzte ihn Kaiser Basileios I. 867 ab und Ignatius wieder ein. Das Konzil von Konstantinopel (869/870) und Papst Hadrian II. bestätigten die Wiedereinsetzung. Im Laufe der Zeit ebbte der Bilderstreit ab, Ignatius und Photios versöhnten sich, nach Ignatius' Tod war es Photios, der seinen langjährigen Widersacher heiligsprach.
Festtag der griechisch-orthodoxen Kirche: 23. Oktober.

Ignatius von Antiochia († 117), Bischof, Märtyrer, Kanonheiliger, Apostelschüler (→ Apostolische Väter); Helfer bei Halsschmerzen.
Schon früh führte Ignatius den Beinamen »Theophorus« (= der Gottesträger, der Gott in seinem Herzen trägt). Der Schüler des Apostels → Johannes wurde um das Jahr 68 nach → Petrus

und Evodius zum dritten Bischof von Antiochia geweiht. Antiochia am Orontes (heute Antakya, Südosttürkei) war damals die drittgrößte Stadt des Römischen Reiches (nach Rom und Alexandria) mit der ersten und größten heidenchristlichen Gemeinde überhaupt. Unter Kaiser Trajan (98–117) wurde Bischof Ignatius gefangengenommen und nach Rom gebracht. Zwar fanden in dieser Zeit keine größeren Christenverfolgungen statt, doch blieb das Christentum eine unerlaubte Religion, und seine Anhänger galten als Feinde des Imperium Romanum. Auf seiner Zwangsreise nach Rom schrieb Ignatius sieben berühmte Briefe, vier aus Smyrna (heute Izmir, Türkei) an die Christengemeinden von Ephesus, Magnesia und Tralles (alle in Kleinasien, heute Türkei) sowie von Rom, drei aus der Troas an die Gemeinden von Philadelphia (heute Alaşehir, Türkei) und Smyrna sowie an Bischof → Polykarp von Smyrna. Darin mahnte er die Gemeinden, allen Irrlehren energisch entgegenzutreten und die Einheit der Kirche zu wahren. In Rom erlitt Ignatius dann das Martyrium: mit seinen engsten Mitarbeitern ließ man ihn im vollbesetzten Kolosseum, dem größten Amphitheater der antiken Welt, von Löwen zerfleischen. Seine Gebeine kehrten nach Antiochia zurück, sie kamen bei einem Einfall der Perser im 6./7. Jh. wieder nach Rom, wo sie seitdem in der Kirche S. Clemente Verehrung finden. Reliquien des Heiligen gelangten nach Neapel, Sizilien, Frankreich, Belgien und auch nach Deutschland. Sein Haupt hütet die Ignatiuskapelle der Kirche Il Gesù in Rom, der Hauptkirche der Jesuiten. Nach einer Legende schnitten Heiden das Herz aus Ignatius' Leichnam und entdeckten darauf in goldener Schrift das Wort »Jesus« und das Christusmonogramm »IHS« (Iesus hominum salvator = Jesus der Menschen Retter).
Festtag: 17. Oktober, Ostkirchen: 20. Dezember; im Osten wird der Heilige als einer der »Väter der Orthodoxie« (Rechtgläubigkeit) verehrt.
Darstellung: als alter Bischof mit weißem Bart, oft mit einem Löwen zu seinen Füßen.

Ignatius von Loyola, Íñigo López de Loyola (1491–1556), Gründer des Jesuitenordens, Patron der Jesuiten, der geistlichen Übungen und Exerzitienhäuser (seit 1922), der Soldaten, Kinder und Schwangeren, Helfer bei schweren Geburten, bei Fieber und bei Gewissensbissen, Helfer bei Viehkrankheiten, gegen Pest, Dämonen und Zauberei.
Ignatius wurde auf Schloß Loyola bei Azpéitia (südwestlich von San Sebastian, Nordspanien) als letztes von dreizehn Kindern eines Adligen aus dem baskischen Geschlecht der Oñaz y Loyola geboren. Sein Taufname war Íñigo nach dem Heiligen → Enneco. 1506–1517 erhielt er eine erstklassige Erziehung bei Don Juan Velázquez de Cuellar, dem Großschatzmeister der Königin Isabella von Kastilien. 1518–1521 diente Íñigo als Offizier in der Truppe des Vizekönigs von Navarra und genoß – wie Zeitgenossen berichteten – alle Freiheiten, die sich ein heißblütiger junger Mann erträumen mochte, wie »Raufhändel, Frauengeschichten und tollkühne Waffentaten. Er war versucht und besiegt vom Laster des Fleisches.« 1521 wurde er bei der Verteidigung von Pamplona gegen die Franzosen durch eine Kanonenkugel am Bein schwer verwundet. Monatelang mußte er im elterlichen Schloß das Bett hüten. Er las alles, was er be-

kommen konnte, derbe Ritterromane und schlüpfrige Liebesromanzen, bis er – als alles andere gelesen war – die ›Vita Christi‹ (›Leben Jesu‹) des Kartäusers Ludolph von Sachsen und die ›Legenda sanctorum‹ (›Heiligenlegende‹) des Dominikaners Jacobus a Voragine in die Hand bekam. Diese beiden Bücher veränderten sein Leben vollkommen.

Sofort nach seiner Genesung 1522 besuchte er die »Schwarze Madonna« in dem Benediktinerkloster Nuestra Señora de Montserrat (nordwestlich von Barcelona) und ließ sich fast ein Jahr lang in der nahen Waldeinsamkeit von Manresa als Eremit nieder. Dieses Jahr der Seelenqualen und der Askese brachte ihm die innere Wandlung. Hier sah er in einer Vision die Heilige Dreifaltigkeit, hier schrieb er seine ›Exercitia spiritualia‹ (›Geistliche Übungen‹), sein berühmtes Exerzitienbuch. 1523–1524 zog er bettelnd durch Frankreich und Italien ins Heilige Land. Doch dort verstand niemand seine Sprache, so daß er nach Spanien zurückkehrte und auf der Lateinschule von Barcelona Latein lernte. 1526 und 1527 nahm ihn die Inquisition in Alcalá und Salamanca wegen unbefugter Predigttätigkeit und häretischer Reden ins Verhör, verzichtete jedoch auf die Bestrafung des Mitglieds einer hochangesehenen Familie. 1528–1535 studierte Íñigo in Paris u.a. Theologie und Philosophie. Hier nannte er sich erstmals Ignatius von Loyola, und hier legten er und sechs seiner Kommilitonen, darunter → Franz Xaver und der selige Petrus Faber, am 15. August 1534 in der Marienkapelle des Montmartre das Gelübde der Armut und der Keuschheit, des Dienstes an Gott und für die Seelen ab. Sie wollten im Heiligen Land den »Ungläubigen« (Moslems)

predigen oder, wenn dieses nicht ausführbar wäre, sich dem Papst zur Verfügung stellen. 1536 schlossen Ignatius und seine Gefährten ihr Studium in Venedig ab und empfingen 1537 die Priesterweihe. Anschließend zogen sie nach Rom. Sie nannten ihre Gemeinschaft »Societas Jesu« (SJ; Gesellschaft Jesu, Jesuiten) und stellten sie, da in Palästina Sultan Süleyman II. der Prächtige keine Missionen erlaubte, dem Papst zur Verfügung. Schon 1540 erhielt der neue Orden von Papst Paul III. die päpstliche Bestätigung. Die Gefährten wählten Ignatius 1541 zum Generaloberen des Ordens und legten als erste Professen ihre Ordensgelübde ab. Der Jesuitenorden breitete sich schnell über ganz Europa aus und gründete Missionsstationen in Indien (1542), Japan (1549), China (1563), in den portugiesischen Kolonien in Afrika (1547), Südamerika (1549) und Kanada (1611). 1544–1550 arbeitete Ignatius die ›Konstitutionen‹ (Ordensstatuten) aus. Erste Kollegien entstanden zur Erziehung der Jugend und zur Ausbildung des Priesternachwuchses.

Ignatius starb in Rom, sein Grab fand er in der 1568–1587 von Giacomo da Vignola erbauten Jesuitenkirche Il Gesù. 1609 wurde er von Papst Paul I. seliggesprochen, 1622 sprach ihn Papst Gregor XV. heilig. Weitverbreitet war der Genuß von »Ignatiuswasser« bei Krankheiten. Gewöhnliches Trinkwasser wurde dazu durch Gebet, Anrufen des Heiligen und Eintauchen geweihter Devotionalien gesegnet. Papst Pius IX. erkannte diesen Brauch 1866 ausdrücklich an.

Festtag: 31. Juli.

Darstellung: in der Tracht der spanischen Weltgeistlichen im 16. Jh., mit dem Christusmonogramm »IHS« auf der Brust, ein Buch haltend, das Kreuz in der Sonne und die Heilige Dreifaltigkeit schauend (Vision von Manresa), den Teufel austreibend – oder drei Teufel schlagen mit Stöcken auf ihn ein, mit Hut und Pilgerstab in der Hand.

Imbert, → Emebert.

Imre, → Emmerich von Ungarn.

Ingenuin, Ingwin († um 605), Patron der Diözese Bozen-Brixen, der Bergwerke. Ingenuin war Bischof von Säben (bei Klausen, Südtirol). Die Diözese gehörte damals noch zum Patriarchat Aquileia (am Golf von Triest), erst 798 kam sie zum Erzbistum Salzburg. Zu Beginn des 7. Jh. litt Südtirol stark unter den Einfällen der Langobarden und Bajuwaren, weshalb man annimmt, daß Bischof Ingenuin möglicherweise als Märtyrer gestorben ist. Seine Gebeine ruhen im Dom zu Brixen. Der selige Bischof Hartmann von Brixen (1090–1164) ließ die Reliquien der beiden großen Bischöfe von Säben, → Albuin und Ingenuin, unter dem Hauptaltar des Brixener Domes vereinigen.
Festtag: 5. Februar mit Albuin von Säben-Brixen.
Darstellung: als Bischof, zumeist gemeinsam mit Albuin.

Íñigo López de Loyola, → Ignatius von Loyola.

Irenäus von Lyon, Eirenaios (um 130–um 202), Märtyrer, Kirchenlehrer, Patron der Diözese Lyon (Frankreich). Der in Kleinasien geborene Irenäus war Schüler des hl. → Polykarp von Smyrna und kam zur Regierungszeit des Kaisers Mark Aurel (161–180) nach Gallien (Frankreich), wo er in Lyon als Priester wirkte. Mit einem Brief des Bischofs → Pothinus von Lyon reiste er nach Rom zu Papst → Eleutherus. Der Brief enthielt Vorschläge zur Bekämpfung des Montanismus, einer apokalyptisch-christlichen Bewegung. Der Papst war von Irenäus beeindruckt und weihte ihn – nachdem Pothinus den Martertod gestorben war – 177/178 zum zweiten Bischof von Lyon. Man nimmt an, daß Irenäus in der langen Zeit seines bischöflichen Wirkens große Gebiete Ostgalliens christianisierte. Er kämpfte auch gegen den im späten 2. Jh. aufflammenden Gnostizismus. Im Streit um den Termin des Osterfestes zwischen den Römern und den Byzantinern konnte er 190 erfolgreich vermitteln. Umstritten ist, ob Bischof Irenäus das Martyrium erlitten hat, wie Bischof Gregor von Tours im 6. Jh. behauptete. St-Martin d'Ainay, die älteste Kirche Lyons, enthält einige Reliquien des Heiligen. Diese Kirche erhebt sich über den Grundmauern eines römischen Tempels und über dem Versammlungsort der ersten Christen von Lugdunum, wie Lyon im 2. Jh. hieß. 1562 wurden die Reliquien des hl. Irenäus von den Hugenotten weitgehend zerstört.
Festtag: 28. Juni.
Darstellung: als Bischof mit Mitra, Stab, Buch und Schwert (Kampf gegen die Häretiker).

Irene, Witwe aus Rom († um 288). Sie war die Gemahlin des kaiserlichen Hofbeamten → Castulus und bereits verwitwet, als sie den von mehreren Pfeilen getroffenen → Sebastian fand. Sie hielt ihn für tot und wollte ihn bestatten. Als sie aber feststellte, daß er noch Lebenszeichen von sich gab, nahm sie ihn in ihr Haus und pflegte ihn wieder gesund. Doch kurze Zeit später fiel Sebastian wiederum durch seine christlichen Reden auf und wurde von den Schergen des Kaisers mit Knüppeln totgeschlagen. Ob Irene eines natürlichen Todes starb oder ebenfalls das Martyrium erlitt, weiß man nicht.

Festtag: 22. Januar.

Darstellung: als Nonne, Sebastian pflegend, mit Ölzweig und Salbfläschchen.

Irmgard von Köln, Irmgard von Süchteln (nach 1000–1082/1089). Zahlreiche Legenden ranken sich um ihr Leben, so daß es fast unmöglich ist, ihre wahre Vita zu belegen. Als Gräfin von Zutphen (Niederlande) wurde Irmgard auf der Burg Aspel bei Rees am Niederrhein geboren. Nach dem Tod ihrer Eltern verschenkte sie ihre Besitzungen an mehrere Klöster, u.a. an das St.-Pantaleon-Kloster zu Köln, dessen Abt ihr Bruder Hermann war. Sie lebte einige Zeit in Süchteln (bei Viersen, Niederrhein) als Einsiedlerin, unternahm drei Wallfahrten nach Rom, von denen sie zahlreiche Reliquien mitbrachte, und lebte zuletzt in Köln, wo sie Arme und Kranke versorgte und Klöster, Krankenhäuser und Altersheime unterstützte. Ihre Gebeine ruhen in der Agneskapelle des Kölner Doms.

Festtag: 4. September. In der ersten Septemberwoche begehen die Gläubigen im niederrheinischen Süchteln die »Irmgardis-Oktav« und die »Appelstaten-Kirmes«, bei der die Wallfahrer mit Appelstaten (Apfeltörtchen) beköstigt werden.

Darstellung: als Pilgerin mit Stab und blutigem Handschuh (vom Reliquientransport), auch als Jungfrau mit Stirnreif.

Irmina von Trier († 710), Äbtissin von Ören. Sie stammte aus dem fränkischen Adelsgeschlecht der Theodarde und war mit dem Pfalzgrafen Hugobert verheiratet, dem sie eine Tochter, → Adula von Pfalzel, gebar. 698 ermöglichte die inzwischen verwitwete Irmina dem hl. → Willibrord mit einer Schenkung die Gründung der Benediktinerabtei Echternach (Luxemburg). Bald danach wurde sie Äbtissin der vom hl. → Modoald gegründeten Benediktinerinnenabtei Ören in Trier (»Zur Oeren«). Hier starb sie, und hier fand sie auch ihre letzte Ruhestätte. Aus dem Kloster wurde später das adlige Frauenkloster »St. Irminen«, von dem noch die Abteikirche St. Irminen-Ören (St. Maria ad horrea) geblieben ist.

Festtag: 24. Dezember, in Trier und Luxemburg: 3. Januar.

Darstellung: in fürstlicher Kleidung oder in Nonnengewand mit Kirchenmodell und Urkundenrolle; wenn sie Gaben verteilt, begleiten sie zwei Engel, manchmal ist auch das Jesuskind bei ihr.

Irmingild, → Hermenegild.

Isidor von Madrid († 1130), Patron der Bauern und der Geometer (Vermessungsingenieure); Helfer bei ausbleibendem Regen (weil er für seinen durstigen Grundherrn eine Quelle erschloß).

Der spanische Bauer Isidor war mit der seligen Maria Toribia verheiratet und führte ein hartes Leben in Arbeit, Gebet und Hilfe an den Nächsten. 1170 kamen die Gebeine des verstorbenen Isidor in die Andreaskirche von Madrid. Papst Gregor XV. sprach Isidor 1622 heilig.

Festtag: 15. Mai.

Darstellung: als Bauer mit Getreidegarbe und Hacke, ein Engel pflügt mit weißen Pferden oder Ochsen den

Acker, während er betet oder in der Bibel liest.

Isidor von Sevilla, Isidorus Hispalensis (um 560–636), Erzbischof, Kirchenlehrer, Nationalheiliger von Spanien. Isidor, Bruder der hll. → Florentia von Cartagena, → Fulgentius von Astigi und → Leander von Sevilla, wurde in der Hafenstadt Cartagena (Südostspanien), die damals byzantinischer Herrschaft unterstand, geboren. Sein Vater, der römische Militärpräfekt Severianus, mußte aus unbekannten – vermutlich aber politischen – Gründen Cartagena verlassen, die Familie übersiedelte 543 in das westgotische Sevilla. Isidor verlor seine Eltern sehr früh und erhielt seine Erziehung vom älteren Bruder → Leander, dem späteren Erzbischof von Sevilla. So wurde er ebenfalls Kleriker und trat um 600 die Nachfolge seines verstorbenen Bruders als Erzbischof an. Isidor kümmerte sich mit aller Energie um kirchliche Disziplin, die Ausbildung des Klerus und die Effizienz der Klöster, kurz um das Gedeihen der gotisch-katholischen Kirche im vormaurischen Spanien. Seine zahlreichen Schriften beeinflußten das Geistesleben des Mittelalters über Jahrhunderte, weshalb man ihn den »letzten abendländischen Kirchenvater« nannte. U. a. verfaßte er ein Kompendium der christlichen Glaubens- und Sittenlehre (›Sententiarum sive de summo bono libri III‹), eine Geschichte Spaniens (›Historia Gotorum, Vandalorum et Suevorum‹) sowie eine Enzyklopädie des gesamten Wissens seiner Zeit (›Etymologiae‹). Isidor starb in Sevilla, sein Grab hüteten ab 712 die arabischen Eroberer der Iberischen Halbinsel.
1063 sandte Fernando I. der Große, Herrscher über das christliche Spanien, die Bischöfe Alvito von León und Ordoño von Astorga nach Sevilla, um die Gebeine der hl. Justa (→ Justa und Rufina von Sevilla) nach León zu holen. Da ihre Gebeine unauffindbar waren, überführten die beiden Bischöfe in feierlicher Prozession die Reliquien des hl. Isidor vom islamischen Sevilla in das christliche León. (Der Hauptteil seiner Gebeine befindet sich aber nach wie vor in Sevilla.) Beim Abschied soll Abbas Mutadid, Emir von Sevilla, gesagt haben: »Nun gehst du fort von hier, verehrungswürdiger Isidor. Dennoch wußtest du, wie sehr deine auch meine Sache war. Ich flehe dich an, daß du immer meiner gedenkest.« In León hatte Kaiser Fernando indessen die → Johannes dem Täufer geweihte Kirche eines Nonnenklosters mit Hilfe arabischer Tributzahlungen durch einen romanischen Neubau ersetzen lassen. Nun wurde diese neue Kirche 1063 in Anwesenheit Fernandos I. und zahlreicher Bischöfe und Äbte, darunter → Dominikus von Silo, dem hl. Isidor geweiht. In der Schatzkammer unter dem berühmten »Panteón de los Reyes«, der Grablege der Könige von Kastilien und León, heute auch »Sixtinische Kapelle der Romanik« genannt, ist der elfenbeinerne Reliquienschrein des hl. Isidor zu sehen. 1598 wurde Isidor von Sevilla von Papst Klemens VIII. heiliggesprochen, zum Kirchenlehrer ernannte ihn 1722 Papst Innozenz XIII.

Festtag: 4. April.

Darstellung: als Bischof in weißem Gewand, mit Buch und Federkiel; als Nationalheiliger mit Kreuz und Schwert hoch zu Roß in einer Schlacht gegen die Araber (span. Matamoros = Maurentöter, sonst Beiname des hl. → Jakobus des Älteren).

István, → Stephan I. von Ungarn.

Ita, **Itta**, → Iduberga von Nivelles.

Ivo, Ivo Hélory, Yves (1253–1303), Rechtsgelehrter und Priester, »Advokat der Armen«. Landespatron der Bretagne, Patron der Universität Nantes und vieler juristischer Fakultäten; Patron der Juristen, Richter, Rechtsanwälte und Notare, der Ministerialbeamten und Gerichtsdiener, der Drechsler, der Pfarrer, Priester, Witwen, Waisen und Armen.

Ivo wurde auf dem bretonischen Adelssitz Minihy-Tréguier geboren, studierte in Paris Theologie und in Orléans Kirchenrecht und war danach in Rennes als Rechtsanwalt und kirchlicher Beamter tätig. Gegen 1284 empfing er die Weihe zum Priester und wurde Pfarrer in den bretonischen Orten Trédrez und Louannec. Um 1297/98 zog er sich auf den ererbten Landsitz Kermartin zurück, lebte in strenger Askese, sorgte für die Armen und gab Hilflosen und Unterdrückten, Witwen und Waisen vor den weltlichen und kirchlichen Gerichten juristischen Beistand. Ivo starb in Tréguier, wo sich heute auch seine Reliquien befinden. 1347 sprach ihn Papst Klemens VI. heilig. In einigen Ländern, wie Frankreich, Belgien und Italien, bestehen noch heute Ivo-Bruderschaften, die dem Rechtsschutz der Armen verpflichtet sind.

Festtag: 19. Mai.

Darstellung: als Anwalt mit Papierrolle (Klageschrift), mit Buch, Schreibfeder und Tintenfaß.

J

Jadwiga, → Hedwig von Polen.

Jakobus der Ältere († um 44), Apostel, Märtyrer, Kanonheiliger, Nationalheiliger und Patron Spaniens und Portugals, Patron der nach ihm benannten Orden und der Pilger, Patron der Apotheker, Drogisten und Wachszieher, der Strumpfwirker und Hutmacher, der Kettenschmiede, Lastträger und Arbeiter, der Krieger und Ritter, Patron des Wetters, der Äpfel und Feldfrüchte; Helfer gegen Rheumatismus.

Jakobus war der Sohn des Fischers Zebedäus aus Bethsaida (heute et-Tell) an der Mündung des Jordan in den See Genezareth und der → Salome von Galiläa. Mit seinem jüngeren Bruder Johannes (→ Johannes der Evangelist) folgte er Jesus (Mt 4, 21 und 22). Zusammen mit Petrus gehörten die beiden »Boanerges« (Donnersöhne), wie Jesus die Brüder Jakobus und Johannes nannte (Mk 3, 17), zu den engsten Vertrauten des Heilands. Sie begleiteten Jesus bei seiner Verklärung auf dem Tabor (Mk 9, 2) und bei seiner Todesangst im Garten Gethsemane (Mk 14, 33). Jakobus der Ältere war der erste der zwölf Apostel, der das Martyrium erlitt. Um Ostern des Jahres 44 ließ Herodes Agrippa I., zuletzt König über das ganze jüdische Land, den Apostel in Jerusalem durch das Schwert hinrichten (Apg 12, 2). Dabei soll sich einer der Henkersknech-

te zum christlichen Glauben bekehrt haben und ebenfalls enthauptet worden sein. An der mutmaßlichen Stelle der Hinrichtung ließ Kaiserin → Helena im 4. Jh. eine Jakobuskirche bauen, die dem Persereinfall von 614 zum Opfer fiel. Die Kreuzfahrer errichteten im 12. Jh. eine neue Jakobus dem Älteren geweihte Kirche die heutige Patriarchatskirche der Armenier, einer der schönsten Sakralbauten Jerusalems.

Der Kult des Jakobus wurde populär, als im 7. Jh. die Legende aufkam, er habe in Spanien gepredigt und sei dort gestorben. Aber keine Schrift belegt dies. Die katholische Kirche sah die Reise des Apostels nach Spanien so: Kaiser Justinian I. (527–565) schenkte den Leib des hl. Jakobus dem Sinaikloster Raithu, das fortan Jakobskloster hieß. Dessen Mönche brachten die Gebeine im 7. Jh. nach Spanien, um sie vor Entweihung durch die Mauren und vor dem Untergang zu schützen. Man verwahrte sie in der Kirche Santa María in Mérida (Estremadura). Aus dem Jakobskloster wurde das berühmte Katharinenkloster. Als die Mauren 711 auch Spanien weitgehend besetzten – nur den Norden der Halbinsel ließen sie unbehelligt, so daß sich hier einige christliche Königreiche, wie Asturien und León, bilden und halten konnten – vergrub man die Gebeine des Apostels in einer römisch-suebischen Nekropole bei Iria Flavia in der Nordwestecke Spaniens.

In dieser Zeit bezeichnete Alkuin (um 730–804), der große Theologe am Hof → Karls des Großen, in einer Hymne den Apostel Jakobus als Landespatron Spaniens. Alkuin hatte seine Kenntnis von einem asturischen Mönch namens Beatus von Liébana. Wenige Jahre später, zwischen 824 und 829, fand der Eremit Pelayo in der Nekropole bei Iria Flavia unter wunderbaren Lichterscheinungen – ein Stern führte ihn – die Gebeine des Apostels.

Iria Flavia, so will es die Legende, war der Ort, an dem nach Christi Tod der Apostel Jakobus der Ältere – die Spanier nennen ihn »Santiago« – an Land ging, um in Spanien zu missionieren. Zwei Jahre soll er sich auf der Iberischen Halbinsel aufgehalten haben, bevor er in das Heilige Land zurückkehrte und im Jahr 44 in Jerusalem den Märtyrertod erlitt. Seine Jünger sollen den Leichnam des Apostels in ein steuerloses Schiff gelegt haben, das auf das Meer hinaustrieb und – von Engeln geleitet – an genau derselben Stelle an Land stieß, an der der Apostel Jahre zuvor Spanien betreten hatte. Nun, im 9. Jh., strebten Pilger von weit her zum Grab des Apostels Jakobus. Der wachsende Menschenstrom brachte nicht nur Geld in das Land, er stärkte auch den Glaubenseifer der Reconquista. In der Schlacht von Clavijo (843) griff – so will es die Legende – der Apostel hoch zu Roß mit Banner und Schwert als »Matamoros« (Maurentöter) in den Kampf ein und entschied die Schlacht für die Christen. Fortan wurde Santiago, der hl. Jakobus, als der »Herr Spaniens« bezeichnet. Als Almansor im 10. Jh. noch einmal ganz Spanien überrannte und 997 sogar Compostela einäscherte, ließen die Moslems das

Grab des Apostels unversehrt. Kirchliche Chroniken vermerken, daß die Moslems vor dem Grab entsetzt zurückgewichen seien und eine Seuche fast alle von ihnen dahingerafft habe. Im 11. und 12. Jh. – 1075 begann man mit dem Bau der Kathedrale von Santiago de Compostela über dem Grab und über der römisch-suebischen Nekropole, die heute von der Krypta bedeckt wird – nahm die Wallfahrt nach Santiago de Compostela immer größere Ausmaße an. Die Pilger kamen nicht nur aus Frankreich und Deutschland in das »Jakobsland«, sondern auch aus Polen, Skandinavien, England, Italien, sogar vom Schwarzen Meer. Schon im 13. Jh. war die Wallfahrt nach Santiago der nach Jerusalem und Rom gleichgestellt, und Papst Sixtus IV. (1471–1484) erkannte sie schließlich offiziell als gleichwertig an. Im 15. Jh. zogen mehr Pilger zum Jakobusgrab als nach Rom und in das Heilige Land. Erst die Französische Revolution brachte den Strom fast völlig zum Versiegen. 1937 belebte General Franco den Jakobskult, indem er den Tag des Apostels, den 25. Juli, zum Nationalfeiertag erklärte und den Heiligen offiziell zum Landespatron erhob. Auch heute kommen alljährlich, besonders in den Heiligen Jahren, wenn der 25. Juli auf einen Sonntag fällt, Hunderttausende von Pilgern mit Flugzeug, Bahn und Auto, vor allem aber zu Fuß auf dem Jakobsweg (Camino Santiago) von den Pyrenäen in das ferne Galicien. Das nächste Heilige Jahr (Año Santo) ist 1999.

Festtag: 25. Juli, Griechen: 30. April, Armenier: 28. Dezember, Kopten: 12. April.

Darstellung: als Pilger mit der Pilgermuschel (Jakobsmuschel) am Hut oder auf der Brust, mit langem Pilgerstab, Reisetasche und Kalebasse; in Ritterrüstung auf einem weißen Pferd mit erhobenem Schwert galoppierend (als »Matamoros«).

Jakobus der Jüngere, Jakobus Minor († 1. Jh.), Apostel, → Kanonheiliger, Märtyrer. Patron der Hutmacher, Krämer und Tuchwalker.
Der Sohn des Alphäus (Mt 10, 3; Mk 3, 18; Apg 1, 13) wurde »der Jüngere« oder »der Kleine« genannt, um ihn von Jakobus dem Älteren, dem von Jesus bevorzugten Jünger, zu unterscheiden. Sonst wird Jakobus Minor nirgendwo in der Bibel erwähnt, so daß keine weiteren Angaben über sein Leben und Wirken bekannt sind. Der Hohepriester Hannas ließ Jakobus der Legende nach im Jahr 62 töten. Der Apostel wurde von der Zinne des Jerusalemer Tempels gestürzt und mit einer Keule oder Walkerstange erschlagen. Angebliche Reliquien des Heiligen befinden sich in Rom, in Ancona und in Forlì (bei Ravenna), in Toulouse, Les Saintes-Maries-de-la-Mer (Camargue) und in Langres an der Marne, in Antwerpen und in Gemblour (Belgien).
Festtag: 11. Mai, in Einsiedeln/ Schweiz: 4. Mai, Griechen: 9. Oktober.
Darstellung: in der Tunika der Apostel mit Keule oder Walkerstange (Marterwerkzeuge).

Jeanne d'Arc, → Johanna von Orléans.

Jeanne-Françoise Frémyot de Chantal, → Johanna Franziska von Chantal.

Joachim, Jojakim, Gemahl der hl. → Anna, Vater der Gottesmutter → Maria. Patron der Eheleute, Schreiner und Leinenhändler.
Seine Vita ist legendär, wenige Angaben finden sich u.a. im apokryphen Ja-

Der Apostel Jakobus der Jüngere (Hans Baldung Grien)

kobus-Evangelium (um 150) und im Evangelium über die Geburt Mariä (6. Jh.). Danach stammte er aus der galiläischen Stadt Sepphoris (Zippori), nicht weit von Nazareth entfernt. Er lebte mit Anna in Jerusalem, durfte aber wegen seiner Kinderlosigkeit nicht im Tempel opfern. So zog er mit Anna in die Wüste und führte ein Leben in Askese und Frömmigkeit. Zwanzig Jahre war er verheiratet, als ihm ein Engel ein Kind verkündete, das Anna in Nazareth, nach anderer Legende in Jerusalem gebar. Sie nannten das Mädchen Maria.
Festtag: 16. August (seit 1913), zusammen mit Anna: 26. Juli (seit 1970); Ostkirchen: 2. April, 25. Juli, 9. September und 20. November.

Darstellung: Begegnung von Anna und Joachim an der Goldenen Pforte in Jerusalem (der Legende nach fand die Begegnung auf Anweisung des Engels statt – Symbol für die Unbefleckte Empfängnis); als Greis mit dem Kind Maria auf dem Arm, einen Korb mit zwei Tauben opfernd, zusammen mit Anna.

Johann Evangelist Birndorfer, → Konrad von Parzham.

Johanna Franziska von Chantal, Jeanne-Françoise Frémyot de Chantal (1572–1641), Ordensgründerin, Patronin der Salesianerinnen; Helferin für eine glückliche Entbindung.
Sie wurde in Dijon (Ostfrankreich) als Tochter des burgundischen Parlamentspräsidenten Frémyot geboren. 1592 heiratete sie den Baron Christoph de Rabutin-Chantal, mit dem sie auf Schloß Bourbilly lebte. Sie gebar sechs Kinder, von denen zwei jedoch schon als Kleinkind starben. Als ihr Mann 1601 einen tödlichen Jagdunfall erlitt, beschloß sie, ihr Leben fortan Gott zu weihen und Werke der Nächstenliebe zu vollbringen. 1604 erkor die junge Witwe → Franz von Sales zu ihrem Seelenführer, der später einmal von seiner geistlichen Gefährtin sagte:»Ich habe in Frau von Chantal das vollkommene Weib gefunden, das Salomon in Jerusalem suchte und nicht fand.« 1610, ihre Kinder waren inzwischen selbständig, stiftete sie gemeinsam mit Franz von Sales den »Orden von der Heimsuchung Mariä« (Salesianerinnen oder Visitantinnen). In Annecy (Südostfrankreich) entstand das Mutterhaus des Ordens, dem bis zu ihrem Tod 81 weitere Klöster in Frankreich folgten. 1618 bestätigte Papst Paul V. den Orden. Sie starb während eines Besuchs

im Salesianerinnenkloster Moulins (Zentralfrankreich). Beigesetzt wurde sie neben Franz von Sales in der Kirche des Ordens der Heimsuchung Mariä (Monastère de la Visitation) in Annecy. Papst Benedikt XIV. sprach Johanna Franziska von Chantal 1751 selig, die Heiligsprechung vollzog Papst Klemens XIII. 1767.
Festtag: 12. Dezember. Wegen des Festes der hl. → Lucia von Syrakus am 13. Dezember wurde Johanna Franziskas Festtag 1969 auf den 12. Dezember vorverlegt.
Darstellung: als Nonne, ein Herz mit der Inschrift »Jesus« in der rechten und ein Buch in der linken Hand (Herz-Jesu-Verehrung).

Johanna von Orléans, Jeanne d'Arc (eigentlich: Jeanne Tarc), Jungfrau von Orléans, nannte sich selbst Jeanne la Pucelle (um 1412–1431), Nationalheilige und Patronin von Frankreich, Patronin von Rouen und Orléans, der Telegraphie und des Rundfunks.
Johanna bzw. Jeanne wurde in dem kleinen Ort Domrémy (heute Domrémy-la-Pucelle) an der Maas (bei Nancy, Nordostfrankreich) als Tochter des wohlhabenden Bauern und Bürgermeisters Jacques Tarc und seiner Frau Isabelle geboren. Zu ihrer Zeit tobte der Hundertjährige Krieg zwischen England und Frankreich (1339–1453), der meist auf französischem Boden stattfand und das Land in eine Wüste verwandelte. Als Johanna dreizehn Jahre alt war, vernahm sie erstmals eine überirdische Stimme, die sie zur Sittsamkeit und zu fleißigem Kirchenbesuch ermahnte. Diese Stimme hörte sie immer wieder, doch erzählte sie niemandem davon. Eines Tages erschien ihr sogar der Erzengel → Michael. Und dann, 1429, forderte die Stimme

sie auf, das von den Engländern belagerte Orléans zu entsetzen, dem Kronprinzen (Dauphin) Karl auf den Königsthron zu helfen und das geschundene Frankreich von den Engländern zu befreien. Da verließ sie heimlich das Elternhaus und ritt in Männerkleidung nach Chinon (nahe Tours), drang bis zu Karl vor, berichtete ihm von den Stimmen und bot ihm ihre Dienste an. Der Dauphin schwankte zwischen Bewunderung und Belustigung, zweifelte wohl auch an ihrem Verstand und ließ sie von Ärzten und Theologen untersuchen. Schließlich glaubte er ihr und ließ sie einer Heereseinheit zuteilen. Mit einem Schwert aus der Kirche von Fierbois und einer weißen, mit Lilien geschmückten Fahne zog sie an der Spitze begeisterter Scharen nach Orléans. Die Engländer rannten davon, als hätten sie den Teufel gesehen. Hintereinander fielen die Festungen Auxerre, Troyes, Châlons und Reims. Am 17. Juli 1429 durfte Johanna in der Kathedrale von Reims bei der Krönung des Dauphins zum König Karl VII. von Frankreich neben ihm stehen.

Johanna kämpfte weiter, eilte von Schlacht zu Schlacht, doch nicht immer siegten die Franzosen. Paris war nach wie vor von den Engländern besetzt, und als die Franzosen einen Angriff wagten, wurde Johanna am Bein schwer verwundet. Der König wollte nichts mehr vom Krieg wissen. Zwar erhob er im Dezember 1429 Johannas Vater und ihren ältesten Bruder unter dem Namen »de Lys« in den Adelsstand, aber das Bauernmädchen Johanna interessierte ihn nicht mehr. Im Mai 1430 versuchte Johanna, dem belagerten Compiègne zu helfen, doch wurde sie bei einem Scharmützel vom Pferd gerissen und dem Ritter Johann von Ligny, einem der mit England verbündeten Burgunder, übergeben. Dieser verkaufte sie für viel Geld an die Engländer, die Johanna der Inquisition überließen. Das geistliche Gericht stand unter der Leitung des Bischofs von Beauvais. Man beschuldigte sie der Ketzerei und Zauberei und verhörte sie vier Monate lang, bis sie erschöpft alle Anschuldigungen zugab. Das Gericht verurteilte sie zu lebenslanger Kerkerhaft. Danach widerrief sie, sie wurde exkommuniziert und dem weltlichen Gericht überstellt, das sie zum Feuertod bestimmte. Am 30. Mai 1431 starb die neunzehnjährige Johanna von Orléans auf dem Vieux Marché von Rouen auf dem Scheiterhaufen. Nach einer Legende stieg eine weiße Taube aus den Flammen zum Himmel empor. Ihre Asche warf man in die Seine.

1449 ordnete König Karl VII. eine Revision des Prozesses an, doch weder Richter noch Kleriker fanden ein Urteil. Als sich Johannas Eltern an Papst Calixtus III. wandten, bestimmte dieser den Erzbischof von Reims und die Bischöfe von Paris und Coutances zur Wiederaufnahme des Verfahrens. Am 7. Juli 1456 hoben die Herren das alte Urteil auf und erklärten Johanna aller angeklagten Verbrechen für unschuldig. Schon lange vor dieser Rehabilitierung verehrte das französische Volk seine Jeanne d'Arc als Heilige. Aber erst 1894 wurde sie von Papst Leo XIII. selig- und 1920 von Papst Benedikt XV. heiliggesprochen. An der Hinrichtungsstelle in Rouen erinnert seit 1979 die Kirche Ste-Jeanne-d'Arc an das Bauernmädchen aus Domrémy.

Festtag: 30. Mai. Die weltlichen Feste finden in Frankreich jeweils am ersten Sonntag nach Christi Himmelfahrt statt. *Darstellung*: in Ritterrüstung hoch zu Roß, mit einem Schwert und einem Banner in den Händen.

Johannes, → Kyros und Johannes.

Johannes der Apostel, → Johannes der Evangelist.

Johannes Baptista, → Johannes der Täufer.

Johannes Bosco, Giovanni Bosco, genannt Don Bosco (1815–1888), Priester und Pädagoge, Ordensgründer, »Apostel der Jugend«, Patron der Schüler und der katholischen Verlage.
Giovanni Bosco wurde in Becchi (30 km östlich von Turin) als Sohn eines Kleinbauern geboren. Schon als Junge faßte er den Entschluß, Priester zu werden, doch sein älterer Stiefbruder, der die Stelle des frühverstorbenen Vaters einnahm, ließ das aus finanziellen Gründen nicht zu. Erst mit 16 Jahren konnte er auf eine Lateinschule gehen, das Geld hierfür mußte er sich selber verdienen. 1841 wurde Giovanni zum Priester geweiht und kümmerte sich von da an um verwahrloste Turiner Kinder und Jugendliche, um die vielen Opfer einer allzu schnellen Industrialisierung. Aus diesen Bemühungen entstand 1846 sein »Oratorium vom hl. → Franz von Sales« mit Elementar-, Latein- und Berufsschule, mit Lehrwerkstätten, Unterkünften usw. Bis zu ihrem Tod 1857 kümmerte sich seine Mutter um Küche und Wäsche der zu Betreuenden. 1859 gründete er die Priesterkongregation »Salesianer Don Boscos«, die sein Anfangswerk fortsetzte und auch der äußeren Mission verpflichtet war. 1872 rief er mit → Maria Domenica Mazzarello in Turin den weiblichen Zweig der Kongregation ins Leben, die »Töchter Mariens, Hilfe der Christen« (»Don-Bosco-Schwestern«). 1874 wurden beide Kongregationen von Papst Pius IX. offiziell bestätigt.

1876 entstand die »Fromme Vereinigung der Salesianischen Mitarbeiter«, die hauptsächlich im Bereich der äußeren Mission wirken sollte. Johannes Bosco starb in Turin und wurde in der 1867 dort erbauten Maria-Hilf-Basilika der Salesianer beigesetzt. Papst Pius XI. sprach den »Apostel der Jugend« 1929 selig und 1934 heilig.
Ausschlaggebend für den Erfolg Don Boscos waren seine unaufdringliche, aber tiefe Frömmigkeit, sein Charisma und sein ausgeprägtes Einfühlungsvermögen in die Welt der Jugend. Als nützlich erwiesen sich auch seine vielseitigen sportlichen Fähigkeiten, vor allem aber seine Charakterstärke und seine unautoritäre und doch väterlich sorgende wie bestimmende Art. Mit all diesen Eigenschaften und Ansichten gilt Don Bosco noch heute als Vorbild für Erzieher.
Festtag: 31. Januar.
Darstellung: im einfachen Priestergewand, meist mit Kindern.

Johannes Chrysostomos (344/354–407), Kirchenlehrer, einer der drei bzw. vier griechischen → Kirchenväter, Patron von Konstantinopel, Patron der Prediger; Helfer gegen Epilepsie.
Johannes wurde in Antiochia am Orontes (heute Antakya, Südosttürkei) als Sohn eines römischen Offiziers und der frommen Christin Anthusa geboren. In der Schule des heidnischen Rhetors Libanios genoß er eine hervorragende Ausbildung. Beeindruckt von den Gedanken des Theologen Diodoros, des späteren Bischofs von Tarsus (heute Südtürkei), und des Meletios, Bischof von Antiochia, ließ er sich 369 oder 372 taufen. 374/375 trat Johannes nach dem Tod seiner Mutter als Mönch in ein Kloster ein und begann 379, da ihm die klösterliche Lebens-

weise nicht streng genug war, ein asketisches Einsiedlerleben in der Bergwildnis bei Antiochia. Körperlich völlig geschwächt kehrte er 381 nach Antiochia zurück, wurde Diakon des Bischofs Meletios und erhielt 386 die Priesterweihe. Fortan begeisterte Johannes die Gläubigen der Metropole am Orontes in der Bischofskirche durch seine glänzenden Predigten, wofür er den ehrenden Beinamen »Chrysostomos« (Goldmund) erhielt. Von diesen kraftvollen und bildreichen Predigten sind rund tausend im Urtext erhalten. Berühmt wurden seine 21 ›Bildsäulenpredigten‹ (›De statuis ad populum Antiochenum‹), mit denen er das aufständische Volk, das 387 im Zorn auf den Kaiser die Bildsäulen der kaiserlichen Familie stürzte, wieder zur Ruhe brachte. 397/398 wurde Johannes Chrysostomos in einer äußerst unruhigen Zeit Patriarch von Konstantinopel.

Seit 378 drängten die Westgoten gegen Byzanz. 381 hatte Kaiser Theodosius I. der Große die katholische Lehre zur Staatsreligion erklärt. Nach seinem Tod 395 zerfiel das Reich in Ost- und Westrom. Die Osthälfte erhielt Theodosius' Sohn Arkadios, ein schwacher Herrscher, der die Regierung nacheinander seinen korrupten Ministern Rufinos und Eutropios, ab 399 seiner Gemahlin Eudoxia überließ. Mit Eudoxia, der schönen, aber sittenlosen Kaiserin aus fränkischem Hause, geriet Johannes Chrysostomos bald in harten Streit. Dies nutzte sein Nebenbuhler, der Patriarch Theophilus von Alexandria, dazu, 403 eine Synode, die sog. »Eichensynode«, einzuberufen, die Johannes seines Amtes enthob. Der Kaiser verbannte ihn daraufhin nach Bithynien (heute Nordwesttürkei). In einem heftigen Erdbeben sah das Volk eine Mahnung des Himmels und verlangte die Wiedereinsetzung Johannes', was auch unverzüglich geschah. Mit Jubel empfing das Volk den zurückkehrenden Johannes. Kaum zwei Monate später aber nutzte eine Synode Johannes' Kritik an der Aufstellung einer Säule mit dem Bildnis der Kaiserin, ihn erneut aus seinem Amt zu vertreiben, mit der Begründung, daß ihn bereits die letzte Synode abgesetzt und keine andere Synode ihn inzwischen wieder eingesetzt hätte. Sein neuer Verbannungsort ab 404 lag im römisch beherrschten Armenien, hart an der Grenze zum Persischen Reich. Als sich Papst Innozenz I. für Johannes Chrysostomos einsetzte, bewirkte dies nur, daß der Verbannte noch weiter ostwärts in das Land Kolchis gebracht werden sollte. Auf dem Weg dorthin starb er in Komana (heute Tekat, Nordosttürkei) an den Anstrengungen und Entbehrungen. Theodosius II. ließ die Gebeine des großen Patriarchen, des bedeutendsten Kanzelredners der christlichen Frühzeit und einflußreichsten Kirchenlehrers der Ostkirche, 438 in der Apostelkirche von Konstantinopel beisetzen; um das Jahr 1200 kamen sie nach Rom in den Petersdom. Reliquien des Heiligen befinden sich auf dem Athos, in Moskau, Kiew, Messina, Venedig, Paris, Brügge und Mainz. Pius V. ernannte Johannes Chrysostomos 1568 zum Kirchenlehrer, Pius X. erhob ihn 1908 zum Patron der christlichen Prediger.

Festtag: 13. September (in den Diözesen Passau und Innsbruck 11. September) bzw. 27. Januar (Überführung der Gebeine nach Konstantinopel), Ostkirchen: 13. November.

Darstellung: als griechischer Bischof mit Evangelienbuch, mit Bienenkorb (Symbol des Fleißes und der Beredsamkeit), mit einer Taube (Symbol des Heiligen Geistes), oft mit einem Engel.

Johannes von Damaskus, Johannes Damaskenos (um 650 – um 749), Mönch, Theologe, Schriftsteller, Kirchenlehrer.
Er stammte aus einer vornehmen christlich-arabischen Familie. Sein Vater war Finanzminister am Hof der Kalifen in Damaskus, die den Ungläubigen (Christen wie Juden) gegenüber tolerant waren. Das änderte sich schlagartig unter dem Kalifen Abd al-Malik (685–705), dem Eroberer Nordafrikas und Erbauer des Jerusalemer Felsendoms. Nun wurden sein Vater und auch er – inzwischen hatte er ebenfalls eine Stellung am Hofe inne und vertrat zugleich die Interessen der Christen am Hofe – entlassen. Johannes trat in das Kloster Mar Saba bei Bethlehem ein und wurde von dem Jerusalemer Patriarchen zum Priester geweiht. Bald entwickelte er sich zu einer theologischen Berühmtheit, weshalb man ihn immer wieder bei Disputen im Bilderstreit heranzog. Er gehörte zu jenen einflußreichen Männern der Kirche, die sich energisch gegen die Ideen der Ikonoklasten (Bilderstürmer) und gegen abweichende theologische Strömungen wandten. Wegen seines flüssigen Schreibstils nannte man ihn »Chrysorrhoas« (der Gold-Fließende). Johannes von Damaskus starb angeblich im biblischen Alter von 104 Jahren. Im 12. Jh. übertrug man seine Gebeine von Mar Saba nach Konstantinopel. Während die Ostkirchen ihn von Anfang an als Kirchenlehrer betrachteten, verlieh ihm im Westen erst Papst Leo XIII. 1890 den Titel eines Kirchenlehrers. Die Ostkirchen schätzen ihn auch als religiösen Dichter und Komponist.
Festtag (im Westen und Osten): 4. Dezember.

Darstellung: als Priester mit abgeschlagener Hand (im Bilderstreit verlor er eine Hand, die Gottesmutter nähte sie ihm der Legende nach an).

Johannes der Evangelist, Johannes der Theologe, Johannes der Apostel († um 100/101), Verfasser des Johannes-Evangeliums; Patron der Theologen, der Maler und Bildhauer, der Graveure und Lithographen, der Buchdrucker, Buchbinder und Buchhändler, der Papierhersteller, Schreiber und Schriftsteller, der Beamten und Notare, der Sattler und Metzger, Glaser und Spiegelmacher, der Winzer, Kerzenzieher und Korbmacher, wird angerufen zur Erhaltung der Freundschaft; Helfer bei Vergiftungen, Brandwunden, Fußleiden und Epilepsie, Helfer gegen Hagel und für eine gute Ernte (Wetterherr).
Der Sohn des galiläischen Fischers Zebedäus (Mt 4, 21 und Mk 1, 19) und der → Salome von Galiläa (Mk 15, 40 und Mt 27, 56) aus Bethsaida am See Genezareth war ebenfalls Fischer und zunächst Jünger von → Johannes dem Täufer. Mit → Petrus und seinem Bruder → Jakobus dem Älteren zählte er bald zu den engsten Vertrauten Jesu, nach → Paulus' Worten zu den »Säulen der Kirche« (Gal 2, 9). Er war der Lieblingsjünger Jesu, der einzige der zwölf Apostel, der Jesus bis zum Kreuz folgte (Joh 19, 26). Ihm hatte Jesus kurz vor seinem Kreuzestod seine Mutter → Maria anvertraut (Joh 19, 27). Als unter Herodes Agrippa I. (37–44) die Christenverfolgungen in Palästina zunahmen, sahen sich viele Anhänger der neuen Lehre gezwungen, das Land zu verlassen. Johannes reiste mit Maria nach Kleinasien in die tolerante Weltstadt Ephesos, wo die Mutter des Heilands zwischen 50 und

*Das Martyrium des heiligen Johannes
(Albrecht Dürer)*

54 gestorben sein soll. Johannes übernahm in Ephesos die Leitung der bereits recht ansehnlichen Christengemeinde. Unter Kaiser Domitian (81–96) wurde er auf die Insel Patmos (südwestlich von Ephesos in der Ägäis) verbannt. Hier soll er die ›Apokalypse‹ (›Offenbarung des Johannes‹) geschrieben haben, das letzte Buch des Neuen Testaments. Abweichungen in Sprache und Anschauungen lassen aber Zweifel an der Urheberschaft des Apostels zu. Nach Domitians Tod kehrte Johannes wieder nach Ephesos zurück, verfaßte hier das ›Vierte Evangelium‹ und starb im hohen Alter. → Helena, die Mutter → Konstantins des Großen, ließ über dem Grab des Evangelisten eine Kirche bauen, die Kaiser Justinian (527–565) durch einen riesi-

gen Prachtbau ersetzte, dessen Relikte noch heute zu sehen sind. 1967 besuchte Papst Paul VI. Ephesos.

Die Verehrung des Evangelisten setzte schon früh ein, im Osten im 4. Jh., im Westen im 6. Jh. In dieser Zeit des Übergangs vom Altertum ins Mittelalter entstanden in Italien zahlreiche Johanneskirchen. In den deutschen Sprachraum drang sein Kult nur zögernd ein, wohl weil Johannes kein Martyrium erlitten hatte. So mußten legendarische Berichte sein Leben ausschmücken: Nach einer weit verbreiteten Legende warf man den Evangelisten vor der Porta Latina in Rom in einen Kessel voll siedenden Öls, dem er wunderbarerweise heil und sogar verjüngt wieder entstieg, weil sich das heiße Öl in erfrischendes Wasser verwandelt hatte. Oder: Der heidnische Priester Abdias (Aristodemos) versprach, sich taufen zu lassen, sollte Johannes imstande sein, einen Giftbecher auszutrinken, ohne Schaden zu nehmen. Der Priester ließ zwei verurteilte Mörder von dem Trank probieren – sie fielen sofort tot um. Johannes segnete den Becher und leerte ihn bis auf den letzten Tropfen. Das Gift blieb ohne Wirkung, Johannes erweckte die beiden Mörder wieder zum Leben. An diese Legende knüpfte im 12. Jh. der Brauch an, anläßlich eines Abschieds einen Becher auf den Evangelisten Johannes zu leeren (Johannessegen, Johannesminne). Am Festtag des Heiligen weiht die katholische Kirche mancherorts noch heute den »Johanneswein« zu Ehren des Evangelisten.

Festtag: 27. Dezember; Ostkirchen: 26. August und 26. September.

Darstellung: meist als junger Mann mit anderen (beim Abendmahl, unter dem Kreuz, bei der Grablegung), allein mit einer Palme, einem Adler, einem

Federkiel, einem Becher, aus dem sich eine Schlange windet, mit einem Kessel voll siedenden Öls; ostkirchliche Darstellungen zeigen ihn als Greis.

Johannes Klimakos (vor 579 – um 649), Mönch, Abt, Asket. Als Sechzehnjähriger wurde er Mönch auf dem Sinai und lebte dort über 40 Jahre als Eremit, bis man ihn um 639 zum Abt des Katharinenklosters auf dem Sinai bestellte. Er verfaßte zahlreiche aszetische Schriften, mit denen er einen Weg zu christlicher Vollkommenheit zu zeigen versuchte, darunter sein Hauptwerk ›Klimax tu paradeísu‹ (= Treppe zum Paradies, nach Jakobs Traum von der Himmelsleiter, Gen 28, 10–19). Dieses Werk fand in zahllosen Abschriften weite Verbreitung im Osten wie im Westen.
Festtag: 30. März.
Darstellung: als Asket und Greis mit langem Bart, oft mit der Himmelsleiter.

Johannes vom Kreuz, Juan de la Cruz, Juan de S. Matía de Yepes (1542–1591), Karmeliter, spanischer Mystiker und Dichter, Kirchenlehrer.
Juan wurde in dem kleinen Ort Fontiveros bei Salamanca in der altkastilischen Meseta geboren. Sein Vater war wegen seiner Heirat mit einer Bürgerlichen aus der Adelssippe ausgestoßen worden und mußte als Weber für den Lebensunterhalt der Familie sorgen. Juan, der ebenfalls Weber werden sollte, zog es vor, im Spital von Medina del Campo (unweit von Salamanca) als Krankenpfleger zu arbeiten. 1563 trat er als Bruder Johannes in das dortige Karmeliterkloster ein und begann nach Ablegung der Profeß, in Salamanca Theologie und Philosophie zu studieren; 1567/1568 empfing er die Prie-sterweihe. Als er in einen strengeren Orden wechseln wollte, lernte er → Theresa von Ávila kennen und beschloß, gemeinsam mit der Karmeliterin den Orden zu reformieren. Fortan nannte er sich Juan de la Cruz (Johannes vom Kreuz). 1570 eröffnete er in Alcalá de Henares ein reformiertes Ordenskolleg, aus dem im Laufe der Jahre der Zweigorden der Unbeschuhten Karmeliter hervorging. Die Ordensbrüder der gemilderten Observanz empörten sich bald gegen die Reform, sie sperrten Johannes vom Kreuz neun Monate im Kloster von Toledo ein und mißhandelten ihn, bis ihm 1578 die Flucht in das abgelegene Kloster Calvario gelang.
1579 war die Spaltung der Karmeliter offiziell vollzogen, und Johannes wirkte bis 1581 als Rektor des Kollegs in Baëza (Südspanien). 1582 starb Theresa von Ávila, und Johannes vom Kreuz oblag es nun, das gemeinsame Reformwerk allein fortzusetzen. Er wurde Provinzialvikar von ganz Andalusien und 1588 erster Ordensdefinitor, zugleich Prior des Hauptklosters der Unbeschuhten Karmeliter in Segovia (nördlich von Madrid). Er sah sich stärker denn je mit den unterschiedlichsten Meinungen zur Reform konfrontiert und zog sich, inzwischen müde geworden, in das Kloster Ubeda (Andalusien) zurück, wo er starb. Sein Leib ruht – angeblich noch heute unverwest – in Segovia. 1675 sprach Papst Klemens X. Johannes selig, 1726 vollzog Papst Benedikt XIII. die Heiligsprechung. 1926 ernannte Papst Pius XI. den hl. Johannes vom Kreuz, den er als »Lehrer der Heiligkeit und Frömmigkeit« bezeichnete, zum Kirchenlehrer. Von seinen zahlreichen Schriften, die ihm den Beinamen »doctor extático« einbrachten, seien

vor allem genannt ›Subida al Monte Carmelo‹ (Besteigung des Berges Karmel) und ›Noche oscura del alma‹ (Die dunkle Nacht der Seele); sie machten Johannes vom Kreuz zum bedeutendsten Mystiker der Neuzeit.

Festtag: 14. Dezember (seit 1969), davor 24. November; Bistum Aachen: 15. Dezember.

Darstellung: als Karmeliter in braunem Habit, mit Skapulier, Kapuze und weißem Mantel, mit Schreibfeder und Buch; ein Adler zu seinen Füßen hält eine Schreibfeder im Schnabel.

Johannes Markus, → Markus.

Johannes von Nepomuk (um 1350–1393), Landespatron von Böhmen, Helfer bei Gefahr durch Wasser und bei schuldloser Verdächtigung, wichtigster Brückenheiliger, Patron der Schiffer, Müller und Priester.
Johannes wurde in Pomuk bei Pilsen (Böhmen) geboren. Nach dem Studium der Rechte in Prag und Padua wirkte er als Notar in der erzbischöflichen Kanzlei zu Prag, wurde 1377 ihr Vorsteher, erhielt 1380 die Priesterweihe und stieg 1389 zum Generalvikar des Erzbischofs Johann von Jenzenstein auf. Nach einem Streit zwischen dem Erzbischof und König Wenzel IV. im Jahr 1393 um die Abtwahl in Kladrau (Einmischung der Staatsgewalt in kirchliche Belange) ließ ihn der König festnehmen, foltern und anschließend in der Moldau ertränken. Die Legende nennt für den Märtyrertod des Johannes von Nepomuk einen anderen Grund: Er hatte sich geweigert, dem mißtrauischen König die Beichte seiner Gemahlin zu offenbaren, also das Beichtgeheimnis zu brechen.
Schon bald nach seinem Tod wurde Johannes von Nepomuk, dessen Leich-

nam man im Prager Veitsdom bestattete, als Märtyrer verehrt. 1683 stellten die Prager sein Standbild, ein Werk des Bildhauers Matthias Rauchmüller, auf die Karlsbrücke; die wunderschöne Figur wurde Vorbild für viele tausend »Brückenheilige« in ganz Europa. Als man 1719 das Grab des Johannes im Veitsdom öffnete, war die Zunge des Märtyrers noch völlig unverwest, was man als Beweis für die Verschwiegenheit des Generalvikars deutete. 1729 wurde er deshalb von Papst Benedikt III. heiliggesprochen. Um Verwechslungen mit den zahlreichen anderen Heiligen gleichen Namens zu vermeiden, nennt man den böhmischen Johannes allgemein den »heiligen Nepomuk«.

Festtag: 16. Mai.

Darstellung: im Priestergewand mit Birett, Kreuz und Palme in der Hand, den Finger vor dem Mund (Beichtgeheimnis), fünf oder sechs Sterne umschweben sein Haupt (Buchstaben der lateinischen Wörter »tacui« (= ich schwieg) bzw. »tacuit« (= er schwieg)).

Johannes Sarkander (1576–1620), Märtyrer, »Patron der Ökumene«. Er wurde in Skotschau bei Teschen (heute Český Těšín, Nordmähren) geboren, studierte in Olmütz (heute Olomouc, Nordmähren) und in Prag jeweils bei den Jesuiten, promovierte 1603 zum Doktor der Philosophie und studierte anschließend in Graz Theologie. 1606 brach er das Studium ab, um zu heiraten. Als seine Frau kurz nach der Hochzeit starb, vollendete er sein Theologiestudium und empfing 1609 die Priesterweihe. 1616 wurde er Pfarrer in Holleschau bei Kremsier (heute Kroměříž, Südmähren) und predigte gegen die Reformation, gegen die Erhebung der protestantischen Stände und nach dem Prager Fenstersturz (25. Mai 1618), der den Dreißigjährigen Krieg auslöste, für den Sieg der katholischen Kirche. Die Aufständischen stellten den Pfarrer wegen seiner politischen Agitation in Olmütz vor Gericht. Er wurde im Kerker gefoltert, mit Fackeln gebrannt und starb an den Folgen der Mißhandlungen. 1860 wurde Johannes Sarkander von Pius IX. seliggesprochen, 1995 folgte die Heiligsprechung des tschechisch-mährischen Pfarrers durch Papst Johannes Paul II. Seine Kanonisation führte zu einer ernsten Kontroverse zwischen der protestantischen und der katholischen Kirche Tschechiens, obwohl der Papst an die Protestanten eine Entschuldigung wegen der Opfer der Religionskriege richtete. »Ölmütz könnte ein Markstein auf dem Weg zur Einheit der Christen werden«, sagte er.

Festtag: 17. März.

Salome mit dem Haupt Johannes'
des Täufers (Hans Baldung Grien)

Johannes der Täufer, Johannes Baptista († um 29), asketischer Bußprediger, größter und letzter Prophet des Alten Testaments, Vorläufer Christi (Prodromos). Patron der Malteser (Johanniter) und Karmeliter; Patron von Malta, Burgund und der Provence, von Florenz und Amiens; Patron der Bauern, Hirten und Winzer, der Architekten, Maurer, Steinmetze und Zimmerleute, der Restaurateure und Schmiede, der Gerber und Kürschner, Weber und Schneider, Färber und Sattler, der Schornsteinfeger, der Sänger, Tänzer, Musiker und Kinobesitzer, der Böttcher (Faßbinder) und Gastwirte, der Abstinenzler und der Trinkerfürsorge, der Weinberge, der Haustiere, insbesondere der Schafe und Lämmer; Helfer bei Kopfschmerzen, Schwindelgefühl, Heiserkeit, Epilepsie und Kinderkrankheiten, bei Angst und Hagel.

Johannes war der Sohn des jüdischen Priesters → Zacharias und der → Elisabeth, geboren ein halbes Jahr vor Jesus in En Kerem (Ain Karim), einem Dorf bei Jerusalem (heute Vorort der Großstadt Jerusalem). Schon früh gab Zacharias seinen Sohn zur streng mosaischen Erziehung in ein Kloster der Essener-Gemeinschaft bei En Gedi am Toten Meer. Hier »in der Wüste« wuchs Johannes auf. 29 n. Chr. trat er erstmals an die Öffentlichkeit, er predigte am Toten Meer, am Jordan, bei Beth Schean. Seine Zuhörer forderte er zur Buße auf und spendete im Jordan die Taufe als Reinigung von den Sünden. Auch Jesus empfing bei Jericho von Johannes, der ihn als Messias erkannte, die Taufe. Da der Kreis seiner Anhänger immer größer wurde und immer mehr Menschen zu seinen

Predigten strömten, befürchtete Herodes Antipas (4 v. Chr.–39 n. Chr.), Tetrarch (Vierfürst) von Galiläa und Peräa, einen Volksaufstand und ließ Johannes verhaften. Zudem war er darüber erbost, daß ihn Johannes öffentlich der ehebrecherischen Verbindung mit Herodias, der Frau seines Stiefbruders Philippus, bezichtigte. Johannes schmachtete in der Festung Machärus über dem Ostufer des Toten Meeres. Herodias fühlte sich von Johannes' Anklagen tief beleidigt und forderte hartnäckig seinen Tod. Als ihre Tochter Salome auf der Geburtstagsfeier ihres Stiefvaters vor Gästen tanzte, versprach der entzückte Herodes Antipas, ihr einen Wunsch zu erfüllen: Sie verlangte und erhielt das Haupt des Täufers (Mk 6, 17–29). Seine Freunde begruben den Leichnam in Samaria (Shomron), der einstigen Hauptstadt des Nordreiches Israel. Über seinem Grab entstand im 4. Jh. ein Kloster, dessen Kirche die Kreuzfahrer um die Mitte des 12. Jh. durch eine mächtige Basilika ersetzten, einer »der schönsten und prächtigsten Kirchen im Heiligen Land, die nur von der Grabeskirche in Jerusalem übertroffen« wurde. Die Moslems verwandelten den Chor der Basilika in eine Moschee, denn auch sie verehren den Täufer als einen ihrer Propheten, als »Nabi Jahia« (Prophet Johannes).

Die Verehrung Johannes' des Täufers setzte schon im 4. Jh. ein. Konstantinopel behauptete bereits vor 394, das Haupt des Täufers zu besitzen. → Hieronymus besuchte Ende des 4. Jh. sein Grab in Samaria; damals, teilweise schon früher, feierten die Christen das Fest der Geburt Johannes' des Täufers am 24. Juni, also ein halbes Jahr vor der Geburt Jesu. Nach dem Schisma verlegten die Ostkirchen das Fest auf den 6. Januar. Beide Feste sind zugleich Sonnwendfeste: »Er muß wachsen, ich aber muß kleiner werden«, sagte Johannes (Joh 3, 30) und verglich die Tageslängen symbolhaft mit seiner und Jesu Bedeutung. Am Geburtstag des Täufers fanden und finden in vielen Städten Europas, in Breslau zum Beispiel bis 1945, »Johannisfeste«, große Jahrmärkte, statt. In der Nacht vor »Johannis« werden große Feuer angezündet, »Johannisfeuer«, über die junge Paare springen. Brennende Räder jagen im Weserbergland und anderswo Berghänge hinab, wobei vorchristliche Opferbräuche sich mit christlichem Glaubensgut vermischen.

Festtag: 24. Juni (Geburt).

Darstellung: bei der Taufe Jesu, im Fellkleid als Prediger mit einem Lamm (weil er Christus als Lamm Gottes ankündigte), mit Stab oder Kreuzstab; sein abgeschlagenes Haupt in einer Schale, die Salome hält oder die ihr gereicht wird (Johannisschüssel).

Johannes der Theologe, → Johannes der Evangelist.

Johannes und Paulus († um 361), Märtyrer, → Kanonheilige, Helfer bei Gewitter, Hagelschlag und Pest, für oder gegen Regen und Sonnenschein, »Wetterheilige« (»Wetterherren«) in Oberbayern. Nicht zu verwechseln mit den hll. Aposteln Johannes und Paulus.

Schon im 6. Jh. ist der Kult um die beiden heiligen Brüder Johannes und Paulus, über deren Leben und Wirken nicht einmal Legenden Genaueres berichten, nachweisbar. Nur so viel ist bekannt, daß die beiden Brüder vertraute Bedienstete der → Konstantia, einer Tochter → Konstantins des Großen, waren und in einer vornehmen Villa

auf dem Caelius mons in Rom wohnten. Nach Konstantias Tod ließ sie Kaiser Julian Apostata (= der Abtrünnige) wegen ihres christlichen Glaubens in ihrem Haus enthaupten und verscharren. 1575 fanden Archäologen unter den Grundmauern einer kleinen Basilika die Villa mit einer frühchristlichen Kultstätte aus dem 4. Jh., und zwei Gräber, die mit großer Sicherheit den beiden Heiligen zuzuordnen sind. Reliquien der beiden Märtyrer befinden sich heute u.a. in Rom, Venedig, Avignon, Wien, in Mittelzell (Bodenseeinsel Reichenau) und Fulda.
Festtag: 26. Juni.
Darstellung: als römische Ritter, Johannes mit Schwert und Palme (Palmenzweig), Paulus mit Lanze und Blitz, mit Getreidegarbe.

Johannicius von Bithynien, Johannicus Thaumaturgos (um 754–846). Er lebte seit 795 als Eremit in einer Mönchsgemeinschaft in der Wildnis des mysischen Olymps (heute Ulu Dağ bei Bursa, Nordwest-Anatolien), auf dessen höchster Erhebung das mächtige St.-Sergios-Kloster thronte. Im Bilderstreit des 8. und 9. Jh. suchten hier viele verfolgte Christen Unterschlupf. Neben dem St.-Sergios-Kloster gründete Johannicius das Kloster Antidium, in dem einige Jahre lang → Petrus Patricius wirkte und das bald so berühmt wurde, daß 846 der Patriarch von Konstantinopel, → Methodios der Bekenner, zu Besuch kam. Zwei Tage nach der Abreise des Patriarchen, am 3. November 846, starb Johannicius.
Festtag: 3. November.
Darstellung: als Mönch mit langem Bart und Haar, mit Schriftrolle, mit einem Kreuz in der Hand und den Worten (auf griechisch): »Meine Hoffnung ist der Vater, meine Zuflucht ist der Sohn,

mein Schutz ist der Heilige Geist. Heilige Dreifaltigkeit, sei gepriesen.«

Jojakim, → Joachim.

Joseph von Nazareth, Gatte (Verlobter) der Gottesmutter → Maria, Nährvater Jesu. Patron der gesamten Kirche (seit 1870), von Mexiko (1555), der Philippinen (1565), von Kanada (1624), Böhmen (1654), Bayern (1663), Österreich (1675), Peru (1828), von Tirol, Steiermark und Kärnten, Patron des Bistums Osnabrück und des Erzbistums Köln (2. Patron), der nach ihm benannten Ordensgemeinschaften und Bruderschaften; Patron der Ehepaare und Familien, der Kinder, Jugendlichen und Waisen, der Jungfräulichkeit und Keuschheit, Patron eines guten Todes, der Herbergen und Herbergssuchenden; Patron der Holzfäller, Zimmerleute, Tischler (Schreiner) und Wagner, der Arbeiter und Handwerker, der Ingenieure und Pioniere, der Erzieher, Reisenden und Verbannten, der Sterbenden und Totengräber.
Joseph stammte aus dem Geschlecht Davids (Mt 1, 1–16, Lk 3, 23–31), er wurde in Nazareth als Sohn eines Jakob (Mt 1, 16) oder eines Heli (Lk 3, 23) geboren. Er arbeitete als Zimmermann und verlobte sich – so lautet die apokryphe Überlieferung – als achtzigjähriger Witwer mit der zwölfjährigen Maria. Vermutlich wird Joseph aber zu Unrecht als alter Mann bezeichnet. Als seine Braut schwanger wurde (Unbefleckte Empfängnis), wollte er sich von ihr trennen, da er an ihrer Treue zweifelte. Doch ein Engel erklärte ihm im Traum, daß Maria »durch das Wirken des Heiligen Geistes«, durch die Kraft Gottes, einen Sohn gebären würde. So blieb er in jungfräulicher Ehe bei ihr (»Josephsehe«, Mt 1, 8–25). 7 v. Chr.

mußte Joseph wegen einer Volkszählung mit der schwangeren Maria nach Bethlehem gehen, weil er dort ein Stück Land besaß. In Bethlehem gebar Maria den Sohn, den Joseph nach dem Geheiß des Engels »Jesus« (Jeschua = Retter, Erlöser) nannte (Mt 1, 21). Mit der Namensgebung hatte er Jesus rechtlich adoptiert und damit in das königliche Geschlecht Davids, dem er entstammte, eingegliedert. Danach floh Joseph mit Maria und dem Jesuskind nach Ägypten, weil ein Engel ihn vor den Kindermördern des Herodes gewarnt hatte (Mt 2, 13–15). Nach Herodes' Tod im Jahr 4 v. Chr. kehrte die hl. Familie nach Nazareth zurück, wo Joseph seine Arbeit als Zimmermann wiederaufnahm. Mit dem Zwölfjährigen besuchten Joseph und Maria das Passahfest in Jerusalem. Dort verloren sie Jesus im Festtrubel und fanden ihn erst nach drei Tagen im Tempel, wo er mit Priestern diskutierte (Lk 2, 41–52). Nach diesem Passahausflug ist in keinem Evangelium mehr von Joseph die Rede. Vermutlich ist er bald danach gestorben.

Während die Ostkirchen Joseph schon früh verehrten, begann sein Kult im Westen frühestens im 6., vielleicht auch erst im 9. Jh. Papst Sixtus IV. führte 1479 das Fest des hl. Joseph ein. Klemens XI. schrieb 1714 den Festtag für die gesamte Kirche vor. Benedikt XIII. nahm Joseph 1729 in die Allerheiligenlitanei auf. Pius IX. erhob den hl. Joseph 1870 zum Schutzpatron der gesamten Kirche. Pius XII. bestimmte 1955 zusätzlich den 1. Mai als Festtag »Joseph der Arbeiter« – so erhielt der Tag der Arbeit seine christliche Weihe.
Festtage: 19. März und 1. Mai.
Darstellung: als bärtiger, alter Zimmermann mit dem entsprechenden Arbeitsgerät (Axt, Beil, Säge, Winkelmaß usw.), das Jesuskind tragend, eine Lilie als Zeichen der Keuschheit in der Hand oder mit einem Wanderstab, aus dem eine Lilie erblüht (Stabwunder); auf der Flucht nach Ägypten.

Joseph von Thessalonike, Josippos (762–832), Erzbischof. Um 780 trat Joseph zusammen mit seinem älteren Bruder → Theodoros Studita in das Sakkudionkloster bei Prusa in Bithynien (heute Bursa, Westtürkei) ein und lebte von 798 an als Mönch im Studioskloster in Konstantinopel. 807 wählte man Joseph zum Erzbischof von Thessalonike, doch wurde er 809–811 im »Moichianischen Streit« zusammen mit seinem Bruder auf die Prinzeninseln im Marmarameer verbannt. Anschließend kehrte er nach Thessalonike zurück, wurde aber schon 815 in dem erneut ausbrechenden Bilderstreit als Ikonodule (Bilderverehrer) verfolgt. Er starb in der Verbannung auf den Prinzeninseln. 844 wurden seine Gebeine unter Kaiser Michael III. feierlich in das Studioskloster in Konstantinopel überführt.
Festtag: 15. Juli.

Juan de la Cruz, Juan de S. Matía de Yepes, → Johannes vom Kreuz.

Judas Thaddäus, → Thaddäus.

Julia Eustochium (um 368–420). Als Tochter der hl. → Paula von Rom kam sie schon früh in den Kreis der frommen Frauen um → Marcella von Rom. Hier traf sie 382 → Hieronymus, der ihr geistiger und geistlicher Lehrer wurde. Mit ihm und ihrer Mutter ging sie 385 nach Palästina und Ägypten, um schließlich in Bethlehem in eines der von ihrer Mutter und von Hieronymus gegründeten Klöster einzutreten.

Nach dem Tod ihrer Mutter übernahm sie die Leitung der Bethlehemer Nonnenklöster. Sie starb nach ihrer legendären Vita am 28. September 420, zwei Tage vor dem hl. Hieronymus.

Festtag: 28. September.

Darstellung: als Jungfrau oder Nonne mit Lilie, im Gespräch mit Hieronymus, als Eremitin.

Julitta und Quirikus († 304), Märtyrerin. Nach der Legende lebte die Christin Julitta in Iconium (heute Konya, Zentraltürkei). Als unter Kaiser Diokletian Christenverfolgungen einsetzten, floh sie mit ihrem dreijährigen Sohn Quirikus (Cyricus, Cyr, Kerykos, Kyriakos) in die südanatolische Hafenstadt Tarsus, Hauptstadt der römischen Provinz Kilikien und Geburtsort des Apostels Paulus. Hier wurden sie gefaßt und vor den Präfekten Alexander gebracht. Während der Präfekt die Mutter zu Tode foltern ließ, liebkoste er das Kind. Als der kleine Quirikus ihn aber von sich stieß, warf er ihn wütend auf das Straßenpflaster, wo das Kind mit zerschmettertem Kopf liegen blieb. Ihr Kult breitete sich nicht nur im Osten, sondern auch in Italien, Gallien und Spanien aus.

Festtag: 16. Juni, Ostkirchen: 15. Juli.

Darstellung: Julitta mit ihrem Sohn, den sie manchmal trägt.

Julius I. († 352), Papst (337–352). Papst Julius I. war ein energischer Kämpfer gegen den Arianismus. 340 nahm er den auf Betreiben der Arianer verbannten → Athanasius, Patriarch von Alexandria, in Rom auf und brachte 341 auf einer römischen Synode seine Anerkennung und Wiedereinsetzung zuwege. Doch die Eusebianer, die arianischen Anhänger des Eusebios von Berytos (seit 338 Bischof von Konstantinopel) verhinderten die Rückkehr des Athanasius. Eine weitere Synode in Sardica (343) brachte keine Einigung unter den teilnehmenden Bischöfen. 346 konnte Athanasius aus der Verbannung zurückkehren, Papst Julius I. verabschiedete seinen Freund und Mitstreiter aus dem römischen Asyl mit einem Brief an die Christen der Weltstadt Alexandria. 352 starb Julius I. in Rom und wurde schon 354 als Heiliger in den römischen Kalender aufgenommen.

Festtag: 12. April.

Darstellung: als Papst mit Tiara, Pallium und Buch.

Jungfrau von Orléans, → Johanna von Orléans.

Jungfrauen, → Drei heilige Jungfrauen.

Justa und Rufina von Sevilla (3. Jh.), Märtyrerinnen, Patroninnen von Sevilla und Burgos sowie der Töpfer.
Nach einer legendarischen Vita des 6. Jh. waren die beiden Schwestern Justa und Rufina Töchter eines Töpfers und fromme Christinnen. Bei einer heidnischen Prozession in Sevilla zu Ehren des Gottes Adonis verweigerten die beiden das obligate Opfer. Öffentlich priesen sie Christus als den wahren Gott und zertrümmerten das Bild der heidnischen Göttin Salambo. Daraufhin ergriff man die Mädchen und schleppte sie vor den Statthalter Diogenianus, wo sie widerrufen sollten. Als sie sich weigerten, wurden sie gefoltert und eingesperrt. Justa starb im Gefängnis an den Folgen der Folterung, Rufina wurde erwürgt. König → Ferdinand III. der Heilige, der Befreier Spaniens von den Mauren, eroberte Sevilla 1248 und machte die Stadt zu

seiner Residenz. Über der mutmaßlichen Stelle des Martyriums von Justa und Rufina ließ er eine Kirche und ein Augustinerinnenkloster errichten.

Festtag: 19. Juli.
Darstellung: als junge Frauen mit Palmenzweigen und irdenen Gefäßen (weil sie Töchter eines Töpfers waren).

K

Kajetan von Tiene, Cajetanus von Thiena, Gaetano (1480–1547), Patron des Hauses Kurbayern und seiner Lande (seit 1672), Mitbegründer und Patron der Theatiner, Helfer gegen die Pest.

Kajetan wurde in dem kleinen Ort Tiene bei Vicenza (Norditalien) als Sohn des Gasparo Herrn von Tiene geboren. Er studierte an der Universität Padua Rechtswissenschaften und schloß sein Studium 1505 mit der Promotion ab. Danach berief ihn Papst Julius II. als Geheimsekretär nach Rom und bestellte ihn zum Päpstlichen Protonotar. 1516 empfing Kajetan die Priesterweihe. 1519 kehrte er nach Vicenza zurück und trat in die »Bruderschaft des hl. Hieronymus« ein, die sich vor allem der Betreuung Armer und Kranker widmete. 1524 gründete er zusammen mit Giampietro Caraffa, damals Bischof von Teate (heute Chieti), später Papst Paul IV., und zwei anderen Priestern den Orden der Theatiner (Ordo Clericorum Regularium vulgo Theatinorum), manchmal auch »Kajetaner« genannt, eine Gemeinschaft von Regularklerikern zur religiösen Erneuerung des Klerus. Am 24. Juni 1524 bestätigte Papst Klemens VII. den Orden. Als während des »Sacco di Roma« (= Plünderung Roms) 1527/28 spanische und deutsche Söldner Kaiser Karls V. Rom plünderten und verwüsteten, fiel auch das Ordenshaus der Theatiner dem Wüten der Soldateska zum Opfer. Die Ordensbrüder wurden mißhandelt und gingen mit dem verwundeten Kajetan nach Venedig, wo sie in der schweren Pestepidemie von 1528 und in der nachfolgenden Hungersnot unermüdlich Hilfe leisteten. Von Venedig breitete sich der Orden schnell über ganz Italien aus. Klöster des Theatinerordens entstanden 1662 in München, 1663 in Prag, 1684 in Salzburg und 1703 in Wien. Heute wirken die Theatiner mit 33 Klöstern hauptsächlich in Italien, Spanien, Nord- und Südamerika. Kajetan starb am 7. August 1547 in Neapel. Seine Gebeine ruhen in der Kirche S. Paolo Maggiore in Neapel. Papst Urban VIII. sprach Kajetan von Tiene 1629 selig, Papst Klemens X. ließ 1671 die Heiligsprechung folgen.
Festtag: 7. August.
Darstellung: als Theatiner mit schwarzem Talar und weißen Strümpfen, mit Lilie und Regelbuch, mit dem Kreuz (als Ordenszeichen), mit Rosenkranz und Totenkopf, mit geflügeltem Herzen, mit Ähren und Füllhorn (Zeichen der göttlichen Vorsehung), das Jesuskind in den Armen.

Kalixt, Kallistus, → Calixtus I.

Kanijs, → Petrus Canisius.

Kanonheilige. Heilige der katholischen Kirche, die im Meßkanon, dem Hochgebet, genannt werden. Nur die

161

hervorragendsten Heiligen, mit denen die Gläubigen »in heiliger Gemeinschaft« stehen, enthält das ›Missale Romanum‹, das amtliche römisch-katholische Meßbuch, das wohl von → Gregor I. dem Großen zusammengestellt wurde.

Vor dem Höhepunkt des Hochgebets, der »Wandlung«, wird der wichtigsten 25 Heiligen gedacht. Maria, die Gottesmutter, führt als »Königin aller Heiligen« diese Reihe an, die aus je zwölf Aposteln und Märtyrern besteht.

Die zwölf Apostel sind: → Petrus, → Paulus (Paulus nimmt hier den Platz des Judas Iskarioth ein), → Andreas, → Jakobus der Ältere, → Johannes der Evangelist, → Thomas, → Jakobus der Jüngere, → Philippus, → Bartholomäus, → Matthäus, → Simon, → Thaddäus.

Die zwölf Märtyrer (hll. Päpste und Bischöfe) sind: → Linus (64–79?), → Anaklet I. (79–91), → Klemens I. (88–97?), → Sixtus II. (257–258), → Kornelius (251–253), → Cyprianus von Karthago, → Laurentius von Rom, → Chrysogonus, → Johannes und Paulus, → Kosmas und Damianus.

Nach der »Wandlung« gedenken die Gläubigen weiterer Heiliger, je sieben Männern und Frauen, angeführt von → Johannes dem Täufer: → Stephanus, → Matthias, → Barnabas, → Ignatius von Antiochia, → Alexander, → Marcellinus, → Petrus; → Perpetua und Felicitas, → Agatha, → Lucia von Synakus, → Agnes, → Cäcilia, → Anastasia von Sirmium.

Alle genannten Kanonheiligen stehen stellvertretend für verschiedene Völker, Stände und Berufe und unterstreichen somit den weltweiten, universellen Charakter der katholischen Kirche. Die Liturgiereform von 1969 läßt neben dem genannten, fast 1500 Jahre al-

ten Kanon noch weitere Kanones zu, die Bischofskonferenzen festlegen können.

Kappadokier. Auf dem Konzil von Konstantinopel (381) setzten sich »drei Kappadokier« gegen den vorherrschenden Arianismus (Lehre, nach der zwischen Gott Vater und Gott Sohn lediglich eine Wesensähnlichkeit, keine Wesensgleichheit besteht) durch: → Basilius der Große, sein Freund → Gregor der Jüngere von Nazianz und sein Bruder → Gregor von Nyssa. Die Bezeichnung »drei Kappadokier« kam im Jahr 1850 auf.

Karin von Schweden, → Katharina von Schweden.

Karl Borromäus, Carlo Borromeo (1538–1584), Kardinal, Erzbischof von Mailand; Patron des Bistums Lugano, der Universität Salzburg, der Borromäerinnen (sechs weibliche katholische Kongregationen zur Krankenpflege), des Borromäus-Vereins (katholischer Bücherverein, gegründet 1844, Sitz in Bonn), der Seelsorger und Seminare; Helfer gegen die Pest.

Carlo Borromeo wurde auf der Burg Arona am Lago Maggiore als Sproß einer Adelsfamilie geboren. Mit zwölf Jahren trat er in den Benediktinerkonvent in Arona ein, ging als Sechzehnjähriger an die Universität Pavia und war bereits 1559 Doktor beider Rechte. »Karl wird große Dinge tun und einst in der Kirche glänzen wie ein Stern!« soll ein Professor prophezeit haben. Seit 1556 verwaltete er – da inzwischen Waise – die Güter seiner Familie. Sein Onkel, Kardinal Giovanni Angelo de Medici, gab dem erfolgreichen jungen Mann zwei Abteien zur Verwaltung. Als der Onkel Ende 1559 als Pius IV. zum Papst gewählt wurde, bestellte er den Neffen zu seinem Geheimsekretär, 1560 zum Kardinaldiakon und Administrator für Mailand. 1562 erschütterte Karl der Tod seines Bruders Federigo so sehr, daß er sich der Theologie zuwandte. Am 17. Juli 1563 empfing er die Priesterweihe, am 7. Dezember desselben Jahres die Bischofsweihe mit dem Titel eines Erzbischofs von Mailand und Kardinals von S. Prassede. Mit größter Kraft versuchte er, gegen protestantische Strömungen anzugehen, er gründete zahlreiche Priesterseminare, förderte die Glaubensschulen für das Volk, widmete sich der kirchlichen Disziplin und Moral, sorgte sich um die Pflege und Versorgung der Kranken, Armen und Alten. Sein Mut bei der Pest in den Jahren 1570 und 1576 beeindruckte das Volk, das ihn zum Heiligen erhob, lange, bevor ihn die Kirche kanonisierte. Er starb am 3. November 1584 in Mailand und wurde in der Krypta des Mailänder Doms beigesetzt. 1602 sprach ihn Papst Klemens VIII. selig, 1610 folgte die Heiligsprechung durch Papst Paul V.

Festtag: 4. November.

Darstellung: im Kardinalpurpur, ein Kreuz haltend, mit Strick um den Hals (als Zeichen der Buße und Sühne), beim Trösten der Pestkranken, mit Pfeilen und Totenkopf (Symbole der Epidemien). – Die Karl-Borromäus-Kirche in Wien erbauten Johann Bernhard Fischer von Erlach und sein Sohn Joseph Emanuel 1716 – 1739 aufgrund eines Gelöbnisses des Kaisers Karl VI. im Pestjahr 1713.

Karl der Große, Carolus Magnus, Charlemagne (747–814), König der Franken (768–814), römischer Kaiser (800–814).

Karl stammte aus dem Geschlecht der Arnulfinger, das nach ihm auch als Karolinger bezeichnet wird. Der Sohn des Frankenkönigs Pippin III. des Jüngeren (des Kurzen) und der Bertrada (Bertha) übernahm 768 nach dem Tod des Vaters zusammen mit seinem Bruder Karlmann die Herrschaft im Frankenreich. 769 eroberte Karl Aquitanien (Südwestfrankreich). Als Karlmann 771 starb, vereinigte Karl das Reich und regierte fortan allein. 773 folgte er einem Hilferuf von Papst Hadrian I., zog mit großer Heeresmacht nach Italien, schickte den Langobardenkönig Desiderius in ein fränkisches Kloster und krönte sich 774 selbst zum König der Langobarden; in Rom übernahm er die Schutzherrschaft über den Kirchenstaat. Karls Zug in das arabische Spanien 778 verlief weniger erfolgreich und führte lediglich zur Errichtung der Spanischen Mark (von Pamplona bis Barcelona); in einem Nachhutgefecht bei Roncesvalles fiel Roland, einer seiner Heerführer und treuesten Gefolgsmänner (›Rolandslied‹). Seinen längsten und härtesten Krieg führte Karl gegen die Sachsen (772–804), Siege und Niederlagen wechselten hierbei einander ab. 782 überfielen die Sachsen am Süntel (Weserbergland) eine fränkische Abteilung. Karl revanchierte sich mit dem »Blutbad von Verden«, bei dem 4500 Sachsen hingerichtet worden sein sollen. Das wiederum führte zu einem neuen, noch erbitterter geführten Volksaufstand unter dem Westfalen Widukind (Wittekind). Diesen und alle folgenden Aufstände der Sachsen konnten die übermächtigen Franken niederschlagen. 785 gab Widukind endlich auf, nachdem Karl Tausende von Sachsen in den Westen und entsprechend viele Franken in den Osten umgesiedelt hatte. In Attigny (Ardennen) ließ er sich in Karls Gegenwart taufen, wobei der Frankenkönig sogar sein Pate war. Karl erhob Widukind zum Herzog von Sachsen. 787/788 liquidierte Karl das bislang unabhängige Herzogtum Bayern, dessen Herzog → Tassilo III. er wegen Verweigerung der Heerfolge zum Tod verurteilte, dann aber zu lebenslangem Aufenthalt in einem Kloster begnadigte.

Neben Karls militärische Erfolge traten seine großen kulturellen Leistungen auf den Gebieten von Gesetzgebung, Wissenschaft, Theologie, Sprache und Kunst. An seinem Hof versammelte er bedeutende Gelehrte, er förderte Klöster zur Hebung der Bildung und sorgte durch Rückgriffe auf antike Traditionen für eine Erneuerung der christlichen Kultur (Karolingische Renaissance). Karl führte nicht nur das Frankenreich und das Römische Reich, sondern auch die Fränkische Kirche, ja faktisch die ganze katholische Christenheit. Der Papst war für ihn ein Bischof wie jeder andere Bischof auch. Die Synoden, z.B. 794 in Frankfurt/Main, beschlossen das, was Karl wollte. Die Krönung zum Kaiser in Rom am 25. Dezember 800 durch Papst Leo III. war daher nur der formelle Abschluß einer von ihm vorgegebenen Entwicklung. Übrigens sprach man davon, daß sich Karl die Kaiserkrone selber aufsetzen wollte, der Papst aber schneller war. Dafür kniete der Papst nach der Krönung vor dem Kaiser nieder und verehrte ihn somit, wie das bei den »gottgleichen« römischen Kaisern üblich war.

Kaiser Karl I., zu Recht »der Große« genannt, starb in Aachen und wurde in der dortigen Pfalzkapelle beigesetzt. 1165 beauftragte Kaiser Friedrich I. Barbarossa Rainald von Dassel, Erzbischof von Köln und zugleich Kanzler des Kaisers, Karl den Großen heiligzusprechen. Papst Alexander III., mit Friedrich I. in Streit, lehnte die Kanonisierung ab, der vom Kaiser favorisierte Gegenpapst Paschalis III. aber billigte sie. Später wurde die Heiligenverehrung Karls des Großen in den Diözesen Aachen und Osnabrück als »beatus« zugestanden, sie erhielt also den kirchlichen Segen. Seit 1215 ruhen die Gebeine des Kaisers in dem berühmten Karlsschrein, ein Meisterwerk der mittelalterlichen Goldschmiedekunst, den Friedrich II. in Auftrag gegeben hatte. Nach der Legende soll Friedrich bei seiner Krönung zum deutschen König in der Aachener Pfalzkapelle 1215 die Gebeine Karls des Großen selbst in den Schrein gebettet haben.

Festtag: 28. Januar.

Darstellung: als Kaiser mit Krone, Reichsapfel, Zepter oder Schwert, wobei er das Schwert (als Zeichen des Friedens) oft gesenkt hält oder über beide Knie legt; mit einem Kirchenmodell.

Kaschauer Märtyrer. Im Zuge des Dreißigjährigen Krieges, in dem der Religionsstreit eine große Rolle spielte, besetzten protestantische Truppen am 5. September 1619 die Stadt Kaschau (heute Košice, Slowakei) und verhafteten die drei katholischen Geistlichen der Stadt, die beiden Jesuitenpatres Melichar Grodziecky (aus Schlesien) und Stefan Pongracz (aus Siebenbürgen) sowie den Domherrn Marek Krizin (aus Kroatien). In der Nacht zum 6. September stürmten Soldaten und protestantische Bürger das Gefängnis und forderten von den drei Geistlichen, ihrem »papistischen Glauben« abzuschwören, aber alle drei

blieben trotz Folterungen standhaft. Am Morgen wurden der Domherr Krizin und Pater Grodziecky schließlich enthauptet, Pater Pongracz erhielt zwei Schläge auf den Kopf, die ihn aber nicht töteten. Beide Leichen und den betäubten Pater warf man in eine Abfallgrube. Als der schwerverletzte Pater wieder zu sich kam, rief er um Hilfe, doch niemand wagte es, dem »Papisten« zu helfen. Erst zwanzig Stunden später war der Jesuit tot. Gräfin Katharina von Palffy barg die Leichen und setzte sie ehrenvoll bei. 1696 wurden sie in die Jesuitenkirche zu Tyrnau (heute Trnava, Slowakei) überführt. Papst Pius X. (1903–1914) sprach die drei Märtyrer von Kaschau 1904 selig, 1995 folgte die Heiligsprechung durch Papst Johannes Paul II.
Festtag: 7. September.

Kasimir, Kazimieras (1458–1484), Nationalheiliger Litauens, Schutzpatron von Polen und Litauen, Patron der Jugend und des Malteserordens.
Kasimir wurde als zweiter Sohn von Kasimir IV. Jagiello, König von Polen und Großfürst von Litauen, und Elisabeth von Österreich, Tochter des Herzogs Albrecht VI. von Habsburg, in Krakau geboren. 1471 wählten die ungarischen Magnaten den dreizehnjährigen Prinzen zum König von Ungarn, doch konnte er sich gegen seinen Kontrahenten Matthias Corvinus nicht durchsetzen. Er verzichtete auf die Krone, was ihm nicht schwergefallen sein soll, da er sich lieber mit geistlichen als weltlichen Dingen beschäftigte. 1481 lehnte Kasimir die Ehe mit einer Tochter des Kaisers Friedrich III. ab, da er inzwischen ewige Keuschheit gelobt hatte. 1484 starb er in Grodno auf einer Reise nach Litauen an Tuberkulose und wurde in der

Kathedrale von Wilna (heute Vilnius, Litauen) beigesetzt. Vermutlich 1521 sprach Papst Leo X. den frommen Fürsten und Förderer des Marienkults heilig.
Festtag: 4. März.
Darstellung: als königlicher Prinz mit Krone und Zepter, mit kostbarem Schmuck und oft auch mit einer Palme.

Kastor, → Quattuor Coronati.

Kastor aus Pannonien, Castorius aus Pannonien († um 303), Märtyrer, einer der → Quattuor Coronati sowie einer der drei Tegernseer Patrone (→ Chrysogonus von Aquileia, → Quirinus vom Tegernsee). Da es der Bildhauer Kastor ablehnte, ein Bildnis des Heilgottes Äskulap (Asklepios) zu schaffen, warf man ihn in den Kerker, wo er von Bischof Cyrill die Taufe empfing. Daraufhin erlitt er durch Folterung und Ertränken den Martertod. 1053 kamen Reliquien des hl. Kastor in das Kloster Tegernsee.
Festtag: 8. November.
Darstellung: in Bildhauerkleidung mit Steinmetzwerkzeug.

Katharina von Alexandria († zwischen 306 und 313), legendäre Märtyrerin, deren historische Persönlichkeit unfaßbar bleibt, eine der Vierzehn → Nothelfer, eine der → Drei heiligen Madl'n; Patronin von Werden (heute Stadtteil von Essen; 1059), Zwickau (Sachsen; 1125) und Xanten (Niederrhein; 1128); Patronin der Mädchen und Jungfrauen, der Schüler, Lehrer, Theologen, Philosophen, Anwälte und Universitäten, der Wagner, Töpfer, Müller, Bäcker, Seiler, Spinner, Gerber, Schuhmacher und Barbiere; Patronin der Spitäler und der Feldfrüchte;

*Die heilige Katharina von Alexandria
(Michelangelo da Caravaggio)*

Helferin bei Krankheiten aller Art, besonders bei Kopf- und Zungenerkrankungen, bei Milchlosigkeit stillender Mütter, bei Sprachschwierigkeiten, bei der Suche nach Ertrunkenen.

Nach der Legende war Katharina die Tochter des Königs Costus (?) von Zypern. Die junge Christin war eine hochgebildete Frau, die es liebte, mit bedeutenden Gelehrten und Mitgliedern des römischen Kaiserhauses über Gott und die Welt zu sprechen. Dabei gelang es ihr nicht selten, ihre Gesprächspartner zum Christentum zu bekehren. Das kam dem Christenhasser Kaiser Maxentius (oder Maximinus Daia) zu Ohren, der sie aufforderte, in seiner Anwesenheit mit fünfzig der besten heidnischen Philosophen und Rhetoriker ein Streitgespräch über die Wahrheit des Christentums zu führen. Ihre überzeugenden Argumente konnte niemand widerlegen. Als nach der Disputation alle Teilnehmer der Gesprächsrunde den römischen Göttern opferten, lehnte Katharina dies ab, woraufhin man sie schlug und in den Kerker warf. Nach zwölf Tagen wurde sie von der Kaiserin befreit, aber schon wenige Tage darauf zum Tod durch das Rad verurteilt. Als das Urteil vollstreckt werden sollte, zerschlug ein Engel das Marterinstrument; doch ein zweites Rad vollendete Katharinas Martyrium, wobei Milch statt Blut aus ihrem Körper geflossen sein soll. Daraufhin ließen sich alle, die das sahen, darunter auch die Kaiserin, der Kerkermeister und mehrere Soldaten taufen und wurden ebenfalls hingerichtet.

Katharinas Leichnam sollen Engel zum Berg Horeb auf dem Sinai getragen haben, wo Gott mit den Menschen seinen Bund geschlossen und ihnen durch Mose das Gesetz gegeben hatte (Ex 19 und 20). Eremiten, die hier schon seit dem frühen 2. Jh. lebten, begruben Katharinas Leichnam. Um 324 ließ → Helena, die Mutter von → Konstantin I. dem Großen, über Katharinas Grab eine Kirche bauen. Zwischen 548 und 565 wuchs um die Kirche das mächtige Katharinenkloster, eine Stiftung des byzantinischen Kaisers Justinian I. Dieses Kloster ist wohl die einzige christliche Anlage, die schon über 1500 Jahre besteht und niemals durch kriegerische Einwirkung beschädigt wurde. Seine Äbte ließen sich rechtzeitig von jedem Eroberer einen Schutzbrief ausstellen. Man zeigt dort heute noch solch einen Schutzbrief, den – wenn man den Mönchen glauben darf – Mohammed persönlich unterschrieben haben soll. Das Katharinenkloster dürfte zudem das einzige Kloster sein, das innerhalb seiner Mauern eine Moschee beherbergt. So blieb das Kloster der hl. Katharina bis heute unbehelligt.

Im 10. Jh. entdeckten Pilger in dem Katharinenkloster die Gebeine der hl. Katharina, die im Osten seit dem 6./7. Jh., im Westen seit dem 8. Jh. wachsende Verehrung genoß. In Deutschland entwickelte sich ihr Kult zu Beginn des 12. Jh. Seit dem 13. Jh. ist Katharina nächst der Gottesmutter die am meisten verehrte und beliebteste Heilige des Christentums. Ein Grund für diese große, auch heute noch vielenorts geübte Verehrung mag darin liegen, daß Katharina in einem ihrer Gebete allen, die ihren Namen anrufen würden, versprach, bei Gott Fürsprache für sie einzulegen.

Festtag: 25. November. Seit 1969 (Beschluß des II. Vatikanischen Konzils 1962–1965) ist Katharina nicht mehr im Römischen Generalkalender enthalten, blieb aber nach wie vor im Regionalkalender für das deutsche Sprachgebiet.

Darstellung: mit offenem Haar, mit Krone, Palme, Buch (Gelehrsamkeit) und fast immer mit einem Rad (Zeichen ihres Martyriums), manchmal mit Palme oder Schwert, selten mit Lilie oder einer anderen Blume sowie dem abgeschlagenen Haupt. Eine häufig dargestellte Einzelszene ist die mystische Verlobung mit dem Christuskind, das ihr im Traum erschien und einen Ring ansteckte.

Katharina von Bologna, Katharina Vigri von Bologna (1413–1463), Äbtissin, Mystikerin; Patronin von Bologna, der Kunstakademie von Bologna sowie der Maler.

Die aus Bologna stammende Katharina wurde bereits als zwölfjähriges Mädchen wegen ihrer Schönheit, Gewandtheit und ihres Geistes Hofdame bei Prinzessin Margareta d'Este in Ferrara und erhielt am Hofe eine hervor-

ragende humanistische Bildung. 1432 trat sie in das neugegründete Klarissenkloster Corpus Domini in Bologna ein und wurde 1456 dessen Äbtissin. Ihre mystische Begnadung ließ sie das Werk ›Le sette armi spirituali‹ (Die sieben geistlichen Waffen) schreiben. Sie malte auch Miniaturen und dichtete Hymnen in lateinischer und italienischer Sprache. Sie starb in ihrem Kloster, dessen Kapelle ihren unverwesten Leib bewahrt. 1712 sprach Papst Klemens XI. Katharina Vigri heilig.

Festtag: 9. März.

Darstellung: als Nonne mit Buch und Kreuz; mit Krone; das Jesuskind auf dem Arm.

Katharina von Genua, Katharina Fieschi-Adorno (1447–1510), Krankenpflegerin und Mystikerin, Patronin der Stadt Genua und seit 1944 Zweitpatronin der italienischen Krankenhäuser.

Sie stammte aus dem genuesischen Adelsgeschlecht der Fieschi und wurde, obwohl sie Nonne werden wollte, 1463 als junges Mädchen mit dem Patrizier Giuliano Adorno aus Genua verheiratet, einem Mann, dem die Religion nichts galt und der allein Vergnügungen nachjagte. Sie dagegen wandte sich immer stärker dem christlichen Glauben zu. Im Jahr 1474 kündigte ihr eine Vision eine baldige Veränderung an. Und tatsächlich verlor ihr Mann sein Vermögen und wurde fromm. Um nun endlich ihre Vorstellungen zu verwirklichen, aber auch, um die Familie zu ernähren, wurde Katharina Krankenpflegerin im Frauenspital Pammatone in Genua. Hier opferte sie sich in rastloser Tätigkeit, besonders während zweier Pestepidemien, für die Kranken auf. 1491 übernahm Katharina die Leitung des Krankenhauses. Über Genua

hinaus wurde sie in Italien und Frankreich auch mit ihren mystischen Schriften bekannt. Katharina starb in Genua und wurde in der dortigen Kirche S. Caterina e S.ma Annunziata in Portoria beigesetzt. 1737 sprach Papst Klemens XII. sie heilig.
Festtag: 15. September.
Darstellung: als Krankenschwester, betend und mit einem flammenden Herzen auf der Brust.

Katharina von Schweden, Karin von Schweden (um 1332–1381). → Birgitta von Schweden vermählte ihre vierzehnjährige Tochter Karin mit dem Adligen Eggard von Kyren, mit dem sie dann in einer Josephsehe lebte. 1349 reiste Karin, die sich fortan Katharina nannte, mit ihrer Mutter nach Rom, um sie bei der Anerkennung und Verbreitung des Birgittenordens zu unterstützen. 1351 starb ihr Mann, und so widmete sie ihr weiteres Leben dem Glauben und der Arbeit für den Orden. Nach dem Tod ihrer Mutter 1373 überführte sie den Leichnam in das Kloster Vadstena am Vättersee, dessen Leitung sie 1375 übernahm. Den Birgittenorden hatte zwar schon 1370 Papst Urban V. bestätigt, dennoch erbat und erhielt sie 1378 eine zweite Bestätigung des Ordens und seiner Regel durch Papst Gregor XI. 1375–1380 war sie noch einmal in Rom, um das Heiligsprechungsverfahren für ihre Mutter einzuleiten. Sie starb in Vadstena und wurde in der Blåkyrkan, der Blauen Kirche des Hauptklosters, neben ihrer Mutter beigesetzt. 1484 sprach Sixtus IV. Katharina von Schweden heilig.
Festtag: 24. März.
Darstellung: als Nonne mit einer Laterne in der rechten und mit einem Buch in der linken Hand, als Pilgerin mit einem Reliquienkästchen; eine Hirschkuh schützt sie vor liebeshungrigen jungen Männern.

Katharina von Siena, Caterina (um 1347–1380), Mystikerin, Kirchenlehrerin, Patronin der Dominikaner-Terziarinnen, Hauptpatronin Italiens (seit 1939), zweite Patronin Roms (seit 1866), Patronin der Sterbenden und der Wäscherinnen; Helferin bei Kopfschmerzen und gegen die Pest.
Katharina Benincasa war das 25. Kind eines Wollfärbers in Siena. Niemand ahnte damals, daß Katharina einmal »die größte Frau des Christentums« werden würde. Als ihre Eltern die Zwölfjährige verheiraten wollten, widersetzte sie sich. Eine Pockenerkrankung entstellte ihr Gesicht, und sie beschloß 1365, in den 3. Orden des hl. → Dominikus (Orden der Schwestern von der Buße des hl. Dominikus, kurz der Dominikaner-Terziarinnen) einzutreten. 1374 pflegte sie in Pisa die Pestkranken, infizierte sich, überlebte aber. In ihrem Geburtshaus in der heutigen Via S. Caterina in Siena hatte sie erste Visionen (Christus reicht ihr den Brautring, sie aber nimmt seine Dornenkrone). Am 1. April 1375 empfing sie nach dem Bericht ihres geistlichen Vaters Raimund von Capua hier erstmals die Wundmale Christi (Stigmata), die sie allerdings bis zu ihrem Tod verborgen hielt. Weitere Visionen betrafen ihren vertrauten Umgang mit Jesus und Maria. Katharinas Klugheit bewog viele einflußreiche Persönlichkeiten, sie um Rat zu bitten. 1377 folgte Papst Gregor XI. ihrem Rat, aus Avignon, dem Babylonischen Exil der Päpste (1309–1376), wieder nach Rom zurückzukehren. Bei der Wahl von Gregors Nachfolger Urban VI. im Frühjahr 1378 kam es erneut zum Schisma. Im Herbst 1378 wählte ein

Ohnmacht der heiligen Katharina von Siena (Sodoma)

Teil der Bischöfe Klemens VII. als Gegenpapst. Katharina beschwor vergeblich alle wichtigen Würdenträger schriftlich und mündlich, das Schisma zu beenden. Auf Wunsch Urbans VI. übersiedelte sie 1378 von Siena nach Rom.

Ihre offene, manchmal recht forsche Art, Probleme anzugehen und zu lösen, schuf ihr viele Feinde, die ihr mit Verleumdungen zusetzten. So mußte sie sich 1374 vor dem Generalkapitel der Dominikaner in Florenz wegen ihres angeblich religions- und sittenwidrigen Verhaltens verantworten. Einmal hatte sie im strengen Winter einem Bettler ihren Ordensmantel geschenkt und war, was sich natürlich für eine Frau, erst recht für eine Ordensangehörige nicht schickte, im Hemd zu ihrem Kloster geeilt. Ihre zahlreichen Briefe und Schriften – sie hatte nie schreiben gelernt und mußte alles diktieren – zeugen von einer bemerkenswerten mystischen Begnadung und literarischen Begabung. Den Stil ihrer Schriften vergleicht man mit dem Stil Dantes und Petrarcas.

Katharina widmete ihr ganzes Leben den Kranken und Hilflosen sowie dem Kampf um die Einheit der katholischen Kirche und starb im Alter von nur 33 Jahren. Ihr Grab fand sie in S. Maria sopra Minerva (neben dem Pantheon) in Rom, ihr Haupt kam nach S. Domenico in Siena. 1461 sprach sie Papst Pius II. heilig. 1970 ernannte sie Papst Paul VI. zur Kirchenlehrerin; nur drei Frauen tragen diesen Titel bis heute: → Theresa von Ávila, Theresia von Lisieux und Katharina von Siena.

Festtag: 29. April.

Darstellung: als Dominikaner-Terziarin (langes weißes Hemd mit dunklem Mantel) mit Dornenkrone, Buch und Kruzifix, an ihren Händen die Wundmale Christi, in der Hand ein Herz, aus dem ein Kreuz emporwächst.

Katharina Vigri von Bologna, → Katharina von Bologna.

Kazimieras, → Kasimir.

Kephas, → Petrus.

Kerykos, → Quirikus.

Kilian von Würzburg, Killena († 689), Bischof, Märtyrer, Patron der Diözese Würzburg, von Franken (Apostel Frankens), Patron der Maler, Böttcher und Winzer (fränkischer Winzerheiliger), Helfer bei Augenkrankheiten, Gicht und Rheumatismus.

Der im irischen Mullagh geborene Kilian kam zu Beginn des 7. Jh. mit seinen Gefährten, dem Priester Kolonat und dem Diakon Totnan, als Wanderbischof nach Würzburg, wo sie mehrere Jahre lang mit großem Missionserfolg wirkten. Kilian taufte nach der Legende den in Würzburg residierenden Frankenherzog Gosbert, wurde aber, als er dessen Heirat mit Gailana, der Witwe seines Bruders, tadelte, auf Betreiben der wütenden Herzogin mit seinen beiden Gefährten ermordet. Nach der Legende verfielen die Mörder und Gailana daraufhin dem Wahnsinn und entleibten sich selbst. Bischof → Burkhard von Würzburg erhob am 8. Juli 752 die Gebeine der drei Märtyrer und ließ sie in die Kirche auf den Marienberg bringen. 788 überführte sie Bischof Berowelf im Beisein → Karls des Großen in den gleichzeitig geweihten ersten Würzburger Dom (Salvatordom), dessen Stelle heute die Neumünsterkirche einnimmt. Diese Kirche hütet noch immer einen Teil der Reliquien. Das Haupt des Heiligen befindet sich im Würzburger Dom St. Kilian, einem der größten romanischen Sakralbauten in Deutschland, geweiht 1188. Die Verehrung Kilians verbreitete sich unter den Karolingerherrschern (8. und 9. Jh.) sehr schnell und strahlte nordwärts bis in die von Karl dem Großen gestiftete und anfangs von Würzburg betreute Diözese Paderborn, südwärts bis nach Oberösterreich aus. Noch heute finden am Gedenktag des Heiligen (Kilianifest) im Würzburger Raum große Volksfeste und Wallfahrten statt.

Festtag: 8. Juli.

Darstellung: als Bischof mit Stab und Buch, Palme und Schwert, Palme und Kelch, Kelch und Patene, oft mit seinen Gefährten Kolonat und Totnan.

Kirchenlehrer. Kirchenschriftsteller, deren Glaubenslehren einen besonderen Beweiswert haben. Zu den frühchristlichen Kirchenlehrern der katholischen Kirche zählen die vier → Kirchenväter → Ambrosius, → Augustinus, → Gregor der Große und → Hieronymus, zu denen der griechischen Kirche die vier Kirchenväter → Athanasius der Große, → Basilius der Große, → Gregor der Jüngere von Nazianz und → Johannes Chrysostomus. Weitere katholische Kirchenlehrer sind (in Klammern das Jahr der Ernennung zum »Doctor ecclesiae«, einem vom Papst verliehenen Ehrentitel): → Thomas von Aquin, der bedeutendste aller Kirchenlehrer (1567), → Bonaventura (1588), → Anselm von Canterbury (1720), → Isidor von Sevilla (1722), → Petrus Chrysologus (1729), → Leo I. der Große (1754), → Petrus Damiani (1828), → Bernhard von Clairvaux (1830), → Hilarius von Poitiers (1851), → Alfons Maria di Liguori (1871), → Franz von Sales (1877), →

Cyrillus von Alexandria (1882), → Cyrillus von Jerusalem (1882) → Johannes von Damaskus (1890), → Beda genannt Venerabilis (1899), → Ephraim der Syrer (1920), → Petrus Canisius (1925), → Johannes vom Kreuz (1926), → Albertus Magnus (1931), → Robert Bellarmino (1931), → Antonius von Padua (1946), → Laurentius von Brindisi (1959), → Katharina von Siena (1970), → Theresa von Ávila (1970).

Als Kirchenlehrer wird u.a. auch Origenes (Origenes Adamantios = der Eherne, um 185–253/254) bezeichnet, der allerdings offiziell diesen Titel nicht erhielt. Origenes wurde auch niemals heiliggesprochen, weil er die »Wahrheiten der christlichen Religion durch platonische Ideen verfälscht habe«. 232 hatte ihn Bischof Demetrius exkommuniziert. Dennoch wurde Origenes unter Kaiser Decius als Christ eingekerkert und starb 254 zu Tyrus an den Folgen der Marterungen, demnach als christlicher Märtyrer. 553 wurde er vom 5. Ökumenischen Konzil in Konstantinopel nochmals verdammt, obwohl ihn alle großen Theologen des 4. Jh. aufs höchste verehrten. Leider sind seine zahllosen Schriften nur noch fragmentarisch erhalten, so daß es wohl kaum möglich sein wird, Origenes als Christ zu rehabilitieren.

Kirchenväter. Frühchristliche Lehrer, Schriftsteller und Theologen, deren Rechtgläubigkeit und Heiligkeit des Lebens die Kirche anerkennt. Ihre übereinstimmende Meinung zu Fragen der Glaubens- und Sittenlehre gilt als unfehlbar. Die lateinische Kirche kennt seit dem 8. Jh. vier Kirchenväter (Vierzahl parallel zur Zahl der Evangelisten), die großen lateinischen Kirchenväter: → Ambrosius, → Augustinus,

→ Gregor der Große und → Hieronymus. Das Anerkennungsverfahren dieser vier Kirchenväter schloß Papst Bonifatius VIII. 1295 rechtlich ab. Die griechische Kirche kennt seit dem 9. Jh. drei Kirchenväter: → Basilius der Große, → Gregor der Jüngere von Nazianz und → Johannes Chrysostomos. Um auch hier eine Vierzahl zu erhalten, fügt das Abendland noch → Athanasius der Große hinzu.

Klara von Assisi, Clara von Assisi, Chiara dei Scefi (1194–1253), Mitbegründerin des 2. Ordens der Franziskaner, des Ordens der Klarissinnen (Klarissen), Patronin der Klarissinnen in der Stadt Assisi, Patronin der Wäscherinnen und Stickerinnen, der Vergolder, Glaser und Glasmaler, der Blinden und des Fernsehens (Vision der Christmette vom Krankenbett aus), Helferin bei Fieber und Augenleiden.
Klara aus dem einflußreichen Adelsgeschlecht der Offreducci Favarone wurde in Assisi (Umbrien) geboren. Sie begeisterte sich für das Armutsideal des hl. → Franz von Assisi und verließ als Achtzehnjährige das vornehme Elternhaus. In dem Portiuncula-Kirchlein unterhalb von Assisi (seit 1569 von Sta. Maria degli Angeli umbaut) nahm sie von Franziskus das Ordensgewand der Franziskanerinnen entgegen, nachdem er ihr zuvor ihre schönen langen Haare abgeschnitten hatte. Bei der kleinen Kirche S. Damiano bei Assisi ließ sie sich mit ihrer Schwester → Agnes nieder und begründete hier den Orden der »Armen Schwestern«, der Klarissinnen. Um die Kirche entstand ein stattliches Kloster. Bald traten auch ihre Schwester Beatrix und ihre Mutter Hortulana (Ortolana) dem Orden bei. 1215 erteilte ihr Papst Innozenz III. das Armutsprivileg. Ungefähr ab 1224

war Klara so krank, daß sie ihr Bett nicht mehr verlassen konnte. Als 1240 und 1241 die Sarazenen Assisi belagerten, betete sie zu Gott, und ihr Kloster blieb verschont. Sie wirkte viele Wunder, heilte beispielsweise Kranke, die die Ärzte längst aufgegeben hatten. Im Laufe der Jahre entstanden immer mehr Klöster der Klarissinnen. Am 9. August 1253, zwei Tage vor ihrem Tod, erhielt Klara von Papst Innozenz IV. die Bestätigung ihrer Ordensregel. Sie starb in S. Damiano, beigesetzt wurde sie in S. Giorgio, beide in Assisi. 1260 übertrug man ihren mumifizierten Körper in die neue Kirche S. Chiara, wo er noch heute von Gläubigen verehrt wird. Papst Alexander IV. sprach Klara von Assisi schon 1255 heilig.
Festtag: 11. August.
Darstellung: als Nonne mit Buch, Kreuz, Lilie, Ziborium oder Monstranz.

Klemens I., Clemens Romanus († 97 oder 101), dritter Papst (88–97 oder 92–101) nach → Petrus, Märtyrer, → Kanonheiliger, Schüler des Petrus (→ Apostolische Väter); Patron von Sevilla, Århus (Dänemark), Compiègne (Frankreich) und der Krim; Patron der Steinmetzen, Hutmacher, Seeleute und Kinder; Helfer bei Kinderkrankheiten, bei Sturm, Gewitter und Hochwasser.
Clemens Romanus soll nach der Legende von Petrus persönlich zum Priester geweiht worden sein. Er wirkte als Mittler zwischen Judenchristen und Heidenchristen. Sein berühmter ›Brief an die Korinther‹, ein römisches Gemeindeschreiben zur Herstellung kirchlicher Ordnung in der korinthischen Gemeinde, gilt als erstes Zeugnis für den Primat des römischen Bischofs, des Papstes. Legendär ist sein

Papst Klemens I.
(Kloster Sveti Kliment, Ohrid)

Martyrium, das er bei seiner Verbannung auf die Krim erlitt. In den Marmorbrüchen bei Chersones (heute westlich von Sewastopol) mußte Klemens Steine brechen. Als er eines Tages sah, wie ein Lamm mit seinem Fuß an einem Felsen kratzte, brach er den Felsen auf und stieß dabei auf eine Quelle. Daraufhin bezichtigte man ihn der Zauberei und versenkte ihn mit einem Anker um den Hals im Meer. 868 soll der Slawenapostel Kyrillos (→ Kyrillos und Methodios) die Gebeine des Märtyrers nach Rom gebracht haben, wo sie in der Basilika S. Clemente Aufnahme fanden. Das Grundstück soll ein Christ namens Clemens, ein Namensvetter des Heiligen also, im 4. Jh. für den Bau der Kirche gestiftet haben.
Festtag: 23. November.
Darstellung: als Bischof (von Rom) mit Papstkreuz und Tiara, Lamm und Anker (Martyrium), mit einer Quel-

le (die Klemens auf der Krim für die Steinbrucharbeiter entspringen ließ).

Klemens Maria Hofbauer (1751–1820), Redemptorist, Apostel Wiens. Patron von Wien, zweiter Patron der Gesellenvereine (seit 1913).
Klemens, Taufname Johannes, wurde in Taßwitz bei Znaim (heute Znojmo, Südmähren) geboren. Seine Mutter war eine Deutsche, sein Vater ein Tscheche, der seinen Namen »Dvořak« in »Hofbauer« eindeutschte. Mit sechs Jahren verlor er den Vater, er lernte Bäcker und arbeitete in Znaim, später im benachbarten Prämonstratenserstift Klosterbruck (heute Louka). 1771 ging er nach Wien, wo drei adlige Damen dem jungen Mann den Besuch der Lateinschule ermöglichten. 1777 ließ er sich in Tivoli (östlich von Rom) in einer Einsiedlerkolonie nieder; dort erhielt er den Namen Klemens Maria. 1780–1784 studierte er mit finanzieller Hilfe einiger Wohltäter Theologie und vollendete sein Studium in Rom. Mit seinem Freund Thaddäus Hübl trat er hier als erster Deutschsprachiger in den Redemptoristenorden ein und wurde 1785 zum Priester geweiht. Der Orden schickte ihn nach Warschau, wo er in der Kirche St. Benno predigte und ein Waisenhaus und eine Lateinschule gründete. 1808 ließ Napoleon den Redemptoristenkonvent an St. Benno aufheben und die Patres des Landes verweisen. In Wien wirkte Klemens an der Minoritenkirche, ab 1813 als Beichtvater der Ursulinen und als Kirchenrektor an St. Ursula. Er intensivierte die Seelsorge, führte Hausbesuche bei Kranken ein und attackierte von der Kanzel aus den Josephinismus, die kirchenpolitischen Reformen Kaiser Josephs II. (1765–1790), der die staatli-

che Hoheit über die Kirche anstrebte, weshalb Klemens immer wieder polizeilichen Verhören unterzogen wurde. Er übte starken Einfluß auf die Wiener Romantiker aus, auf Friedrich Schlegel, Clemens Brentano und Joseph von Eichendorff, und beriet den Fürsterzbischof von Wien, Kardinal Joseph Othmar Rauscher, sowie den Kronprinzen Ludwig von Bayern. Klemens Maria Hofbauer starb in Wien und wurde auf dem »Romantikerfriedhof« Maria Enzersdorf bei Wien beigesetzt. Seit 1862 ruhen seine Gebeine in der Kirche Maria am Gestade, ebenfalls in Wien. 1909 sprach ihn Papst Pius X. heilig.
Festtag: 15. März.
Darstellung: als Redemptorist im schwarzen Talar mit weißem Halskragen, mit Rosenkranz.

Kletus, → Anaklet I.

Kolbe, → Maximilian Kolbe.

Koleta, → Coletta.

Koloman von Lindisfarne († 676), Abtbischof. Der aus Irland stammende Koloman (kelt. = Einsiedler) lebte im Kloster Hy auf der gleichnamigen kleinen Insel vor der schottischen Westküste. 661 wurde er Abtbischof von Lindisfarne auf Holy Island, einer Insel vor der nordenglischen Ostküste. Auf der Synode von Whitby im Jahr 664 setzte er sich gegenüber → Wilfrith von York energisch, aber erfolglos für die Beibehaltung der alten keltischen Bräuche in der christlichen Liturgie ein. Nach der Synode kehrte er nach Hy zurück, ging 668 nach Irland, wo er auf der Insel Inishbofin vor der irischen Westküste die Abtei Mayo gründete.
Festtag: 18. Februar.

Kolumban der Ältere, Columba, Colomban (521–597), Apostel Schottlands, Patron der irischen Dichter, Helfer gegen Blitz und Feuer, bei Mäuse- und Rattenplage. Kolumban (irisch: Columcille) stammte aus dem irischen Königshaus und zog als christlicher Wanderprediger und Sänger (Barde) über das Land, wobei er mehrere Klöster gründete, u.a. Derry, Durrow und Kells. 563 gründete er auf der Hebrideninsel Hy (heute Iona) ein Kloster, das sich schnell zu einem bedeutenden Missions- und Kulturzentrum entwickelte. Von hier aus führten ihn 34 Jahre lang zahlreiche Missionsreisen nach Schottland, wo er die Pikten und deren König Brudeus bekehrte.
Festtag: 9. Juni.
Darstellung: meist der Tod des Heiligen am Altar seiner Kirche auf der Insel Hy (Iona).

Kolumban der Jüngere, Columba, Columban (um 530–615), Abt von Luxeuil und Bobbio, Patron von Irland, Helfer bei Überschwemmungen und Geisteskrankheit. Der in der ostirischen Provinz Leinster (Laighean) geborene Kolumban wurde um 560 Mönch in dem von → Comgall kurz zuvor gegründeten Kloster Bangor (bei Belfast) und wirkte hier fast 30 Jahre lang als Lehrer. Um 590 ging er mit zwölf Gefährten, darunter der hl. → Gallus, nach England und anschließend nach Austrien (Ostfrankenreich) und in das Burgund. An vielen Orten gründete er Klöster, auch das bedeutende Kloster Luxeuil (bei Belfort, Ostfrankreich). Für alle seine Klostergemeinschaften schuf er eine besonders strenge Mönchsregel, die für viele abendländische Klöster Vorbild wurde, später aber durch die mildere Regel des hl. → Benedikt von Nursia ersetzt wurde. 610 ließ König Theuderich II. Kolumban aus Burgund ausweisen, weil er den König wegen seines Konkubinats öffentlich zur Rede gestellt hatte. Kolumban zog durch die Schweiz nach Oberitalien, wo er 612 die Abtei Bobbio (bei Piacenza, Lombardei) gründete. In Bobbio starb er, sein Grab befindet sich in der dortigen Kirche S. Colomano.

Festtag: 23. November, in der Schweiz (Diözesen Chur, St. Gallen und Feldkirch) 27. November.

Darstellung: mit einer Taube, die ihm Gottes Wort mitteilt, mit einem Bären, in dessen Höhle er laut Legende eine Quelle entspringen läßt, als Pilger mit einem Stab.

Könige, → Drei Heilige Könige.

Konrad von Konstanz (um 900–976), Bischof, 2. Patron des Erzbistums Freiburg, Patron der Städte Konstanz und Freiburg i. Br.

Der Sohn des Welfengrafen Heinrich von Altdorf (am Bodensee) studierte im Kloster St. Gallen und in der Konstanzer Domschule. Er wurde in Konstanz Dompropst und 934 von seinem Freund → Ulrich von Augsburg zum Bischof von Konstanz geweiht. Er verwendete sein reiches Erbe und seine gesamten Einkünfte als Bischof für den Bau und die Ausstattung von Kirchen, Klöstern und Spitälern. Dreimal pilgerte er ins Heilige Land, und 962 begleitete er Kaiser Otto I. nach Rom. Bischof Konrad starb in der Stadt seines Wirkens. Sein Leichnam wurde in der St.-Mauritius-Kirche beigesetzt, 1089 warf man seine Gebeine in den Wirren der Reformation in den Bodensee. Nur das Haupt des Heiligen konnte man retten und verwahrte es später

im Münsterschatz. 1120 wurde Konrad von Konstanz von Papst Kalixtus II. heiliggesprochen.

Festtag: 26. November.

Darstellung: als Bischof mit Kelch und einer giftigen Spinne (der Legende nach fiel sie während einer Messe in den Kelch, und Konrad schluckte sie ohne Schaden zu nehmen).

Konrad von Parzham, Johann Evangelist Birndorfer, Bruder Konrad (1818–1894), Laienbruder und Klosterpförtner. Patron der Pförtner, der katholischen Burschenvereine, des Seraphischen Liebeswerkes; Helfer bei allen Nöten.

Bruder Konrad, wie ihn alle Welt nannte, stammte aus einer niederbayerischen Bauernfamilie in Parzham im Rottal. Er arbeitete mit seinen Geschwistern auf dem väterlichen Hof, bis er 1849 als Kapuziner-Laienbruder in das St.-Anna-Kloster in Altötting eintrat. 1852 legte er im Kloster Laufen (bei Salzburg) das Gelübde ab und hieß fortan Konrad. Daraufhin kehrte er nach Altötting zurück und war über 40 Jahre lang Pfortenbruder des Klosters. Altötting ist die bedeutendste Wallfahrtsstätte Süddeutschlands. Hunderttausende von Pilgern kommen alljährlich zu der »Heiligen Kapelle« aus karolingischer Zeit, um die »Schwarze Muttergottes« zu verehren und die in Silber gefaßten Herzen der bayerischen Landesfürsten seit Kurfürst Maximilian zu bestaunen. Und viele der Pilger besuchten und besuchen das Kapuzinerkloster, in dem Bruder Konrad alle Fragen beantwortete und fast alle Wünsche erfüllte, »in Liebe zu Gott und den Menschen, in Pflichttreue und in Demut«, wie Papst Pius XI. bei seiner Heiligsprechung sagte. Konrad von Parzham starb in

Altötting und fand sein Grab in der Kapuzinerkirche St. Anna, der heutigen Bruder-Konrad-Klosterkirche. 1930 sprach ihn Papst Pius XI. selig und 1934 auch heilig. 1984 wurde Konrad von Parzham dritter Diözesanpatron des Bistums Passau.
Festtag: 21. April.
Darstellung: als Klosterbruder im braunen Habit, mit Kreuz (»das Kreuz ist mein Buch«).

Konstantia, Konstantina, Konstanza, Constantia (4. Jh.). Die nahe Verwandte des Kaisers → Konstantin I. des Großen – einige Quellen bezeichnen sie sogar als eine mit Fausta gezeugte Tochter – wurde nach der Legende durch die hl. → Agnes von Rom von einer tödlichen Krankheit geheilt. Aus Dankbarkeit errichtete sie über dem Grab der Agnes in Rom die Basilika S. Agnese. Andere Quellen halten Konstantia für die Verlobte des römischen Feldherrn Gallicanus. Als Gallicanus nach einer Vision auf die Heirat verzichtete, gründete Konstantia mit seinen Töchtern aus erster Ehe, Attika und Artemia, bei S. Agnese ein Kloster.
Festtag: 18. Februar.
Darstellung: als vornehme Byzantinerin mit kaiserlichen Insignien und oft mit einer Taube.

Konstantin I. der Große (um 280–337), römisch-byzantinischer Kaiser, Heiliger der Ostkirche (»der Apostelgleiche«).
Konstantin wurde in Naissus (heute Niš, Serbien) als Sohn des Heerführers und späteren römischen Kaisers Constantius I. Chlorus (der Blasse) und dessen Konkubine → Helena geboren. Seine Erziehung erhielt er am Hof des Kaisers Diokletian in Nikomedia (heu-

te Izmit, Türkei). Nach dem Tod des Vaters im Jahr 306 riefen ihn in Eboracum (heute York, England) die römischen Soldaten zum Kaiser aus. 307 heiratete er Fausta, die Tochter des 305 freiwillig abgedankten Diokletian. Der Nachfolger Diokletians, Galerius, hatte 303 die furchtbarste Christenverfolgung aller Zeiten ausgelöst, weil er sich von der Vernichtung der Christen die Gunst der Götter und damit viele Siege für die römischen Legionen erhoffte. Doch alle Versuche, das Christentum auszurotten, waren vergeblich. So nahm er 311 seine Verfolgungsedikte zurück.
Nach dem Tod des Galerius (311) begann der Kampf um die Alleinherrschaft im Römischen Reich. 312 schlug Konstantin an der Milvischen Brücke in Rom (heute Ponte Milvio) die Truppen seines Schwagers und Mitkaisers Maxentius, der im Tiber ertrank. Nach Ansicht mancher Historiker entschied diese Schlacht über die Zukunft des Abendlandes als christlich geprägte Welt. Konstantin, noch immer kein getaufter Christ, soll – wie Eusebius († 340), Bischof von Caesarea und erster christlicher Kirchenhistoriker, berichtete – vor der Schlacht über der Sonne ein strahlendes Kreuz mit der griechischen Aufschrift »tuto nika« (= in diesem Zeichen) siege) gesehen haben. Daraufhin habe Konstantin eine Fahne mit dem Christusmonogramm besticken lassen (Labarum). Seit dem Sieg über Maxentius veranlaßte er große Schenkungen an die Kirche. 313 gewährten die Kaiser Konstantin und Licinius (nachdem Licinius Kaiser Maximinus Daia besiegt hatte) allen Bürgern des Reiches freie Religionsausübung (Toleranzedikt von Mailand). Doch Licinius setzte sich bald über dieses Edikt hinweg

und begann 320 erneut, die Christen zu verfolgen. 323 kam es zum endgültigen Bruch zwischen den beiden Kaisern. In den Schlachten bei Adrianopel (heute Edirne, Türkei) und Chrysopolis (heute Shkodër (Skutari), Albanien) besiegte Konstantin 324 Licinius, nahm ihn gefangen und ließ ihn im Jahr darauf in Saloniki ermorden. Damit war Konstantin Alleinherrscher im Römischen Reich. Fortan förderte er verstärkt das Christentum, ließ in allen Reichsteilen Kirchen bauen, schuf die Gerichtshoheit für die Bischöfe und führte die Heiligung des Sonntags ein. 325 berief der Kaiser das Konzil von Nicäa ein, um endlich den Streit um die Gottesgleichheit bzw. Gottesähnlichkeit Christi zu beenden. 330 verlegte er den Kaisersitz von Rom nach Byzanz, das fortan »Konstantinopel« hieß (heute Istanbul). Auf seinem Totenbett in einem heute fast völlig verschwundenen Palast in Ankyron (heute Hereke, ein Dorf, das den kostbarsten anatolischen Teppichen seinen Namen gab, unweit Izmit, Türkei) ließ er sich von Eusebius, Bischof von Nikomedien, taufen. Bei dieser Gelegenheit stärkte Konstantin die Macht der Kirche durch umfangreiche Schenkungen (Donatio Constantini). Beigesetzt wurde der Kaiser in der von seiner Mutter → Helena gestifteten Apostelkirche in Konstantinopel, deren Platz seit dem 15. Jh. die Fatih-Moschee einnimmt. Des Kaisers Reliquien gingen bei der Eroberung der Stadt durch die Türken am 29. Mai 1453 verloren. Konstantins Entscheidung, dem Christentum durch das 313 erlassene Edikt zu Mailand neben den alten Kulten volle Gleichberechtigung zu gewähren, das Christentum durch weitere Gesetze allmählich zur Staatsreligion zu führen, das ganze Imperium Romanum schließlich in ein christliches Staatswesen zu verwandeln, war zweifellos Grund genug, den Kaiser zu einem Heiligen zu erheben, Grund genug allerdings nur für die anatolische, armenische und russische Kirche. Daß Konstantin 330 die Hauptstadt des Reiches von Rom nach Byzanz, nunmehr Konstantinopel genannt, verlegte, verzieh ihm die katholische Kirche nie und betrachtet ihn daher auch heute nicht als einen ihrer Heiligen. Als heiligmäßig kann auch kaum sein Charakter gelten. Alle seine Konkurrenten auf dem Kaiserthron, von Maximian bis Licinius, ließ er ermorden, Skrupel kannte er auch nicht, als er seinen Sohn Flavius Julius Crispus und seine Gemahlin Fausta umbringen ließ. Das Christentum war für ihn nur ein Mittel, das Reich absolutistisch zu beherrschen.

Festtag: der armenischen und der russischen Kirche: 21. Mai.

Darstellung: als römischer Kaiser mit Schwert und Feldzeichen (Labarum), mit dem Kreuz, das die Inschrift »In hoc signo vinces« trägt.

Korbinian von Freising, Corbinianus (um 680 – um 730), Bischof. Hauptpatron des Erzbistums München-Freising, Patron der Diözese Bozen-Brixen.

Korbinian wurde als Sohn christlicher Eltern in dem kleinen Ort Chartrettes bei Melun (nahe Paris) geboren, sein Vater Waltekis war Franke, seine Mutter Corbiniana eine Irin. Im Alter von dreizehn Jahren baute sich der Junge, der eigentlich wie sein Vater Waltekis hieß, aber nach seiner Mutter gerufen wurde, in seinem Heimatdorf neben einer Kapelle eine winzige Zelle, in der er über vierzehn Jahre als Einsiedler zubrachte. Um 709/710 unternahm er

eine Wallfahrt nach Rom, wo er Gelegenheit hatte, mit Papst Konstantin I. zu sprechen. Der Papst riet ihm, das Eremitendasein aufzugeben und statt dessen das Evangelium zu verkünden. Schließlich weihte ihn der Papst zum Missionsbischof und schickte ihn als Glaubensboten in die noch kaum christianisierten Rand- und Nachbargebiete des Frankenreichs, wie Bayern. Der Bayernherzog Grimoald wies ihm die Siedlung Freising bei München als Ausgangspunkt für seine Missionsarbeit an. So wurde Korbinian etwa 714 erster Bischof von Freising (als offizielles Gründungsdatum des Bistums Freising gilt jedoch 739). Von Freising aus unternahm Korbinian erfolgreiche Missionsreisen in das gesamte Voralpenland. Jäh unterbrochen wurde seine apostolische Tätigkeit, als er 724 Herzog Grimoald die Beziehung zu der schönen Gesellschaftsdame Pilitrud (Plektrudis), seiner späteren Gemahlin, vorhielt. Dadurch zog er sich die tödliche Feindschaft dieser Dame zu und mußte sich in das ferne Kains (Kuens) bei Mais (heute Meran, Südtirol) zurückziehen. Erst nach Grimoalds Tod rief ihn sein Nachfolger, Herzog Hugibert, nach Freising zurück, wo er dann gegen 730 starb. Seinem Wunsch entsprechend wurde Bischof Korbinian neben dem Grab des hl. Valentinus (→ Valentinus von Rätien) in der Zenoburg bei Mais beigesetzt. Am 20. November 769 ließ der sel. Aribo (Arbeo), Bischof von Freising, Korbinians Gebeine nach Freising übertragen, wo sie heute der goldene Korbiniansschrein auf dem Sarkophag des Heiligen im Dom hütet.
Festtag: 8. September, im Bistum München-Freising und Regensburg: 20. November (Übertragung der Gebeine nach Freising), in der Diözese Bozen-Brixen: 9. September.
Darstellung: als Bischof mit Buch, Stab und Kirchenmodell, mit einem bepackten Bären (der Legende nach zerriß ein Bär das Maultier des Korbinian, der daraufhin den Bären zwang, selber das Gepäck nach Rom zu tragen).

Koreanische Märtyrer. Zu ihnen zählen die Missionare Andreas Kim, Paulus Chong, Laurentius Imbert, Franciscus Simeon Berneux und 99 Gefährten († zwischen 1839 und 1867).
1831 richtete Papst Gregor XVI. (1831–1846) für Korea ein Apostolisches Vikariat ein, das der Diözese Peking unterstellt war. Seit diesem Jahr, zum Teil schon ab 1791, waren katholische Missionare in Korea tätig. 1839, 1846 und 1866 fanden in Korea besonders grausame Christenverfolgungen statt. 103 Märtyrer ließen dabei ihr Leben. Als Beispiel möge hier die Vita des ersten einheimischen Priesters von Korea stehen: Andreas (André) Kim. Andreas wurde 1821 in Korea geboren. Mit zwanzig Jahren versuchte er, französische Missionare nach Korea einzuschleusen, was aber mißlang. Nach seiner Weihe zum Diakon missionierte er selbst und empfing in Shanghai die Priesterweihe. Bei seiner Rückkehr nach Korea schmuggelte er einige französische Geistliche über die Grenze. Er war aber noch kein Jahr im Priesteramt, als man ihn festnahm und in Seoul mit dem Schwert hinrichtete. Sein Grab befindet sich in Seoul, der heutigen Hauptstadt von Südkorea und Residenz eines katholischen Erzbischofs. 1968 wurde Andreas Kim von Papst Paul VI. selig- und 1984 von Papst Johannes Paul II. heiliggespro-

chen. Mit Andreas Kim wurden 102 weitere Märtyrer, Mädchen, Frauen und Männer, allesamt Missionare und ihre Begleiter, kanonisiert.
Festtag: (für alle 103 Heiligen): 20. September.

Kornelius, Cornelius, römischer Offizier, erster Heidenchrist, Bischof. Kornelius war Hauptmann in der Italischen Kohorte, die im palästinensischen Caesarea stationiert war. Die Juden schätzten ihn, den Armen gab er reichlich Almosen. Eine Vision veranlaßte ihn, den Apostel Petrus, der gerade in Jaffa weilte, zu sich zu rufen. Petrus folgte der Einladung aufgrund einer Offenbarung (»Was Gott für rein erklärt, nenne du nicht unrein!« Apg 10,15). Und er taufte in Caesarea Kornelius als den ersten Unbeschnittenen und mit Kornelius dessen Verwandte und Freunde (Apg 10). Wegen der Taufe eines Nichtjuden kam es innerhalb der ersten urchristlichen Gemeinde zum Streit und schließlich um das Jahr 48 zum Apostelkonzil in Jerusalem (Apg 15). Kornelius wurde später Bischof von Caesarea.
Festtag: 2. Februar, in den Ostkirchen 13. September und 20. Oktober.

Kornelius, Cornelius († 253), Papst (251–253), einer der vier heiligen → Märtyrer, → Kanonheiliger, Patron des Hornviehs, Patron von Kornelimünster. Nach dem Ende der Christenverfolgungen 249–251 unter Kaiser Decius wurde der römische Presbyter Kornelius im März 251 zum Papst gewählt. Unter ihm entstand ein heftiger Streit, ob die während der Christenverfolgungen Abgefallenen wieder in die Kirche aufgenommen werden sollten oder nicht. Führer jener Partei, die den Abfall als schwere Sünde und als un-

widerrufbar ansah, war ein gewisser Novatian, der sich zum römischen Gegenbischof ernannte und von seinen Anhängern zum Gegenpapst wählen ließ. Im Herbst 251 beendete eine römische Synode den Streit und setzte Novatian ab. Kornelius hatte sich mit seiner Ansicht, den Abgefallenen zu verzeihen, in der Gesamtkirche durchgesetzt: Die Synode von Karthago (251) regelte das Verfahren für die Wiederaufnahme der Abgefallenen. Kaiser Gallus (251–253) aber verbannte Kornelius 253 nach Centumdellae (heute Civitavecchia) bei Rom, wo er am 14. September 253 starb.
Nach einer Legende soll Kornelius, als er 253 aus der Verbannung nach Rom zurückgekehrt war, gezwungen worden sein, im Marstempel zu opfern. Als er das ablehnte, schlug man ihn mit Bleiklötzen und verurteilte ihn zum Tode. Auf dem Weg zur Richtstätte heilte er die Frau eines Ritters, beide bekehrten sich mit zwanzig Mann ihres Gefolges zum Christentum und wurden zusammen mit Kornelius enthauptet.
Festtag: 16. September.
Darstellung: in pontifikaler Meßkleidung mit Tiara und Kreuzstab, manchmal in einem Buch lesend, auch ein Trinkhorn haltend, das seinen Namen erklärt (von lat. cornu = Horn). – Die Schatzkammer der Basilika des Benediktinerklosters zu Kornelimünster (Aachen) enthält eine Reliquienbüste des Heiligen.

Korona, → Corona.

Kosmas und Damianus, Cosmás und Damian († um 303), Zwillingsbrüder und Ärzte (→ Anargyroi), Märtyrer, → Kanonheilige, Patrone der Stadt Florenz und des Jesuitenordens, Patrone

Die heiligen Kosmas und Damianus (SS. Cosma e Damiano, Rom)

der Kranken, der Ärzte, Zahnärzte, vieler medizinischer Fakultäten, der Barbiere (Bader), Friseure und Drogisten, der Physiker, Krämer und Zuckerbäcker, Helfer gegen Geschwüre und bei Epidemien sowie bei Pferdekrankheiten, → Pestpatrone.

Verläßliche Berichte über das Leben

180

und Sterben der heiligen Zwillingsbrüder fehlen. Nach der Legende stammten sie aus Arabien, sie praktizierten in Syrien bzw. an der südtürkischen Küste als Ärzte, nahmen von Armen kein Geld und bekehrten viele ihrer Patienten zum Christentum. In den Christenverfolgungen unter Kaiser Diokletian um das Jahr 303 wurden sie wegen ihres Glaubens verhaftet, von dem Statthalter Lysias verhört, gefoltert, auf wunderbare Weise aus dem Kerker befreit, wiederum festgenommen und schließlich enthauptet. Über den Ort ihres Martyriums besteht Uneinigkeit: Der Archidiakon und Jerusalempilger Theodosius zum Beispiel nennt um 530 den Ort Kyrrhos (heute Killiz, Syrien), andere Quellen sprechen von Aigai (heute Ajas, Südosttürkei).

Nach ihrem Martyrium bewirkten die beiden Heiligen zahllose Wunder, wie die Heilung eines Bauern, dem im Schlaf eine Schlange in den Bauch gekrochen war. Ihr Kult setzte schon sehr früh ein. So stiftete Papst → Symmachus (498–514) in der römischen Kirche S. Maria Maggiore für die beiden Heiligen ein Oratorium, Papst Felix IV. (III.; 526–530) ließ zwei Römertempel am Forum Romanum in Rom zur Basilika SS. Cosma e Damiano umbauen. Im 6. Jh. entstanden in Konstantinopel vier Kirchen zu Ehren von Kosmas und Damianus, der größten war ein Hospital mit Apotheke angeschlossen. Zur Zeit der Deutschen Hanse erreichte der Kult der beiden heiligen Ärzte einen weiteren Höhepunkt, als die Gläubigen sie um Hilfe bei den aus fernen Ländern eingeschleppten Epidemien anriefen.

Um 850 brachte Bischof → Altfrid von Hildesheim Reliquien der beiden Heiligen nach Hildesheim (Dom) und nach Essen (Kanonissenstift). Weitere Reliquien kamen 965 nach Bremen und von dort zu Beginn des 15. Jh. nach München, wo sie 1649 aus der Residenz in die St.-Michael-Kirche übertragen wurden.

Festtag: 26. September, Ostkirchen: 17. Oktober und 1. November.

Darstellung: als junge Ärzte in langen Gewändern mit Arzttasche am Gürtel, mit medizinischen Geräten und Instrumenten, mit Mörser, Stößel, Salbgefäß und Pinzette, mit einem Äskulapstab. Oft Darstellung mit anderen Heiligen.

Krippenheilige. Die frühchristliche Kirche legte die Festtage bestimmter Heiliger oft in die Nähe des Weihnachtsfestes, um dessen Stellenwert zu betonen. Solche Krippenheilige sind u.a. Stephanus (26. Dezember) und Johannes der Evangelist (27. Dezember).

Kunibert von Köln, Cunibert, Chunebertus, Honoberthus (590/600 – um 663), Bischof.
Kunibert stammte aus einer vornehmen fränkischen Familie, die an der Mosel beheimatet war. Erzogen wurde der Junge am Königshof in Metz und in Trier. Um 614 wurde er Archidiakon in Trier und vermutlich 623 zum Bischof von Köln gewählt. Der Frankenkönig Dagobert I. wie auch der Hausmeier Pippin der Ältere zogen den weltoffenen Bischof häufig zu Rate. Kunibert straffte die Verwaltung seiner Diözese, achtete auf wirtschaftliches Arbeiten der Klöster und unterstützte viele karitative Stiftungen. Er starb in Köln und wurde in der von ihm gegründeten Kirche St. Clemens, der späteren St.-Kunibert-Kirche, beigesetzt.

Festtag: 12. November.
Darstellung: als Bischof mit Kirchenmodell, über ihm schwebt eine Taube (die ihm nach der Legende während einer Messe die Grabstätte der hl. → Ursula von Köln geoffenbart haben soll).

Kunigunde († 1033 oder 1039), Tochter des Grafen Siegfried von Luxemburg (Lucilinburhuc) und Gemahlin Kaiser → Heinrichs II.
1002 wurde sie mit ihrem Gemahl in Mainz zur Königin der Deutschen und 1014 von Papst Benedikt VIII. in Rom zur Kaiserin gekrönt. Gemeinsam mit Heinrich gründete sie 1007 das Bistum Bamberg und errichtete an der Stelle der dortigen Burg den Bamberger Dom. 1017 stiftete sie das Benediktinerinnenkloster Kaufungen (heute Oberkaufungen bei Kassel), in das sie 1025, ein Jahr nach Heinrichs Tod, als Nonne eintrat und dort bis zu ihrem Tod lebte. Um ihr Leben ranken sich zahlreiche Legenden, so etwa wurde sie des Ehebruchs beschuldigt. Nach einem Gottesurteil lief sie barfuß über zwölf glühende Pflugeisen, ohne daß sie sich die Füße verbrannte, womit der Verdacht des Ehebruchs ausgeräumt und sogar ihre unversehrte Jungfräulichkeit bewiesen war (ihre Ehe war kinderlos geblieben). Papst Innozenz III. sprach sie 1200 heilig. 1201 wurden ihre Gebeine neben ihrem Gemahl im Bamberger Dom beigesetzt. 1499–1513 gestaltete Tilman Riemenschneider das Hochgrab des Herrscherpaares.
Festtag: 13. Juli (mit Heinrich II.), in Bamberg am 3. März.
Darstellung: mit Krone und Zepter, manchmal auch mit dem Reichsapfel, in den Händen ein Kreuz und ein Kirchenmodell. Als Nonne hält sie ein Buch. Eine Pflugschar unter ihren Füßen erinnert an das legendäre Gottesurteil.

Kunold und Giselher, → Chuniald und Gislar von Salzburg.

Kyriakos, → Cyriacus von Rom.

Kyrill, Kyrillos von Alexandria, → Cyrillus von Alexandria.

Kyrill, Kyrillos von Jerusalem, → Cyrillus von Jerusalem.

Kyrillos und Methodios, Cyrillus und Methodius (826/827–869, vor 820–885), Apostel der Slawen, Slawenlehrer, Patrone von Böhmen, Mähren, Bulgarien und mehreren slawischen Diözesen, Patrone aller slawischen Völker (1863), Patrone Europas (1980).
Die beiden Brüder stammten aus Thessalonike (Saloniki, Nordgriechenland). Kyrillos hieß eigentlich Konstantinos, er studierte in Konstantinopel, wurde nach der Priesterweihe Chartophylax (etwa Generalvikar) und unterrichtete Philosophie (»Konstantinos der Philosoph«). Der ältere Methodios hieß eigentlich Michael und war ein hoher Beamter, bevor er Mönch wurde und seinen neuen Namen annahm. 860 reisten beide Brüder im Auftrag des byzantinischen Kaisers Michael III. als Missionare zu den Chasaren, einem Türkvolk zwischen unterer Wolga und Don, dessen Oberschicht im 8. Jh. den jüdischen Glauben angenommen hatte. In Cherson, wo der Dnjepr in das Schwarze Meer mündet, fanden sie die Gebeine des Papstes → Klemens I., die sie später, etwa 868, nach Rom brachten.

861 hatte Rastislav, Fürst des Groß-mährischen Reiches, die römische Kurie gebeten, die großmährische Kirche von der ostfränkischen des Bistums Regensburg zu trennen; Rom lehnte ab. Daraufhin wandte er sich an Kaiser Michael III. mit der Bitte um Entsendung slawisch sprechender Priester. Wieder waren es die beiden Brüder, die diesmal nach Mähren zogen. Sie brachten gleich eine slawische Übersetzung der liturgischen und pastoralen Texte mit, die sie schon Jahre vorher gefertigt hatten, und schufen in Abwandlung der griechischen Majuskel die slawische Schrift Glagoliza, aus der sich seit dem 10. Jh. die Kyrilliza, die kyrillische Schrift (nach Kyrillos/Cyrillus) entwickelte. 867 ließen sich Kyrillos und Methodios ihr Werk in Rom von Papst Hadrian II. legitimieren: nach vorausgehender lateinischer Lesung durfte im Gottesdienst fortan in slawischer Sprache gepredigt werden. Das brachte der Kirche viele Anhänger, verärgerte aber die fränkischen Bischöfe.

In Rom wohnten die Brüder in einem griechischen Kloster, in dem der inzwischen schwer erkrankte Konstantinos den Namen »Kyrillos« (lat. Cyrillus) erhielt. Er starb am 14. Februar 869 in diesem Kloster und wurde in der Kirche S. Clemente in Rom beigesetzt. Nach Kyrillos' Tod ernannte Papst Hadrian II. Methodios zum Erzbischof von Mähren und Pannonien (dem Land um Wien, das die Brüder 866 christianisiert hatten). Diese Ernennung erzürnte die bayerisch-ostfränkischen Bischöfe dermaßen, daß sie Methodios 870 verhaften ließen und in den Kerker warfen. Erst Papst Johannes VIII. konnte ihn drei Jahre später, 873, wieder befreien und in

seine alten Rechte einsetzen. Methodios starb am 6. April 885; sein Grab blieb unbekannt. Nach seinem Tod ließ Svatopluk, Neffe und Nachfolger des Fürsten Rastislav, alle Anhänger des Slawenapostels aus Mähren vertreiben. Von Bulgarien aus verbreiteten sie die slawische Liturgie nach Serbien, Rumänien und Rußland. 896 verbot Papst Stephan VI. (VII.) die slawische Kirchensprache wieder. Die Viten von Kyrillos und Methodios gelten als die ältesten slawischen Literaturdenkmäler. 1880 ordnete Papst Leo XIII. die Verehrung der beiden in der gesamten katholischen Kirche an.

Festtag (für beide Heiligen): 14. Februar, Ostkirchen: 11. Mai.

Darstellung: als Bischöfe im lateinischen oder slawischen Ornat, mit oder ohne Bart, mit Buch und Kelch oder Kreuzstab.

Kyros und Johannes, Abbacyrus und Johannes († 304). Über die beiden Heiligen ist nichts anderes bekannt, als daß sie im 4. Jh. lebten und bei den Verfolgungen unter Diokletian in Alexandria als Christen enthauptet wurden. In der Markusbasilika zu Alexandria wurden sie bestattet, von wo aus → Cyrillus, der Patriarch von Alexandria, ihre Gebeine nach Menuthis (heute das Seebad Abukir bei Alexandria, Ägypten) in eine eigene Kirche bringen ließ, um den dortigen Kult der Isis Medica, der heilenden Isis, zu brechen und zu ersetzen. So kam es, daß der Mönch Kyros und der Soldat Johannes nach ihrem Tod als → Anargyroi (Ärzte, die von Armen kein Geld nehmen) große Verehrung fanden. Ihre Reliquien, die über 70 Wunderheilungen bewirkt haben sollen, kamen später nach Rom in die

Kirche S. Passera an der Via Portuensis.

Festtag: 31. Januar.

Darstellung: als bärtige Ärzte mit entsprechenden Attributen wie Arzneikästchen.

L

Ladislaus I. von Ungarn, László (um 1040–1095), König von Ungarn. Geboren in Polen als Sohn des Königs Béla von Ungarn und der Herzogin Rikiza von Polen. Nach dem Tod seines Bruders Géza I. im Jahr 1077 wurde er zum König von Ungarn ausgerufen, verzichtete aber wegen der heftigen Thronkämpfe mit dem von Géza I. abgesetzten König Salomon (1063–1074) auf die Krönung. Ladislaus trieb das 1071 in Ungarn eingefallene heidnische Turkvolk der Kumanen aus dem Land, vollendete die Christianisierung Ungarns und gestaltete das Land nach westlichem Vorbild um. 1089 griff er in den Nachfolgestreit in Kroatien ein, gründete 1090 das Bistum Agram (heute Zagreb, Kroatien), besiegte 1091 das Turkvolk der Petschenegen, eroberte noch im selben Jahr Slawonien und verlegte den von König → Stephan I. von Ungarn gegründeten Bischofssitz Bihor in das vermutlich von ihm gegründete Großwardein (ungar. Nagyvárad, heute Oradea, Westrumänien). 1083 erwirkte Ladislaus von Papst Gregor VII. die Heiligsprechung von Stephan I., dessen Sohn → Emmerich von Ungarn und des Bischofs → Gerhard von Csanád. Er starb am 29. Juli 1095 bei Neutra (Slowakei), sein Grab in der von ihm gestifteten Kathedrale St. Maria in Großwardein wurde Mittelpunkt eines weitverbreiteten Ladislaus-Kultes. Papst Cölestin III. sprach ihn 1192 heilig. Seine berühmteste Reliquie, ein Schädelknochen, befindet sich im ungarischen Györ (früher Raab), Armknochen kamen in die kroatischen Städte Zagreb (früher Agram) und Dubrovnik (früher Ragusa).
Festtag: 27. Juni und 29. Juli (Todestag).
Darstellung: als König in einer Rüstung, meist mit Streitaxt als Attribut.

Lambert von Maastricht, Lambrecht, Lampert (um 625–705/706), Bischof, Märtyrer. Stadtpatron von Lüttich und Freiburg i. Br.; Patron der Bauern, der Chirurgen und Zahnärzte, der Holzschnitzer, Leinenweber und Maurer; der Lahmen und Augenkranken; Helfer bei Epilepsie, Krämpfen, Nierenleiden, Geburtsnöten und Viehseuchen. Lambert wurde in Maastricht als Sohn wohlhabender Eltern geboren. Er war Schüler des Bischofs → Theodard von Maastricht und wurde nach dessen Ermordung (669/670) um 672 zu seinem Nachfolger gewählt. König Childerich II., König von Austrien (Ostreich der Franken, zwischen Rhein und Maas) und ab 673 König des ganzen Frankenreichs, bestätigte die Wahl. Als der König 675 ermordet wurde, setzte sein Hausmeier Ebroin Bischof Lambert kurzerhand ab und verbannte ihn in das Kloster Stablo (heute Stavelot bei Lüttich). 682 stürzte Pippin II. der Mittlere Ebroin, und Lambert konnte auf seinen Bischofsstuhl zurückkeh-

ren. Bischof Lambert setzte in Lüttich ein Verfahren zur Klärung in Gang, ob die Staatsgewalt berechtigt sei, Kleriker, insbesondere Bischöfe, abzusetzen. Ein gewisser Graf Dodo vertrat bei diesem Verfahren die Staatsgewalt. Als zwei Bedienstete Dodos in Lüttich getötet wurden, weil sie Kirchengut gestohlen hatten, verdächtigte Graf Dodo den Bischof der Anstiftung zur Tötung und ließ ihn kurzerhand am 17. September 705 (oder 706) in dessen Lütticher Wohnung ermorden. Da sich Lambert nicht gegen die Meuchelmörder gewehrt, sondern gebetet hatte, verehrte ihn das Volk bald als Märtyrer und als Heiligen. Sein Nachfolger, Bischof → Hubert von Maastricht und Lüttich, ließ am Ort des Martyriums eine Kirche errichten, die nach ihrer Vollendung die Gebeine Lamberts aufnahm. Seit dem 12. Jh. besitzt das Münster in Freiburg i. Br. eine Kopfreliquie des Heiligen. Der hl. Lambert wird heute noch besonders in Westfalen und in den Niederlanden verehrt.
Festtag: 18. September.
Darstellung: als Bischof, kniend, von Lanze, Speer oder Pfeilen durchbohrt, mit Schwert, Handkreuz (Hinweis auf das Lichtkreuz, das bei Lamberts Tod am Himmel erschien) oder Kirchenmodell.

Landrada von Münsterbilsen († um 690). Die möglicherweise aus pippinschem Geschlecht stammende Landrada (eine Vita aus dem 12. Jh. bezeichnet sie als Enkelin des fränkischen Hausmeiers Pippin I. des Älteren) lebte lange Jahre als Einsiedlerin, bevor sie das Kloster Münsterbilsen (in Bilsen bei Maastricht) gründete. Sie war die Lehrerin der hl. → Amalberga von Gent. Ihre Gebeine kamen schon bald nach ihrem Tod nach Wintershoven

und um 980 in die Kirche St-Bravo in Gent. Noch heute genießt die hl. Landrada in den Diözesen Gent und Lüttich hohe Verehrung.
Festtag: 8. Juli.
Darstellung: als Ordensfrau mit einem Bären, als Schäferin.

Landrich, Landry († um 730), Abt und Bischof. Der Sohn des hl. → Vinzenz Madelgar und der hl. → Waldetrudis war zunächst Offizier, wurde dann Kleriker und schließlich Bischof von Metz. Er gab sein kirchliches Amt aber bald wieder ab und wurde Mönch. Als Abt leitete er nacheinander die von seinem Vater gegründeten Klöster Soignies (belg. Hennegau) und Hautmont (frz. Hennegau). Zuletzt wirkte er in Meltburch (heute Melsbroeck bei Brüssel) als Missionsbischof. Die Gebeine des Heiligen ruhen in der Kirche St-Vincent von Soignies.
Festtag: 17. April.
Darstellung: als Bischof mit Buch und Rasiermesser; das Rasiermesser bezieht sich auf die Tonsur, die seit der Synode von Toledo (633) bis 1972 für alle Geistlichen als Zeichen der Übereignung an Gott vorgeschrieben war.

Largus († um 305), Märtyrer. Largus erlitt als Gefährte des hl. → Cyriacus von Rom in den Christenverfolgungen unter Kaiser Maximinus Daia das Martyrium.
Festtag: 8. August.

László, → Ladislaus I. von Ungarn.

Laurentius von Brindisi, Giulio Cesare Russo (1559–1619), Kapuziner, Kirchenlehrer. Patron der Kapuziner. Der in Brindisi (Unteritalien) geborene Giulio erhielt seine Erziehung und erste Ausbildung bei den Franziskanern.

1575 trat er dem Kapuzinerorden bei, studierte in Padua, wurde 1582 zum Priester geweiht und wirkte als Lektor der Theologie in Venedig. Seine rhetorische Begabung verschaffte ihm Ansehen als Prediger, so daß er schon früh in höhere Ordensämter aufrückte: er war Provinzial (ab 1590 in der Toskana, dann in Venedig, in der Schweiz und von 1613–1616 in Genua), von 1602–1605 war er Generaloberer des Ordens. Ab 1599 führte er den Kapuzinerorden in Österreich (einschließlich Böhmen) und in Tirol-Bayern ein.

Im Kampf gegen die türkische Eroberung Europas hatte er wesentlichen Anteil. Er reiste quer durch die Lande und rief die Fürsten dazu auf, ein Heer gegen die islamische Bedrohung zusammenzustellen. In der siegreichen Schlacht bei Stuhlweißenburg (heute Székesfehérvár, Mittelungarn) am 11. Oktober 1601 feuerte er als Feldgeistlicher hoch zu Roß die christlichen Soldaten an. In den unruhigen Zeiten der Reformation reiste er als Diplomat durch ganz Europa. Während einer solchen Mission starb er in Lissabon und wurde in Villafranca del Bierzo (Nordwestspanien) beigesetzt. Papst Pius VI. sprach ihn 1783 selig, Papst Leo XIII. 1881 heilig. Zum Kirchenlehrer ernannte ihn 1959 Papst Johannes XXIII. Sein literarisches Schaffen umfaßt eine vollständige Mariologie.
Festtag: 21. Juli.
Darstellung: als Kapuziner vor einem Schreibpult; in der Schlacht von Stuhlweißenburg.

Laurentius von Rom, Lorenz († 258), einer der hll. → Diakon, Protomärtyrer, → Kanonheiliger, Nationalheiliger von Spanien, Patron der Armen Seelen im Fegefeuer, der Bibliothekare und zahlreicher Berufe, die mit Feuer zu tun haben (sein Martyrium), wie Köche, Bäcker, Bierbrauer, Wäscherinnen, Büglerinnen, Glasbläser, Glaser, Feuerwehrleute sowie der Schüler und Studenten; einer der Stadtpatrone Roms, Patron von Wuppertal, Nürnberg, Merseburg und Culm (Chełmno); Helfer bei Augenleiden, »Brand« (Fieber), Ischias, Hexenschuß, Hauterkrankungen, Verbrennungen, Pest.

Die Vita des Laurentius ist legendär und wurde wegen der außerordentlichen Popularität des Heiligen in späteren Jahrhunderten häufig ergänzt und ausgeschmückt. So soll er in Aragon (Nordostspanien) als Sohn des hl. Orientius und der hl. Patientia (→ Orientius und Patientia) geboren worden sein. Auf der Reise nach Toledo begegnete er Papst → Sixtus II., der den aufgeweckten jungen Mann mit nach Rom nahm und ihn schon nach kurzer Zeit zu seinem Archidiakon ernannte. 258 löste Kaiser Valerian eine Christenverfolgung aus, die sich hauptsächlich gegen die christlichen Würdenträger richtete. Am 6. August 258 wurde Papst Sixtus enthauptet. Kurz zuvor hatte er seinem Archidiakon noch den Kirchenschatz anvertraut. Der Kaiser erfuhr davon und gab Laurentius drei Tage Zeit, den Schatz herauszugeben. Laurentius aber verteilte alles Geld an die Armen, die er am dritten Tag vor den Kaiser führte: »Hier ist der Schatz der Kirche!« Valerian fühlte sich verhöhnt und ließ Laurentius mit vier Diakonen am 10. August mit dem Schwert hinrichten. Östliche Martyriumsberichte veränderten im 4. Jh. die Todesart des Heiligen. Danach wurde er auf einem mächtigen Grill zu Tode geröstet. Bei seinen letzten Atemzügen soll Laurentius noch zu seinem Henker gesagt haben: »Der Braten ist fertig,

nimm ihn nun vom Feuer und iß!«
Laurentius wurde im Coemeterium
Cyriacae an der Via Tiburtina beige-
setzt. Schon 330 ließ Kaiser Konstan-
tin der Große über seinem Grab die
Basilika S. Laurentius extra muros
(S. Lorenzo fuori le mura) erbauen, eine der sieben Hauptkirchen Roms.
Der Kult des hl. Laurentius verbreitete
sich schnell über das Abendland. In
Deutschland setzte die Verehrung des
Heiligen vor allem nach der Schlacht
auf dem Lechfeld bei Augsburg am 10.
August 955, einem »Laurentiustag«,
ein; Kaiser Otto I. hatte mit seinem
Sieg Süddeutschland von den ständigen Einfällen durch die Magyaren erlöst. Am 10. August 1557 gelang dem
spanischen König Philipp II. bei St-
Quentin ein entscheidender Sieg über
die Franzosen. Philipp erhob den Ara-
goner Laurentius daraufhin zum Natio-
nalheiligen von Spanien und stiftete
ihm zu Ehren nordwestlich von Madrid
das Kloster S. Lorenzo del Escorial als
klösterliche Residenz und Grabstätte
für die spanischen Könige. Die riesige
Anlage mit ihren 16 Binnenhöfen und
15 Kreuzgängen ähnelt in ihrem
Grundriß einem Rost (Martyrium des
hl. Laurentius). Nach dem Volksglauben erlöst der Heilige an jedem Freitag
eine Seele aus dem Fegefeuer. Und die
Sternschnuppen, die Perseiden, die alljährlich im August, besonders in der
Nacht vom 10. auf den 11., vom Himmel fallen, werden »Laurentius-Trä-
nen« genannt.
Festtag: 10. August.
Darstellung: als junger Diakon mit
Buch und Kreuz oder Kreuzstab, mit
Kelch, der das Kirchenvermögen enthält, Almosen austeilend, mit Märtyrerpalme. Sein charakteristisches Attribut ist ein Rost.

Lazarus von Bethanien, Eleasar
(1. Jh.), Freund von Jesus. Patron der
Totengräber, der Aussätzigen und der
Leprosenhäuser, der Metzger und Bettler.
Lazarus, Bruder der Maria und Martha
von Bethanien, lebte an der Ostseite
des Ölbergs in dem Dorf Bethanien
(heute 'Eizariya, östlich von Jerusalem). Jesus war oft und gern bei den
Geschwistern zu Besuch. Als Lazarus
starb, riefen die beiden Frauen Jesus
herbei, der seinen Freund nach drei Tagen Grabesruhe wieder zum Leben erweckte (Joh 11). Sechs Tage vor dem
Passahfest, das Jesus nicht mehr erleben sollte, kam er noch einmal nach
Bethanien, um Lazarus und seine beiden Schwestern zu besuchen. Maria
salbte ihm die Füße, eine Ehrung, die
sonst nur Toten zuteil wurde (Joh 12,
1–8). An das damalige Geschehen erinnern heute zwei moderne Kirchen,
eine römisch-katholische und eine
melchitische Kirche sowie eine Bene-
diktinerinnen-Abtei und das tief in den
Felsen getriebene Lazarusgrab.
Eine Legende aus dem 11./12. Jh. läßt
Lazarus mit seinen beiden Schwestern
nach Jesu Himmelfahrt über das Mit-
telmeer nach Südfrankreich reisen, wo
er angeblich Bischof von Marseille
wurde.
Festtag: 17. Dezember.
Darstellung: bei der Auferweckung
durch Jesus, als Bischof von Marseille.

Leander von Sevilla (um 540–600),
Erzbischof, Patron von Sevilla, Helfer
bei Rheumatismus.
Geboren in der damals zu Byzanz
gehörenden Hafenstadt Cartagena (Süd-
ostspanien) als Sohn des römischen
Militärpräfekten Severianus. Vor den
Truppen des byzantinischen Kaisers
Justinian I. (527–565) flüchteten seine

Papst Sixtus II. übergibt dem heiligen Laurentius den Kirchenschatz
(Fra Angelico)

Leo I. der Große

Eltern 543 mit ihm und seinen Geschwistern Florentia (→ Florentia von Cartagena), Isidor (→ Isidor von Sevilla) und Fulgentius (→ Fulgentius von Astigi) in das westgotische Sevilla. Hier trat er gegen 562 in ein Benediktinerkloster ein, befreundete sich mit dem Königssohn → Hermenegild und war wohl nicht ganz an dessen Empörung gegen seinen Vater, den Westgotenkönig Leowigild (568–586) unschuldig, der den dreisten Mönch Leander daraufhin aus dem Land verbannte. Leander ging nach Konstantinopel, wo er den späteren Papst Gregor I. den Großen (590–604) kennenlernte. 577 kehrte Leander nach Sevilla zurück und wurde im Jahr darauf zum Erzbischof geweiht. Gegen 580 brachte Leander Hermenegild dazu, zum katholischen Glauben zu konvertieren. Auf der Synode von Toledo (589) gelang es ihm, den arianischen Westgotenkönig Rekkared I. (586–601), den älteren Bruder von Hermenegild und Sohn und Nachfolger des Leowigild, mit seinen Adligen und dem arianischen Klerus zum Übertritt in die katholische Kirche zu bewegen. Daß mit dem König, dem Adelsstand und dem Klerus auch die Masse der Gläubigen konvertierte, versteht sich von selbst. Leanders wichtigste Schrift ist ›De laudibus et triumpho Ecclesiae‹ (Lobpreisung und Triumph der Kirche). Erzbischof Leander starb in Sevilla und ruht neben seinen Geschwistern Isidor und Florentia in der dortigen Kathedrale.
Festtag: 13. März.
Darstellung: als Bischof mit Mitra, Buch und Schreibfeder, auch zusammen mit Isidor und/oder Hermenegild.

Leo I. der Große († 461), Papst (440–461), Kirchenlehrer, Patron der Musiker und Sänger.

Leo stammte aus einem toskanischen Adelsgeschlecht und war Archidiakon unter Papst → Cölestin I. (422–432), bevor er 440 zum Papst gewählt und zum Priester geweiht wurde. Er bekämpfte kraftvoll jede Variante der Häresie, die Pelagianer und Manichäer in Italien, die Priscillianisten in Spanien, die Monophysiten und Eutychianer im Osten. Er trat auch entschieden für die Wahrung der kirchlichen Disziplin ein und stärkte den Primat des römischen Bischofs als des Nachfolgers Petri gegenüber dem Patriarchen von Konstantinopel. Den furchtlosen Papst schreckten nicht einmal die Hunnen. Als sie mordend und sengend Europa verwüsteten, reiste er ihnen 452 entgegen und brachte ihren König Attila (Etzel) in Mantua dazu, Italien wieder zu verlassen. Nicht so erfolgreich war Leo 455 bei dem Vandalenkönig Geiserich, der Rom von seinen Leuten zwei Wochen lang plündern ließ, allerdings von Mord und Brand absah, was Papst Leos Verhandlungsgeschick zu verdanken war. Leo I. der Große starb in Rom. 1754 ernannte ihn Papst Benedikt XIV. zum Kirchenlehrer.
Festtag: 10. November.
Darstellung: als Papst mit Tiara und Buch, mit einem gezähmten Drachen (Hunnen).

Leo IX. (1002–1054), Papst (1049–1054). Er wurde als Bruno Graf von Egisheim-Dagsburg in Egisheim bei Kolmar (Elsaß) geboren, wurde Kleriker am Hof des Königs und späteren Kaisers (ab 1027) Konrad II. und 1026 Bischof von Toul. Er förderte die Cluniazensische Reform, hielt mehrere Synoden, die sich hauptsächlich mit kirchlichen Reformen befaßten, und zog 1048 mit dem Mönch Hildebrand von Soana, dem späteren Papst Gregor VII., nach Rom, wo man ihn auf Wunsch seines Vetters, des Kaisers Heinrich III., zum Papst wählte. Leo war ein äußerst aktiver, vor allem praktisch veranlagter Papst. Er reorganisierte die päpstliche Verwaltung nach dem Vorbild der kaiserlichen, berief bedeutende Kleriker nach Rom und sorgte für eine »saubere« Kirche, indem er energisch gegen Simonie, Priesterehe und Laieninvestitur vorging. 1053 wurde der bereits schwerkranke Papst von den ersten normannischen Gruppen, die in Unteritalien einfielen, gefangengenommen, aber nach ehrenvoller Behandlung ein knappes Jahr später wieder freigelassen. Papst Leo IX. starb in Rom am 19. April 1054.

Wenige Monate nach Leos Tod, am 16. Juli 1054, kam es zum Schisma zwischen der West- und der Ostkirche, zum unseligen Bruch, der noch heute andauert und als dessen Veranlassung vielfach Papst Leo IX. genannt wird. Kardinal Humbert von Silva Candida hatte im Auftrag des Papstes, der aber schon seit einem Vierteljahr tot war (der neue Papst wurde erst am 16. April 1055 gewählt), eine selbst unterzeichnete Bannbulle auf den Altar der Hagia Sophia in Konstantinopel gelegt, woraufhin der Patriarch Michael Kerullarios seinerseits die römischen Legaten exkommunizierte. Keine der beiden Seiten bemühte sich, den Vorgang wieder zurückzunehmen. Im Gegenteil, beide Seiten warfen sich in zunehmend schärferen Tönen Verleumdung und Ketzerei vor. Bis heute konnten die Historiker Papst Leo IX. keinerlei Verschulden am Entstehen des Schismas nachweisen.

Festtag: 19. April.

Darstellung: als Papst mit Mitra und Stab.

Leonhard, Léonard de Noblac († um 559), Einsiedler, Abt. Mancherorts einer der Vierzehn → Nothelfer, Patron der Bauern, Stallknechte, Butter- und Obsthändler, der Lastenträger, Kohlenträger und Fuhrleute, der Schlosser, Schmiede, der Bergleute und Schwangeren, der Gefangenen; Patron der Pferde und des Viehs.

Seine Biographie besteht hauptsächlich aus Legenden, wonach er, aus einem fränkischen Adelsgeschlecht stammend und von Bischof → Remigius von Reims erzogen und getauft, im 6. Jh. in der Landschaft Nobiliacum (heute Limoges, Mittelfrankreich) als Einsiedler lebte. Er gründete eine Zelle, aus der das Kloster St-Léonard-de-Noblac hervorging. Als Abt starb er in seinem Kloster, seine Gebeine wurden im 11. Jh. erhoben und kamen als Reliquien in viele Orte Frankreichs, später auch nach Bayern und Schwaben sowie nach Österreich. In Süddeutschland gehört Leonhard noch immer zu den populärsten Heiligen. Die Bauern erkoren ihn zu ihrem besonderen Schutzheiligen, der für gute Ernten, gesundes Vieh und alle sonstigen ländlichen Belange zuständig war und ist. Leonhardifahrten und Leonhardiritte mit Pferdesegnungen sind noch heute beliebt.

Festtag: 6. November.

Darstellung: in schwarzer Mönchskutte mit Abtstab und Kette (die Kette symbolisiert sein Eintreten für die Gefangenen).

Leopold III. von Österreich, Liutpold (um 1073–1136), Markgraf von Österreich (1095–1136). Landespatron von Österreich, Patron von Oberösterreich und Wien, Patron der Diözesen St. Pölten und Gurk (Klagenfurt).

Leopold wurde bei Melk (Niederösterreich) als Sohn des Markgrafen Leopold II. aus der Dynastie der Babenberger geboren. Er war Schüler des Bischofs → Altmann von Passau und heiratete 1106 Agnes, eine Tochter Kaiser Heinrichs V., die ihm achtzehn Kinder gebar. Als Markgraf von Österreich lavierte er geschickt im Investiturstreit zwischen Kaiser und Papst. Als 1125 mit dem Tod Heinrichs V. das salische Kaisergeschlecht erlosch, bot man Leopold III. die deutsche Königskrone und damit auch das Kaisertum an; er verzichtete. Leopold erneuerte und erweiterte mehrere Klöster und gründete 1106 das Augustinerchorherrenstift Klosterneuburg, 1135 die Zisterzienserabtei Heiligenkreuz und 1136 die Benediktinerabtei Klein-Mariazell im Wienerwald. Markgraf Leopold starb auf der Jagd und wurde in der Stiftskirche Klosterneuburg bestattet. 1485 sprach ihn Papst Innozenz VIII. heilig. 1663 erklärte ihn Kaiser Leopold I. zum Landespatron von Österreich.

Festtag: 15. November (Leopolditag).

Darstellung: als Markgraf im Harnisch mit Fahne und Kirchenmodell, mit Brotkorb für die Armen.

Lidmila, → Ludmilla von Böhmen.

Liguori, → Alfons Maria von Liguori.

Linus († zwischen 67 und 79), Papst (56/67–67/79), erster Nachfolger des hl. → Petrus als Bischof von Rom, → Kanonheiliger. Der in Volterra (Toskana) geborene Linus war ein Schüler des Apostels → Paulus und Vikar des Petrus, bevor er dessen Nachfolge antrat. Das Martyrium hat er mit großer Wahrscheinlichkeit nicht erlitten.

Festtag: 23. September.

Darstellung: als Bischof (von Rom) mit Tiara, Kasel und Stab, mit Kreuzstab und Buch.

Liudger, Ludger, Ludgerus, Luitger, Luitgar (um 742–809), Bischof von Münster, Patron der Bistümer Münster und Essen, Apostel der Friesen und Sachsen.

Liudger stammte aus einer vornehmen friesischen Familie. Er war Gehilfe bei → Gregor von Utrecht. In York lernte er Alkuin, den wohl bedeutendsten Gelehrten des 8. Jh., kennen, predigte im niederländischen Deventer und empfing 777 in Köln die Priesterweihe. Liudger missionierte im friesischen Dokkum, wo 754 der hl. → Bonifatius erschlagen worden war, und ging gegen 784 nach Rom und Montecassino, in das »Mutterkloster des abendländischen Mönchtums«, gegründet um 529 von → Benedikt von Nursia. 792 übertrug ihm der Frankenkönig → Karl I. der Große, der spätere römische Kaiser, die Leitung der Friesen- und Sachsenmission und zum eigenen Unterhalt die Abtei Lotusa in Flandern (bei Zele). 794 gründete Liudger in Mimigardevord ein »monasterium«, ein Stift, dessen Gemeinschaftsleben die von Bischof Chrodegang eingeführte Chorherrenregel bestimmte. Die neben dem Stift entstehende Siedlung erhielt im 11. Jh. den Namen »Münster« (von lat. monasterium = Kloster). 804 (805) erhielt Liudger die Bischofsweihe. Er organisierte seine Diözese fortschrittlich und vorbildlich, baute zahlreiche Kirchen und gründete das Frauenkloster Nottuln (westlich von Münster) sowie die Benediktinerabteien Helmstedt (bei Braunschweig) und Werden (bei Essen). Sein Grab befindet sich in Werden.

Festtag: 26. März.

Darstellung: im Bischofsgewand mit

Kirchenmodell, im Brevier betend, manchmal von zwei Wildgänsen begleitet (Symbole der christianisierten Gebiete Friesland und Sachsen).

Liutpold, → Leopold III. von Österreich.

Lorenz, → Laurentius von Rom.

Löwenbrugger, Nikolaus, → Nikolaus von der Flüe.

Loyola, → Ignatius von Loyola.

Lucia von Syrakus (um 286–304), Märtyrerin, → Kanonheilige, Patronin der Stadt Syrakus, Patronin der Bauern, Kutscher, Glaser und Messerschmiede, der Sattler, Polsterer, Weber, Schneider und Näherinnen, der Türhüter, Pedelle, Dienerinnen, Hausierer und reuigen Dirnen, der Notare und Rechtsanwälte, der Schreiber und Schriftsteller, der kranken Kinder und Blinden (ihr Name kommt von lat. lux = Licht); Helferin bei Augenleiden, Halsschmerzen, Infektionen, Blutfluß und Ruhr.
Ausschließlich Legenden berichten von ihrem Leben und Sterben. Lucia stammte aus einer vornehmen sizilianischen Familie, geboren wurde sie in Syrakus. Mit ihrer schwerkranken Mutter besuchte sie in Catania (Sizilien) das Grab der hl. → Agatha, wobei ihnen die Heilige in einer Vision erschien, die Mutter heilte und der Tochter das Martyrium verkündete. Lucia gelobte der hl. Agatha ewige Keuschheit. Sie ließ sich, wieder in Syrakus, taufen und verzichtete auf die Ehe, woraufhin ihr Bräutigam sie aus Wut und gekränktem Stolz anzeigte. In den schweren Christenverfolgungen unter Kaiser Diokletian wurde sie gemartert und

schließlich enthauptet. Ihre Martern begleiteten viele Wunder. So wurde sie in ein Freudenhaus gesteckt, doch kein Freier beachtete das schöne Mädchen. Sie sollte auf einem Ochsenkarren durch die Stadt gefahren werden, aber kein Ochse rührte sich, nicht einmal »mehrere tausend Soldaten« schafften es, den Karren in Bewegung zu setzen. Siedendes Öl gossen die Henkersknechte über sie, aber Lucia blieb unverbrannt. Da erlöste sie endlich das Schwert von allen Qualen. Ihr Grab in der Luciakatakombe in Syrakus wurde im 6. Jh. wiederentdeckt, darüber entstand eine achteckige Kapelle und im 12. Jh. eine mächtige Basilika, die Chiesa di S. Lucia. Das Kirchenschiff schmückt ein Meisterwerk des Malers Michelangelo da Caravaggio: ›Seppellimento di S. Lucia‹ (Bestattung der hl. Lucia, 1609). Reliquien der Heiligen kamen 1038 nach Konstantinopel und von dort im 4. Kreuzzug (1204) nach Venedig, wo sie seit 1860 in der Kirche SS. Geremia e Lucia verehrt werden. Andere Reliquien kamen um 970 in das Vinzenzkloster in Metz.
Im 6. und 7. Jh. erlebte die Verehrung der Heiligen eine hohe Blüte, die sich dann im 16. Jh. noch einmal wiederholte. Der Lucientag, der 13. Dezember, war damals der Mittwintertag, Termin für Verträge und Ende des Schuljahres. An diesem Tag erhielten die Kinder kleine Geschenke, Arbeiten mit spitzen oder scharfen Gegenständen waren verpönt (Anspielung auf das Schwert, mit dem Lucia enthauptet wurde), der »Lucienweizen« wurde ausgelegt (Weizenkörner zum Vorkeimen), der »Luzienstuhl« sollte Hexen und künftige Ehemänner entlarven, mit Weihrauch segnete man die Wohnung, die Kinder warfen brennendes Holz in Bäche und Flüsse, mit Fackeln

Die heilige Lucia (Giovanni Battista Tiepolo)

liefen sie durch die Dörfer. In Osteuropa ängstigte die grimmige Strohpuppe »Lutz« oder »Lutschka« kleine Kinder. In anderen Gegenden füllte eine gute Lucia ausgelegte Strümpfe über Nacht mit Geschenken. In Schweden erscheint seit 1780 und noch heute am 13. Dezember die weißgekleidete »Lussibrud« (Lucienbraut) mit einem Kranz brennender Kerzen auf dem Haupt und in den Händen; sie symbolisiert – astronomisch gesehen etwas verfrüht – das Ende der dunklen Tage, die Wintersonnenwende. Einen schönen Brauch pflegt seit alters her die Jugend der oberbayerischen Stadt Fürstenfeldbruck: das »Lichterschwemmen«. Am Lucientag bringen Mädchen und Jungen kleine, auf Holzscheite geklebte Papierhäuschen mit brennenden Kerzen zur Magdalenenkirche, wo sie gesegnet und anschließend den Fluten der Amper preisgegeben werden. Dieses »Opfer« erinnert an eine Flutkatastrophe im 18. Jh.

Festtag: 13. Dezember.

Darstellung: als junge Frau in langem Gewand, ein Schwert durch den Hals gestoßen, mit Krone oder Buch, Doppelkreuz oder Palme, Öllampe oder Kerze, manchmal trägt sie zwei Augen in einer Schüssel (ihre eigenen Augen, die sie sich einer späten Legende zufolge herausgerissen hatte, um sie ihrem Bräutigam zu schicken).

Lucina Anicia († Anfang 4. Jh.), Märtyrerin. Die Gattin des Faltonius Pinianus, des Prokonsuls der römischen Provinz Asia, war eine mildtätige Frau, die schon etliche christliche Märtyrer bestattet hatte, damit sie nicht von Hunden und Ratten aufgefressen würden. Auch die hll. → Cyriacus, → Largus, → Sebastian, → Smaragdus und den Papst → Marcellus I. hatte sie an

würdiger Stelle der Erde übergeben. Schließlich wurde auch sie festgenommen und unter Kaiser Diokletian im Alter von 95 Jahren als Christin hingerichtet.

Festtag: 11. Mai.

Lucius von Chur, Luzius, Luzi († um 176 oder 5./6. Jh.) Märtyrer, Bischof, Patron der Diözese Chur und neben St. Florinus einer der beiden Landespatrone des Fürstentums Liechtenstein. Die Viten des hl. Lucius sind legendär. Sie entstanden im 8. Jh. und beruhen auf mehreren Verwechslungen. So sah man in dem Heiligen den König des Osrhoenischen Reiches zu Edessa (heute Urfa, Südosttürkei) Lucius Abgar XIX. Da seine Residenz Britio Addessenorum hieß, dachte man an Britannien und machte aus dem orientalischen König einen Engländer. Nach einer anderen Legende stammte Lucius aus dem Volk der schweizerischen Pritanni, die zur Römerzeit in Churrätien (Ostschweiz) siedelten. Und wieder war aus ihm ein Pritanni, ein Brite, geworden. Allerdings gehörte er mit Sicherheit nicht zu jenen angelsächsischen Missionaren, die seit dem 6./7. Jh. den Kontinent christianisierten. Der hl. Lucius könnte schon im 2. Jh. in der Schweiz gewirkt haben, denn in der Stadt Chur (röm. Curia Raetorum) zeigt man den Touristen neben dem bischöflichen Schloß den Römerturm »Marsöl«, in dem St. Lucius, diesmal ein schottischer König, 176 den Märtyrertod erlitten haben soll. Die benachbarte St.-Luzi-Kirche enthält eine Ringkrypta, die im 8. Jh. die Gebeine des hl. Lucius aufnahm. Chur war schon 452 Bischofssitz. Im 11. bzw. 12. Jh. sprach man Lucius die hl. → Emerita von Chur als Schwester zu.

Festtag: 2. Dezember.

Darstellung: als König mit Krone und Buch, Zepter und Reichsapfel zu seinen Füßen, mit Pilgerstab oder Schwert, mit einem Pflug, vor den er einen Bären spannt, der seinen Ochsen gerissen hat; oft zusammen mit dem hl. → Florinus.

Ludger, Ludgerus, → Liudger.

Ludmilla von Böhmen, Ludmila, Lidmila (um 860–921), Herzogin und Märtyrerin. Dort, wo heute an der Mündung der Moldau in die Elbe auf einem hohen Weinberg Schloß Mělník steht, lag im 9. Jh. der Fürstensitz der Pšovanen. Ende des 9. Jh. verheiratete der Pšovanenfürst Slavibor seine Tochter Ludmilla mit Fürst Bořivoj, der aus dem konkurrierenden Geschlecht der Přemysliden stammte. Die beiden ließen sich noch vor der Hochzeit von Methodios (→ Kyrillos und Methodios), dem Glaubensboten bei den Slawen, taufen. Sie bauten sich über einer Moldaufurt eine mächtige Burg, den »Hradschin«, zu dessen Füßen die Stadt Prag entstand. Nach Slavibors Tod fielen die Gebiete der Pšovanen an die Přemysliden, ein erster Schritt zur Vereinigung Böhmens. Ludmilla erzog ihren Enkel Vaclav, den späteren hl. → Wenzel, auf der Pšovanenburg. Da sie großen Einfluß auf ihren Enkel hatte, wurde sie von seiner Mutter Drahomira abgrundtief gehaßt. 921 ließ Drahomira ihre Schwiegermutter Ludmilla auf deren Witwensitz Tetin bei Beraun (heute Berounka) erdrosseln. Ihr Grab befindet sich in der Ludmilla-Kapelle der St.-Georgs-Kirche auf der Prager Burg.
Festtag: 16. September.
Darstellung: als Herzogin mit einem Tuch oder Strick um den Hals.

Ludwig der Heilige, → Ludwig IX. von Frankreich.

Ludwig IV. von Thüringen (1200–1227), Landgraf. Der Sohn des Landesfürsten Hermann I. von Thüringen, seit 1217 selber Landesfürst, war seit 1221 mit der hl. → Elisabeth (von Thüringen) verheiratet und stand ihr trotz stärkster Widerstände aus der Familie und der Landespolitik im allgemeinen treu zur Seite. 1227 wollte sich Landgraf Ludwig aufgrund eines Gelübdes dem Kreuzzug Friedrichs II. anschließen, starb aber – als sich das Heer in Otranto (Süditalien) sammelte – bei Brindisi an einer Seuche. Seine Gebeine wurden im Benediktinerkloster Reinhardsbrunn (heute Friedrichsroda Kreis Gotha), dem Hauskloster der Landgrafen von Thüringen, beigesetzt. Sein untadeliges Leben und sein Wille, an der Befreiung der heiligen Stätten in Palästina mitzuwirken, führten schon bald nach dem Tod zu seiner Verehrung, obwohl er nie kanonisiert wurde.
Festtag: 11. September.

Ludwig IX. von Frankreich, Ludwig der Heilige, Saint Louis (1214–1270, König: 1226–1270). Patron des Dritten Ordens der Franziskaner (Tertiarier, Tertius Ordo Regularis S. Francisci); Patron von Paris, Poissy und allen Orten Frankreichs, die den Namen Louis tragen, von Berlin, München, Saarbrücken und Saarlouis; Patron der Blinden, der Wissenschaftler, Buchdrucker und Buchbinder, Kaufleute und Gerichtsdiener, der Bäcker, Fischer, Weber, Paramentensticker und Leinenhändler, der Knopfmacher und Bürstenbinder, der Barbiere, Friseure und Juweliere, der Bauarbeiter, Maurer, Zimmerleute, Stukkateure, Maler,

Tapezierer und Steinhauer, der Hufschmiede und Pilger; Helfer gegen Blindheit und Gehörkrankheiten sowie gegen die Pest.

Der Bruder der sel. Elisabeth von Frankreich wurde in Poissy (westlich von Paris) geboren. Schon mit zwölf Jahren bestieg er den französischen Königsthron, stand aber vorerst unter der Vormundschaft seiner Mutter → Blanca (Blanche). 1230 vermählte er sich mit Marguerite de Provence, die ihm elf Kinder schenkte. Ab 1235 durfte Ludwig IX. selbständig regieren, stand aber bis zum Tod seiner Mutter 1252 stark unter ihrem Einfluß. Er war ein tüchtiger, willensstarker, gerechter und christlicher Herrscher. Er reformierte das französische Gerichtswesen (z. B. Wegfall des gerichtlichen Zweikampfes), förderte die christlichen Orden und die Gründung der ersten Universität Frankreichs in Paris durch den Domherrn Robert de Sorbon im Jahr 1253 (die spätere »Sorbonne«) und machte 1263 durch eine Münzreform Frankreich zum mächtigsten Staat in Europa. 1248–1254 nahm Ludwig IX. am 6. Kreuzzug teil, er eroberte das ägyptische Damiette, geriet 1250 aber in moslemische Gefangenschaft und kam erst nach Zahlung eines hohen Lösegeldes frei. 1250–1254 besuchte er Palästina, wo die Mamelucken unter Emir Baibars das Heilige Land Stück für Stück für den Islam eroberten. 1270 führte König Ludwig den 7. und letzten Kreuzzug der Christenheit nach Tunis, er gewann Karthago, fiel dann aber vor Tunis der Pest zum Opfer. Seine Gebeine kamen nach Paris (St-Denis), sein Herz und die abgelösten Fleischteile nach Monreale (Sizilien). Papst Bonifatius VIII. sprach König Ludwig IX. 1297 heilig. *Festtag*: 25. August.

Darstellung: als König mit Krone und Zepter, das Kreuzeszeichen (Kreuz oder Kreuzstab) sowie Lilien auf dem Mantel (die Lilie war das Symbol der Gottesmutter und derjenigen, die sich ihrem Patronat unterstellt hatten, wie die Könige von Frankreich), eine Dornenkrone oder drei Nägel vom Kreuz Christi in der Hand (Teilnahme an einem Kreuzzug).

Luigi, → Aloisius von Gonzaga.

Luitgar, Luitger, → Liudger.

Lukas († um 63), Evangelist (Verfasser des Lukas-Evangeliums und der Apostelgeschichte), Maler (der Legende nach) und Arzt. Patron der Städte Bologna, Padua und Reutlingen sowie Spaniens Patron der Lukasgilden, der Ärzte und Chirurgen, Maler, Glasmaler, Bildhauer, Künstler und Goldschmiede, Notare, Buchbinder, Metzger, Sticker und Bortenwirker, Patron des Viehs.

Lukas stammte aus einem heidnischen Elternhaus, vermutlich aus Antiochia am Orontes (heute Antakya, Südosttürkei). Er war Arzt und literarisch hochgebildet. Mit großer Wahrscheinlichkeit schloß er sich schon früh der Christengemeinde von Antiochia an. Gegen 51 begleitete er zusammen mit → Markus → Paulus auf dessen zweiter Missionsreise nach Mazedonien und Griechenland. Er blieb einige Jahre in Philippi, ging dann mit Paulus nach Jerusalem und folgte 62 dem verhafteten Paulus nach Rom. Nach dem Martyrium des Paulus ließ er sich vermutlich in der nördlichen Peloponnes (Griechenland) nieder. Dort könnte er sein Evangelium und die Apostelgeschichte verfaßt haben. Er starb im Alter von 84 Jahren in Theben (Böotien nördlich von Korinth). Kaiser Constan-

Inspiration des heiligen Lukas (Hermen Rode)

tius II. (337–361) ließ 357 die Gebeine des Evangelisten nach Konstantinopel übertragen und sie in der bald darauf erbauten Apostelkirche beisetzen. Die späteren Legenden, Lukas habe noch in Kleinasien oder gar in Ägypten missioniert und dort das Martyrium erlitten, sind unglaubwürdig.

Von dem reichen Brauchtum, das seit dem Mittelalter bis in unsere Tage hin wirkte (Lukas-Zettel mit lateinischen Segensgebeten für die Gesundheit von Mensch und Tier und als Abwehr gegen Hexerei), ist nur wenig geblieben. Im 15. Jh. entstanden am Niederrhein und in den Niederlanden Sankt-Lukas-Gilden, zunftartige Genossenschaften von Malern, Bildschnitzern, Druckern u.ä. Berufen. 1809 gründeten Johann Fried-rich Overbeck, Franz Pforr und andere Maler nach dem Vorbild religiöser Bruderschaften des Mittelalters zur Erneuerung der Kunst auf religiöser Grundlage den Lukasbund (Nazarener). Noch heute bestehen Lukasgilden, katholische und evangelische Ärztevereinigungen auf nationaler und internationaler Ebene, die medizinische Fragen aus christlich-ethischer Sicht diskutieren.

Festtag: 18. Oktober.

Darstellung: ein Stier ist das Symbol des Evangelisten; als Evangelist mit Buchrolle und Schreibfeder oder als Porträtist der Maria (der Legende nach malte er die Gottesmutter).

Luzius, Luzi, → Lucius von Chur.

M

Madelberta, Amalberte, Maldeberta, Mauberte († um 705), Äbtissin, Patronin der Schwangeren. Die Tochter des hl. → Vinzenz Madelgar und der hl. → Waldetrudis sowie die Schwester der hl. → Adeltrudis wurde von ihrer Tante, der hl. → Adelgundis von Maubeuge, in deren Benediktinerinnenkloster Maubeuge erzogen. 696 trat sie die Nachfolge ihrer Schwester Adeltrudis als Äbtissin von Maubeuge an. Ihre Reliquien befinden sich in Lüttich. Verehrt wird die hl. Madelberta auch in Cambrai und Tournai.
Festtag: 7. September.
Darstellung: als betende Nonne, die der Teufel versucht.

Madl'n, Drei heilige, → Drei heilige Madl'n.

Magister Bruno, → Bruno von Köln.

Magnus von Füssen (699–772), Missionar, Patron des Viehs. Der gebürtige Rätoromane wirkte im Benediktinerkloster St. Gallen (Schweiz). Gegen 738 folgte er einem Ruf des Bischofs → Wigbert von Augsburg, um das Allgäu vollends zu christianisieren. Ab 746 missionierte Magnus (= der Große) bzw. »Sankt Mang«, wie ihn die Gläubigen anerkennend nannten, am oberen Lech im heutigen Vorarlberg (Österreich). Die von ihm im bayerischen Füssen gegründete Zelle entwickelte sich infolge der reichen Schenkungen durch den Hausmeier Pippin III. den Jüngeren, seit 751 König der Franken, schon zu Lebzeiten des Magnus zu dem stattlichen und berühmten Benediktinerkloster St. Mang, dessen Vögte die Welfen, danach die Staufer stellten. Beigesetzt wurde der hl. Magnus in seinem Füssener Kloster, seit dem 11. Jh. sind seine Gebeine verschollen. In Füssen befinden sich nur noch Kelch, Stola, Manipel und der Wanderstab des Heiligen, mit dem er nach der Legende Ratten, Mäuse und andere Schädlinge vertrieben haben soll. Sein Kult ist noch heute in Schwaben, Bayern, Österreich und der Schweiz lebendig.
Festtag: 6. September.
Darstellung: als Benediktinermönch oder als Abt mit dem Stab, einem Drachen hält er das Kreuz entgegen oder wirft eine Fackel in seinen Rachen, wilde Tiere (Symbole der Heiden) umgeben ihn, mit einem Bären, der dem Heiligen nach der Legende eine Eisenerzader zeigt.

Magundat, → Anastasius der Perser.

Makarios der Alexandriner, → Makarios der Jüngere.

Makarios der Ältere, auch Makarios der Ägypter oder Makarios der Große genannt (um 300–vor 390), Mönch und Prediger. Der aus Oberägypten stammende Makarios lebte lange Zeit als Eremit in der Wüste Sketis im oberen Ägypten. Etwa zwischen 330 und 340 besuchte er in der oberägyptischen Thebais → Antonius den Großen, der ihn unterwies und gegen 340 zum Priester weihte. Später gründete der »Knabengreis« (weil er trotz seiner Jugend schon früh sehr weise war) in der Nähe seines bisherigen Aufenthalts eine eigene Mönchskolonie. Während der Arianerverfolgung unter Kaiser Valens (364–378) wurde Makarios 373–375 zusammen mit → Makarios dem Jüngeren von Bischof Lucius von Alexandria auf eine Nilinsel verbannt. Makarios der Ältere starb auf einer Besuchsreise zu den Mönchskolonien in der Nitrischen Wüste bei Kairo.

Festtag: 15. Januar, Ostkirchen: 19. Januar.

Darstellung: als Einsiedler in einer Höhle kniend, in der linken Hand ein Buch, in der rechten Hand ein Kreuz, Dämonen bedrohen ihn, vor ihm liegt ein Totenkopf; oft mit dem Eremitenstab (Makariosstab), einem langen Stock mit geradem Griff, selten mit überlangem Bart und am ganzen Körper behaart.

Makarios I. von Jerusalem († 334), Bischof. Um 313 wurde Makarios Bischof von Jerusalem. Er fand das Grab Jesu am Fuße des Golgathafelsens, der Stätte der Kreuzigung. Als die Kaiserin → Helena um 326 den Ort des Todes und der Wiederauferstehung Christi in Jerusalem besuchte, soll sie in einer Grotte nahe Golgatha das Kreuz Jesu entdeckt haben, das der Bischof Makarios identifizierte. Alljährlich am 7. Mai feiern die Katholiken in der Grabeskirche von Jerusalem ein Pontifikalamt zur Erinnerung an die Kreuzauffindung. 325 nahm Makarios am ersten Ökumenischen Konzil in Nicäa teil, wo er zu den heftigsten Gegnern des Arianismus gehörte. 326 erteilte ihm Kaiser → Konstantin I. der Große »den Befehl, mit reicher und königlicher Pracht einen Bau zu errichten, um die hochheilige Stätte des Todes und der Auferstehung des Erlösers dem Blick und der Verehrung aller darzubieten« (Eusebius von Caesarea, um 263–339). Diese konstantinische Kirche vereinigte ebenso wie die heutige Grabeskirche aus dem 12. Jh. unter einem Dach den Golgathafelsen, das Grab und die Grotte der Kreuzauffindung.

Festtag: 10. März.

Darstellung: als Bischof mit Mitra, Buch und Kreuzstab, ein Kreuz haltend.

Makarios der Jüngere, auch Makarios der Alexandriner (Alexandrinus) genannt († um 394). Mit → Makarios dem Älteren nicht verwandt, lebte er ebenfalls in der oberägyptischen Wüste Sketis. Er vermochte Krankheiten und Dämonen zu vertreiben und erhielt daher in seiner Klause häufig Besuch. Während der Arianerverfolgung unter Kaiser Valens (364–378) wurde er 373–375 zusammen mit Makarios dem Älteren auf eine Nilinsel verbannt, wo sich beide in Freundschaft verbanden.

Festtag: 2. Januar, Ostkirchen: 19. Januar.

Darstellung: als Einsiedler mit einer Laterne und einer Weintraube, von wilden Tieren umgeben.

Makrina die Ältere († um 340). Die Großmutter von → Basilius dem Großen, → Gregor von Nyssa, → Petrus von Sebaste und → Makrina der Jüngeren lebte in Neocaesarea am Schwarzen Meer (heute Niksar, Türkei), war von → Gregor dem Wundertäter zum Christentum bekehrt worden

und beeinflußte wesentlich die religiöse Erziehung ihrer Enkel. Während der schweren Christenverfolgungen unter den römischen Kaisern Diokletian (293) und Galerius (305–310) lebte sie längere Zeit im Exil.
Festtag: 14. Januar.

Makrina die Jüngere (um 327–379/380). In Caesarea Cappadociae (heute Kayseri, Türkei) als Tochter von → Emmelia und Basilius dem Älteren geboren. Makrina wuchs in einer christlichen Familie auf. Ihre Brüder waren → Basilius der Große, → Gregor von Nyssa und → Petrus von Sebaste. Nach dem Tode ihres Mannes zog sich ihre Mutter Emmelia mit den Kindern auf ihr Familiengut bei Amaseia (heute Amasya, Türkei) zurück und trat später zu Gebet und Buße in ein Kloster bei Neocaesarea am Schwarzen Meer (heute Niksar, Türkei) ein. Zeitgenossen rühmten Makrina als eine theologisch hoch gebildete Frau. Sie wurde neben ihrer Mutter und ihren Großeltern (→ Makrina die Ältere) in dem Kloster beigesetzt.
Festtag: 30. Mai.

Malachias von Armagh, Maol (1094/1095–1148), Erzbischof, zweiter Patron Irlands (nach → Patrick). Der in Armagh (Nordirland) als Sohn des Lektors an der dortigen Klosterschule geborene Malachias trat als Mönch in das Kloster von Armagh ein und empfing 1119 die Priesterweihe. 1123–1127 wirkte er als Bischof von Connor (bei Belfast). Danach gründete er in Kerry (Ciarrai, Südwestirland) ein Kloster. 1129 wurde er Erzbischof von Armagh, dem christlichen Zentrum Irlands, wurde aber wegen seiner Reformen (Abschaffung des Nepotismus, Einführung der römischen Liturgie)

vom irischen Klerus so heftig attackiert, daß er zurücktrat und als Bischof nach Down (südlich von Belfast) ging. Bei einem Besuch in Rom ernannte ihn Papst Innozenz II. 1139 zum päpstlichen Legaten in Irland und beauftragte ihn, seine Reformen wiederaufzunehmen. Auf seiner Rückreise kam Malachias nach Clairvaux, wo er → Bernhard von Clairvaux kennenlernte, dessen Ideen ihn beeindruckten und den er bat, ihm einige seiner Zisterziensermönche nach Irland zu schicken. 1142 kamen sie aus Clairvaux und gründeten in Mellifont das erste irische Zisterzienserkloster. Auch der Orden der Augustiner-Chorherren faszinierte Malachias, so daß in den folgenden Jahren in Irland mehrere Klöster dieser beiden Orden entstanden. Malachias starb auf seiner zweiten Romreise bei einem Besuch in Clairvaux und wurde im dortigen Zisterzienserkloster beigesetzt. Als man in den Wirren der Französischen Revolution 1793 seine Gebeine retten wollte, kamen sie mit denen des hl. Bernhard durcheinander; sie befinden sich heute in der Kirche von Ville-sous-la-Ferté-sur-Aube (bei Clairvaux). Malachias' Haupt wird im Dom von Troyes (Nordfrankreich) verehrt. Papst Klemens III. sprach Malachias von Armagh 1190 heilig.
Festtag: 3. November.
Darstellung: als Bischof mit Mitra, mit Buch und dem Kreuzstab der Erzbischöfe.

Maldeberta, → Madelberta.

Mamertus († um 475), Bischof, in Norddeutschland und in den Niederlanden einer der → Eisheiligen, in Frankreich Patron der Ammen. Der ältere Bruder des christlichen Dichters und Philosophen Claudianus Mamer-

tus († um 474) wurde um 461 Bischof von Vienne (Südfrankreich). Papst Hilarius rügte ihn scharf, als Mamertus 463 die Bistümer Vienne und Arles eigenmächtig neu ordnete und in St-Dié (Lothringen) einen Bischof einsetzte. 470 führte Mamertus nach einer Erdbeben- und Brandkatastrophe in Vienne Bittprozessionen vor Christi Himmelfahrt ein, die sich in Frankreich und in Spanien schnell verbreiteten und vielerorts noch heute stattfinden. Mamertus starb in Vienne, wo er auch beigesetzt wurde; über sein Grab und seine Reliquien ist allerdings nichts bekannt.
Festtag: 11. Mai.
Darstellung: im Bischofsgewand zu Füßen des Kreuzes, oft eine brennende Kerze haltend.

Maol, → Malachias von Armagh.

Marcella von Rom (um 328–410). Aus der römischen Adelsfamilie der Marcelli stammend, wohnte sie in einem Palast, den sie von ihrem früh verstorbenen Vater geerbt hatte, auf dem Aventin. Nach sieben Monaten Ehe wurde sie Witwe und beschloß, nicht mehr zu heiraten. 345 lernte sie → Athanasius den Großen kennen, der als Patriarch von Alexandria nach Rom verbannt war. Er interessierte Marcella für das Klosterleben, das im Osten in hohem Ansehen stand. Regelmäßig traf sich in ihrem Palast ein Kreis frommer Frauen, die gemeinsam die heiligen Schriften studierten, über Probleme des Glaubens und der Kultur diskutierten und Werke der Nächstenliebe vollbrachten. Großen Einfluß auf diesen Kreis nahm → Hieronymus, ab 382 Sekretär des Papstes → Damasus I. Nach Damasus' Tod wurde Hieronymus nicht wie erwartet zum Papst ge-

wählt, woraufhin er Rom mit zwei Damen des Kreises, mit → Paula von Rom und deren Tochter → Julia Eustochium, verließ. Mit der geistvollen Marcella unterhielt er einen regen Briefwechsel. Als die Westgoten unter ihrem König Alarich am 24. August 410 Rom eroberten, wurde Marcella von der plündernden Soldateska schwer mißhandelt. Sie konnte sich noch in die nahe S.-Paolo-Basilika schleppen, starb aber bald danach an ihren Verletzungen. Berühmt ist der trostreiche Brief, den Hieronymus an ihre Stieftochter Principia schrieb, nachdem er von Marcellas Tod erfahren hatte.
Festtag: 31. Januar.
Darstellung: als vornehme Römerin mit Kruzifix und der Hl. Schrift; als Nonne, Mädchen unterrichtend.

Marcellinus, Marcellian († 304), Papst (295/296–304), Märtyrer. Von ihm ist nicht viel mehr bekannt, als daß ihn die Donatisten, Anhänger einer nordafrikanischen Sonderkirche, hundert Jahre nach seinem Tod zu Unrecht beschuldigten, dem römischen Hauptgott Jupiter geopfert und den Häschern des Kaisers Diokletian die heiligen Bücher ausgeliefert zu haben. Mit dieser postumen Verleumdung wollten die Donatisten Papst → Miltiades (310/311–314) treffen, der 313 auf der Synode im Lateran (Papstpalast in Rom) die Donatisten verurteilen ließ. Da sich jedoch der große Kirchenlehrer → Augustinus (354–430) vor Miltiades stellte, wählten die Donatisten den unschuldigen Marcellinus als spätes Ziel ihrer Verleumdungskampagne. Sogar das ›Liber Pontificalis‹, eine mittelalterliche Papstchronik, übernahm diese ungeheure Anschuldigung, sah das Vergehen aber durch das Martyrium

gesühnt. Papst Marcellinus soll gleich zu Beginn der Christenverfolgungen unter Kaiser Diokletian den Martertod erlitten haben. Sein Leichnam wurde im Coemeterium der Priscilla in Rom beigesetzt. Bis heute hat man sein Grab nicht wiedergefunden.
Festtag: 16. Januar.
Darstellung: als Papst mit Tiara und Schriftrolle.

Marcellus I. († um 308), Papst (zwischen 304 und 308), Patron der Stallknechte. Von Marcellus weiß man nicht einmal genau, wann er Papst war. Nachdem Papst → Marcellinus bei den Verfolgungen unter Kaiser Diokletian 304 das Martyrium erlitten hatte, blieb der Stuhl des Bischofs von Rom zunächst unbesetzt. Wann nun Marcellus als sein Nachfolger gewählt wurde, ob nach einem Jahr oder nach vier Jahren, ist ungewiß. Papst Marcellus – eine Legende bezeichnet ihn als Pferdeknecht – erneuerte nach dem Ende der Christenverfolgungen die Kirchenordnung, ließ die Kirchen und Friedhöfe wiederherstellen und kümmerte sich um die Durchführung einer regelmäßigen Seelsorge. Innerkirchliche Streitigkeiten um die Wiederaufnahme der während der Verfolgung abgefallenen Christen gaben Kaiser Maxentius den Anlaß, Papst Marcellus in die Verbannung zu schicken, wo er bald darauf starb. Sein Grab fand Marcellus im Coemeterium der Priscilla oder in dem des Calixtus in Rom.
Festtag: 16. Januar.
Darstellung: als Papst mit Tiara, Buch und Kreuzstab, als Pferdeknecht mit Kardätsche und Striegel.

Marcellus von Capua († 303), Märtyrer. In der großen Christenverfolgung des Jahres 303 unter Kaiser Diokletian wurde der in Capua (Kampanien) lebende Christ Marcellus verhaftet und unter der Folter verhört. Da er seinem christlichen Glauben nicht abschwor, erlitt er das Martyrium, vermutlich durch Enthauptung.
Festtag: 6. Oktober.
Darstellung: als frühchristlicher Märtyrer in Begleitung von lokal verehrten Heiligen.

Margareta von Antiochia, Marina († 305), Märtyrerin, eine der Vierzehn → Nothelfer, eine der → Drei heiligen Madl'n; Patronin der Mädchen, Jungfrauen, Ehefrauen, Gebärenden, unfruchtbaren Frauen, Ammen, der Bauern und der Fruchtbarkeit.
Nach ihrer legendarischen Vita war Margareta die Tochter eines heidnischen Priesters in Antiochia, Pisidien (heute Yalvac bei Akşehir, Türkei). Der Stadtpräfekt Olibrius wollte das schöne Mädchen heiraten. Sie aber ließ sich taufen, um in ein Kloster einzutreten. Ihr Vater verstieß sie, und der Stadtpräfekt ließ sie festnehmen, foltern und schließlich, als sie ihrem Glauben nicht abschwor, enthaupten. Reliquien der Heiligen werden in der Kirche S. Flaviano in Montefiascone (nördlich von Rom) verehrt.
Festtag: 20. Juli.
Darstellung: mit einem Drachen (»Wurm« genannt, er versinnbildlicht den Kampf der Heiligen mit dem Teufel, d.h. der Versuchung, ihren Glauben zu verleugnen), mit einem Kreuzstab, auf dem oft eine Taube sitzt, oder einem Kruzifix, mit Krone oder Perlenkranz, mit Fackel, Kamm und Palme.

Margareta Maria, Marguerite-Marie Alacoque (1647–1690), Mystikerin, Salesianerin.

Marguerite wurde in Lauthecour (Burgund) als Tochter eines königlichen Richters geboren. Bereits im Alter von acht Jahren verlor sie ihren Vater. Von Klarissinnen in einem Internat erzogen, erkrankte sie als Zehnjährige an einer schweren Kinderlähmung, von der sie nach vier Jahren plötzlich und unerklärlich wieder genas. 1665 wollte ihre Mutter sie verheiraten, doch Marguerite wandte sich mehr und mehr der Mystik zu und entschloß sich 1667 zum Ordensleben, was ihre Familie zu verhindern suchte. 1669 gab sie sich anläßlich ihrer Firmung den Beinamen Marie. 1671 durfte sie endlich in das Kloster der Salesianerinnen in Paray-le-Monial eintreten und hieß fortan Margareta Maria. Im Kloster nahm niemand ihre Visionen besonders ernst, ihre Oberin setzte sie harten Prüfungen und Demütigungen aus, die sie jedoch geduldig ertrug. 1675 hatte Margareta Maria ihre größte Vision, in der ihr aufgetragen wurde, für die Verehrung des Herzens Jesu (Symbol seiner Liebe zu den Menschen) zu wirken. Eine Theologenkommission tat ihre Visionen als Hirngespinste ab. Nur der sel. Pater Claudius de la Colombière zeigte echtes Verständnis und gab ihr seelische Ruhe. Doch bereits 1682 starb Pater Claudius. Zwei Jahre später sorgte sein Buch ›Retraite spirituelle‹ (Geistliche Einkehr) für die Verbreitung der Herz-Jesu-Verehrung. Auch der Jesuit Jean Croiset, der Margareta Maria 1689 kennenlernte, half ihr, die Herz-Jesu-Verehrung in weiten Kreisen bekannt zu machen. Die katholische Kirche stand dem jedoch ablehnend gegenüber. Erst Papst Clemens XIII. gestattete 1765 das Herz-Jesu-Fest für einzelne Diözesen und Orden. 1856 schrieb es Papst Pius IX. für die gesamte katholische Kirche vor; seitdem findet es jeweils am 3. Freitag nach Pfingsten statt. Margareta Maria starb im Kloster Paray-le-Monial, in dessen Kirche ihr Leib beigesetzt wurde. Papst Pius IX. sprach sie 1864 selig, heiliggesprochen wurde sie 1920 von Papst Benedikt XV.

Festtag: 16. Oktober.

Die heilige Margareta von Antiochia (Michael Wolgemut)

Darstellung: im schwarzen Habit der Salesianerinnen mit der Erscheinung Christi, der ihr sein offenes Herz zeigt.

Maria († zwischen 50 und 54), Mutter Jesu, Unsere Liebe Frau, Gottesmutter, Himmelskönigin, Allerseligste Jungfrau, Heilige Jungfrau, frz. Notre-Dame, ital. Madonna. Patronin der Christenheit, Patronin von Bayern, der Bistümer Aachen und Speyer, der Stadt Lausanne, Patronin der Köche, Lebkuchenbäcker, Gastwirte und Essigbrauer, der Weber, Seidenweber und Kürschner, der Töpfer und der Schiffer; Helferin bei Gewitter und Blitzschlag sowie in allen Nöten. Ihr Name (hebr. Mirjam oder Marjam) ist vermutlich ägyptischen Ursprungs und bedeutet »Geliebte Gottes«.
Maria, die Tochter von → Anna und → Joachim, wurde nach zwanzigjähriger Ehe in Nazareth, nach anderer Legende in Jerusalem geboren. In Nazareth verlobte ihre Mutter das zwölfjährige Mädchen dem Zimmermann → Joseph. Eines Tages verkündete ihr ein Engel, daß sie durch die Kraft Gottes einen Sohn gebären werde (Lk 1, 26–38). Nach einem längeren Besuch bei ihrer Verwandten → Elisabeth kam Maria deutlich sichtbar schwanger nach Nazareth zurück (Lk 1, 39–56). Joseph, verzweifelt über die Untreue seiner Braut, wollte sich daraufhin von ihr trennen, doch erklärte ihm ein Engel das Wunder von der Unbefleckten Empfängnis (Mt 1, 18–25), d. h. Maria blieb im Augenblick ihrer Empfängnis durch eine besondere Gnade Gottes vor der Erbsünde bewahrt (Dogma seit 1854).
Im Jahr 7 v. Chr. ordnete Kaiser Augustus in Palästina einen Census, eine Art Volkszählung, an. Dazu mußte Joseph, der dort ein Stück Land besaß, in Bethlehem erscheinen. Maria hatte ihn als seine Verlobte nach römischer Vorschrift zu begleiten. In einer Höhle, die zum Haus von Josephs Verwandten gehörte, gebar Maria Jesus (Lk 2, 1–7). Das war nach römisch-katholischer Tradition in der Nacht zum 25. Dezember des Jahres 5 v. Chr., nach griechisch-orthodoxer am 6. und nach armenischer Tradition am 18. Januar des Jahres 4 v. Chr., nach dem heutigen Stand der Forschung im Jahr 7 v. Chr. Dann flohen alle drei nach Ägypten und entgingen so dem Kindermord Herodes' des Großen (Mt 2, 13–18). Nach dessen Tod im Jahr 4 v. Chr. kehrten sie nach Nazareth zurück. Auf dem Lebensweg Jesu erschien Maria später nur zweimal: auf der Hochzeit zu Kana (Joh 2, 1–12) und – zwischen 30 und 33 n. Chr. – unter dem Kreuz, wo sie der sterbende Sohn seinem Lieblingsjünger → Johannes anvertraute: »›Siehe, deine Mutter!‹ Und von jener Stunde an nahm sie der Jünger zu sich.« (Joh 19, 25–27).
Unter Herodes Agrippa I. (37–44) verstärkte sich die Verfolgung der Christen, so daß viele Anhänger der neuen Lehre Palästina verließen. Johannes reiste mit Maria nach Ephesos, wo die Mutter Jesu zwischen 50 und 54 n. Chr. im Alter von 59 Jahren gestorben sein könnte. Die römisch-katholische Kirche erkannte 1896 das Haus der Maria in Ephesos als Pilgerstätte an, nachdem es P. Poulin, Provinzialsuperior der Lazaristen in Smyrna, aufgrund einer Vision der Augustinernonne Anna Katharina Emmerick (1774–1824) entdeckt hatte. Papst Pius X. (1903–1914) räumte der Stätte den Rang eines Heiligtums ein, und 1967 besuchte Papst Paul VI. das Haus der Maria (Panaya Kapulü). Archäologen stellten inzwischen fest, daß zumindest einige Mauerteile des kleinen Hauses aus dem 1.

Jh. stammen. Für die ephesische Tradition spricht auch, daß das 3. Ökumenische Konzil, auf dem bestimmt wurde, daß Maria als »theotokos« (Gottesgebärerin) zu verehren sei, 431 in Ephesos stattfand. In Ephesos stand zur Zeit dieses Konzils die erste der Heiligen Jungfrau geweihte Kirche (Kirchen durften damals Heiligen nämlich nur in den Orten geweiht werden, die mit ihrem Leben eng verknüpft waren). Maria könnte der Legende nach zwischen 50 und 54 n. Chr. auch in Jerusalem gestorben sein, auf dem Zionsberg, wo heute der neoromanische Zentralbau der Dormitiokirche an Mariä Heimgang (lat. dormitio = Todesschlaf) erinnert. Hier stand vor rund 2 000 Jahren das Wohnhaus, das den Eltern des Evangelisten Markus gehörte und vielleicht das Sterbehaus der Gottesmutter war. Im 2. Jh. entstand über den Grundmauern dieses Hauses eine winzige Synagogenkirche der Jerusalemer Urchristen, die »Mutter aller Kirchen«. Im 4. Jh. ersetzte die Kaiserin → Helena das Kirchlein durch eine riesige byzantinische Hagia Sophia. Nach mehrmaliger Zerstörung und anschließendem Wiederaufbau fiel das Gotteshaus 1219 endgültig in Trümmer. Erst zu Beginn des 20. Jh. errichtete der deutsche Dombaumeister H. Renard im Auftrag des Kölner Erzbistums die heutige Kirche Dormitio Sanctae Mariae. Bestattet wurde Mariens Leichnam nach der Legende in einer Felsenhöhle des Kidrontals nahe dem Garten Gethsemane, im sog. Mariengrab, das die Kreuzfahrer 1112 restaurierten und erweiterten.

Schon im 4. Jh. trat Maria in weiten Teilen des Ostens an die Stelle der Muttergottheit Kybele, während sie im Westen als Himmelskönigin und mächtigste Fürsprecherin bei Gott an der Spitze der Heiligen verehrt wurde und wird. Das Dogma von der Assumptio (1950) besagt, daß Maria nicht nur der Seele, sondern auch dem Leib nach in den Himmel aufgenommen wurde.

Der Gottesmutter weihte man zahlreiche *Feste*: Fest der Gottesgebärerin (1. Januar), Darstellung des Herrn (bis 1969 Mariä Lichtmeß; 2. Februar), Mariä Heimsuchung (31. Mai), Mariä Himmelfahrt (15. August), Maria Königin (22. August), Mariä Geburt (8. September), Fest der Schmerzhaften Jungfrau (15. September), Maria vom Rosenkranz (7. Oktober), Darstellung Mariä im Tempel (21. November), Unbefleckte Empfängnis (8. Dezember).

Darstellung: Neben der Christusdarstellung ist das Marienbild das Hauptthema der christlichen Kunst. Man unterscheidet mehrere Typen: Maria als Orantin (lat. Betende), als Vermittlerin zum »Allherrscher«, zum Pantokrator (Blacherniotissa), Maria mit dem Kind auf dem linken Arm (Hodegetria), Maria, das Kind im Arm liebkosend (Glykophilusa), als thronende Maria, das Kind vor sich auf dem Schoß (Nikopoia), als stillende Maria (Maria lactans), als Schöne Madonna, als Unbefleckte Jungfrau (Immaculata), als Maria vom Siege, auf der Erdkugel stehend und die Schlange des Bösen niedertretend, als Rosenkranz-Madonna, als Schutzmantel-Madonna (Maria oder Engel breiten ihren Mantel aus, der die Gläubigen schützend umfängt), ferner Marienidylle (Maria im Rosenhag, Maria im Paradiesgärtlein), Mariä Verkündigung (Annuntio), Mariä Heimsuchung (Visitatio, Besuch der Maria bei → Elisabeth), Maria unter dem Kreuz, Maria im Todesschlaf (Dormitio), Mariä Himmelfahrt (Assunta) usw.

Maria von Bethanien, → Lazarus von Bethanien.

Maria die Büßerin († um 360), Nichte des hl. → Abraham von Kiduna. Sie studierte in Edessa (heute Urfa, Südosttürkei) bei → Ephraim dem Syrer, vergaß aber bald seine Lehren und ging nach Assos (Westtürkei), um dort in einem Bordell zu leben. Erst nach drei Jahren gelang es ihrem Onkel Abraham, sie wieder auf den rechten Weg zu führen. Sie bereute und führte noch 15 Jahre bis zu ihrem Tod ein bußfertiges Leben.
Festtag: 16. März (mit Abraham von Kiduna).

Maria Domenica Mazzarello (1837–1881), Ordensgründerin. Geboren in Mornese (Piemont, Norditalien) als Tochter eines Kleinbauern. Maria Domenica wurde von ihrer Mutter schon früh zur Verehrung der Gottesmutter angehalten. Die Einundzwanzigjährige trat der lokalen »Vereinigung der Töchter der Unbefleckten Maria« bei und begann 1861, junge Waisenmädchen im Katechismus und in häuslichen Tätigkeiten zu unterweisen. 1864 lernte sie → Johannes Bosco (Don Bosco) kennen und gründete 1872 mit ihm die Kongregation der »Don-Bosco-Schwestern« (»Töchter Mariä, Hilfe der Christen« oder »Maria-Hilf-Schwestern«), deren erste Generaloberin sie wurde. Sie starb in Nizza Monferrato (Norditalien). Papst Pius XI. sprach Maria Domenica Mazzarello 1938 selig, ihre Kanonisierung erfolgte 1951 durch Papst Pius XII.
Festtag: 14. Mai.

Maria Francesca Cabrini, → Franziska Xaveria.

*Die heilige Maria Magdalena
(Piero della Francesca)*

Maria Magdalena (1. Jh.), eine der galiläischen Frauen, die Jesus begleiteten. Patronin der nach ihr benannten Ordensgemeinschaften, der reuigen Sünderinnen, Verführten und Frauen ganz allgemein, der Friseure und Kammacher, der Gärtner, Parfüm- und Puderhersteller, der Kinder, die schwer gehen lernen, der Schüler und Studenten, der Böttcher und Weißgerber, der Wollweber und Handschuhmacher, der Winzer und Weinhändler, der Bleigießer und der Bergwerke; Helferin bei Augenleiden, gegen Gewitter und gegen Ungeziefer.

Maria Magdalena stammte aus Magdala am Westufer des Sees Genezareth, nördlich von Tiberias. Jesus hatte sie von bösen Geistern und von Krankheiten geheilt, sieben Dämonen waren aus ihr ausgefahren (Lk 8, 2). Mit anderen Frauen, wie Johanna und Susanna, folgte sie Jesus und unterstützte ihn mit dem, was sie besaß (Lk 8, 3). Sie war bei Jesu Kreuzigung dabei und stand am Ostermorgen vor dem leeren Grab, weil sie Jesus salben wollte. Ihr erschien der auferstandene Jesus vor allen anderen (Mk 16, 9), so daß sie eine besondere Rolle in seinem Leben gespielt haben dürfte. Danach erfährt man nichts mehr über ihr weiteres Schicksal. Sie soll in Ephesus (Westküste Kleinasiens) gestorben und begraben sein. Der byzantinische Kaiser Leon VI. ließ ihre Gebeine 899 nach Konstantinopel bringen.

Der Legende nach fuhr Maria Magdalena nach Jesu Himmelfahrt zusammen mit → Lazarus von Bethanien und Martha nach Marseille, lebte viele Jahre als Büßerin in der Provence und predigte dort das Evangelium, bis sie in Aix-en-Provence bzw. in St-Maximin starb und dort begraben wurde. Aus der Provence sollen ihre Gebeine im 11. Jh. in das Benediktinerkloster Vézelay (Burgund) gekommen sein, wodurch sich das Kloster zu einem bedeutenden mittelalterlichen Wallfahrtsziel entwickelte. In der Überlieferung ist Maria Magdalena oft mit Maria von Bethanien und mit der namenslosen Sünderin (Lk 7, 36–50) verschmolzen.

Festtag: 22. Juli.

Darstellung: als Büßerin und Einsiedlerin, mit Salbgefäß, Totenkopf, Geißel, Buch, Kreuz oder Palmenzweig, oft mit anderen Frauen beim Kreuz Jesu, bei seinem Begräbnis, bei der Beweinung Christi, vor dem leeren Grab im »Noli me tangere« (lat. Rühr' mich nicht an; Darstellung des auferstandenen Christus, der Maria Magdalena erscheint).

Maria Margareta, Marie-Marguerite d'Youville, Marie-Marguerite Dufrost de Lajemmerais (1701–1771), Ordensgründerin.

Marie-Marguerite wurde in Varennes, nordöstlich von Montreal (Kanada), als Tochter des Christoph Dufrost, Hauptmann in der französischen Kolonialtruppe, und der Renate Glautier geboren. Als der Vater starb, war das Mädchen erst sieben Jahre alt. Ihre Mutter heiratete ein zweites Mal, doch hatte Marie-Marguerite zu ihrem Stiefvater kein gutes Verhältnis. 1713–1715 lebte sie bei den Ursulinen in Quebec, 1719 heiratete sie François d'Youville, einen zwar wohlhabenden, aber primitiven Mann. Er verschleuderte in kurzer Zeit sein Vermögen, schlug seine Frau und starb 1729. Völlig mittellos blieb Marie-Marguerite als Witwe mit sechs Kindern zurück – vier starben, zwei Söhne studierten mit Hilfe von Wohltätern Theologie. Während sie die Familie versorgte, pflegte sie Kranke und richtete schließlich eine kleine Krankenstation ein, aus der sich ein Spital entwickelte. Ihre Helferinnen schloß sie zur Kongregation der »Grauen Schwestern der Liebe« zusammen, die nach ihrer Kleidung kurz »Les Grises« (Die Grauen) genannt wurden. Noch im Gründungsjahr erkannte der Bischof von Montreal die Ordensgemeinschaft an, die schnell wuchs und Niederlassungen in Kanada und in den USA eröffnete. Marie-Marguerite wurde Generaloberin der Ge-

meinschaft und starb siebzigjährig in Montreal. Papst Johannes XXIII. sprach die selbstlose Frau 1959 selig, Papst Johannes Paul II. ließ 1990 für die erste Frau kanadischer Abstammung die Kanonisation folgen.
Festtag: 23. Dezember.

Marina, → Margareta von Antiochia.

Marius und Martha († 268), vermutlich aus Persien stammende Pilger, die mit ihren Söhnen Audifax und Abachum nach Rom kamen, um die dortigen Apostelgräber zu besuchen. Sie gerieten in die Christenverfolgungen unter Kaiser Claudius Goticus (268–270), wurden in der Via Cornelia getötet und am 13. Meilenstein von Christen begraben. An ihr Martyrium erinnert dort eine Kirche aus dem 7. Jh., deren Ruinenreste noch immer zu sehen sind.
Festtag: 19. Januar.
Darstellung: die Märtyrer vor dem Richter, bei der Geißelung, auf dem Scheiterhaufen, bei der Enthauptung oder Ertränkung, die Söhne an einen Meilenstein gebunden und mit Fleischerhaken gemartert.

Markus, Johannes Markus der Apostelgeschichte (Apg 12, 12) († um 67). Evangelist (Verfasser des Markusevangeliums), Märtyrer. Patron der Stadt Venedig und der Insel Reichenau; Patron der Maurer, Bauarbeiter, Glaser, Glasmaler, Notare, Schreiber und Korbmacher; Helfer für gutes Wetter und gute Ernte, gegen Blitz und Hagel, gegen plötzlichen Tod.
Markus stammte wohl aus priesterlichem Geschlecht. Er war der Sohn der Maria Markus, der Mutter des Johannes mit dem Beinamen Markus (Mk 14, 15). Sein Geburtshaus stand in Je-

rusalem vor den Mauern, genau dort, wo heute die Dormitiokirche steht. Später versammelten sich in diesem Haus die Jünger, hielt Jesus das Abendmahl, starb einer Legende zufolge → Maria, kam die Urgemeinde zusammen (Apg 12, 12).
Um 44 begleitete Markus → Paulus und → Barnabas nach Antiochia am Orontes (heute Antakya, Südosttürkei), danach auf ihrer Missionsreise nach Zypern und Kleinasien. In Perge (heute Südtürkei) trennte sich Markus von den beiden Glaubensboten und kehrte nach Antiochia zurück. Auf der nächsten Missionsreise ging Markus mit Barnabas nach Zypern. Um 64 bat Paulus den Markus, zu ihm nach Rom zu kommen. In Rom verband sich Markus in inniger Freundschaft mit → Petrus, der ihn seinen »Sohn« nannte. Für Petrus wirkte Markus als Dolmetscher. Gleich nach Petrus' Hinrichtung um 64 ging Markus nach Alexandria, um die dortige Christengemeinde zu gründen und deren erster Bischof zu werden. 66 oder 67 dürfte Markus als Märtyrer gestorben sein. Weil starker Regen seine Mörder daran hinderte, den Scheiterhaufen anzuzünden, schleifte man ihn am Strick auf den Straßen Alexandrias zu Tode. Um 828 fanden venezianische Kaufleute die Gebeine des Evangelisten, die fromme Christen an geheimem Ort vergraben hatten, versteckten sie nach der Legende in einem Korb unter Schweinefleisch, das die Moslems nicht anrührten, und segelten nach Venedig zurück. In der Lagunenstadt ließ gerade der Doge Giustiniano Partecipazio eine Kirche (an der Stelle der heutigen Markuskirche) errichten, die 832 mit den Reliquien des hl. Markus geweiht wurde. Reliquien des Evangelisten kamen auch nach Ägypten, Albanien,

Der Evangelist Markus (Liutold-Evangeliar)

Korfu, Valencia und in die 724 gegründete Benediktinerabtei auf der Bodenseeinsel Reichenau, wo sie heute im Münster St. Maria und Markus zu Mittelzell verehrt werden.

Festtag: 25. April, in Venedig: 25. Juni,

211

Griechen: 11. Januar, Kopten: 26. März.

Darstellung: ein geflügelter Löwe ist das Symbol des Evangelisten; in den Pranken hält er ein aufgeschlagenes Buch (bzw. stützt sich darauf) mit den Buchstaben PTMM (lat. Pax Tibi Marce (Evangelista) Meus = der Friede sei mit dir, Markus, mein Evangelist). Der Evangelist mit Buch, Schreibfeder und Tintenfaß.

Maron von Syrien († um 410), Eremit, Namensgeber einer mit Rom unierten Ostkirche. Maron lebte als Mönch in der Nähe der alten Stadt Apameia am Orontes (heute Qalaat al Mudiq, Syrien) und scharte zahlreiche junge Griechen und Syrer um sich. → Johannes Chrysostomos, Patriarch von Konstantinopel, war von der Frömmigkeit des Einsiedlers tief beeindruckt. Nach Marons Tod gründeten seine Schüler über dem Grab des Heiligen das Kloster St. Maron, das im 7. Jh. zum wehrhaften Mittelpunkt monotheletischer Flüchtlinge wurde, deren Glaube vom 6. Ökumenischen Konzil zu Konstantinopel 680/681 als Irrlehre verdammt worden war. In der Wildnis und Abgeschiedenheit Nordlibanons konnte die Religionsgemeinschaft der »Maroniten« auch unter der Herrschaft des Islam eine gewisse kirchliche Selbständigkeit bewahren. 1445 schlossen sie sich der römisch-katholischen Kirche an. 1584 gründete Papst Gregor XIII. in Rom ein maronitisches Kollegium zur Ausbildung der Geistlichen. Das Oberhaupt der Maroniten nennt sich »Patriarch von Antiochia«, residiert aber im Kloster Kanobin im Libanon-Gebirge. Heute zählen die Maroniten rund 600 000 Anhänger, die überwiegend im Staat Libanon, zum Teil auch in Israel und Syrien leben.

1753 hat Papst Benedikt XIV. den Kult des hl. Maron bestätigt.
Festtag: 14. Februar, bei den Maroniten: 9. Februar.
Darstellung: als Einsiedler vor seiner Klause betend oder predigend, von göttlichem Licht erleuchtet.

Marschälle, die vier heiligen Marschälle. Nothelfer, die hauptsächlich vom 14. bis 17. Jh., aber auch heute wieder im Kölner Raum verehrt werden. Die hll. → Antonius der Große, Papst → Kornelius, → Hubert von Maastricht und Lüttich und → Quirinus von Neuss wähnte man – wie weltliche Hofmarschälle vor dem Thron des Herrschers – besonders nahe bei Gott, weshalb ihre Fürbitte bei Seuchen und allen persönlichen Nöten als besonders wirksam galt. Der Grund für die gemeinsame Verehrung dieser vier Heiligen lag in der geringen Entfernung ihrer Kultstätten voneinander: die niederrheinischen Antoniterklöster von Köln und Wesel, Kornelimünster in der Eifel, St. Hubert in den Ardennen und St. Quirin in Neuss.

Martha von Bethanien (1. Jh.), Schwester des → Lazarus und der Maria von Bethanien (Joh 11, 1–2). Patronin der nach ihr benannten Ordensgemeinschaften, Patronin der Häuslichkeit, der Hausfrauen, Dienstmägde, Köchinnen und Wäscherinnen, der Arbeiterinnen, der Maler und Bildhauer, Hospitalverwalter und Gastwirte, der Sterbenden; Helferin bei Blutfluß.
Die Geschwister wohnten in Bethanien (heute H'Eizariya) an der Ostseite des Ölbergs, nahe Jerusalem. Jesus war mit den Geschwistern befreundet (Joh 11, 5) und besuchte sie öfters, wenn er nach Jerusalem kam. Martha, wohl die älteste der drei Geschwister, war die

Der heilige Martin von Tours (Naumburger Meister)

Hausfrau, die Jesus in ihr Haus aufnahm (Lk 10, 38) und sich um Jesu Bewirtung kümmerte (Lk 10, 40). Sie war es, die mit Jesus zum Grab des Lazarus ging, und bekannte, daß sie an ihn als den Sohn Gottes glaube (Joh 11, 17–44). Nach einer mittelalterlichen Legende fuhr sie nach Jesu Tod mit ihren beiden Geschwistern nach Marseille, um in der Provence, in der Gegend von Aix, das Christentum zu verkünden. In Tarascon unweit von Arles starb sie und wurde dort vielleicht auch begraben. Reliquien von ihr sollen sich in Tarascon und in der Nürnberger St.-Martha-Kirche befinden.

Festtag: 29. Juli, Ostkirchen: 4. Juni.
Darstellung: als Hausfrau mit Kochlöffel oder Schlüsselbund, mit einem Weihwasserkessel vertreibt sie einen Drachen (Legende von ihrem Kampf im Rhônetal mit dem menschenfressenden Ungeheuer Tarascus, Symbol der Heiden).

Martin, Thérèse, → Theresia von Lisieux.

Martin von Tours (316/317–397), Bischof, »Apostel Galliens«. Schutzpatron Frankreichs, Patron der Diözesen Eisenstadt (Burgenland, Österreich),

Mainz, Würzburg, Rottenburg-Stuttgart, Hildesheim, Hauptpatron des
Eichsfeldes und des Kantons Schwyz;
Patron der Soldaten, der Reiter, Pferde
und Hufschmiede, der Waffenschmiede, der Weber, Gerber, Tuchhändler
und Schneider, der Gürtel-, Hand-
schuh- und Hutmacher, der Müller,
Hirten und Bürstenbinder, der Winzer,
Böttcher und Gastwirte, der Reisenden
und Hoteliers, der Armen, Bettler und
Gefangenen, der Abstinenzler (weil er
vom Wein, den Kaiser Constantius ihm
reichte, nur einen kleinen Schluck
trank), der Haustiere, insbesondere der
Gänse; Helfer bei Ausschlag, Rotlauf
und Schlangenbiß, für das Gedeihen
auf den Feldern.

Martin wurde als Sohn eines römischen Militärtribunen im pannoni-
schen Savaria (heute Szombathely/
Steinamanger, Ungarn) geboren. Seine
christliche Erziehung erhielt er auf der
Katechetenschule in Pavia, sein Vater
brachte den Fünfzehnjährigen zum Militär, wo er in Gallien in der Garde des
Kaisers Constantius II. diente und bald
als mutiger und tüchtiger Soldat zum
Offizier befördert wurde. Als er an einem eisigen Winterabend hoch zu Roß
die Wachen am Stadttor von Amiens
(nördlich von Paris) inspizierte, trat ein
in Lumpen gehüllter Greis auf ihn zu
und bettelte, vor Kälte zitternd, um ein
Almosen. Martin hatte weder Geld
noch Essen bei sich. Aber er nahm seinen weiten Mantel und schnitt ihn mit
dem Schwert in zwei Teile, eine Hälfte
warf er dem Bettler zu. In der folgenden Nacht träumte Martin, daß der
Bettler Jesus war. Dieses Mantelwun-
der zählt in der bildenden Kunst seit
dem Mittelalter zu den beliebtesten
Heiligenmotiven. Mit 18 Jahren ließ
sich Martin taufen, im Jahr darauf verließ er die Armee und wurde Schüler

des Bischofs → Hilarius von Poitiers,
der ihn zum Akolythen weihte. Der Bischof schickte ihn in seine pannonische Heimat, um die dortigen Arianer
zum katholischen Glauben zu führen,
womit Martin aber nur wenig Erfolg
hatte. So zog er sich als Einsiedler auf
die kleine Insel Gallinaria bei Genua
zurück. 361 – Kaiser Julian Apostata
(361–363) versuchte gerade, dem
Christentum ein im neuplatonischen
Geist erneuertes Heidentum entgegen-
zustellen – gründete Martin in Ligugé
(südlich von Poitiers, Westfrankreich)
eine Zelle, aus der eines der ersten
Klöster des Abendlandes hervorging.
371 wählte ihn das Volk zum Bischof
von Tours. In der Nähe ließ er 375 das
Kloster Marmoutier erbauen, das er zu
einem geistigen und geistlichen Zentrum machte, zu einer Ausbildungs-
stätte für Missionare und Bischöfe.
Martins Hauptanliegen aber war, das
erst teilweise christianisierte Land bis
in die verstecktesten Winkel zu missionieren, weshalb man ihn später »Apostel Galliens« nannte. Bischof Martin
starb auf einer Visitationsreise westlich
von Tours.

Martin gehörte zu den ersten Heiligen
der römischen Liturgie, die nicht als
Märtyrer gestorben sind. Seinen Sarg
begleitete eine gewaltige Menschenmenge, der Überlieferung nach
wurde er von 2 000 Mönchen zu Grabe
getragen. Er wurde der bedeutendste
Schutzpatron des merowingisch-frän-
kischen Reichs. Sein Mantel (cappa)
zählte zu den Reichskleinodien und
wurde im Krieg mitgeführt. Über Martins Grab erhob sich im 5. Jh. eine Kapelle, die später durch die Abteikirche
und das Kloster St-Martin (fränkisches
Nationalheiligtum) ersetzt wurde. Viele Klöster tragen noch heute seinen
Namen, und allein in Frankreich sollen

weit über 3 000 Kirchen dem Heiligen geweiht sein. Der Martinstag (»Martini«) war früher Markttag, er bezeichnete den Winteranfang und den Beginn des Advents. Die Martinsgans war der kulinarische Höhepunkt der Martinsschmäuse vor der adventlichen Fastenzeit. Noch heute ziehen Kinder mit Laternen singend von Haus zu Haus und werden mit kleinen Geschenken belohnt. Am Martinstag probieren die Winzer den neuen Wein (Martinstrunk), und überall duftet es nach frischgebackenem Martinsgebäck. Da Martin Luther (* 10. November 1483) seinen Vornamen vom hl. Martin von Tours herleitet (da er am Martinstag getauft wurde), deutet man in protestantischen Gegenden, in denen man keine Heiligen verehrt, den Martinstag auf den Reformator um.

Festtag: 11. November.

Darstellung: als römischer Soldat zu Pferd, seinen Mantel mit dem Schwert teilend, zu seinen Füßen ein Bettler; als Bischof mit Schwert, ein Bettler oder Krüppel neben ihm; oft mit einer Gans, die an eine Legende erinnert, nach der sich Martin nach seiner Bischofswahl in einer Höhle versteckte, aber von dem Geschnatter einer Gans verraten wurde.

Martinus I., Martin († 655), Papst (649–653), Märtyrer.

Er stammte aus Todi (nördlich von Rom), war zuletzt Apokrisiar (päpstlicher Gesandter) in Konstantinopel, bevor er 649 zum Papst gewählt wurde. Drei Monate nach der Wahl verurteilte er auf der Lateransynode zu Rom den Monotheletismus, jene Lehre, nach der in Christus zwar zwei Naturen seien, aber nur ein einziger Wille. Kaiser Konstans II. (641–668), ein Anhänger dieser Lehre, der es abgelehnt hatte,

Martinus als Papst zu bestätigen, befahl, Martinus zu verhaften. Doch Olympios, der Exarch des Kaisers, führte den Auftrag nicht aus. Erst Theodoros Kalliopas, der zweite Exarch, ließ den kranken Papst 653 gefangennehmen und nach Konstantinopel überführen. Dort wurde Papst Martinus wegen Teilnahme an der Rebellion des Olympios zum Tod verurteilt, auf Bitten von Paulos II., Patriarch von Konstantinopel, aber zu lebenslänglicher Verbannung begnadigt. Im Frühjahr 654 traf Martinus in seinem Verbannungsort Chersones (Krim) ein, wo er infolge der erlittenen körperlichen und seelischen Qualen starb. Die Ostkirchen verehren Martinus vor allem als Verteidiger der Rechtgläubigkeit, die römisch-katholische Kirche verehrt ihn als Märtyrer.

Festtag: 13. April (West- und Ostkirchen).

Darstellung: als Papst mit Tiara und Kreuzstab.

Maternus von Köln, († 314), Bischof. Patron für das Gedeihen der Weinreben; Helfer bei Fieber und ansteckenden Krankheiten.

Viele Legenden beleuchten das Leben des hl. Maternus. So soll er an den Synoden zu Rom (313, Donatistenstreit) und Arles (314) teilgenommen haben, aber auch als Sohn der Witwe von Naïn durch Jesus vom Tod erweckt worden sein (Lk 7, 11–17). Petrus habe ihn nach Jesu Himmelfahrt an den Rhein zur Missionierung gesandt. Nach einer anderen Version erweckte den toten Maternus der Bischofsstab des hl. Petrus. Der Stab befindet sich heute im Kölner Dom, die Hülle für den Stab verwahrt Trier. So ist auch zu erklären – ergänzt die Legende –,

daß der Papst als Bischof von Rom keinen Bischofsstab führt. Maternus soll nacheinander erster Bischof von Trier, dann von Köln und schließlich von Tongern (heute Tongeren bzw. Tongres in der belgischen Provinz Limburg) gewesen sein. Wo Maternus starb, in Trier oder Köln, ist nicht bekannt.
Festtag: 14. September, in Köln, Trier, Aachen, Essen und Limburg: 11. September, in Straßburg: 12. September.
Darstellung: als Bischof mit dreitürmiger Kirche oder drei Infuln (bischöfliche Kopfbedeckungen).

Mathilde, Mechthild (um 895–968), deutsche Königin. Mathilde wurde in der Weserlandschaft Engern (Niedersachsen) als Tochter des Grafen Dietrich und der Reinhild aus dänisch-friesischem Adelsgeschlecht geboren und im Frauenstift Herford (am Teutoburger Wald) erzogen, das ihre Großmutter als Äbtissin leitete. 909 heiratete sie Herzog Heinrich von Sachsen, den späteren deutschen König Heinrich I., der zuvor mit Hatheburg verehelicht war. Mathilde gebar fünf Kinder, darunter Otto, der künftige Kaiser Otto I. der Große, und Bruno, der künftige Erzbischof → Bruno I. der Große. 919 wurde Heinrich von den deutschen Fürsten in Fritzlar zum König gewählt. Mathilde, eine überaus kluge und warmherzige Frau, stiftete die Klöster St. Servatius und St. Wigbert in Quedlinburg, ferner die Klöster in Pöhlde, Enger und Nordhausen, alle im Harz oder in dessen Umgebung gelegen. Die Krypta der romanischen Basilika des einstigen Frauenstifts von Quedlinburg bewahrt die Gräber der hl. Mathilde und ihres Gemahls Heinrich I.
Festtag: 14. März.
Darstellung: als Königin mit Kirchen-modell und Geißel oder Almosen austeilend.

Matthäus, (1. Jh.), Apostel und Evangelist, Märtyrer. Patron der Finanz-, Steuer- und Zollbeamten, der Geldwechsler und Buchhalter (seit 1955).
Matthäus erscheint auf allen Apostellisten des Neuen Testaments (Mt 10, 3; Mk 3, 18; Lk 6, 15; Apg 1, 13). Mal wird er »Levi, der Sohn des Alphäus« (Mk 2, 14) genannt, mal »Matthäus der Zöllner« (Mt 10, 3) – zwischen Kapernaum und Bethsaida verlief damals die Grenze zwischen den Tetrarchien Galiläa und Gaulantis. Über sein Leben mit Jesus ist nur zu erfahren, daß Jesus Matthäus zu einem seiner zwölf Apostel bestimmte (Mt 9, 9f). Zwölf Jahre nach Christi Himmelfahrt – wohl um das Jahr 42 – verließ Matthäus Palästina, missionierte in Äthiopien und Persien und erlitt das Martyrium, vielleicht durch Steinigung, vielleicht durch Verbrennen. Weder Ort noch Zeitpunkt sind bekannt.Seine Gebeine kamen nach Paestum (Unteritalien), im 10. Jh. dann nach Salerno. Man sagt, er habe das nach ihm benannte Evangelium verfaßt, doch nimmt die heutige Forschung an, daß Matthäus lediglich Jesu Aussprüche und Reden in aramäischer Sprache gesammelt hat und daß ein anderer vielleicht zwischen 80 und 90 nach Kenntnis des Markus-Evangeliums das Evangelium des Matthäus in griechischer Sprache verfaßte.
Um den Namen des Apostels rankt sich manche Redensart, wie »Bei ihm ist Matthäi am letzten«, was bedeutet, daß jemand kein Geld mehr hat. Oder: »Mit ihm ist Matthäi am letzten«, was aussagt, daß jemand bald sterben wird. All dies bezieht sich auf das letzte Wort des Matthäus-Evangeliums »... bis zum Ende der Welt« (Mt 28, 20).

Der heilige Matthäus mit dem Engel (Michelangelo da Caravaggio)

Festtag: 21. September, orthodoxe Kirche: 16. November.
Darstellung: Symbol des Evangelisten ist ein Engel; der Apostel erscheint mit Buch, Schwert oder Lanze, mit Beutel oder Zahlbrett der Zöllner.

Matthias († um 63), Apostel, Märtyrer. Patron des Bistums Trier, Patron der Bauhandwerker, Tischler, Zimmerleute und Schmiede, der Schneider, Metzger und Zuckerbäcker.
Das Los bestimmte ihn dazu, die Stelle

217

des verräterischen und inzwischen aus dem Leben geschiedenen Judas Iskarioth als Apostel einzunehmen (Apg 1, 15–26). Aus seinem Leben ist sonst nicht viel bekannt. Nach Jesu Tod missionierte Matthias anfangs in Palästina, später in Äthiopien, wo er um 63 gesteinigt und mit dem Beil erschlagen wurde. Bischof → Agritius brachte die Gebeine des Apostels im Auftrag der Kaiserin → Helena nach Trier, das 293–395 Hauptstadt des Weströmischen Reiches war. Heute werden sie in der Basilika der 1127–1148 neu erbauten Benediktinerabtei St. Matthias verehrt. Trier hütet somit das einzige Apostelgrab auf deutschem Boden. Der Matthiastag (24. Februar) galt seit alters her als Vorbote des Frühlings: »Sankt Mattheis bricht 's Eis; hat er keins, dann macht er eins.« Früher war es üblich, in der Matthiasnacht nach Schätzen zu graben oder das Orakel zu befragen.

Festtag: 14. Mai (seit 1969), vorher 24. Februar; Ostkirchen: 9. August.

Darstellung: mit Buch, mit Steinen, Beil, Schwert oder Lanze (Marterwerkzeuge).

Mauberte, → Madelberta.

Mauritius, → Thebäische Legion.

Maurontus († 701/702), Sohn des hl. → Adalbald und der hl. → Richtrudis. Im späten 7. Jh. war er Abt des Benediktinerklosters Breuil-sur-Lys (bei Douai, Nordfrankreich). Er wird in Frankreich als Heiliger verehrt.

Maximilian von Celeia, → Maximilian im Pongau.

Maximilian Kolbe (1894–1941), Märtyrer. Geboren am 7. Januar 1894 in Zduńska Wola (bei Lódz, Polen) als Sohn eines Webereiarbeiters, getauft auf den Namen Rajmund. Er besuchte das Kleinseminar der Franziskaner in Lemberg (heute Lwów) und trat dort im September 1911 mit seinem älteren Bruder Franz in den Franziskanerorden ein, wobei er den Namen Maximilian annahm. 1912–1919 studierte Maximilian am Gregorianum in Rom Theologie und christliche Philosophie und schloß seine Studien mit der Promotion ab. 1918 erhielt er die Priesterweihe. 1919 begann er, am Priesterseminar der Franziskaner in Krakau Philosophie und Kirchengeschichte zu lehren, mußte aber seine Vorlesungstätigkeit wegen einer schweren Erkrankung (Tuberkulose) wieder aufgeben. Schon 1917 hatte er während des Studiums eine Gebetsgemeinschaft zur Bekehrung der Sünder und Ungläubigen (»Militia Immaculatae«), eine geistliche Kampftruppe gewissermaßen, gegründet. 1922 gab er für diese Gemeinschaft die Monatsschrift ›Rycerz Niepokalanej‹ (Ritter der Unbefleckten Jungfrau) heraus. 1927 gründete er in Teresin (westlich von Warschau) das Kloster Niepokalanów und wurde dessen Guardian (Vorsteher). 1930 ging Maximilian im Auftrag des Papstes Pius XI. nach Japan, wo er bei Nagasaki eine Missionsanstalt einrichtete. 1936 kehrte er nach Polen zurück, wo er bis 1939 wiederum das Niepokalanów-Kloster leitete. Gleich nach Ausbruch des Zweiten Weltkrieges und Ende des Polenfeldzuges wurde Maximilian mit mehreren Ordensbrüdern von den Nazis verhaftet, aber im Dezember wieder freigelassen. In der folgenden Zeit half er nach Kräften allen Kriegsopfern, vor allem aber deutschen und polnischen Juden. So wurde er am 17. Februar

1941 erneut verhaftet und in das Konzentrationslager Auschwitz gebracht. Als Ende Juli 1941 ein Gefangener aus dem Lager floh, verurteilte der Lagerführer Karl Fritsch zehn Häftlinge jenes Blocks, zu dem der Entflohene gehört hatte, zum Hungertod im Bunker Nr. 11. Als einer der Verurteilten darüber klagte, daß er seine Frau und zwei kleine Kinder zurücklassen müsse, trat Maximilian Kolbe mit Zustimmung des Lagerführers für den Verurteilten den Weg in den Hungerbunker an. Am 14. August 1941 war er als einziger noch am Leben – man tötete ihn mit einer Phenolspritze. Sein Leichnam wurde im Lagerkrematorium verbrannt.

Am 17. Oktober 1971 sprach Papst Paul VI. Maximilian Kolbe selig, am 10. Oktober 1982 folgte die Kanonisierung durch Papst Johannes Paul II.
Festtag: 14. August, in Fulda 17. August.
Darstellung: im Franziskanerhabit oder in gestreifter KZ-Kleidung mit Nickelbrille.

Maximilian im Pongau, Maximilian von Celeia († 284), Missionsbischof, Märtyrer, 2. Patron der Diözese Passau. Die legendarische Vita dieses Heiligen entstand erst im 11. und 13. Jh. Die Kapelle über seinem Grab in der Marktgemeinde Bischofshofen im Pongau (bei Salzburg) wurde zu Beginn des 8. Jh. von Bischof → Rupert von Salzburg erbaut, der hier auch die Maximilianszelle gründete. 878 kamen Maximilians Gebeine nach Altötting und im 10. Jh. nach Passau; seit dem 17. Jh. sind sie verschwunden. Vielleicht stimmt es, daß Maximilian um die Mitte des 3. Jh. im römischen Claudia Celeia (heute Celje, Slowenien) geboren und später Bischof von

Lorch (heute Stadtteil von Enns, Oberösterreich) wurde, bevor er unter dem kurzlebigen Soldatenkaiser Numerianus als Märtyrer starb.
Festtag: 12. Oktober.
Darstellung: als Missionsbischof im Pluviale, mit Kreuz und Schwert.

Maximus, → Cäcilia.

Maximus von Jerusalem, Maximos († 348/350), Bischof. In den Christenverfolgungen unter Kaiser Diokletian entging Maximus wegen seines Glaubens nur knapp dem Martertod, er wurde auf einem Auge geblendet und blieb am linken Fuß gelähmt. 325 begleitete er als Diakon Bischof → Makarios I. von Jerusalem, einen entschiedenen Gegner des Arianismus, zum Konzil von Nicäa (heute Iznik, Türkei), auf dem die christlichen Bischöfe gegen die Arianer das »Nicänische Glaubensbekenntnis« beschlossen, das heißt die Lehre von der Wesenseinheit des Sohnes mit dem Vater. Seine erweiterte Fassung ist das Credo der katholischen Messe. Nach Makarios' Tod wählte man Maximus 335 zu seinem Nachfolger. Während Bischof Maximus die Lehre des Arianus zunächst für die wahre christliche Lehre hielt, wandte er sich bald davon ab und erregte 348 durch ein Synodalschreiben den Zorn der Arianer, deren Metropolit Acacius von Caesarea die Absetzung des Maximus veranlaßte. Sonst ist nichts über das Leben und Wirken des Heiligen bekannt, man kennt nicht einmal seine Lebensdaten.
Festtag: 5. Mai.

Mechthild, → Mathilde.

Medardus von Noyon (um 473–560), Bischof. Patron der Bauern, Winzer und Bierbrauer, Patron für Regen, gute Heuernte, Fruchtbarkeit der Felder und Weinstöcke, Patron der Gefangenen; Helfer gegen Fieber, Zahnschmerzen und Wahnsinn.

Medardus stammte aus einem gallofränkischen Adelsgeschlecht in Salency bei Valenciennes (Picardie, Nordfrankreich). Im Jahr 505 empfing er die Priesterweihe, um 545 wurde er zum Bischof von Noyon (nordöstlich von Paris) geweiht. 555 nahm er die Frankenkönigin → Radegundis von Thüringen als Nonne auf. Nach Medardus' Tod stiftete Chlothar I., König der Franken (511–561), zu Ehren des Medardus in Soissons (unweit von Noyon) die Benediktinerabtei St-Médard und ließ dessen Gebeine in der dortigen Krypta beisetzen. Ihm dürfte nicht bekannt gewesen sein, daß seine Gemahlin Radegundis nach der Ermordung ihres Bruders zu Medardus geflohen war.

Festtag: 8. Juni.

Darstellung: als Bischof mit Stab, Almosen austeilend; der Adler ist sein Hauptattribut; in der Linken ein Herz haltend (Nächstenliebe); oft mit lachendem Mund (deshalb Helfer gegen Zahnschmerzen).

Meinrad von Reichenau, Meinrad von Einsiedeln, Meginrat († 861), Benediktiner, Märtyrer. Patron des Klosters und Wallfahrtsortes Einsiedeln (Kanton Schwyz, Schweiz).

Meinrad wurde im Sülichgau (Württemberg) geboren und im Kloster Reichenau (Bodensee) erzogen, ausgebildet und zum Priester geweiht. Anschließend wirkte er als Leiter der Klosterschule in Babinchowa am Zürichsee (heute Benken, Schweiz). 828 begann Meinrad ein Leben als Einsiedler in der Gebirgswildnis des Etzel, wo er eine Kapelle erbaute. 835 richtete er sich – ungefähr 6 Kilometer weiter südlich – im »Finsteren Wald« am Sihlsee eine Klause ein, in der er auch müde und hungrige Wanderer versorgte. 861 wollten zwei Männer von Meinrad mehr als Essen und Bett und erschlugen ihn. Meinrad wurde in der Benediktinerabtei Reichenau bestattet, seine Gebeine kamen 1039 in das Benediktinerkloster Marie Einsiedeln, das 934 über der Zelle des ermordeten Einsiedlers im »Finsteren Wald« gegründet worden war. Kaiser Otto I. der Große (936–973) erhob das Kloster zum Reichskloster. Seit 1907 ist Einsiedeln eine Abtei nullius, das heißt, eine Abtei mit selbständigem Territorium unter der Gerichtsbarkeit des Abtes.

Festtag: 21. Januar.

Darstellung: als Benediktinermönch mit Palme, Becher und Brot, zwei Raben (die die Mörder verrieten); manchmal mit Keule (Marterinstrument).

Melchiades, → Miltiades.

Melchior, → Drei Heilige Könige.

Merici, Angela, → Angela Merici.

Methodios, → Kyrillos und Methodios.

Methodios der Bekenner, Methodios von Konstantinopel, Methodios der Große (um 790–847), einer der → Vier Patriarchen von Konstantinopel.

Methodios wurde in Syrakus (Sizilien) als Sohn griechischer Eltern geboren. Als Knabe nahmen sie ihn mit nach Konstantinopel (heute Istanbul), um ihn dem Kloster Chenolakkos zur Ausbildung anzuvertrauen. Inzwischen ein Mönch und entschlossener Anwalt für die Bilderverehrung, mußte er um 815 vor den Bilderstürmern nach Rom fliehen. 821 kehrte er nach Konstantinopel zurück, wo aber der soeben inthronisierte Kaiser Michael II. der Stammler (820–829) auf seiten der Bilderstürmer stand. Methodios wurde verhaftet, gefoltert und auf die Insel St. Andreas im Marmarameer verbannt, wo man ihn in einem römischen Grabbau einsperrte. Michaels Nachfolger Kaiser Theophilos (829–842) gehörte ebenfalls zur Partei der Bilderstürmer, schätzte aber das Urteil des Methodios. Er hielt Methodios daher in seinem Palast gefangen, um sich jederzeit bei ihm Rat holen zu können. Mit der Thronbesteigung der Kaiserin Theodora (842–856) im Januar 842 kam die Wende in Methodios' Leben: Sie ernannte ihn noch im selben Jahr zum Patriarchen von Konstantinopel. Die Ikonoklasten (Bilderstürmer) unter den Priestern und Bischöfen ließ er maßvoll bestrafen. Methodios starb in Konstantinopel, wo er in der Apostelkirche beigesetzt wurde.

Festtag: 14. Juni.

Darstellung: als Bischof mit Omophorion (Schulterband) und Buch (Kodex), eine Binde mit Kreuz hält sein Kinn, das Ikonoklasten in der Folter brachen.

Michael, Erzengel, erster Engel, Engelsfürst. Patron der katholischen Kirche, des deutschen Volkes, der Armen Seelen, der Sterbenden, Patron für einen guten Tod, Patron der Friedhöfe, der nach ihm benannten Orden; Patron der Kaufleute, Gewichtemacher, Eicher und Apotheker, der Maler, Glaser, Drechsler und Schneider, der Blei- und Zinngießer sowie der Vergolder, der Bäcker, Ritter und Soldaten, der Bankangestellten und Radiofachleute (seit

Der heilige Michael
(Piero della Francesca)

Pius XII.); Helfer bei Blitzschlag und Unwetter.

Seinen Namen findet man nur bei Dan 10, 13 und 21 sowie 12, 1, ferner bei Jud 9 und Offb 12, 7. Neben → Raphael, → Gabriel und → Uriel ist er einer der vier höchsten Engel, die vor dem Thron Gottes stehen. Er hütet die Schlüssel zum Himmel, trägt die Gebete der Frommen vor Gottes Thron und überbringt die Weisungen Gottes an die Menschen. Er ist Fürsprecher der Menschen bei Gott und Beschützer der Kirche Christi.

Michael vertrieb im himmlischen Kampf Luzifer, den damals höchsten aller Engel, weil dieser sich gegen Gott aufgelehnt hatte, er stürzte ihn in die Hölle, wo er nun als Teufel sein Unwesen treibt. Ein Erscheinen des Erzengels wurde nach zeitgenössischen Berichten mehrmals beobachtet, z.B. am 8. Mai 495 auf dem Monte Gargano (Süditalien) oder 591 in Rom auf dem Grabbau Hadrians, der Engelsburg (→ Gregor I. der Große). 709 stiftete Bischof Autbert von Avranches aufgrund einer Vision die Basilika Mont Saint-Michel auf einer mächtigen Granitinsel vor der Küste der Normandie. Michael galt als der christliche Ritter schlechthin, als Sieger über die Feinde der Kirche und des Heiligen Römischen Reiches. Sein Bildnis schmückte die Fahnen in der Schlacht auf dem Lechfeld (955) wie auf den Kreuzzügen in das Heilige Land.

Michael wurde besonders in Deutschland volkstümlich. Dem Erzengel Michael geweihte Kirchen und Kapellen ersetzten auf den Höhen die heidnischen Kultstätten für Odin, den obersten Gott der Asen (wie Odin die gefallenen Helden nach Walhall beruft, geleitet Michael die Toten in das Paradies). Der »Michaelistag« (29. September) brachte in den mitteleuropäischen Landschaften das Ende des Sommers und der Ernte. An diesem Tag war meist auch Kirchweihe. Am Niederrhein und in England verspeiste man zu Michaeli die »Michaeligans«, in Süddeutschland gab es den »Lichtbraten«, weil die Arbeit noch bei Licht begann.

Festtag: 29. September (mit Gabriel und Raphael), Ostkirche: 6. September und 8. November.

Darstellung: in langem, weißem Gewand, mit Flügeln, Lanze und feurigem Schwert, als Seelenführer mit der Seelenwaage, in Ritterrüstung als Streiter gegen Luzifer und dessen Teufel. Michael ist der am häufigsten dargestellte Engel.

Millán de la Cogolla, → Aemilianus Cucullatus.

Miltiades, Melchiades († 314), Papst (310–314). Miltiades, aus Rom oder Nordafrika stammend, war der erste Papst, der das Ende der über zweihundertjährigen Christenverfolgungen erlebte. 312 siegte → Konstantin I. der Große an der Milvischen Brücke in Rom über seinen Schwager und Mitkaiser Maxentius und leitete eine lange Periode des Friedens ein (Toleranzedikt von Mailand, 313) – wenn man von den Streitigkeiten der Christen untereinander absieht. 313 auf der Synode im Lateran (Papstpalast) ließ Papst Miltiades die nordafrikanische Häretikergruppe der Donatisten verurteilen.

Festtag: 10. Dezember (Miltiades starb zwar am 10. Januar, sein Fest wurde aber im 13. Jh. irrtümlich um einen Monat vorverlegt).

Modesta († nach 659), Äbtissin. Die Jugendfreundin der → Gertrud von Nivelles trat in das Nonnenkloster Nivelles (südlich von Brüssel) ein und wurde dort von Gertruds Mutter → Iduberga von Nivelles, Stifterin des Klosters, erzogen. Dann kam sie nach Trier, wo sie die Leitung der vom hl. → Modoald von Trier gegründeten Benediktinerinnenabtei Ören (»Zur Oeren«, von lat. ad horreum = am Getreidespeicher) übernahm, die über römischen Speicheranlagen erbaut worden war und heute St. Irminen heißt (nach → Irmina von Trier). Modesta starb in Trier. Reliquien der Heiligen, deren Verehrung in Trier seit dem 10. Jh. bezeugt ist, befinden sich in der Trierer Benediktinerabtei St. Matthias.

Festtag: 4. November, in Trier: 6. November.

Darstellung: als Äbtissin.

Modestus, → Vitus.

Modestus von Jerusalem, Modestos († 630 oder 634), Patriarch von Jerusalem. Modestus war Abt des Theodosiosklosters unweit von Bethlehem, als die Perser 614 Jerusalem eroberten, in der Stadt ein furchtbares Blutbad anrichteten und die überlebenden Christen nach Mesopotamien verschleppten. Unter ihnen befand sich auch der Patriarch → Zacharias von Jerusalem. Als sich der Zorn der Perser auf die Juden verlagerte, kehrten die Christen allmählich wieder zurück. Modestus wurde für die Dauer der Abwesenheit des Zacharias mit der Leitung des Jerusalemer Patriarchats beauftragt. Doch Zacharias erlebte die Rückkehr nicht mehr, er starb um 618, und Modestus wurde zu seinem Nachfolger gewählt. Er kümmerte sich um die dezimierte Bevölkerung der Heiligen Stadt, sorgte für den Wiederaufbau der zerstörten Kirchen und empfing 629 die heimgekehrte kostbare Kreuzreliquie. Nach seinem Tod setzte man ihn in der Apostelkirche auf dem Ölberg bei.

Festtag: 17. Dezember.

Darstellung: als Bischof mit Omophorion.

Modestus von Kärnten († 772), Bischof, Missionar. Modestus war ein irischer Mönch, der Mitte des 8. Jh. nach Salzburg kam und dort Chorbischof wurde. 762 sandte ihn Bischof → Virgilius mit vier Priestern nach Kärnten, um die dortige heidnisch-slawische Bevölkerung, die Karantaner (davon der Name »Kärnten«), zu christianisieren. Die alte Römerstadt Virunum wurde Stützpunkt der Missionare. Hier bauten sie eine Marienkirche, die Kirche Maria Saal (von lat. Sancta Maria in Solio = hl. Maria auf dem Thron), die sie 765 weihten. Der Kirchenname ging später auf den Ort über, der heute eine berühmte Wallfahrtsstätte und Marktgemeinde bei Klagenfurt ist. Virunum (Maria Saal) war von 765 bis 945 Residenz der Salzburger Chorbischöfe. Modestus starb in Virunum, wo er auch begraben wurde.

Festtag: 24. November.

Darstellung: als Bischof mit Kirchenmodell.

Modoald von Trier, Modwald, Modowandus († um 647). Der Bruder oder Vetter der hl. → Iduberga von Nivelles wurde um 614 Bischof von Trier, wo man ihn wegen seines besonderen sozialen Engagements bald »Vater und Beschützer der Elenden« nannte. Der Merowingerkönig Dagobert I. zog den Bischof häufig als Berater an seinen Hof in Metz, der Hauptstadt von Austrien (Osten des Fränkischen Reiches). Modoald war der Erzieher des hl. → Germanus von Münster-Granfelden. Er gründete mehrere Klöster, darunter die Benediktinerinnenabtei Ören und das Frauenkloster St. Symphorian in Trier, St. Martin im Münstermaifeld (Eifel) und St. Marien in Andernach (am Rhein). Seine Gebeine ruhen im Kloster Helmarshausen (bei Paderborn).

Monika

Festtag: 12. Mai.
Darstellung: als Bischof im Gebet.

Monika, Monnika (um 332–387), Mutter des hl. → Augustinus. Patronin der Frauen und Mütter, der katholischen Müttervereine, für die Seelenrettung der Kinder.
Sie wurde in Thagaste, Numidien (heute Souk-Arrhas südlich von Bône, Algerien) geboren und von ihren Eltern im christlichen Sinne erzogen. Sie heiratete den heidnischen Beamten Patricius und schenkte ihm drei Kinder, darunter Augustinus. Sie folgte Augustinus unaufdringlich auf all seinen Wegen, nach Rom und nach Mailand, wo ihr Sohn Ostern 387 von → Ambrosius die Taufe empfing. Monika war glücklich, daß ihr Sohn nach vielen Irrwegen zum christlichen Glauben gefunden hatte. Auf der gemeinsamen Rückreise nach Nordafrika starb sie im Oktober 387 in Ostia bei Rom. 1162 wurden Monikas Gebeine in das Augustinerkloster Arrouaise bei Arras (Nordfrankreich) übertragen, 1430 kamen sie in die Kirche S. Agostino in Rom.
Festtag: 27. August.
Darstellung: als ältere Frau mit Witwenschleier, Kruzifix, Rosenkranz und Buch, betend und weinend, oft zusammen mit ihrem Sohn Augustinus.

N

Narcissus († um 307), Bischof von Gerona, Märtyrer. Auf der Flucht vor den heidnischen Häschern während der Christenverfolgungen im Jahr 304 kam Narcissus, Bischof von Gerona (Katalonien, Nordostspanien), mit seinem Diakon → Felix von Gerona nach Augsburg, wo die beiden im Hause der → Afra, die dort ein Freudenhaus unterhielt, aufgenommen wurden. Narcissus bekehrte Afra, deren Mutter und drei Frauen des Hauses und weihte Afras Onkel → Dionysius von Augsburg zum ersten Bischof von Augsburg. Neun Monate später kehrten Narcissus und Felix nach Gerona zurück und erlitten dort den Martertod. *Festtag:* 18. März.
Darstellung: mit Mitra, Stab und Schwert, einen Drachen neben sich, das Sinbild des Bösen, über das Narcissus siegte.

Nektarios von Konstantinopel († 397), Patriarch. Der aus Tarsus (Südtürkei) stammende Nektarios war ein allseits verehrter Senator und Prätor, bevor er auf dem Konzil von Konstantinopel 381 zum Patriarchen gewählt wurde, obwohl er noch nicht einmal getauft war. Bei seiner feierlichen Einsetzung sprach er während seiner Taufe das »Symbolum« (Glaubensbekenntnis), das später das Konzil von Chalkedon 451 als verbindlich für die ganze Kirche übernahm. 391 schaffte Nektarios das seit 313 bestehende Amt des Bußpriesters ab und führte auf einer Synode 394 den Grundsatz ein, daß ein Bischof niemals von einer weltlichen Obrigkeit, sondern ausschließlich durch eine Synode abgesetzt werden könne. *Festtag:* griech.-orthod. 27. September.

Nepomuk, → Johannes von Nepomuk.

Neri, → Philipp Neri.

Nicolette Boillet, → Coletta.

Nikanor († 76), einer der hll. → Diakone, Märtyrer. Nikanor war einer der ersten sieben Diakone, die die heidenchristliche Gemeinde Jerusalems aus ihrem Kreis wählte, um»den Dienst an den Tischen« zu versehen (Apg 6, 1–7). Nach Jesu Kreuzestod verkündete er auf Zypern das Evangelium, wo er nach grausamen Folterungen das Martyrium erlitt. *Festtag:* 10. Januar, Ostkirchen: 28. Juli.
Darstellung: als Diakon mit Schriftrolle.

Nikephoros I. von Konstantinopel (758/759–828), einer der → Vier Patriarchen von Konstantinopel. Er war Geheimsekretär der byzantinischen Kaiserin Irene (Eirene) und nahm in dieser Eigenschaft 787 an dem Konzil von Nicäa teil. Kurz vor der Jahrhundertwende zog er sich als Einsiedler zurück und wurde 802 Leiter eines großen Hospitals in Konstantinopel. 806 ernannte ihn der gleichnamige Kaiser Nikephoros I. (802–811) als Nachfolger des verstorbenen → Tarasios zum Patriarchen von Konstantinopel. Als unter Kaiser Leon V. im Jahr 815 der Bilderstreit wiederauflebte, trat er zusammen mit dem Abt → Theodoros Studita dem Kaiser entgegen, woraufhin der Kaiser beide absetzte und in die Verbannung schickte. In Chalkedon (heute Kadiköy, Istanbul) erbaute er das Kloster vom hl. Theodor dem Märtyrer (Theodoros von Konstantinopel), in dem er bis zu seinem Tod zahlreiche theologische und historische Werke verfaßte. Nikephoros' Gebeine wurden 847 in die Apostelkirche in Konstantinopel übertragen.

Festtage: 5. April (Todestag), 13. März (Überführung der Gebeine im Jahr 847), 2. Juni (griech.-orth. Kirche).

Darstellung: als Patriarch mit Sticharion (liturgisches Untergewand), Phelonion (liturgischer Mantel) und Omophorion (Schulterband).

Nikolaus von der Flüe, Bruder Klaus, Nikolaus Löwenbrugger (1417–1487), Einsiedler, Mystiker. Hauptpatron der Schweiz, Landespatron der schweizerischen Urkantone.

Geboren auf dem Flüeli bei Sachseln (heute Kanton Unterwalden, Schweiz), suchte Nikolaus schon als Kind die Einsamkeit und das Gebet. Er kämpfte als Soldat im »alten Zürichkrieg« und nahm an den siegreichen Schlachten bei St. Jakob an der Sihl (1442) und bei St. Jakob an der Birs (1444) teil. Danach heiratete er Dorothea Wyss aus Oberwilen, mit der er zehn Kinder hatte. Er bewirtschaftete den ererbten Bauernhof und versah das angesehene

Amt eines Richters und Landrates. 1460 nahm Nikolaus an dem Thurgauer Feldzug teil, auf dem er das Dominikanerkloster Katharinental bei Diessenhofen vor der Zerstörung durch die eigenen Leute rettete.

Im Alter von 50 Jahren verließ er Frau und Kinder – das jüngste war gerade sechzehn Monate alt – und zog sich als Eremit in die Einsamkeit der Schweizer Bergwelt zurück. Da er häufig von neugierigen Besuchern gestört wurde, wechselte Nikolaus mehrmals seinen Anachoretenplatz und ließ sich schließlich in der Felswildnis des Ranfts am Eingang des Melchtals, nicht weit von seinem Hof entfernt, nieder. Neunzehn Jahre lebte er dort, angeblich ohne Essen und Trinken, die tägliche Eucharistie ausgenommen. Er führte heftige Kämpfe mit dem Teufel, Zweifel marterten ihn, doch er ließ sich nicht beirren. Trotz seines Einsiedlerdaseins blieb er mit dem täglichen Geschehen in der Schweiz verbunden. Immer mehr Menschen baten »Bruder Klaus« um Rat, Tagelöhner wie Prälaten. Als nach den Burgunderkriegen 1474–1477 die Eidgenossenschaft durch eine innere Krise zu zerbrechen drohte, gelang es Nikolaus von der Flüe, auf dem »Tag zu Stans« 1481 einen neuen, größeren Bund zu schließen (»Stanser Verkommnis«). Nikolaus von der Flüe starb in seiner Einsiedelei, seine Gebeine kamen in die Pfarrkirche von Sachseln (am Sarner See). 1669 wurde er von Papst Klemens X. durch Beatificatio aequipollens seliggesprochen, Papst Pius XII. sprach ihn 1947 heilig.

Festtag: 25. September (seit 1975), in der Schweiz: 21. März.

Darstellung: als bärtiger Einsiedler, betend, mit Rosenkranz und Krückstock, mit Holzbecher und Dornbusch (nach der Legende warf ihn der Teufel bei einem der Kämpfe in einen Dornbusch).

Nikolaus von Myra (um 270–345 oder 351), Bischof, Bekenner. Patron von Rußland und von Lothringen; Patron der Kinder, Jungfrauen, Chorknaben, Schüler und Lehrer, der Pilger und Reisenden, der Seeleute, der Fischer und Fischhändler, der Bauern und Metzger, Bäcker und Müller, Korn- und Samenhändler, der Kaufleute, der Faßbinder, Bierbrauer und Schnapsbrenner, der Wirte und Weinhändler, der Weber, Bandmacher und Tuchscherer, der Knopfmacher, Spitzen- und Tuchhändler, der Steinbrucharbeiter und Steinmetze, der Apotheker, Kerzenzieher, Spezereikaufleute, Parfümeriefabrikanten und -händler, der Advokaten, Notare, Richter und Gefangenen, der Feuerwehrleute und Patron für eine glückliche Heirat; Helfer bei Wassergefahren und Seenot, gegen Diebe und zur Wiedererlangung gestohlener Gegenstände, Helfer bei ungerechten Gerichtsurteilen, → Nothelfer.

Historie und Legende mischen sich bei Nikolaus von Myra, einem der beliebtesten und meistverehrten Heiligen, so stark und so reizvoll, daß es nur selten gelingt, die Wirklichkeit herauszufinden, sofern man sie überhaupt kennen möchte (Verschmelzung mit einem Nikolaus von Sion, Bischof von Pinara, Lykien). Nikolaus' Eltern waren wohlhabende gottesfürchtige Leute, die in Lykien lebten, vermutlich in Myra (heute Kale, eine großartige Ruinenstätte 220 km westlich von Antalya am Meer). Sein Vater hieß Euphemius, seine Mutter Anna. Sein Onkel Nikolaus der Ältere war Bischof von Myra und weihte den Neffen zum Priester. Bald danach fielen die Eltern einer Pest-

epidemie zum Opfer. Der junge Priester Nikolaus verteilte das Erbe unter die Armen und stiftete ein Kloster, zu dessen Abt ihn der Onkel ernannte. Als dieser starb, pilgerte Nikolaus in das Heilige Land. Nach seiner Rückkehr wählten ihn die Christen von Myra zu ihrem neuen Bischof. Um 310, als unter Kaiser Galerius (305–311) letztmalig Christen in größerem Umfang verfolgt wurden, kerkerte man Nikolaus ein und unterzog ihn grausamen Folterungen.

Auf dem Konzil von Nicäa, 325, vertrat er energisch das Dogma der Trinität. Er gehörte auf dem Konzil zu jenen Bischöfen, deren Folterspuren deutlich sichtbar waren, weshalb das Konzil ihnen den Beinamen »Beken-

Der heilige Nikolaus von Myra (Kammern, Steiermark)

ner« zusprach. Nikolaus starb in Myra, jener Stadt, die der byzantinische Kaiser Konstantin VII. Porphyrogennetos im 10. Jh. als die »dreifach gesegnete, myrrhenduftende Stadt der Lykier« preisen sollte, »wo der mächtige Nikolaus, Diener Gottes, dem Stadtnamen gemäß Myrrhe ausströmt.«

Schon im 5. Jh. erhob sich über seinem Grab eine christliche Basilika, die bei dem Erdbeben von 529 zusammenstürzte. Doch Kaiser Justinian I. (527–565) ordnete den sofortigen Wiederaufbau als Kuppelkirche an, der sich ein Kloster zur Pflege des Heiligtums und zur Betreuung der unzähligen Pilger anschloß. 1071 plünderten seldschukische Truppen die Stadt und auch die Nikolauskirche. 1087 kamen italienische Kaufleute in das verlassene Myra und nahmen die Gebeine des heiligen Bischofs mit in ihre Heimatstadt Bari. Dort errichteten die Bewohner von Bari eine prächtige, San Nicola geweihte Kirche, in der die Reliquien des Heiligen noch heute verehrt werden.

Während der hl. Nikolaus im Osten schon im 6. Jh. Verehrung genoß, kam sein Kult erst im 9. Jh. nach Unteritalien und Rom. In Deutschland sorgte die aus Byzanz stammende Kaiserin Theophano, die Gemahlin Kaiser Ottos II., im 10. Jh. für sein Bekanntwerden. Die Translation seiner Gebeine nach Bari erhöhte die Popularität des hl. Nikolaus im ganzen Abendland. Teile seiner Reliquien gelangten nach Fribourg (Schweiz) und nach Nancy (Lothringen).

Seine besonders zahlreichen Patronate hat der hl. Nikolaus den vielen Legenden zu verdanken, die sich seit dem späteren Mittelalter um seine Person rankten. Einige Beispiele: Bei einem Wirt kehrten drei hungrige Schüler ein, doch anstatt ihnen Essen zu servieren, schlachtete der böse Wirt seine Gäste und pökelte sie ein. Da erschien der hl. Nikolaus, der dem Wirt eine gehörige Lektion erteilte und die Buben wieder zum Leben erweckte. – Ein Schiff geriet im Sturm in Seenot. Die Matrosen baten St. Nikolaus um Hilfe, der das Meer beruhigte. – Die heidnische Göttin Diana wollte sich an Nikolaus rächen, weil er einen ihr geweihten Baum gefällt hatte. Als Nonne verkleidet übergab sie Reisenden, die den Bischof besuchen wollten, ein Fläschchen mit köstlich duftendem Öl, das vergiftet war. Als die Reisenden das Fläschchen Nikolaus überreichten, warf er es sofort ins Meer, woraufhin das Wasser zu brennen begann. – Ein verarmter Edelmann wollte seine drei schönen Töchter verheiraten, hatte aber kein Geld für ihre Mitgift. Da steckte er sie in ein Freudenhaus, damit sie ihre Aussteuer verdienten. Als Nikolaus davon erfuhr, warf er nachts Beutel mit Goldstücken durch ihr Fenster, und so konnten die Töchter ehrbar heiraten. Nikolaus rettete auch die Bewohner von Myra vor einer Hungersnot und erweckte ein Kind, das am häuslichen Herd verbrannt war, wieder zum Leben.

Nur bei wenigen Heiligen ist das Brauchtum so reich wie bei Nikolaus. So kommt er noch heute am 6. Dezember mit Rute und Sack zu den Kindern, fragt sie, ob sie brav waren und setzt gegebenenfalls die Rute in Bewegung. Aus dem Sack erhält schließlich wohl jedes Kind etwas Leckeres, traditionell sind es »Apfel, Nuß und Mandelkern«, die der Gabensack des Santa Claus, Père Noël oder Juletomte enthält.

Festtag: 6. Dezember.

Darstellung: als älterer Bischof mit Stab, Pallium und Mitra, mit drei goldenen Kugeln auf einem Buch (Legende von den drei Töchtern im Bordell); auch andere Legendenszenen wurden häufig gestaltet.

Nocostratus, → Quattuor Coronati.

Nonna (283–374). Ihren Gemahl → Gregor den Älteren von Nazianz bekehrte sie zum Christentum. Sie war die Mutter von → Gorgonia, → Caesarius von Nazianz und → Gregor dem Jüngeren von Nazianz. Als Nonne – daher wohl ihr Name – trat sie dem Basilianerorden bei und starb im hohen Alter von über 90 Jahren.
Festtag: 5. August.

Norbert von Xanten, Norbert von Magdeburg (um 1082–1134), Erzbischof von Magdeburg, Ordensgründer. Landespatron von Böhmen, Patron der Prämonstratenser und der Schwestern vom Dritten Orden des hl. Norbert. Geboren in Xanten (Niederrhein) als Sohn eines Edlen von Gennep. Er wurde Subdiakon und Stiftsherr des Klosters Xanten (von »ad sanctos« = zu den Heiligen), dessen ehemalige Stiftskirche der heutige Dom St. Viktor ist, der bedeutendste Sakralbau nördlich von Köln. Am Hof des Kölner Erzbischofs Friedrich und des Kaisers Heinrich V. (1106–1125) führte Norbert ein sehr »weltliches« Leben. Erst ein Blitz, der während eines Ritts nach Verden in seiner unmittelbaren Nähe einschlug, brachte ihn 1115 zum Nachdenken über die Sinnlosigkeit seines bisherigen Lebens und ließ ihn in der Benediktinerabtei Siegburg (bei Köln) einen neuen Lebensweg finden. Noch im selben Jahr weihte ihn der Kölner Erzbischof zum Diakon und Priester. Doch suchte Norbert nicht die Karriere eines Klerikers, sondern zog in schlichter

Kleidung als Wanderprediger durch das Land. Vergeblich versuchte er, das Klosterleben im Xantener Stift einer strengeren Regel zu unterwerfen. Gedemütigt zog er weiter bis nach Südfrankreich, wo er 1118 im Kloster St-Gilles (bei Nîmes) Papst Gelasius II. traf, der sein Vorhaben, den Glauben des Volkes durch Predigten zu stärken, unterstützte. Sein Bemühen um eine Reform des Klosterlebens scheiterte im Kollegiatsstift St-Martin in Laon (Nordfrankreich) erneut.
Da gründete er 1120 im Tal von Prémontré bei Laon mit seinen Schülern ein neues Kloster nach der strengen Regel des hl. → Augustinus. Daraus entwickelte sich der Reform- und Kolonisationsorden der Prämonstratenser, nach seinem Gründer auch »Norbertiner« genannt. 1121 gründete er ein zweites Kloster in Floreffe bei Namur (Belgien). 1124 rief ihn der Bischof von Cambrai nach Antwerpen, wo der Sektierer Tanchelm bereits eine große Anhängerschaft gewonnen hatte; Norbert gelang es schnell, die Abtrünnigen wieder auf den rechten Weg zu führen. 1126 erhielt er in Rom von Papst Honorius II. die kirchliche Bestätigung seines Ordens. Noch im selben Jahr wurde Norbert Erzbischof von Magdeburg. Nur mit großer Mühe gelang es ihm, den Prämonstratenserorden auch an der Elbe einzuführen. Ihm ist in den folgenden Jahrzehnten die Christianisierung und Kultivierung Norddeutschlands zu verdanken. Kaiser Lothar II. (III.; 1125–1137) ernannte Norbert zum Kanzler des Heiligen Römischen Reiches. 1128 übergab Norbert die Leitung des Ordens seinem Schüler Hugo von Fosses. Er starb in Magdeburg und wurde in der dortigen Liebfrauenkirche beigesetzt. 1582 sprach ihn Papst Gregor XIII. heilig.

1627 übertrug man die Gebeine des hl. Norbert in das Prager Prämonstratenserkloster Strahov, das Abt Kaspar Questenberg soeben im Stil der Renaissance erneuert hatte.

Festtag: 6. Juni.

Darstellung: als Bischof oder im weißen Habit der Prämonstratenser, mit Kelch oder Monstranz, mit Palme und gefesseltem Teufel; mit einer giftigen Spinne, die nach der Legende beim Meßopfer in den Kelch fiel, Norbert leerte im Gottvertrauen den Kelch, die Spinne kroch aus seiner Nase wieder heraus.

Nothelfer, Vierzehn, eine Gruppe von Heiligen, die schon im 13. Jh., besonders aber in den schweren Zeiten des 14. und 15. Jh. (Pest, Hunger, Krieg), als Helfer angerufen wurden. Jedem Heiligen waren bestimmte Nöte zugeordnet:

→ *Achatius von Armenien*, Helfer bei Todesangst und Zweifel;

→ *Ägidius*, Helfer bei Feuer, Dürre, Sturm und Unglück, gegen Pest, in seelischer Not und Verlassenheit, bei der Beichte, bei Unfruchtbarkeit von Mensch und Tier;

→ *Barbara*, Helferin bei Feuer und Gewitter, Fieber und Pest, für gutes Sterben;

→ *Blasius von Sebaste*, Helfer bei Halsschmerzen und steckengebliebenen Fischgräten, bei Blasenkrankheiten, Blutungen, Geschwüren, Zahnschmerzen und Pest, bei Sturmschäden;

→ *Christophorus*, Helfer bei Feuer- und Wassergefahren, gegen Dürre, Hagel und Unwetter, gegen Augenleiden, Zahnschmerzen, Wunden und Seuchen, besonders Pest, bei unerwartetem Tod;

→ *Cyriacus von Rom*, Helfer gegen Besessenheit und Anfechtungen böser Geister;

→ *Dionysius von Paris*, Helfer bei Kopfschmerzen, Hundebiß und Syphilis;

→ *Erasmus*, Helfer bei Krämpfen, Koliken, Magenerkrankungen und Unterleibsbeschwerden, bei der Geburt und bei Viehseuchen;

→ *Eustachius*, Helfer bei Trauer und in allen schweren Lebenslagen;

→ *Georg von Kappadokien*, Helfer bei Erkrankungen der Haustiere;

→ *Katharina von Alexandria*, Helferin bei Krankheiten aller Art, besonders bei Kopf- und Zungenerkrankungen, bei Sprachschwierigkeiten, bei Milchlosigkeit stillender Mütter, bei der Suche nach Ertrunkenen;

→ *Margareta von Antiochia*, Helferin der Gebärenden und der fruchtbaren Frauen;

→ *Pantaleon*, Helfer gegen Kopfschmerzen und Auszehrung, gegen Viehkrankheiten, Heuschreckenplage und bei Verlassenheit;

→ *Vitus (Veit)*, Helfer bei Blitz, Unwetter, Feuersgefahr, gegen Hunde- und Schlangenbiß, Besessenheit, Tobsucht, Epilepsie und Veitstanz, gegen Bettnässen, bei der Bewahrung der Keuschheit.

Zahl und Zusammensetzung dieser Gruppe unterliegen Schwankungen. Örtliche Verehrung fügte oft weitere Heilige hinzu oder tauschte einzelne Heilige aus. Hierzu gehören zum Beispiel: → Dorothea aus Kappadokien, → Leonhard von Limoges, → Magnus vom Allgäu, → Nikolaus von Myra, → Oswald von Northumbrien, → Mangold von Füssen, → Rochus von Montpellier, → Wolfgang von Regensburg sowie die vier heiligen → Marschälle (→ Antonius der Große, Papst → Kornelius, → Hubert von Maastricht und Lüttich und → Quirinus von Neuss).

Kultzentrum der Vierzehn Nothelfer wurde im 15. Jh. der Wallfahrtsort Vierzehnheiligen bei Lichtenfels in Oberfranken. 1445 hatte der Klosterschäfer Hermann Leicht zweimal eine Erscheinung, die ihn aufforderte, für die Nothelfer eine Kapelle zu errichten. 1448 wurde die Kapelle geweiht, aber im Bauernaufstand von 1525 wieder zerstört. 1543 folgte ein Neubau, den im 18. Jh. die berühmte Wallfahrtskirche des Johann Balthasar Neumann, ein Hauptwerk des Barock, ablöste.

O

Odilo von Cluny (um 962–1048), Erzabt von Cluny, Patron der Armen Seelen im Fegefeuer, Helfer bei Gelbsucht.
Odilo stammte aus dem Adelsgeschlecht Mercoeur in der Landschaft
Auvergne (Mittelfrankreich). Zuerst
war er Kanoniker im Kloster St-Julien
zu Brioude bei Clermont-Ferrand und
trat 991 als Mönch in das Benediktinerkloster Cluny (Ostfrankreich) ein.
Schon drei Jahre später, 994, wurde er
fünfter Abt von Cluny. Voller Tatkraft
führte er die Reformen von Cluny fort,
wobei ihm seine guten Kontakte zu
Päpsten, Bischöfen und weltlichen
Herrschern zustatten kamen. Sein
Hauptwerk war die Schaffung des cluniazensischen Klosterverbandes, die
Gründung bzw. Einbeziehung von 28
Klöstern in die Kongregation. 1028
oder 1030 führte er, zunächst nur für
Cluny, den alljährlich am 2. November
gefeierten Allerseelentag ein, der dem
Gedächtnis aller verstorbenen Gläubigen mit Fürbitte für die Armen Seelen
im Fegefeuer gilt. Odilo starb in Sou-
vigny bei Moulins (nahe Dijon, Ostfrankreich). 1793 gingen seine Reliquien in den Wirren der Französischen
Revolution unter.
Festtag: 31. Dezember.
Darstellung: als Abt, als Bischof und
als Fürbitter der Armen Seelen im Fegefeuer.

Olga, Helena (um 890–969), russische
Großfürstin. Der Legende nach war
Olga eine bulgarische Fürstentochter,
geboren in Plisk, der Hauptstadt des
ersten bulgarischen Reiches. Oder sie
war – was die Russen lieber erzählen –
eine russische Bäuerin aus der Gegend
von Pleskau (heute Pskow). Auf einer
Jagd soll der russische Großfürst Igor
das hübsche Mädchen kennengelernt
haben. Er nahm es zu seiner Frau, und
als er 945 ermordet wurde, führte sie
für ihren minderjährigen Sohn Swjatoslaw bis 955 die Regierungsgeschäfte, wobei sie erstmals in der Geschichte
Rußlands die Verwaltung des Kiewer
Reiches organisierte. 955 oder 957 reiste die Großfürstin Olga nach Konstantinopel, wo sie sich taufen ließ und den
Namen »Helena« erhielt. 969 starb die
Großmutter des hl. → Wladimir I. in
Kiew und wurde von der byzantinischen Kirche unter dem Namen Olga
heiliggesprochen.
Festtag: 11. Juli.
Darstellung: als Großfürstin mit Krone, Handkreuz und Schriftrolle oder
Kirchenmodell.

Orientius und Patientia, Orencio und
Patientia (2./3. Jh.), Märtyrer. Eltern
des hl. → Laurentius von Rom. Die
Kirche S. Lorenzo in der spanischen
Provinzhauptstadt Huesca am Rande
der Pyrenäen verwahrt Reliquien der
beiden Heiligen.
Festtag: 1. Mai.
Darstellung: Orientius als Laie mit

Buch und Blütenzweig, Patientia als ältere, würdevolle Frau.

Oskar von Hamburg, → Ansgar von Hamburg.

Oswald von Northumbrien (um 604 –642), angelsächsischer König (634– 642), Patron der Könige von England, der Stadt und des Kantons Zug, der Kreuzfahrer, der Schnitter und des Viehs, Helfer gegen die Pest und schlechtes Wetter. In den deutschsprachigen Alpenländern zählt er zu den Vierzehn → Nothelfern.
Oswald war der Sohn des Königs Ethelfrid von Northumbrien, dem nördlichsten der sieben angelsächsischen Königreiche. Bei einem Aufstand der Briten, der keltischen Vorbevölkerung, wurde der König getötet, Oswald floh auf die Klosterinsel Hy (heute Iona, Insel der Inneren Hebriden vor der Westküste Schottlands) und ließ sich taufen. 634 konnte er durch seinen Sieg bei Denisesburna über den britischen Feldherrn Kedwalla Northumbrien zurückerobern und die Königskrone gewinnen. Er beauftragte den Mönch → Aidan vom Kloster Hy mit der Missionierung des Landes und machte ihn zum Bischof. 635 gründeten König Oswald und Bischof Aidan das Kloster Lindisfarne auf Holy Island, einer Insel vor der nordenglischen Ostküste. 642 fiel der König in der Schlacht auf dem Maserfelth gegen das benachbarte heidnische Königreich Mercia (Mercien). Angelsächsische Missionare brachten den Kult des hl. Oswald seit dem 7./8. Jh. nach Deutschland, Frankreich und Oberitalien. Besonders im 11. und 12. Jh. – 1038 kamen seine Gebeine nach Flandern – wuchs die Zahl der Legenden, die sich um das Leben des Heili-

gen ranken. Um 1171 entstand am Niederrhein die Spielmannsdichtung ›Sant Oswalt uz Engellant‹.
Festtag: 5. August.
Darstellung: als König mit Krone und Zepter, auf der Hand hockt ein Rabe – sein wichtigstes Attribut – mit einem Brief oder Ring im Schnabel, darüber schwebt eine Taube; mit Hirsch oder Kreuz. Die deutschsprachige Dichtung des 14. Jh. machte Oswald zum Helden einer Brautwerbungsfahrt, bei der ein sprechender Rabe (germanischer Odin-Kult) als Bote fungierte.

Otbert, → Autbert von Cambrai.

Otmar von St. Gallen (um 689–759), Patron des Bistums St. Gallen, der kranken Kinder, der Schwangeren und Verleumdeten. Der in der Schweiz geborene Alemanne erhielt in Chur seine Ausbildung zum Priester und wurde Seelsorger an der Florinuskirche zu Remüs (Engadin, Westschweiz). 719 bestellte man ihn zum Leiter der Klause des hl. → Gallus, die er zu einem Benediktinerkloster erweiterte. Zum Kloster trat eine Lepraheilstätte, die erste in der Schweiz. Die Frankenkönige Pippin III. der Kurze (751–768) und Karlmann (768–771) bedachten das Kloster mit reichen Geschenken, die Aargauer Grafen Warin und Ruodhard und der Bischof von Konstanz plünderten es fleißig. Sie bezichtigten Otmar schließlich sogar wider besseres Wissen unsittlichen Geschlechtsverkehrs, ließen ihn festnehmen und verbannten ihn lebenslänglich auf die Rheininsel Werd bei Stein (am Westende des Bodensees), wo er bald darauf starb. 769 kamen Otmars Gebeine nach St. Gallen. 864 wurde Otmar von Papst → Nikolaus I. heiliggesprochen und 867 in der neu erbauten

St.-Otmar-Kirche zu St. Gallen beigesetzt.

Festtag: 16. November.

Darstellung: als Abt mit Stab, Buch und einem Weinfäßchen (Lägelin), das nach der Legende bei der Überführung des Leichnams nie leer wurde, obwohl daraus die begleitenden Mönche und zahllose Pilger tranken.

Otto von Bamberg (1060/1062–1139), Bischof. Patron des Erzbistums Bamberg und der Diözese Berlin; Helfer bei Fieber und Tollwut.

Der aus altem schwäbischem Adel stammende Otto wurde vermutlich im Kloster Wilzburg bei Eichstätt ausgebildet und ging als Hofkaplan des Herzogs Wladislaw I. Herman von Polen in dessen Posener Residenz. 1090 beauftragte ihn Kaiser Heinrich IV. mit der Aufsicht über den Umbau des Doms von Speyer. 1101 wurde Otto kaiserlicher Kaplan und Kanzler des Reiches, 1102 ernannte ihn der Kaiser zum Bischof von Bamberg, die Bischofsweihe empfing er aber erst 1106 in Rom von Papst Paschalis II. (1099–1118). Im Investiturstreit um die Verleihung der Bistümer, den Papst und Kaiser seit 1075 führten, versuchte Bischof Otto immer wieder zu vermitteln. Schließlich war er wesentlich am Zustandekommen des »Wormser Konkordats« 1122 beteiligt, das den Investiturstreit zugunsten des Papstes beendete. Während der Kaiser vorher allein

die Bischöfe einsetzte, oblag fortan dem Papst die Übertragung der kirchlichen Herrscherrechte durch Ring und Stab, während der Kaiser nur noch für die Übertragung der weltlichen Rechte durch das Zepter zuständig war.

Otto von Bamberg zählte zu den aktivsten Bischöfen seiner Zeit. Er baute Kirchen und Burgen, vollendete den Bamberger Dom, förderte die Orden (Hirsauer Klosterreform im Zuge der Reformbewegung von Cluny) und stiftete über 20 Klöster innerhalb und außerhalb seiner Diözese. 1124–1125 christianisierte er unter dem Schutz Kaiser Heinrichs V. Pommern, wobei er persönlich über 22 000 Menschen getauft haben soll. Als ein heidnischer Aufstand nach der Befreiung Pommerns von der polnischen Herrschaft alle Missionsbemühungen sinnlos zu machen drohte, reiste Bischof Otto 1128 nochmals nach Pommern, wo ihm die Sicherung der christlichen Religion gelang. Otto von Bamberg starb in seiner Residenz und wurde im Kloster auf dem Michaelsberg beigesetzt. Papst Klemens III. sprach den großen deutschen Bischof 1189 heilig.

Festtag: 30. Juni, in Bamberg: 30. September.

Darstellung: als Bischof mit Kirchenmodell, ein Löwe zu seinen Füßen, mit Pfeilen in der Hand (der Legende nach soll er aus Pfeilen Nägel für das Dach der Klosterkirche Michaelsberg geschmiedet haben).

P

Palladius († um 432), Bischof. Papst → Cölestin I. (422–432) sandte Palladius, Diakon in Rom, 431 als ersten Bischof nach Irland. In der kaum ein Jahr währenden Zeit seines Episkopats organisierte er hier die Kirche, unternahm mehrere Missionsversuche und bekämpfte den von England ausgehenden Pelagianismus, eine bereits 411 verurteilte Lehre des angelsächsischen Mönches Pelagius. Palladius' Nachfolger wurde der hl. → Patrick.
Festtag: 6. Juli.

Palmatius, → Thebäische Legion.

Pankratius, Pankraz (um 290–304), Märtyrer, Patron der Erstkommunikanten und der jungen Pflanzen, in Frankreich Patron der Kinder, Nothelfer gegen Kopfschmerzen und Krämpfe sowie gegen Meineid, einer der → Eisheiligen.
Nach der Legende wurde Pankratius als Sohn vornehmer Römer im kleinasiatischen Phrygien (heute innere Westtürkei) geboren. Schon bald nach der Geburt starb seine Mutter, im Jahr darauf sein Vater. Sein Onkel Dionysios übernahm die Erziehung des Jungen, um 303 kamen beide nach Rom, wo Pankratius während der Christenverfolgungen unter Kaiser Diokletian mit seinem ererbten Vermögen heimlich die Not der Christen zu lindern versuchte, sich sogar taufen ließ. Bald wurde er verraten. Da er es ablehnte, dem christlichen Glauben abzuschwören, wurde er – kaum 14 Jahre alt – öffentlich enthauptet. In den Katakomben an der Via Aurelia setzten Christen seinen Leichnam bei. Im Jahre 500 ließ Papst Symmachus über dem Grab des jungen Märtyrers den Vorgängerbau der heutigen Basilika S. Pancrazio fuori le mura errichten.
Festtag: 12. Mai.
Darstellung: als bürgerlich oder ritterlich gekleideter junger Mann mit Schwert und Palme, manchmal auch mit einem Rosenkorb.

Pantaleon, Panteleimon († 305), Arzt und Märtyrer, Stadtpatron von Köln, Patron der Ärzte und Hebammen, Helfer gegen Kopfschmerzen und Auszehrung, gegen Viehkrankheiten, gegen Heuschreckenplage, bei Verlassenheit; zählt zu den Vierzehn → Nothelfern, sowie den → Anargyroi.
Pantaleon wurde in der zweiten Hälfte des 3. Jh. als Sohn eines heidnischen Vaters und einer christlichen Mutter in Nikomedia (heute Izmit, Türkei), der antiken Hauptstadt von Bithynien, geboren. Schon als Jüngling zeigte er eine große Begabung für die Heilkunst. Er studierte Medizin, interessierte sich für das Christentum und ließ sich von dem Priester Hermolaos taufen. Seine außergewöhnlichen medizinischen Fähigkeiten waren bald weithin bekannt, so daß der römische Kaiser Maximian (286–305) ihn zum Leibarzt ernannte.

Papias von Hierapolis

Neidische Kollegen aber zeigten Pantaleon wegen seines Glaubens an: Der Kaiser soll deshalb abgedankt haben, Pantaleon selbst wurde grausam gemartert, die Arme nagelte man ihm auf den Kopf, schließlich spaltete ihm ein Schwertstreich das Haupt. Der Kult des Arztes und Märtyrers Pantaleon verbreitete sich schnell über das Abendland, über Nordafrika und den Nahen Osten. Allein in Rom zählte man im 5. Jh. vier Pantaleonkirchen. Kaiser Justinian I. (527–565) erbaute dem Heiligen zu Ehren in Konstantinopel eine Kirche und ließ mehrere Pantaleonklöster im Jordanland erneuern, Pantaleons Reliquien (sein Blut bzw. sein durch ein Wunder zu Milch gewordenes Blut) werden heute in vielen Orten verehrt, z.B. in Bari, Neapel, Rom, Venedig und Köln.
Festtag: 27. Juli.
Darstellung: in langem Mantel, an einen Ölbaum gebunden, die Hände auf das Haupt genagelt, manchmal mit einem Arzneifläschchen in der Hand.

Papias von Hierapolis (vor 70–nach 120), Bischof, Märtyrer (?), Apostelschüler (→ Apostolische Väter). Der in Hierapolis (heute Pamukkale (= Baumwollschloß) bei Denizli, Westtürkei) geborene Papias war ein Zeitgenosse des → Polykarp von Smyrna. Als Knabe dürfte er im Jahr 80 das Martyrium des hl. → Philippus in Hierapolis miterlebt haben. Über Papias ist sonst nur überliefert, daß er Bischof von Hierapolis war. Eusebius von Caesarea (um 263–339) tadelte ihn wegen seiner Schriften (›Erklärungen der Sprüche des Herrn‹), die allerdings aus heutiger Sicht für die Entstehungsgeschichte der Evangelien wichtig sind, als einen »Mann, schwach an Geist«. Und er kritisierte ihn wegen

seines Glaubens an das baldige Kommen des Messiasreichs, des »Tausendjährigen Reiches des Friedens«(Chiliasmus). Daß Papias als Märtyrer endete, ist allein einer späteren Legende zu entnehmen.
Festtag: 22. Februar.
Darstellung: als Bischof mit Stab und Fahne.

Parmenas (1. Jh.), einer der hll. → Diakone, Märtyrer. Parmenas war einer der ersten sieben Diakone, die die heidenchristliche Gemeinde Jerusalems aus ihrem Kreis wählte, um »den Dienst an den Tischen« zu versehen (Apg 6, 1–7). Nach Jesu Kreuzestod verkündete er in Makedonien das Evangelium und erlitt in Philippi unter Kaiser Vespasian (67–79) oder unter Kaiser Trajan (89–117) das Martyrium.
Festtag: 23. Januar, Ostkirchen: 28. Juli.

Patientia, → Orientius und Patientia.

Patrick, Patricius (um 385 – 461), Patron und Apostel Irlands, Patron der Bergleute, Schmiede, Böttcher und des Viehs; Helfer gegen Ungeziefer und Viehkrankheiten, überhaupt gegen alles Böse, Fürsprecher für die armen Seelen.
Patrick kam im damals römischen Taburniae (in der heutigen Grafschaft Cumberland, Nordwestengland) als Sohn eines Legionärs und späteren Diakons mit Namen Calpornius zur Welt. 401 wurde der Sechzehnjährige bei einem Raubzug der Iren als Sklave nach Irland verschleppt, wo er sechs Jahre als Schafhirt lebte, bis ihm 407 die Flucht nach England gelang. Nach einer Vision wußte er, daß er dazu bestimmt war, die Iren zum Christentum

*Der heilige Paulus
(Ugolino Lorenzetti)*

sich Saul zu einem scharfen Gegner der frühen Christen, der »Abtrünnigen und Gesetzesverächter«. Er war dabei, als → Stephanus gesteinigt wurde (Apg 7, 58), womöglich warf auch er einen Stein auf den ersten christlichen Märtyrer. Nach Abschluß seines Thorastudiums, etwa um 35 n. Chr., ging der fanatische junge Mann mit einem Empfehlungsschreiben des Synedriums, des Hohen Rates der Juden, nach Damaskus, um die dortige Christengemeinde auszulöschen. Aber kurz vor den Toren von Damaskus erschien ihm Christus und berief ihn zum Apostel der Christenheit (Damaskuserlebnis, Gal 1, 10–16; Apg 9, 3–19). Aus dem leidenschaftlichen Christenhasser sollte nun der gewaltigste Apostel des Gekreuzigten werden, aus dem Saulus ein Paulus. Drei Tage war er vollkommen blind, kämpfte mit dem Wandel in seinem Inneren. Dann traf er in Damaskus den Christen Hananias, der ihn taufte. Doch Paulus brauchte drei Jahre in stiller Einsamkeit fern der Großstadt Damaskus, bis ihn seine Berufung zum Heidenapostel voll ergriffen hatte. Paulus begann in Damaskus, die Lehre Christi zu verbreiten, in den Synagogen wie auf den Marktplätzen. Als aufgebrachte Juden ihn zu töten drohten, brachten ihn Freunde nachts in einem Korb über die Stadtmauer in Sicherheit. Er ging nach Jerusalem, wo er → Barnabas und → Petrus kennenlernte, und missionierte anschließend in Syrien und im heimatlichen Kilikien. Um 44 folgte er Barnabas nach Antiochia am Orontes (heute Antakya, Südosttürkei), das damals nach Rom die drittgrößte Stadt des Römischen Reiches war und die größte Christengemeinde besaß. Hier predigte er in der »Grotte des Petrus« (heute St-Pierre Kilisesi), die als älteste erhaltene christliche Kirche gilt. Um 45 schickte ihn die Gemeinde von Antiochia als Begleiter des Barnabas zur Mission nach Zypern und in das südliche Kleinasien (Apg 13 und 14). Dabei verstand Paulus sein Wirken nicht nur für Juden, wie das die meisten anderen Apostel wollten. Erst das Apostelkonzil von Jerusalem im Jahr 50/51 entschied unter Petrus' Leitung, daß alle Menschen Christen werden könnten (Apg 15, 5–35). Doch die älteren Apostel, wie Barnabas, schränkten ein, daß die Judenchristen im Gegensatz zu den Heidenchristen dem jüdischen Gesetz verpflichtet bleiben müßten (z.B. Beschneidung). Paulus trennte sich von Barnabas und intensivierte seine Tätigkeit als Heidenapo-

stel mit neuen Begleitern (Apg 15, 36
bis 21, 17). Als er im Frühjahr 59 mit
einer Kollekte für die Armen der Urgemeinde nach Jerusalem kam, stellten
sich nicht nur Juden, sondern auch Judenchristen gegen ihn, so daß er sich
von der römischen Besatzung gefangennehmen ließ (Apg 21, 27–40).
Über zwei Jahre hielt man Paulus in
Caesarea fest, bis er als römischer Bürger zur weiteren gerichtlichen Untersuchung nach Rom überstellt wurde
(Apg 27–28). Im Frühjahr 62 kam Paulus in Rom an, wo er zwar offiziell Gefangener war, aber in der Kapitale des
Reiches das Evangelium verkünden
durfte. Als Nero 64 in Rom die furchtbare Christenverfolgung befahl, dürfte
auch Paulus das Martyrium erlitten haben. Die katholische Tradition nimmt
an, daß er zusammen mit Petrus hingerichtet wurde. Wenig glaubwürdig erscheint die Legende, nach der Paulus
freigekommen sei und noch mehrere
Missionsreisen, unter anderem nach
Spanien, unternommen habe. Über
Paulus' Grab ließ Kaiser → Konstantin
I. der Große im 4. Jh. eine Gedenkstät-
te errichten. Ende des 4. Jh. wurde sie
durch eine großräumige Basilika ersetzt, die zerstört und wiederaufgebaut
wurde und heute als S. Paolo fuori le
mura zu den meistbesuchten Kirchen
Roms zählt.
Paulus ist es vor allen anderen Aposteln zu verdanken, daß das Abendland
christlich wurde. Sein tiefer Glaube,
sein Sendungsbewußtsein, seine ungeheure Tatkraft, sein psychologisches
Geschick, seine Redegewandtheit, seine rabbinische Schulung und sein römisches Bürgerrecht, verbunden mit
der fortschrittlichen Infrastruktur des
Imperium Romanum – gesicherte
Straßen, regelmäßige Schiffsverbin-
dungen, ein gut organisiertes Postwe-

sen, das es ermöglichte, im Briefwechsel (Paulinische Briefe) Probleme im
Gemeindeleben zu lösen – das alles
bewirkte die unglaublich schnelle Verbreitung des Christentums im 1. nach-
christlichen Jahrhundert.
Festtage: 29. Juni (mit Petrus; am 29.
Juni 258 holte man die Gebeine von
Petrus und Paulus aus ihren Gräbern,
weil man ihre Entweihung durch kaiserliche Beschlagnahme befürchtete);
25. Januar (Pauli Bekehrung), 18. November (Weihe der Kirche S. Paolo
fuori le mura).
Darstellung: als Prediger mit einem
Buch in der rechten und einem
Schwert in der linken Hand, oft zusammen mit Petrus, auch Szene seiner Bekehrung, häufig mit drei Quellen (einer Legende nach sprang sein abgeschlagenes Haupt dreimal auf den Boden, und an jeder der drei Stellen ent-
sprang eine Quelle; über seinem ver-
muteten Hinrichtungsplatz südlich von
Rom erhebt sich heute die Kirche Tre
Fontane).

Paulus von Theben, Paulus der Einsiedler (um 228–um 341!), Anachoret,
gilt als der erste Einsiedler (»Urein-
siedler«). Patron der Eremiten des hl.
Paulus (Pauliner), der Korb- und Mattenflechter.
Eine vom hl. → Hieronymus verfaßte
Vita ist die einzige Quelle, die über das
Leben und Wirken des Paulus von Theben berichtet. Danach war er der Sohn
wohlhabender Eltern aus dem oberägyptischen Theben. Als junger Mann
empfing er die Taufe, zog sich, als unter Kaiser Decius 249 im ganzen Imperium furchtbare Christenverfolgungen
ausbrachen, in die Einsamkeit der Thebais zurück. Als sein Schwager seinen
Aufenthaltsort verriet, floh er weiter
nordwärts in die Berge von Safarana,

wo er über 90 (!) Jahre als Anachoret in einer Berghöhle zugebracht haben soll. Kurz vor seinem Tod besuchte ihn → Antonius der Große. Als Antonius einige Monate später seinen Besuch wiederholte, fand er Paulus tot vor und begrub ihn. Um die Mitte des 4. Jh. entstand über seinem Grab das nach dem Heiligen benannte Pauluskloster (heute Deîr Man Bolos), ein Kloster koptischer Mönche. Seine Gebeine kamen 1240 nach Venedig und 1381 nach Buda (heute Budapest).

Festtag: 15. Januar.

Darstellung: als uralter Einsiedler mit einem Krückstock, ein Rabe bringt ihm Brot, zwei Löwen bewachen seine Höhle.

Pedro de Alcántara, → Petrus von Alcántara.

Pedro Claver, → Petrus Claver.

Pellegrinus, Peregrinus, → Pilgrim von Passau.

Perpetua und Felicitas (†202/203), Märtyrerinnen → Kanonheilige.
Die beiden Christinnen erlitten im Alter von etwa 22 Jahren das Martyrium. Perpetua war freie Römerin und hatte einen kleinen Sohn, den sie bei ihrer Verhaftung während einer Christenverfolgung unter Kaiser Septimius Severus der Legende nach auf dem Arm trug. Die Sklavin Felicitas hatte kurz vor ihrer Festnahme ein Mädchen geboren, das ihre Schwester aufnahm, der bereits getaufte Sohn der Perpetua blieb bei seiner Mutter. Perpetuas Vater versuchte vergeblich, seine Tochter zur Aufgabe ihres Glaubens zu bewegen. Mit anderen Christen (Satur, Vivia, Saturninus und Secundulus) wurden sie zum Tod durch wilde Tiere verurteilt.

Zu Ehren seines Sohnes Publius Septimius Geta lud der Kaiser das Volk in die Arena von Karthago zu einer Tierhatz, bei der die Todesurteile an den Christen vollstreckt wurden. Die Verehrung der beiden Märtyrerinnen Perpetua und Felicitas breitete sich schnell über das ganze Imperium aus, die Kirche nahm sie in den Kanon der römischen Messe auf.

Festtag: 7. März.

Darstellung: beim Martyrium in der Arena, Perpetua mit dem Kind, zum Himmel weisend, Felicitas mit einem Kreuz in der Hand.

Pestpatrone. Die Pest, »der Schwarze Tod«, war eine der schlimmsten Geißeln der Menschheit. Die epidemische Infektionskrankheit, übertragen durch Ratten und Flöhe, entvölkerte ganze Städte und Landstriche. Die bekannteste Pest des frühen Mittelalters war die »Pest des Kaisers Justinian« (ab 542). Die schwerste Epidemie der Geschichte wütete 1348–1352, forderte über 25 Millionen Menschenleben. Niemand kann sich heute, wo die Krankheit kaum mehr auftritt, vorstellen, wie es zuging, als die Pest sich von Dorf zu Dorf, von Straße zu Straße verbreitete und die Menschen innerhalb weniger Tage dahinraffte. Man schob die Schuld am Ausbrechen der Seuche den Juden zu (Brunnenvergiftung), oder man sah Engel Pestpfeile auf die Menschen schießen, als Strafe für ungebüßte Sünden. Zur Abwendung der Seuche entzündeten die verängstigten Menschen Pestfeuer, sie errichteten Pestsäulen, Pestkreuze, Pestaltäre, sie geißelten sich (Flagellanten), führten Pestprozessionen durch und dankten, wenn die Seuche überstanden war, mit Wallfahrten, Mysterien- und Passionsspielen (Oberammergau, seit 1634, dem Jahr nach der Pest, alle zehn Jahre) und Festveranstaltungen, wie der Schäfflertanz in München (Reifentanz der Böttcherzunft am Dreikönigstag, 6. Januar, alle sieben Jahre zum Andenken an die Pest von 1517), der Küfertanz in der Schweiz und der Rutenzug der Kinder in Augsburg und Ravensburg. Vor allem aber bat man bestimmte Heilige um Bewahrung vor der Seuche und Errettung. Solche Pestheiligen waren zum Beispiel → Ägidius, → Alban von Mainz, → Anna, die Mutter Marias, → Antonius der Große mit dem helfenden Kreuz, → Benedikt von Nursia, → Christophorus, → Karl Borromäus, → Kosmas und Damianus, → Pirmin, → Rochus von Montpellier, → Rosalia von Palermo, → Sebastian mit den Märtyrerpfeilen im Körper (Pestpfeile?) und die → Drei heiligen Jungfrauen.

Petrus, Simon Petrus, Petros, Kephas († um 64), Apostel, Märtyrer. Patron der Päpste, der Diözesen Osnabrück und Lausanne-Genève-Fribourg, 2. Patron von Stadt und Kanton Genf; Patron der Steinmetze, Ziegelbrenner und Maurer, der Schreiner, Schlosser, Schmiede und Eisenhändler, der Bleigießer, Glaser, Brückenbauer und Uhrmacher, der Töpfer und Metzger, Weber und Walker, der Fischer, Fischhändler, Netzemacher, Schiffer und Schiffbrüchigen, der Jungfrauen, Beichtenden und Büßer; Helfer bei Schlangenbiß, Tollwut, Besessenheit, Fieber und Fußleiden, sowie bei Diebstahl.
Simon – das war sein eigentlicher Name – war der Sohn des Fischers Johannes (Jonas) aus Bethsaida, östlich der Jordanmündung in den See Genezareth gelegen. Er heiratete eine Frau aus Ka-

Der heilige Petrus
(Ugolino Lorenzetti)

pernaum und zog in den benachbarten Ort, um dort ebenfalls als Fischer zu arbeiten (Mk 1, 30). Nach einiger Zeit gab Simon die Fischerei auf und begleitete → Johannes den Täufer, bis ihn sein Bruder → Andreas Jesus zuführte (Joh 1, 42). Jesus nannte ihn anfangs »Kephas« (aram. Fels), später dann »Petros«, was griechisch ebenfalls »Fels« bedeutet. Simon Petrus gehörte mit → Johannes dem Evangelisten und → Jakobus dem Älteren zu den Vertrauten Jesu. Jesus mochte den ehrlichen, herzlichen, praktischen, impulsiven Mann, den Wortführer der zwölf Apostel, den er bei Caesarea Philippi, der uralten Stadt des griechischen Gottes Pan (heute im Norden Israels), zum Leiter der jungen Kirche erhob: »..., du bist Petrus (Fels), und auf diesen Felsen will ich meine Kirche bauen, und die Mächte der Unterwelt werden sie nicht überwältigen. Ich werde dir die Schlüssel des Himmelreichs geben« (Mt 16, 18 und 19). Petrus war »der erste« unter den Jüngern, ihm räumte Jesus eine Sonderstellung ein, und nach seiner Auferstehung erschien er zuerst dem Petrus (Lk 24, 34).

Nach Jesu Himmelfahrt leitete Petrus die Jerusalemer Christengemeinde und begann danach in Palästina zu predigen: in Samaria (heute Sebastije unweit von Nablus), in Lydda (heute Lod) und in Joppe (heute Yafo, Stadtteil von Tel Aviv). In Lydda heilte er den bettlägerigen Äneas, und in Joppe erweckte er die Christin Tabita vom Tod (Apg 9, 32–43). In Caesarea taufte Petrus den Kornelius, Hauptmann der Italischen Kohorte. Kornelius war der erste Nichtjude, der sich den Christen anschloß. Im Jahr 44 ließ Herodes Agrippa Petrus verhaften, um ihn – wie vorher schon Jakobus den Älteren – hinzurichten. Nachts aber entführte ihn ein Engel nach Antiochia am Orontes (heute Antakya, Südosttürkei), wo schon → Paulus und → Barnabas predigten. Hier war Petrus vermutlich der erste Bischof. Um 50/51 leitete Petrus in Jerusalem ein Apostelkonzil, auf dem entschieden wurde, daß nicht nur Juden Christen werden können (Apg 15, 5–35). In den folgenden Jahren besuchte Petrus die christlichen Gemeinden in Kleinasien, kam nach Korinth und – etwa um das Jahr 57 – nach Rom, um in der Hauptstadt des Imperium Romanum mit Paulus eine Gemeinde zu gründen. 64 wurde Petrus, der erste Bischof von Rom, während der Christenverfolgung des Kaisers Nero gekreuzigt. Nero störten die

Christen, die er als eine unbedeutende jüdische Sekte ansah, nicht, doch suchte er Schuldige für den Brand der Stadt Rom, für den ihn das Volk – wohl zu Unrecht – verantwortlich machte. Petrus wurde als Anführer der Christen gekreuzigt, allerdings nicht mit dem Kopf nach unten, wie er das der Legende nach erbat, weil er nicht würdig sei, wie Christus zu sterben. Petrus' Leichnam wurde – wie archäologische Untersuchungen unter dem Petersdom 1940–1949 ergaben – in einem schlichten Erdgrab beigesetzt, um das sich strahlenförmig eine dicht belegte Begräbnisstätte entwickelte. Kaiser → Konstantin der Große ließ im 4. Jh. darüber eine fünfschiffige Basilika (Alt-St.-Peter) errichten, die vom 15. bis 17. Jh. durch die Peterskirche (S. Pietro in Vaticano), den größten Kirchenbau der Erde, ersetzt wurde (Weihe 1626).

Festtag: 29. Juni (mit → Paulus; am 29. Juni 258 holte man die Gebeine von Petrus und Paulus aus ihren Gräbern, weil man ihre Entweihung durch kaiserliche Beschlagnahme befürchtete); 22. Februar (Petri Stuhlfeier (Cathedra Petri), Erinnerung an die Übertragung des Hirtenamtes an Petrus).

Darstellung: als feststehender Typus mit Lockenkranz, rundlichem Gesicht, Bart, im päpstlichen Ornat mit Pallium und Tiara, mit einem Kreuz oder Kreuzstab, mit einem oder zwei Schlüsseln (Symbol für die Vollmacht, zu binden und zu lösen, für das Hirtenamt), mit Schriftrolle oder Buch, oft zusammen mit Paulus, auch mit Christus. In Szenen aus dem Neuen Testament mit Jesus und anderen: Petrus wird Menschenfischer (Lk 5, 10), Auferweckung der Tochter des Jaïrus (Mk 5, 37), Gang auf dem See Genezareth (Mt 14, 28 ff.), Übertragung der obersten Hirtengewalt (Mt 16, 18; Joh 21, 15 ff.), Verklärung Jesu auf dem Tabor (Mt 17, 1 ff.), Erhebung der Tempelsteuer Jesu (Mt 17, 24 ff.), Gebet im Garten Gethsemane (Mt 26, 37 ff.), Gefangennahme Jesu (Joh 18, 10), Verleugnung Jesu (Mt 26, 69 ff.), Der wunderbare Fischzug (Joh 21, 1 ff.).

Petrus von Alcántara, Pedro de Alcántara (1499–1562), Franziskaner, Patron von Brasilien (seit 1862), der Diözesen Coria und Estremadura (seit 1962), Patron der Nachtwächter; Helfer bei bösartigem Fieber.

Der aus Alcántara im heutigen Estremadura (Südwestspanien) gebürtige Pedro entstammte einem alten spanischen Adelsgeschlecht. Er studierte 1513–1515 in Salamanca und trat 1515, kaum sechzehn Jahre alt, in Santa María de los Majaretes in den Orden der Franziskaner ein. Ab 1519 war er Guardian, 1524 erhielt er die Priesterweihe, ab 1532 lebte er zurückgezogen in La Lapa und wurde 1538 Ordensprovinzial von S. Gabriel. 1542 zog er sich in die Bergwildnis von Arrábida (bei Lissabon) zurück und gründete, nachdem er von Papst Julius III. 1552 dazu die Erlaubnis erhalten hatte, die Reformkongregation der Discalceaten (Barfüßer), der »Brüder der strengsten Observanz«, nach ihm auch »Alcantariner« genannt. Pius IV. genehmigte 1562, wenige Wochen vor Petrus' Tod, die Ordensregel. Seine Überzeugungskraft gab ihm großen Einfluß auf den Adel und König Johann III. von Portugal. Er beriet → Theresa von Ávila bei der Reform ihres Ordens. Seine Schrift ›Traktat über das Gebet und die Meditation‹ erlebte weltweite Verbreitung. Petrus von Alcántara starb in Arenas bei Ávila (Zentralspanien). Papst Gregor XV. sprach ihn 1622 selig, Papst

Klemens IX. ließ 1669 die Kanonisation folgen.
Festtag: 19. Oktober.
Darstellung: im Ordensgewand mit Kruzifix, Geißel oder anderen Bußgeräten und einem Totenkopf, mit Taube (Symbol der göttlichen Inspiration), über ihm funkelt ein Stern.

Petrus Canisius, Peter Kanijs (1521–1597), Priester, erster deutscher Jesuit, Kirchenlehrer, »zweiter Apostel Deutschlands nach Bonifatius« (Leo XIII.); Patron der katholischen Schulorganisation Deutschlands (1921) sowie der Diözesen Brixen (1925) und Innsbruck (1964).

Peter Kanijs wurde in Nimwegen geboren, das damals zum Herzogtum Geldern und damit zum Deutschen Reich gehörte (heute Nijmegen, Niederlande). Sein Vater war der Bürgermeister Jakob Kanijs. Ab 1536 studierte Peter Kanijs in Köln, zunächst die freien Künste. Nachdem er gegen 1540 mit der »Neuen Frömmigkeit« (Devotio moderna) in Berührung gekommen war, einer religiösen Reformbewegung, die ein praktisches Weltchristentum der helfenden Liebe propagierte, studierte er Theologie. Geführt von dem seligen Peter Faber trat er 1543 als erster Deutscher der Gesellschaft Jesu bei und nannte sich fortan Petrus Canisius. Ab 1544 hielt er Vorlesungen und übersetzte die Werke des → Cyrillus von Alexandria ins Deutsche. 1546 empfing er die Priesterweihe und setzte 1547 im Auftrag der Kölner Katholiken vor Kaiser Karl V. die Absetzung des zum Protestantismus konvertierten Erzbischofs von Köln, Hermann Graf von Wied, durch. Petrus Canisius nahm an dem Konzil von Trient teil, wirkte in Messina und promovierte 1549 in Bologna zum Doktor der Theologie.

Im selben Jahr legte er in Rom vor dem hl. → Ignatius von Loyola die ewigen Gelübde ab (Profeß). Er leitete die Gegenreformation in Deutschland, weshalb ihn Papst Leo XIII. (1878–1903) als »Zweiten Apostel Deutschlands nach Bonifatius« bezeichnete. 1549–1552 lehrte er an der Universität Ingolstadt, war Rektor und Domprediger, übernahm anschließend eine Professur in Wien und lehnte dort dreimal das Bischofsamt ab. 1555–1556 lehrte er in Prag, 1559–1569 in Augsburg, 1571–1577 in Innsbruck und München. Daneben war er 1556–1569 1. Provinzial des Jesuitenordens der oberdeutschen Provinz (Süddeutschland, Österreich-Ungarn und Schweiz), gründete neue Kollegien und predigte in den Domen von Köln, Regensburg und Straßburg. Er verfaßte zahlreiche theologische Schriften, von denen seine drei Katechismen am erfolgreichsten waren (›Summa doctrinae christianae‹, Wien 1555 (für Studenten), ›Catechismus minimus‹, Ingolstadt 1556 (für Kinder) und ›Parvus catechismus catholicorum‹, Köln 1558 (für Mittelschüler)). Differenzen mit seinem Nachfolger als Ordensprovinzial führten 1580 zur Versetzung nach Fribourg (Schweiz), wo er das St.-Michael-Kolleg gründete und im Alter von 76 Jahren starb. Seine letzte Ruhestätte fand er in der dortigen Jesuitenkirche St. Michael. Papst Pius IX. sprach Petrus Canisius 1864 selig, 1925 folgte die Heiligsprechung und die Ernennung zum Kirchenlehrer durch Papst Pius XI.
Festtag: 27. April.
Darstellung: als Jesuit in schwarzer Soutane mit Schreibfeder, Buch (Katechismus), Kruzifix und Totenkopf; vor der Gottesmutter kniend.

Petrus Chrysologus (um 380–450), Bischof, Kirchenlehrer. Helfer gegen Fieber und Tollwut.
Er wurde in Forum Cornelii nahe Imola (Oberitalien) geboren, vom dortigen Bischof erzogen, ausgebildet und schließlich in den Klerus aufgenommen. Nach 431 erhielt er die Weihe zum Bischof von Ravenna, das Kaiser Honorius 402 zur Hauptstadt des weströmischen Reiches erhoben hatte. Er war mit Papst → Leo I. dem Großen befreundet und ein begnadeter Prediger, der erfolgreich gegen den Monophysitismus des Eutyches von Konstantinopel wirkte. Von seinen vielgerühmten Schriften sind allein seine ›Sermones‹ (183 Predigten) erhalten geblieben. Bischof Petrus Chrysologus starb in seinem Geburtsort Forum Cornelii und wurde im Dom von Imola beigesetzt. 1729 ernannte ihn Papst Benedikt XIII. zum Kirchenlehrer.
Festtag: 30. Juli.
Darstellung: als Bischof mit Hostie.

Petrus Claver, Pedro Claver (1580–1654), Jesuit, Missionar, »Apostel der Neger«, Patron der sog. Negermission und der Missionsschwestern vom hl. Petrus Claver.
Geboren in Verdú bei Cervera (Nordostspanien) als Sohn einfacher Bauern, trat 1602 in den Jesuitenorden ein und besorgte 1602–1604 in Tarragona sein Noviziat. 1604–1605 studierte er im Jesuitenkolleg in Gerona und kam 1605 zum Philosophiestudium nach Palma de Mallorca. Im Kloster Montesión freundete er sich mit dem hochbegabten → Alfons Rodríguez, einem begnadeten Mystiker, an, der ihn zur Negermission in Südamerika anregte. 1608–1610 studierte Petrus Claver in Barcelona Theologie und ließ sich anschließend nach Santa Fé de Bogotá

(heute Bogotá), der Hauptstadt Kolumbiens, schicken, wo er als Laienbruder wirkte und 1616 in Cartagéna (Nordkolumbien) die Priesterweihe empfing. In Cartagéna, dem damaligen Zentrum des süd- und mittelamerikanischen Sklavenhandels, widmete er seine ganze Kraft und Gesundheit den Negersklaven, denen er in heldenhafter Weise geistige und materielle Hilfe brachte. In den fast 40 Jahren seines dortigen Wirkens taufte er rund 300 000 Schwarze, nahezu alle in Cartagéna an Land gebrachten Sklaven, weshalb man ihm den Beinamen »Apostel der Neger« gab. Er starb in Cartagéna und wurde in der gleich nach seinem Tod erbauten Kirche S. Pedro Claver beigesetzt.

Festtag: 9. September.

Darstellung: im Jesuitengewand mit erhobenem Kruzifix, zwei Schwarze zu seinen Füßen.

Petrus Coelestinus, → Cölestin V.

Petrus Damiani (1007–1072), Kardinal, Bischof von Ostia, Kirchenlehrer. Patron gegen Kopfschmerzen.

Petrus wurde in Ravenna in armen Verhältnissen geboren. Ein väterlicher Freund namens Damianus erkannte schon früh die außergewöhnlichen geistigen Fähigkeiten des Jungen und finanzierte sein Studium an den theologischen Hochschulen von Ravenna, Faenza und Parma. Aus Dankbarkeit seinem Gönner gegenüber gab sich Petrus den Beinamen Damiani. In Ravenna unterrichtete er als Lehrer und erhielt hier die Priesterweihe. 1035 trat er als Benediktiner in das Eremitenkloster Fonte Avellana (bei Perugia) ein, wo man ihn 1043 zum Prior ernannte. Petrus Damiani erkannte die Abhängigkeiten der Klöster in damaliger Zeit von weltlichen und geistlichen Obrigkeiten und die Mißstände, die in den meisten Mönchsgemeinschaften herrschten. Er setzte sich mit außergewöhnlichem Reformeifer mit der römischen Kurie in Verbindung, verfaßte etliche Kampfschriften, wie ›Liber Gratissimus‹ (Gegen die Simonie in der Kirche) und ›Liber Gomorrhianus‹ (Gegen die moralische Verwahrlosung des Klerus).

1057 ernannte ihn Papst Stephan IX. gegen seinen Wunsch zum Kardinalbischof von Ostia, womit er praktisch zur »Feuerwehr der Kirche« (Leo X.) wurde. Er reiste von Besprechung zu Besprechung, prüfte und setzte neue Gedanken durch, stärkte den Einfluß und die Macht des Papstes, schlichtete Meinungsverschiedenheiten auf allen Ebenen und untersuchte Anklagen und Beschwerden von Mönchsgruppen.

1069 brachte er sogar den jungen König Heinrich IV. im persönlichen Gespräch davon ab, sich von seiner Frau Bertha, die er als Sechzehnjähriger auf Wunsch seines Vaters heiraten mußte, wieder scheiden zu lassen. 1071 weihte er die neue Klosterkirche von Montecassino ein, 1072 schlichtete er den Streit zwischen Papst Alexander II. und der Stadt Ravenna. Auf der Rückreise von Ravenna starb Petrus Damiani im Kloster S. Maria foris portam in Faenza und wurde im Dom S. Pietro von Faenza beigesetzt.

Schon zu Lebzeiten verehrte man Petrus Damiani fast wie einen Heiligen. Als ihn Papst Leo X. 1828 zum Kirchenlehrer ernannte, wußte er, daß dieser unermüdlich für das Christentum und die Kirche tätige Mann formell nicht zu den Heiligen zählte und doch heiliger als manch anderer Heiliger war.

Festtag: 21. Februar.

Darstellung: als Kardinal mit Mitra und Buch, als Einsiedler, den Kardinalshut neben sich, mit Kreuz, Buch, Geißel und Totenkopf.

Petrus Orseolo, → Petrus Urseolus.

Petrus Patricius (um 788–865), Abt. Der aus vornehmer Familie stammende Petrus Patricius nahm am Feldzug des byzantinischen Kaisers Nikephoros I. (802–811) gegen die Bulgaren teil. Der Kaiser fiel bei Marcellae, und Petrus geriet in Gefangenschaft. Bald gelang es ihm jedoch zu fliehen, und er wurde Christ. Als Kaiser Theophilos (829–842) im langjährigen Bilderstreit die Ikonodulen (Bilderverehrer) verfolgen ließ, zog sich Petrus in die Wildnis des mysischen Olymps (heute Ulu Dağ bei Bursa, Westtürkei) zurück, wo er ein Schüler des hl. → Johannicius von Bithynien wurde. Im hohen Alter gründete Petrus Patricius in Konstantinopel ein Kloster, das er bis zu seinem Tod als Abt leitete.
Festtag: 1. Juli.

Petrus von Sebaste, Petros (vor 349–392), Bischof von Sebaste (heute Sivas, Türkei). Der jüngste Bruder von → Basilius dem Großen, → Gregor von Nyssa und → Makrina der Jüngeren wurde nach dem Tode seiner Eltern → Basilius des Älteren und → Emmelia von seiner fast 20 Jahre älteren Schwester Makrina erzogen. Er trat als Mönch in das von seinem Bruder Basilius gegründete Kloster bei Neocaesarea am Schwarzen Meer (heute Niksar, Türkei) ein und übernahm bald dessen Leitung. 379 (oder 381) wurde er Bischof von Sebaste und nahm mit seinen beiden Brüdern am Konzil zu Konstantinopel von 381 teil.
Festtag: 9. Januar.

Petrus Urseolus, Petrus Orseolo, Pietro Orseolo I. (928–987), Doge von Venedig, Benediktiner. Der aus dem venezianischen Adelsgeschlecht der Orseoli stammende Pietro kämpfte 948 als Kommandant der Flotte von Venedig erfolgreich gegen die Piraten der Adria. Danach betätigte er sich als Handelsherr, bis 976 ein Volksaufstand zur Ermordung des Dogen Pietro Candiano führte und er zum Nachfolger gewählt wurde. Voller Energie befaßte sich Pietro Orseolo I. mit der Erneuerung von Stadt und Staat. Aus eigenen Mitteln ließ er die niedergebrannte Markuskirche und den Dogenpalast wiederherstellen, baute Spitäler, ordnete die Verwaltung und schloß mit anderen Staaten günstige Verträge. Nach nur zweijähriger Tätigkeit als absoluter Herrscher über die Republik Venedig verließ Pietro Orseolo in der Nacht zum 1. September 978 als Fünfzigjähriger Venedig und die Familie, obwohl die venezianische Verfassung einen Rücktritt aus eigenem Entschluß ausdrücklich verbot. Er ging mit dem hl. → Romuald in die Pyrenäen, um sein weiteres Leben als Benediktinermönch Petrus Urseolus in einer Eremitengemeinschaft des Klosters St-Michel-de-Cuxa bei Prades (unweit von Perpignan) zu verbringen. Als Romuald 987/988 nach Italien zurückkehrte, zog Petrus sich vollends in eine Rekluse zurück, in der er bis zu seinem Tod in strengster Askese meditierte. Reliquien des Heiligen befinden sich in der Pfarrkirche von Prades und im Markusdom in Venedig. 1731 erkannte Papst Klemens XII. den Kult des hl. Petrus Urseolus an.
Festtag: 10. Januar.
Darstellung: als Eremit mit Geißel und Totenkopf, Dogenhut und Schwert zu seinen Füßen.

Philipp Neri, Filippo Neri (1515–1595), Apostel Roms, Gründer des Ordens der Oratorianer, Patron der Humoristen, Helfer bei Unfruchtbarkeit der Frauen, Gliederkrankheiten und bei Erdbeben.

Philipp wurde in Florenz als Sohn eines Rechtsanwalts und Alchimisten geboren. Seine Erziehung stand stark unter dem Einfluß der dortigen Dominikaner, durch die er auch die Schriften des Sittenpredigers Girolamo Savonarola kennenlernte (einst Prior von S. Marco und 1498 in Florenz als Häretiker und Schismatiker gehängt und verbrannt). Bei seinem Onkel, dessen Geschäft er einmal erben sollte, begann er 1533 in S. Germano bei Montecassino eine Kaufmannslehre. 1535 ging er jedoch als Erzieher der Kinder des reichen Galeotto del Caccia nach Rom. Nebenbei pflegte er Kranke, führte zahllose religiöse Gespräche und studierte Theologie. 1548 gründete er zusammen mit seinem Beichtvater Persiano Rosa die Bruderschaft der »Heiligen Dreifaltigkeit zur Pflege von erkrankten Rompilgern«. 1551 beendete er seine Tätigkeit als Erzieher, empfing die Priesterweihe und schloß sich 1552 der Priestergemeinschaft bei S. Girolamo della Carità an, aus der 1564 das »Oratorium Philipp Neri« hervorging. Mit dieser Gemeinschaft wollte Philipp durch neuartige Methoden, wie Singen religiöser Lieder in der Volkssprache, Kinderpredigten, Wallfahrten, Gebets- und Gesprächsstunden, die Menschheit (zumindest die Römer) sittlich erneuern. Aus den in den Versammlungen des Philipp Neri aufgeführten »Laudi spirituali« (geistlichen Gesängen) entwickelte sich im 17. Jh. dann das geistliche Musikdrama, das »Oratorium«.

Mit ansteckender Fröhlichkeit begeisterte er das Volk, das ihn schon zu seinen Lebzeiten »il Santo« (der Heilige) nannte. Die Kirche, vor allem unter Papst Paul IV. (1555–1559), mißtraute seinem Wirken hingegen so sehr, daß man ihm zeitweise verbot, die Beichte zu hören und mit seiner Gemeinschaft Pilgerfahrten durchzuführen. Erst Papst Pius V. (1566–1572) schenkte ihm volles Vertrauen. 1575 bestätigte Papst Gregor XIII. die »Weltpriester-Kongregation der Oratorianer«, die heutige »Confoederatio Oratorii S. Philippi Nerii«, auch »Philippiner« genannt. Philipp wurde Berater der Päpste und Beichtvater von Kardinälen. Er starb in Rom, wo er in S. Maria in Vallicella sein Grab fand. 1615 sprach ihn Papst Paul V. selig, die Kanonisierung erfolgte 1622 durch Papst Gregor XV.

Festtag: 26. Mai.

Darstellung: in schwarzer Soutane mit Birett, mit Stock und Rosenkranz, mit Lilie und flammendem Herzen, ein Engel hält ihm ein Buch vor Augen.

Philippus (1. Jh.), Apostel, Märtyrer. Patron der Walker, Hutmacher und Krämer.

Philippus stammte aus Bethsaida an der Mündung des Jordan in den See Genezareth und war mit → Andreas befreundet. Er gehörte zu den Jüngern → Johannes des Täufers, bevor er von Jesus als Apostel berufen wurde. Im Neuen Testament wird Philippus in den Apostellisten erwähnt (Mt 10,3; Mk 3,18; Lk 6,14; Apg 1, 13) sowie an einigen Stellen des Johannes-Evangeliums (Joh 6,7; Joh 12,21 f; Joh 14,8 f.). Philippus erlitt das Martyrium am Kreuz. Seine Reliquien werden in Rom in der Kirche Dodici Apostoli verehrt.

Festtag: 3. Mai (mit → Jakobus d. J.); Einsiedeln: 4. Mai; griechische Kirche: 14. November.

Darstellung: mit einem Kreuzstab oder Kreuz verjagt er Schlangen oder Drachen (Heiden), stürzt Götzenbilder in den Tempeln; ein lateinisches Kreuz oder ein ägyptisches Kreuz (Antoniuskreuz, T-Kreuz) weist auf sein Martyrium hin, selten mit Schriftrolle.

Philippus von Hierapolis, Philippus der »Evangelist«, Philippus der Diakon (1. Jh.). Bischof, Märtyrer (?). Er war einer der sieben → Diakone der Jerusalemer Christengemeinde (Apg 6, 1–7). Nach dem Martertod des hl. → Stephanus ging er als Missionar nach Samaria, wo er Simon, den Zauberer, taufte (Apg 8, 5–13). Auf dem Weg von Jerusalem nach Gaza bekehrte er auch einen Hofbeamten der Kandake, der Königin von Äthiopien (Apg 8, 26–39). Dieser Mann soll nach seiner Rückkehr das äthiopische Christentum begründet haben. Anschließend missionierte Philippus in den Hafenstädten von Aschdod bis Caesarea in Palästina (Apg 8, 40). In Caesarea kaufte er sich ein Haus, in dem er mit seinen vier prophetisch begabten Töchtern lebte (Apg 21, 8 und 9). Man nannte ihn hier »der Evangelist«, weil er den Menschen das Evangelium predigte. Jahre darauf soll er Bischof von Tralles (nahe der heutigen Stadt Aydın, Westtürkei) geworden sein. Er starb, vielleicht als Märtyrer, in Hierapolis (heute Pamukkale, Westtürkei), wo er und später auch seine Töchter begraben wurden.
Festtag: 6. Juni.
Darstellung: als jugendlicher Diakon bei der Taufe des äthiopischen Hofbeamten.

Pietro del Murrone, → Cölestin V.

Pietro Orseolo I., → Petrus Urseolus.

Pilgrim von Passau, Piligrim, Pellegrinus, Peregrinus, Pilegrinus († 991), Bischof. Der aus der niederösterreichischen Grafenfamilie Pechlarn stammende Pilgrim wirkte mehrere Jahre als Kanoniker in dem 741 gegründeten Benediktinerkloster Niederalteich (bei Deggendorf, Niederbayern), bevor er in Ungarn missionierte. Danach war er Bischof von Lorch (heute Enns, Oberösterreich), der römischen Stadtgründung Lauriacum nahe der Mündung der Enns in die Donau. Bischof Pilgrim veranlaßte, daß der hl. → Wolfgang Bischof von Regensburg wurde. Ab 970 leitete Pilgrim die Diözese von Passau.
Festtag: 31. Mai.

Pilt, → Hippolyt der Soldat.

Pirmin von der Reichenau, Pirminius (um 690–753). Benediktiner, Missionar, Abtbischof. Patron der Pfalz, des Elsaß, von Innsbruck und der Bodenseeinsel Reichenau, Helfer bei Augenleiden und Rheumatismus, Helfer gegen Pest, Schlangenbisse und Wurmbefall sowie gegen Vergiftungen durch Speisen (»Damit uns Speis' und Trank gedeih', Sankt Pirmins Hand sie benedei'!«).
Die Herkunft Pirmins ist umstritten. Sein offenbar keltischer Name bedeutet »der Bärenmann« oder »der Ruhmreiche«, er könnte also aus Irland oder Schottland stammen. Manche Autoren halten das westgotische Aquitanien (Westfrankreich) oder Spanien für Pirmins Heimat. Er wirkte als Benediktiner im Frankenreich, gründete im Oberrheingebiet die Klöster Reichenau (Bodensee, 724), Murbach (Südvogesen, 727) und Hornbach (bei Zweibrücken, 742), vielleicht auch Gengenbach (Kinzigtal, 727), und führte in

den Klöstern Schuttern (bei Lahr) und Maursmünster (bei Zabern, Elsaß) die Regel des hl. → Benedikt ein. Die Benediktinerabtei Reichenau, seine erste Klostergründung, war bis ins 13. Jh. hinein eine bedeutende Stätte mittelalterlicher Kultur. Pirmin starb im Kloster Hornbach, wo er auch seine erste Ruhestätte erhielt. 1558 kamen seine Gebeine nach Speyer und 1576 in die Jesuitenkirche in Innsbruck. Reliquien des Heiligen befinden sich in St. Paul (Kärnten), Weißenburg (Wissembourg, Unterelsaß), Bern, Hornbach, Augsburg (Kirche St. Ulrich und Afra) und Pirmasens.

Festtag: 3. November.

Darstellung: als Abt mit Kasel und Stab, als Bischof mit Kirchenmodell sowie Schlangen, Kröten und Mäusen zu seinen Füßen (die er nach der Legende vor dem Klosterbau von der Insel Reichenau vertrieb).

Pius von Bourges, → Sulpicius II. von Bourges.

Platon von Symbolai und Sakkudion (um 735–814), Abt. Platon stammte aus einer reichen und angesehenen Familie Konstantinopels. Um 763 trat er als Mönch in das Symbolaikloster auf dem mysischen Olymp (Ulu Dağ bei Bursa, Westtürkei) ein und war zwischen 770 und 780 Abt dieses Klosters. Er gründete das nahegelegene Sakkudionkloster und übernahm 782 als Abt die Leitung. Auf den Synoden von Konstantinopel (786) und Nicäa (787) trat er energisch für die Bilderverehrung ein. Auch stand er im »Moichianischen Streit« auf seiten seines Neffen, des jungen Mönches → Theodoros Studita, und teilte 795–798 mit diesem die Verbannung nach Thessalonike. Danach zog sich Platon resignie-

rend in das Sakkudionkloster zurück und schließlich in das Studioskloster in Konstantinopel, in dem er auch starb.

Festtag: 4. April.

Pölt, → Hippolyt der Soldat.

Polykarp von Smyrna (um 70–156), Bischof, Märtyrer, einer der → Apostolischen Väter. Nach eigener Aussage war er ein Schüler des Apostels → Johannes, der ihn um 100 zum Bischof von Smyrna (heute Izmir, Westtürkei) weihte. Berühmt wurde sein Brief an die Christen von Philippi in Makedonien. → Ignatius von Antiochia schrieb ihm im Jahr 117 auf seiner Zwangsreise nach Rom, wo ihn der Martertod erwartete, einen seiner berühmten Briefe. Polykarp reiste zweimal nach Rom: 116 zur Papstwahl und 155 zu Verhandlungen mit Papst → Anicetus über die Beilegung des »Passahstreits« (→ Viktor I.) zwischen den römischen und den kleinasiatischen Christengemeinden. Es kam aber keine Einigung zustande. Polykarp beharrte auf dem jüdischen Passahtermin (14. Nisan). Seinen Aufenthalt in Rom nutzte Polykarp auch für die Wiederbekehrung zahlreicher abtrünniger Markioniten und Valentinianer. Nach Rückkehr in seine kleinasiatische Diözese forderten die Heiden von Smyrna den Tod des alten Mannes. Im überfüllten Theater von Smyrna bekannte er sich am 23. Februar zu Christus und sollte sogleich den Feuertod sterben. Doch die Flammen verletzten ihn nicht, so daß man ihn erstach. Die Christen von Smyrna beschlossen, seinen Todestag fortan als Polykarps Geburtstag zu feiern. Der im Jahr 156 verfaßte ausführliche Bericht über das Martyrium des Polykarp gilt heute als ältestes Zeugnis der Heiligenverehrung.

Festtag: 23. Februar, in den Ostkirchen: 25. Januar und 23. Februar.
Darstellung: als Greis mit Bart, mit Krone und Palme, ein Schwert vor loderndem Feuer.

Pontianus († 235), Papst (230–235), Märtyrer, Patron von Velletri (Latium, Mittelitalien). Der Sohn eines Römers wurde am 21. Juli 230 während des ersten Schismas der Kirchengeschichte zum Papst gewählt. Dieses Schisma hatte Papst → Hippolyt von Rom eingeleitet, als er sich 217 zum Gegenpapst des von ihm verachteten Papstes → Calixtus I., eines ehemaligen Sklaven, wählen ließ. Das Schisma dauerte auch während der Amtszeit der Papstnachfolger → Urban I. und Pontianus an. Erst als Maximinus Thrax (der »Thraker«) 235 als erster Soldatenkaiser Roms die Herrschaft über das Imperium Romanum übernahm, beendete er das Schisma rigoros, indem er beide Päpste auf die Insel Sardinien, damals die »Insel des Todes«, verbannte. Bei der gemeinsamen harten Arbeit in einem Steinbruch söhnten sich die beiden Päpste miteinander aus. Pontianus dankte ab, Hippolyt verzichtete auf den Titel eines Bischofs von Rom. Das Schisma war damit beendet. Beide Päpste starben innerhalb eines Jahres (235 bzw. 236) an den Folgen der Entbehrungen und der ungewohnten Arbeit. Der nächste Papst Anterus war nur wenige Wochen im Amt. Auf ihn folgte → Fabianus (236–250), der die sterblichen Überreste von Pontianus und Hippolyt 236 nach Rom überführte und sie feierlich bestattete, Pontianus in der Papstgruft der Calixtuskatakombe, Hippolytus in dem nach ihm benannten Coemeterium an der Via Tiburtina. Beide wurden fortan als Märtyrer verehrt.

Festtag: 13. August (zusammen mit Hippolyt), Ostkirchen: 19. November, 30. Oktober.
Darstellung: bärtig, in Priesterkleidung mit Pallium.

Potheinos, → Pothinus von Lyon.

Pothinus von Lyon, Potheinos († 177/178), Bischof, Märtyrer. Der Schüler des hl. → Polykarp von Smyrna kam nach Gallien, wo er um das Jahr 150 die neugegründete Diözese Lyon übernahm. 177/178 wurde der über neunzigjährige Bischof Pothinus unter Kaiser Mark Aurel mit anderen Christen verhaftet und zu Tode gemartert. Er gilt als erster Märtyrer von Lyon.
Festtag: 2. Juni.
Darstellung: als thronender Bischof.

Prochorus (1. Jh.), einer der hll. → Diakone, Märtyrer (?.). Prochorus war einer der ersten sieben Diakone, die die heidenchristliche Gemeinde Jerusalems aus ihrem Kreis wählte, um »den Dienst an den Tischen« zu versehen (Apg 6, 1–7). Prochorus soll der Sekretär des Apostels Johannes (→ Johannes der Evangelist) gewesen sein, der ihm sein Evangelium diktierte. Später war er Bischof in Nikomedia (heute Izmit, Westtürkei) oder in Antiochia am Orontes (heute Antakya, Südosttürkei). In Antiochia soll er das Martyrium erlitten haben.
Festtag: 9. April, Ostkirchen: 28. Juni, 28. Juli.
Darstellung: als Diakon mit Buch und Palme.

Protasius, → Gervasius und Protasius.

Q

Quattuor Coronati (= Vier Gekrönte, † um 303), Märtyrer, Patrone der Steinmetzen und Bildhauer sowie des Viehs.

Nicht vier – wie der Name sagt – sondern fünf pannonische Bildhauer (die römische Provinz Pannonia umfaßte das Gebiet zwischen den Ostalpen und der Donau) hatten eine Skulptur des Sonnengottes geschaffen, lehnten es aber ab, ein Porträt des Äskulap (Asklepios) zu gestalten. Diesen Gott der Heilkunde hatten die Römer anläßlich einer Pestepidemie in Rom 293 v. Chr. aus Griechenland übernommen. Man warf die fünf Männer in den Kerker, wo sie der ebenfalls eingesperrte Bischof Cyrill von Antiochia taufte. Daraufhin erlitten sie das Martyrium durch Geißelung, Aufsetzen von Kronen mit scharfen Spitzen und Ertränken in der Save. Nach 42 Tagen fanden Christen die Leichen der fünf Märtyrer und bestatteten sie an geheimem Ort. Die fünf Pannonier hießen Claudius, Castorius (Kastor), Nocostratus, Simpronianus (Sempronianus, Symphorianus) und Simplicius.

Als »Quattuor Coronati« werden auch vier römische Militärbeamte bezeichnet, die es, ebenfalls zur Zeit des Kaisers Diokletian, ablehnten, im Äskulaptempel zu opfern. Sie wurden zu Tode gegeißelt, ihre Leichen warf man den Hunden vor. Der hl. → Sebastian begrub die vier Märtyrer, deren Namen nach einer Legende des 4. Jh.

Carpophorus, Severianus, Severus und Victorianus lauteten.

Festtag: 8. November.

Darstellung: in Bildhauerkleidung mit Krone und Bildhauerwerkzeugen (Scharriereisen, Schlageisen, Krönel, Stockhammer, Klöppel usw.), die Militärbeamten zumeist in Marterszenen.

Quere, → Drei heilige Jungfrauen.

Quirinus von Neuss, Quirinus von Rom († um 130), Märtyrer, einer der vier heiligen → Marschälle, der Vierzehn → Nothelfer, Patron der Stadt Neuss, des Ritterstandes, der Pferde und Rinder, Helfer gegen Pest, Pocken, Lähmung, Knochenfraß, Gicht, Rheumatismus, Bein- und Fußleiden, Kropf, Ohrenschmerzen, Augenleiden, Eitergeschwüre und Hautkrankheiten. Die Vita des hl. Quirinus ist legendär. Danach war er römischer Militärtribun und ließ sich mit seiner Tochter → Balbina von Papst → Alexander I. taufen, nachdem dieser Balbina von einer schweren Halserkrankung geheilt hatte. Unter Kaiser Hadrian erlitt er um das Jahr 130 gemeinsam mit → Eventius und Theodolus, mit → Hermes von Rom und einem unbekannten Alexander (nicht Alexander I.) in Rom den Märtyrertod. Die Gemarterten fanden in der römischen Praetextatus-Katakombe ihr Grab. 1050 kamen die Reliquien als Geschenk des Papstes → Leo IX. für seine Schwester (?), die

Äbtissin Gepa in das Benediktinerinnenstift in Neuss bei Düsseldorf. Hier werden sie seitdem in der Krypta der Kirche St. Quirin verehrt (Neubau der Kirche im 13. Jh.).
Festtag: 30. März, in Köln und Neuss 30. April (Tag der Translation).
Darstellung: als römischer Offizier oder Ritter mit Helm, Harnisch, Lanze und Schild, auf dem Schild neun Kugeln (9 = lat. novem, davon abgeleitet Novaesium = Neuss), mit Schwert und Palme, mit abgeschnittener Zunge (Märtyrertod), mit Habicht oder Hunden.

Quirinus vom Tegernsee († 269), Märtyrer, einer der drei Tegernseer Patrone (→ Chrysogonus von Aquileia, → Kastor aus Pannonien); Helfer gegen die Pest, bei Augen- und Ohrenerkrankungen.
Der Römer Quirinus wurde nach der Legende wegen seines christlichen Glaubens 269 unter Kaiser Claudius II. Gothicus in Rom enthauptet. Seinen Leichnam warf man in den Tiber, bei der Insel Lykaonia (heute S. Bartolomeo) trieb er an Land. Christliche Pilger aus Persien bestatteten ihn in der Katakombe des Papstes → Pontianus († 235). Eine spätere Legende machte Quirinus zum Sohn des angeblich ersten christlichen Kaisers Philippus Arabs († 249). Im Jahr 761 kamen seine Gebeine zusammen mit Reliquien anderer Heiliger von Rom in das Benediktinerkloster Tegernsee. Entlang des Überführungsweges entstanden Quirinus-Heiligtümer, wie in Quirains (heute ein Stadtteil von Bozen, Südtirol) und in Bad Wiessee, dem früheren St. Quirin, wo vom 15. bis zum 18. Jh. eine Erdölquelle das heilkräftige »Quirinus-Öl« spendete.
Festtag: 25. März, im Bistum München-Freising am 16. Juni.
Darstellung: als Königssohn mit Krone, Zepter und Reichsapfel, gelegentlich auch mit Palme und Schwert.

R

Radegundis von Thüringen, Radegonde (518–587), Königin des Frankenreichs. Patronin von Poitiers, Patronin der Töpfer und Weber, gegen Wassernot; Helferin gegen Fieber bei Kindern, gegen Aussatz, Geschwüre und Krätze.

Als der Frankenkönig Chlothar I. (511–561) 531 Thüringen eroberte, nahm er Radegundis, die Tochter des besiegten Königs Berthachar von Thüringen, als Geisel an seinen Hof. 536 zwang er die junge Frau, ihn zu heiraten. Da Chlothar aber keinerlei Rücksicht auf ihre Familie nahm, sogar ihren Bruder Chlothachar ermorden ließ, floh sie 555 nach fast zwanzigjähriger quälender Ehe und versteckte sich bei Bischof → Medardus von Noyon (unweit von Paris). Sie ließ sich von Medardus zur Nonne weihen und zog auf ihr Gut Saix (zwischen Tours und Poitiers). Doch schon nach kurzer Zeit erschienen Chlothars Häscher, um die entlaufene Königin zurückzuholen. Radegundis floh erneut, diesmal nach Poitiers. Hier gründete sie ein Frauenkloster, das spätere Monastère Ste-Croix, und übernahm die Leitung. 569 erhielt sie vom byzantinischen Kaiser Justin II. (565–578) eine große Kreuzreliquie, zu deren Empfang → Venantius Fortunatus, damals Seelsorger in Poitiers, zwei großartige Hymnen dichtete: ›Pange lingua gloriosi proelium certaminis‹ und ›Vexilla regis prodeunt‹. Radegundis starb in Poitiers. Ihr Grab in der Kirche Ste-Radegonde ist noch heute ein beliebtes Pilgerziel.
Festtag: 13. August, in Fulda: 12. August.
Darstellung: als Nonne, eine Krone zu ihren Füßen, Buch und Geißel neben sich; zwei Wölfe symbolisieren das Frankenreich und König Chlothar.

Raineldis, → Reineldis.

Randoald († um 675), Benediktinermönch und Märtyrer. Er war Mönch im Kloster Münster-Granfelden (Moutier-Grandval, Kanton Bern) und wurde zusammen mit dem hl. → Germanus, Abt von Münster-Granfelden, von den Söldnern des Alemannenherzogs Athich ermordet. Die Gebeine der beiden Märtyrer befinden sich in der Pfarrkirche Delsberg (Delémont, Kanton Jura).
Festtag: 21. Februar.

Raphael, Erzengel. Patron der Reisenden, Pilger, Auswanderer und Schiffsleute, der Kranken, Apotheker, der Dachdecker und Bergleute.
Neben → Michael, → Gabriel und → Uriel ist er einer der vier höchsten Engel, die vor dem Thron Gottes stehen. Erwähnt wird er nur im Buch Tobias (Tob 3,16f. usw.). Raphael heilt die Menschen von ihren Krankheiten und begleitet sie auf ihren Reisen.
Festtag: 29. September (mit Gabriel und Michael).

Darstellung: als Pilger mit Wanderstab und Kalebasse.

Rasimus, → Erasmus.

Rasso von Andechs, Ratho, Ratbod, »der hl. Graf Rath« († um 953).
Graf Rasso von Dießen-Andechs, aus dem altbayerischen Geschlecht der Huosi, gründete am Fuß seiner Burg Andechs an der Amper das Benediktinerkloster Werd, später »Grafrath« genannt. Kurz vor seinem Tod brannten die Ungarn das Kloster nieder, fanden aber den »heiligen Schatz« nicht, den der Graf rechtzeitig in das stark bewehrte zweite Benediktinerkloster Andechs auf der Kuppe des »Heiligen Berges« am Ostufer des Ammersees ausgelagert hatte. Dieser »heilige Schatz« war eine umfangreiche und überaus kostbare Reliquiensammlung, die der Graf auf seinen Reisen nach Palästina zusammengetragen hatte. Rasso starb auf seiner Burg Andechs.
Festtag: 19. Juni.
Darstellung: als Ritter, ein Kloster- oder Kirchenmodell haltend.

Reineldis, Raineldis, Reinhild, Renilde († um 680), Märtyrerin, Helferin bei Augenkrankheiten. Nach der Legende wurde die Tochter des Brabanter Grafen → Witgar und seiner Gemahlin → Amalberga von Maubeuge in Kontich bei Antwerpen geboren. Als sie volljährig war, vermachte sie ihr Erbe der Abtei St-Pierre in Lobbes bei Thuin (belg. Hennegau) und erhielt von Bischof → Autbert von Cambrai den Nonnenschleier. Mit Mutter und Schwester → Gudula von Brüssel trat sie in das Kloster Maubeuge ein. Die Legende berichtet auch von einer Wallfahrt ins Heilige Land. In der Kirche St-Eutrope in Saintes (Südwestfrank-

reich) wurde sie mit ihren Begleitern, dem Subdiakon → Grimoald und ihrem Diener → Gondulf von heidnischen Sachsen, nach anderer Legende von Hunnen erschlagen.
Festtag: 16. Juli.
Darstellung: als Pilgerin mit Stab, Tasche und Buch, als fürstliche Jungfrau mit Schwert, das abgeschlagene Haupt auf den Altarstufen.

Remaclius, Remaklus, Rimagilus (um 600 – um 670/676), Missionsbischof. Geboren in Aquitanien (Südwestfrankreich), wurde Schüler des hl. → Sulpicius II. von Bourges (Mittelfrankreich) und nach 624 Mönch in dem Benediktinerkloster Luxeuil (bei Belfort, Ostfrankreich). Gemeinsam mit Bischof → Eligius gründete er 632 das Benediktinerkloster Solignac (bei Limoges, Mittelfrankreich) und wurde dessen erster Abt. Etwa 647–650 missionierte Remaclius in den Ardennen und übernahm als Abt die Leitung der von König → Sigibert III. gestifteten Klöster Malmedy und Stavelot (Stablo, Ostbelgien). → Amandus, Bischof von Maastricht, weihte ihn zum Missionsbischof der Ardennen. Remaclius starb in Stavelot und wurde in der dortigen Klosterkirche beigesetzt; seit dem 13. Jh. ruhen seine Gebeine in der Staveloter Pfarrkirche.
Festtag: 3. September.
Darstellung: als Bischof mit oder ohne Mitra, mit Stab, oft ein Kirchenmodell haltend; ein Wolf oder ein bepackter Bär versinnbildlichen die Ardennenmission des hl. Remaclius.

Remigius, Remi (um 436 – um 533), Bischof, Apostel der Franken, Patron der Stadt und Diözese Reims; Helfer gegen Pest und sonstige Epidemien, bei Fieber und Halsschmerzen, gegen

255

Schlangen und religiöse Gleichgültigkeit.

Remi, wie die Franzosen ihn nennen, wurde bei Laon (nordöstlich von Paris) als Sohn eines galloromanischen Adligen geboren. Dank seiner hohen Intelligenz und einer hervorragenden Ausbildung wurde der rhetorisch begabte junge Mann schon im Alter von zweiundzwanzig Jahren zum Bischof von Reims gewählt. Er wirkte unermüdlich bei der Christianisierung seiner Diözese, zog Heiden wie auch Arianer zur katholischen Kirche hinüber. Als der Merowinger Chlodwig I. 482 in Tournai zum König der Franken gekrönt wurde, sandte ihm Bischof Remigius ein Glückwunschschreiben und sorgte für eine dauerhaft gute Verbindung zum Königshof. Der heidnische König heiratete 493 → Chlothilde (Chrodechilde), die katholische Nichte des Burgunderkönigs. 496, vor der Schlacht gegen die Alemannen, gelobte er, sich im Falle eines Sieges taufen zu lassen – und er gewann. Noch im selben Jahr an Weihnachten vollzog Remigius das Sakrament. Mit dem König nahmen mehrere tausend Franken die Taufe, und bald danach war das ganze Frankenreich katholisch. Damit hatte die katholische Kirche über den Arianismus der Goten und Burgunder gesiegt. Chlodwig gelang es, das Reich durch die rücksichtslose Liquidierung fränkischer Fürstentümer und durch Siege über die Westgoten zu vergrößern und ihm die Vormachtstellung im Abendland zu sichern. Remigius wirkte gemeinsam mit dem König für ein mächtiges katholisches Fränkisches Reich. Er gründete die Diözesen Arras, Laon, Thérouanne und Tournai-Cambrai und berief 511 die Synode von Orléans ein, auf der er den Vorsitz führte. Bischof Remigius starb in Reims, seine Gebeine wurden am 1. Oktober 1049 in die dortige Basilika St-Remi übertragen und kamen später in die Kathedrale.

Festtag: 13. Januar, in Trier 1. Oktober (Tag der ersten Translation).

Darstellung: als Bischof, über ihm schwebt eine Taube mit dem Chrisam, dem Salböl. Das Ölfläschchen (»Sainte Ampoule«), das die Taube der Legende nach für die Taufe Chlodwigs vom Himmel gebracht hatte, wurde über Jahrhunderte bei der Krönung der französischen Könige verwendet und befindet sich heute im Kirchenschatz der Kathedrale von Reims.

Remiré, → Romarich.

Renilde, → Reineldis.

Rhabanus Maurus, → Hrabanus Maurus.

Richard von Wessex († 720), ein »Pilger um Christi willen«. Der Edelmann Richard stammte aus dem angelsächsischen Königreich Wessex. Richard war der Gemahl der hl. → Wunna und der Vater der hll. → Walpurga, → Willibald und → Wunibald. Im Jahr 720 trat er mit seinen beiden Söhnen eine Pilgerfahrt nach Rom an, in Lucca (Toskana) aber erkrankte er und starb. Sein Grab fand er in der Basilika S. Frediano aus dem 7. Jh. Im 12. Jh. kamen Reliquien des »Königs der Angelsachsen«, wie man Richard seit dem 10. Jh. zu Unrecht nannte, nach Eichstätt.

Festtag: 7. Februar.

Darstellung: als Rompilger, oft mit Krone und Zepter, in Begleitung eines Sohnes oder beider Söhne. Auch im Gespräch mit einem todkranken Mann in einer Trattoria kurz vor Lucca (nach dem Gespräch war der Mann genesen).

Richtrudis, Rictrudis (um 614–687), Äbtissin. Geboren in der Gascogne (Südwestfrankreich). Nach dem Tod ihres Gemahls, des hl. → Adalbald, übernahm sie 646 als Äbtissin die Leitung des von ihr gestifteten Klosters Marchiennes bei Lille (Nordfrankreich), wobei → Amandus von Maastricht, der Apostel der Belgier, sie in geistlichen Belangen unterstützte. Ihre drei Töchter → Adalsind, → Chlotsind und → Eusebia traten ebenfalls in dieses Benediktinerinnenkloster ein, ihr Sohn → Maurontus wurde Abt von Breuil-sur-Lys. Alle vier Kinder werden in Frankreich als Heilige verehrt. Die Reliquien der hl. Richtrudis kamen nach Paris und gingen 1793 in den Wirren der Französischen Revolution unter.
Festtag: 12. Mai.

Rimagilus, → Remaclius.

Robert, → Rupert von Salzburg.

Robert Bellarmin, Franz Romulus Bellarmino (1542–1621), Kardinal, Erzbischof, Jesuit, Kirchenlehrer, Vertreter der Gegenreformation.
Er wurde in Montepulciano (bei Siena) geboren. Der Neffe des Papstes Marcellus II. (1555) erhielt seine Ausbildung am Jesuitenkolleg seiner Geburtsstadt und trat 1560 der Gesellschaft Jesu (Jesuitenorden) bei. Der Orden ließ ihn in Rom, Padua und Löwen (Leuven) studieren und weihte ihn 1570 zum Priester. Gleich danach wirkte er in Löwen als Professor der Theologie und als Prediger. Bis 1576 verfaßte er einige seiner Hauptwerke, wie ›Index Haereticorum‹ (Aufzählung der Häretiker) und ›Conclusiones de Sacramentis‹ (Schlußfolgerungen über die Sakramente). 1576 berief ihn Papst Gregor XIII. nach Rom, wo er bis 1588 am Römischen Kolleg als Kontroverstheologe (zuständig für theologische Streitfragen) tätig war. 1592 wurde er Rektor des Römischen Kollegs, 1594–1597 war er Provinzial der Jesuiten in Neapel. 1597 holte ihn Papst Klemens VIII. wieder nach Rom, wo er ihn zum päpstlichen Theologen, zum Konsultor (Berater) des Heiligen Offizium (Sanctum Officium = »Kongregation für die römische und allgemeine Inquisition der häretischen Verderblichkeit«) und zum Rektor der Pönitentiarie (päpstliche Behörde für Lossprechungsfragen) ernannte. 1597 erschien sein ›Kleiner Katechismus‹ für das Volk, der bis heute in 56 Sprachen und Dialekte übersetzt wurde. 1598 folgte der größere Katechismus für die Katecheten. 1599 wurde Robert Bellarmin Kardinal, aber bereits 1602 wegen Differenzen in einer Streitsache wieder abgesetzt und als Erzbischof nach Capua versetzt. Nach dem Tod von Papst Klemens VIII. 1605 kehrte er nach Rom zurück, wo er als Kardinal in zahlreichen hohen kirchlichen Positionen tätig war. 1616 erhielt er den Auftrag, Galileo Galilei die Verurteilung des kopernikanischen Weltsystems durch die Indexkongregation mitzuteilen. Den berühmten Prozeß der Kirche gegen den Mathematiker und Astronomen Galilei 1632/1633 erlebte er nicht mehr. Übrigens erklärte erst 1992 Papst Johannes Paul II. die Verurteilung des Galilei als ungerechtfertigt.
Kardinal Robert Bellarmin starb in Rom. Sein Leichnam wurde zuerst in der Jesuitenkirche II Gesù in Rom bestattet, doch 1923 nach St. Ignazio übertragen und neben dem Altar des hl. → Aloisius von Gonzaga beigesetzt. Schon 1627 wurde der Seligspre-

chungsprozeß eingeleitet, aber erst 1923 durch Papst Pius XI. abgeschlossen; 1930 folgte ebenfalls durch Pius XI. seine Kanonisation. 1931 ernannte ihn Pius XI. zum Kirchenlehrer.
Festtag: 13. Mai.
Darstellung: als Kardinal mit Mozetta und Birett; oft zusammen mit anderen Heiligen der Gesellschaft Jesu.

Robert von Molesme, Robert von Cîteaux (um 1027–1111), Abt und – mit → Alberich von Cîteaux und → Stephan Harding – Gründer des Zisterzienserordens.
Geboren in der Champagne, trat der Sohn aus vornehmem Hause 1044 in das Benediktinerkloster Moutier-la-Celle bei Troyes (Ostfrankreich) ein. 1068 wurde er zum Abt des Klosters St-Michel-de-Tonnerre (Mittelfrankreich) berufen, kehrte aber schon bald wegen der mangelnden Klosterzucht resignierend nach Moutier-la-Celle zurück. 1072 war er Prior in St-Ayoul, 1073 Oberer der Einsiedelei Collan. 1075 gründete er die Benediktinerabtei Molesme, in der er besonders strenge Regeln einführte und die Armut zu einem Grundpfeiler der Klosterarbeit erhob. Ständig kämpfte er gegen die Gleichgültigkeit der Klosterinsassen an und entschloß sich 1098, mit seinem Prior Alberich und 21 ihm ergebenen Mönchen fortzugehen und das Kloster Cîteaux zu gründen, in dem er die Regeln des Benediktinerordens reformierte und damit den Orden der Zisterzienser schuf. Cîteaux wurde das Mutterkloster der Zisterzienser. 1099 kehrte er auf Anordnung von Papst Urban II. nach Molesme zurück, wo er zwölf Jahre später starb.
Festtag: 29. April; Fest der drei Ordensgründer: 26. Januar.
Darstellung: in schwarzem, gelegentlich auch in weißem Habit mit Abtsstab und Regelbuch. Mit einem Ring, den seine Mutter nach der Legende vor seiner Geburt von der Gottesmutter erhalten hatte. Oder mit einem Teller Erdbeeren, die er für die todkranke Gräfin von Bar-sur-Seine mitten im Winter unter dem Schnee geerntet haben soll.

Rochus von Montpellier (um 1295–1327), Pestheiliger, einer der Vierzehn → Nothelfer (im weiteren Sinne). Patron von Venedig, Parma und Montpellier. Patron der Ärzte, Apotheker und Totengräber, der Kranken, der Spitäler, der Bauern und Gärtner, der Tischler und Bürstenbinder, Pflasterer, Kunsthändler, Gefangenen; Helfer bei Seuchen, besonders bei Pest und Cholera, bei Bein- und Knieleiden, Helfer gegen Unglücksfälle.
Legenden prägen die Vita des Heiligen. Vermutlich wurde er in Montpellier geboren, verlor seine Eltern schon früh und verteilte sein ererbtes Vermögen an die Armen. 1317 pilgerte er nach Rom, pflegte unterwegs die Pestkranken und erkrankte auf der Rückreise 1320 in Piacenza (Oberitalien) selbst. Einsam fieberte er in einer Hütte dahin, nur ein Engel gab ihm seelische Kraft, und ein Hund versorgte ihn mit Brot. Wieder gesund in Montpellier angelangt, wurde Rochus als Spion festgenommen. Nach über fünfjähriger Haft starb er im Kerker. 1485 gelangten die Gebeine des Heiligen nach Venedig, von wo aus sich sein Kult längs der Handelswege verbreitete. Reliquien befinden sich u.a. in Antwerpen, Arles und Lissabon. Berühmt wurde die Bingener Wallfahrt auf den Rochusberg.
Festtag: 16. August.
Darstellung: als Pilger mit Stab und

Der heilige Rochus und ein Engel (Bartolomeo Vivarini)

Kalebasse, mit Pestbeulen am entblöß-
ten Oberschenkel, mit einem Engel, der
ihn pflegt und einem Hund, oft als Pestheiliger zusammen mit → Sebastian.

Romanus von Caesarea, Romanus
von Antiochia († 303), einer der hll. →
Diakone, Märtyrer. Romanus wirkte
als Diakon und Exorzist in Caesarea,
Palästina. Als unter Kaiser Diokletian
besonders schwere Christenverfolgungen ausbrachen, reiste er nach Antiochia am Orontes (heute Antakya, Südosttürkei), um die dortigen Christen in
ihrem Glauben zu bestärken und zu
verhindern, daß sie zum heidnischen
Götterdienst zurückkehrten. Romanus
wurde verhaftet und zum Tod auf dem
Scheiterhaufen verurteilt. Dann aber
führte man ihn vor den Kaiser, verhörte ihn, schnitt ihm die Zunge heraus
und folterte ihn auf grausamste Weise,
bis man ihn schließlich erdrosselte.
Festtag: 18. November.

Romarich, Remiré († 653), Abt. Unter
den austrasischen (ostfränkischen) Königen Theudebert II. und Chlotar II.
war er ein hoher, überaus angesehener
Hofbeamter, bis er eines Tages um das
Jahr 600 beschloß, ein neues Leben zu
beginnen und als Mönch in das Benediktinerkloster Luxeuil bei Belfort
(Ostfrankreich) einzutreten. Das Kloster hatte um 590 der irische Apostel
→ Kolumban der Jüngere gegründet.
Um 620 richtete Romarich gemeinsam
mit → Arnulf von Metz in der Waldeinsamkeit der Vogesen (Elsaß) die Leprastation Remiremont ein, deren Name an den Gründer erinnert (Berg des
Remiré) und die sich schnell zu einem
berühmten Kloster entwickelte. 1051
sprach Papst → Leo IX. Romarich heilig.
Festtag: 8. Dezember.

Romuald (952–1027), Abt, Gründer
des Ordens der Kamaldulenser. Romuald stammte aus einem alten langobardischen Adelsgeschlecht in Ravenna und führte ein recht ausschweifen-
des Leben, bevor er 972 als Mönch in
das Benediktinerkloster S. Apollinare
in Classe bei Ravenna eintrat. Ein Du-
ell seines jähzornigen Vaters, der dabei
einen geliebten Verwandten tötete, war
der Anlaß für seinen Weg in den Glauben. Schon nach vierzig Tagen verließ
er das Kloster wieder, suchte an verschiedenen Orten als Eremit sein bislang sündhaftes Leben in strengster
Askese zu büßen und schloß sich
schließlich bei Venedig dem Einsiedler
Marinus an. 978 zog er mit Pietro Orseolo (→ Petrus Urseolus), dem
zurückgetretenen Dogen von Venedig,
in die Pyrenäen und gründete innerhalb des Benediktinerklosters St-
Michel-de-Cuxa bei Prades (unweit
von Perpignan) eine Eremitengemeinschaft. Gegen 988 kehrte er nach Itali-
en zurück, lebte hier und dort als Einsiedler, bis ihn Kaiser Otto III. 998 als
Abt von S. Apollinare einsetzte. Aber
schon im folgenden Jahr trat er als Abt
zurück, um sein unstetes Wanderleben
fortzusetzen. Von 1001 bis 1003 gehörte → Bruno von Querfurt zu seinen
Schülern. An vielen Orten Italiens reformierte Romuald Klöster und Einsiedeleien, gründete neue, so im Jahr
1012 die Einsiedelei Camaldoli im
waldreichen Hügelland der Toskana
(unweit von Arezzo am Arno). Mit Unterstützung des Bischofs Tedald von
Arezzo stiftete er in Camaldoli den Orden der Kamaldulenser, einen strengen
Zweigorden der Benediktiner, der Ein-
siedler- und klösterliches Gemeinschaftsleben verbindet. Diese Eremi-
tenkongregation von Camaldoli wuchs,
von den Bischöfen von Arezzo, Kaiser

Heinrich III. und anderen gefördert, überraschend schnell. 1072 bestätigte Papst Alexander II. den Orden und stellte ihn mit allen zugehörigen Klöstern und Einsiedeleien unter päpstlichen Schutz. Im 12. Jh. erreichten die Kamaldulenser ihre größte Verbreitung in Europa. Heute existieren noch zehn Klöster dieses Ordens, zu denen Sacro Eremo di Camaldoli mit 20 Zellen gehört, darunter die Zelle des hl. Romuald. Romuald starb in einer Klause des Klosters Val di Castro. Schon 1032, fünf Jahre nach seinem Tod, sprach ihn Papst Benedikt IX. heilig. Die Gebeine des Heiligen kamen 1481 in die Kirche S. Biagio in Fabriano bei Ancona (Mittelitalien), die seitdem SS. Biagio e Romualdo heißt.
Festtag: 19. Juni.
Darstellung: im weißen Habit der Kamaldulenser oder im schwarzen Gewand der Benediktiner, mit Stab, Buch, Modell einer Einsiedelei, oft mit einer Himmelsleiter, wie sie Romuald nach Jakobs Traum (Gen 28, 12) in einer Vision erblickte, weiß gekleidete Mönche steigen auf ihr zum Himmel empor.

Rosalia von Palermo († um 1160), Einsiedlerin, Pestpatronin. Ihre Vita besteht allein aus Legenden. Danach soll sie die Tochter des Grafen Sinibaldi auf Sizilien gewesen sein und als Anachoretin auf dem Monte Pellegrino (bei Palermo) gelebt haben. Ihre Gebeine wurden 1624 in einer Höhle dieses Berges entdeckt. Als man sie nach Palermo überführte, verschwand dort die Pest, die mehrere tausend Einwohner dahingerafft hatte. Die Höhle auf dem Monte Pellegrino ist seit dem 17. Jh. eine vielbesuchte Wallfahrtsstätte.
Festtag: 15. Juli (Entdeckung ihrer Gebeine).

Darstellung: als Einsiedlerin mit aufgelöstem Haar, ein Kranz weißer Rosen bedeckt ihr Haupt, in den Händen hält sie ein Kreuz und einen Totenkopf, ihren Leib umschlingt eine Bußkette.

Rufina, → Justa und Rufina von Sevilla.

Rufus von Metz (um 400), Bischof. Das römische Militärlager Mediomatricum (heute Metz in Lothringen) war schon Anfang des 4. Jh. der Mittelpunkt eines Bistums. Rufus (= der Rothaarige) war der neunte Bischof dieser Diözese. Er hatte sein Grab zusammen mit seinem Nachfolger → Adelphus in der St.-Felix-Kirche zu Metz. Zwischen 830 und 844 wurden die Gebeine der beiden Bischöfe verlegt: Adelphus kam nach Neuweiler/Elsaß, Rufus nach Odernheim/Pfalz in das dortige um 700 gegründete Benediktinerkloster auf dem Disibodenberg.
Festtag: 7. November.

Rupert von Salzburg, Hrodbert, Robert, Ruprecht (um 650–718), Bischof, Patron von Land und Erzbistum Salzburg, von Kärnten, des Salzbergbaus und der Salzarbeiter; der Hunde. Rupert stammte aus dem rheinfränkischen Grafengeschlecht der Robertiner und wurde vermutlich in Worms geboren. In Worms zum Bischof geweiht, ging er 696 – vom Bayernherzog Theodo II. gerufen – auf Missionsreise nach Bayern. Hier schenkte ihm der Herzog nach seiner Taufe das Gebiet der einstigen Römerstadt Juvavum (heute Salzburg), die in den Stürmen der Völkerwanderung untergegangen war. In den Ruinen gründete er die Benediktinerklöster St. Peter, heute das älteste noch bestehende Kloster in Österreich, und Nonnberg, ein Frauenstift, dessen

Leitung Ruperts Nichte → Erentrudis übernahm. Zugleich bestimmte Rupert Juvavum zur Bistumsresidenz, zum Stützpunkt für weitere Missionen. Um die kirchlichen Einrichtungen zu unterhalten, schenkte ihm Herzog Theodo ein Drittel der Einnahmen aus der Reichenhaller Salzquelle. Da die Christianisierung des Alpenlandes nicht ein Mann allein bewerkstelligen konnte, zog Rupert eine Reihe tüchtiger Mitarbeiter hinzu, darunter ab 717 die hll. → Chuniald und Gislar sowie → Vitalis von Salzburg. Rupert starb am 27. März 718, einem Ostersonntag, gleich nach dem Hochamt. Die Gebeine der hll. Rupert, Chuniald und Gislar ließ Bischof → Virgilius von Salzburg am 24. September 774 im Salzburger Dom beisetzen.

Festtag: 27. März und 24. September.

Darstellung: als Bischof mit einem Salzkübel oder mit dem Bildnis der »Schwarzen Muttergottes« (Gnadenbild von Altötting) im Arm.

Russo, Giulio Cesare, → Laurentius von Brindisi.

S

Saint Louis, → Ludwig IX. von Frankreich.

Salome von Galiläa (1. Jh.). Die Frau des → Zebedäus war die Mutter der Apostel → Johannes der Evangelist und → Jakobus der Ältere. Sie gehörte zu den Frauen, die Jesus und den Aposteln schon in Galiläa folgten (Mk 15, 40 und 41), die seiner Kreuzigung beiwohnten (Mt 27,55) und am Ostermorgen das Grab Jesu aufsuchten, um Jesu Leichnam zu salben, aber das Grab leer fanden (Mk 16,1–8).
Festtag: 22. Oktober.
Darstellung: zusammen mit anderen Frauen, ein Salbgefäß haltend.

Sampson von Konstantinopel, Samson († vor 500), Priester und Arzt. Er wirkte nach der Legende als christlicher Priester und sehr gefragter Arzt in Konstantinopel (heute Istanbul). Er behandelte die Armen unentgeltlich, weshalb ihn die griechische Kirche zu den → Anargyroi zählt. Er stiftete in Konstantinopel ein Krankenhaus, das viele Jahre seinen Namen trug.
Festtag: 27. Juni.

Sarkander, **Johannes**, → Johannes Sarkander.

Saturninus der Ältere und Sisinnius von Rom († 304), Märtyrer. Sie waren zwei jener Christen, die unter Kaiser Maximian wegen ihres Glaubens dazu verurteilt wurden, in Rom beim Bau der riesigen Diokletian-Thermen mitzuwirken. 304 wurde Saturninus enthauptet, sein Leichnam vermutlich an der Via Salaria Nova bestattet. Seine Reliquien kamen später in die römische Kirche SS. Giovanni e Paolo. Gemeinsam mit Saturninus wird auch sein Glaubensbruder Sisinnius von Rom als Märtyrer verehrt.
Festtag: 29. November.
Darstellung: Enthauptung der Märtyrer.

Saul, → Paulus.

Scholastica (um 480–um 547), Äbtissin, Patronin der Benediktinerinnen; Helferin bei Regen und Gewitter.
Die Zwillingsschwester des hl. → Benedikt von Nursia, geboren in Nursia (heute Norcia, Umbrien), trat schon früh in ein Kloster ein, zuerst in das Kloster Roccabotte bei Subiaco im Sabinergebirge bei Rom, dann in ein Kloster bei Piumarola und schließlich in eines nahe Montecassino, wo sie den Orden der Benediktinerinnen gründete. In jedem Jahr trafen sich die Geschwister zum geistlichen und auch privaten Gespräch. Als Benedikt um das Jahr 547 bei seiner Schwester zu Besuch war, hinderte ihn ein heftiges Unwetter an der Heimfahrt. Drei Tage soll das Unwetter gewütet haben, da starb Scholastica. Und Benedikt sah, wie ihre Seele in Gestalt einer Taube

Der heilige Sebaldus (Albrecht Dürer)

zum Himmel aufstieg. Er bestattete seine Schwester im Kloster Montecassino, an der Stelle, an der auch er einmal beigesetzt werden wollte. 673 oder 703 wurden die Gebeine des heiligen Geschwisterpaares in die Benediktinerabtei Fleury (bei Orléans) übertragen. Im 8. Jh. kamen Scholasticas Reliquien nach Le Mans, ein Teil davon 874 nach Juvigny-sur-Loison (bei Verdun).

Festtag: 10. Februar.

Darstellung: als Äbtissin im schwarzen Ordensgewand, mit Regelbuch und Taube, manchmal mit Kruzifix oder Palmenzweig, auch mit ihrem Zwillingsbruder Benedikt von Nursia.

Sebaldus (8. oder 10./11. Jh.), Einsiedler. Patron von Nürnberg. Sebaldus war eine historische Persönlichkeit, dennoch kennt man keine genauen Daten. Legenden berichten, er kam im 8. Jh. als Gefährte des → Willibald oder → Wunibald aus Südengland in die Gegend von Nürnberg, wo er sich als Einsiedler niederließ und missionierte. Andere Legenden behaupten, er sei im 10. oder 11. Jh. aus dem Frankenreich herübergekommen oder aus Dakien im Balkan oder aus Dänemark. Sein Grab wird seit dem 11. Jh. auf der Südterrasse der Nürnberger Burg verehrt. Darüber entstand im 11. Jh. eine kleine, Petrus geweihte Kirche, die die heutige Sebaldkirche im 13. Jh. ablöste. Papst Martin V. sprach Sebaldus 1425 heilig. Der Nürnberger Erzgießer Peter Vischer d. Ä. und seine Söhne schufen das berühmte Sebaldusgrab in St. Sebald.

Festtag: 19. August.

Darstellung: als Einsiedler oder Pilger, mit Jakobsmuschel am Hut, mit Stab und Tasche, mit Kirchenmodell (Sebaldkirche).

Sebastian († um 288), Märtyrer. Pestheiliger. Patron der Gärtner, Töpfer und Steinmetzen, der Gerber, Tuchmacher, Eisenhändler und Zinngießer, der Soldaten, Kreuzritter, Schützengilden und Kriegsinvaliden; der schwachen und kränklichen Kinder, der Sterbenden; Patron der Brunnen; Helfer gegen Viehkrankheiten, gegen Religionsfeinde.

Über Sebastians Leben ist nicht viel bekannt, das meiste ist legendär. Geboren wurde er in Mailand um die Mitte des 3. Jh. Möglicherweise war er Offizier in der kaiserlichen Garde. Der Legende nach wurde Sebastian auf Befehl des Kaisers Diokletian in Rom mit Pfeilen gemartert, weil er seinem Kaiser nicht opfern wollte. In der folgenden Nacht kam → Irene, um Sebastian zu bestatten. Als sie noch Lebenszeichen bemerkte, nahm sie ihn mit in ihr

Der heilige Sebastian (Stadtpfarrkirche, Wiener Neustadt)

Haus und pflegte ihn wieder gesund. Doch verleugnete Sebastian auch weiterhin seinen Glauben nicht, so daß man ihn mit Keulen erschlug und in die Cloaca maxima warf, den zentralen Abwasserkanal des alten Rom. → Lucina Anicia, die schon vielen Märtyrern ein würdiges Grab gegeben hatte, barg den Leichnam und bestattete ihn am Eingang zu einer Katakombe, über der im 4. Jh. die Apostelbasilika entstand, die heutige Kirche S. Sebastiano. Papst → Sixtus III. (432–440) erbaute neben der Kirche ein Kloster und sorgte für die Verbreitung des Kultes um den hl. Sebastian. Papst Gregor IV. (827–844) übertrug die Gebeine des Heiligen in die Kapelle Gregors I. des Großen in der Vatikanbasilika, sein Haupt kam in die Kirche SS. Quattro Coronati in Rom. Papst Innozenz IV. schenkte um 1250 einen Arm Sebastians dem Franziskanerkloster Hagenau (Unterelsaß), das Benediktinerkloster Ebersberg (bei München) erhielt die Hirnschale.

Festtag: 20. Januar.

Darstellung: als junger Mann, halbnackt an einen Baum oder eine Säule gebunden und von Pfeilen durchbohrt; als Pestheiliger oft mit → Rochus zusammen.

Sempronianus, → Quattuor Coronati.

Sennen, → Abdon und Sennen.

Sergios von Radonesch, Sergij Radonetschkij (1314–1392), Abt. Sergios, eigentlich Warfolomej Kirillowitsch, der Sohn eines nicht sehr wohlhabenden Bojaren, zog 1336 mit seinem Bruder Stepan in den dichten Wald von Radonesch (etwa 70 km nordöstlich von Moskau), um als Mönch ein Leben in Askese und religiöser Vertiefung zu führen. Die beiden Eremiten bauten

auf dem Hügel Makowez eine winzige Klause und ein Holzkirchlein. Bald gesellten sich andere Mönche hinzu, so daß sich um 1355 eine klösterliche Gemeinschaft mit Refektorium, Küchenhaus, Bäckerei und zwei neuen Kirchen herausbildete. 1357 erhob der Moskauer Metropolit den Mönch Sergios zum Abt des Klosters, das der Dreifaltigkeit geweiht war. Sergios, Reformator des russischen Asketentums, machte sein Kloster zum Vorbild für das russische Mönchstum. Er veranlaßte zahlreiche Tochtergründungen, wie das Moskauer Andronikowkloster und das Boris-und-Gleb-Kloster bei Rostow Welikij (etwa 190 km nordöstlich von Moskau im Goldenen Ring), und förderte tatkräftig die Missionierung und Kolonisation im Norden und Osten des Landes. Seine wachsende Autorität gab ihm die Möglichkeit, immer wieder auflodernde Fürstenfehden zu schlichten und zur Einigkeit der Rus im Kampf gegen die tatarischen Oberherren aufzurufen. So war der Sieg der Russen unter dem Moskauer Großfürsten Dimitrij Donskoj 1380 über das Heer der Goldenen Horde auf dem Schnepfenfeld mit ein Verdienst des Abtes Sergios. Als Sergios die Nachfolge des verstorbenen Metropoliten antreten sollte, lehnte er ab, da er die religiöse Verinnerlichung über das Weltlich-Politische stellte. Sergios starb in seinem Dreifaltigkeitskloster, das später neben drei anderen russischen Klöstern – dem Kiewer Höhlenkloster, dem Kloster von Potschajewsk in Wolhynien und dem Aleksandr-Newskij-Kloster in St. Petersburg – die Eigenschaft einer »Lawra« erhielt, das heißt ein Kloster von größter Bedeutung für das geistige und religiöse Leben Rußlands wurde. 1448/49 wurde Sergios von Radonesch heiliggesprochen. Über dem Grab des hl.

Sergios im Troize-Sergijewo-Kloster entstand im 15. Jh. die Dreifaltigkeits-Kathedrale, die Hauptkirche des Klosters. Im 17. Jh. schrieb der syrische Archidiakon und Weltreisende Paul von Aleppo: »Dieses Kloster hat nicht seinesgleichen, weder im Lande der Moskowiter noch überhaupt auf der Welt.«

Festtag: 25. September.

Darstellung: als asketischer Mönch.

Sergius († 304), Märtyrer. In den Christenverfolgungen unter Kaiser Diokletian wurde ein gewisser Sergius 304 in Caesarea (Palästina) enthauptet, weil er es ablehnte, dem römischen Göttervater Jupiter zu opfern. Seine Reliquien sollen später nach Úbeda in Andalusien gekommen sein.

Festtag: 24. Februar.

Sergius I. († 701), Papst (687–701). Der aus einer in Palermo (Sizilien) lebenden syrischen Familie stammende Papst Sergius nahm zwar an der Trullanischen Synode von 691/692 in Konstantinopel teil, ließ sich aber nicht dazu bewegen, die stark antirömische Sitzungsniederschrift zu unterzeichnen. Selbst massive Drohungen von seiten des Kaisers Justinian II. (685–695 und 705–711) beeindruckten Sergius nicht, der längst wieder nach Italien zurückgekehrt war. So befahl der Kaiser seine Truppen in Rom, den Papst gefangenzunehmen und nach Konstantinopel zu bringen, was diese aber verweigerten. Papst Sergius hatte gute Verbindungen zu den angelsächsischen Königreichen und zum Frankenreich, er bereicherte das Kirchenjahr durch die Marienfeste und ergänzte die Meßliturgie. Sein Grab fand Sergius im Petersdom in Rom.

Festtag: 8. September.

Darstellung: als Papst mit Tiara.

Servatius von Tongern († 384), Bischof, Patron von Maastricht, Goslar, Limburg an der Lahn und Quedlinburg sowie des Bistums Worms, Patron der Schlosser und Tischler, Helfer bei Rheumatismus, Fußleiden und Fieber, bei Frostschäden, Mäuse- und Rattenplagen, beim Lahmen von Pferden, → Eisheiliger.

Servatius stammt vermutlich aus einer in Armenien lebenden jüdischen Familie und könnte anfangs »Saratios« geheißen haben. Auf den Synoden von Serdika (Sardica, heute Sofia, Bulgarien) 342 und von Rimini (Italien) 359 trat der Anhänger des hl. → Athanasius als entschiedener Gegner des Arianismus auf. Noch vor 345 wurde Servatius Bischof von Tongern (bei Lüttich, Belgien). Als der Offizier Magnentius 350 den weströmischen Kaiser Constans ermorden ließ und sich zum Kaiser erhob, wurde Bischof Servatius sein Gesandter bei dem oströmischen Kaiser Constantius II. Schon drei Jahre später besiegte Constantius das Heer der Weströmer, woraufhin sich Magnentius das Leben nahm. Servatius starb in Maastricht, sein Grab in der dortigen St.-Servatius-Kirche – die älteste Kirche der Niederlande, 6. Jh. – ist noch heute ein bedeutendes Wallfahrtsziel. Alle sieben Jahre, nun wieder 2004, findet in Maastricht am 13. Mai ein Servatiusfest statt, bei dessen Prozession (»Ommegang«) der Schrein mit den Reliquien des Stadtpatrons durch die Straßen getragen wird.

Festtag: 13. Mai.

Darstellung: meist im Bischofsgewand, mit Brille und Buch (als Symbol seiner Gelehrsamkeit) oder mit Stab und Schlüssel (als Symbol des kirchlichen Auftrages); gelegentlich sieht man den Heiligen auch, wie er mit seinem Stab einen Drachen (Arianismus) tötet.

Severianus, → Quattuor Coronati.

Severin von Köln († nach 397), Bischof, Stadtpatron von Köln. Patron der Weber, für gutes Wetter und gegen Unglück.
Seine legendarische Vita entstand hauptsächlich an der Wende zum 10. Jh. Er war der Nachfolger des abgesetzten Bischofs Euphrates und Zeitgenosse des hl. → Martin von Tours. Vermutlich war der Kampf gegen den Arianismus seine Hauptaufgabe. Er starb in Köln. Bei Ausgrabungen unter der dortigen Severinkirche stießen Archäologen auf sein Grab inmitten eines frühchristlichen Friedhofs. Das Gräberfeld ist heute zugänglich. Das Kirchlein wurde mehrmals erneuert und vergrößert und trägt seit dem 9. Jh. den Namen Severins. Die Gebeine des Heiligen (rechte Skeletthälfte) verwahrt der Severinschrein der Kirche.
Festtag: 23. Oktober.
Darstellung: als Bischof, den Blick zum Himmel gewandt, ein Kirchenmodell in der Hand.

Severin von Noricum († 482), Mönch. Schutzpatron Bayerns, Diözesanpatron von Passau, St. Pölten und Wien, Patron der Leinenweber, Winzer, Weinstöcke und Gefangenen.
Severin war ein Germane unbekannter, aber vornehmer Abstammung. Nachdem er mehrere Jahre im Orient als Mönch gelebt hatte, ging er nach Attilas Tod 453 nach Noricum, wo er in Favianis (heute Mautern an der Donau, Niederösterreich) die Leitung der katholischen Christengemeinde übernahm, obwohl er kein Priester war. Er beendete dort die ständigen Streitigkeiten zwischen der katholischen und arianischen Bevölkerung, erzielte einen echten Religionsfrieden, der so weit ging, daß beide Gemeinschaften dieselben Kirchen benutzten. Es gelang Severin, durch weitgreifende karitative Maßnahmen die Not der Einwohner zu lindern. Kurz vor seinem Tod zog er sich in das von ihm gegründete Kloster Göttweig (Niederösterreich) zurück, starb aber in Favianis, hochgeachtet von Römern und Germanen, von Katholiken und Arianern. 488 gelangten Severins Gebeine nach San Marino, später nach Neapel, wo sie sich seit 1807 in der Pfarrkirche von Frattamaggiore bei Aversa (nördlich von Neapel) befinden.
Festtag: 8. Januar.
Darstellung: als Pilger oder Mönch mit Stab, Buch oder Kruzifix.

Severus, → Quattuor Coronati.

Severus von Ravenna († 348), Bischof, Patron der Weber und Strumpfmacher sowie der Polizisten.
Seine Vita ist weitgehend legendär. So soll der Weber Severus in Ravenna zufällig zur Wahl des Bischofs hinzugekommen sein. Lange stritt man über die Kandidaten, bis der Legende nach sich eine Taube dreimal auf seinem Haupt niederließ. Das galt als ein göttliches Zeichen und entschied die Wahl: Severus war der neue Bischof von Ravenna. 343 nahm Bischof Severus an der Synode in Sardica (Serdica; heute Sofia, Bulgarien) teil, auf die die abendländischen Bischöfe die Wesensgleichheit von Gott Vater und Sohn bestimmten. Auf der Gegensynode zu Philippopolis (Plowdiw, Bulgarien) im selben Jahr beharrten die morgenländischen Bischöfe dagegen auf der Wesensähnlichkeit von Gott Vater und Sohn.
Als Severus seinen Tod nahen fühlte, öffnete er das Familiengrab in Classe

bei Ravenna, woraufhin die Skelette seiner Frau Vincentia und seiner Tochter Innocentia auseinanderrückten. Er legte sich zwischen sie, betete und starb. Jahre später brachte der gallische Priester Felix die Gebeine des Heiligen, seiner Frau und seiner Tochter nach Pavia, von wo sie Bischof Otgar von Mainz in die Mainzer Albanskirche überführte. 836 erhielten die Erfurter Benediktinerinnen die Reliquien des hl. Severus, die sie in ihrer Stiftskirche, der Severikirche neben dem Mariendom, verwahrten.

Festtag: 1. Februar.

Darstellung: im bischöflichen Pontifikalornat, mit Weberschiffchen oder Wollkamm, eine Taube sitzt auf seiner Schulter.

Siebenschläfer (um 251), Märtyrer zu Ephesus. Patrone gegen Schlaflosigkeit und Fieber.

Die Legende berichtet von sieben Jünglingen, Christen allesamt, die es ablehnten, dem vergöttlichten römischen Kaiser Decius (249–251) ein Opfer darzubringen, und deshalb verhaftet werden sollten. Die Jünglinge versteckten sich in einer Höhle am Nordwestfuß des Berges Kalion (heute Panayirdağ) in Ephesus (heute Ruinenstätte bei Selçuk, Westtürkei). Die Verfolger erfuhren ihren Aufenthalt und mauerten den Eingang zu, um sie so dem Hungertod preiszugeben. Die Jünglinge fielen jedoch in einen tiefen Schlaf, aus dem sie erst im Jahr 446 nach zufälliger Öffnung der Höhle erwachten und vor Kaiser Theodosius II. (408–450) und dem Bischof von Ephesus das Wunder ihrer Auferstehung von den Toten bezeugten. Die Namen der jungen Männer waren nach dem syrischen Legendentext Achillides, Diomedes, Eugenios, Kyriakos, Proba-

tos, Sabbatios und Stephanos, nach dem lateinischen Text Constantinus, Dionysius, Johannes, Malchus, Martinianus, Maximianus und Serapion. Die Legende vom Siebenschläfer begegnet uns in abgewandelter Form auch im Koran (18. Sure, ›Die Höhle‹).

Zwischen dem 5. und 15. Jh. besuchten unzählige Pilger die Höhle. Viele Christen ließen sich im 5. und 6. Jh. im Umkreis der Höhle bestatten, so daß dort eine byzantinische Nekropole entstand. Kaiser Theodosius II. soll hier eine Siebenschläfer-Kirche erbaut haben, die der Palästinapilger Theodosius Archidiaconus um 530 in seinem Reisebericht erwähnte.

Seit dem 17. Jh. – und auch heute noch – steht der Festtag der Siebenschläfer im Ruf, ein Wetterprophet für die folgenden sieben Wochen zu sein: »Regnet es an Siebenschläfer, regnet es noch sieben Wochen.« Natürlich darf man die Wetterregel nicht wörtlich nehmen, aber nach den Erfahrungen der Meteorologen entscheidet sich in Mitteleuropa Ende Juni der Witterungscharakter des Sommers.

Festtag: 27. Juli, in Deutschland: 27. Juni, Ostkirchen: 23. Oktober, griech.-orthodox: 2. August.

Darstellung: als Knaben in einer Höhle; Maximianus trägt eine Keule mit mehreren Astansätzen, Constantinus und Johannes schwenken glatte Keulen, Malchus und Martinianus halten je ein Beil, Serapion trägt eine brennende Fackel und Dionysius einen großen Nagel.

Sigibert III. (629/630–656), König der Franken (633/634–656). Patron von Lothringen.

Sein Vater König Dagobert I. hob den vierjährigen Sigibert 634 in der Hauptstadt Metz auf den Thron der Könige von Austrien (Osthälfte des Fränkischen Reiches, zwischen Rhein und Maas). Für den unmündigen Sigibert regierten → Kunibert, Bischof von Köln, und Herzog Adalgisel. 649 bat ihn Papst → Martinus I. um Unterstützung in seinem Kampf gegen den Monotheletismus. 656, in seinem Todesjahr, gründete er die Klöster Stablo (heute Stavelot, Ostbelgien), Malmédy (südlich vom Hohen Venn) und St-Martin in Metz. König Sigibert starb in Metz und wurde in der Abteikirche St.-Martin beigesetzt. 1603 kamen Reliquien des jung verstorbenen Königs nach Nancy.

Festtag: 1. Februar.

Darstellung: als König mit Krone, Almosen spendend.

Sigismund von Burgund, Sigmund († 524), König und Märtyrer, Patron von Freising und Cremona, Helfer bei Sumpffieber und bei Bruch.

Sigismund, Sohn des Burgundenkönigs Gundobad (fälschlich Gundebald oder Gundobald genannt), war arianischen Glaubens, als er 496 unter dem Einfluß des Erzbischofs Avitus von Vienne zum römisch-katholischen Glauben konvertierte. Gundobad begrüßte den Übertritt, lag ihm doch viel an einem besseren Verhältnis zu den mächtigen Nachbarreichen, den Franken und den Westgoten, deren Bevölkerung katholisch war. 516 folgte Sigismund seinem Vater auf dem Königsthron. 522 ließ er Sigrich, den Sohn seiner ersten Frau, erdrosseln, nachdem seine zweite Frau behauptet hatte, daß Sigrich den König stürzen wolle. Zur Buße stiftete er das Kloster St-Maurice (St. Moritz, Wallis, Schweiz) und richtete dort einen ununterbrochenen Chorgesang ein. 523 kam es trotz aller Annäherungsversuche zum Krieg mit den Franken,

wobei das Heer der Burgunden unterlag. König Sigismund wurde auf der Flucht nach St-Maurice gefangen und nach Orléans, der damaligen Frankenkapitale, gebracht, wo ihn König Chlodomer zusammen mit Frau und Söhnen bei dem Dorf Coulmiers in einem Brunnen ertränken ließ. 535 wurden seine Gebeine in der Abteikirche von St-Maurice beigesetzt. 676 brachte man seine Hirnschale nach St. Sigismund im Elsaß, andere Reliquien kamen im 11. Jh. nach Benediktbeuren, Gorze (bei Metz, Lothringen) und Stablo (heute Stavelot bei Lüttich), im 12. Jh. nach Trier, im 13. Jh. nach Regensburg, im 14. Jh. nach Prag und nach Freising, das bis in das 18. Jh. hinein das Zentrum der Sigismundverehrung war, und im 16. Jh. nach Wien.

Festtag: 1. Mai.

Darstellung: als König mit Krone, Zepter und Reichsapfel, gelegentlich mit Schwert statt Zepter, selten mit Barett und Mantel bzw. in voller Rüstung.

Silvester I. († 335), Papst (314–335). Patron der Haustiere, für eine gute Ernte und für »ein gutes neues Jahr«.

Der in Rom geborene Silvester empfing kurz vor 303 die Priesterweihe und verbarg sich während der gleich darauf einsetzenden Christenverfolgungen unter Kaiser Diokletian in der Gebirgswildnis der Apenninen. Nach einer Legende des 5. Jh. befreite er Kaiser → Konstantin I. den Großen vom Aussatz. Aus Dankbarkeit soll der Kaiser daraufhin das »Toleranzedikt von Mailand« erlassen haben, nach dem das Christentum den heidnischen Religionen gleichgestellt wurde. 314 wurde Silvester zum Papst gewählt. 325 berief Kaiser Konstantin das Erste Ökumenische Konzil nach Nicäa ein, der Kaiser leitete das Konzil, Papst Silvester entsandte lediglich zwei Presbyter. Das Verhältnis zwischen Papst und Kaiser verschlechterte sich noch mehr, als Konstantin die Hauptstadt des Römischen Reiches nach Byzanz verlegte, das bald darauf Konstantinopel hieß. Eine Fälschung späterer Zeit sind die umfangreichen »Konstantinischen Schenkungen« (Donatio Constantini), mit denen der Kaiser angeblich die Macht der Kirche vergrößern wollte. Nach der Legende soll Papst Silvester den Kaiser kurz vor dessen Tod getauft haben, was allerdings nicht stimmen kann, weil Silvester bereits zwei Jahre vor dem Kaiser gestorben war. Papst Silvester I. starb am letzten Tag des Jahres 335 in Rom und wurde in der Priscilla-Katakombe an der Via Salaria beigesetzt. Sein Name gab diesem Tag und zugleich dem Fest des Jahreswechsels den Namen.

Festtag: 31. Dezember.

Darstellung: als Papst mit Stab, Kreuz und Buch, mit einem Ölbaumzweig (Symbol des Friedens) und mit Engeln. Ein Ochse erinnert an die Legende von der Wiedererweckung eines toten Stieres durch Silvester. Ein gefesselter Drache symbolisiert den Sieg des Christentums.

Simeon Stylites der Ältere, Symeon Stylites, Simeon der Säulensteher, Simeon der Syrer (um 390–459), Asket, Büßer, Säulenheiliger, Patron der Hirten.

Simeon, der Sohn wohlhabender christlicher Bauern, wurde in Sisan (Sesan), einem kleinen Ort Kilikiens nahe der heutigen türkisch-syrischen Grenze, geboren. Da er die Schafe seiner Eltern hüten mußte, erhielt er keine Ausbildung. Um 403 wurde er Mönch im Kloster Eusebona bei Teleda. Hier setzte er sich einer extrem harten Askese aus,

die ihn weit über seine Mönchsbrüder erhob. So dehnte er die drei üblichen wöchentlichen Fastentage aus und nahm nur an Sonntagen Nahrung zu sich. Monatelang schnürte er sich mit Palmseilen ein, die seinem Körper furchtbare Wunden zufügten. Viele Wochen lang meditierte er in engen Erdlöchern oder Brunnenschächten. 412 ging er nach Telneshin (heute Der Simhan nordöstlich von Antakya, Südosttürkei), wo er sich mehrmals für die Dauer der Fastenzeit (Quadragesima, Zeit zwischen Aschermittwoch und Ostervigil) einmauern ließ, wobei er keine Nahrung zu sich nahm. Um 415 ließ er sich an einen Felsen schmieden.

Da ihn die vielen gläubigen und neugierigen Besucher, die sich von der Berührung seiner Kleider Heilung oder Erfüllung ihrer Wünsche versprachen, störten, bezog er um 422 in Kal'at Sim'an (Qalaat Seman, Nordsyrien) eine zwei Meter hohe Säule, deren Höhe er im Laufe der Jahre auf fast 20 Meter steigerte. Die letzten dreißig Jahre seines Lebens stand er auf der Säule in einer Art Kanzel aufrecht und verneigte sich nur zum Gebet. Lediglich nachts kauerte er sich für ein paar Stunden Schlaf in seine Kanzel. Er predigte täglich zweimal zu den vielen tausend Menschen, die zu ihm kamen. Er beantwortete freundlich alle Fragen, die man ihm stellte. Selbst kirchliche und weltliche Größen seiner Zeit konsultierten Simeon. 451 besuchte ihn der byzantinische Kaiser Marcianus (450–457), der auf Wunsch des Papstes → Leo I. ein Konzil nach Chalkedon einberufen hatte und nun Simeons Rat suchte. Simeon erhielt Briefe aus der gesamten christlichen Welt und diktierte unzählige Antwortschreiben. Zu allen wichtigen religiösen und auch politischen Fragen bezog er von seiner

Säule aus Stellung. Schon zu seinen Lebzeiten verehrte man Simeon als Thaumaturgos (Wundertäter). Simeon starb in Kal'at Sim'an, dem späteren Simeonskloster im Norden Syriens. Sein Leichnam wurde in der Kathedrale von Antiochia am Orontes (heute Antakya) beigesetzt. Später kam ein Teil seiner Gebeine nach Konstantinopel. Reliquien des Heiligen befinden sich in Florenz und Venedig. Kaiser Zenon (474–491) errichtete in Kal'at Sim'an ein mächtiges Heiligtum, das Simeonskloster, dessen Ruinen noch heute beeindrucken. Von der Säule des Simeon ist nur noch das Postament vorhanden. Umgeben war die Säule von einem oktogonalen Platz, den vier dreischiffige Basiliken umschlossen.
Festtag: 5. Januar, Ostkirchen: 1. September.
Darstellung: auf einer Säule predigend.

Simeon Stylites der Jüngere, Symeon Stylites (521–592), Asket, Säulenheiliger. Geboren in Antiochia am Orontes (heute Antakya, Südosttürkei), bestieg schon als Sechsjähriger seine erste Säule. Mit zwölf Jahren bewohnte er bereits eine etwa 10 Meter hohe Säule und empfing die Weihe zum Diakon. Als ihm die vielen Besucher lästig wurden, zog er sich auf die Felsspitze eines Berges zurück, den man später »Wunderberg« (thaumastón óros) nannte, weil Simeon bei den Gläubigen immer wieder Wunder bewirkte. Zehn Jahre saß er auf dem Felsen, dann bestieg er wieder eine Säule. Inzwischen hatte er die Priesterweihe erhalten, beschäftigte mehrere Schüler mit der Betreuung der zahlreichen Pilger und ließ von den Spendengeldern rings um seine Säule ein Kloster mit Kirche bauen.
Festtag: 24. Mai, Ostkirchen: 3. September.

Darstellung: fast mit der Darstellung des älteren Simeon Stylites übereinstimmend, oft mit seiner Mutter Martha; um die Säule, auf der er sitzt, windet sich eine Schlange.

Simon Petrus, → Petrus.

Simon von Trient, Simmele (Simmerl) von Trient (1472–1475), angeblich Opfer eines Ritualmordes. Am 23. März 1475, einem Gründonnerstag, verschwand der zweieinhalbjährige Sohn eines Gerbers in Trient und wurde am Ostersonntag als verstümmelte Leiche in einem Bach neben dem Haus eines zur Stadtprominenz zählenden Juden gefunden. Die Trienter Christen verdächtigten sofort die Judengemeinde, deren führende Mitglieder Bischof Johannes Hinderbach festnehmen und verhören ließ. Die Gerichtsverhandlung zog sich bis April 1476 hin. Unter der Folter gestanden die Juden einen Ritualmord (Kreuzigung des Kindes). Daraufhin wurden 14 Juden hingerichtet, alle anderen Juden wies man aus der Stadt, die Synagoge von Trient wurde zerstört. Der kleine Simon fand sein Grab in einer für ihn erbauten Kapelle von S. Pietro. 1588 bestätigte Papst Sixtus V. die Verehrung des kleinen Simon als Heiligen für den Bereich der Diözese Trient. 1963 hat man den Mordfall Simon erneut untersucht, wobei die Unschuld der Juden bewiesen werden konnte. Daraufhin verbot die Katholische Kirche 1965 den Kult um den hl. Simon. In Frankfurt am Main zeigte ein Gemälde am nördlichen Brückenturm der 1944 zerstörten Alten Mainbrücke das Geschehen um den hl. Simon von Trient; der Turm wurde bereits 1801 abgerissen. Seit 1987 gibt es in Trient keine Via S. Simonino mehr, doch eine Inschrift am

Palazzo Salvadori erzählt noch heute die Legende vom hl. Simon.

Festtag (bis 1965): 24. März.

Darstellung: als nackter Leichnam mit Tuch (das zum Erdrosseln diente), mit Nägeln (zum Kreuzigen), mit Messer und Blutschale.

Simon Zelotes († nach 57), Apostel, Märtyrer. Patron der Weber, Färber, Gerber, Lederarbeiter, Maurer und Holzfäller.

Der »Kananäer« Simon wird im Neuen Testament nur in den Apostellisten erwähnt (Mt 10, 4; Mk 3, 18; Lk 6, 15; Apg 1, 13). Vermutlich war er vor seiner Berufung durch Jesus ein Zelot, Anhänger einer jüdischen Partei in Palästina, ein »Eiferer«. Nach Jesu Himmelfahrt dürfte er in der jüdischen Diaspora missioniert haben. Mit Judas → Thaddäus soll er dreizehn Jahre lang in Babylonien und Persien gepredigt haben, bis ihn der Legende nach im Lande Kolchis (etwa Georgien) aufgebrachte Mithraspriester bei lebendigem Leib zersägten. Reliquien von dem Apostel Simon werden u.a. in Rom, Köln, Hersfeld und Reeken (Diözese Münster) verehrt.

Festtag: 28. Oktober (mit Thaddäus), griechische und koptische Kirche: 10. Mai.

Darstellung: mit einem Kreuz oder Buch, mit einer Säge (Marterwerkzeug); oft gemeinsam mit Thaddäus.

Simplicius, → Quattuor Coronati.

Simpronianus, → Quattuor Coronati.

Sisinnius von Rom, → Saturninus der Ältere und Sisinnius von Rom.

Sixtus II., Xystus II. († 258), Papst (257–258) und Märtyrer, Patron der

Winzer und Bauern (gutes Gedeihen der Trauben und Bohnen).

Sixtus wurde 257 zum Papst gewählt, gerade zu der Zeit, als Kaiser Valerian seine Toleranz gegenüber den Christen aufgab und scharfe Verfolgungen anordnete. Ein Edikt bedrohte den Klerus mit der Todesstrafe. So wurde Papst Sixtus am 6. August 258 im Coemeterium von → Calixtus I. in Rom verhaftet, verhört und gemeinsam mit den Diakonen Januarius, Magnus, Quartus, Stephanus und Vincentius enthauptet. Noch am selben Tage mußten auch die Diakone → Felicissimus und Agapitus sterben, der Archidiakon → Laurentius folgte wenige Tage darauf.

Die Gebeine von Sixtus II., der weniger als ein Jahr Papst war, der den wegen der Wiedertaufe von Häretikern vollzogenen Bruch zwischen Rom und den Kirchen Kleinasiens und Nordafrikas heilte und der als ein »gutherziger und friedliebender Priester« galt, ruhen seit dem 9. Jh. in der Kirche S. Sixtus zu Rom. Einige Reliquien kamen durch Bischof → Liudger zu Beginn des 9. Jh. nach Vreden (bei Borken nahe der niederländischen Grenze).

Festtag: 7. August (statt 6. August, dem Fest der Verklärung Christi).

Darstellung: als Papst mit Tiara und Kreuzstab, manchmal mit einem Schwert (als Symbol seiner Enthauptung).

Sixtus III., Xystus III. († 440), Papst (432–440). Erst ein Briefwechsel mit → Augustinus brachte ihn von der Lehre des Pelagius ab. Nun kämpfte er voller Energie gegen diese Häresie. 432 wurde er als Nachfolger → Cölestins I. zum Papst gewählt. Als Papst verstärkte er seinen Kampf gegen abweichende Lehren, vor allem gegen den Pelagianismus und den Ne-

storianismus. Er versuchte, die kirchlichen Streitigkeiten im Osten zu schlichten. In Rom regte er den Bau mehrerer Kirchen an, darunter S. Maria Maggiore, S. Laurentii maior und das Baptisterium im Lateran.
Festtag: 28. März.
Darstellung: als bärtiger Papst mit Pallium.

Smaragdus († um 305), Märtyrer. Smaragdus erlitt als Gefährte des hl. → Cyriacus von Rom in den Christenverfolgungen unter Kaiser Maximinus Daia das Martyrium.
Festtag: 8. August.

Sola, Sualo († 794), Nebenpatron der Diözese Eichstätt. → Bonifatius holte 741 (745) den angelsächsischen Mönch und Einsiedler nach Deutschland, damit er hier missioniere. Sola wurde in Fulda zum Priester geweiht und ging nach 740 in das bayerische Altmühltal, um hier mit der Unterstützung der hll. → Willibald und → Wunibald eine Zelle, ein kleines Kloster, zu gründen (»Cella Solae«). Als es Streit um den Grundbesitz gab, schritt → Karl der Große ein und schenkte Sola »den Ort, den er bewohnt«. Aus »Solas Hof« wurde »Solnhofen«. 794 starb Sola, und die Zelle ging testamentarisch auf das Kloster Fulda über, das dort eine Propstei einrichtete. Reste einer um 879 erbauten, 1783 abgebrochenen Kirche (Sola-Basilika) mit der Grabstätte des Heiligen und einer 743 von Sola gegründeten Benediktinerabtei, die 1534 säkularisiert wurde, sind noch vorhanden. Seine Gebeine aber sind seit dem 16. Jh. verschollen.
Festtag: 3. Dezember.
Darstellung: als Einsiedler mit einem Esel, der einen Wolf angreift und verjagt.

Sophia von Rom († um 305), Märtyrerin, als sog. »Eisfrau« (ahd. Iswibli) eine der → Eisheiligen. Sie starb den Martertod in der Zeit der Christenverfolgungen unter Kaiser Diokletian (um 305). Im 6. Jh. wurde Sophia in Rom bereits als Heilige verehrt. Papst Sergius II. verwahrte ihre Reliquien um 845 in der römischen Kirche S. Martino ai Monti.
Festtag: 15. Mai. Da sich ihr Festtag an die Eisheiligen anschließt und der 15. Mai oft noch ein Frosttag ist, wurde der Sophientag in Süddeutschland, Österreich und der Schweiz zu einer »Kalten Sophie«.
Darstellung: als Märtyrerin mit Buch und Palme oder mit Schwert und Trog (für den abgeschlagenen Kopf). – Die niedersächsische Dichterin Hrotsvitha (Roswitha) von Gandersheim (um 935 – um 975) erzählte in ihrem Drama ›Sapientia‹ eine Legende, nach der die Mailänder Witwe Sapientia (= Sophia, Weisheit) mit ihren Töchtern Fides (Glaube), Spes (Hoffnung) und Caritas (Liebe) nach Rom geht, um den Märtyrertod zu erleiden, eine Legende voller Symbolik. Daher wird Sophia oft auch als ältere Frau mit ihren drei Töchtern gezeigt.

Sophronius Eusebius, → Hieronymus.

Stanislaus Kostka (1550–1568), Jesuit. Patron von Polen, von Warschau, Posen, Lublin, Lemberg und Gnesen; Patron der studierenden Jugend und der Novizen des Jesuitenordens; Helfer bei Fieber, Augenleiden, Gliederbrüchen, der Sterbenden.
Der aus polnischem Hochadel stammende Stanislaus wurde auf Schloß Rostków in Masowien (bei Warschau) geboren. 1564 ging er mit seinem älteren Bruder Paul und dem Hauslehrer

nach Wien, um am dortigen Jesuitenkonvikt der Adligen zu studieren. Nach dem Erleben einiger Visionen bat er 1566 Pater Maggi SJ, den Vizeprovinzial der Jesuiten in Österreich, um Aufnahme in die Gesellschaft Jesu. Doch der lehnte im Hinblick auf Stanislaus' Jugend ab. Da entwich er, als Bettler verkleidet, heimlich aus Wien und suchte in Augsburg → Petrus Canisius auf, der ihn nach Rom verwies. In Rom nahm ihn 1567 der Generalobere des Ordens, Franz Borgia SJ, in das Noviziat auf. Die lange Flucht hatte Stanislaus' Körper aber so geschwächt, daß er schon zehn Monate nach seinem Eintritt in den Jesuitenorden an Malaria starb. Er wurde in der Kirche S. Andrea al Quirinale in Rom beigesetzt. 1670 sprach Papst Klemens X. Stanislaus Kostka selig, 1726 folgte seine Kanonisation durch Papst Benedikt XIII.
Festtag: 13. November.
Darstellung: als Knabe oder junger Jesuit mit Lilie, Kruzifix, Rosenkranz, Pilgerstab oder Marienbild, das Jesuskind tragend, das Christusmonogramm auf dem Herzen.

Stephan I. († 257), Papst (254–257).
Der geborene Römer wirkte in der Zeit zwischen den Christenverfolgungen unter den Kaisern Decius und Valerian, in einer Zeit heftiger Auseinandersetzungen unter den Christen. Vor allem war es der Streit um die »Ketzertaufe«, der damals die Gemüter bewegte: Ist die Taufe, die ein häretischer Priester vollzieht, gültig oder nicht? 255 eskalierte dieser Streit, als Bischof → Cyprianus von Karthago als Wortführer einer großen Gruppe nordafrikanischer und kleinasiatischer Christen die Gültigkeit der Ketzertaufe mit dem Wort »extra ecclesiam nulla salus« (= außerhalb der Kirche ist kein Heil) verneinte, während Papst Stephan eine Wiederholung der Taufe durch einen kirchentreuen Priester ablehnte. Wichtig sei allein, daß die richtige Formel gesprochen werde, denn nicht der Mensch spende das Sakrament der Taufe, sondern Christus mit Hilfe des Werkzeuges Mensch. Stephan I. stärkte die Stellung des Bischofs von Rom, des Papstes, indem er für sein Amt die Disziplinargewalt gegenüber den anderen Bischöfen beanspruchte und auch durchsetzte. Papst Stephan starb, als die Christenverfolgungen unter Kaiser Valerian begannen, doch er starb nicht, wie später oft behauptet wurde, als Märtyrer. Begraben wurde er im Coemeterium des Calixtus an der Via Appia. Papst Paul I. ließ im 8. Jh. die Gebeine des Heiligen in das Kloster S. Stefano, Rom, überführen. Reliquien kamen 1682 nach Pisa.
Festtag: 2. August.
Darstellung: als Papst, der ein Götzenbild zerstört, oft mit einem Schwert in der Brust, das ihn als Märtyrer erscheinen läßt.

Stephan Harding (1059–1134), Abt von Cîteaux, zählt mit → Robert von Molesme und → Alberich von Cîteaux zu den drei Gründern des Zisterzienserordens.
Geboren in Meriott (England), trat Stephan Harding in das Benediktinerkloster Sherborne (Südengland) ein. Er studierte im irischen Lismore (Grafschaft Waterford), in Paris und Rom und lernte im Kloster Molesme (Zentralfrankreich) Robert von Molesme kennen, dem er 1098 mit 20 anderen Mönchen nach Cîteaux bei Dijon folgte. Hier gründete Robert ein Kloster, dessen Gemeinschaft er neue Regeln gab und die er zu einem neuen Orden, zum Orden der Zisterzienser, verwan

delte. Nach Robert und Alberich von Cîteaux wurde Stephan Harding 1108 dritter Abt von Cîteaux. 1119 gab er dem jungen Orden mit der »Charta caritatis« eine Verfassung und führte eine neue klösterliche Wirtschaftsform ein, die eine Eigenversorgung der Klöster zum Ziel hatte. Er gründete die Klöster La Ferté, Pontigny, Clairvaux und Morimond, die ersten von später (14. Jh.) über 700 Zisterzienserabteien, die vor allem in Frankreich, England und Deutschland für eine hohe Blüte des Ordens sorgten. 1133 zog sich Stephan Harding fast völlig erblindet von der Leitung des Klosters Cîteaux und des Zisterzienserordens zurück und starb im Jahr darauf im Mutterkloster des Ordens. 1623 sprach ihn Papst Gregor XV. heilig.

Festtag: 16. Juli; Fest der drei Ordensgründer: 26. Januar.

Darstellung: als Abt, dem die Gottesmutter das weiße Schulterkleid (Skapulier) oder den schwarzen Gürtel (Zingulum) überreicht.

Stephan I. von Ungarn, István (um 969–1038), Patron von Ungarn, Nationalheiliger. Geboren in Gran (heute Esztergom, Ungarn) als Sohn des Arpadenfürsten Géza, der die Christianisierung Ungarns durch die Berufung von Missionaren vorbereitete. Als Fünfjähriger getauft, 995 mit der seligen Gisela, einer Schwester des deutschen Kaisers → Heinrich II. des Heiligen, verheiratet. 997 folgte Stephan seinem verstorbenen Vater als Herrscher von Ungarn. Er besiegte die rivalisierenden Stammesfürsten Koppány (ein Heide), Gyula und Aijtony (orthodoxe Christen). Er vollendete die Christianisierung Ungarns, förderte die Tätigkeit christlicher Orden, vor allem der Benediktiner, stiftete zahlreiche Klöster und gründete mehrere Bistümer sowie die beiden Erzbistümer Gran und Kalocsa. Papst Silvester II. bestätigte ihn als christlichen Herrscher und sandte ihm eine Krone, mit der er am 25. Dezember 1000 in Gran zum ersten König von Ungarn gekrönt wurde. Diese Krone wurde 1270 nach Böhmen entführt und ist seit 1279 verschollen; wenige Jahre später wurde sie durch die noch heute im Nationalmuseum in Budapest gezeigte »Stephanskrone« ersetzt. Im 15. Jh. wurde die Krone beschädigt und besitzt seitdem ein schiefes Kreuz. 1945 kam die Stephanskrone in die USA und kehrte erst 1978 wieder nach Ungarn zurück.

Stephan starb am 15. August 1038 und wurde in der Basilika von Stuhlweißenburg (heute Székesfehérvár) beigesetzt. Der Ungarnkönig → Ladislaus I. der Heilige veranlaßte die Kanonisation Stephans I. zusammen mit dessen Sohn → Emmerich von Ungarn und Bischof → Gerhard von Csanád durch Papst Gregor VII. im Jahr 1083. Als man hierzu das Grab des Königs öffnete, fehlte seine rechte Hand. Ein Mönch, Schatzmeister der Liebfrauenkirche in Stuhlweißenburg, soll sie nach Siebenbürgen entführt haben, wo sie in der Klosterkirche Berekis (Szentjobb) den Kult der »Heiligen Rechten« begründete. Als 1526 die Türken in Ungarn einfielen, kam die kostbare Reliquie nach Ragusa (heute Dubrovnik, Kroatien). Erst 1771 sorgte Kaiserin Maria Theresia für ihre Rückführung nach Buda. Im Herbst 1944 brachte man sie zusammen mit den Krönungsinsignien nach Salzburg, ein Jahr später sandte sie der Salzburger Erzbischof A. Rochraher nach Ungarn zurück. Seit 1951 befindet sich die noch immer unverweste rechte Hand des heiligen Königs in der St.-Ste-

St-Sulpice in Paris und in die Pfarrkirche seines Geburtsortes Vatan.

1642 gründete Jean-Jacques Olier (1608–1657), Pfarrer von St-Sulpice in Paris, die Weltpriesterkongregation der »Sulpizianer« zur Ausbildung des Priesternachwuchses und zur geistlichen Erneuerung des Klerus. Diese Organisation kennt kein Gelübde, ihr Generalsuperior residiert in Paris.

Festtag: 17. Januar.

Darstellung: als Bischof im Pontifikalornat, mit dem Kreuzstab der Erzbischöfe, bei der Verteilung von Almosen, Wunder wirkend (Wiedererweckung eines ertrunkenen Kindes).

Symeon Stylites, → Simeon Stylites.

Symmachus, Symmachos († 514), Papst (498–514). Der Sarde Symmachus war Diakon der römischen Kirche, als man ihn 498 zum Papst wählte. In dieser Zeit des »Akazianischen Schismas«, des Streites zwischen Rom und Byzanz, stellten die Anhänger von Byzanz den Archipresbyter Laurentius als Gegenpapst auf, sie bemächtigten sich fast aller Kirchen in Rom, provozierten blutige Straßenschlachten und belagerten den Petersdom, in dem sich Symmachus verschanzt hatte. In Italien herrschten die Ostgoten unter ihrem König Theoderich dem Großen (471–526), der formell Stellvertreter des Kaisers von Byzanz war, praktisch aber unabhängig regierte. Theoderich versuchte, den Streit der beiden Kirchenparteien zugunsten des Gegenpapstes Laurentius (498–506) zu schlichten. Erst 506, als Theoderich in Konflikt mit Ostrom geraten und der Gegenpapst gestorben war, wandte er seine Gunst Symmachus zu und setzte ihn in alle seine Rechte ein. Rom erlebte nun eine Zeit der hohen kulturellen Blüte. Unter Papst Symmachus traten zahllose arianische Christen, Ostgoten vor allem, aber auch die Burgunder mit ihrem König → Sigismund, zum katholischen Glauben über. Auch heidnische Franken, wie König Chlodwig I. aus der Dynastie der Merowinger, ließen sich taufen.

Festtag: 19. Juli.

Darstellung: als Papst mit Pallium, Tiara und Buch.

Symphorian von Autun, Symphorianus (um 165–um 180), Märtyrer, Patron der Kinder und Schüler sowie der Falkner; Helfer der Krüppel und gegen Dürre.

Der Sohn des adligen Faustus von Autun (bei Dijon, Burgund) genoß eine hervorragende Ausbildung und christliche Erziehung. Unter Kaiser Marc Aurel (161–180) oder Kaiser Commodus (180–192) wurde der junge Mann wegen öffentlicher Verspottung des Kaiserkults verhaftet und vor dem Prokonsul von Autun, Heraclius, zweimal aufgefordert, dem christlichen Glauben abzuschwören. Symphorian lehnte ab, wobei ihn seine Mutter mit den Worten »Vita non tollitur sed mutatur« (»Das Leben wird nicht genommen, sondern umgewandelt«) in seinem Entschluß bestärkte. Symphorian wurde vor der Stadtmauer enthauptet. Im 5. Jh. erbaute Bischof Euphronius von Autun über dem Grab des jungen Märtyrers eine Basilika, die 1806 wegen Baufälligkeit abgerissen wurde.

Festtag: 22. August.

Darstellung: als Kleriker mit Buch und Palme, als gepanzerter Ritter. In der 1120–1132 erbauten Kathedrale St-Lazare in Autun zeigt ein Gemälde des französischen Klassizisten Jean Auguste Ingres das ›Martyrium des hl. Symphorian‹ (1834).

T

Tarasios von Konstantinopel (um 730–806), einer der → Vier Patriarchen von Konstantinopel. Der Geheimsekretär der byzantinischen Kaiserin Irene (Eirene) wurde nach dem Rücktritt → Paulos' IV. des Jüngeren Patriarch von Konstantinopel. Er verteidigte die Bilderverehrung und berief 787 das siebte Ökumenische Konzil nach Nicäa (heute Iznik, Türkei) ein, zu dem auch Papst → Hadrian I. eingeladen wurde, um die Kircheneinheit anzubahnen. Das Konzil, an dem die Kaiserin Irene, ihr Sohn Konstantin VI., zwei päpstliche Legaten und über 300 Bischöfe teilnahmen, beschloß, bildliche Darstellungen von Christus, Maria, den Engeln und Heiligen zuzulassen, sofern sie allein der Verehrung und nicht der Anbetung dienen. Das entsprach weitgehend den Vorstellungen des Patriarchen Tarasios und stimmt auch mit der Auffassung der heutigen Orthodoxie überein. Tarasios starb in Konstantinopel. Zu Beginn des 11. Jh. sollen Reliquien von ihm nach Venedig gelangt sein.
Festtag: 25. Februar.
Darstellung: als Bischof mit Omophorion (Schulterband) und Kodex.

Teresa de Jesús, → Theresa von Ávila.

Thaddäus, Judas Thaddäus, Addai († nach 57), zwölfter und letzter Apostel, Märtyrer. Patron für große Anliegen und in aussichtslosen Lagen. Judas Thaddäus, oft mit Judas dem Verräter, mit Judas, dem Bruder Jesu, oder mit → Simon Zelotes verwechselt, wird im Neuen Testament nur in den Apostellisten (Mt 10, 3; Mk 3, 18) sowie in Joh 14, 22 erwähnt, wo er beim Abendmahl Jesus fragt: »Herr, warum willst du dich nur uns offenbaren und nicht der Welt?« Nach Jesu Himmelfahrt missionierte Thaddäus der Legende nach in der jüdischen Diaspora, in Arabien, Syrien, Mesopotamien und Armenien, zuletzt gemeinsam mit Simon Zelotes in Persien, wo beide durch Mithraspriester das Martyrium erlitten, Simon wurde bei lebendigem Leibe zersägt, Thaddäus mit einer Keule erschlagen. Reliquien des Apostels hütet St. Peter in Rom.
Festtag: 28. Oktober (mit Simon Zelotes), Ostkirche: 19. Juni.
Darstellung: mit Buch und Keule (Marterwerkzeug), statt mit Keule gelegentlich auch mit Hellebarde oder mit Steinen.

Thascius, Caecilius Cyprianus, → Cyprianus von Karthago.

Thebäische Legion, legio thebaica, römische Truppe aus der Thebais (Oberägypten). Im Jahr 302 erwartete Maximianus (286–305), römischer Kaiser und Mitregent Diokletians, bei Agaunum (heute Kanton Wallis) eine

Legion zur Verstärkung seines eigenen Heeres. Es erschien die Thebäische Legion, 6600 Mann stark, unter der Führung des Offiziers Mauritius. Maximianus wollte diese Legion zur Christenverfolgung einsetzen, wußte aber angeblich nicht, daß alle Angehörigen dieser Legion aus Oberägypten kamen und daher Christen waren. Die Legionäre widersetzten sich dem Befehl, woraufhin er jeden zehnten Mann niedermetzeln ließ. Als das nicht half, wiederholte er die Prozedur. Mauritius beschwor seine Leute, Christus treu zu bleiben und den kaiserlichen Befehl zu verweigern. Als niemand gehorchte, ließ Kaiser Maximianus alle bis auf den letzten Mann töten. Auch Mauritius starb. Bei Saint-Maurice, dem einstigen römischen Agaunum, zeigt ein großes antikes Gräberfeld die Begräbnisstätte der Thebäischen Legion und ihres Anführers Mauritius an, der dem Ort seinen Namen gegeben hat. Der Vorfall ist historisch, legendär mögen die Umstände sein, die zu der Massenhinrichtung geführt haben, und vielleicht auch die hohe Zahl der Märtyrer. Die Gebeine der Märtyrer von Agaunum wurden um 380 entdeckt. Noch im 4. Jh. entstand darüber eine erste Kirche, aus der sich später das Chorherrenstift St-Maurice entwickelte. Auch andernorts fanden damals Massenhinrichtungen im Zuge der Christenverfolgungen unter Kaiser Diokletian statt, Hinrichtungen von versprengten Einheiten der Thebäischen Legion und anderen christlichen Truppen und Bevölkerungsteilen. In Trier starben am 4. Oktober 302 Thyrsus und seine Männer, am 5. Oktober 302 Palmatius und seine Gefährten, am 6. Oktober wurden so viele Christen hingeschlachtet, daß sich das Blut der Mosel rot färbte. In Köln mußte Gere-

on mit 318 Mann sterben und in Xanten Victor mit 330 Legionären.
Festtag: 22. September.
Darstellung: Mauritius als Ritter zu Fuß oder zu Pferd, mit einer Fahne mit sieben Sternen, auch als Mohr (wegen seines Namens oder seiner Herkunft aus Afrika).

Thekla von Ikonium, (1. Jh.), Gefährtin des Apostels → Paulus, erste Märtyrerin des Christentums (obwohl sie keinen Martertod starb), Erzmärtyrerin (weil sie wiederholt gemartert wurde), Patronin der Sterbenden und der Thekla-Bruderschaften; Helferin bei Augenleiden und gegen die Pest sowie gegen Feuersgefahren.
Ihre Vita erschien zu Ende des 2. Jh. unter dem Titel ›Acta Pauli et Theclae‹ in Form eines Romans, des ersten christlichen Romans. Danach wurde Thekla in der kleinasiatischen Stadt Ikonium (heute Konya, Zentraltürkei) geboren. In ihrer Geburtsstadt – oder nach anderen Quellen in Myra, Lykien – traf sie Paulus, der sie zum Christentum bekehrte, woraufhin sie ihren Bräutigam verließ und Paulus folgte. Doch der Bräutigam und ihre Mutter zeigten die beiden an. Paulus wurde verhaftet, und Thekla besuchte ihn nachts heimlich in seinem Kerker. Schließlich wies man Paulus aus der Stadt. Thekla wurde zum Tod auf dem Scheiterhaufen verurteilt, aber Regen und Hagel löschten das Feuer, woraufhin man sie ebenfalls freiließ. Thekla folgte Paulus auf seinen Missionsreisen bis nach Antiochia am Orontes (Antakya, Südosttürkei). In Antiochia wies sie die Liebe des jungen Syrers Alexander zurück, der die Christin daraufhin denunzierte. Thekla wurde zum Kampf mit wilden Tieren verurteilt. In der Arena sprang sie in ein Wasser-

becken, um sich selbst zu taufen. Als sie aus dem Wasser stieg, wichen die Löwen und Bären vor ihr zurück. Wieder wurde sie freigelassen und folgte Paulus auf seinen Missionsreisen durch Kleinasien. In Ikonium trennten sich beide. Thekla blieb in der Stadt ihrer Kindheit bis zu ihrem friedlichen Tod. Nach anderer Version ging sie nochmals nach Seleukia am Tigris und lebte in der nahen Wüste bis zu ihrem Tod. Schon im 4. Jh. war der Kult der hl. Thekla im Osten weit verbreitet. Auf einem Hügel bei der antiken Großstadt Seleukia am Tigris (nahe Bagdad) sah die Pilgerin Aetheria um 400 ein großes Thekla-Heiligtum. Von hier, vom Meriamlik (Marienhügel) aus, verbreitete sich der Kult der Heiligen über das ganze Morgen- und Abendland. Heute gibt es auch im deutschsprachigen Raum noch mehrere Theklakirchen.
Festtag: 23. September.
Darstellung: als Märtyrerin mit Löwen oder Bären in der Arena, auf dem Scheiterhaufen, im Kerker, mit dem hl. Paulus.

Theodard von Maastricht, Dodart (613/622–669/670), Bischof, Märtyrer. Patron der Viehhändler.
Theodard wurde in der Nähe von Speyer geboren und war ein Schüler des hl. → Remaclius. Er wirkte anfangs in der Benediktinerabtei Stablo (Stavelot, Belgien) und wurde etwa um 660 zum Bischof von Maastricht gewählt. Als die königlichen Steuereinnehmer, vor allem aber die Großgrundbesitzer, die kleinen Pachthofbauern allzusehr bedrängten und sogar Klöster plünderten, wollte sich Bischof Theodard bei König Childerich II. beschweren. Auf dem Weg zur königlichen Residenz wurde er in Bienwald nahe Speyer ermordet.

Sein Schüler und Nachfolger im Bischofsamt, → Lambert von Maastricht, ließ seine Gebeine nach Lüttich überführen. 1489 wurden sie erhoben und ruhen seitdem im Lütticher Dom.
Festtag: 10. September.
Darstellung: als Bischof mit Mitra und Kasel, mit aufwärts gerichtetem Schwert.

Theodolus, → Eventius und Theodolus.

Theodor von Canterbury (602–690), Erzbischof. Der aus Tarsus (Südosttürkei) stammende Theodor erhielt in Athen eine vorzügliche Ausbildung. In Rom legte er als Benediktiner sein Ordensgelübde ab und wurde 664 von Papst → Vitalianus nach England entsandt, um an der Synode von Whitby (Yorkshire), auf der die Annahme der römischen Liturgie zur Entscheidung stand, teilzunehmen. Während Bischof → Wilfrith von York für die Erneuerung der Liturgie nach römischem Vorbild eintrat, kämpfte Abtbischof → Koloman von Lindisfarne für die Beibehaltung der keltischen Liturgie. Theodors prorömische Argumentation entschied den Streit. Als 668 der Erzbischof von Canterbury starb und sein Nachfolger Wighard während der Weihe in Rom einem Herzanfall erlag, weihte Papst Vitalianus kurzentschlossen den tüchtigen Theodor aus Tarsus zum neuen Erzbischof. 669 ging Theodor nach England und schuf auf mehreren Synoden zwischen 672 und 684 eine ganz England umfassende einheitlich organisierte Landeskirche, die er zu höchster Blüte führte. Er erneuerte das Kirchenrecht, gründete eine Kathedralschule und legte die Bistumsgrenzen entsprechend den politischen Gegebenheiten fest.
Festtag: 19. September.

Theodoros von Euchaïta, Tiro von Amasea († 306), Märtyrer, Patron der Soldaten und Heere; Helfer beim Kämpfen und im Sturm.
Nach seiner legendarischen Vita stammte Theodoros aus dem Orient (Syrien oder Armenien). Er diente als Legionär des Kaisers Maximian (286–305 und 307–308) im Gebiet des Pontus (Schwarzmeergebiet Anatoliens). Da sein christlicher Glaube bekannt war, kam Theodoros bei Ausbruch der Christenverfolgungen 303 zum Verhör. Als man ihn vorübergehend wieder freiließ, steckte er in Amaseia (heute Amasya, Nordtürkei) den Tempel der Muttergottheit Kybele in Brand. Theodoros wurde gefaßt, nach Euchaïta (heute das Städtchen Çorum bei Amasya) gebracht und dort grauenhaft durch Abreißen des Fleisches mit spitzen Haken gequält und schließlich lebendig verbrannt. Über seinem Grab ließ der byzantinische Kaiser Anastasios I. (491–518) eine Wallfahrtskirche bauen, weitere dem hl. Theodoros geweihte Kirchen entstanden im ganzen Reich. Und immer mehr Wunder wurden bekannt: Da kämpfte Theodoros mit einem Drachen, ein anderes Mal rettete er einen Knaben vor der Schlange. 971 gab man Euchaïta den neuen Namen »Theodoropolis«. Im 13. Jh. sollen Reliquien des Heiligen nach Brindisi, Venedig und Gaeta gekommen sein.
Festtag: 9. November, griechisch-orthodoxe Kirche: 7. und 9. Februar.
Darstellung: als römischer Legionär mit Schild und Lanze; mit der Fackel einen heidnischen Tempel anzündend, eine Dornenkrone auf dem Haupt; als Drachentöter mit einem Schwert.

Theodoros Studita (759–826), Abt. Der aus angesehener Konstantinopler Familie stammende Theodoros trat um 780 zusammen mit seinem jüngeren Bruder → Joseph von Thessalonike in das Sakkudionkloster bei Prusa in Bithynien (heute Bursa, Westtürkei) ein. Seine Familie hatte das Kloster gestiftet, und sein Onkel → Platon von Symbolai und Sakkudion leitete es als Abt. Als der byzantinische Kaiser Konstantinos VI. (780–790) 785 seine Gemahlin Maria die Paphlagonierin verstieß und die Hofdame Theodote heiratete, übernahm der junge Theodoros die Führung einer Mönchsgruppe, die den Kaiser öffentlich des Ehebruchs bezichtigte (»Moichianischer Streit«). Offenbar nahm der Kaiserhof die Empörung der jungen Mönche nicht allzu ernst, denn er reagierte nicht. 787/788 empfing Theodoros die Priesterweihe und sollte 794 Abt werden, als die fast zehn Jahre zurückliegende Unbotmäßigkeit zur Verhandlung gelangte und 795 die Verbannung des Theodoros nach Thessalonike zur Folge hatte. 798 durfte er nach Konstantinopel zurückkehren, um als Abt die Leitung des dortigen Studiosklosters (daher sein Beiname »Studita«) zu übernehmen. Theodoros setzte in den folgenden Jahren eine weitgehende Klosterreform durch, die alle Klöster des Orients erfaßte. Als er den Patriarchen → Nikephoros I. beschuldigte, im»Moichianischen Streit« nicht energisch genug gegen den Kaiser gesprochen zu haben, wurde er 809–811 auf die Prinzeninseln im Marmarameer verbannt. Die Prinzeninseln (heute Kızıl Adalar) hießen in byzantinischer Zeit »Papadanisia« (Priesterinseln), weil sie voller Klöster waren und als Verbannungsort von lästigen Prinzen und Bischöfen dienten. Doch schon bald setzte sich Papst Leo III. bei Kaiser Michael I. Rhangabe (811–813) für

Theodoros ein, so daß er wieder frei-
kam. In dieser Zeit wurde der Papst in
Rom noch als höchste Autorität innerhalb der gesamten Christenheit ange-
sehen; das Schisma zwischen der römisch-katholischen und der griechisch-orthodoxen Kirche fand erst
1054 statt. Theodoros wurde Berater
des Kaisers. Als dessen Nachfolger
Kaiser Leon V. der Armenier (813–
820) im Jahre 815 den Bilderstreit erneut aufflammen ließ, kam Abt Theodoros in die Verbannung nach Smyrna
(heute Izmir, Westtürkei), später wiederum auf die Prinzeninseln. Hier verfaßte er zahlreiche Schriften über die
Bilderverehrung sowie über die Reform der Klöster und der Liturgie.
Theodoros Studita starb auf den Prinzeninseln. Seine Gebeine wurden 844,
ein gutes Jahr nach dem definitiven
Ende des Bilderstreites, auf der Synode zu Konstantinopel (19. Februar
842), feierlich in das Studoskloster in
Konstantinopel übertragen.
Festtag: 11. November.
Darstellung: als Mönch mit zweige-
teiltem Bart, den Segen spendend.

Theresa von Ávila, Theresia von Jesus, Teresa de Jesús (1515–1582), Karmeliterin, größte christliche Mystikerin, Kirchenlehrerin; Patronin von Spanien, der Karmeliterorden und Bortennäherinnen (sie förderte in den Klöstern Handarbeiten), Helferin in geistlichen Nöten und für Ausgeglichenheit.
Geboren wurde Teresa de Ahumáda in
Ávila (Zentralspanien) als Tochter des
Adligen Alonso de Cepeda und dessen
zweiter Ehefrau Beatrix de Ahumáda.
Sie las als Kind viele Bücher religiösen Inhalts und wollte als Siebenjährige mit ihrem Lieblingsbruder Rodrigo
de Cepeda bei den Mauren, den islami-

*Die heilige Theresa mit drei Kamal-
dulensern (Giandomenico Tiepolo)*

schen Herren in Südspanien, den Martertod sterben (allerdings hatte die Reconquista schon bis 1492 alle Mauren
aus Spanien vertrieben). Mit zwölf
Jahren verlor sie die Mutter und geriet
durch eine Freundin in eine zweifel-
hafte Umgebung. Als ihr Vater das bemerkte, gab er sie 1530 zur weiteren
Erziehung in ein Augustinerinnenstift,
das sie aber nach zwei Jahren aus gesundheitlichen Gründen wieder verließ. 1535 trat sie – angeregt durch
Schriften des hl. → Hieronymus – in
das Karmeliterinnenkloster von Ávila
ein. 1539 erkrankte sie wiederum,

diesmal so schwer, daß man ihren Tod befürchtete. Vier Tage lag sie im Koma, bis sie langsam wieder genas. Fast drei Jahre war sie gelähmt und konnte nicht gehen. In dieser Zeit hatte sie mehrere Visionen, die ihren Weg in die Mystik bestimmten. 1543 verstärkte der Tod des Vaters ihre Zuwendung zu Christus, die 1556 in der Vision ihrer geistlichen Vermählung mit Jesus einem Höhepunkt zustrebte, den sie im darauffolgenden Jahr vor einem Bild des ›Ecce homo‹ erreichte. 1560 wurde der Franziskaner → Petrus von Alcántara ihr Beichtvater, dessen Ordensreformen sie stark beeindruckten. Ihm wollte sie es gleichtun und innerhalb des Karmeliterordens Klöster für Einsiedlerinnen gründen. Das erregte die Öffentlichkeit so sehr, daß der Ordensprovinzial alle Hilfszusagen widerrief und sie nach Toledo abschob. Doch Petrus von Alcántara vermittelte in Rom, so daß Theresa nach Ávila zurückkehren und ihr Reformwerk beginnen durfte. 1562 gründete sie das Kloster des hl. Joseph und anschließend – obwohl sich die Behörden, die Kirche, ihre Mitschwestern und die Bevölkerung gegen sie stellten – mit Unterstützung ihres neuen Beichtvaters, des Dominikaners Dominikus Báñez, mehrere weitere Reformklöster, was zur Entstehung des Zweigordens der »Unbeschuhten Karmeliterinnen« (OCD) führte. 1568 begegnete sie dem jungen Karmeliter → Johannes vom Kreuz, den sie bewog, dieselben strengen Reformen für die Karmelitermönche einzuführen. Wo sie auch neue Klöster gründete, stieß sie auf heftigsten Widerstand der Karmeliter. Besonders schikanös behandelte man sie, als der Orden die »Unbeschuhten Karmeliterinnen« (und Karmeliter) den »Beschuhten« unterstellte. Erst 1580, zwei

Jahre vor Theresas Tod, trennte Papst Gregor XIII. die beiden Ordenszweige. Neben ihren Aufgaben als Reformerin und Gründerin neuer Klöster hatte Theresa noch Zeit, zahlreiche wichtige Schriften zu verfassen, darunter ›Moradas‹ (Die Seelenburg), worin Theresa ihr mystisches Erleben beschreibt, und ›Libro de la vida‹, ihre Autobiographie. Die »Meisterin der mystischen Theologie« gilt heute als »Klassikerin der spanischen Sprache«. Am 4. Oktober 1582 starb Theresa auf einer Visitationsreise in Alba de Tormes (bei Salamanca, Kastilien). In der dortigen Karmeliterinnenkirche wurde sie beigesetzt; ein Kristallgefäß bewahrt ihr Herz. Papst Paul V. erhob sie 1614 zur Seligen. 1617 erklärte sie der spanische Adel zur Patronin Spaniens. Papst Gregor XV. sprach sie 1622 zusammen mit → Ignatius von Loyola, → Franz Xaver, → Isidor von Madrid und → Philipp Neri heilig. 1970 ernannte Papst Paul VI. Theresa von Ávila zur Kirchenlehrerin. Eines ihrer schönsten, leider oft mißverstandenen Worte lautet: »Tue deinem Körper etwas Gutes, damit die Seele Lust bekommt, darin zu wohnen«.
Festtag: 15. Oktober (Theresas Todestag, der 4. Oktober, war bereits mit dem Fest des hl. → Franz von Assisi belegt. Da am folgenden Tag der Gregorianische Kalender in Kraft trat, folgte auf den 4. unmittelbar der 15. Oktober 1582). Der Karmeliterorden feiert am 5. Oktober.
Darstellung: als Karmeliterin, langes, braunes Kleid, weißes Skapulier, mit Buch und Taube; mit brennendem Herzen, in das ein Seraph (Engel in einer Vision) einen Pfeil geschossen hat; häufig in mystischer Verzückung.

Theresia von Lisieux, Theresia vom

Kinde Jesu und vom heiligsten Antlitz, »Kleine Theresia«, eigentlich Thérèse Martin (1873–1897), Karmeliterin, Mystikerin, Kirchenlehrerin. Patronin aller Missionen (seit 1927), zweite Patronin Frankreichs (seit 1944), Patronin der Karmeliterinnen und der nach ihr benannten Ordensgenossenschaften und religiösen Vereinigungen, der Karmelitermissionen (seit 1923), des Petruswerkes der Glaubensverbreitung (seit 1925).

Theresia wurde in Alençon (Normandie) als neuntes Kind des Louis-Joseph-Stanislas Martin und der Marie-Azélle Guérin geboren. Nach dem frühen Tod ihrer Mutter (1877) ging ihr Vater mit den Kindern – vier Brüder waren bereits gestorben – nach Lisieux (bei Le Havre, Normandie). Mit fünfzehn Jahren wollte Theresia in das dortige Karmeliterkloster eintreten, was Bischof Hugonin von Bayeux wegen ihrer Jugend aber nicht zuließ. 1888 bat sie auf einer Pilgerfahrt nach Rom sogar Papst Leo XIII. um die Erlaubnis, in den Orden eintreten zu dürfen, doch der verwies sie an den örtlich zuständigen Bischof. 1889 endlich wurde sie in den Orden aufgenommen und trat in den »Karmel von Lisieux« ein. 1893 war sie bereits zweite Novizenmeisterin.

In ihrer Autobiographie ›Histoire d'une âme‹ (Geschichte einer Seele) beschrieb Theresia ihr Leben, ihre Ängste, ihre inneren Kämpfe, ihr Bemühen, die Menschen zu Gott zu führen, Seelen zu retten, und suchte im »Kleinen Weg« die mystische Annäherung an Gott. Theresia erkrankte an einer schweren Lungentuberkulose und starb im Alter von 24 Jahren. Ihr Grab befindet sich in der Basilika Ste-Thérèse in Lisieux und wird von zahllosen Gläubigen besucht. Papst Pius XI. sprach Theresia von Lisieux 1923 selig und 1925 heilig. Papst Johannes Paul II. ernannte sie zur Kirchenlehrerin.

Festtag: 3. Oktober.

Darstellung: als Karmeliterin mit Rosen im Arm (sie versprach, vom Himmel aus Rosen auf die Menschheit zu streuen).

Thomas († um 72), Apostel, Märtyrer. Patron von Portugal, Ostindien, Goa und des Kirchenstaates, von Urbino, Parma und Riga. Patron der Maurer, Steinhauer, Bauarbeiter, Zimmerleute, Architekten und Geometer, der Theologen; Helfer bei Rückenschmerzen und für eine gute Heirat. Heiratspatron zusammen mit → Andreas.

Im Neuen Testament erscheint Thomas nur auf den Apostellisten (Mt 10, 3; Mk 13, 18; Lk 6, 15 und Apg 1, 13) sowie mehrmals im Johannes-Evangelium (Joh 11, 16; Joh 14, 5 und Joh 20, 24–29); die letzte Stelle bringt die Szene vom »ungläubigen Thomas«. Mit Jesu Worten »Weil du mich gesehen hast, glaubst du. Selig sind, die nicht sehen und doch glauben« endet das Evangelium. In Joh 20, 24 wird Thomas »Didymus« (Zwilling) genannt, was gelegentlich dazu führte, Thomas fälschlicherweise für einen Zwillingsbruder Jesu zu halten. Nach Jesu Himmelfahrt missionierte Thomas bei den Parthern in Persien, dann in Indien, wo er König Gundaphar (Gundophor, um 20–50) taufte. In Kalamina (vermutlich das heutige Mailapur, eine Vorstadt von Madras, Südindien) erlitt er das Martyrium durch Schwert, Dolch oder Lanze. Im 3. Jh. kamen die Reliquien des hl. Thomas nach Edessa (heute Urfa, Südosttürkei). 1258 wurden sie auf die griechische Insel Chios überführt, von wo aus sie nach Ortona an der mittelitalienischen Adriaküste gelangten. Eine Fingerreliquie kam nach Rom (Kirche S. Croce). Eine besondere Legende verbindet sich mit dem »Thomasgürtel«, richtiger dem »Gürtel der Maria«: Danach löste das auf dem Schoß der Gottesmutter sitzende Christuskind den Gürtel seiner Mutter und überreichte ihn dem hl. Thomas. Thomas gab ihn später an einen frommen Christen weiter. 1099 kam mit dem ersten Kreuzzug ein gewisser Michele dei Dagomari aus Prato (bei Florenz) in das Heilige Land und heiratete eine Tochter aus jener Familie, in deren Besitz sich der Gürtel befand. Mit der Braut gelangte der Gürtel nach Italien, wo ihn die Familie 1365 der Kathedrale von Prato schenkte, die ihn noch heute verwahrt.

Festtag: 3. Juli (Translation nach Edessa) bis 1969; 21. Dezember, Griechen und Syrer: 6. Oktober, Kopten: 21. Mai.

Darstellung: mit dem auferstandenen Jesus als »ungläubiger Thomas« die Wundmale berührend, mit einer Lanze oder einem Schwert (Martyrium), mit einem Winkelmaß (nach der Legende war Thomas Baumeister).

Thomas von Aquin (um 1225–1274), → Kirchenlehrer, Scholastiker. Patron der Dominikaner, der christlichen Schulen, speziell der katholischen Hochschulen (seit 1880), der Theologen, der Studenten, der Buchhändler und Bleistifthersteller; Helfer bei Unwetter.

Thomas von Aquin kam als vierter Sohn des langobardischen Adligen Landulph von Aquino und der Adligen Theodora aus Neapel auf dem väterlichen Schloß Roccasecca bei Montecassino auf die Welt. Als Fünfjähriger diente er bereits als Oblate in der Benediktinerabtei Montecassino, mit vier-

zehn Jahren studierte er in Neapel Philosophie. Dort lernte er den Dominikanerorden kennen und trat 1243/ 1244 in den Orden ein. Der Orden sandte Thomas zu umfassenderen Studien nach Bologna. Auf dem Weg dorthin überfielen ihn seine älteren Brüder und hielten ihn zwei Jahre gefangen, denn die Familie hatte ihm den Eintritt in den relativ neuen Orden nicht erlaubt. Als Thomas 1245 immer noch nicht zum Austritt aus dem Orden bereit war, ließen ihn die Brüder wieder frei. Nun studierte er in Paris, zuletzt bei → Albertus Magnus, dem er nach Köln folgte. 1252 begann er in Paris als Baccalaureus mit eigenen Vorlesungen, wurde 1256 Magister der Theologie und 1257 schließlich Professor. 1260 erhob ihn der Dominikanerorden zum Hauptprediger in Italien. Bei Papst Urban IV. wirkte er 1261–1265 in Orvieto als Lector curiae, bei Papst Klemens IV. 1267–1268 in derselben Eigenschaft in Viterbo und Rom. 1269–1272 lehrte er in Paris, danach in Neapel. 1274 erkrankte Thomas auf dem Weg zum Konzil von Lyon und starb in der Zisterzienserabtei Fossanuova bei Sonnico (südöstlich von Rom).

Seine Gebeine ruhen im Dom St-Étienne in Toulouse, sein Schädel befindet sich in St-Sernin, ebenfalls in Toulouse, sein rechter Arm in S. Maria sopra Minerva in Rom. 1323 wurde der verstorbene Doctor angelicus, Doctor universalis, gar Doctor communis und Princeps scholasticorum von Papst Johannes XXII. heiliggesprochen. 1567 erhob ihn Papst Pius V. zum Doctor ecclesiae, also zum Kirchenlehrer. Und 1880 erklärte ihn Papst Leo XIII. zum Patron aller christlichen Schulen.

Thomas von Aquin vereinigte die Lehren des → Augustinus (354–430) mit denen des Aristoteles (384–322 v. Chr.) zu einer philosophisch-theologischen Synthese. Er bewies, daß neben dem Glauben auch das Wissen seine Bedeutung hat, daß zum Wissen aber der Glaube gehört, daß die Theologie demnach immer über der Philosophie steht. Auf fünf Wegen bewies er die Gegenwart Gottes (Gottesbeweise). Thomas von Aquin hinterließ ein ungeheures Schrifttum, von Kommentaren zur Bibel und zu Aristoteles bis zur christlichen Sittenlehre, was ihm den Ehrennamen »Vater der Moral« einbrachte. Seine Hauptwerke sind neben den Kommentaren vor allem ›Summa theologica‹ und ›Summa contra gentiles‹. Insgesamt gesehen gilt Thomas von Aquin noch heute als der angesehenste Dogmatiker der katholischen Kirche und als der bedeutendste Theologe und Philosoph des Mittelalters. Immerhin wurden die Theologie und Philosophie des Thomas von Aquin zur Grundlage für alle weitergehenden Forschungen der katholischen Christenheit. Die Diskussion seiner Gedanken wuchs sich gelegentlich zum eifersüchtigen Streit zwischen Dominikanern und Franziskanern aus.

Festtag: 28. Januar (seit 1969, früher 7. März).

Darstellung: als Dominikaner mit strahlendem Stern auf der Brust, mit Buch und Schreibfeder, eine Taube spricht in sein Ohr (Zeichen der Erleuchtung durch den Heiligen Geist) oder fliegt aus seinem Mund, mit Lilie (als Doctor angelicus); vor einem Kruzifix betend.

Thomas Becket von Canterbury (1118–1170), Erzbischof, Märtyrer.
Thomas Becket wurde in London geboren und stammte aus einer normannischen Kaufmannsfamilie. Die Familie ließ ihn in Paris Theologie und Phi-

losophie studieren. 1141 setzte er seine Studien mit Unterstützung des Erzbischofs Theobald von Canterbury auf der 1119 gegründeten Universität von Bologna im Fach Kirchenrecht fort, in Auxerre schloß er seine Rechtsstudien ab und wurde von Erzbischof Theobald 1154 zum Diakon geweiht und zum Archidiakon von Canterbury ernannt. 1155 berief ihn der kurz zuvor zum König von England gekrönte Heinrich II. (1154–1189) zum Lordkanzler. Bald waren König und Kanzler vertraute Freunde. Thomas begleitete den König auf seinen Kriegszügen, wie der König liebte auch er den Luxus, und alle wichtigen Entscheidungen des Königs hatte zuvor Thomas Becket getroffen. Schließlich hob der König seinen Freund 1162 auf den Stuhl des Erzbischofs von Canterbury, der höchsten kirchlichen Instanz in England und Schottland. Mit diesem Amt, das er nur sehr zögernd angenommen hatte, veränderten sich sein Lebensstil und seine Einstellung. Er kleidete sich nun wie ein Benediktinermönch, lebte karg und asketisch, gab sein Einkommen den Armen und trat schließlich auch von seinem Kanzleramt zurück. Wie er zuvor allein die Interessen des Königs vertreten hatte, nahm er jetzt mit gleicher Härte die Interessen der Kirche wahr. 1164 kam es zum Bruch mit König Heinrich II. Ein Kompetenzstreit zwischen kirchlichen und königlichen Gerichten war der Auslöser. Thomas erhielt empfindliche Geldstrafen, eine Prozeßlawine rollte auf ihn zu, er mußte mit Haft oder Schlimmerem rechnen und floh nach Frankreich. Papst Alexander III. stellte sich auf seine Seite und lehnte deshalb seine Bitte um Rücktritt ab. Als sich 1170 ein Ende des Streites abzeichnete, kehrte Thomas Becket nach Eng-

land zurück, wo er in der Kathedrale von Canterbury von vier Edelleuten aus der Umgebung des Königs ermordet wurde. Ob König Heinrich den Mord befohlen hatte, ist bis heute nicht feststellbar; vermutlich hatten die Mörder heftige Worte des Königs überbewertet. Gleich nach seinem Tod setzte eine immer stärker werdende Verehrung des Ermordeten ein. Der König söhnte sich mit der Kirche aus (Konkordat von Avranches von 1172), 1174 tat er sogar öffentlich am Grab des im Jahr zuvor heiliggesprochenen Thomas Becket Buße. Die Kathedrale von Canterbury mit den Gebeinen des hl. Thomas wurde das wichtigste Wallfahrtsziel im mittelalterlichen England. Bald dehnte sich der Kult um Thomas Becket nach Deutschland, Frankreich, Italien, Spanien und Skandinavien aus. Als König Heinrich VIII. 1534 die englische Kirche von Rom löste (weil der Papst die Scheidung seiner Ehe mit Katharina von Aragón nicht genehmigen wollte), ließ er alle Klöster einziehen und zugunsten des Kronschatzes verkaufen. 1538 wurden im Zuge dieser Maßnahme auch Grab und Reliquien des hl. Thomas Becket zerstört. Zwar tauchten 1888 Reliquien auf, die dem Heiligen zugeschrieben wurden, aber sicher ist man sich bis heute nicht.
Festtag: 29. Dezember.
Darstellung: als Bischof mit Stab und Buch, ein Schwert oder Beil spaltet sein Haupt, mit Palme oder Kirchenmodell.

Thyrsus, → Thebäische Legion.

Tiburtius, → Cäcilia.

Timon (1. Jh.), einer der hll. → Diakone, Märtyrer. Timon war einer der ersten sieben Diakone, die die heidenchristliche Gemeinde Jerusalems aus ihrem Kreis wählte, um »den Dienst an den Tischen« zu versehen (Apg 6, 1–7). Nach Jesu Kreuzestod verkündete er in Syrien (Aleppo), auf Zypern und in Griechenland (Korinth) das Evangelium. In Korinth wurde Timon gekreuzigt.
Festtag: 19. April.
Darstellung: gekreuzigter Diakon, im Hintergrund ein heidnischer Tempel.

Tiro von Amasea, → Theodoros von Euchaïta.

Tozzo, Tosso († um 778), Bischof von Augsburg. Über das Leben und Wirken des Heiligen gibt es nur knappe legendarische Aufzeichnungen. Danach war er Mönch in der 728 gegründeten Benediktinerabtei Murbach bei Gebweiler (frz. Guebwiller, Oberelsaß), aus deren Klosterschule im 11. Jh. die berühmten »Murbacher Hymnen« (Breviergesänge) hervorgingen. Anschließend wirkte er als Diakon bei Bischof → Wigbert von Augsburg, der ihn nach St. Gallen schickte, um Missionare für die Bekehrung der letzten Heiden im Allgäu zu erbitten. Einer dieser Missionare war → Magnus von Füssen, den Tozzo 746 auf seiner Missionsreise in das östliche Allgäu begleitete. In Waltenhofen bei Füssen wirkte Tozzo fortan als Seelsorger. Als der hl. Wigbert 771 starb, ernannte → Karl der Große, damals noch König, Tozzo auf Empfehlung des Magnus zum Bischof von Augsburg. Tozzos Grab wird in der Nähe der Augsburger Kirche St. Ulrich und Afra vermutet.
Festtag: 16. Januar.
Darstellung: als Bischof mit brennender Kerze.

U

Uiggo, → Wikterp von Augsburg.

Ulrich von Augsburg (890 – 973), Bischof, Patron der Diözese und der Stadt Augsburg, Patron der Fischer, Winzer und Weber, der Reisenden und Wanderer, der Sterbenden, Helfer bei Krankheit, Schwäche und schwerer Geburt, bei Mäuse- und Rattenplage sowie bei Hochwasser.

Ulrich kam als Sohn des alemannischen Edelmannes und Gaugrafen Hupald von Dillingen in Augsburg zur Welt. Im Alter von 10 Jahren besuchte er die Klosterschule von St. Gallen (Schweiz) und wurde 909 Kämmerer seines Onkels, des Bischofs Adalbero von Augsburg. 923 weihte man ihn zum Bischof von Augsburg. Zu dieser Zeit fielen die Ungarn unter ihren Arpadenfürsten immer wieder in Süddeutschland ein und verwüsteten das Land. 926 ließ Bischof Ulrich Augsburg mit einer starken Mauer umgeben. Als die Ungarn am 7. August 955 die Stadt angriffen, leitete Ulrich persönlich die Verteidigung. Am 10. August erschien vor Augsburgs Mauern der mit ihm befreundete König Otto I. der Große, der spätere römische Kaiser, mit den Aufgeboten fast aller deutschen Stämme und vernichtete das Ungarnheer in zweitägiger Schlacht, die man fälschlicherweise als »Schlacht auf dem Lechfeld« bezeichnete. Auch eine starke Augsburger Truppe nahm unter der Führung von Diepald, eines

Bruders von Bischof Ulrich, an der Schlacht teil, die die jahrzehntelangen Raubzüge der Magyaren beendete.

Nach dem Abzug der Ungarn kümmerte sich Ulrich vor allem um den Wiederaufbau im Lande, auch die Klöster waren größtenteils zu erneuern. 962 zog er sich von allen weltlichen Aufgaben zurück und widmete sich nur noch seinen bischöflichen Pflichten, indem er die Ausbildung des Klerus förderte und die klösterliche Ordnung durch häufige Visitationen verbesserte. 972 wollte sich Ulrich in ein Kloster zurückziehen, aber die Bischofs-Synode lehnte sein Begehren ab. Er wirkte als Bischof bis zu seinem Tod und wurde im 751 gegründeten Kanonikerstift St. Afra beigesetzt. Im 11. Jh. entstand darüber ein Benediktinerreichsstift, welches im 15./16. Jh. die neu erbaute Kirche St. Ulrich und Afra ablöste. Am 31. Januar 993 wurde Bischof Ulrich von Papst Johannes XV. heiliggesprochen. Es war die erste förmliche, prozessual vorbereitete Kanonisation der römisch-katholischen Kirche. Die Gräber der hl. → Afra und des hl. Ulrich, der beiden Patrone des Bistums Augsburg, sind noch heute vielbesuchte Wallfahrtsziele. Der Beliebtheit des hl. Ulrich entsprechen auch die zahlreichen Bräuche, wie die »Ulrichsbrunnen«, deren Wasser bei Augenentzündungen und Fieber helfen sollen. An seinem Festtag trinkt man noch heute »Ulrichsminne«, einen besonders süffigen Wein. »Ulrichserde« vom Grab des Bischofs soll Mäuse und Ratten vertreiben. Und »Ulrichskreuze« helfen bei vielerlei Nöten von Mensch und Tier.

Festtag: 4. Juli.

Darstellung: im Bischofsornat auf einem Pferd in der Schlacht auf dem Lechfeld, meist bärtig, mit Mitra, Pedum und Buch; fast immer erinnert ein Fisch an das Freitagswunder: So gab Bischof Ulrich an einem Freitag dem Boten des bayerischen Herzogs versehentlich ein Stück köstlichen Braten mit. Als der Bote den Braten seinem Herrn überreichen wollte und der Herzog den Bischof bereits als Brecher der Fastenregel verdächtigte, war das Fleisch zu Fisch geworden.

Ultan von Fosses († um 680), Benediktinermissionar. Der jüngste Sohn des irischen Königs Fyltan von Mounster (Südirland) trat wie seine beiden Brüder → Fursa und → Foillan in den Benediktinerorden ein. In England lebte er zusammen mit Fursa als Eremit, folgte ihm dann nach Frankreich, wo Fursa bei Paris das Kloster Lagny gründete. Nach Fursas Tod 649 schloß sich Ultan seinem Bruder Foillan an, der im Auftrag der Äbtissin → Gertrud von Nivelles das Benediktinerkloster St-Maur-Les-Fosses, kurz Fosses, gründete und Ultan die Leitung des Klosters übertrug.

Festtag: 1. Mai.

Urban I. († 230), Papst (222–230), in Deutschland seit dem 13. Jh. Patron der Weinberge, des Weines und der Winzer (da sein Festtag zu Beginn der Rebenblüte liegt). Helfer bei Frostgefahr und gegen »Urbansplag« (Gicht). Der Sohn des Römers Pontianus wurde 222 als Nachfolger → Calixtus' I. zum

Papst gewählt. Sein Pontifikat fiel in die Herrschaftszeit des toleranten Kaisers Alexander Severus (222–235) und wurde lediglich durch den Gegenpapst → Hippolyt gestört. Er war kein Märtyrer, wie gelegentlich behauptet wird, sondern starb eines natürlichen Todes. Beigesetzt wurde sein Leichnam in der Calixtuskatakombe. Mit dem hl. Urban sind viele Volksbräuche verbunden: Prozessionen, Urbansreiten, Urbansbrötchen usw.

Festtag: 25. Mai (»Hat Urbanstag schön Sonnenschein, verspricht er viel und guten Wein«).

Darstellung: im Pontifikalornat mit Mitra oder Tiara und Krummstab, im deutschen Sprachgebiet mit Traube oder Weinstock, selten mit Schwert.

Uriel, Erzengel. Neben → Michael, → Gabriel und → Raphael ist er einer der vier höchsten Engel, die vor dem Thron Gottes stehen. In der Bibel wird Uriel nicht erwähnt, seine Verehrung findet sich nur in der außerbiblischen jüdischen und christlichen Tradition. Uriel ist der Regent der Sternenwelt und des Engelsheeres. Beim Weltgericht öffnet er die Tore zur Unterwelt und führt die Verstorbenen vor den Richterstuhl Gottes. Kein Festtag.

Ursula von Köln († 452), Märtyrerin. Patronin vieler Städte und Länder, der Universitäten Wien, Paris (Sorbonne) und Coimbra, der nach ihr benannten religiösen Vereinigungen (z. B. Ursulinen), der Jugend und der Eheleute, der Lehrerinnen und Tuchhändler.

Die Legenden über Ursula stammen aus dem 6. bis 12. Jh. (hauptsächlich aus dem 10. Jh.), sie wurden vielfach abgewandelt und ausgeschmückt. Danach war Ursula die christliche Tochter eines britannischen Königs, die ewige

Jungfräulichkeit gelobt hatte, aber vom Heidenkönig Aetherius zur Frau begehrt wurde. Der Heidenkönig drohte, für den Fall der Weigerung das Reich ihres Vaters mit Krieg zu überziehen. So ging sie – auf Rat eines Engels – zum Schein auf das Angebot ein und verlangte von Aetherius eine dreijährige Wartefrist, innerhalb der er sich taufen lassen sollte. Nach Ablauf dieser Zeit erbat sie von ihrem Vater zehn vornehme Jungfrauen mit je tausend Begleiterinnen und elf Trieren (Dreiruderer). Ein Sturm verschlug die Flotte in die Waalmündung des Rheins, und sie kamen rheinaufwärts nach Köln. Hier riet ihr der Engel zur Wallfahrt nach Rom (Vision). Sie fuhren also weiter bis Basel und gingen dann zu Fuß nach Rom. Als sie wieder nach Köln gelangten, belagerten die Hunnen die Stadt. Alle 11 000 Jungfrauen wurden von den Hunnen niedergemetzelt, die schöne Ursula begehrte der Hunnenfürst. Als sie sich ihm verweigerte, tötete er sie durch einen Pfeilschuß. Da kamen 11 000 Engel vom Himmel herab und vertrieben die Hunnen. Die befreiten Kölner bauten Ursula zu Ehren eine Kirche.

Im Mittelalter übertrieb man Zahlenangaben gern, denn nur so wurde ein Ereignis beachtenswert. Es könnte sich aber auch um einen Lese- oder Schreibfehler handeln (aus elf Jungfrauen wurden 11 000). Heute meint man zu wissen, daß es elf junge Britinnen waren: Ursula und ihre zehn Gefährtinnen Sencia, Gregoria, Pinnosa, Kordula, Saula, Odilia, Saturnia, Rabacia, Saturia und Palladia.

1106 stieß man vor der Kölner Stadtmauer auf ein altes Gräberfeld. Die zahlreichen vorgefundenen Gebeine gingen als heißbegehrte Reliquien der 11 000 Jungfrauen in alle Welt, nicht nur in den deutschsprachigen Raum, auch nach Frankreich, Spanien, Italien, Skandinavien, Polen, Estland usw. Mit zahlreichen illustrierten Einblattdrucken sorgten besonders die Zisterzienser für die Verbreitung des Kultes. Im ausgehenden Mittelalter bildeten sich »Ursula-Schiffchen«, Bruderschaften der Ursulaverehrung.

Festtag: 21. Oktober (vor allem in Köln).

Darstellung: als junge Frau mit Krone, in der Hand einen Pfeil, eine Palme oder eine Kreuzfahne; ihren weiten Mantel über die Jungfrauen breitend (Schutzmantelheilige).

V

Václav, → Wenzel I. der Heilige.

Valentinus von Rätien († um 475), Bischof. Hauptpatron des Bistums Passau und Patron der Epileptiker. Über das Leben dieses Heiligen ist kaum etwas bekannt. Nicht einmal Legenden schmücken seine Vita. Man weiß nur, daß er irgendwo Bischof war, in Südtirol oder eher noch in Rätien (Gebiet zwischen Schwäbischer Alb und dem schweizerischen Graubünden). Er dürfte dort mit sehr viel Engagement, aber wenig Erfolg missioniert haben. Bischof Valentinus starb in Südtirol. Herzog Tassilo III. von Bayern brachte die Gebeine des Heiligen um 764 nach Passau in den Stephansdom; seitdem ist Valentinus Patron der Diözese.
Festtag: 7. Januar.
Darstellung: als Bischof, zu seinen Füßen Krüppel und Epileptiker.

Valentinus von Terni, Valentinus von Rom († um 269), Bischof, Märtyrer. Patron der Liebenden, Patron gegen die Fallsucht.
Nach den zahlreichen Berichten und Legenden müßten es zwei Heilige sein, die am selben Tag am selben Platz das Martyrium erlitten haben und an derselben Stelle begraben wurden: Valentinus von Rom und Valentinus von Terni, nur scheint der erstere nach neueren Forschungen nicht historisch belegt zu sein. Hier hat sich, wie so oft bei den Heiligen, aus der Vita eines Heiligen ein eigenständiger Legendenkreis entwickelt (oft wurde auch das Schicksal zweier Menschen zu einer Vita vereinigt). Der historische Valentinus, Valentinus von Terni, wurde 269 unter Kaiser Claudius aus unbekanntem Grund – zwischen 260 und 274 sind keine Christenverfolgungen bekannt – enthauptet und an der Via Flaminia in Höhe des 2. Meilensteins begraben. Papst → Julius I. (337–352) errichtete über der Grabstätte eine Valentins-Basilika, die Papst Theodor I. (642–649) erneuerte. Im 4. Jh. setzte in Rom eine Verehrung des Heiligen ein, die sich in späteren Jahrhunderten ausweitete. Der Valentinstag, 14. Februar, wird in England, Frankreich und in den Vereinigten Staaten, neuerdings auch in Deutschland, als Tag der Liebenden gefeiert.
Festtag: 14. Februar.
Darstellung: als Bischof mit Schwert und Hahn.

Valerianus, → Cäcilia.

Valerius von Saragossa († 315), Bischof. Valerius wurde in den Christenverfolgungen unter Kaiser Diokletian zusammen mit seinem Archidiakon → Vinzenz von Saragossa nach Valencia gebracht, dort unter der Folter verhört und schließlich – während sein Archidiakon hingerichtet wurde – nach Anet (westlich von Paris) verbannt, wo er 315 starb. Eine andere Vita berichtet von seinem Märtyrertod. 1170 wurden seine Reliquien nach Saragossa (Zaragoza) überführt.

Festtag: 28. Januar.

Darstellung: als Bischof mit Mitra.

Veit, → Vitus.

Venantius Fortunatus (um 536 – vor 610), Bischof von Poitiers, Dichter. Venantius wurde in dem kleinen Ort Valdobbiadena bei Treviso geboren und studierte in Ravenna griechische und römische Literatur, Dichtkunst und Musik. Zu dieser Zeit begannen die arianischen Langobarden, unter ihrem König Alboin nach Italien einzuwandern und die dortige Bevölkerung zu bedrängen. Venantius verließ deshalb Oberitalien und wanderte über Tirol nach Köln, Trier und Metz, wo er 566 kurz am Hof des Königs Sigibert I. von Austrien verweilte, der gerade mit Brunhilde Hochzeit hielt. Er wanderte weiter und besuchte in Soissons das Grab des hl. → Medardus von Noyon, zog nach Paris, Tours und nach Poitiers, wo er sich in der Nähe der Königin → Radegundis von Thüringen niederließ. Hier in Poitiers wurde Venantius Priester und um 600 sogar Bischof. Sein ungeheures Wissen und seine vielen Reisen verschmolz Venantius Fortunatus zu einer großen Zahl religiöser und weltlicher Dichtungen. So gilt er heute als der bedeutendste Dichter der Merowingerzeit. In elf Büchern sammelte er seine ›Carmina‹. Berühmt wurden seine beiden Kreuzeshymnen und der Muttergotteshymnus ›Quem terra, pontus, sidera‹. Dazu schrieb er eine große Anzahl von Heiligenviten.

Festtag: 14. Dezember.

Darstellung: meist zusammen mit der hl. Radegundis, deren Vita verfassend.

Veronika (1. Jh.). Patronin der Wäscherinnen und Leinenweber, Fürsprecherin für einen guten Tod. Sie war vermutlich eine der klagenden Frauen, die Jesus auf seinem Weg nach Golgatha begleiteten (Lk 23, 27). In Höhe der heutigen VI. Station der Via dolorosa (Leidensweg) in Jerusalem soll eine dieser Frauen, Veronika, mit ihrem Kopftuch das blutende und verschwitzte Gesicht Jesu getrocknet haben, wobei sich sein Antlitz in das Tuch prägte (vera icon = wahres Abbild). Da das Tuch nach der Legende – nur Legenden berichten übrigens über den Vorfall, die Evangelisten erwähnen den Namen Veronika nicht – dreifach zusammengelegt war, entstand auch ein dreifacher Abdruck, von dem je einer nach Rom und Spanien kam bzw. in Jerusalem verblieb. Eine andere Legende erwähnt sogar einen fünffachen Abdruck, deren einzelne Bilder nach Turin, Toulouse, Besançon, Compiègne und Sorlat gelangten. Jeder dieser Orte fühlt sich im Besitz der originalen Reliquie. Besondere Verehrung widmeten die Päpste Johann VII. (705–707) und Gregor XIII. (1572–1585) dem Wunder wirkenden Tuch. Die heutige katholische Kirche ist skeptischer, für sie existiert offiziell kein »Schweißtuch der Veronika«, auch fand Veronika keine Aufnahme in das Römische Martyrologium. Dennoch wurde Veronika vom 15. Jh. an eine der beliebtesten Volksheiligen.

Von den Wundern, die das Tuch der Veronika gewirkt haben soll, hier das bekannteste Beispiel: Als der schwerkranke Kaiser Tiberius (14–37) von Jesus und seinen Wunderheilungen hörte, schickte er einen Boten nach Jerusalem, der Jesus herbeirufen sollte. Der zurückkehrende Bote konnte dem Kaiser aber nur noch von Jesu Kreuzi-

Die heilige Veronika zwischen Petrus und Paulus (Albrecht Dürer)

gung berichten. Tiberius befahl voller Wut, Pilatus abzusetzen und ihn einzusperren. Er ließ Veronika kommen, die ihm das Tuch mit dem Antlitz Jesu vor die Augen hielt. Da wurde der Kaiser wieder gesund und ließ sich taufen. Veronika soll in Rom geblieben sein und das Tuch bei ihrem Tod Papst → Klemens I. (92–101) geschenkt haben. Klemens gab es weiter und so fort, bis es 707 im Petersdom in Rom seinen endgültigen Platz fand. Diese Veronikalegende hat sehr wahrscheinlich einen syrischen Ursprung: Danach residierte in Edessa (heute Urfa, Südosttürkei) König Abgar Ukkama (4 v. Chr. – 7 n. Chr. und 13–50 n. Chr.). Er war schwerkrank und sandte den Boten Ananias mit der Einladung zu Jesus, nach Edessa zu kommen. Jesus antwortete dem Boten, daß er nicht kommen könne, weil sich sein Schicksal in Jerusalem erfüllen müsse. Doch er würde nach seinem Tod einen Jünger senden. Nach Christi Himmelfahrt schickte der Apostel → Thomas den → Thaddäus nach Edessa. Thaddäus hatte ein Tuch mit Jesu Abbild, wohl das »Schweißtuch der Veronika«, mitgenommen, er hielt es dem König vor Augen, der König genas und wurde Christ. *Festtag*: 4. Februar.

Darstellung: als einfache Frau, das Schweißtuch mit dem Antlitz Jesu haltend.

Vicelin, Vicelinus, Wizelin (um 1090–1154), Bischof. Wohl in Hameln geboren, erhielt der junge Niedersachse im Benediktinerkloster Abdinghof, Paderborn, seine Ausbildung. Um 1120 wurde er Domscholar in Bremen und studierte 1123–1126 an mehreren französischen Schulen Theologie und Rechte. 1126 weihte ihn → Norbert von Xanten in Magdeburg zum Priester. Erzbischof → Adalbero von Bremen entsandte ihn zur Wendenmission nach Ostholstein, wo Vicelin die Landschaft Wagrien zu christianisieren versuchte. Im sächsisch-wendischen Grenzgebiet gründete er als Missionsstützpunkte die Augustiner-Chorherrenstifte Neumünster und Segeberg. Als die Wenden weiterhin jeder Christianisierung widerstanden, veranlaßte

der Sachsenherzog Heinrich der Löwe 1147 einen Wendenkreuzzug, der ebenfalls nicht zum gewünschten Ergebnis führte. 1149 wurde Vicelin Bischof von Oldenburg, geriet aber in den Streit zwischen Heinrich dem Löwen und Erzbischof Hartwig I. von Bremen. Er wurde dadurch gezwungen, die letzten fünf Jahre seines Lebens im Kloster Neumünster zu verbringen, wo er auch starb und begraben wurde. Als das Chorherrenstift 1332 nach Bordesholm (bei Rendsburg) umzog, nahm es auch die Gebeine des hl. Vicelin mit – sie sind allerdings zur Zeit der Reformation verlorengegangen.

Festtag: 12. Dezember.

Victor von Xanten, → Thebäische Legion.

Victorianus, → Quattuor Coronati.

Vier heilige Marschälle, → Marschälle.

Vier Patriarchen von Konstantinopel. Zu den besonderen Heiligen der orthodoxen Kirche zählen die vier Patriarchen → Germanos I. von Konstantinopel, → Tarasios von Konstantinopel, → Nikephoros I. von Konstantinopel und → Methodios der Bekenner. Alle vier waren Ikonodulen (Bilderverehrer) und entschiedene Gegner der Ikonoklasten (Bilderstürmer).

Vierzehn Nothelfer, → Nothelfer.

Vierzig Märtyrer von Sebaste († um 320). Während im Westen des Römischen Reiches Kaiser Konstantin I. durch das Toleranzedikt von Mailand (313) das Christentum begünstigte, ordnete Kaiser Licinius im Osten des

Reiches auch weiterhin Christenverfolgungen an. So wurden um 320 vierzig christliche Soldaten der 12. römischen Legion wegen ihres Glaubens bei Sebaste (heute Sivas, Zentraltürkei) zum Tod durch Erfrieren verurteilt. Sie mußten in einer eisigen Winternacht nackt auf einem zugefrorenen Teich stehen, vor sich eine gut beheizte Badestube für diejenigen, die ihrem christlichen Glauben entsagen wollten. Nur einer gab auf, seinen Platz auf dem Eis nahm sofort ein Wachsoldat ein. Am nächsten Morgen wurden die erfrorenen Körper verbrannt. Glaubensbrüder der Märtyrer bargen Knochen und Asche und verteilten die Reliquien über »die ganze Welt«. Die Namen der vierzig Märtyrer: Acacius, Aetius, Alexander, Angias, Athanasius, Cajus, Candidus, Chudio, Claudius, Cyrillus, Cyrius (Kyrion, Quirion), Domitianus (Diomecianus), Domnus (oder Juvenalis), Ecditius, Eunoicus, Eutyches, Eutychius, Flavius, Gorgonius, Helianus, Helias, Heraclius, Hesychius, Joannes (Julianus), Leontius, Lysimachus, Melito (Melicius, Mellitus), Nicolaus (Micallius), Philoctimon, Priscus (Dianius), Sacerdon, Severianus, Sisinius, Smaragdus (oder Basilides), Theodulus, Theophilus, Valens, Valerius, Vibianus, Xantheas.
Festtag: 10. März, Ostkirchen: 9. März.
Darstellung: zumeist als Gruppe nackter, nur mit einem Lendenschurz bekleideter Männer unterschiedlichen Alters, gelegentlich bis zu den Knien in Wasser stehend, von Soldaten bewacht, über ihnen erscheint Christus.

Vigri, Katharina, → Katharina von Bologna.

Viktor I. († 198), Papst (189–198),

Märtyrer (?). Die Vita des aus Nordafrika oder Italien stammenden Heiligen ist bis zur Papstwahl unbekannt. Als Papst war er ein tatkräftiger, energischer Hirte, der bereits Anspruch auf die Allgemeingültigkeit seiner päpstlichen Entscheidungen erhob. Im Osterstreit (»Passahstreit«) setzte er die westliche gegen die ostkirchliche Ansicht durch und förderte die Latinisierung der Kirche. Im Osten hatte man sich – den Ostertermin betreffend – an das jüdische Passahfest angeschlossen, das immer am 14. Nisan stattfindet, egal, auf welchen Wochentag dieser jüdische Monatstag auch fällt. Im Westen bevorzugte man eine gleichbleibende Wochenfeier, wobei der Freitag (Karfreitag) als Todestag, der darauffolgende Sonntag als Auferstehungstag betrachtet wurde und wird. Fällt der Freitag nicht auf den 14. Nisan der Juden, so ist der nächste Freitag der Jahrestag des Todes Jesu. Diesmal versuchte die Kirche, den Passahstreit beizulegen: um 155 verhandelte Papst → Anicetus mit → Polykarp von Smyrna in Rom, ohne zu einer Einigung zu kommen. Auf der Synode zu Laodicea am Lykos (nördlich von Denizli, Türkei) wollten die Byzantiner allein das Problem lösen. Die Zusammenkunft zwischen Papst Viktor und Polykrates von Ephesus endete 190 mit einem Bruch. → Irenäus, Bischof von Lyon, konnte mit Mühe ein Schisma, die drohende Trennung zwischen römischer und byzantinischer Kirche, verhindern. Erst das berühmte Konzil von Nicäa (Nikaia, heute Iznik, Türkei) entschied im Jahr 325 für die römischen Festtermine.
Viktor war der erste Papst, der Beziehungen zum Kaiserhaus unterhielt. So erwirkte er über die Christin Marcia, die Konkubine des Kaisers Commodus

(180–192), die Freilassung zahlreicher Christen, die in den Steinbrüchen Sardiniens Zwangsarbeit leisteten. Papst Viktors Märtyrertod unter Kaiser Septimius Severus ist umstritten.
Festtag: 28. Juli.
Darstellung: im Pontifikalornat mit Tiara, Kreuzstab und Buch.

Vinzenz Madelgar († um 677), Abt. Der aus dem belgischen Ort Strépy bei Mons stammende Sohn eines Grafen war mit der hl. → Waldetrudis verheiratet, die ihm vier Kinder gebar: → Adeltrud, → Dentelin, → Landrich und → Madelberta. Als das jüngste der Kinder, Dentelin, starb, beschloß die Familie auseinanderzugehen, in verschiedene Klöster einzutreten und dort den Weg zu Gott zu suchen. Vinzenz stiftete das Kloster Hautmont (frz. Hennegau) und gründete 653 in Soignies (belg. Hennegau) ein weiteres Kloster, in dem er bis zu seinem Tod als Abt wirkte. Eltern und Kinder werden noch heute in Belgien als Heilige verehrt.
Festtag: 14. Juli.

Vinzenz von Saragossa († 304), Erzmärtyrer Spaniens, einer der hll. → Diakone, Patron von Saragossa, Patron der Winzer und Weinbergwächter, der Seeleute, Töpfer, Ziegelmacher, Dachdecker, Holzfäller und Holzarbeiter.
Vinzenz stammte aus einer Adelsfamilie in Huesca (nördlich von Saragossa (Zaragoza, Nordostspanien) und war Archidiakon des Bischofs → Valerius von Saragossa. In den Christenverfolgungen unter Kaiser Diokletian brachte man den hervorragenden Rhetoriker Vinzenz zusammen mit seinem Bischof nach Valencia, wo er längere Zeit im Kerker grausamen Folterungen ausgesetzt war und trotz seiner außerge-

wöhnlichen Redegewandtheit am 22. Januar 304 hingerichtet wurde. Seine Gebeine blieben in Valencia. Bald nach dem Tod verbreitete sich sein Kult über ganz Spanien und griff auch nach Frankreich über, wo ihm zu Ehren schon im 5. Jh. mehrere Basiliken entstanden. In Süddeutschland und in Österreich setzte sein Kult erst im späten Mittelalter ein, wo der hl. Vinzenz vor allem als Patron der Weinbauern hohe Verehrung genoß: »Vinzenzi Sonnenschein bringt Frucht und guten Wein«. In Österreich finden noch heute an vielen Orten Vinzenzimärkte und Vinzenzifeste statt.
Festtag: 22. Januar.
Darstellung: als junger Diakon mit Palme, Buch oder Traube; Mühlstein und Rost, Kette und Feuerhaken sind Attribute seines Martyriums; Raben sollen seinen Leichnam vor wilden Tieren geschützt haben; ein Schiff erinnert an die Legende, nach der Vinzenz' Leichnam ins Meer geworfen, aber (am Cabo de São Vicente, der Südwestecke Portugals) wieder an Land gespült und von Engeln beigesetzt wurde.

Virgilius von Salzburg, Virgil (um 700–784), Bischof, Patron der Diözese Salzburg, Apostel von Kärnten.
Der irische Mönch Virgilius kam 742 zur Mission ins Frankenreich an den Hof des Hausmeiers Pippin III. des Jüngeren. Hier erhielt er eine Empfehlung an Herzog Odilo von Bayern, der ihn um 745 als Bischof von Salzburg und zugleich als Abt des dortigen Benediktinerklosters St. Peter einsetzte. Doch dagegen erhob → Bonifatius, seit 732 Erzbischof und päpstlicher Legat für Deutschland, Einspruch. Seine Einwände lauteten: Virgilius spreche bei der Taufe nicht die kirchlich

vorgeschriebene Formel, wodurch das Sakrament unwirksam bleibe, Virgilius betrachte entgegen der Ansicht der Kirche die Erde als Kugel, und vor allem habe er, Bonifatius, der Einsetzung nicht zugestimmt. Der Streit kam vor den Papst. Papst → Zacharias (741–752) entschied 748, daß es ein Bischof mit den Formeln nicht allzu genau zu nehmen brauche, daß aber die Einsetzung des Virgilius ohne Zustimmung des päpstlichen Legaten nicht rechtens sei; der Frage, ob die Erde eine Kugel sei oder nicht, wich er geschickt aus.

Nach dem Märtyrertod des Bonifatius im Jahr 754 erhielt Virgilius 755 die Bischofsweihe. 762 sandte er den Salzburger Chorbischof Modestus (→ Modestus von Kärnten) mit vier Priestern zur Mission nach Kärnten, das Herzog Tassilo III. für Bayern erobert hatte. Virgilius erbaute den ersten Salzburger Dom und überführte 774 die Reliquien der hll. → Rupert von Salzburg und → Chuniald und Gislar dorthin. Bischof Virgilius starb in Salzburg und wurde im Dom beigesetzt. Papst Gregor IX. sprach ihn 1233 heilig.

Festtag: 24. September.

Darstellung: als Bischof mit Kirchenmodell (doppeltürmiger romanischer Dom).

Virgines capitales, → Drei heilige Madl'n.

Vitalianus († 672), Papst (657–672). Aus Segni bei Rom gebürtig; von seinem früheren Wirken ist nichts überliefert. Während seine Vorgänger, die Päpste Martin I. (649–653) und Eugen I. (654–657), ein gestörtes Verhältnis zum byzantinischen Kaiserhaus hatten, setzte er Kaiser Konstans II. durch einen Legaten sofort von seiner Wahl

und Weihe zum Bischof von Rom in Kenntnis. Damit verbesserte er zwar die Beziehungen zum Kaiser, geriet aber – wie Kirchenhistoriker meinen – in eine starke Abhängigkeit von Byzanz. 663 stattete er der Kaiser dem Papst in Rom einen Besuch ab und suchte bei dieser Gelegenheit auch zu erkunden, wieweit er seine Macht in Italien wiedergewinnen könnte. Seit dem 6. Jh. hatten nämlich die Langobarden Oberitalien und weite Teile Mittelitaliens besetzt, das arianisch-christliche Germanenvolk war zum Katholizismus konvertiert und hatte sich den römischen Sitten angepaßt. Konstans II. reiste enttäuscht wieder nach Konstantinopel zurück. Papst Vitalianus aber vertiefte sein Verhältnis zu den Langobarden. Durch Theodor von Canterbury ließ er die angelsächsische Kirche neu ordnen. Sein Grab fand er im römischen Petersdom.

Festtag: 27. Januar.

Darstellung: als bärtiger Papst mit Tonsur und Pallium.

Vitalis († 249), Ritter und Märtyrer. Nach der Legende erlitt der Vater der Zwillingsbrüder → Gervasius und Protasius in der allgemeinen Christenverfolgung von 249 unter Kaiser Decius in Ravenna (Italien) den Martertod durch lebendiges Begraben. Ort des Geschehens und zugleich Zentrum seines Kultes ist die im 6. Jh. erbaute Basilika S. Vitale in Ravenna, ein prächtiger Zentralkuppelbau, der zum Vorbild für die um 800 geweihte Pfalzkapelle Karls des Großen in Aachen wurde.

Festtag: 28. April.

Vitalis von Salzburg († um 730), Bischof von Salzburg. Der Priester Vitalis kam als Gefährte und Missionsgehilfe zu Bischof → Rupert von Salzburg. Nach Ruperts Tod im Jahr 718 wurde er Abt des Benediktinerklosters St. Peter und zugleich auch Bischof von Salzburg. Es war damals nicht ungewöhnlich, daß ein Bischof neben seiner Diözese noch ein Kloster leitete. Vitalis, ein »Mann der Tugend und der Liebe«, setzte die Missionsarbeit seines Vorgängers bis zu seinem Tod fort. Seine sterblichen Überreste ruhen im Kloster St. Peter. Papst Urban VIII. erlaubte 1628, Vitalis innerhalb der Diözese Salzburg zu verehren, was in etwa einer formellen Kanonisation gleichkam.

Festtag: 20. Oktober.

Darstellung: als Bischof, dem eine Lilie aus dem Herzen sprießt.

Vitalis und Agricola von Bologna († 303?), zwei Märtyrer zu Bologna (Italien), Patrone der Herren und der Diener. Ihre zahlreichen Viten sind voller Widersprüche. Die einen bezeichnen Agricola als Adligen und Vitalis als dessen Diener, andere halten die beiden für einen römischen Offizier mit seinem Burschen, noch andere sehen keine Verbindung zwischen ihnen. Einige Viten verlegen das Martyrium der zwei Heiligen in die Zeit der Christenverfolgungen unter Nero (64), andere Biographien erwähnen die Verfolgungen unter Diokletian (303). Ihre Gebeine hütet die Kirche S. Stefano in Bologna, genauer deren Teilkirche Ss. Vitale e Agricola (5. Jh.). Der Mailänder Bischof → Ambrosius entdeckte die Gebeine von Vitalis und Agricola um das Jahr 380 und sorgte für die Ausbreitung der Heiligenverehrung.

Festtag: 5. November.

Darstellung: in vornehmer Adelskleidung oder in schlichter Bürgertracht, Vitalis mit Palme und Schwert, Agricola mit einem Beil.

Vitus, Veit († um 313), Märtyrer, einer der Vierzehn → Nothelfer. Patron von Sizilien, Prag, Böhmen, Sachsen und Corvey (Benediktinerabtei); Patron der Bierbrauer und Winzer, der Apotheker und Bergleute, der Kupfer- und Kesselschmiede, Patron der Haustiere, insbesondere des Geflügels, der Quellen, der Aussaat und der Ernte; Patron der Blinden und Augenkranken, der Tauben, Stummen, Lahmen, Buckligen und Bettnässer; Helfer gegen Hunde- und Schlangenbiß, bei Blitz, Unwetter und Feuersgefahr, bei Besessenheit, Tobsucht (Epilepsie) und Veitstanz (Chorea); Helfer bei der Bewahrung der Keuschheit.

Vitus, der Sohn wohlhabender heidnischer Eltern, stammte aus einem kleinen Ort an der Südwestküste Siziliens, der heute Mazara del Vallo heißt. Seine Amme Crescentia und sein Lehrer Modestus erzogen ihn zu einem Christen, worüber sein Vater Hylas entsetzt war. Hylas ging mit dem Siebenjährigen zum Präfekten Valerian, der ihm den »religiösen Unsinn« austreiben sollte. Zuerst prügelte man den Jungen, aber die Arme der Prügelknechte wurden gelähmt und der Vater wurde von einem grellen überirdischen Licht geblendet. Vitus betete, und alle waren wieder gesund. Der Präfekt schickte den Jungen in sein heidnisches Elternhaus zurück. Vitus floh mit Crescentia und Modestus nach Lucanien (heute Basilicata). Als man sie als Christen erkannte, brachte man sie nach Rom vor Kaiser Diokletian. Vitus heilte den Sohn den Kaisers von der Besessenheit, aber man warf die drei trotzdem in den Kerker und legte sie in Ketten. Ein Engel löste die Ketten, doch dann begann das Martyrium:

Man stellte die drei Gefährten in einen Kessel mit siedendem Öl – ihre Haut blieb unversehrt. Dann hetzte man hungrige Löwen auf sie, doch die wilden Tiere blieben zahm. Dann spannte man sie auf die Folter, doch ein Erdbeben brachte die Wände des Kerkers und die heidnischen Tempel zum Einsturz. Schließlich brachte sie ein Engel nach Lucanien zurück, wo sie lange danach friedlich starben.

583 sollen die Gebeine des hl. Vitus und seiner beiden Gefährten in Unteritalien gefunden worden sein. Abt Fulrad ließ sie 756 in sein Benediktinerkloster St-Denis bei Paris bringen. Abt Hilduin schenkte sie 836 dem wenige Jahre zuvor gegründeten Kloster Corvey (heute zu Höxter an der Weser), das sich daraufhin zu einem Zentrum der Vitus-Verehrung entwickelte. Von Corvey erhielt → Wenzel I., Herzog von Böhmen, 925 einen Arm des hl. Vitus, wofür er in Prag auf dem Hradschin die St.-Veits-Rotunde, einen Vorgängerbau des Veitsdomes erbauen ließ. Kaiser Karl IV., ein eifriger Reliquiensammler, erwarb 1355 weitere Reste des Heiligen. Im Dreißigjährigen Krieg wurden alle Vitus-Reliquien aus dem Kloster Corvey geraubt und tauchten später in Prag auf. Der hl. Vitus zählte bis in das 18. Jh. hinein zu den populärsten Heiligen des Abendlandes. Über 150 Orte glauben, echte Reliquien des Heiligen zu besitzen, und über 1300 Orte verehren Vitus/Veit als Patron von Kirchen, Kapellen und Altären.

Festtag: 15. Juni (zusammen mit Crescentia und Modestus).

Darstellung: als Kind oder Jüngling in einem Ölkessel bzw. mit einem kleinen Kessel in der Hand, mit einem Hahn als dem wichtigsten Attribut des Heiligen (weil der Hahn seit alters die übliche Opfergabe war), mit Buch und Palme, Rabe, Adler, Löwe oder Wolf; selten mit seinen beiden Gefährten.

Vladimir, → Wladimir I. der Heilige.

Vlasij, → Blasius von Sebaste.

W

Walbert, Waldebert, frz. Gaubert († 670), Abt von Luxeuil. Er stammte aus einer adligen fränkischen Familie, wurde Mönch im Kloster Luxeuil (bei Belfort, Ostfrankreich) und um 629 Abt dieses Klosters. Die strenge Mönchsregel des hl. → Kolumban des Jüngeren ersetzte er durch die gemäßigtere des hl. → Benedikt von Nursia. In seiner über vierzigjährigen Amtszeit führte er das Kloster zu höchster Blüte, er erweiterte die Bibliothek und brachte die Schreibschule des Klosters auf ein hohes Niveau. Seine Gebeine gingen in der Französischen Revolution (1789) verloren.
Festtag: 2. Mai.

Walburga, Waldburga, → Walpurga.

Waldebert, → Walbert.

Waldetrudis, Waldetrud, Waltraud, Waudru († 688), Äbtissin. Die Tochter des wallonischen Edelmannes Walbert und Schwester der → Adelgundis von Maubeuge heiratete den hl. → Vinzenz Madelgar und hatte vier Kinder: → Adeltrud, → Dentelin, → Landrich und → Madelberta. Als Dentelin, das jüngste der Kinder, starb, ging die Familie auseinander, jedes Mitglied trat in ein anderes Kloster ein, um einen eigenen Weg zu Gott zu suchen. Auf den Rat des hl. → Gislenus hin stiftete Waldetrudis nach dem Tod ihres jüngsten Kindes das Kloster Castrilocus in Mons (belg. Hennegau), das später nach Waldetrudis »Ste-Waudru« genannt wurde. Sie stand dem Kloster als Äbtissin vor und fand hier auch ihre letzte Ruhestätte.
Festtag: 9. April.
Darstellung: als Nonne oder Äbtissin, ihre vier Kinder mit dem Mantel umhüllend.

Walpurga, Walburga, Waldburga (um 710–779), Äbtissin von Heidenheim, Patronin der Diözese Eichstätt, Patronin der Wöchnerinnen, Bauern und Haustiere. Helferin bei Husten, Hundebiß, Tollwut und Augenleiden, sorgt auch für das Gedeihen der Feldfrüchte. Die Tochter des angelsächsischen Edelmanns → Richard von Wessex und Schwester von → Willibald und → Wunibald erhielt ihre Erziehung in dem Kloster Wimborne bei Bournemouth (Südengland). → Bonifatius, vermutlich der Bruder ihrer Mutter → Wunna, holte sie 750 nach Deutschland, damit sie ihn bei der Verbreitung des Christentums unterstütze. Walpurga trat zunächst als Nonne in das Kloster Tauberbischofsheim (Nordbaden) ein, wo → Lioba, ihre ehemalige Lehrerin im Kloster Wimborne, seit 735 als Äbtissin wirkte. 752 wechselte Walpurga in das von ihrem Bruder Wunibald gegründete Kloster Heidenheim (Mittel-franken), dessen Leitung sie nach seinem Tod 761 übernahm. Unter der Äbtissin Walpurga ent-

wickelte sich das Doppelkloster zu einem geistigen und religiösen Zentrum in Süddeutschland. 779 starb sie in Heidenheim. 870 kamen ihre Gebeine in die neu erbaute Klosterkirche St. Walburg in Eichstätt.
Schon die ältesten Walpurgalegenden berichten von einem wunderbaren heilkräftigen Öl, das aus ihren Gebeinen tropfte. An den Wänden ihres Reliquienschreins soll sich stets ein flüssiger Niederschlag, eben dieses »Walpurgisöl«, bilden. 893 kamen ihre Reliquien in das Benediktinerinnenkloster Monheim bei Köln und in die berühmte Abtei Furna nahe der Stadt Veurne (Furnes, Belgien), die beide erheblich zur Verbreitung des Walpurgakultes über Europa und später auch in Amerika beitrugen. Einige Reliquien gelangten nach Walberberg (von Walpurgaberg, bei Bonn), Lamberg (bei Cham, Bayern), Walburgisberg (im Odenwald) und in zahlreiche weitere Orte, die sich zu bedeutenden Wallfahrtsstätten entwickelten.
Walpurga wurde an einem 1. Mai heiliggesprochen. Die neun Nächte davor nannte man Walpurgisnächte. Eine besondere Bedeutung erhielt die Nacht zum 1. Mai, die eigentliche »Walpurgisnacht«. Altem Volksglauben nach versammeln sich in dieser Nacht die Hexen, auf ihren Besen reitend, auf dem Blocksberg (dem 1142 m hohen Brocken im Harz) zum Hexentanz und Teufelskult. Dagegen schützten sich die verängstigten Bauern und Bergleute, indem sie drei Kreuze an die Stalltüren malten, Bündel bestimmter Kräuter an die Wände hängten, Walpurgisfeuer anzündeten, die Peitschen knallen ließen und die Kirchenglocken läuteten. Sie alle glaubten die alten Legenden, die sich um die hl. Walpurga ranken. So soll Walpurga in

der Nacht zum 1. Mai als weiße Frau mit goldener Krone und feurigen Schuhen über die Klippen und durch die Täler hetzen, verfolgt von bösen Geistern in grauenerregender Gestalt, und den mit Gold belohnen, der ihr Schutz gewährt. Auch der Tag nach der Walpurgisnacht, der 1. Mai, war als Walpurgis- oder Walperntag ein geheiligter Tag, ein Tag voller Zauber und Zukunftsdeutung. Mehr Legenden als Tatsachen vereinigte daher gegen Ende des 9. Jh. der Mönch Wolfhart in seiner Vita über die hl. Walpurga.
Festtag: 25. Februar.
Darstellung: als Äbtissin im schwarzen Ordensgewand mit Stab und Buch, oft ein Balsamfläschchen (Heilkraft) und drei Ähren (für gute Ernten) in den Händen haltend.

Waltraud, Waudru, → Waldetrudis.

Wenzel I. der Heilige, Wenzeslaus, Václav (um 903–929), Nationalheiliger der Tschechen, Landespatron von Böhmen.
Der Enkel der hl. → Ludmilla von Böhmen wurde in Altbunzlau an der Elbe (heute Stará Boleslav), nordöstlich von Prag, geboren. Er war der älteste Sohn des Přemyslidenherzogs Wratislaw von Böhmen und dessen Gattin Drahomira. Von seiner Großmutter Ludmilla erhielt er eine sorgfältige christliche Erziehung. Als 921 sein Vater starb, trat er formell dessen Nachfolge auf dem Thron Böhmens an, blieb aber noch unter der Vormundschaft seiner Mutter Drahomira, die – obgleich selbst Christin – einen allzu starken religiösen Einfluß ihrer Schwiegermutter auf Wenzel befürchtete und Ludmilla 921 erdrosseln ließ. Wohl 922 übergab Drahomira die Regierungsgeschäfte ihrem Sohn. Wenzel

milderte die Leibeigenschaft, reformierte die Rechtsprechung und christianisierte das Land. Damit band er sich an die fränkische Kirche, band sich auch staatlich über den befreundeten deutschen König Heinrich I. an das Deutsche Reich und verfeindete sich dadurch mit dem böhmischen Adel. Unter Führung seines Bruders Boleslav I. bildete sich eine starke heidnisch-nationale Opposition, die 929 Herzog Wenzel im Beisein seines Bruders in Altbunzlau ermordete. Die Ermordung war sinnlos, denn Wenzel hatte seinen Bruder bitten wollen, die Herrschaft zu übernehmen, um selber in Rom die Weihen zu empfangen und als erster Bischof von Böhmen zurückzukehren.

Boleslav I., Wenzels Nachfolger als Herzog von Böhmen, hatte das Vorhaben seines Bruders zu spät erfahren und setzte Wenzel voller Reue nun im Vorgängerbau des Prager Veitsdoms bei, den Wenzel 925 gestiftet hatte (St.-Veits-Rotunde). Im 14. Jh. belebte Karl IV. (1347–1378) aus politischen Gründen den Kult des Heiligen, er ließ vom Dombaumeister und Bildhauer Peter Parler die St.-Wenzels-Kapelle errichten, die 1367 geweiht wurde und Wenzels Helm, Panzerhemd und Lanze als Reliquie aufnahm.

Festtag: 28. September.

Darstellung: als Herzog im Harnisch, mit Schild und grüner Fahne (auf beiden Attributen ein Adler) oder Lanze, oft mit einem Schwert (Symbol der Ermordung).

Wicbert, → Wigbert von Fritzlar.

Wicterp, Wigbert, → Wikterp von Augsburg.

Wigbert von Fritzlar, Wicbert († 737/738), Abt, Patron von Hersfeld. Er stammte aus dem angelsächsischen Königreich Wessex und wirkte als Mönch in dem Kloster Nutcelle (heute Nursling, Südengland). Gegen 730 rief ihn → Bonifatius nach Deutschland. Wigbert gründete das Kloster Fritzlar (bei Kassel), Bonifatius weihte ihn zum Abt und übertrug ihm zusätzlich die Leitung der Klosterschule. Nebenbei reformierte Wigbert das Mönchsleben im Kloster Ohrdruf (Thüringen) und richtete hier eine erste Missionsschule ein. Nach seinem Tod bestattete man ihn in Fritzlar. 780 wurde ein Teil seiner Gebeine in die Benediktinerabtei Hersfeld (Hessen) übertragen, wo sie 1761 beim Brand der Abteikirche untergingen. 1340 fanden die in Fritzlar verbliebenen Gebeine des Heiligen in der dortigen Domkrypta einen neuen Platz.

Festtag: 13. August.

Darstellung: als Abt mit Kirchenmodell, Buch, Kelch mit Weintraube (nach der Legende preßte er frische Weintrauben aus, als er einmal keinen Meßwein für das Abendmahl hatte), mit einer Axt (Symbol für die Kulturarbeit), mit einem Vogel auf der Schulter (nach der Legende umflog ein Paradiesvogel dreimal den Leichnam des Heiligen).

Wikterp von Augsburg, Wigbert, Wicterp, Wikpert, Uiggo, Wiggo († 772), Bischof. Nach seiner legendären Vita soll Wikterp, geboren in dem Dorf Epfach bei Landsberg (Oberbayern), aus dem bayerischen Herzogsgeschlecht der Agilolfinger stammen, deren markanteste Persönlichkeit Tassilo III., Herzog von Bayern (748–788), war. Wikterp, wohl ein Neffe des Tassilo, wurde um 738 Bischof von Augsburg, der erste histo-

risch faßbare Bischof der Schwaben-
stadt, die schon im 5. Jh. Sitz eines Bischofs war. Wikterp starb in seinem
Geburtsort Epfach. Seine Gebeine
wurden um 1185 in die neuerbaute
Kirche St. Ulrich und Afra in Augsburg übertragen, 1489 kamen sie in die
alte Sakristei, 1698 in die neue Sakristei der Kirche.
Festtag: 18. April.
Darstellung: als nächtlicher Erbauer
einer Kirche, gemeinsam mit seinem
Amtsnachfolger Tozzo.

Wilbeth, → Drei heilige Jungfrauen.

Wilfrith, Wilfrid (634 – um 709), Bischof von York. Geboren wurde Wilfrith in Northumbrien, dem nördlichsten der sieben angelsächsischen Königreiche. Er stammte aus einem angelsächsischen Adelsgeschlecht und kam
im Alter von 14 Jahren zur Ausbildung
in das Kloster Lindisfarne auf Holy Island, einer winzigen Insel vor der
nordenglischen Ostküste. 653 ging er
mit seinem Freund → Benedikt Biscop
Baducing nach Rom, um das dortige
Klosterleben kennenzulernen. Auf der
Rückreise blieb er drei Jahre lang in
Lyon und erhielt dort die Priesterweihe. Wieder in Nordengland angelangt,
machte ihn König Alchfrith von Northumbrien zum Abt des Klosters Ripon
(bei York), wo er die Mönchsregel des
hl. → Benedikt von Nursia und die römische Liturgie einführte. Auf der
Synode von Whitby (664) setzte er die
römische Liturgie für die gesamte englische Kirche durch. Noch im selben
Jahr ernannte ihn König Alchfrith zum
Bischof von York (damals Eoforwyc,
Hauptstadt des angelsächsischen Königreichs Northumbrien und Deira). Als
Erzbischof → Theodor von Canterbury
678 die sehr große Diözese York in

vier kleinere Diözesen aufteilte, verließ Wilfrith protestierend sein Bistum
und ging nach Friesland, im Jahr darauf nach Rom, wo er Papst Agatho
dazu bewegte, die Teilung der Diözese
York rückgängig zu machen. Doch weder König Alchfrith noch Erzbischof
Theodor erkannten die päpstliche Or-
der an, Wilfrith wurde neun Monate
lang wegen Ungehorsams eingesperrt
und dann des Landes verwiesen. Er
missionierte im noch überwiegend
heidnischen Sussex und auf der Insel
Wight. 685 söhnte er sich wieder mit
dem Erzbischof aus und kehrte in sein
verkleinertes Bistum York zurück. Als
sein Bistum 691 wiederum geteilt werden sollte, gab es erneut Streit, diesmal
mit Erzbischof Brithwald von Canterbury. Um nicht wieder eingesperrt zu
werden, floh Wilfrith nach Mercia, in
ein anderes der sieben angelsächsischen Königreiche. 703 ging er nach
Rom, wo ihn Papst Johannes VI. voll
rehabilitierte. Daraufhin gab der Erz-
schof nach, und eine zweite Teilung
des Bistums unterblieb. Seine letzten
Lebensjahre verbrachte der streitbare
Bischof Wilfrith im Kloster Ripon. Er
starb anläßlich eines Besuches im Kloster Oundle (Mittelengland) und wurde
in Ripon bestattet. 1224 kamen seine
Gebeine in die Kathedrale von York.
Festtag: 12. Oktober.
Darstellung: als Bischof mit dem
Kreuzstab. 1997 entdeckten Archäologen in der Kathedrale (12. bis 15. Jh.)
des nordenglischen Ripon Mauerreste
einer Kirche aus dem 7. Jh., vermutlich der Klosterkirche des hl. Wilfrith.

Willegis, → Willigis.

Willibald (um 700–787), Bischof, Patron der Diözese Eichstätt (Altmühltal). Willibald, Sohn des angelsächsi-

schen Edelmanns → Richard von Wessex, Bruder des hl. → Wunibald und der hl. → Walpurga, erhielt seine Erziehung im Kloster Wealdham (heute Waltham Holy Cross, Südengland). 720 pilgerte er mit seinem Vater und seinem Bruder nach Rom, der Vater starb aber unterwegs in Lucca im Herbst 720. 723 reiste Willibald ins Heilige Land, 727 besuchte er Konstantinopel, und von 730–739 wirkte er als Mönch im Kloster Montecassino (Süditalien), dem Mutterkloster des abendländischen Mönchtums. Als Willibald über Rom wieder heimwärts zog, berief ihn Papst → Gregor III. auf Bitten des → Bonifatius hin in die deutsche Mission. In Eichstätt erhielt er 740 die Priesterweihe und 741 von Bonifatius die Weihe zum ersten Bischof von Eichstätt. Er baute den Eichstätter Dom und das dortige Kloster und betrieb von hier aus mit einer wachsenden Zahl von Mönchen und Priestern sehr erfolgreich die Mission im bayerischen, fränkischen und schwäbischen Raum. 751 gründete er mit seinem Bruder Wunibald das Benediktinerkloster Heidenheim (Mittelfranken). Willibald wurde nach seinem Tod im Eichstätter Dom, dem »Willibaldsdom«, beigesetzt, wo sich seine Reliquien seit 1741 (Millennium des Bistums) in einer Marmortumba befinden.

Festtag: 7. Juli.

Darstellung: als Bischof mit Rationale (Schulterschmuck), auf dem die lateinischen Worte Fides (Glaube), Spes (Hoffnung) und Caritas (Liebe) stehen, mit Stab und offenem Buch, oft Pfeile haltend als Symbole erfolgreicher Mission.

Willibrord (658–739), Erzbischof von Utrecht (Niederlande), Apostel der Friesen. Patron von Luxemburg, der Diözesen Utrecht, Haarlem (Nordholland) und Luxemburg, Helfer bei Epilepsie, Zuckungen und Hautkrankheiten.

Willibrord wurde in Northumbrien, dem nördlichsten der angelsächsischen Königreiche, geboren und im Benediktinerkloster Ripon (Grafschaft York) unter Abt → Wilfrith ausgebildet. An die alte Abtei erinnert heute die im 14. Jh. nachfolgende Fountains-Abbey, die größte Klosterruine Englands. 678 wechselte Willibrord nach Irland in das Kloster Ratmelsigi (heute wohl Mellifont bei Drogheda nördlich Dublin). Hier wirkte er zwölf Jahre als Mönch und Priester und zog 690 als Missionar in das südwestliche Friesland, wo er seine Arbeit unter dem Schutz des fränkischen Staates und mit Vollmacht des Papstes Sergius I. verrichtete. 695 sandte ihn Pippin II. der Mittlere, Hausmeier (Kanzler) für das gesamte Frankenreich, nach Rom, wo ihn Papst Sergius I. am 21. November zum Erzbischof der Friesen weihte und ihm den Namen »Klemens« (nach dem heiligen Papst → Klemens I.; 88–97) gab. Nach seiner Rückkehr erbaute Willibrord die Kathedrale von Utrecht, war in der Friesenmission sehr erfolgreich und gründete mit finanzieller Hilfe der hl. → Irmina von Trier 698 die Benediktinerabtei Echternach (Luxemburg) als Stützpunkt für seine Mission. Mit Pippins Tod 714 entfiel jegliche staatliche Unterstützung, wodurch die Missionstätigkeit in Friesland einschlief. 716–717 wirkte Willibrord im östlichen Franken und in Thüringen, nahm 719 aber mit Hilfe von Pippins Sohn Karl Martell, ebenfalls Hausmeier des Fränkischen Reiches, mit → Bonifatius die Mission in Friesland wieder auf und dehnte sie, aller-

dings wenig erfolgreich, bis Dänemark aus. Willibrord starb in Echternach und fand im dortigen Kloster sein Grab. Einer Legende nach beendete Willibrord das epidemische Auftreten des Veitstanzes. Daran erinnert die alljährlich am Pfingstdienstag stattfindende »Echternacher Springprozession«.
Festtag: 7. November.
Darstellung: im Bischofsgewand, ein Kirchenmodell oder ein Kind tragend (Kindermission), unter seinem Bischofsstab entspringt eine Quelle, mit dem Stab verwandelt er Wasser in Wein, neben ihm stehen oder liegen Weinfaß und Krug (Legende vom Weinwunder).

Willigis, Willegis († 1011), Erzbischof von Mainz, Kanzler des Deutschen Reiches. Willigis stammte aus einer freien, aber nicht vermögenden niedersächsischen Familie. Sein Vater war Wagner (Wagenbauer, Stellmacher) oder – nach einer anderen Legende – Fuhrmann oder Bauer. 970 kam der junge, hochintelligente Mann auf Empfehlung des Bischofs von Meißen an den Hof des Kaisers Otto I. des Großen, um dessen fünfzehnjährigen Sohn Otto II., seit 967 ebenfalls Kaiser, zu erziehen. 971 ernannte Otto I. Willigis zum Kanzler des Deutschen Reiches. Als Kaiser Otto I. 973 starb, half Willigis Otto II., sich im Kampf gegen seine Widersacher, den Bayernherzog Heinrich den Zänker sowie gegen Dänemark und Frankreich durchzusetzen. 975 ernannte ihn Otto II. zum Erzbischof von Mainz und zum Erzkanzler des Reiches. 983 starb der Kaiser, erst 28 Jahre alt, und hinterließ den dreijährigen Thronerben Otto III., der nach seines Vaters Tod in Verona zum deutschen König gewählt und in

Aachen gekrönt wurde. Für den noch unmündigen Otto regierten seine Mutter Theophano († 991), seine Großmutter → Adelheid (bis 995) und Willigis. 996 zog Otto III. mit Willigis nach Italien, wo er seinen Vetter Brun von Kärnten zum Papst wählen ließ, der ihn als Gregor V. noch im selben Jahr zum Kaiser krönte. Gregor V. war übrigens der erste deutsche Papst. Nach dessen Tod im Jahre 999 erhob Otto III. seinen Lehrer Gerbert von Aurillac zum Papst (Silvester II.). 1002 starb der Kaiser, erst 22 Jahre alt.
Willigis förderte tüchtige Kleriker, wie → Adalbert von Prag, → Bernward von Hildesheim und → Burkhard von Worms. 998 (1000) traute Willigis den Bayernherzog → Heinrich II., seit dem Tod seines Vaters Heinrichs des Zänkers 995 Herzog von Bayern, und → Kunigunde, die Tochter des Grafen Siegfried von Luxemburg. Nach dem Tod Ottos III. bemächtigte sich Herzog Heinrich 1002 der Reichskleinodien, ließ seinen Konkurrenten Markgraf Ekkehard I. von Meißen erschlagen und setzte sich mit Willigis' Unterstützung bei der Königswahl gegen den zweiten Konkurrenten Herzog Hermann II. von Schwaben durch. Am 7. Juni 1002 setzte Erzbischof Willigis Herzog Heinrich II. und seiner Gemahlin Kunigunde die Krone der deutschen Könige aufs Haupt. Willigis war auch ein treuer Begleiter Heinrichs II., der 1014, drei Jahre nach Willigis' Tod, Kaiser wurde. Willigis gilt als ein bedeutender Staatsmann, der stets um ein ausgewogenes Machtverhältnis zwischen Staat und Kirche besorgt war, der sich aber ebenso stark um die Minderung der Armut, um ein gutes Schulwesen, um die Künste und die Klosterzucht kümmerte. Nicht zu Unrecht gab man Willigis, der wohl alle wesentli-

chen politischen Entscheidungen der drei Ottonenkaiser maßgeblich beeinflußt und seine ganze Kraft dem Herrscherhaus und dem Reich zur Verfügung gestellt hatte, den Ehrentitel »Vater des Kaisers und des Reiches«. Willigis starb am 23. Februar 1011 in Mainz und wurde in der dortigen Stephanskirche beigesetzt.
Festtag: 23. Februar.
Darstellung: als Bischof mit einem Rad (Hinweis auf seine Herkunft).

Winfrid, → Bonifatius.

Witgar, Withgar, Witger († um 690), Graf in Bracbantum, einer historischen Landschaft zwischen Maas und Schelde (heute Brabant). Vielfach wird Graf Witgar zu einem lothringischen Herzog erhoben, was aber nicht möglich ist, weil es Lothringen (Lotharingien) erst seit 855 gibt, als das karolingische Reich unter den Söhnen Kaiser Lothars I. aufgeteilt wurde. Witgars Gemahlin, die hl. → Amalberga von Maubeuge, gebar ihm nach der Legende die hll. → Emebert, → Gudula von Brüssel und → Reineldis. Als Amalberga in das Benediktinerinnenkloster Maubeuge (Nordfrankreich) eintrat, legte Witgar sein Mönchsgelübde im Benediktinerkloster St-Pierre in Lobbes bei Thuin (belg. Hennegau) ab.
Festtag: 10. Juli.

Wizelin, → Vicelin.

Wladimir I. der Heilige, Vladimir († 1015), Großfürst von Rußland, »Apostelgleicher«.
Sein Vater Großfürst Swjatoslaw (964–972) hatte das Russische Reich schon zu Lebzeiten unter seine drei Söhne aufgeteilt: Jaropolk erhielt Kiew,

Oleg bekam das Land der Drewljanen, Wladimir übernahm Nowgorod. 972 fiel Swjatoslaw in einem Gefecht mit den Petschenegen, und damit begann der Bruderkampf: 977 beseitigte Jaropolk seinen Bruder Oleg und marschierte nach Nowgorod, um auch Wladimir zu liquidieren. Wladimir floh nach Schweden, warb ein Söldnerheer an und zog mit dem Heer nach Kiew, das durch Verrat in seine Hände fiel. Wladimir ließ Jaropolk 978 ermorden und war damit Alleinherrscher und Großfürst über ganz Rußland. Aber er war völlig an die schwedischen Waräger verschuldet. So kam es ihm sehr zustatten, daß der byzantinische Kaiser Basileios II. 987 seine Hilfe erbat. Wladimir überließ ihm sein warägisches Söldnerheer gegen Übernahme der Schulden und der Soldrückstände. Außerdem verlangte er Anna, die Schwester Kaiser Basileios' II., zur Frau. Als die Byzantiner diese Forderung empört ablehnten, besetzte er kurzerhand den Schwarzmeerhafen Cherson, einen wichtigen byzantinischen Stützpunkt an der Mündung des Dnjepr. Da gaben die Byzantiner nach. Wladimir versprach, dem Wunsche Annas entsprechend sich taufen zu lassen und das Christentum nach byzantinischem Ritus in Rußland zur Staatsreligion zu erheben. So bekamen die Byzantiner das Warägerheer und er Anna. 988 fand die prunkvolle Vermählung statt, die Wladimir im Osten wie im Westen hohes Ansehen verschaffte, denn selbst Otto der Große, Kaiser über das Heilige Römische Reich, mußte sich mit einer entfernten Verwandten des Kaisers von Byzanz als Ehefrau für seinen Sohn, den späteren Kaiser Otto II., zufriedengeben. Wladimir hielt seine Versprechen. Mit dem nötigen Nachdruck, in vielen Orten sogar mit Feuer und Schwert, vertrieb er die heidnischen Götter und machte die meisten seiner Untertanen zu gottergebenen Christen. Die Kirche erhielt nach westlichem Muster den »Zehnten« an den Handelsumsätzen und Gerichtsgebühren, an dem Korn- und Viehverkauf. Den Klöstern schenkte er riesige Ländereien samt den Menschen, die darauf wohnten. Die Kirche gestaltete fortan das Recht der Bürger und übernahm große Teile der staatlichen Verwaltung. Wladimir gab der russischen Kirche von Anfang an eine gewisse Unabhängigkeit von Byzanz. So wurde nicht das Griechische Kultsprache, sondern das Altslawische. Und mit dem Papst tauschte Wladimir Gesandtschaften aus. Wladimir besiegte mehrere Nachbarvölker, so daß das Russische Reich bald vom Schwarzen Meer bis zum Ladogasee reichte. In Rußland begann seine Verehrung als »Apostelgleicher« und damit als Heiliger im 13. Jh.

Festtag: 15. Juli.

Darstellung: als bärtiger Fürst mit Krone, Handkreuz und Schwert, meist zusammen mit seinen Söhnen, den hll. → Boris und Gleb.

Wolfgang von Regensburg (um 924 – 994), Bischof, Patron von Bayern, der Diözese und der Stadt Regensburg, Patron der Holzfäller, Zimmerleute und Köhler, der Hirten, Schiffer und Bildschnitzer, der unschuldig Verurteilten und des Viehs, Helfer bei Gicht, Blutfluß (starke Blutungen), Schlaganfall, Lähmungen, bei Augenkrankheiten und Hautentzündungen, bei Unfruchtbarkeit und Mißgeburten, bei Feuer und Unwetter.
Wolfgang kam vermutlich in Pfullingen (Württemberg) zur Welt, besuchte die Klosterschule auf der Insel Reichenau (Bodensee) und ging dann nach Würzburg, schließlich nach Trier, wo er 956 Lehrer an der Domschule, später Domdekan und schließlich Kanzler wurde. 965 trat er als Mönch in das Benediktinerkloster Maria Einsiedeln (Kanton Schwyz) ein, empfing durch Bischof → Ulrich von Augsburg 968 die Priesterweihe und lehrte an der Klosterschule. 971 missionierte er erfolglos in Ungarn, ging nach Passau und empfing 972 durch Empfehlung des dortigen Bischofs → Pilgrim von Passau von Kaiser Otto II. die Ernennung zum Bischof von Regensburg. Wolfgang reformierte die Klöster seiner Diözese, verbesserte deren kulturelle Leistungen und auch deren Wirtschaftlichkeit und hob die Ordenszucht der Mönche. Er erzog die Kinder des Bayernherzogs Heinrich II. des Zänkers. Als der Herzog gegen Kaiser Otto II. opponierte, stand Wolfgang auf der Seite des Kaisers und mußte seine Bischofsresidenz 976 vorübergehend nach Oberösterreich, in das zur Diözese Regensburg gehörende Kloster Mondsee, verlegen. Bischof Wolfgang starb in Pupping auf einer Reise durch Oberösterreich und wurde im Kloster St. Emmeram (Regensburg) bestattet. Papst Leo IX. sprach ihn 1052 heilig. An den früher überaus lebhaften Kult – der hl. Wolfgang zählt noch heute zu den meistverehrten Heiligen in Deutschland – erinnern die Namen St. Wolfgang (am Abersee, der heute Wolfgangsee heißt), St. Wolfgang (Steiermark) u. a.

Festtag: 31. Oktober.

Darstellung: im Bischofsgewand oder Benediktinerhabit mit der Axt (Siedlungspolitik) und einem Kirchenmodell (Kirchen- und Klostergründungen), oft auch mit Bischofsstab, Buch, Teufel (das Böse, das er überwindet) oder einem Wolf (Hinweis auf seinen Namen).

Wunibald (701 – 761), Abt von Heidenheim, Patron der Maurer und Brautpaare. Er wurde als Sohn des angelsächsischen Edelmanns → Richard von Wessex geboren und pilgerte 720 mit dem Vater und seinem Bruder → Willibald nach Rom, das der Vater aber nicht mehr erreichte. Wunibald trat in ein römisches Kloster ein, in dem er theologische Studien betrieb. 727 kehrte er nach England zurück, kam 737 oder 738 zum zweiten Mal nach Rom, wo ihn → Bonifatius 739 zum Priester weihte und in die Thüringer Mission berief. Ab 744 wirkte Wunibald in der Oberpfalz und ab 747 als Seelsorger in Mainz. 751 ging er nach Eichstätt zu seinem Bruder Willibald und gründete in der Eichstätter Diözese 752 über einer Mineralquelle das Benediktinerkloster Heidenheim (Mittelfranken), dessen erster Abt er wurde. Seine Reliquien kamen um 870 in den Eichstätter Dom.
Festtag: 18. Dezember.
Darstellung: mit Abtstab und Maurerkelle (als Klostergründer).

Wunna († 720). Sie stammt aus einer Adelsfamilie im angelsächsischen Königreich Wessex (Südwestengland). Der hl. → Bonifatius soll nach der Überlieferung ihr Bruder gewesen sein. Sie war mit dem hl. → Richard von Wessex verheiratet und die Mutter der hll. → Walpurga, → Willibald und → Wunibald. Ihr Heiligenkult blühte vom 15. bis 18. Jh., vor allem in Eichstätt.
Festtag: 7. Februar.

X

Xystus II., III. → Sixtus II., III.

Y

Ynigo, → Enneco.

Yves, → Ivo.

Z

Zaccaria, → Antonius Maria Zaccaria.

Zacharias, Vater Johannes' des Täufers (1. Jh. v. Chr.). Der Priester Zacharias gehörte zur Priesterklasse Abija (Abia) (Lk 1, 5), der achten Wochenabteilung der 24 priesterlichen Dienstordnungen, die zwei- bis dreimal jährlich je eine Woche im Jerusalemer Tempel Dienst taten. Die einzelnen Dienste bestimmte das Los. Zacharias lebte schon viele Jahre mit → Elisabeth in kinderloser Ehe und war daher sehr verwundert, als ihm der Erzengel Gabriel einen Sohn ankündigte. Weil er an der Wahrheit der Botschaft zweifelte, schlug ihn der Engel mit Stummheit; erst nach der Geburt seines Sohnes Johannes (→ Johannes der Täufer) konnte er wieder sprechen (Lk 1, 5–25). Nach den Zacharias-Apokryphen des 3./4. Jh. wurde Zacharias auf Befehl Herodes' des Großen (37–4 v. Chr.) im Tempel ermordet. Im Jahr 415 gelangten Reliquien des hl. Zacharias nach Konstantinopel.

Festtag: 5. November, Ostkirchen: 11. Februar (Auffindung der Gebeine).

Darstellung: als jüdischer Priester mit einem Weihrauchfaß, oft gemeinsam mit Elisabeth.

Zacharias († 752), Papst (741–752). Zacharias stammte aus einer in Unteritalien lebenden griechischen Familie. Er war der letzte Grieche auf dem Stuhl Petri und anfangs noch stark auf Byzanz ausgerichtet. So zeigte er als letzter Papst seine Wahl dem oströmischen Kaiser Konstantin V. Kopronymos an und sandte dem Patriarchen von Konstantinopel, Anastasios, seine Synodika (Einstandsschreiben). Er ließ die Klöster der orientalischen Mönche und ihre Kirchen in Rom restaurieren und pflegte gute Beziehungen zu Byzanz. Von den Langobarden, die im 6. und 7. Jh. in Italien ein mächtiges Reich errichtet hatten, erlangte er wesentliche Zugeständnisse, wie die Rückgabe größerer Gebiete des Patrimonium Petri (Territorien der Römischen Kirche in Mittel- und Unteritalien) und des byzantinischen Exarchats Ravenna. Unter Papst Zacharias und den Langobardenkönigen Liutprand (712–744) und Ratchis (744–749) genoß Italien endlich wieder eine kurze Zeit des Friedens, die allerdings König Aistulf (749–757) schnell beendete, indem er 751 Ravenna und wenige Jahre darauf – nach Zacharias' Tod – sogar Rom bedrohte.

Überaus bedeutend und weitsichtig war der Einsatz des Zacharias für die fränkische Kirche. So genoß → Bonifatius die volle Unterstützung des Papstes bei der Missionierung Germaniens. 743 bestätigte Zacharias die Bistumsgründungen Büraburg, das schon 746 zu Mainz kam, und Würzburg und erweiterte 744 das Legat des Bonifatius auf die gesamte fränkische Kirche.

747 nahm er den fränkischen Hausmeier Karlmann – Herr über Austrien mit Thüringen und Alemannien und der Herrschaft überdrüssig – in den Mönchsstand auf. Er war einverstanden, als Pippin III. der Jüngere, fränkischer Hausmeier über Neustrien, Burgund und die Provence, den Frankenkönig Childerich III., den letzten aus der Dynastie der Merowinger, 751 entthronte, und erhob Pippin zum deutschen König. Zacharias starb in Rom und wurde im Petersdom beigesetzt.
Festtag: 15. März.
Darstellung: als Papst mit Tiara, Kreuzstab und Buch.

Zacharias von Jerusalem († um 618), Patriarch von Jerusalem (609–614). Im Jahr 614, 24 Jahre vor der Eroberung des Heiligen Landes durch die moslemischen Araber, erschienen die Perser unter ihrem König Chosroës II. Parwez vor den Toren des byzantinischen Jerusalems. Sie belagerten die Stadt 21 Tage lang und richteten dann gemeinsam mit den jüdischen Bewohnern unter der christlichen Bevölkerung ein entsetzliches Blutbad an. Sämtliche Kirchen gingen in Flammen auf. 26 500 Christen wurden getötet, 35 000 kamen in die Sklaverei, auch der Patriarch Zacharias mußte mit ins Zweistromland. Die Kreuzreliquie, die die Kaiserin → Helena um 326 gefunden hatte und die in der Grabeskirche zu Jerusalem verwahrt wurde, schenkte der Perserkönig seiner christlichen Gemahlin. Zacharias sandte aus seinem Exil, vermutlich der Hauptresidenz der Sassanidendynastie Ktesiphon (südöstlich von Bagdad am Tigris), einen Trostbrief an seine Jerusalemer Gemeinde, die → Modestus von Jerusalem, Abt des Theodosiosklosters unweit von Bethlehem, für den abwesenden Patriarchen leitete. Schon wenige Jahre nach dem Einzug in Jerusalem änderten die Perser ihre Politik: Die Christen durften nach Jerusalem zurückkehren, die Juden wurden aus der Stadt gewiesen. Doch Zacharias erlebte die Rückkehr nicht mehr. 627 besiegte Kaiser Herakleios die Perser in der Schlacht bei Ninive. Chosroës II. wurde gestürzt und ermordet, das Sassanidenreich der Perser brach zusammen. Am 14. September 629 kehrte die kostbare Kreuzreliquie im Triumph in die Grabeskirche zurück.
Festtag: 21. Februar.

Zephyrinus († 217), Papst (198/199–217). Über seine Herkunft ist nur bekannt, daß er Römer war. → Hippolyt hielt Papst Zephyrinus für einfältig, ungebildet und in allen kirchlichen Dingen für unerfahren. Das hatte Zephyrinus wohl auch selber erkannt, denn er bestellte den tüchtigen → Calixtus zu seinem Archidiakon. Sehr zögernd bekämpfte er die in seiner Zeit verstärkt auftretenden häretischen Gruppen, wie die Montanisten und Monarchianer, darunter die Adoptianer, Modalisten, Dynamisten und die Patripassianer. Daß Zephyrinus als Märtyrer starb, wurde oft behauptet, ist aber unwahrscheinlich. Als erster Papst soll er in der Via Appia nahe der Calixtuskatakombe beigesetzt worden sein, sein Grab wurde bislang noch nicht identifiziert.
Festtag: 26. August.
Darstellung: im Pontifikalornat mit Tiara, Kreuzstab und Buch.

Attribute der Heiligen

In religiösen Darstellungen werden den Heiligen seit alters bestimmte Gegenstände, Wesen oder Zeichen beigegeben. Allgemeine Attribute wie etwa die Palme kennzeichnen die Zugehörigkeit zu einer Gruppe (in diesem Fall sind es die Märtyrer). Persönliche Attribute verweisen oft auf ein besonderes Ereignis im Leben der Heiligen. Die Art des Martyriums veranschaulichen z.B. bei der hl. Katharina (von Alexandria) ein zerbrochenes Rad, dem hl. Stephanus ein paar Steine, dem hl. Florian (von Lorch) ein Mühlstein oder dem hl. Laurentius (von Rom) ein Rost.

Attribute kann auch die Bibel beisteuern, erwähnt sind ein oder mehrere Schlüssel für Petrus (Mt 16, 19) oder ein Kochlöffel für die hausfrauliche Martha (von Bethanien) (Lk 10, 40; allerdings nicht direkt genannt).

Jeder Apostel und jeder Evangelist hat sein individuelles Kennzeichen: Paulus das Schwert, Andreas das schräge Kreuz (Andreaskreuz), Thomas das Winkelmaß usw. Und die vier Evangelisten werden oft sogar mit ihren Attributen bildlich gleichgesetzt: Matthäus als Engel, Markus als Löwe, Lukas als Stier, Johannes als Adler.

Legenden bieten dem darstellenden Künstler einen unerschöpflichen Vorrat an eindrucksvollen Attributen, wie der Turm für die hl. Barbara, die Rosen für die hl. Elisabeth (von Thüringen), der Hirsch mit dem leuchtenden Kreuz im Geweih für den hl. Hubertus (von Maastricht), der Drache für den hl. Georg (von Kappadokien), das Schwert für den hl. Michael, die Muschel für den hl. Jakobus (den Älteren), das Jesuskind für den hl. Christophorus, die Biene für den hl. Ambrosius, die Axt für den hl. Bonifatius, der Totenkopf für die hl. Maria Magdalena, der Kelch für den hl. Konrad (von Konstanz), der Fisch für den hl. Ulrich (von Augsburg) usw.

Neben rein gegenständlichen Attributen gibt es Attribute, die einen besonderen Symbolgehalt besitzen, wie das Kleeblatt des hl. Patrick (Geheimnis der Dreifaltigkeit). Attribute können auch auf den Stand verweisen (eine Krone bei Stephan I. von Ungarn) oder auf das Patronat (Arzneifläschchen bei Pantaleon). Immer aber erleichtern die Attribute die Identifizierung eines Heiligen in der religiösen Kunst. Im folgenden finden Sie eine Aufstellung der häufigsten Attribute.

Abtsstab, → Stab

Adler, König der Lüfte, Bezwinger des Bösen, Symbol geistiger Größe, der Schnelligkeit, Kraft und Erneuerung: Adalbert von Prag, Gislenus, Johannes der Evangelist, Johannes vom Kreuz, Medardus von Noyon, Vitus, Wenzel I.

Ähren, Blütenstände fast aller Getreidearten, eucharistische Symbolik (Brot), marianisches Symbol, Symbol einer reichen Ernte: Abdon und Sennen, Apollinaris von Ravenna, Kajetan von Tiene, Walpurga

Almosen: Adelheid, Medardus von Noyon, Sigibert III.

Amboß, Symbol der Tapferkeit und Stärke: Bernward von Hildesheim, Eligius

Anker, Symbol der Hoffnung, der Zuversicht und des Heils, eines der ältesten christlichen Symbole: Erasmus, Johannes von Nepomuk, Klemens I., Nikolaus von Myra

Äpfel: Dorothea von Kappadokien
Arzneifläschchen: Pantaleon
Arzneikästchen: Kyros und Johannes
Arzttasche: Kosmas und Damianus
Äskulapstab, der von einer heiligen Schlange umringelte Stab des Äskulap (Asklepios), des griechischen Gottes der Heilkunde, Symbol der Ärzte: Kosmas und Damianus
Aussätziger: Elisabeth von Thüringen
Axt, uraltes Symbol der Macht, Gerichtswerkzeug (Fällen eines heiligen Baums); Symbol der Christianisierung, der Kolonisation durch die Klöster: Bonifatius, Joseph von Nazareth, Wigbert von Fritzlar, Wolfgang von Regensburg

Balsamfläschchen: Walpurga
Banner, → Fahne
Bär, Wappentier, Symbol der Stärke und Gewandtheit, Helfer bei der Christianisierung und bei der Kolonisation, aber auch Menschentöter in der Arena: Abdon und Sennen, Gallus, Kolumban der Jüngere, Korbinian von Freising, Landrada von Münsterbilsen, Lucius von Chur, Magnus von Füssen, Remaclius, Thekla von Ikonium
Barett, Kopfbedeckung der Geistlichen: Castulus, Sigismund von Burgund
Baum, Symbol des Lebens, der ständigen Erneuerung, des Sieges über den Tod, der Fruchtbarkeit: Christophorus, Sebastian
Becher, Symbol der Darreichung und Vermittlung, der Freude, der Segnungen und des Heils: Benedikt von Nursia, Meinrad von Reichenau, Nikolaus von der Flüe
Beil, Zimmermanns- und Marterwerkzeug: Agricola, Hermenegild, Joseph von Nazareth, Matthias, Siebenschläfer, Thomas Becket
Bettler: Elisabeth von Thüringen, Germanus von Münster-Granfelden
Biene, Symbol des Fleißes, der Klugheit, der Einigkeit, der »honigsüßen« Beredsamkeit, der Sonne. Ein Bienenkorb versinnbildlicht die Kirche, die Gesamtheit

der Gläubigen: Ambrosius, Bernhard von Clairvaux, Johannes Chrysostomos
Bildhauerwerkzeug: Quattuor Coronati
Birett, liturgische Kopfbedeckung: Johannes von Nepomuk, Philipp Neri, Robert Bellarmin
Bischofsstab, → Stab
Bleiruten, Marterwerkzeuge: Concordia von Rom
Blitz, → Gewitter
Blumen: Dorothea von Kappadokien
Blütenzweig: Orientus und Patientia
Blutschale, Blut ist das Sinnbild des Lebens und der Seele, es wird in einer Schale aufgefangen: Simon von Trient
Boot: Amalberga von Gent
Brennholz, ein kostbares Geschenk für die Armen: Franziska von Rom
Brevier, Gebetbuch: Liudger
Brief: Oswald von Northumbrien
Brille: Maximilian Kolbe, Servatius
Brot, Symbol für den Leib Jesu (Eucharistie): Albert von Lüttich, Autbert von Cambrai, Elisabeth von Thüringen, Franziska von Rom, Gallus, Honoratus von Amiens, Leopold III. von Österreich, Meinrad von Reichenau
Brunnen, Symbol für Segen, Heil und Reinigung: Gangolf
Brüste, auf Schale oder in den Händen, Hinweis auf das Martyrium: Agatha, Anastasia von Sirmium, Barbara
Buch, Symbol der Gelehrsamkeit, Attribut für alle Heiligen, die Schriftwerke verfaßt haben, für die Evangelisten, Kirchenlehrer, Diakone usw.: Adalar, Adelheid von Vilich, Adelphus von Metz, Agatho, Agilolf, Agnes von Rom, Agritius, Albert von Jerusalem, Albert von Lüttich, Albert von Trapani, Albertus Magnus, Altmann von Passau, Alto, Amalberga von Gent, Amalberga von Maubeuge, Amandus von Maastricht, Amandus von Straßburg, Ambrosius, Anastasius I., Andreas, Angela Merici, Anno von Köln, Anselm von Canterbury, Ansgar von Hamburg, Antonius von Padua, Athana-

sius, Augustinus, Autbert von Cambrai, Barnabas, Bartholomäus, Beda, Bonifatius, Bruno von Asti, Burkhard von Würzburg, Cäcilia, Calixtus I., Chuniald und Gislar von Salzburg, Coletta, Cyprianus von Karthago, Cyriakus von Rom, Cyrillus von Alexandria, Dominikus, Drei heilige Jungfrauen, Eleutherus, Engelbert I. von Köln, Ephraim der Syrer, Erasmus, Eustathios, Fabianus, Franz von Sales, Germanus von Münster-Granfelden, Gertrud von Karlburg, Gertrud von Nivelles, Gregor I. der Große, Gregor von Nyssa, Hermas von Philippopolis, Hilarius von Poitiers, Hildegard von Bingen, Hubert von Maastricht, Hugo von Cluny, Irenäus von Lyon, Isidor von Sevilla, Ivo, Johanna Franziska von Chantal, Johannes Chrysostomos, Johannes vom Kreuz, Julius I., Katharina von Bologna, Katharina von Schweden, Katharina von Siena, Klara von Assisi, Korbinian von Freising, Kunigunde, Kyrillos und Methodios, Landrich, Laurentius von Rom, Leander von Sevilla, Leo I. der Große, Linus, Lucia von Syrakus, Lucius von Chur, Lukas, Makarios der Ältere, Makarios von Jerusalem, Malachios von Armagh, Marcella von Rom, Marcellus I., Maria Magdalena, Markus, Matthäus, Matthias, Methodios der Bekenner, Monika, Nikolaus von Myra, Orientius und Patientia, Otmar von St. Gallen, Paulus, Petrus, Petrus Canisius, Petrus Damiani, Philipp Neri, Prochorus, Reineldis, Romuald, Servatius, Severin von Noricum, Simon Zelotes, Sophie von Rom, Stephanus, Symmachus, Symphorian von Autun, Tarasios von Konstantinopel, Thaddäus, Theresa von Ávila, Thomas von Aquin, Thomas Becket, Ulrich von Augsburg, Viktor I., Vinzenz von Saragossa, Vitus, Walpurga, Wigbert von Fritzlar, Willibald, Wolfgang von Regensburg, Zacharias, Zephyrinus

Cappa, Mantel der katholischen Geistlichkeit: Bruno von Segni

Dämonen: Makarios der Ältere

Dogenhut: Petrus Urseolus

Doppelkreuz, lothringisches Kreuz, Kreuz mit zwei gleichlangen parallelen Querbalken: Anastasius I., Damasus I., Lucia von Syrakus

Dornbusch, Symbol für das Kreuz und die Dornenkrone Christi: Achatius von Armenien, Nikolaus von der Flüe

Dornenkrone, Zeichen der Verspottung Jesu, des »Königs der Juden«; die drei Ranken der Dornenkrone verweisen auf die drei Stufen der Buße (Reue, Beichte, Wiedergutmachung): Achatius von Armenien, Adalhard von Corbie, Franz von Sales, Katharina von Siena, Ludwig IX. von Frankreich, Theodoros von Euchaïta

Drache, Verkörperung des Bösen (→ Schlange), Repräsentant des Teufels: Cyriacus von Rom, Georg von Kappadokien, Hilarius von Poitiers, Leo I. der Große, Magnus von Füssen, Margareta von Antiochia, Martha von Bethanien, Narcissus, Philippus, Servatius

Drachentöter: Georg von Kappadokien, Michael, Theodoros von Euchaïta

Einhorn, Symbol der Reinheit, der Jungfräulichkeit, der unbefleckten Empfängnis Jesu durch Maria: Agatha, Firminus

Eisenkamm, Marterinstrument: Blasius von Sebaste

Engel, Mittler zwischen Gott und Mensch: Adalhard von Corbie, Balbina, Bonaventura, Gudula von Brüssel, Isidor von Madrid, Johannes Chrysostomos, Matthäus, Philipp Neri, Rochus von Montpellier

Erdbeeren: Robert von Molesme

Erdkugel, Symbol der Schöpfung, der Macht und der Weltherrschaft: Bruno der Kartäuser, Dominikus, Gabriel

Esel: Antonius von Padua, Autbert von Cambrai, Bruno von Querfurt, Sola

Fackel, Symbol von Hoffnung, Freiheit, Erlösung, Sieg und Freude, auch Marterwerkzeug; ein Hund mit brennender Fackel im Maul weist als Wortspiel auf die Dominikaner hin (domini canes = Hunde des Herren): Dominikus, Magnus von Füssen, Margareta von Antiochia, Siebenschläfer, Theodoros von Euchaïta

Fahne, Symbol des Kampfes und des Sieges (Sieg auch durch Opfer), meist Attribut der kämpferischen Heiligen: Bruno von Würzburg, Castulus, Georg von Kappadokien, Hippolyt, Johanna von Orléans, Leopold III. von Österreich, Papias von Hierapolis, Wenzel I.

Falke: Agilolf

Federkiel: Alfons Maria von Liguori, Beda, Gregor I. der Große, Isidor von Sevilla, Johannes der Evangelist

Feldzeichen: Konstantin I.

Fesseln: Dominikus von Silo

Feuer: Antonius von Padua, Patrick, Polykarp von Smyrna

Feuerhaken: Vinzenz von Saragossa

Feuersäule: Ephraim der Syrer

Fichtenzapfen, dem Wappen von Augsburg entnommen: Afra

Fisch, Symbol des Lebens und der Fruchtbarkeit, für Christus und die Christen (Mt 4,19), Hinweis auf die Taufe. Das griechische Wort »ichthys« für »Fisch« setzt sich aus den Anfangsbuchstaben von »Jesus Christos Theou Hyios Soter« (Jesus Christus, Gottes Sohn, Heiland) = ΙΧΘΥΣ zusammen. Und die ersten Christen nannten sich »pisciculi« (Fischlein): Amalberga von Gent, Andreas, Antonius von Padua, Arnulf von Metz, Benno von Meißen, Chrysogonus von Aquileia, Ulrich von Augsburg

Früchte: Dorothea von Kappadokien

Fuchs: Bonifatius

Füllhorn, Symbol der Fruchtbarkeit, des Reichtums und der Hoffnung: Kajetan von Tiene

Gans, Vogel der geschwätzigen Weisheit, Symbol der Wachsamkeit und Unbestech-

lichkeit: Achahildis, Martin von Tours (Martinsgans)

Geißel, Strafmittel bei Gesetzesbrechern, aber auch Bußübung: Aloisius von Gonzaga, Ambrosius, Gervasius und Protasius, Maria Magdalena, Mathilde, Paula von Rom, Petrus von Alcántara, Petrus Damiani, Petrus Urseolus

Geld und Geldbeutel, Symbol des Geizes wie der mildtätigen Liebe: Amatus von Sitten, Cyrillus von Jerusalem

Geräte, medizinische: Kosmas und Damianus

Getreidegarbe: Paulus

Glocke: Aldebrand von Fossombrone, Antonius der Große

Götzenbild: Philippus, Stephan I.

Gürtel, Symbol der Gerechtigkeit, Kraft, Treue und Wahrheit, auch Enthaltsamkeit und Keuschheit: Franziska von Rom

Habicht: Quirinus von Neuss

Hahn, Symbol der Wachsamkeit, des Erweckens zu einem höheren Leben, auch der Männlichkeit und Sinnlichkeit: Gallus, Petrus, Valentinus von Terni, Vitus

Hammer, Handwerkszeug oder Marterwerkzeug: Bernward von Hildesheim, Eligius

Handschuh: Amadeus von Lausanne, Irmgard von Köln

Harke: Isidor von Madrid

Harnisch: Florian von Lorch, Leopold III. von Österreich, Quirinus von Neuss

Haupt, abgeschlagenes, Hinweis auf Martyrium: Adalbert von Prag, Alban von England, Alban von Mainz, Firminus, Johannes der Täufer, Katharina von Alexandria, Reineldis

Haut, abgezogene, Hinweis auf Martyrium: Bartholomäus, Crispinus und Crispinianus

Hechel, landwirtschaftliches Gerät zum Reinigen von Flachs- und Hanffasern, auch Marterinstrument: Blasius von Sebaste

Hellebarde: Thaddäus

Attribute der Heiligen

Helm: Quirinus von Neuss
Herz: Johanna Franziska von Chantal, Katharina von Alexandria, Margareta Maria, Medardus von Noyon, Vitalis von Salzburg
Herz mit aufgemaltem Kreuz: Birgitta von Schweden
Herz mit Christusmonogramm: Stanislaus Kostka
Herz, durchbohrtes: Franz von Sales
Herz, flammendes: Antonius von Padua, Augustinus, Erentrudis von Salzburg, Katharina von Genua, Philipp Neri, Theresa von Ávila
Herz, geflügeltes: Kajetan von Tiene
Herz, pfeildurchbohrtes: Augustinus, Gerhard von Csanád
Herzogskrone: Florentia von Cartagena
Himmelsleiter, Vision Gen 28,12 f.: Angela Merici, Emmeram von Regensburg, Johannes Klimakos, Remuald
Hirsch: Oswald von Northumbrien
Hirsch mit einem Kreuz im Geweih: Eustachius, Hubert von Maastricht
Hirschkuh: Ägidius, Goar, Katharina von Schweden
Höhle: Ägidius
Hostie, symbolisiert den Leib Christi: Antonius Maria Zaccaria, Barbara, Bonaventura, Petrus Chrysologus
Hufeisen, Glücksbringer: Eligius, Leonhard
Hund, Symbol der Treue und der Güte, aber auch Werkzeug des Teufels: Bernhard von Clairvaux, Dominikus, Quirinus von Neuß, Rochus von Montpellier

Jagdhorn: Eustachius
Jakobsmuschel, Emblem der Pilger: Jakobus der Ältere, Sebaldus
Jerusalemkreuz, Pilgerkreuz (vier Kreuze füllen ein Krückenkreuz): Birgitta von Schweden
Jesuskind: Anna, Christophorus, Katharina von Bologna, Stanislaus Kostka

Kaiserkrone: Adelheid, Helena

Kalebasse, Frucht des Flaschenkürbis oder des Kalebassenbaums, früher als Wassergefäß benutzt, Attribut der Pilger: Birgitta von Schweden, Jakobus der Ältere, Paula von Rom, Raphael, Rochus von Montpellier
Kamm: Margareta von Antiochia
Kanne mit Wein: Florinus von Remüs
Kardätsche, harte Bürste zum Putzen der Pferde: Marcellus I.
Kardinalshut: Bonaventura, Petrus Damiani
Kasel, Meßgewand: Emmeram von Regensburg, Eustathios, Linus, Pirmin, Theodard von Maastricht
Kelch: Aldhelm von Sherborne, Alto, Antonius Maria Zaccaria, Barbara, Bernward von Hildesheim, Eligius, Florinus von Remüs, Kilian von Würzburg, Konrad von Konstanz, Kyrillos und Methodios, Laurentius von Rom, Norbert von Xanten, Wigbert von Fritzlar
Kerze, Symbol für die ewige Klarheit des Himmels, Symbol des Glaubens, der die Finsternis erleuchtet: Adelgundis von Maubeuge, Blasius von Sebaste, Gudula von Brüssel, Lucia von Syrakus, Mamertus, Tozzo
Kessel, mit siedendem Öl oder Pech gefüllt, Martergerät: Erasmus, Johannes der Evangelist, Vitus
Kette, Symbol der Verbindung zwischen Himmel und Erde, auch Marterinstrument oder Symbol der Befreiung: Amandus von Maastricht, Balbina, Bernhard von Clairvaux, Hermenegild, Leonhard, Paulinus von Nola, Rosalia von Palermo, Vinzenz von Saragossa
Keule, Symbol der Tapferkeit und Stärke, auch Marterinstrument: Adalbert von Prag, Apollinaris von Ravenna, Gervasius und Protasius, Jakobus der Jüngere, Siebenschläfer, Thaddäus
Kind, Kinder: Ambrosius, Augustinus, Johannes Bosco
Kirchenmodell, Symbol für die Gründung, Stiftung oder den Bau einer Kirche

319

bzw. eines Klosters: Adalbero von Würzburg, Adelheid, Adelheid von Vilich, Adelphus von Metz, Amalberga von Gent, Amandus von Maastricht, Ambrosius, Amor, Anno von Köln, Ansgar von Hamburg, Bernward von Hildesheim, Berthold von Kalabrien, Bruno I. der Große, Burkhard von Würzburg, Damasus, Erentrudis von Salzburg, Gertrud von Karlburg, Heinrich II., Helena, Irmina von Trier, Karl der Große, Korbinian von Freising, Kunibert von Köln, Kunigunde, Lambert von Maastricht, Leopold III. von Österreich, Liudger, Maternus von Köln, Mathilde, Modestus von Kärnten, Olga, Otto von Bamberg, Pirmin, Rasso von Andechs, Remaclius, Sebaldus, Severin von Köln, Thomas Becket, Virgilius von Salzburg, Wigbert von Fritzlar, Willibrord, Wolfgang von Regensburg

Kirschbaum mit Früchten: Achahildis

Kleeblatt, Symbol der Dreifaltigkeit: Patrick

Kochlöffel, Symbol der Häuslichkeit: Martha von Bethanien

Kodex: Eventius

Kohlenbecken, Martergerät: Agatha

Kopfbinde mit Kreuz: Methodios der Bekenner

Kopftuch: Paula von Rom, Veronika

Korb mit Rosen: Elisabeth von Thüringen

Korb mit Tauben: Joachim

Kreuz, Symbol der Einheit von Himmel und Erde, Sinnbild des Leidens Christi und des gekreuzigten Christus: Achatius von Armenien, Agritius, Alexander I., Alfons Maria von Liguori, Aloisius von Gonzaga, Amalberga von Maubeuge, Anastasius der Perser, Angela Merici, Antonius der Große, Antonius Maria Zaccaria, Augustinus, Balbina, Bernhard von Clairvaux, Bernward von Hildesheim, Cölestin V., Engelbert I. von Köln, Erentrudis von Salzburg, Felicitas, Foillan, Franz von Sales, Gallus, Gertrud von Ni-

velles, Hedwig von Polen, Helena, Isidor von Sevilla, Johannes von Nepomuk, Kajetan von Tiene, Karl Borromäus, Katharina von Bologna, Klara von Assisi, Konrad von Parzham, Konstantin I., Kunigunde, Lambert von Maastricht, Laurentius von Rom, Ludwig IX. von Frankreich, Magnus von Füssen, Makarios der Ältere, Makarios I. von Jerusalem, Mamertus, Maria Magdalena, Maximilian im Pongau, Olga, Oswald von Northumbrien, Petrus, Petrus Damiani, Philippus, Rosalia von Palermo, Simon Zelotes, Wladimir I. der Heilige

Kreuzfahne: Ferdinand III. der Heilige, Ursula von Köln

Kreuzstab, Herrschaftszeichen in Anlehnung an das kaiserliche Zepter, Attribut Christi bei seiner Auferstehung und Himmelfahrt, Symbol des Guten Hirten und seines Sieges: Agatho, Albert von Jerusalem, Eleutherus, Fabianus, Johannes der Täufer, Kyrillos und Methodios, Laurentius von Rom, Linus, Makarios I. von Jerusalem, Malachios von Armagh, Marcellus I., Margareta von Antiochia, Martinus I., Patrick, Petrus, Philippus, Sixtus II., Sulpicius II. von Bourges, Viktor I., Wilfrith von York, Zacharias, Zephyrinus

Krone, Sinnbild von Macht und Würde, Symbol für die Belohnung eines frommen Lebens: Abdon und Sennen, Adelheid, Agapitus von Praeneste, Agnes von Böhmen, Alexander Newskij, Amalberga von Gent, Anastasia von Sirmium, Dagobert II., Drei heilige Jungfrauen, Emerita von Chur, Emmerich von Ungarn, Florentia von Cartagena, Gertrud von Karlburg, Heinrich II., Helena, Hermenegild, Karl der Große, Kasimir, Katharina von Alexandria, Katharina von Bologna, Kunigunde, Lucia von Syrakus, Lucius von Chur, Ludwig IX. von Frankreich, Margareta von Antiochia, Olga, Oswald von Northumbrien, Polykarp von Smyrna, Quattuor Coronati, Quirinus vom Tegernsee, Richard von Wessex, Sigibert III., Sigismund von Burgund, Stephan I. von Ungarn, Ursula von Köln, Wladimir I. der Heilige

Kröten: Pirmin

Krücken und Krückstock: Lambert von Maastricht, Nikolaus von der Flüe, Paulus von Theben

Krummstab, → Stab

Kruzifix: Albert von Jerusalem, Albert von Trapani, Alfons Maria von Liguori, Benedikt von Nursia, Bonaventura, Coletta, Hieronymus, Katharina von Alexandria, Marcella von Rom, Margareta von Antiochia, Monika, Petrus von Alcántara, Petrus Canisius, Petrus Claver, Scholastica, Severin von Noricum, Stanislaus Kostka

Kugeln, drei goldene: Nikolaus von Myra

Lamm, Symbol der Unschuld und Demut: Agnes von Rom, Coletta, Johannes der Täufer, Klemens I.

Lanze, Speer, Spieß, als Stoß- oder Wurfwaffe gebraucht: Adalbert von Prag, Bruno von Köln, Castulus, Chrysogonus von Aquileia, Dagobert II., Emmeram von Regensburg, Florian von Lorch, Gangolf, Georg von Kappadokien, Gerhard von Csanád, Hippolyt, Lambert von Maastricht, Matthäus, Matthias, Michael, Paulus, Quirinus von Neuss, Theodoros von Euchaïta, Theodoros Stratelatis, Thomas, Wenzel I. der Heilige

Laterne: Gudula von Brüssel, Hugo von Grenoble, Katharina von Schweden, Makarios der Jüngere

Leiter, → Himmelsleiter

Lerche: Coletta

Lilie, Symbol der Reinheit, Unschuld und Jungfräulichkeit: Albert von Trapani, Aloisius von Gonzaga, Antonius Maria Zaccaria, Antonius von Padua, Dominikus, Drei heilige Jungfrauen, Emmerich von Ungarn, Euphemia, Gabriel, Gertrud von Nivelles, Hedwig von Polen, Joseph von Nazareth, Julia Eustochium, Kajetan

von Tiene, Katharina von Alexandria, Klara von Assisi, Philipp Neri, Stanislaus Kostka, Vitalis von Salzburg

Lilienzepter: Balbina

Löwe, neben dem Adler das verbreitetste Wappentier, Christussymbol (Löwe von Juda, Offb 5,5), Symbol der Auferstehung Christi: Abdon und Sennen, Agapitus von Praeneste, Euphemia, Hieronymus, Ignatius von Antiochia, Markus, Otto von Bamberg, Paulus von Theben, Thekla von Ikonium, Vitus

Mantel: Johannes vom Kreuz, Ursula von Köln

Marienbild: Alfons Maria von Liguori, Ferdinand III. der Heilige, Gerhard von Csanád, Lukas, Stanislaus Kostka

Marterwerkzeuge: Concordia, Hermenegild, Hippolyt

Märtyrerkrone: Hermes von Rom

Maurerkelle: Wunibald

Mäuse: Gertrud von Nivelles, Pirmin

Meeresungeheuer: Gertrud von Nivelles

Messer, Opferinstrument, Marterwerkzeug: Alto, Bartholomäus, Simon von Trient

Milchtopf: Goar

Mitra, Bischofsmütze: Albertus Magnus, Albuin von Säben-Brixen, Aldhelm von Sherborne, Alexander Sauli, Alto, Amandus von Straßburg, Amandus von Worms, Ansgar von Hamburg, Augustinus von Canterbury, Autbert von Cambrai, Bruno von Segni, Eligius, Firminus, Gerhard von Csanád, Irenäus von Lyon, Leander von Sevilla, Leo IX., Makarios I. von Jerusalem, Malachios von Armagh, Narcissus, Nikolaus von Myra, Patrick, Petrus Damiani, Remaclius, Theodard von Maastricht, Ulrich von Augsburg, Urban I., Valerius von Saragossa

Monstranz, Gefäß zur Aufbewahrung der geweihten Hostie, Symbol der Kirche: Antonius von Padua, Bonaventura, Franziska von Rom, Klara von Assisi, Norbert von Xanten, Thomas von Aquin

Mozetta: Robert Bellarmin
Mühlstein, Marterwerkzeug: Calixtus I., Christophorus, Crispinus und Crispinianus, Florian von Lorch, Vinzenz von Saragossa
Muttergottes, schwarze: Rupert von Salzburg
Mütze, phrygische: Abdon und Sennen
Mütze, am Sonnenstrahl aufgehängt: Goar

Nagel, vier bzw. drei Nägel vom Kreuz Christi: Dagobert II., Helena, Ludwig IX. von Frankreich, Pantaleon, Serverus von Ravenna, Siebenschläfer, Simon von Trient
Nickelbrille: Maximilian Kolbe
Nonnenschleier: Adelgundis von Maubeuge

Ochsen: Isidor von Madrid
Ochsenkarren: Fursa
Ölbaum: Pantaleon
Öllampe: Lucia von Syrakus
Ölzweig: Barnabas, Irene von Rom
Omophorion, breites Schulterband der orthodoxen Bischöfe: Eustathios, Gregor von Nyssa, Methodios der Bekenner, Modestus von Jerusalem, Nikephoros I. von Konstantinopel, Tarasios von Konstantinopel
Orgel: Cäcilia

Pallium, schmale Schulterbinde der katholischen Erzbischöfe: Aelfrik von Canterbury, Amandus von Worms, Anastasius I., Augustinus von Canterbury, Cölestin I., Engelbert I. von Köln, Julius I., Nikolaus von Myra, Petrus, Pontianus, Symmachus, Theodolus, Vitalianus
Palme, Palmenzweig, Symbol des Martyriums (Märtyrerpalme), aber auch des Paradieses: Abdon und Sennen, Agapitus von Praeneste, Agilolf, Agnes von Rom, Albert von Lüttich, Amalberga von Gent, Anastasia von Sirmium, Anastasius der Perser, Bruno der Kartäuser, Cäcilia, Ca-

stulus, Cyprianus von Karthago, Cyriacus von Rom, Dagobert II., Dorothea von Kappadokien, Drei heilige Jungfrauen, Engelbert I. von Köln, Euphemia, Firminus, Georg von Kappadokien, Germanus von Münster-Granfelden, Gertrud von Nivelles, Johannes der Evangelist, Johannes von Nepomuk, Johannes und Paulus, Justa und Rufina von Sevilla, Kasimir, Katharina von Alexandria, Kilian von Würzburg, Laurentius von Rom, Lucia von Syrakus, Margareta von Antiochia, Maria Magdalena, Meinrad von Reichenau, Norbert von Xanten, Pankratius, Polykarp von Smyrna, Prochorus, Quirinus von Neuss, Quirinus vom Tegernsee, Scholastica, Sophia von Rom, Stephanus, Symphorian von Autun, Thomas Becket, Ursula von Köln, Vinzenz von Saragossa, Vitalis, Vitus
Paradiesvogel: Wigbert von Fritzlar
Patene, Schale zur Aufnahme der Hostie: Kilian von Würzburg
Pech: Erasmus
Pedium, → Krummstab
Perlenkranz, die Perle gilt als Symbol der unbefleckten Empfängnis Mariä, als Symbol der Erleuchtung, als Symbol Christi: Margareta von Antiochia
Pestbeulen: Rochus von Montpellier
Pfeil: Ägidius, Drei heilige Jungfrauen, Karl Borromäus, Kosmas und Damianus, Lambert von Maastricht, Otto von Bamberg, Sebastian, Theresa von Ávila, Ursula von Köln, Willibald
Pferd, Symbol des Sieges, der Freude, aber auch des Hochmuts: Eligius, Eustachius, Ferdinand III. der Heilige, Isidor von Madrid, Jakobus der Ältere, Johanna von Orléans, Martin von Tours, Ulrich von Augsburg
Pflug: Lucius von Chur
Pflugschar: Kunigunde
Pfriem: Erasmus
Phelonion, Meßgewand des orthodoxen Priesters: Nikephoros I. von Konstantinopel
Pilgermuschel, → Jakobsmuschel

Pilgerstab: Amor, Birgitta von Schweden, Gallus, Jakobus der Ältere, Lucius von Chur, Raphael, Stanislaus Kostka
Pilgertasche: Birgitta von Schweden, Jakobus der Ältere, Matthäus, Reineldis, Sebaldus
Pokal: Eligius

Quelle, Symbol des ewigen Lebens, der Wiedergeburt: Gangolf, Klemens I., Kolumban der Jüngere, Paulus, Willibrord

Rabe, Todesbote, Unglücksbringer, aber auch Bote Gottes: Amatus von Sitten, Benedikt von Nursia, Bonifatius, Erasmus, Meinrad von Reichenau, Oswald von Northumbrien, Paulus von Theben, Vinzenz von Saragossa, Vitus
Rad, Symbol der Erneuerung, des Wiederbeginns, aber auch Marterwerkzeug: Katharina von Alexandria, Willigis
Rasiermesser: Landrich
Rationale, liturgischer Schulterschmuck einiger katholischer Bischöfe: Willibald
Rebhuhn: Aldebrand von Fossombrone
Regelbuch: Kajetan von Tiene, Robert von Molesme, Scholastica
Reichsapfel: Emmerich von Ungarn, Karl der Große, Kunigunde, Lucius von Chur, Quirinus vom Tegernsee, Sigismund von Burgund, Stephan I. von Ungarn
Reisig, brennend: Emerita von Chur
Reliquienkästchen, **Reliquienschrein**: Amalberga von Gent, Katharina von Schweden
Rindsknochen: Aelfrik von Canterbury
Ring, Symbol des Bundes: Arnulf von Metz, Berthold von Kalabrien, Oswald von Northumbrien, Robert von Molesme
Rosen, Symbol der Liebe: Dorothea von Kappadokien, Elisabeth von Thüringen, Pankratius, Theresia von Lisieux
Rosenkranz, Gebetsschnur als Hilfe für die Gebetsreihung: Albert von Trapani, Alfons Maria von Liguori, Aloisius von Gonzaga, Amalberga von Maubeuge, Angela Merici, Antonius der Große, Bernhard von Clairvaux, Dominikus, Dorothea von Kappadokien, Kajetan von Tiene, Klemens Maria Hofbauer, Monika, Nikolaus von der Flüe, Philipp Neri, Rosalia von Palermo, Stanislaus Kostka
Rost, Martergerät: Laurentius von Rom, Vinzenz von Saragossa
Rüstung: Emmerich von Ungarn, Ladislaus I. von Ungarn

Säge: Joseph von Nazareth, Simon Zelotes
Salbgefäß: Anastasia von Sirmium, Irene von Rom, Maria Magdalena, Remigius, Salome von Galiläa
Salzkübel: Rupert von Salzburg
Säule: Athanasius, Daniel Stylites, Simeon Stylites
Schaff mit Wasser: Florian von Lorch
Schale: Agatha
Schaufel: Paulinus von Nola
Schere: Anastasia von Sirmium
Schiff, Symbol der Reise: Adelheid, Anselm von Canterbury, Gertrud von Nivelles, Ursula von Köln, Vinzenz von Saragossa
Schiffswinde: Erasmus
Schild, Schutzwehr: Chrysogonus von Aquileia, Emmerich von Ungarn, Gangolf, Georg von Kappadokien, Hippolyt, Quirinus von Neuß, Theodoros von Euchaïta, Wenzel I. der Heilige
Schimmel: Ferdinand III. der Heilige
Schlange, Symbol des Bösen und Hinterhältigen, aber auch der Überwindung des Bösen, schließlich sogar Symbol Christi: Amandus von Maastricht, Benedikt von Nursia, Hilarius von Poitiers, Johannes der Evangelist, Patrick, Philippus, Pirmin
Schlapphut, Pilgerhut: Birgitta von Schweden, Jakobus der Ältere
Schleier: Adelgundis von Maubeuge, Anastasia von Sirmium, Franziska von Rom
Schlüssel, Symbol der besonderen Vollmacht: Benno von Meißen, Cölestin V.,

Ferdinand III. der Heilige, Martha von Bethanien, Petrus, Servatius

Schmuck: Kasimir

Schreibfeder, Federkiel: Albertus Magnus, Alfons Maria von Liguori, Beda, Birgitta von Schweden, Gregor I. der Große, Gregor von Nyssa, Hildegard von Bingen, Isidor von Sevilla, Ivo, Johannes der Evangelist, Johannes vom Kreuz, Leander von Sevilla, Lukas, Markus, Paula von Rom, Petrus Canisius, Thomas von Aquin

Schriftband »Veni Creator Spiritus«: Hrabanus Maurus

Schriften, → Buch

Schriftrolle: Andreas, Athanasius, Cölestin I., Ephraim der Syrer, Ivo, Marcellinus, Nikanor, Olga, Petrus, Philippus

Schrifttafel: Anselm von Canterbury

Schuhmacherwerkzeug: Crispinus und Crispinianus

Schüssel mit Fischen: Elisabeth von Thüringen

Schüssel mit zwei Augen: Lucia von Syrakus

Schwan: Hugo von Grenoble

Schwein: Antonius der Große, Blasius von Sebaste

Schweißtuch mit dem Antlitz Jesu: Veronika

Schwert, Symbol der Kraft und der Wahrheit, des Schmerzes, Marterwerkzeug, allgemeines Attribut der Fürsten, Ritter, Heiligen vornehmer Herkunft: Abdon und Sennen, Achatius von Armenien, Agilolf, Agnes von Rom, Alban von England, Alban von Mainz, Albert von Lüttich, Alexander I., Anno von Köln, Barbara, Bonifatius, Boris und Gleb, Castulus, Crispinus und Crispinianus, Cyprianus von Karthago, Cyriacus von Rom, Dorothea von Kappadokien, Drei heilige Jungfrauen, Emmerich von Ungarn, Engelbert I. von Köln, Fabianus, Ferdinand III. der Heilige, Firminus, Gangolf, Gervasius und Protasius, Irenäus von Lyon, Isidor von Sevilla, Jakobus der Ältere, Johanna

von Orléans, Johannes und Paulus, Karl der Große, Katharina von Alexandria, Kilian von Würzburg, Konstantin I. der Große, Lambert von Maastricht, Lucia von Syrakus, Lucius von Chur, Martin von Tours, Matthäus, Matthias, Maximilian im Pongau, Michael, Narcissus, Pankratius, Paulus, Petrus Urseolus, Polykarp von Smyrna, Quirinus von Neuss, Quirinus vom Tegernsee, Reineldis, Sigismund von Burgund, Sixtus II., Sophia von Rom, Stephan I., Theodard von Maastricht, Theodoros Stratelatis, Theodorus von Euchaïta, Thomas, Thomas Becket, Urban I., Valentinus von Terni, Vitalis, Wenzel I. der Heilige, Wladimir I. der Heilige

Seelenwaage: Michael

Skapulier, Teil der Ordenstracht bei Benediktinern und Dominikanern: Johannes vom Kreuz, Stephan Harding

Spaten: Castulus

Speer: → Lanze

Sperling, Symbol der Armut: Dominikus

Spinne: Konrad von Konstanz, Norbert von Xanten

Stab, Krummstab, Bischofsstab, Symbol der Macht, des Auftrages, der Heilkraft, des Wunders; der Krummstab soll nach dem hl. Ambrosius »unten spitz sein, um die Trägen anzustacheln, in der Mitte gerade, um die Schwachen zu regieren, oben krumm, um die Verirrten zu sammeln« (den Krummstab tragen die Bischöfe und die zum Tragen der Mitra berechtigten Äbte): Adalar, Adelar, Adelheid von Vilich, Adelphus von Metz, Adolf von Osnabrück, Agilolf, Albertus Magnus, Albuin von Säben-Brixen, Aldhelm von Sherborne, Alexander Sauli, Altfrid von Hildesheim, Altmann von Passau, Alto, Amandus von Maastricht, Amandus von Straßburg, Amandus von Worms, Ambrosius, Ansgar von Hamburg, Augustinus von Canterbury, Autbert von Cambrai, Benedikt von Nursia, Bernhard von Clairvaux, Bonifatius, Bruno von Asti, Bruno I. der Große, Burkhard

von Würzburg, Dominikus, Eligius, Erasmus, Erentrudis von Salzburg, Gerhard von Csanád, Germanus von Münster-Granfelden, Gertrud von Karlburg, Gertrud von Nivelles, Gregor der Wundertäter, Hilarius von Poitiers, Hildegard von Bingen, Hugo von Cluny, Irenäus von Lyon, Irmgard von Köln, Johannes der Täufer, Kilian von Würzburg, Kolumban der Jüngere, Korbinian von Freising, Leander von Sevilla, Leo IX., Leonhard, Linus, Magnus von Füssen, Makarios der Ältere, Narcissus, Medardus von Noyon, Nikolaus von Myra, Otmar von St. Gallen, Papias von Hierapolis, Paula von Rom, Philipp Neri, Pirmin, Reineldis, Remaclius, Robert von Molesme, Rochus von Montpellier, Romuald, Scholastica, Sebaldus, Servatius, Severin von Noricum, Thomas Becket, Ulrich von Augsburg, Urban I., Walpurga, Willibald, Willibrord, Wolfgang von Regensburg, Wunibald
Stein, Symbol der Gegenwart Gottes, auch Marterwerkzeug: Barnabas, Calixtus I., Dominikus, Matthias, Stephanus, Thaddäus
Steinmetzwerkzeug: Kastor von Pannonien
Stern, Symbol des Himmels, des Lichtes: Bruno der Kartäuser, Dominikus, Hugo von Grenoble, Petrus von Alcántara, Thomas von Aquin
Sternglorie: Bruno der Kartäuser
Sticharion, liturgisches Gewand der orthodoxen Priester: Nikephoros I. von Konstantinopel
Stier: Lukas
Stirnreif: Irmgard von Köln
Streitaxt: Achatius von Armenien, Ladislaus I. von Ungarn
Strick, Symbol der Knechtschaft: Andreas, Carl Borromäus, Ludmilla von Böhmen
Striegel, Schabeisen oder harte Bürste: Marcellus I.

Taube, Symbol des Heiligen Geistes, des

göttlichen Friedens, der Gläubigen: Adelgundis von Maubeuge, Albert von Jerusalem, Basilius, Cölestin V., Cyrillus von Alexandria, Fabianus, Felix von Trier, Gregor I. der Große, Gregor der Jüngere von Nazianz, Joachim, Johannes Chrysostomos, Kolumban der Jüngere, Konstantia, Kunibert von Köln, Margareta von Antiochia, Oswald von Northumbrien, Petrus von Alcántara, Remigius, Scholastica, Severus von Ravenna, Theresa von Ávila, Thomas von Aquin
Tempel: Philippus, Timon
Teufel: Albert von Trapani, Antonius der Große, Bernhard von Clairvaux, Ferdinand III. der Heilige, Goar, Gregor der Wundertäter, Gudula von Brüssel, Hermes von Rom, Madelberta, Norbert von Xanten, Wolfgang von Regensburg
Tiara: Agatho, Alexander I., Anastasius I., Calixtus I., Cölestin V., Eleutherus, Fabianus, Julius I., Klemens I., Leo I. der Große, Linus, Marcellinus, Marcellus I., Martinus I., Petrus, Sergius I., Sixtus II., Symmachus, Urban I., Viktor I., Zacharias, Zephyrinus
Tiere, wilde: Makarios der Jüngere
Tintenfaß: Birgitta von Schweden, Ivo, Markus
Totenkopf: Aloisius von Gonzaga, Bernhard von Clairvaux, Hieronymus, Kajetan von Tiene, Karl Borromäus, Makarios der Ältere, Maria Magdalena, Petrus von Alcántara, Petrus Canisius, Petrus Damiani, Petrus Urseolus, Rosalia von Palermo
Treppe: Alexius von Edessa
Trog: Sophia von Rom
Tuch: Ludmilla von Böhmen, Simon von Trient, Veronika
Turm: Barbara

Urkundenrolle: Irmina von Trier

Vogel: Wigbert von Fritzlar
Vogelkrallen: Albert von Trapani

Walkerstange: Jakobus der Jüngere

Wappen: Albert von Lüttich
Wasserkrug: Amatus von Sitten
Wasserkübel: Alexius von Edessa, Florian von Lorch
Weberschiffchen: Severus von Ravenna
Weihrauchfaß: Zacharias
Weihwasserkessel: Martha von Bethanien
Weihwedel: Antonius der Große
Weinfäßchen: Otmar von St. Gallen
Weinglas, zersprungenes: Benedikt von Nursia
Weinkrug: Adelheid von Vilich, Elisabeth von Thüringen
Weinstock: Urban I.
Weintrauben, eucharistische Symbole (Wein = Blut Christi): Abdon und Sennen, Makarios der Jüngere, Urban I., Vinzenz von Saragossa, Wigbert von Fritzlar
Wildgänse: Amalberga von Gent, Liudger
Winde, → Schiffswinde
Winkelmaß: Joseph von Nazareth, Thomas
Witwenschleier: Monika

Wolf, Symbol des Bösen, auch des Ursprünglichen: Blasius von Sebaste, Remaclius, Sola, Vitus, Wolfgang von Regensburg
Wollkamm: Severus von Ravenna
Wunden am Hals: Cäcilia

Zahlbrett: Matthäus
Zange: Agatha, Eligius
Zarenapfel: Alexander Newskij
Zepter: Alexander Newskij, Balmina, Dagobert II., Emmerich von Ungarn, Emerita von Chur, Gabriel, Heinrich II., Hermenegild, Karl der Große, Kasimir, Kunigunde, Lucius von Chur, Ludwig IX. von Frankreich, Oswald von Northumbrien, Quirinus vom Tegernsee, Richard von Wessex, Sigismund von Burgund, Stephan I. von Ungarn
Ziborium, Hostienbehälter: Klara von Assisi
Zimmermannswerkzeug: Joseph von Nazareth

Patrone, Helfer, Fürsprecher

Schon in frühchristlicher Zeit wurde es Sitte, daß jede Gemeinde, jede Stadt, jedes Land, auch jeder Stand und Beruf einen bestimmten Heiligen als Patron oder Schutzheiligen verehrte. So haben die Franzosen ihren Saint Denis (→ Dionysius von Paris), die Spanier ihren Santiago (→ Jakobus der Ältere), die Engländer ihren Saint George (→ Georg von Kappadokien), die Italiener ihren Francesco (→ Franz von Assisi), die Ungarn ihren Szent István (→ Stephan I. von Ungarn), die Österreicher ihren Leopoldi (→ Leopold III. von Österreich) und die Deutschen ihren hl. Michel (→ Michael). Auch die einzelnen Berufe haben ihre speziellen Heiligen: die Juristen den hl. → Ivo, die Maler den hl. → Lukas, die Musiker die hl. → Cäcilia, die Bäcker den hl. Antonius (→ Antonius von Padua), die Bergleute die hl. → Barbara, die Feuerwehrleute den hl. Florian (→ Florian von Lorch), die Fischer den hl. → Petrus, die Jäger ihren hl. Hubertus (→ Hubert von Maastricht und Lüttich) usw.

Manche Patronate haben sich erübrigt, da die Berufe weitgehend ausgestorben sind (wie zum Beispiel Barbiere, Böttcher, Glöckner und Schellenmacher). Bei Fieber halfen mehr als zwanzig Patrone, gegen die Pest, die schreckliche Geißel des Mittelalters, kämpften über dreiunddreißig Patrone meist vergeblich an. Vor Krebs schützte und schützt dagegen nur eine einzige Heilige: Adelgundis von Maubeuge. Die Alterskrankheit Krebs war früher noch nicht so verbreitet, weil die Menschen eine erheblich niedrigere Lebenserwartung hatten. Für Glück und Gesundheit ihrer Kinder baten und bitten Mütter und Väter eine ganze Reihe von Schutzheiligen, auch Schüler und Studenten haben viele Fürsprecher. Wetterheilige waren vor allem wichtig für Bauern, Winzer und Gärtner, für Flußschiffer und Seeleute.

Die moderne Zeit bringt neue Probleme, stellt neue Ansprüche an die Menschheit, an die Christen, die auch heutzutage – fast mehr denn je – einen Patron ganz speziell für ihren Arbeits- und Interessenkreis benötigen. So hat die katholische Kirche die hl. → Franziska von Rom 1925 zur Patronin der Autofahrer erklärt. 1951 folgte der hl. → Gabriel für die Post- und Fernmeldedienste, auch für die Briefmarkensammler. Seit 1957 steht der hl. → Benedikt von Nursia für die Höhlenforscher zur Verfügung. Und es wird nicht mehr lange dauern, dann haben auch die Computer Freaks und die Astronauten ihren eigenen Schutzheiligen. Für die Kinos ist immerhin → Johannes der Täufer, für Rundfunk und Fernsehen → Johanna von Orléans und für den Umweltschutz → Franz von Assisi zuständig.

Aachen: Maria
Abstinenzler: Johannes der Täufer, Martin von Tours
Advokaten: Nikolaus von Myra
Altbayern: Benno von Meißen
Amiens: Firminus, Johannes der Täufer
Ammen: Agatha, Concordia von Rom, Mamertus, Margareta von Antiochia

Angst: Johannes der Täufer, Paulus
Annecy: Franz von Sales
Anliegen, schwere: Thaddäus
Anschuldigung, falsche: Dorothea von Kappadokien
Anstreicher: → Maler
Anwälte: Katharina von Alexandria
Apotheker: Jakobus der Ältere, Michael,

Nikolaus von Myra, Raphael, Rochus von Montpellier, Vitus
Arbeiter: Bonaventura, Jakobus der Ältere, Joseph von Nazareth
Arbeiterinnen: Anna, Martha von Bethanien, Paulus
Architekten: Barbara, Johannes der Täufer, Thomas
Ardennen: Hubert von Maastricht und Lüttich
Arhus: Klemens I.
Arme: Agatha, Anna, Antonius von Padua, Ferdinand III. der Heilige, Franz von Assisi, Gertrud von Nivelles, Ivo, Martin von Tours
Artillerie: Barbara
Artisten: Georg von Kappadokien
Ärzte: Blasius von Sebaste, Kosmas und Damianus, Lukas, Pantaleon, Rochus von Montpellier
Asketen: Hieronymus
Assisi: Franz von Assisi
Aufdeckung von Diebstählen: Helena
Auffindung verlorener Gegenstände: Antonius von Padua, Helena
Augen, gute, Augenerkrankungen, Augenleiden: Abdon und Sennen, Adelheid von Vilich, Augustinus, Coletta, Hieronymus, Kilian von Würzburg, Klara von Assisi, Lambert von Maastricht, Laurentius von Rom, Lucia von Syrakus, Maria Magdalena, Pirmin von der Reichenau, Quirinus von Neuss, Quirinus vom Tegernsee, Reineldis, Stanislaus Kostka, Thekla von Ikonium, Vitus, Walburga, Wolfgang von Regensburg
Augsburg: Afra, Ulrich von Augsburg
Ausbruch des Ätna: Agatha
Ausgeglichenheit: Theresa von Ávila
Ausrufer: Martin von Tours
Aussaat: Vitus
Aussätzige: Ägidius, Lazarus von Bethanien, Radegundis von Thüringen
Ausschlag: Martin von Tours
Auswanderer: Franziska Xaveria, Raphael
Auszehrung: Pantaleon

Autofahrer: Christophorus, Franziska von Rom
Avellino: Andreas Avellino

Bäcker: Antonius von Padua, Autbert von Cambrai, Elisabeth von Thüringen, Firminus, Honoratus von Amiens, Katharina von Alexandria, Laurentius von Rom, Michael, Nikolaus von Myra
Bamberg, Erzbistum: Helena, Otto von Bamberg
Bandagisten: Lambert von Maastricht
Bandmacher: Nikolaus von Myra
Bankangestellte: Michael
Barbiere: Katharina von Alexandria, Kosmas und Damianus
Basel: Franz von Assisi, Helena
Bauarbeiter, Bauhandwerker: Blasius von Sebaste, Markus, Matthias, Thomas
Bauchschmerzen: Agapitus von Praeneste
bäuerlicher Besitz: Georg von Kappadokien
Bauern: Alban von Mainz, Amalberga von Gent, Antonius der Große, Barbara, Bartholomäus, Georg von Kappadokien, Isidor von Madrid, Johannes der Täufer, Lambert von Maastricht, Leonhard, Lucia von Syrakus, Margareta von Antiochia, Medardus von Noyon, Nikolaus von Myra, Rochus von Montpellier, Sixtus II., Walburga
Bautischler: Matthias
Bayern: Benno von Meißen, Joseph von Nazareth, Maria, Severin von Noricum
Beamte: Johannes der Evangelist
Beichte, Beichtende: Ägidius, Petrus
Beichtväter: Alfons Maria von Liguori, Johannes von Nepomuk
Beinleiden: Quirinus von Neuss, Rochus von Montpellier
Bekehrung des Ehegatten: Chlothilde
Benediktiner: Benedikt Biscop Baducing
Benediktinerinnen: Scholastica
Bergbau: Barbara
Bergleute: Agatha, Albertus Magnus,

Andreas, Anna, Antonius von Padua, Barbara, Bartholomäus, Benedikt von Nursia, Dorothea von Kappadokien, Eligius, Georg von Kappadokien, Helena, Leonhard, Patrick, Raphael, Vitus

Bergwerke: Anna, Gregor I. der Große, Ingenuin, Maria Magdalena

Berlin: Benno von Meißen, Otto von Bamberg

Besessenheit: Albert von Trapani, Petrus, Stephanus, Vitus

Bettler: Ägidius, Alexius von Edessa, Elisabeth von Thüringen, Lazarus von Bethanien, Martin von Tours

Bettnässer: Vitus

Bibliothekare: Laurentius von Rom

Bienen: Ambrosius, Bernhard von Clairvaux

Bierbrauer: Arnulf von Metz, Augustinus, Bonifatius, Dorothea von Kappadokien, Florian von Lorch, Laurentius von Rom, Medardus von Noyon, Nikolaus von Myra, Vitus

Bildhauer: Johannes der Evangelist, Lukas, Martha von Bethanien, Quattuor Coronati

Bildschnitzer: Wolfgang von Regensburg

Blasenkrankheiten: Blasius von Sebaste, Stephanus

Blasmusiker: Blasius von Sebaste

Bleigießer: Maria Magdalena, Michael, Petrus

Bleistifthersteller: Thomas von Aquin

Blinde: Klara von Assisi, Lucia von Syrakus, Vitus

Blindheit: Albinus von Angers

Blitz, Blitzschlag: Alexius von Edessa, Helena, Kolumban der Ältere, Maria, Markus, Michael, Vitus

Blumenhändler: Dorothea von Kappadokien

Blutfluß, Blutungen: Blasius von Sebaste, Gervasius und Protasius, Lucia von Syrakus, Martha von Bethanien, Wolfgang von Regensburg

Bogenschützen: Ägidius

Böhmen: Joseph von Nazareth, Kyrillos

und Methodios, Norbert von Xanten, Vitus, Wenzel I. der Heilige

Bologna: Ambrosius, Dominikus, Florian von Lorch, Katharina von Bologna, Lukas

Borromäerinnen: Karl Borromäus

Bortennäherinnen, Bortenwirker: Lukas, Theresa von Ávila

Böses: Patrick

Boten: Gabriel

Böttcher: Abdon und Sennen, Albert von Trapani, Barnabas, Firminus, Florian von Lorch, Georg von Kappadokien, Johannes der Täufer, Kilian von Würzburg, Maria Magdalena, Martin von Tours, Nikolaus von Myra, Patrick, Stephanus

Bourges: Sulpicius II. von Bourges

Bozen-Brixen: Ingenuin, Korbinian von Freising

Brandwunden: Johannes der Evangelist

Brasilien: Petrus von Alcántara

Brauer: → Bierbrauer

Braunschweig: Ägidius

Bräute: Dorothea von Kappadokien

Brautpaare: Wunibald

Breisach am Rhein: Gervasius und Protasius

Bremen: Ansgar von Hamburg

Bretagne: Anna, Ivo

Briefmarkensammler: Gabriel

Brixen: Petrus Canisius

Bruch: Sigismund von Burgund

Brückenbauer: Petrus

Brückenheiliger: Johannes von Nepomuk

Brunnen: Sebastian

Brüssel:Gudula von Brüssel

Brusterkrankungen: Agatha

Buchbinder: Bartholomäus, Cölestin V., Johannes der Evangelist, Lukas

Buchdrucker: Augustinus, Johannes der Evangelist

Buchhalter: Matthäus

Buchhändler: Johannes der Evangelist, Thomas von Aquin

Büchsenmacher: Eligius, Georg von Kappadokien, Hubert von Maastricht und Lüttich

Bucklige: Vitus
Budapest: Gerhard von Csanád
Büglerinnen: Laurentius von Rom
Bulgarien: Kyrillos und Methodios
Burgos: Justa von Sevilla, Rufina von Sevilla
Burgund: Bernhard von Clairvaux, Johannes der Täufer, Martin von Tours
Bürstenbinder: Antonius der Große, Martin von Tours, Rochus von Montpellier
Büßer: Petrus
Büßerinnen: Afra, Maria Magdalena
Butterhändler: Leonhard

Caritas: Elisabeth von Thüringen
Catania: Agatha
Chambéry: Franz von Sales
Chirurgen: Kosmas und Damianus, Lambert von Maastricht, Lukas, Rochus von Montpellier
Cholera: Rochus von Montpellier
Chorknaben: Nikolaus von Myra
Chorsänger: Cäcilia
Chur: Lucius von Chur
Coimbra: Ursula von Köln
Compiègne: Klemens I.
Corbie: Coletta
Córdoba: Dominikus
Coria: Petrus von Alcántara
Corvey: Vitus
Cremona: Sigismund von Burgund

Dachdecker: Barbara, Raphael, Vinzenz von Saragossa
Dalmatien: Hieronymus
Dämonen: Antonius von Padua, Ignatius von Loyola
Deutscher Orden: Elisabeth von Thüringen, Georg von Kappadokien
deutsches Volk: Michael
Deutz: Heribert von Köln
Dichter: Cäcilia, Gregor der Jüngere von Nazianz, Kolumban der Ältere
Diebe: Nikolaus von Myra
Diebstahl: Gervasius und Protasius, Petrus

Diener, Dienstboten, Dienstmägde: Anna, Lucia von Syrakus, Martha von Bethanien, Vitalis und Agricola
Dirnen, reuige: Afra, Lucia von Syrakus
Dominikaner: Dominikus, Katharina von Siena, Thomas von Aquin
Drechsler: Anna, Erasmus, Hubert von Maastricht und Lüttich, Ivo, Michael
Dresden-Meißen: Benno von Meißen
Drogisten: Jakobus der Ältere, Kosmas und Damianus
Dubrovnik: Blasius von Sebaste
Dürre: Ägidius, Firminus, Florian von Lorch, Symphorian von Autun
Düsseldorf: Apollinaris von Ravenna

Ehe: Anna
Ehefrauen: Margareta von Antiochia
Eheleute: Antonius von Padua, Joachim, Joseph von Nazareth, Ursula von Köln
Eheprobleme: Gangolf
Eicher: Michael
Eichsfeld: Martin von Tours
Eichstätt: Sola, Walpurga, Willibald
Einsiedeln (Kloster und Wallfahrtsort): Meinrad von Reichenau
Eisenhändler: Petrus, Sebastian
Eisenstadt: Martin von Tours
Eitergeschwüre: Quirinus von Neuss
Elisabethinerinnen: Elisabeth von Thüringen
Elsaß: Pirmin von der Reichenau
Engländer, englisches Königreich: Georg von Kappadokien
Entbindung, glückliche: Antonius von Padua, Johanna Franziska von Chantal
Entzündungen: Benedikt von Nursia
Epidemien: Kosmas und Damianus, Remigius
Epilepsie, Epileptiker: Alban von Mainz, Apollinaris von Ravenna, Johannes Chrysostomos, Johannes der Evangelist, Johannes der Täufer, Lambert von Maastricht, Valentinus von Rätien, Valentinus von Terni, Vitus, Willibrord
Erdbeben: Agatha, Alexius von Edessa, Philipp Neri

Erfurt: Adelar
Erice: Albert von Trapani
Ernte, gute: Gervasius und Protasius, Johannes der Evangelist, Markus, Vitus
Erstkommunion: Pankratius
Esel: Antonius von Padua
Esperantisten: Hildegard von Bingen
Essen (Stadt): Liudger
Essigbrauer: Maria
Estremadura: Petrus von Alcántara
Europa: Adalbert von Prag, Benedikt von Nursia
Exerzitienhäuser: Ignatius von Loyola

Fabrikanten mathematischer Geräte: Hubert von Maastricht und Lüttich
Falkner: Symphorian von Autun
Fallsucht: → Epilepsie
Familie: Joseph von Nazareth
Färber: Helene, Mauritius, Simon Zelotes
Faßbinder: → Böttcher
Fayencefabrikanten: Antonius von Padua
Feldfrüchte: Gertrud von Nivelles, Jakobus der Ältere, Katharina von Alexandria, Walburga
Fernmeldedienst: Gabriel
Fernsehen: Klara von Assisi
Festungswerke: Barbara
Feuer: Agatha, Ägidius, Florian von Lorch, Helena, Kolumban der Ältere, Wolfgang von Regensburg
Feuergefahr, Feuersnot: Afra, Thekla von Ikonium, Vitus
Feuerwehr, Feuerwehrleute: Barbara, Florian von Lorch, Laurentius von Rom, Nikolaus von Myra
Fieber: Albert von Trapani, Amalberga von Gent, Antonius von Padua, Benedikt von Nursia, Chlothilde, Coletta, Dominikus, Firminus, Gallus, Hugo von Cluny, Ignatius von Loyola, Klara von Assisi, Laurentius von Rom, Maternus von Köln, Medardus von Noyon, Otto von Bamberg, Petrus, Petrus von Alcántara, Petrus Chrysologus, Radegundis von Thüringen, Remigius, Servatius, Siebenschläfer, Stanislaus Kostka

Finanzbeamte: Matthäus
Fischer: Andreas, Benno von Meißen, Nikolaus von Myra, Petrus, Ulrich von Augsburg
Fischgräten, steckengebliebene: Blasius von Sebaste
Fischhändler: Andreas, Nikolaus von Myra, Petrus
Flachshändler: Franz von Assisi
Flandern: Amandus von Maastricht
Florenz: Barnabas, Johannes der Täufer, Kosmas und Damianus
Förster: Eustachius, Hubert von Maastricht und Lüttich
Fossombrone: Aldebrand von Fossombrone
Franken: Kilian von Würzburg
Frankfurt am Main: Helena
Frankreich: Johanna von Orléans, Martin von Tours, Theresia von Lisieux
Franziskaner: Antonius von Padua, Bonaventura, Franz von Assisi
Franziskaner, Dritter Orden: Ludwig IX. von Frankreich
Frauen: Antonius von Padua, Franziska von Rom, Margareta von Antiochia, Maria Magdalena, Monika
Freiburg i. Br.: Konrad von Konstanz, Lambert von Maastricht
Freising: Sigismund von Burgund
Freundschaft, Erhaltung der: Johannes der Evangelist
Friedhöfe: Michael
Friseure: Kosmas und Damianus, Maria Magdalena
Frostgefahr, Frostschäden: Servatius, Urban I.
Fruchtbarkeit: Margareta von Antiochia
Fruchtbarkeit der Äcker und Felder: Medardus von Noyon, Paulus
Fuhrleute: Leonhard
Fulda: Bonifatius
Fußleiden: Johannes der Evangelist, Petrus, Quirinus von Neuss, Servatius

Gaeta: Erasmus
Gallensteine: Stephanus

Gänse: Gallus, Martin von Tours

Garnwinder: Erasmus

Gartenfrüchte: Gertrud von Nivelles

Gärtner: Abdon und Sennen, Agnes von Rom, Dorothea von Kappadokien, Gertrud von Nivelles, Maria Magdalena, Rochus von Montpellier, Sebastian

Gastwirte: Goar, Maria, Johannes der Täufer, Martha von Bethanien, Martin von Tours

Gebärende: Gertrud von Karlsburg, Margareta von Antiochia

Geburt, Geburtsnöte: Albert von Trapani, Coletta, Erasmus, Ignatius von Loyola, Lambert von Maastricht, Ulrich von Augsburg

Gedeihen auf Feldern: Martin von Tours

Gefangene: Barbara, Ferdinand III. der Heilige, Gaugerich von Cambrai, Georg von Kappadokien, Germanus von Paris, Leonhard, Martin von Tours, Medardus von Noyon, Nikolaus von Myra, Rochus von Montpellier, Severin von Noricum

Gefängniswärter: Hippolyt der Soldat

Geisteskrankheit: Kolumban d. J.

Gelbsucht: Odilo von Cluny

Geld: Corona

Geldwechsler: Matthäus

Gelehrte: Gregor I. der Große, Hieronymus

Genf (Stadt und Kanton): Franz von Sales, Petrus

Gent: Coletta

Genua: Alexander Sauli, Bernhard von Clairvaux, Katharina von Genua

Geometer: Isidor von Madrid, Thomas

Georgs-Ritterorden: Georg von Kappadokien

Gerber: Bartholomäus, Blasius von Sebaste, Crispinus und Crispinianus, Gangolf, Johannes der Täufer, Katharina von Alexandria, Martin von Tours, Sebastian, Simon Zelotes

Gerichtsdiener: Ivo

Gerichtsurteile, ungerechte: Nikolaus von Myra

Geschlechtskrankheiten: Apollinaris von Ravenna, Dionysius von Paris

Geschwüre: Blasius von Sebaste, Kosmas und Damianus, Radegundis von Thüringen

Gesellenvereine: Klemens Maria Hofbauer

Getreide- und Samenhändler: Nikolaus von Myra

Gewichtemachter: Michael

Gewissensbisse: Ignatius von Loyola

Gewitter: Andreas Avellino, Johannes und Paulus, Klemens I., Maria, Maria Magdalena, Scholastica

Gibraltar: Bernhard von Clairvaux

Gicht: Anno von Köln, Apollinaris von Ravenna, Gregor I. der Große, Kilian von Würzburg, Quirinus von Neuss, Sulpicius II. von Bourges, Urban I., Wolfgang von Regensburg

Gießer: Barbara, Hubert von Maastricht und Lüttich

Gipser: Blasius von Sebaste

Glasbläser: Laurentius von Rom

Glaser: Johannes der Evangelist, Klara von Assisi, Laurentius von Rom, Lucia von Syrakus, Markus, Michael, Petrus

Glasmaler: Klara von Assisi, Lukas, Markus, Mauritius

Glaubensboten: Franz Xaver

Gleichgültigkeit, religiöse: Remigius

Gliederbrüche: Stanislaus Kostka

Gliederkrankheiten: Philipp Neri

Glockengießer: Agatha

Glöckner: Antonius der Große, Barbara

Gnesen: Stanislaus Kostka

Goa: Thomas

Goldschmiede: Agatha, Anastasius der Perser, Anna, Bernward von Hildesheim, Eligius, Lukas

Görlitz: Benno von Meißen

Goslar: Servatius

Graveure: Eligius, Johannes der Evangelist

Graz: Ägidius

Grenoble: Hugo von Grenoble

Gurk (Klagenfurt): Leopold III. von Österreich

Gürtler: Alexius von Edessa, Martin von Tours

Haarlem: Willibrord
Hafner: Florian von Lorch
Hagel: Amalberga von Gent, Dominikus, Johannes der Evangelist, Johannes der Täufer, Johannes und Paulus, Markus
Halsschmerzen: Alban von Mainz, Blasius von Sebaste, Ignatius von Antiochia, Lucia von Syrakus, Remigius
Hamburg: Ansgar von Hamburg
Hammerschmiede: Leonhard
Handschuhmacher: Bartholomäus, Maria Magdalena, Martin von Tours
Handwerker: Joseph von Nazareth
Harnischmacher: Georg von Kappadokien
Harnwegserkrankungen: Alban von Mainz
Hausfrauen: Anna, Martha von Bethanien
Haushälterinnen: Anna
Hausierer: Lucia von Syrakus
Häuslichkeit: Martha von Bethanien
Haustiere: Ambrosius, Antonius der Große, Blasius von Sebaste, Erasmus, Gangolf, Johannes der Täufer, Martin von Tours, Vitus, Walpurga
Hautkrankheiten: Laurentius von Rom, Quirinus von Neuss, Sulpicius II. von Bourges, Willibrord, Wolfgang von Regensburg
Hebammen: Pantaleon
Heere: Theodoros von Euchaïta
Heilkräuter: Afra
Heirat, gute und glückliche: Anna, Nikolaus von Myra, Thomas
Heiserkeit: Johannes der Täufer
Herbergen, Herbergssuchende: Joseph von Nazareth
Herren: Vitalis und Agricola
Hersfeld: Wigbert von Fritzlar
Heuernte, gute: Medardus von Noyon
Heuschreckenplage: Pantaleon
Hexenschuß: Laurentius von Rom
Hildesheim: Antonius von Padua, Bern-

ward von Hildesheim, Martin von Tours
Hirten: Ägidius, Bartholomäus, Dominikus von Silo, Johannes der Täufer, Martin von Tours, Simeon Stylites der Ältere, Wolfgang von Regensburg
Hirtinnen: Agatha
Hochwasser: Florian von Lorch, Klemens I., Ulrich von Augsburg
Höhlenforscher: Benedikt von Nursia
Holzfäller: Joseph von Nazareth, Simon Zelotes, Vinzenz von Saragossa, Wolfgang von Regensburg
Holzschnitzer: Lambert von Maastricht
Hornvieh: Kornelius
Hospitalverwalter: Martha von Bethanien
Hoteliers: Martin von Tours
Hufschmiede: Eligius, Georg von Kappadokien, Martin von Tours
Hühner: Gallus, Vitus
Humoristen: Philipp Neri
Hunde: Rupert von Salzburg, Vitus
Hundebiß: Dionysius von Paris, Hubert von Maastricht und Lüttich, Vitus, Walpurga
Hungerleidende: Agatha
Husten: Walpurga
Hutmacher: Barbara, Blasius von Sebaste, Jakobus der Ältere, Jakobus der Jüngere, Klemens I., Martin von Tours, Mauritius, Philippus

Imker: Ambrosius, Bernhard von Clairvaux
Indien: Franz Xaver
Infektionen: Lucia von Syrakus
Ingenieure: Joseph von Nazareth
Innsbruck: Petrus Canisius, Pirmin von der Reichenau
Insekten (Ungeziefer): Eustachius
Irland: Kolumban der Jüngere, Malachias von Armagh, Patrick
Ischias: Laurentius von Rom
Italien: Franz von Assisi

Jagdhunde: Hubert von Maastricht und Lüttich

Jäger: Ägidius, Eustachius, Hubert von Maastricht und Lüttich

Japan: Franz Xaver

Jerusalem: Modestus von Jerusalem

Jesuiten: Ignatius von Loyola, Kosmas und Damianus

Jugend: Aloisius von Gonzaga, Kasimir, Ursula von Köln

Jugend, studierende: Stanislaus Kostka

Jugendliche: Joseph von Nazareth

Jülich: Hubert von Maastricht und Lüttich

Jungfrauen: Agnes von Rom, Katharina von Alexandria, Margareta von Antiochia, Nikolaus von Myra, Petrus

Jungfräulichkeit: Joseph von Nazareth

Juristen: Ivo

Kammacher: Maria Magdalena

Kanada: Joseph von Nazareth

Kapuziner: Laurentius von Brindisi

Karmeliter: Albert von Trapani, Johannes der Täufer, Theresa von Ávila, Theresia von Lisieux

Karmelitermissionen: Theresia von Lisieux

Kärnten: Joseph von Nazareth, Rupert von Salzburg

katholische Burschenvereine: Konrad von Parzham

katholische Hochschulen: Thomas von Aquin

katholische Kirche: Michael

katholische Müttervereine: Monika

katholische Presse: Franz von Sales, Franz Xaver, Paulus

Katholische Schulorganisation Deutschlands: Petrus Canisius

Kaufleute: Franz von Assisi, Mauritius, Michael, Nikolaus von Myra

Kavalleristen: Georg von Kappadokien, Martin von Tours

Kerzenzieher: Johannes der Evangelist, Nikolaus von Myra

Kesselschmiede: Vitus

Kettenschmiede: Jakobus der Ältere

Keuchhusten: Albinus von Angers

Keuschheit: Agnes von Rom, Joseph von Nazareth, Vitus

Kinder, gesunde und kranke: Abdon und Sennen, Agapitus von Praeneste, Albinus von Angers, Antonius von Padua, Bonaventura, Firminus, Gangolf, Gervasius und Protasius, Ignatius von Loyola, Joseph von Nazareth, Klemens I., Lucia von Syrakus, Maria Magdalena, Nikolaus von Myra, Otmar von St. Gallen, Pankratius, Sebastian, Symphorian von Autun

Kinderkrankheiten: Adelgundis von Maubeuge, Chlothilde, Johannes der Täufer, Klemens I.

Kindermädchen: Concordia von Rom

Kinobesitzer: Johannes der Täufer

Kirche: Joseph von Nazareth

Kirchenmusik: Cäcilia

Kirchenstaat: Thomas

Klarissen: Coletta, Franz von Assisi, Klara von Assisi

Klempner: Eustachius

Knieerkrankungen: Gangolf, Rochus von Montpellier

Knochenfraß: Quirinus von Neuss

Knopfmacher: Gregor I. der Große, Nikolaus von Myra

Köchinnen und Köche: Barbara, Laurentius von Rom, Maria, Martha von Bethanien

Kohlenträger: Leonhard

Köhler: Wolfgang von Regensburg

Koliken: Erasmus

Köln: Joseph von Nazareth, Pantaleon, Severin von Köln

Könige von England: Oswald von Northumbrien

Konstantinopel: Johannes Chrysostomos

Konstanz: Konrad von Konstanz

Kopferkrankungen: Katharina von Alexandria

Kopfschmerzen: Alban von Mainz, Coletta, Dionysius von Paris, Franz von Assisi, Johannes der Täufer, Katharina von Siena, Pankratius, Pantaleon, Petrus von Damiani, Stephanus

Korbflechter: Antonius der Große, Eligi-

us, Johannes der Evangelist, Markus, Paulus, Paulus von Theben
Körperschwäche: Hippolyt von Rom
Korsika: Alexander Sauli
Krakau: Florian von Lorch
Krämer: Anna, Eustachius, Jakobus der Jüngere, Kosmas und Damianus, Philippus
Krämpfe: Erasmus, Firminus, Lambert von Maastricht, Paulus
Kranke: Alexius von Edessa, Elisabeth von Thüringen, Kosmas und Damianus, Raphael, Rochus von Montpellier
Krankheiten aller Art: Katharina von Alexandria, Maternus von Köln, Ulrich von Augsburg
Krätze: Radegundis von Thüringen
Krebs: Adelgundis von Maubeuge
Kreuzfahrer: Georg von Kappadokien, Oswald von Northumbrien, Sebastian
Krieger: Jakobus der Ältere
Kriegsinvaliden: Sebastian
Kriegsnöte: Antonius von Padua
Krim: Klemens I.
Kropfleiden: Alexander I., Quirinus von Neuss
Krüppel: Symphorian von Autun
Küfer: Barnabas, Stephanus
Kulm: Laurentius von Rom
Kunsthändler:Rochus von Montpellier
Kunstmaler: Katharina von Bologna, Lukas
Kupferschmiede: Benedikt von Nursia, Leonhard, Vitus
Kurbayern: Kajetan von Tiene
Kürschner: Hubert von Maastricht und Lüttich, Maria
Kutscher: Eligius, Lucia von Syrakus, Stephanus

Lagen, aussichtslose: Thaddäus
Lahme: Lambert von Maastricht, Vitus
Lähmungen: Quirinus von Neuss, Wolfgang von Regensburg
Lämmer: Johannes der Täufer
Lampenmacher: Eligius
Landarbeiter: Gervasius und Protasius

Landsknechte: Georg von Kappadokien
La Rochelle: Hilarius von Poitiers
Lastenträger: Bonaventura, Jakobus der Ältere, Leonhard
Lausanne-Genf-Freiburg (Diözese): Franz von Sales, Maria, Petrus
Lebkuchenbäcker: Maria
Lederarbeiten: Bartholomäus, Simon Zelotes
Lehrer: Benedikt von Nursia, Gerhard von Csanád, Gregor I. der Große, Hieronymus, Joseph von Nazareth, Katharina von Alexandria, Nikolaus von Myra
Lehrerinnen: Ursula von Köln
Leinenhändler: Joachim
Leinenweber: Lambert von Maastricht, Severin von Noricum, Veronika
Lemberg: Stanislaus Kostka
Leprosenhäuser: Lazarus von Bethanien
Liebende: Antonius von Padua, Valentinus von Terni
Liechtenstein: Lucius von Chur
Ligurien: Bernhard von Clairvaux
Limburg an der Lahn: Servatius
Lissabon: Antonius von Padua
Litauen: Kasimir
Lithographen: Johannes der Evangelist
Lothringen: Nikolaus von Myra, Sigibert III.
Lublin: Stanislaus Kostka
Luçon: Hilarius von Poitiers
Lugano: Karl Borromäus
Lukasgilden: Lukas
Lüttich: Hubert von Maastricht und Lüttich, Lambert von Maastricht
Luxemburg: Willibrord
Lyon: Hieronymus, Irenäus von Lyon

Maastricht: Amandus von Maastricht, Servatius
Mädchen: Katharina von Alexandria, Margareta von Antiochia
Madrid: Eustachius
Magenkrankheiten: Erasmus
Mähren: Kyrillos und Methodios
Mailand: Ambrosius, Barnabas, Gervasius und Protasius

Mainz: Alban von Mainz, Martin von Tours
Maler: Benedikt Biscop Baducing, Johannes der Evangelist, Kilian von Würzburg, Lukas, Martha von Bethanien, Michael
Malta: Johannes der Täufer
Malteser (Orden): Agatha, Johannes der Täufer, Kasimir
Mantua: Albert von Trapani, Aloisius von Gonzaga
Mathematiker: Hubert von Maastricht und Lüttich
Mattenflechter: Paulus von Theben
Maurer: Barbara, Blasius von Sebaste, Gregor I. der Große, Johannes der Täufer, Lambert von Maastricht, Markus, Petrus, Simon Zelotes, Stephanus, Thomas, Wunibald
Mäuseplage: Gertrud von Nivelles, Kolumban der Ältere, Servatius, Ulrich von Augsburg
Meineid: Pankratius
Merseburg: Laurentius von Rom
Messerschmiede: Lucia von Syrakus, Mauritius
Messina: Albert von Trapani
Metallarbeiter: Eligius, Hubert von Maastricht und Lüttich
Metzger: Andreas, Antonius der Große, Barbara, Bartholomäus, Corona, Hubert von Maastricht und Lüttich, Johannes der Evangelist, Lazarus von Bethanien, Lukas, Matthias, Nikolaus von Myra, Petrus
Mexiko: Joseph von Nazareth
Milchlosigkeit stillender Mütter: Katharina von Alexandria
Militär: Barbara
Ministerialbeamte: Ivo
Mißgeburten: Wolfgang von Regensburg
Missionen: Franz Xaver, Theresia von Lisieux
Missionsschwestern: Petrus Claver
Montpellier: Rochus von Montpellier
Moraltheologen: Alfons Maria von Liguori
Müller: Anna, Arnulf von Metz, Johannes von Nepomuk, Katharina von Alexandria, Martin von Tours, Nikolaus von Myra, Paulinus von Nola
München-Freising: Benno von Meißen, Korbinian von Freising
Münster: Liudger
Münzenschläger: Eligius
Musiker: Benedikt Biscop Baducing, Blasius von Sebaste, Cäcilia, Gregor I. der Große, Johannes der Täufer, Leo I. der Große
Musikinstrumentenbauer: Cäcilia
Mütter: Ägidius, Anna, Katharina von Alexandria, Monika

Nachrichtendienst: Gabriel
Nachtwächter: Petrus von Alcántara
Nadler: Apollinaris von Ravenna, Helena
Näherinnen: Dominikus, Lucia von Syrakus
Name, ehrlicher: Goar
Nantes, Universität: Ivo
Naturwissenschaftler: Albertus Magnus, Hildegard von Bingen
Neapel: Andreas Avellino
Negermissionen: Petrus Claver
Netzemacher: Petrus
Neuss: Quirinus von Neuss
Neuvermählte: Dorothea von Kappadokien
Nierenleiden: Lambert von Maastricht
Not, Nöte (seelische und geistliche): Ägidius, Antonius von Padua, Konrad von Parzam, Maria, Theresa von Ávila
Notare: Ivo, Johannes der Evangelist, Lucia von Syrakus, Lukas, Markus, Nikolaus von Myra
Novizen des Jesuitenordens: Stanislaus Kostka
Numismatiker: Eligius
Nürnberg: Ägidius, Laurentius von Rom, Sebaldus

Oberösterreich: Florian von Lorch, Leopold III. von Österreich
Obsthändler: Leonhard
Ofensetzer: Florian von Lorch

Ohrenschmerzen, Ohrenkrankheiten: Paulus, Quirinus von Neuss, Quirinus vom Tegernsee
Ökumene: Johannes Sarkander
Optiker: Hubert von Maastricht und Lüttich
Orgelbauer: Cäcilia
Orléans: Johanna von Orléans
Osnabrück: Ägidius, Crispinus und Crispinianus, Joseph von Nazareth, Petrus
Österreich: Joseph von Nazareth, Leopold III. von Österreich
Ostindien: Thomas

Pächter: Eligius
Pädagogen: → Lehrer
Paderborn: Antonius von Padua
Padua: Antonius von Padua, Lukas
Palermo: Albert von Trapani, Dominikus
Pamplona: Firminus
Papierhersteller: Johannes der Evangelist
Päpste: Petrus
Parfümhändler: Nikolaus von Myra
Parfüm- und Puderhersteller: Maria Magdalena, Nikolaus von Myra
Paris: Eustachius, Ludwig IX. von Frankreich
Pariser Universität (Sorbonne): Ursula von Köln
Parma: Rochus von Montpellier, Thomas
Passau: Maximilian im Pongau, Valentinus von Rätien
Pavia: Alexander Sauli
Pedelle: Lucia von Syrakus
Perpignan: Abdon und Sennen
Peru: Joseph von Nazareth
Pesaro: Helena
Pest: Ägidius, Alban von Mainz, Alexius von Edessa, Anna, Antonius der Große, Aubet, Benedikt von Nursia, Blasius von Sebaste, Bruno der Kartäuser, Christophorus, Cubet, Cyprianos von Karthago, Earbeth, Einbeth, Franz Xaver, Franziska von Rom, Gregor I. der Große, Ignatius von Loyola, Johannes und Paulus, Kajetan von Tiene, Karl Borromäus, Katha-

rina von Siena, Kosmas und Damianus, Laurentius von Rom, Oswald von Northumbrien, Pirmin von der Reichenau, Quere, Quirinus von Neuss, Quirinus vom Tegernsee, Remigius, Rochus von Montpellier, Rosalia von Palermo, Sebastian, Thekla von Ikonium, Wilbeth
Petruswerk der Glaubensverbreitung: Theresia von Lisieux
Pfadfinder: Georg von Kappadokien
Pfalz: Pirmin von der Reichenau
Pfarrer: Ivo
Pferde: Antonius von Padua, Eligius, Georg von Kappadokien, Hippolyt der Soldat, Leonhard, Martin von Tours, Mauritius, Quirinus von Neuss, Servatius, Stephanus
Pferdehändler: Eligius
Pferdeknechte: Stephanus
Pferdekrankheiten: Eligius, Kosmas und Damianus
Pflanzen, junge: Pankratius
Pflasterer: Rochus von Montpellier
Pförtner: Konrad von Parzham
Philippinen: Joseph von Nazareth
Philosophen: Katharina von Alexandria
Philosophische Fakultät Freiburg i. Br.: Franz Xaver
Physiker: Kosmas und Damianus
Picardie: Firminus
Pilger: Alexius von Edessa, Birgitta von Schweden, Gertrud von Nivelles, Jakobus der Ältere, Nikolaus von Myra, Raphael
Pioniere: Joseph von Nazareth
Plasencia: Florentia von Cartagena
Pocken: Quirinus von Neuss
Poissy: Ludwig IX. von Frankreich
Poitiers: Hilarius von Poitiers, Radegundis von Thüringen
Polen: Kasimir, Stanislaus Kostka
Poligny: Coletta
Polizisten: Severus von Ravenna
Polsterer: Lucia von Syrakus
Portugal: Thomas
Posamenter: Gregor I. der Große
Posen: Stanislaus Kostka
Postangestellte und -beamte: Gabriel

Prag: Vitus
Prämonstratenser: Norbert von Xanten
Prediger: Johannes Chrysostomos
Pressezensur: Anastasia von Sirmium
Priester: Ivo, Johannes von Nepomuk
Provence: Johannes der Täufer

Qualen des Fegfeuers: Franziska von Rom
Quedlinburg: Servatius
Quellen: Gangolf, Vitus

Radfahrer: Christophorus
Radiofachleute: Michael
Rattenplage: Gertrud von Nivelles, Kolumban der Ältere, Servatius, Ulrich von Augsburg
Ravenna: Apollinaris von Ravenna
Rechtsanwälte: Ivo, Lucia von Syrakus
Regen: Benno von Meißen, Emerita von Chur, Heribert von Köln, Honoratus von Arles, Isidor von Madrid, Johannes und Paulus, Medardus von Noyon, Paulus, Scholastica
Regensburg: Emmeran von Regensburg, Paulinus von Nola, Wolfgang von Regensburg
Reichenau (Bodenseeinsel): Pirmin von der Reichenau
Reims: Remigius
Reisende: Antonius von Padua, Gertrud von Nivelles, Joseph von Nazareth, Martin von Tours, Nikolaus von Myra, Raphael, Ulrich von Augsburg
Reiter: Georg von Kappadokien, Martin von Tours
Remagen: Apollinaris von Ravenna
Restaurateure: Johannes der Täufer
Reutlingen: Lukas
Rheumatismus: Firminus, Jakobus der Ältere, Kilian von Würzburg, Leander von Sevilla, Pirmin von der Reichenau, Quirinus von Neuss, Servatius
Richter: Ivo, Nikolaus von Myra
Riga: Thomas
Rinder: Quirinus von Neuss
Ritter: Antonius der Große, Georg von

Kappadokien, Jakobus der Ältere, Michael, Paulus, Quirinus von Neuss
Rom: Franziska von Rom, Katharina von Siena
Rotlauf: Martin von Tours
Rottenburg-Stuttgart: Martin von Tours
Rouen: Johanna von Orléans
Rückenschmerzen: Thomas
Ruhr (Krankheit): Lucia von Syrakus
Rundfunk: Johanna von Orléans
Rußland: Nikolaus von Myra

Sachsen: Vitus
Salesianer Don Boscos: Franz von Sales
Salesianerinnen: Johanna Franziska von Chantal
Salzarbeiter: Rupert von Salzburg
Salzbergbau: Rupert von Salzburg
Salzburg: Amandus von Maastricht, Rupert von Salzburg, Virgilius von Salzburg
Salzburger Universität: Karl Borromäus
Sänger: Cäcilia, Gregor I. der Große, Johannes der Täufer, Leo I. der Große
Sankt Gallen: Gallus, Otmar von St. Gallen
Sankt Goar: Goar
Sankt Pilt: Hippolyt von Rom, Hippolyt der Soldat
Sankt Pölten: Hippolyt von Rom, Hippolyt der Soldat, Leopold III. von Österreich, Severin von Noricum
Sattler: Crispinus und Crispinianus, Eligius, Georg von Kappadokien, Johannes der Evangelist, Johannes der Täufer, Lucia von Syrakus, Paulus
Schafe: Johannes der Täufer
Schatzgräber: Corona, Helena
Schellenmacher: Hubert v. M. u. L.
Schiffbruch, Schiffbrüchige: Ägidius, Amalberga von Gent, Antonius von Padua, Petrus
Schiffer: Anna, Erasmus, Goar, Johannes von Nepomuk, Maria, Petrus, Raphael, Wolfgang von Regensburg
Schlaflosigkeit: Siebenschläfer
Schlaganfall: Andreas Avellino, Wolfgang von Regensburg

Schlangen: Remigius
Schlangenbiß: Hubert von Maastricht und Lüttich, Martin von Tours, Paulus, Petrus, Pirmin von der Reichenau, Vitus
Schlosser: Eligius, Leonhard, Petrus, Servatius
Schmiede: Barbara, Eligius, Florian von Lorch, Georg von Kappadokien, Johannes der Täufer, Leonhard, Matthias, Patrick, Petrus
Schnapsbrenner: Nikolaus von Myra
Schneider: Anna, Bartholomäus, Blasius von Sebaste, Bonifatius, Crispinus und Crispinianus, Dominikus, Franz von Assisi, Lucia von Syrakus, Martin von Tours, Matthias, Michael, Stephanus
Schnitter: Oswald von Northumbrien
Schornsteinfeger: Florian von Lorch, Johannes der Täufer
Schottland: Andreas
Schreiber: Johannes der Evangelist, Lucia von Syrakus, Markus
Schreiner: → Tischler
Schriftsteller: Franz von Sales, Johannes der Evangelist, Lucia von Syrakus
Schuhmacher: Bartholomäus, Blasius von Sebaste, Crispinus und Crispinianus, Gangolf, Katharina von Alexandria
Schulen, christliche: Thomas von Aquin
Schüler: Benedikt von Nursia, Gregor I. der Große, Hieronymus, Johannes Bosco, Katharina von Alexandria, Laurentius von Rom, Maria Magdalena, Nikolaus von Myra, Symphorian von Autun
Schützen: Dionysius von Paris, Georg von Kappadokien
Schützenvereinigungen: Georg von Kappadokien, Hubert von Maastricht und Lüttich, Sebastian
Schwäche: Ulrich von Augsburg
Schwangere: Agapitus von Praeneste, Ignatius von Loyola, Leonhard, Otmar von St. Gallen
Schweine: Antonius der Große
Schweinehirten: Antonius der Große
Schweiz: Nikolaus von der Flüe
Schwerhörigkeit: Paulus

Schwertfeger: → Waffenschmiede
Schwindelgefühl: Johannes der Täufer
Schwyz: Martin von Tours
Seelen, arme: Afra, Laurentius von Rom, Michael, Odilo von Cluny
Seelenrettung der Kinder: Monika
Seeleute, Seefahrer: Amalberga von Gent, Erasmus, Franz Xaver, Klemens I., Nikolaus von Myra, Vinzenz von Saragossa
Seelsorger: Karl Borromäus, Paulus
Seenot: Nikolaus von Myra
Seidenhersteller: Bonaventura
Seidenweber: Maria
Seifensieder: Blasius von Sebaste, Florian von Lorch
Seiler: Andreas, Anna, Erasmus, Katharina von Alexandria, Paulus
Seitenstechen: Stephanus
Seraphisches Liebeswerk: Konrad von Parzham
Seuchen: Alexius von Edessa, Rochus von Montpellier
Sevilla: Justa von Sevilla, Klemens I., Leander von Sevilla, Rufina von Sevilla
Siechenhäuser: Rochus von Montpellier
Silberschmiede: Eligius
Sizilien: Andreas Avellino, Vitus
Sklaven: Gaugerich von Cambrai
Skrofulose: Alexander I.
Soissons: Crispinus und Crispinianus
Soldaten: Georg von Kappadokien, Ignatius von Loyola, Martin von Tours, Mauritius, Michael, Sebastian, Theodorus von Euchaïta
Sonnenschein: Johannes und Paulus
Sozialarbeiter: Antonius von Padua, Franz von Assisi
Spalato: Antonius von Padua
Spanien: Jakobus der Ältere, Lukas, Theresa von Ávila
Speyer: Maria
Spezereifachleute: Nikolaus von Myra
Spiegelmacher: Johannes der Evangelist
Spinner: Katharina von Alexandria
Spitäler: Georg von Kappadokien, Ger-

trud von Nivelles, Katharina von Alexandria, Rochus von Montpellier
Spitzenmacherinnen: Elisabeth von Thüringen
Spitzen- und Tuchhändler: Nikolaus von Myra
Sprachforscher: Hildegard von Bingen
Stallknechte: Leonhard, Marcellus I.
Steiermark: Joseph von Nazareth
Steinbrucharbeiter: Nikolaus von Myra
Steinhauer: Blasius von Sebaste, Thomas
Steinleiden (Nieren- und Gallensteine): Apollinaris von Ravenna, Benedikt von Nursia
Steinmetzen: Barbara, Johannes der Täufer, Klemens I., Nikolaus von Myra, Petrus, Quattuor Coronati, Sebastian, Stephanus
Sterben, gutes: Franz Xaver
Sterbende: Benedikt von Nursia, Joseph von Nazareth, Katharina von Siena, Martha von Bethanien, Michael, Sebastian, Stanislaus Kostka, Thekla von Ikonium, Ulrich von Augsburg
Steuerbeamte: Matthäus
Sticker: Lukas
Stickerinnen: Klara von Assisi
Strumpfwirker: Anna, Blasius von Sebaste, Eustachius, Jakobus der Ältere, Severus von Ravenna
Studenten: Albertus Magnus, Gregor I. der Große, Hieronymus, Laurentius von Rom, Maria Magdalena, Stanislaus Kostka, Thomas von Aquin
Stumme: Vitus
Sturm: Ägidius, Florian von Lorch, Franz Xaver, Klemens I., Theodoros von Euchaïta
Suche nach Ertrunkenen: Katharina von Alexandria
Sulpizianer: Sulpicius
Sumpffieber: Sigismund von Burgund
Sünderinnen, reuige: Maria Magdalena
Syphilis: Dionysius von Paris
Syrakus: Lucia von Syrakus

Tänzer: Johannes der Täufer
Taube: Vitus
Tegernsee: Chrysogonos von Aquileia, Kastor aus Pannonien, Quirinus
Telegraphie: Johanna von Orléans
Teppichknüpfer: Paulus
Terzianer: Franz von Assisi
Theatiner: Kajetan von Tiene
Theologen: Albertus Magnus, Augustinus, Bonaventura, Hieronymus, Johannes der Evangelist, Katharina von Alexandria, Paulus, Thomas, Thomas von Aquin
Tierärzte: Eligius
Tirol: Joseph von Nazareth
Tischler: Anna, Joachim, Joseph von Nazareth, Matthias, Petrus, Rochus von Montpellier, Servatius
Tobsucht: Vitus
Tod, guter, friedlicher, plötzlicher: Andreas Avellino, Birgitta von Schweden, Chlothilde, Christophorus, Joseph von Nazareth, Markus, Michael, Stephanus, Veronika
Todesnöte: Dorothea von Kappadokien
Tollwut: Hubert von Maastricht und Lüttich, Otto von Bamberg, Petrus, Petrus Chrysologus, Walpurga
Töpfer: Fabianus, Florian von Lorch, Goar, Justa von Sevilla, Katharina von Alexandria, Maria, Petrus, Radegundis von Thüringen, Rufina von Sevilla, Sebastian, Vinzenz von Saragossa
Totengräber: Antonius der Große, Barbara, Joseph von Nazareth, Lazarus von Bethanien, Rochus von Montpellier
Trapani: Albert von Trapani
Trauer in der Familie: Eustachius
Trier: Helena, Matthias
Trinkerfürsorge: Johannes der Täufer
Tuchhändler: Eustachius, Franz von Assisi, Martin von Tours, Ursula von Köln
Tuchmacher: → Weber
Tuchscherer: Nikolaus von Myra
Tuchwalker: Jakobus der Jüngere
Tüncher: → Maler
Türhüter: Lucia von Syrakus

Überschwemmungen: Kolumban d. J.

Übersetzer: Hieronymus

Übungen, geistliche: Ignatius von Loyola

Uhrmacher: Eligius, Petrus

Umweltschutz: Franz von Assisi

Unfruchtbarkeit: Ägidius, Albert von Trapani, Antonius von Padua, Coletta, Florian von Lorch, Philipp Neri, Wolfgang von Regensburg

Ungarn: Stephan I. von Ungarn

Ungeziefer: Eustachius, Maria Magdalena, Patrick

Unglück: Agatha, Ägidius, Rochus von Montpellier, Severin von Köln

Universitäten: Hieronymus, Katharina von Alexandria

Unterengadin: Florinus von Remüs

Unterleibsbeschwerden: Erasmus

Unwetter: Agatha, Alban von Mainz, Alexius von Edessa, Benno von Meißen, Michael, Thomas von Aquin, Vitus, Wolfgang von Regensburg

Urbino: Thomas

Ursulinen: Ursula von Köln

Utrecht: Amandus von Maastricht, Willibrord

Vagabunden: Alexius von Edessa

Valence: Hugo von Bonnevaux

Veitstanz (Chorea): Vitus

Velletri: Pontianus

Venedig: Rochus von Montpellier

Verbannte: Joseph von Nazareth

Verbrennungen: Laurentius von Rom

Verdächtigung, schuldlose: Johannes von Nepomuk

Verführte: Maria Magdalena

Vergiftungen: Benedikt von Nursia, Johannes der Evangelist, Pirmin von der Reichenau

Vergolder: Klara von Assisi, Michael

Verkehr, Verkehrsberufe: Christophorus

Verlage, katholische: Johannes Bosco

Verlassenheit: Ägidius, Pantaleon

Verleumdete: Otmar von St. Gallen

verlorene Gegenstände, Auffindung: Helena, Antonius von Padua

Verurteilte, unschuldig: Wolfgang von Regensburg

Vieh: Ägidius, Georg von Kappadokien, Leonhard, Lukas, Magnus von Füssen, Oswald von Northumbrien, Patrick, Quattuor Coronati, Wolfgang von Regensburg

Viehhändler: Theodard von Maastricht

Viehkrankheiten, Viehseuchen: Agatha, Antonius von Padua, Erasmus, Ignatius von Loyola, Lambert von Maastricht, Pantaleon, Patrick, Sebastian

Vintschgau: Florinus von Remüs

Wachszieher (Kerzenmacher): Ambrosius, Bernhard von Clairvaux, Blasius von Sebaste, Jakobus der Ältere

Waffenschmiede: Georg von Kappadokien, Martin von Tours, Mauritius, Paulus

Wagner: Eligius, Joseph von Nazareth, Katharina von Alexandria

Wahnsinn: Medardus von Noyon

Waisen: Elisabeth von Thüringen, Ivo, Joseph von Nazareth

Walker: Petrus, Philippus

Wanderer: Georg von Kappadokien, Ulrich von Augsburg

Warschau: Stanislaus Kostka

Wäscherinnen und Wäscher: Katharina von Siena, Klara von Assisi, Laurentius von Rom, Martha von Bethanien, Mauritius, Veronika

Wasser: Johannes von Nepomuk

Wassergefahr, Wassernot: Nikolaus von Myra, Radegundis von Thüringen

Wasserscheu: Hubert von Maastricht und Lüttich

Weber: Agatha, Anna, Antonius der Große, Barnabas, Benno von Meißen, Blasius von Sebaste, Crispinus und Crispinianus, Erasmus, Franz von Assisi, Lucia von Syrakus, Maria, Maria Magdalena, Martin von Tours, Mauritius, Nikolaus von Myra, Paulus, Petrus, Radegundis von Thüringen, Sebastian, Severin von Köln, Severus von Ravenna, Simon Zelotes, Stephanus, Ulrich von Augsburg

Wein: Urban I.

Weinberge: Johannes der Täufer, Urban I.
Weinbergwächter: Vinzenz von Saragossa
Weinhändler: Amandus von Maastricht, Firminus, Maria Magdalena, Nikolaus von Myra
Weinreben, Weinstöcke: Maternus von Köln, Mauritius, Severin von Noricum
Weißbinder: → Böttcher
Weißgerber: Maria Magdalena
Welfenhaus: Blasius von Sebaste
Werden (Essen): Katharina von Alexandria
Wetter: Jakobus der Ältere, Markus, Oswald von Northumbrien, Severin von Köln
Wiedererlangen gestohlener Gegenstände: Nikolaus von Myra
Wiederfinden verlorener Sachen: Antonius von Padua
Wien, Erzdiözese: Klemens Maria Hofbauer, Leopold III. von Österreich, Severin von Noricum, Stephanus
Wiener Dom: Stephanus
Wiener Universität: Ursula von Köln
Windschäden: Blasius von Sebaste
Winzer: Bartholomäus, Goar, Johannes der Evangelist, Johannes der Täufer, Kilian von Würzburg, Maria Magdalena, Martin von Tours, Medardus von Noyon, Severin von Noricum, Sixtus II., Ulrich von Augsburg, Urban I., Vinzenz von Saragossa, Vitus
Wirte: Nikolaus von Myra
Wissenschaftliche Vereinigungen: Hieronymus
Witwen: Anna, Elisabeth von Thüringen, Gertrud von Nivelles, Ivo

Wöchnerinnen: Dorothea von Kappadokien, Walpurga
Wollhändler: Blasius von Sebaste
Wollweber: Maria Magdalena
Worms: Servatius
Wuppertal: Laurentius von Rom
Wurmbefall: Pirmin von der Reichenau
Würzburg: Kilian von Würzburg, Martin von Tours

Xanten: Katharina von Alexandria

Zahnärzte: Kosmas und Damianus, Lambert von Maastricht
Zahnschmerzen: Blasius von Sebaste, Medardus von Noyon
Zauberei: Benedikt von Nursia, Ignatius von Loyola
Zeltmacher: Paulus
Ziegelbrenner: Goar, Petrus, Vinzenz von Saragossa
Zimmerleute: Barbara, Johannes der Täufer, Joseph von Nazareth, Matthias, Stephanus, Thomas, Wolfgang von Regensburg
Zinngießer: Fabianus, Michael, Sebastian
Zisterzienser: Bernhard von Clairvaux
Zollbeamte: Matthäus
Zuckerbäcker: Antonius der Große, Kosmas und Damianus, Matthias
Zuckungen: Willibrord
Zug, Stadt und Kanton: Oswald von Northumbrien
Zwickau: Katharina von Alexandria

Glossar

Abt, Äbtissin, Vorsteher(in) eines Klosters.

Abtei, Kloster mit oder ohne Klostergebiet, dem ein Abt bzw. eine Äbtissin vorsteht. Eine *Abtei nullius* ist eine Abtei mit staatsrechtlich unabhängigem Territorium unter der Gerichtsbarkeit eines Abtes.

Acheiropoieta, (griech. nicht von Händen gemacht), bestimmte Bildnisse von Christus und den Heiligen gelten als »wahre« Bildnisse, weil sie nicht von Menschenhand geschaffen wurden, sondern auf wunderbare Weise entstanden sind, wie das Schweißtuch der Veronika mit dem Antlitz Christi.

Agape (griech. Liebe), Liebesmahl der frühchristlichen Gemeinde (bis 2. Jh.) für Bedürftige, später Teil des Abendmahls bzw. des allgemeinen Gottesdienstes.

Akoluth, Akolyth (griech. Begleiter), zum Dienst bei der Eucharistiefeier bestimmter Mann oder Knabe. → Ordination.

Albe (lat. albus = weiß), knöchellanges, weißes Gewand, das der Geistliche bei der Messe unter dem Meßgewand trägt.

Albigenser, häretische Gruppe, die sich im 12. Jh. aus den → Katharern entwickelte, die katholische Kirche und das Papsttum ablehnte und sich in Südfrankreich durchzusetzen versuchte. In den Albigenserkriegen (1209–1229), einem von Papst Innozenz III. veranlaßten Kreuzzug, wurde die Gruppe eliminiert.

Ambo, Mz. Ambonen, Lesepult an oder vor den Chorschranken in frühchristlichen Kirchen.

Amikt, weißer Schulterkragen, den der Geistliche bei der Messe unter der Albe trägt.

Anachoret, Einsiedler, in der Einsamkeit lebender christlicher Asket, Eremit.

Anastasis, bildliche Darstellung der Auferstehung Christi.

Annuntio, bildliche Darstellung der Verkündigung der Empfängnis Jesu durch den Engel Gabriel an die Jungfrau Maria.

Antependium, Schmuck der Altarvorderseite durch Stoffbehang oder Vorsatztafel.

Antiphonar, liturgisches Buch mit Antiphonen (Wechselgesängen) und Stundengebet.

Aphthartodoketen, Gruppe der häretischen Monophysiten, die die Verweslichkeit des Leibes Christi verneinten.

Apokalypse (griech. Offenbarung), vor allem die Offenbarung des Johannes (96 n. Chr.), die den nahen Weltuntergang prophezeit, dem dann – nach Überwindung des Satans – die Vollendung des Gottesreiches folgt.

Apokrisiar, der päpstliche Legat am Kaiserhof zu Konstantinopel.

Apokryph (griech. Verborgenes), Mz. Apokryphen, jüdische oder christliche, meist legendenhafte Zusatzschrift zu den biblischen Büchern, die die katholische Kirche nicht zum Kanon rechnet.

Apollinarismus, christliche Lehre des 4. Jh., nach der sich in Christus der Sohn Gottes mit einem belebten, aber unbeseelten Menschenleib vereinigt habe. Die Lehre, begründet von Apollinarios, Bischof von Laodicea (Syrien), wandte sich gegen den → Arianismus, wurde aber von der Kirche verurteilt.

Apostasie (griech.), Abfall eines Christen vom Glauben; Austritt einer Ordensperson aus dem Kloster unter Bruch des Gelübdes.

Apostel (griech. Sendbote), jene zwölf Jünger, die Jesus zur Verkündigung seiner Lehre auswählte.

Apostelgeschichte (Abkürzung: Apg), Buch im Neuen Testament über das Wirken der Apostel nach der Auferstehung Jesu.

Apostolisches Symbolum, → Symbolum apostolicum.

Archidiakon, erster Diakon, Hauptdiakon, Stellvertreter des Bischofs in der alten und frühmittelalterlichen Kirche.

Archimandrit, der Abt einer größeren Klosteranlage oder eines Klosterverbandes, auch Ehrentitel.

Arianismus, Lehre des Arius (um 280–336), Presbyter in Alexandria, nach der Christus und Gott Vater nicht wesensgleich, sondern wesensähnlich sind. Die Lehre wurde auf dem 1. Ökumenischen Konzil in Nicäa verdammt, sie hielt sich aber bei den Germanen bis ins 7. Jh. hinein.

Askese (griech. Übung), streng enthaltsame und entsagende Lebensweise zur Verwirklichung religiöser Ideale, auch Bußübung.

Assumptionisten, → Augustiner.

Assunta, bildliche Darstellung der Himmelfahrt Mariä.

Aszetik, die Wissenschaft von der Askese, die Lehre vom Streben nach christlicher Vollkommenheit.

Audition, das akustische Vernehmen von Botschaften Gottes, oft mit einer → Vision verbunden.

Augustiner, katholische Ordensgenossenschaften, die nach der Regel des hl. Augustinus leben. Augustiner-Chorherren (CRSA); Augustiner-Eremiten in den drei Zweigen Orden der Brüder des hl. Augustinus, unbeschuhte und beschuhte Augustiner; Assumptionisten (Augustiner von Mariä Himmelfahrt).

Aureole, → Glorie.

Austrien, Austrasien, der Osten des Fränkischen Reiches unter der Dynastie der Merowinger, die Territorien an Rhein und Maas mit der Champagne; Hauptstadt: Reims. → Neustrien.

Ave Maria (lat. »Sei gegrüßt, Maria«), Beginn der Verheißung der Geburt Jesu an Maria durch den Engel Gabriel (Lk 1,28); katholisches Gebet, Hauptbestandteil des Rosenkranzgebetes.

Baldachin, von Säulen getragene Überdachung eines Altars oder Grabmals, Schutzdach über einer gotischen Statue. Auch Traghimmel bei Prozessionen.

Barett, Kopfbedeckung der Geistlichen.

Barfüßer, Barfüßerinnen, Unbeschuhte, Discalceaten, Angehörige katholischer Orden, zumeist Bettelorden wie die Karmeliter, die aus Demut und Askese ursprünglich barfuß gingen (Mt 10,10; Mk 6,9) und heute Sandalen tragen.

Barnabiten, Regularkleriker des hl. Paulus (Paulaner), Vereinigung zur Seelsorge und zum Unterricht, gegründet 1530 von Antonius Maria Zaccaria.

Beatifikation, Seligsprechung.

Benediktiner (Ordo Sancti Benedicti, OSB), katholischer Mönchsorden nach der Regel des hl. Benedikt von Nursia; weiblicher Zweig: Benediktinerinnen.

Benediktion, liturgische Segnung.

Benefizium, Pfründe, Kirchenamt, das mit einer Vermögensausstattung (Landnutzung oder Dotation) verbunden ist.

beschaulich, → kontemplativ.

Bilderstreit, theologisch-politischer Streit um die Bilderverehrung, vor allem im byzantinischen Raum (726–787).

Birett, aus dem Barett entwickelte liturgische Kopfbedeckung des katholischen Priesters.

Bischof, katholischer Würdenträger, der als Nachfolger der Apostel einen Sprengel (Bistum, Diözese) leitet. Die Oberhoheit übt der Papst aus, das Domkapitel unterstützt den Bischof, der die oberste geistliche Gerichtsbarkeit sowie die Lehr- und Weihegewalt besitzt. Im allgemeinen wird der Bischof vom Papst ernannt. In den orthodoxen Kirchen wird der Bischof von Priestermönchen gewählt.

Breve, kurzer päpstlicher Erlaß.

Brevier, Gebetbuch des katholischen Geistlichen mit Gesängen, Psalmen, Bibelstellen u.a.

Cappa, Pluviale, offener Radmantel des katholischen Geistlichen für liturgische Anlässe. *Cappa magna*, Chorgewand der hohen Würdenträger mit Kapuze und Schleppe, bei Bischöfen violett, bei Kardinälen rot.

Casula, → Kasel.

Chiliasmus (griech. chilia = 1000), Millenarismus, Erwartung, daß Christus vor dem Weltende ein Tausendjähriges Reich, ein Reich des Friedens auf Erden errichten werde (Offb 20, 4f). Dieser Glaube fand jeweils in Zeiten der Not und der Verfolgung eine große Anhängerschaft.

Chorbischof, Bischof der ländlichen Gebiete in den frühen Ostkirchen (griech. chorepiskopoi = Landbischöfe).

Chorherr, → Kanoniker.

Chrisma, Chrisam, Salböl aus Olivenöl, Balsam und Spezereien, verwendet in der katholischen Kirche bei der Spendung der Taufe, der Firmung und der Priesterweihe, früher auch bei Krönungen von Königen und Kaisern.

Christogramm, Christusmonogramm, das symbolische Zeichen für Christus, gebildet aus den griechischen Anfangsbuchstaben X (Chi) und P (Rho).

Ciborium, Ziborium (lat. Becher), viersäuliger Überbau des Altars, unter dem das geweihte Brot hing; später ging die Bezeichnung auf den Hostienbehälter über.

Cimelien, Zimelien, Kostbarkeiten, Kleinodien, der Kirchenschatz, vor allem die reich illuminierten Handschriften.

Cingulum, Zingulum (lat. Gürtel), Gürtel bei der Soutane und anderer geistlicher Kleidung; auch Lendenschurz des gekreuzigten Christus.

Cluniazensische Reform, von der französischen Benediktinerabtei Cluny ausgehende Erneuerung des Mönchtums und der Kirche, die im hohen Mittelalter unter Papst Gregor VII. (1073–1085) zu einer Herrschaft der Kirche über den Staat führte. Cluny wurde Mittelpunkt des Ordens der Cluniazenser, dem im 12. Jh. über 2000 Klöster angehörten.

Codex, → Kodex.

Coemeterium, Zömeterium, Grabstätte oder Friedhof der frühen Christen, besonders in den Katakomben Roms.

Confessio, Glaubensbekenntnis, Beichte, auch Ruhestätte eines Märtyrers unter oder in einem Altar.

Credo (lat. ich glaube), das Glaubensbekenntnis der katholischen Christen, 325 in Nicäa beschlossen und 381 in Konstantinopel sowie 451 in Chalcedon erweitert (Nicänisches Glaubensbekenntnis, Symbolum Nicaenum).

Custodia (lat. Schutz), in der katholischen Kirche das Gefäß zur Aufbewahrung der geweihten Hostie im Tabernakel.

Dalmatica, liturgisches Obergewand der Diakone in der katholischen Kirche; Bischöfe und Kardinäle tragen die Dalmatica beim Pontifikalamt unter der Kasel.

Deesis (griech. Bitte), Darstellung des thronenden Christus zwischen Maria und Johannes dem Täufer, die beide fürbittend knien oder stehen.

Definitor, Verwaltungsbeamter in einem Bistum oder Dekanat, Leiter eines Generalkapitels (Ordensdefinitor).

Devotionalien (lat. devotio = Frömmigkeit), Gegenstände, die zur Förderung der religiösen Andacht dienen, in der katholischen Kirche vor allem Rosenkränze, Heiligenbilder, Kruzifixe u.a.

Diakon (griech. Diener), ursprünglich Helfer bei der Austeilung des Abendmahls (Apg 6, 1-7). In der katholischen Kirche ein Kleriker, der sich auf die Prie-

sterweihe vorbereitet, oder jemand, der den liturgischen Dienst versieht, Religionsunterricht erteilt und Wohlfahrts- sowie Verwaltungsarbeit leistet.
→ Archidiakon, → Subdiakon; → Ordination.

Diözese, Bistum, Amtsgebiet eines katholischen Bischofs.

Diptychon (griech. doppelt gefaltet), zweiflügeliges Altarbild. Ursprünglich zusammenklappbare Holz-, Metall- oder Elfenbeintäfelchen, außen mit Reliefs geschmückt, innen mit Wachsschicht zum Schreiben versehen.

Discalceaten, → Barfüßer.

Doctor mit Zusatzbezeichnung, Ehrentitel seit dem 12. Jh. für Theologen, die ganz herausragende wissenschaftliche Leistungen erbracht haben, zum Beispiel: Doctor communis, Doctor angelicus (Thomas von Aquin), Doctor universalis (Thomas von Aquin), Doctor seraphicus (Bonaventura) und Doctor ecclesiae, der höchste Titel, der nur vom Papst in Zusammenhang mit der Bezeichnung »Kirchenlehrer« verliehen wird.

Dominikaner (Ordo fratrum praedicatorum, OP), katholischer Predigerorden, 1216 vom hl. Dominikus in Toulouse als Bettelorden zur Überwindung der Albigenser, Katharer und anderer häretischer Bewegungen gegründet.

Domizellar, junger Kanoniker, der noch keinen Sitz und keine Stimme im Kapitel hat.

Donatismus, christlich-schismatische Lehre, benannt nach Bischof Donatus, die im 4. Jh. in ganz Nordafrika verbreitet war und von den Christen volle sittliche Reinheit und von der Kirche strengste Zucht forderte. Die Donatisten wurden mehrmals verboten (314 Synode von Arles, 316 Konstantin der Große, 414 und 415 kaiserliche Erlasse), von Augustinus heftig bekämpft, gingen aber erst nach 430 bei dem Einfall der Vandalen unter.

Dormitio (lat. das Einschlafen), Dormitio Sanctae Mariae Virginis, Stätte des Todes, des Todesschlafes der Mutter Jesu in Jerusalem.

Dreieinigkeit, Dreifaltigkeit, → Trinität.

Dyotheleten, Dyophysiten, Anhänger der Zweinaturenlehre, einer christlichen Lehre im frühen Mittelalter, nach der Christus wahrer Gott und wahrer Mensch zugleich ist. Vgl. → Monotheleten.

Elevation (lat. das Emporheben), in der katholischen Liturgie das Emporheben der Hostie und des Kelches nach der Wandlung durch den Priester. Diese Handlung, bei der das Meßglöckchen ertönt, ist seit dem 11. Jh. üblich. Auch Bezeichnung für die feierliche Erhebung (Ausgrabung, Freilegung) der Gebeine eines Heiligen, um sie würdevoller beizusetzen.

Epitaph, Grabinschrift oder Gedenktafel für einen Verstorbenen, meist an die Wand einer Kirche gelehnt oder an ihr befestigt.

Epitrachelion, → Stola.

Erheben der Gebeine, Ausgraben der sterblichen Überreste eines Heiligen (Elevation), meist um sie feierlich an einen anderen Ort zu überführen (Translation).

Eucharistie (griech. Danksagung), Sakrament des Abendmahls, Feier des Abendmahls, auch die geweihten Elemente der Feier: Brot und Wein.

Eusebianer, Semiarianer, christliche Gruppe um Eusebius von Nikomedien, der zunächst die Arianer unterstützte, nach dreijähriger Verbannung einen Mittelweg (Semiarianismus) einschlug und 341 auf der Synode von Antiochia die Gruppe der Eusebianer für den Osten durchsetzte.

Eutychianer, Anhänger der Lehre des Eutyches (um 378–454), Archimandrit eines Klosters bei Konstantinopel. Eutyches vertrat die Meinung, Christus habe nach der Fleischwerdung eine gottmenschliche Natur gehabt, sein Leib sei nicht dem Leibe anderer Menschen wesensgleich gewesen. 448 wurde Eutyches auf der Synode von Konstantinopel angeklagt und abgesetzt. Schon im Jahr darauf setzte Dioskorus, Patriarch von Alexandria, auf dem Konzil zu Ephesus mit Hilfe seiner bewaffneten Mönche die Freisprechung des Eutyches durch. Doch 451 annullierte das Konzil zu Chalcedon die Beschlüsse der »Räubersynode« zu Ephesus, der Eutychianismus wurde zur Ketzerei erklärt. Die Eutychianer hielten sich als Glaubensgemeinschaft in Armenien, Ägypten und Äthiopien.

Evangeliar, Evangelienbuch mit den vier Evangelien und meist mit einem Verzeichnis der bei der Messe zu lesenden Abschnitte.

Exarch, in der orthodoxen Kirche der Vertreter des Patriarchen für ein bestimmtes Gebiet.

Exerzitien, geistliche Übungen der Katholiken nach den Vorschriften des hl. Ignatius von Loyola.

Exorzismus (griech. Beschwörung), Reinigung von Menschen, Orten und Gegenständen von Dämonen durch Gebet und Anrufung Christi (Teufelsaustreibung). Das Verfahren hat die katholische Kirche mit dem »Rituale Romanum« streng geregelt.

Exorzist, → Ordination.

Franziskaner, drei katholische Barfüßer- und Bettelmönchsorden, gegründet im 13. Jh. von Franz von Assisi. Der Erste Orden besteht aus den Franziskanern im engeren Sinn (Franziskaner-Observanten, OFM), den Minoriten (Franziskaner-Konventualen, OFMConv.) und den Kapuzinern (OFMCap.). Den Zweiten Orden der Klarissinnen gründete Franz von Assisi mit seiner Jugendfreundin Klara von Assisi. Zum Dritten Orden gehören die Tertiarier (TOR) sowie die Franziskanerinnen-Kongregationen.

Glorie, Ruhm und Herrlichkeit Gottes, in der bildlichen Darstellung der Heiligenschein hinter dem Haupt *(Nimbus)* als Zeichen der Heiligkeit oder göttlichen Verklärung. Der *Kreuznimbus* erscheint ausschließlich bei Christus und Gottvater. Umgibt der Strahlenkranz die ganze Figur, spricht man von einer *Aureole*. Der ovale, mandelförmige Strahlenkranz ist eine *Mandorla*. Aureole wie Mandorla sind Christus und Maria vorbehalten.

Gnostizismus (griech. gnosis = Erkenntnis), unter den Christen des 2. und 3. Jh. verbreitete, religiöse Bewegungen mit besonderen Erlösungsmysterien und Kultpraktiken, oft angelehnt an die Philosophie Platons.

Goldener Ring, ein Ring altrussischer Städte und Klöster zwischen Moskau und Wolga: Sergijew Possad, Pereslawl-Salesskij, Rostow Welikij, Jaroslawl, Kostroma, Iwanowo, Susdal und Wladimir.

Graduale, liturgisches Gesangbuch mit Meßgesängen.

Guardian, Abt der Franziskaner- und Kapuzinerklöster; in England der Vertreter eines Bischofs.

Habit, Kleid, Tracht, Berufskleidung der Geistlichkeit.

Häresie (griech. die erwählte Meinung), von der offiziellen Kirchenmeinung abweichende Lehre, Irrlehre, Ketzerei.

Hausmeier, Maiordomus, Leiter der königlich-fränkischen Hofhaltung unter den Merowingern. Zu Beginn des 7. Jh. entwickelte sich aus dem Hofamt das höchste Amt der Staatsverwaltung, der Hausmeier wurde zum Alleinherrschenden über das Frankenreich. Pippin III. der Jüngere schickte schließlich 751 den letzten Merowingerkönig ins Kloster und ließ sich selbst zum König krönen; sein Sohn war Karl der Große, der erste Kaiser aus germanischem Geschlecht und Heilige.

Herz-Jesu-Verehrung, die Verehrung der Liebe Jesu zu den Menschen unter dem Sinnbild seines leiblichen Herzens; Herz-Jesu-Fest (3. Freitag nach Pfingsten) der katholischen Kirche.

Hochamt, Missa solemnis, feierliche Messe der katholischen Liturgie; die ursprünglich vorgesehenen gregorianischen Choräle werden im deutschen Hochamt durch deutsche Lieder ersetzt.

Hodegetria, bildliche Darstellung der stehenden Muttergottes mit dem Kind auf dem linken Arm (byzantinischer Bildtypus).

Homiliar (lat. Homiliarius liber = Predigtbuch), mittelalterliche Sammlung von Auslegungen, die für Predigten benutzt werden konnten.

Homoiousie, Wesensähnlichkeit des Sohnes Christus mit Gott Vater; Lehre des Presbyters Arius (→ Arianismus).

Homousie, Wesensgleichheit des Sohnes Christus mit Gott Vater; die rechtmäßige, von der katholischen Kirche vertretene Lehre.

Horarium, → Stundenbuch.

Ikone (griech. eikon = Bild), Kultbild der Ostkirchen, in dem die abgebildete Person verehrt wird. Vielen Ikonen, vor allem den ältesten (4.–7. Jh.), werden Wunderkräfte zugeschrieben, einige gelten als → Acheiropoieta.

Ikonodulen, Bilderverehrer im byzantinischen Bilderstreit (726–787), den die Kaiserin Irene II. auf dem zweiten Ökumenischen Konzil von Nicäa mit der Anerkennung der Ikonodulie (Ikonolatrie, Bilderverehrung) beendete.

Ikonographie (griech. Bildbeschreibung), ursprünglich die Bestimmung antiker Porträtdarstellungen, heute die Beschreibung, Form- und Inhaltsdeutung alter Bildwerke.

Ikonoklasten, Bilderfeinde, Bilderstürmer, Gegner der Ikonodulie (Bilderverehrung) im byzantinischen Bilderstreit (726–787).

Immaculata, die Unbefleckte, die unbefleckt Empfangene, Beiname der Maria in der katholischen Lehre.

Inful, Bischofsmütze, Mitra, benannt nach den beiden Bändern (lat. infulae), die hinten von der Mütze herabhängen und an die römischen Zeichen der Heiligkeit und Unverletzlichkeit erinnern. Das *Infulieren*, d. h. die Genehmigung zum Tragen der Mitra, erteilt der Papst ausnahmsweise auch an Äbte und Pröpste.

Inklusen oder Reklusen (lat. Eingeschlossene), freiwillig zum Gebet und zur verstärkten Askese in Zellen eingeschlossene Einsiedler. Früher ließen sich manche sogar lebenslänglich einmauern, offen blieb nur eine winzige Öffnung für die Versorgung.

Inquisition (lat. Untersuchung), Inquisitio haereticae pravitatis (Ketzergericht) oder Sanctum Officium (Heiliges Offizium), das geistliche Gericht zur Aufspürung und Bestrafung der Ketzer. Die Inquisition entwickelte sich seit dem 12. Jh. und erreichte im Spanien des 15. Jh. ihren Höhepunkt. In Deutschland beendete sie die Reformation im 16. Jh., in anderen Ländern verbot erst Napoleon im 19. Jh. die umstrittenen Prozesse.

Investiturstreit, der Streit zwischen Papst und deutschem König um die Ernennung (Investitur) der Bischöfe und Äbte, die bis zum 11. Jh. dem Landesherrn oblag. Um 1060 verbot Papst Gregor VII. dem deutschen König Heinrich IV., das Erzbistum Mailand neu zu besetzen. Heinrich IV. kümmerte sich nicht um das Verbot und bestimmte den Nachfolger. Der Papst drohte, den König abzusetzen, Heinrich versuchte seinerseits, den Papst abzusetzen (1076). Daraufhin bannte der Papst den König. In Canossa söhnte sich Heinrich mit dem Papst aus (Gang nach Canossa 1077). Bald aber brach der nächste Streit aus, und der Papst bannte Heinrich erneut (1080). Heinrich ließ nun den Papst absetzen und den deutschen Erzbischof Wibert als Klemens III. zum

Papst wählen. Der krönte König Heinrich IV. 1084 in Rom zum Kaiser.

Itala, älteste lateinische Bibelübersetzung.

Josephsehe, eine Ehe, in der beide Ehegatten auf das eheliche Recht auf Beischlaf verzichtet haben; so benannt nach der Beziehung zwischen Joseph und Maria (Mt 1, 8–25).

Kalzeaten, → Karmeliter.

Kamaldulenser, beschaulicher Eremitenorden nach der Regel des hl. Benedikt, um 1012 vom hl. Romuald in der Toskana gegründet.

Kanon, Mz. Kanones (griech. Stab, Richtschnur, Regel). Unter Kanon ist vor allem die Bibel als Regel christlichen Glaubens zu verstehen (Kanon des Alten Testaments und Kanon des Neuen Testaments); die Apokryphen des Alten Testaments sind als deuterokanonische (griech. zum zweiten Kanon gehörend) Schriften anzusehen. Als Kanon gelten die kirchlichen Rechtsvorschriften, das Kirchenrecht. Kanon ist ferner das Eucharistische Hochgebet, die Gebete vor, bei und nach der Weihung der Hostie. Als Kanon wird schließlich das Verzeichnis der Heiligen, der Kanonisierten, bezeichnet.

Kanonikat, Amt und Würde eines Kanonikers.

Kanoniker, Mitglied eines Kapitels, Chorherr.

Kanonisation, Aufnahme in den Kanon, Heiligsprechung.

Kapitel, die Geistlichkeit einer Dom- oder Stiftskirche oder eines Kirchenbezirks oder eines Klosters, die Versammlung eines Ordens oder einer Bruderschaft.

Kapuziner, → Franziskaner.

Kardinal, höchster katholischer Würdenträger nach dem Papst.

Karmeliter, Karmeliten, Brüder unserer Lieben Frau vom Berge Karmel, kontemplativer Bettelorden, hervorgegangen 1247 aus einer um 1156 von Berthold von Kalabrien auf dem Berg Karmel (Palästina, heute Israel) gegründeten Einsiedlerkolonie. Der Orden setzt sich aus den Beschuhten Karmelitern (Kalzeaten) und den Unbeschuhten Karmelitern (Barfüßer) zusammen. Ebenso gegliedert sind die Karmeliterinnen.

Kasel, Casula, Meßgewand.

Katakombe, unterirdische Grabanlage.

Katechese (griech. katechein = mündlich unterrichten), Vermittlung der christlichen Botschaft.

Katechet, Lehrer der christlichen Religion.

Katechetenschule, Lehranstalt für Lehrer der christlichen Religion.

Katechismus, Lehrbuch für den christlichen Religionsunterricht, Leitfaden der christlichen Glaubenslehre in Frage und Antwort. Berühmt wurde der Katechismus des hl. Petrus Canisius; 1992 erschien der katholische ›Welt-Katechismus‹.

Katechumene, ein erwachsener Taufbewerber im Vorbereitungsunterricht.

Katharer (griech. die Reinen), häretische Gruppe, die im 10. Jh. im Osten entstand, neben Gott auch den Teufel als Weltschöpfer ansah und zu Beginn des 12. Jh. in Italien und Südfrankreich (hier als → Albigenser) eindrang und im 13. Jh. weitgehend ausgelöscht wurde. Reste konnten sich bis ins 15. Jh. hinein halten.

Kenotaph, Scheingrab, Erinnerungsmal für einen Toten, der an anderer Stelle begraben wurde.

Ketzertaufstreit, Streit zwischen Rom und Karthago um die Frage, ob ein Häretiker (Ketzer) gültig taufen könne oder ob das Sakrament beim Übertritt eines Häretikers zur katholischen Kirche erneut von einem rechtgläubigen Priester gespendet werden müsse (die Auseinandersetzung war nach dem Jahr 250). Rom setzte seine Auffassung im Abendland durch, daß die

Glossar

Taufe gültig sei, wenn nur die Form beachtet würde.

Klarissinnen, → Franziskaner.

Kloster (lat. claustrum = abgeschlossener Ort), begrenzter baulicher Bereich, in dem Mönche oder Nonnen nach einer gemeinsamen Regel als religiöse Genossenschaft beschaulich oder tätig leben.

Koadjutor, der den Inhaber eines Kirchenamtes mit dem Recht der Amtsnachfolge Vertretende, z. B. ein → Weihbischof.

Kodex, Codex, Gesetzbuch, wie der ›Codex Iuris Canonici‹, das das geltende Recht der katholischen Kirche des lateinischen Ritus enthält.

Koinobiten, Zönobiten (griech. koinos bios = gemeinsames Leben), Mönche, die in einem Koinobion (Kloster) ohne jeden Eigenbesitz ein gemeinsames Leben in Gottesdienst, Wohnung, Unterhalt und Arbeit führen, geleitet von einem Vorsteher (Abt).

Kongregation (lat. Vereinigung), religiöse Genossenschaft mit einfachen Gelübden (z.b. Englische Fräulein), Vereinigung mehrerer Klöster desselben Ordens, Vereinigung von Gläubigen, Kardinalsausschuß (z.b. Kurienkongregation).

Konklave (lat. verschließbarer Raum), Versammlung der Kardinäle in Rom zur Wahl des Papstes unter strengstem Abschluß von der Außenwelt.

Konsekration, liturgische Weihe einer Person (Priesterweihe, Bischofsweihe) oder Sache (Altarweihe), auch die Weihe (Wandlung) von Brot und Wein in Leib und Blut Christi.

konsekrieren, liturgisch weihen.

kontemplativ, beschaulich, keine körperliche Arbeit verrichtend; die Kartäuser z. B. sind ein kontemplativer Orden.

Konvent (lat. Zusammenkunft), Versammlung der Konventualen, der stimmberechtigten Mitglieder eines Klosters; auch das Kloster selbst oder seine Insassen insgesamt.

Konzil (lat. Zusammenkunft), Versammlung von Bischöfen und anderen hohen Würdenträgern der katholischen Kirche zur Beratung und Entscheidung wichtiger kirchlicher Angelegenheiten. Das *Ökumenische Konzil* verkörpert die Gesamtkirche. Es wird vom Papst berufen und geleitet und entscheidet über gesamtkirchliche Fragen. Das letzte Ökumenische Konzil, an dem auch die Ostkirche teilnahm, fand 787 in Nicäa statt.

Krypta (griech. kryptos = verborgen), Grabkammer unter dem Chor.

Labarum, Kaiserstandarte seit Konstantin dem Großen mit dem umkränzten Christusmonogramm (→ Christogramm) an der Spitze der Stange.

Lapsi (lat. Gefallene), die in den frühen Christenverfolgungen von ihrem Glauben abgefallenen Christen.

Lateran, päpstlicher Palast in Rom, 312–1308 Residenz der Päpste, heute Sitz der römischen Diözesanverwaltung.

Lawra, Ehrentitel bedeutender Klöster der Ostkirchen, z.b. die Große Lawra auf dem Athos, die Dreifaltigkeits-Sergios-Lawra in Sergijew Possad bei Moskau und die Alexander-Newskij-Lawra in Sankt Petersburg.

Lektor, → Ordination.

Liturgie, der Gottesdienst, der in der katholischen Kirche die Feier der Sakramente, der Messe, des Wortgottesdienstes und die Sakramentalien umfaßt.

Livre d'heures, → Stundenbuch.

Maiestas domini (lat. Herrlichkeit des Herrn), bildliche Darstellung des thronenden Christus zwischen den vier Evangelistensymbolen Adler (Joh), Löwe (Mk), Stier (Lk) und Engel (Mt).

Mandorla, → Glorie.

Manichäismus, von Mani (um 216 – um 276) begründete Religion des Dualismus zwischen einem Herrscher des Lichtreichs und einem König der Finsternis;

im 4. Jh. im ganzen Osten, in Rom, Gallien und Spanien verbreitet.

Manipel (lat. Handvoll), am linken Unterarm getragenes gesticktes Band des katholischen Meßgewandes.

Mariologie, katholisch-theologische Lehre von der Gottesmutter.

Markioniten, von Markion (Marcion; um 85–um 160) begründete frühchristliche Gemeinschaft, die sich bis in das 6. Jh. hinein hielt und danach mit dem → Manichäismus verschmolz.

Maroniten, Anhänger einer mit Rom unierten Kirche, gegründet im 5. Jh. in Syrien; die meisten Maroniten leben heute im Libanon.

Märtyrer (griech. martys = Zeuge), ursprünglich der Zeuge des Lebens Jesu, danach der Christ, der für seinen christlichen Glauben den Tod erlitt. Seit dem 3. Jh. werden die Märtyrer als Heilige, als himmlische Fürsprecher verehrt, ihr Todestag (Geburtstag als Märtyrer) wird als Festtag begangen.

Martyrologium, das nach dem Kalender gegliederte Verzeichnis der Märtyrer, später aller Heiligen, mit kurzen Viten. Das Martyrologium Romanum (seit 1583) führt alle von der katholischen Kirche anerkannten Heiligen auf.

Mauren, Sammelbezeichnung für die nordwestafrikanischen und andalusischen Araber und Berber.

Menologion (griech. men = Monat), liturgisches Verzeichnis der Heiligen mit ihrer Vita für jeden Monat, geführt von den orthodoxen Kirchen, entsprechend dem Martyrologium der katholischen Kirche.

Mensa, Altartisch, steinerne Deckplatte des Altars katholischer Kirchen.

Metropolit (griech. metropolis = Mutterstadt), katholischer Erzbischof; Leiter einer Kirchenprovinz; in der griechischen Kirche Bezeichnung für alle Bischöfe, in der russischen Kirche für bestimmte Bischöfe, in anderen orthodoxen Kirchen für leitende Bischöfe ohne Patriarchenrang.

Millenarismus, → Chiliasmus.

Minoriten, → Franziskaner.

Missa, Messe. Missa pontificalis = Pontifikalamt, Missa solemnis = Hochamt.

Missale, Missale Romanum (›Römisches Meßbuch‹), das Altarbuch für die Eucharistiefeier der katholischen Kirche.

Mitra (griech. Binde), Bischofsmütze, → Inful, Kopfbedeckung der Kardinäle, Bischöfe und infulierten Äbte und Pröpste.

Monarchianer, christliche Gruppe im 3. Jh., die im Interesse der göttlichen Einheit gegen den Begriff der Dreifaltigkeit (Trinität) anging, Vorläufer der → Arianer. Einige Monarchianer sahen Christus als Mensch, andere – die Theopaschiten – sahen in Christus den einen Gott, Gott Vater, den Menschen leiden ließen.

Monophysiten, christliche Gruppe, die in Christus nicht zwei Naturen – die göttliche und die menschliche – sah, sondern allein die Natur des fleischgewordenen Wortes von Gott. Auf dem 4. Ökumenischen Konzil in Chalcedon (451) wurde die monophysitische Lehre verurteilt. Heute gehören zahlreiche Anhänger des Monophysitismus zur äthiopischen, koptischen und armenischen Kirche.

Monotheleten, Anhänger der Lehre, daß in Christus zwar zwei Naturen seien, aber nur ein einziger göttlicher Wille. Diese Lehre stellte gewissermaßen einen Kompromiß zwischen dem Monophysitismus (→ Monophysiten) und der Zweinaturenlehre (→ Dyotheletismus) des Konzils von Chalcedon (451) dar. Dennoch währte der Streit bis zum 6. Ökumenischen Konzil in Konstantinopel (680/681), auf dem sich die Dyotheleten durchsetzten. Reste der Monotheleten schlossen sich den → Maroniten an.

Monstranz (lat. monstrare = zeigen), Ostensorium, kostbares Gefäß zum Tragen und Zeigen der geweihten Hostie (bei Prozessionen).

_# Glossar

Montanismus, christliche Bewegung des späten 2. Jh., von Montanus aus Phrygien gegründet, die das unmittelbare Ende der Welt und die nahe bevorstehende Herabkunft des Himmlischen Jerusalem erwartete. Die Bewegung wurde von der Kirche Anfang des 3. Jh. als ketzerisch verdammt.

Mozetta, Mozzetta, Schulterumhang mit kleiner Kapuze für hohe katholische Geistliche.

Muslim, Moslem, Mohammedaner, Anhänger des Islam.

Nekrologium, Totenliste einer Klostergemeinschaft zur Verwendung der jährlichen Gedächtnisfeier, oft mit einem → Martyrologium vereinigt.

Nekropole (griech. Totenstadt), Begräbnisanlage des Altertums.

Nestorianer, Anhänger der christlichen Lehre des Nestorianismus, begründet von Nestorius (381–um 451), Patriarch von Konstantinopel. Die Nestorianer lehnten den → Monophysitismus der byzantinischen Reichskirche ab und gerieten so in die Verfolgung. Sie gingen nach Persien, wo sie seit 498 die Separatkirche der chaldäischen Christen aufbauten. Von Persien aus missionierten die Nestorianer in Arabien und Indien und gingen im 7. Jh. sogar nach China. Sie wirkten unbehindert sogar unter der Herrschaft des Islam, bis sie im Mongolensturm des 14. Jh. untergingen. Heute existieren noch kleinere Gruppen unter dem Namen »Apostolisch-katholische Kirche des Ostens« im Irak, in Syrien, im Iran und in den USA. Ihr Oberhaupt mit dem Titel Katholikos hat seinen Sitz in San Francisco.

Neustrien, der Westen des Fränkischen Reiches unter der Dynastie der Merowinger im Gegensatz zum östlichen → Austrien (Austrasien). Hauptorte waren Soissons, Paris, Orléans und Tours.

Nimbus, → Glorie.

Norbertiner, → Prämonstratenser.

Novatianer, die Anhänger des römischen Presbyters Novatianus, der 251 zum Gegenpapst des Papstes Cornelius (251–253) gewählt wurde, weil er im Gegensatz zu Cornelius die »Kirche der Reinen« anstrebte und daher eine Wiederaufnahme aller in den Christenverfolgungen Abgefallenen (Lapsi) in die christliche Gemeinschaft ablehnte.

Novize, Novizin (lat. Neuling), Mönch oder Nonne während der Probezeit.

Noviziat, Probezeit eines Ordensneulings.

Nuntius (lat. Bote), Apostolischer Nuntius, ständiger Vertreter des Papstes bei einem Staatsoberhaupt. Der Nuntius ist immer Doyen, der Sprecher des diplomatischen Korps gegenüber dem Gastland.

Oblate (lat. oblata hostia = die dargebrachte Hostie), dünne, aus Weizenmehl mit Wasser gebackene Scheibe, wird geweiht als Abendmahlsbrot (Hostie) verwendet.

Oblate (lat. oblatus = der Dargebrachte), ein im Kloster erzogenes, für den Ordensstand bestimmtes Kind; ein erwachsener Laie, der sich durch ein widerrufbares Gehorsamsversprechen (Oblation) einem Benediktinerkloster angeschlossen hat.

Offizium (lat. Amt), Gottesdienst der katholischen Kirche; das Stundengebet; katholisches Kirchenamt und die damit verbundenen Pflichten und Rechte eines Geistlichen

Oktav (lat. octavus = der Achte), achttägige Festwoche der katholischen Kirche nach den hohen Festen (Weihnachten und Ostern). Höhepunkt der Oktav, die jüdischen Ursprungs ist (Lev 23,36), ist der achte Tag.

Omophorion, Schulterband der orthodoxen Bischöfe.

Orans (lat. Betender), Mz. Oranten, bildliche Darstellung eines Betenden in der antiken, frühchristlichen und mittelalterlichen Kunst. Beide Arme sind erhoben, die Handflächen nach oben gewendet. Maria und die Heiligen wurden oft als Oranten dargestellt.

Oratorium, eine kleine Kirche, später ein Emporenraum in größeren Kirchen als Betsaal für vornehme Kirchenbesucher. Auch die Klosterkirche der Zisterzienser wird als Oratorium bezeichnet.

Ordal, Gottesurteil im mittelalterlichen Recht.

Ordensdefinitor, → Definitor.

Ordensprovinzial, Vorsteher einer mehrere Klöster umfassenden Provinz.

Ordination (lat. ordo = Stufe), Weihe zum geistlichen Amt, ein Sakrament, das bis in die ältesten Zeiten der Kirche zurückgeht. Die katholische Kirche kannte bis 1972 sieben Weihegrade (Ordines), die als Durchgangsstufen nacheinander ereicht wurden und nicht übersprungen werden durften. Die vier niederen Weihegrade (Ordines minores) waren Ostiarius (Pförtner, Sakristan), Lektor, Exorzist, Akoluth, die drei höheren Weihegrade (Ordines maiores) waren Subdiakon, Diakon und Presbyter, also Priester. Nur die siebte Stufe, die Weihe zum Priester, galt und gilt als Sakrament. Noch heute legt der Weihende, nur ein Bischof oder der Papst, dem zu Ordinierenden die Hand auf das Haupt und spricht die lateinische Formel »Accipe spiritum sanctum« (Nimm hin den Heiligen Geist). Erst jetzt hat der Geweihte jene durch nichts wieder auszutilgende geistliche Beschaffenheit (»Character indelebilis«), der ihm das Recht gibt, das Meßopfer darzubringen und die Sakramente zu verwalten.

Ossuarium (lat. os = Knochen), Beinhaus auf Friedhöfen.

Ostensorium, → Monstranz.

Ostiarius, → Ordination.

Pallium, weiße Schulterbinde mit sechs schwarzen Kreuzchen. Im Westen Insignie des Papstes und der Erzbischöfe, im Osten aller Bischöfe.

Pantokrator (griech. Allherrscher), in der byzantinischen Kunst Darstellung von Christus als überlebensgroße Halb- oder Ganzfigur in der Apsis oder Kuppel einer Kirche, die rechte Hand in Segens- oder Lehrgebärde erhoben, die linke Hand das Evangelienbuch haltend.

Passional, Sammlung von Legenden aus dem 13. Jh., die das Leben Jesu, Mariä, der Apostel und der Heiligen erzählen.

Patene, Schale zur Aufnahme des Brotes (Hostie) bei der Feier der Eucharistie.

Patriarch, biblischer Erzvater; Titel einiger römisch-katholischer Bischöfe und Erzbischöfe, der obersten Kleriker in orthodoxen Kirchen in Jerusalem, Konstantinopel (Istanbul) und Moskau, früher auch in Alexandria und Antiochia am Orontes sowie einiger autokephaler (unabhängiger) Ostkirchen.

Patron, Schutzheiliger eines Staates, Landes, einer Stadt, Diözese, einer Kirche, Berufs- oder Standesgruppe, Helfer gegen Krankheiten und sonstige Übel.

Patrozinium, Schutzherrschaft eines Heiligen über eine Kirche, Fest des bzw. der Ortsheiligen.

Paulaner, → Barnabiten.

Pedum, bischöflicher Krummstab.

Pelagianismus, christliche Lehre des Pelagius († nach 418), die im Gegensatz zur Gnadenlehre des Augustinus die Erbsünde und die Vorherbestimmung (→ Prädestination) ablehnt und behauptet, der Mensch könne durch eigene Kraft das Heil erlangen, wenn ihn nur die Gnade Gottes dabei unterstütze. Die Lehre wurde 411 auf der Synode von Karthago für den Westen, 431 durch das Konzil von Ephesus auch für den Osten verworfen.

Pentateuch, → Thora.

Phelonion, liturgischer Mantel des orthodoxen Priesters.

Pluviale, → Cappa.

Pönitentiarie, päpstliche Behörde für Lossprechungsfragen.

Pontifikalamt, Missa pontificalis, Bischofsmesse der katholischen Liturgie, gehalten von einem Bischof oder einem Prälaten.
Pontifikale, liturgisches Buch für die bischöflichen Amtshandlungen (Pontificale Romanum = Formelbuch der katholischen Bischöfe).
Pontifikalien, liturgische Gewänder und Abzeichen des katholischen Bischofs, auch seine Amtshandlungen.
Pontifikalornat, liturgische Amtstracht der katholischen Bischöfe.
Prädestination, göttliche Vorherbestimmung eines Menschen zur Seligkeit oder Verdammnis durch Gottes Gnadenwahl (Gnadenlehre des Augustinus).
Prälat, geistlicher Würdenträger der katholischen Kirche.
Prämonstratenser, Norbertiner, Orden regulierter Chorherren, gegründet 1120 in Prémontré (Frankreich) vom hl. Norbert von Xanten. Der vor allem über Klöster wirkende Orden übt hauptsächlich Seelsorge aller Art aus. Die Prämonstratenser christianisierten und kultivierten seit dem 12. Jh. Norddeutschland.
Presbyter, im Urchristentum der Gemeindeälteste; in der katholischen Kirche ein Priester höherer Weihe (→ Ordination).
Prior, Klostervorsteher, z.B. bei den Dominikanern; Stellvertreter eines Abtes.
Priscillianisten, Anhänger einer christlichen Erweckungsbewegung (Priscillianismus), im 4. Jh. in Spanien vom den Asketen Priscillianus gegründet. Die Bewegung breitete sich schnell in Nordspanien und Südgallien aus, geriet in Konflikt mit der Kirche und wurde 380 von einer Synode in Saragossa als Ketzerei verurteilt. Priscillianus starb 385 in Trier auf dem Scheiterhaufen.
Prodrom, Prodromos, Vorwort, Vorrede.
Profeß (lat. profiteri = bekennen), Ablegen der Gelübde beim Eintritt in einen Orden.

Professe, Klostermitglied, das die Gelübde abgelegt hat.
Propst, höchster Würdenträger eines Kapitels (Dom- oder Stiftskapitel).
Protomärtyrer (griech. protos = erster), zu den ersten, auch wichtigsten Märtyrern zählend, z.B. Stephanus.
Protonotar, Apostolischer Protonotar, ein Prälat, der dem siebenköpfigen Kanzleikollegium (Protonotariat) angehört, das die päpstlichen Urkunden zu beglaubigen hat.
Provinzial, Vorsteher einer Ordensprovinz, die mehrere Klöster umfaßt.

Quadragesima, die Dauer von vierzig Tagen, z.B. die dem Osterfest vorangehenden vierzig Tage (Quadragesimalzeit).

Rationale, liturgischer Schulterschmuck bestimmter katholischer Bischöfe bzw. Erzbischöfe (z.B. Paderborn, Eichstätt); er besteht aus zwei auf Brust und Rücken aufliegenden Stoffbahnen.
Redemptoristen, Kongregation vom allerheiligsten Erlöser, Priestervereinigung für innere und äußere Mission, 1732 von Alfons Maria von Liguori gegründet.
Regular, Mitglied eines katholischen Ordens, das ein Gelübde abgelegt hat.
Regularkleriker, Mitglied eines katholischen Ordens, der die pastorale Tätigkeit der Ordenspriester in den Vordergrund stellt (Jesuiten, Theatiner u. a.).
Reklusen, → Inklusen.
Reliquien (lat. Überbleibsel), körperliche Überreste eines Heiligen (Knochen, Schädel, mumifizierte Hand u.a.), Teile seiner Kleidung, Gebrauchsgegenstände und Marterwerkzeuge zur Verehrung des Heiligen.
Retabel, Altaraufsatz, Schreinaufsatz, auch Altarbild; Rückwand des Altars.
Rochett, Chorhemd der höheren katholischen Geistlichen.
Rosenkranz, Rosarium, Gebetsreihung der katholischen Kirche; eine Schnur mit

verschieden großen Kügelchen zur Abzählung von Gebeten. Beim Rosenkranz werden fünfzehnmal je ein Vaterunser mit je zehn »Ave Maria« wiederholt, wobei die fünf freudenreichen, die fünf schmerzhaften und die fünf glorreichen Geheimnisse der Erlösung betrachtet werden. Der hl. Dominikus führte in seinem Kampf gegen die Albigenser in Südfrankreich das Rosenkranzbeten ein, das seit dem 15. Jh. im katholischen Christentum sehr populär wurde. Den Rosenkranz kennen auch die Mohammedaner (Tesbih mit 99 Kugeln) und die Buddhisten (mit meist 108 Kugeln). Die Mohammedaner sprechen beim Herablassen der einzelnen Kugeln die im Koran genannten 99 »schönen Namen« Gottes aus.

Sabellianisten, Anhänger der christlichen Lehre des römischen Presbyters Sabellius (2./3. Jh.), die in Vater, Sohn und Heiligem Geist nicht drei Personen, sondern drei verschiedene Erscheinungsformen des einen göttlichen Wesens sahen (→ Monarchianer). Gott, der in seiner Unsichtbarkeit Vater heiße, sei als Sohn sichtbar geworden, habe eine menschliche Natur angenommen und am Kreuz gelitten. Und als Heiliger Geist sei er der Quell des heiligen Lebens unter den Menschen.

Sakrament (lat. sacramentum = Treueid), eine bestimmte, göttliche Gnaden vermittelnde heilige Handlung in der katholischen Kirche. Auf dem Konzil von Trient (1547) wurden die sieben Sakramente festgelegt, nämlich Taufe, Abendmahl, Firmung, Ehe, Buße, Letzte Ölung und Priesterweihe.

Salesianer, Gesellschaft des hl. Franz von Sales. *Salesianer Don Boscos*, Priesterkongregation zur Fortführung des 1841 begonnenen Jugendwerkes des hl. Johannes Bosco, gegründet 1859; weiblicher Zweig: *Töchter Mariä Hilfe der Christen*, gegründet 1872.

Salesianerinnen, Visitantinnen, Frauen von der Heimsuchung Mariens, beschaulicher Orden, gegründet 1610 als Genossenschaft von den hll. Franz von Sales und Johanna Franziska Frémyot de Chantal.

Sanctum Officium, genau »Kongregation für die römische und allgemeine Inquisition der häretischen Verderblichkeit«, → Inquisition.

Sanhedrin (hebr.), Synedrion (griech.), Hoher Rat, die höchste jüdische Behörde in Staats-, Rechts- und Religionsangelegenheiten, seit dem 2. Jh. v. Chr. bis 70 n. Chr. in Jerusalem. Den Vorsitz hatte der Hohepriester. Nach 70 n. Chr. tagte ein Synedrium in Jamnia (heute Yavne, südlich von Tel Aviv), das nur noch moralische Autorität hatte und von einem Patriarchen geleitet wurde.

Säulenheilige, → Styliten.

Schisma (griech. Spaltung), Kirchenspaltung, die nicht dogmatisch begründet ist. Das *lateinisch-griechische Schisma* trennte 1054 Rom und Byzanz, im *großen abendländischen Schisma* standen sich 1378–1417 innerhalb der katholischen Kirche Päpste in Rom, Avignon und zuletzt auch in Pisa gegenüber.

Semiarianer, → Eusebianer.

Septuaginta (lat. siebzig), Übersetzung des Alten Testaments ins Griechische unter den hellenistischen Herrscher Ptolemaios II. Philadelphos (308–246 v. Chr.). 72 Übersetzer sollen auf der Insel Pharos (vor der Hauptstadt Alexandria) an dieser Arbeit beteiligt gewesen sein. Die Septuaginta ist noch heute in den orthodoxen Kirchen offiziell gültig.

Seraphe, Seraphim (hebr. serafim = die Brennenden), himmlische Wesen, die den Hofstaat Gottes bilden. Man stellt sie sich als Mischwesen in Schlangengestalt vor, mit Gesicht, Händen und sechs Flügeln. Mit ihrem Ruf »Heilig, heilig, heilig ist der Herr der Heere« (Jes 6,3) bezeugen sie die Größe und die Macht Gottes.

Simonie, Kauf und Verkauf von geistlichen Ämtern und Dingen (Apg 8,18 ff.).

Skapulier, Schulterkleid, Überwurf zur Schonung der Mönchskleidung. Eine Tuchbahn bedeckt die Brust, die andere den Rücken. Bei den Laienbrüdern reicht das Skapulier bis zu den Knien, bei den anderen bis zu den Knöcheln. Das Skapulier führte Simon Stock, Generalprior der Karmeliter, 1251 ein. Es wurde bald so bekannt, daß auch Benediktiner und Dominikaner diesen Überwurf benutzten, daß sich eine Skapulierbruderschaft bildete und die Kirche alljährlich am 16. Juli das Skapulierfest feierte.

Soutane, langer, meist gegürteter Talar der katholischen Geistlichen als Untergewand unter der liturgischen Amtstracht. Bei den Geistlichen ist die Soutane schwarz, bei den Prälaten violett, bei den Kardinälen rot, beim Papst weiß.

Sticharion, liturgisches Gewand der ostkirchlichen Priester, ein weißer oder farbiger Talar ohne Gürtel.

Stola, schmaler, über beide Schultern herabhängender Teil des priesterlichen Meßgewandes. Priester und Bischöfe der Ostkirchen tragen beim Gottesdienst ein stolaartiges Band, das *Epitrachelion*.

Stundenbuch, Horarium, Livre d'heures, Gebetbuch für Laien mit Gebeten für die Tageszeiten. Die Stundenbücher kamen im 12. Jh. auf und erreichten im Hinblick auf Beliebtheit und künstlerische Ausstattung ihren Höhepunkt im 14. und 15. Jh. Berühmt sind die Stundenbücher des Herzogs von Berry (1340–1416): ›Très belles heures‹ und ›Très riches heures‹, zwei Hauptwerke der franko-flämischen Buchmalerei.

Styliten, Säulenheilige, Säulensteher, christliche Anachoreten, die eine besondere Askese darin suchten, einen großen Teil ihres Lebens auf der Spitze einer hohen Säule (griech. stylos) zu verbringen. Der erste Säulenheilige war Simeon Stylites der Ältere in der ersten Hälfte des 5.

Jh. Sein Beispiel ahmten bis ins 12. Jh. hinein zahlreiche Asketen nach. Vereinzelt traf man die »Säulensteher« noch bis ins 16. Jh. hinein in Mesopotamien und in Rußland an.

Subdiakon, → Ordination.

Suffragan, der einem katholischen Erzbischof unterstellte Diözesanbischof sowie jeder Weihbischof.

Symbolum apostolicum, das nach der Legende auf die zwölf Apostel zurückgehende christliche Glaubensbekenntnis. Aus dem Apostolischen Symbolum entwickelte sich das → Credo.

Synedrium, Synedrion, → Sanhedrin.

Synode (griech. Zusammenkunft), kirchliche Versammlung: Diözesan-Synode (Bischof mit seinen Pfarrern), Pastoral-Synode (Bischöfe eines Landes), Bischofs-Synode (sämtliche Bischöfe); in den orthodoxen Ostkirchen ist die Synode als Bischofskollegium das höchste Organ der jeweiligen Kirche.

Tabernakel (lat. tabernaculum = Hütte, Zelt), kunstvoll gearbeitetes Gehäuse zur Aufbewahrung der geweihten Hostie auf dem Altar einer katholischen Kirche. Baldachin über Hochaltar, Statuen, Grabmälern usw.

Talar, Amtstracht der katholischen Geistlichkeit (→ Soutane).

Tertiarier, Terziaren, → Franziskaner.

Thaumaturg, Thaumaturgos, Wundertäter, Beiname einiger Heiliger.

Theopaschiten, → Monarchianer.

Thora, Tora, das mosaische Gesetz, Pentateuch (Fünfrollenbuch), die fünf Bücher Mose im Alten Testament: Genesis, Exodus, Levitikus, Numeri, Deuteronomium.

Tiara, dreifache Krone (Triregnum), die bis 1964 vom Papst bei feierlichen Anlässen getragene außerliturgische Kopfbedeckung. Gregor VII. (1073–1085) war der erste Papst, der den mit einer Krone geschmückten Spitzhut des levitischen

Hohenpriesters trug. Papst Bonifatius VIII. (1294–1303) fügte eine zweite Krone dazu. Um 1400 setzten die Päpste aus Avignon, vielleicht Benedikt XIII. (1394–1409), eine dritte Krone obenauf. Diese drei Kronen sollten die Macht der Päpste in der leidenden, streitenden und triumphierenden Kirche oder ihre Macht im Himmel, auf Erden und in der Unterwelt symbolisieren.

Titularbischof, ein katholischer Würdenträger, der zum Bischof geweiht ist, aber kein Bischofsamt versieht, da er auf ein bereits erloschenes Bistum geweiht ist.

Tonsur (lat. tonsura = das Scheren), kreisrund geschorene Stelle auf dem Hinterkopf katholischer Mönche als Standeszeichen bzw. als Zeichen der Übereignung an Gott. Seit 1972 ist das Scheren einer Tonsur nicht mehr vorgeschrieben.

Tora, → Thora.

Translation (lat. Übertragung), feierliche Überführung der Reliquien eines Heiligen an einen anderen Ort.

Trinität, Dreieinigkeit, Dreifaltigkeit, die Dreiheit der göttlichen Personen Vater, Sohn und Heiliger Geist in der Einheit des göttlichen Wesens (Joh 1, 1–18; Joh 14; Mt 28, 19). Die Einheit in der Dreiheit besteht darin, daß die drei Personen ihrer göttlichen Natur nach ein einziger Gott sind. Das Dogma der Trinität wurde auf den Ökumenischen Konzilien von Nicäa (325) und Konstantinopel (381) festgelegt.

Triptychon, dreiteiliges Altarbild, bestehend aus dem Mittelbild und den beiden Seitenflügeln.

Tumba, sarkophagartiges Grabmal oder Sarg-Attrappe.

Ursulinen, christliche Gemeinschaft zur Erziehung und Unterrichtung der weiblichen Jugend, 1535 von der hl. Angela Merici gegründet.

Valentinianer, frühchristliche Gemeinschaft, die sich aus der Lehre des Gnostikers Valentinus (2. Jh.) entwickelte.

Vigil, Vigilie (lat. vigilia = (Nacht)wache), nächtliche Gebetsversammlung der frühen Mönche, seit dem 6. Jh. am Abend, seit dem 14. Jh. am Vormittag, seit 1970 nur noch vor Hochfesten stattfindend.

Vision, Traumbild, Erscheinung (vor dem geistigen Auge), durch die sich die Botschaft Gottes den Menschen mitteilt. Mit der Vision ist oft auch eine → Audition, eine Wortoffenbarung, verbunden.

Visitantinnen, → Salesianerinnen.

Visitatio, bildliche Darstellung der Heimsuchung Mariä, des Besuches der Maria bei Elisabeth in En Kerem (Ain Karim).

Vulgata, die vom hl. Hieronymus ab 383 erarbeitete lateinische Bibelübersetzung, die zum Teil auf die → Itala zurückgeht, hauptsächlich aber aus dem Hebräischen und Aramäischen erfolgte.

Waldenser, »Arme von Lyon«, christliche Laienprediger-Bewegung, begründet im 12. Jh. von Petrus Waldus in Lyon. 1184 wurden die Waldenser von Papst Lucius III. (1181–1185) mit dem Kirchenbann belegt. Soweit sie sich nicht der Kirche beugten, flohen sie – von der Inquisition verfolgt – nach Deutschland, Böhmen, Polen, Ungarn und in die Schweiz, wo sie sich in abgelegenen Alpentälern bis heute halten konnten.

Weihbischof, der dem katholischen Diözesanbischof in Weihehandlungen zur Seite stehende → Titularbischof.

Zelle, Aufenthaltsort eines Mönchs, kleines Kloster, Teil einer Mönchs- bzw. Zellkolonie; enger Raum im Kloster.

Zeloten (griech. Anhänger, Eiferer), jüdische Partei des 1. Jh., die sich gegen die römische Besatzung Palästinas erhob und damit den Jüdischen Krieg gegen die Römer entfesselte, der mit der Zerstörung des Tempels in Jerusalem 70 n. Chr. endete. Radikale Mönchspartei, die sich im byzantinischen Bilderstreit (8. und 9. Jh.) für die Bilderverehrung einsetzte.

Ziborium, → Ciborium.

Zimelien, → Cimelien.

Zingulum, → Cingulum.

Zömeterium, → Coemeterium.

Zönobiten, → Koinobiten.

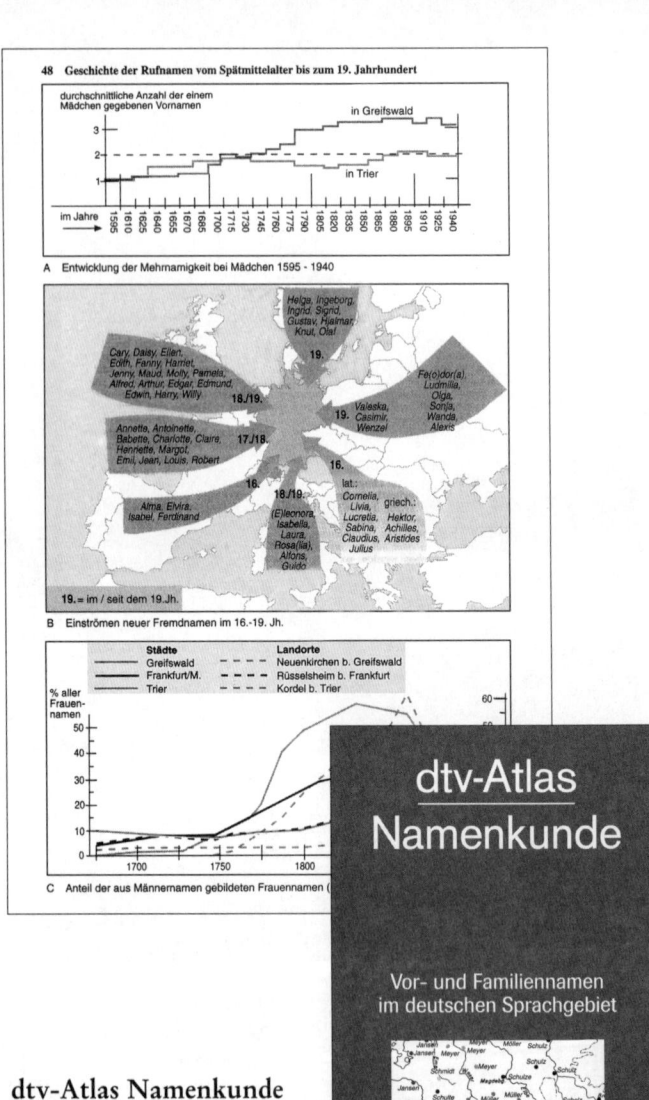

durchschnittliche Anzahl der einem
Mädchen gegebenen Vornamen

in Greifswald

in Trier

im Jahre

A   Entwicklung der Mehrnamigkeit bei Mädchen 1595 - 1940

Helga, Ingeborg,
Ingrid, Sigrid,
Gustav, Hjalmar,
Knut, Olaf

19.

Cary, Daisy, Ellen,
Edith, Fanny, Harriet,
Jenny, Maud, Molly, Pamela,
Alfred, Arthur, Edgar, Edmund,
Edwin, Harry, Willy

18./19.

Fe(o)dor(a),
Ludmilla,
Olga,
Sonja,
Wanda,
Alexis

Valeska,
Casimir,
Wenzel

19.

Annette, Antoinette,
Babette, Charlotte, Claire,
Henriette, Margot,
Emil, Jean, Louis, Robert

17./18.

16.

16.

Alma, Elvira,
Isabel, Ferdinand

18./19.

(E)leonora,
Isabella,
Laura,
Rosa(lia),
Alfons,
Guido

lat.:
Cornelia,
Livia,
Lucretia,
Sabina,
Claudius,
Julius

griech.:
Hektor,
Achilles,
Aristides

19. = im / seit dem 19. Jh.

B   Einströmen neuer Fremdnamen im 16.-19. Jh.

	Städte	Landorte
	Greifswald	Neuenkirchen b. Greifswald
	Frankfurt/M.	Rüsselsheim b. Frankfurt
	Trier	Kordel b. Trier

% aller
Frauen-
namen

50

40

30

20

10

60

1700   1750   1800

C   Anteil der aus Männernamen gebildeten Frauennamen (

dtv-Atlas
Namenkunde

Vor- und Familiennamen
im deutschen Sprachgebiet

dtv-Atlas Namenkunde
von Konrad Kunze
105 Farbseiten
von Hans-Joachim Paul
Originalausgabe
dtv 3234

Religion und Theologie

Peter Brown
Augustinus von Hippo
<u>dtv</u> 30759

Eugen Drewermann
Giordano Bruno
<u>dtv</u> 30747

Viktor E. Frankl
Der unbewußte Gott
Psychotherapie und
Religion
<u>dtv</u> 35058

Erich Fromm
**Das Christusdogma und
andere Essays**
Die wichtigsten religions-
kritischen Schriften
<u>dtv</u> 35007

Jean Guitton
Grichka Bogdanov
Igor Bogdanov
**Gott und die
Wissenschaft**
Auf dem Weg zum
Meta-Realismus
<u>dtv</u> 33027

Carlo Maria Martini
Umberto Eco
**Woran glaubt, wer
nicht glaubt?**
<u>dtv</u> 36160

Gerald Messadié
Teufel, Satan, Luzifer
Universalgeschichte des
Bösen · <u>dtv</u> 30730

Christian Nürnberger
Kirche, wo bist du?
<u>dtv</u> premium 24232

Dorothee Sölle
Luise Schottroff
Den Himmel erden
Eine ökofeministische
Annäherung an die Bibel
<u>dtv</u> 30520

Dorothee Sölle
Luise Schottroff
Jesus von Nazaret
<u>dtv</u> 31026

Annemarie Schimmel
**Im Namen Allahs, des
Allbarmherzigen**
Der Islam
<u>dtv</u> 36111

Peter Schreiner
**Im Mondschein öffnet
sich der Lotus**
Der Hinduismus
<u>dtv</u> 36112

Gerhard Wehr
Giordano Bruno
<u>dtv</u> portrait 31025

Jack Miles
Gott
Eine Biographie
<u>dtv</u> 30711

Im Alten Testament ist Gott die Hauptfigur, unwandelbar und ewig, das meinen wir zu wissen. Doch Jack Miles beweist, daß sich in diesem großen literarischen Kunstwerk der Menschheit der Charakter Gottes ständig wandelt. Wann immer wir ihm begegnen, von der Genesis bis zum Buch Hiob, zeigt er ein anderes Gesicht: als Schöpfer, Zerstörer, Freund der Familie, Befreier, Henker, Feind, Zuschauer, Vater, Liebender oder Frau. Eine grandiose Idee faszinierend dargestellt: Gott als Romanheld, das Alte Testament als Geschichte seines Lebens. Am Ende ein trauriger Befund: Hiob, der von Gott Geschlagene, bringt den Herrn zum Schweigen. Die Frage nach der Gerechtigkeit ist nicht beantwortet.

»Ein großes, fundiertes und originelles, überaus reiches Buch. Jack Miles ist ein ausgewiesener Kenner der nahöstlichen Sprachen, Religionen, Kulturen.
Aber er stellt sein akademisches Licht eher unter den Scheffel. Dafür schreibt er so gut, so lebendig, daß sein Buch ... nie langweilig wird.«
Süddeutsche Zeitung

»Jack Miles' Gottesbiographie läßt uns das Drama der Beziehung zwischen Gott und den Menschen wieder neu erleben – ein Drama, das im Unbewußten jedes Mannes und jeder Frau unseres Kulturkreises lebendig ist ... Ein wundervolles Buch.«
Frankfurter Rundschau

Lebendiges Mittelalter

Wolfgang Behringer (Hg.)
**Hexen und Hexen-
prozesse in Deutschland**
dtv 30781

Guy Bois
Umbruch im Jahr 1000
Lournand bei Cluny – ein
Dorf in Frankreich zwi-
schen Spätantike und
Feudalherrschaft
dtv 30745

Arno Borst
Computus
Zeit und Zahl in der
Geschichte Europas
dtv 30746

Joachim Bumke
Höfische Kultur
Literatur und Gesellschaft
im hohen Mittelalter
dtv 30170

Umberto Eco
**Kunst und Schönheit
im Mittelalter**
dtv 30128

Franz Irsigler,
Arnold Lassotta
**Bettler und Gaukler,
Dirnen und Henker**
Außenseiter in einer
mittelalterlichen Stadt
Köln 1300–1600
dtv 30075

Karl Jordan
Heinrich der Löwe
dtv 4601

María-Milagros Rivera
Garretas
**Orte und Worte
von Frauen**
Eine Spurensuche im
europäischen Mittelalter
dtv 4714

Steven Runciman
**Geschichte der
Kreuzzüge**
dtv 30175

Ferdinand Seibt
Karl IV.
Ein Kaiser in Europa
1346 bis 1378
dtv 30767

Barbara Tuchman
Der ferne Spiegel
Das dramatische
14. Jahrhundert
dtv 30081

Karl-Ferdinand Werner
**Die Ursprünge Frank-
reichs bis zum Jahr 1000**
dtv 4653

Der Kleine Pauly
Lexikon der Antike

Das klassische
Nachschlagewerk
in fünf Bänden

dtv 5963

Dieses vielseitige Lexikon reicht von der Vor- und Früh-
geschichte bis zum Weiterleben der Antike, von Mythen
und Sagen bis zu den Kirchenvätern. Artikel zur Rechts-
wissenschaft, zur Tier- und Pflanzenkunde, zur verglei-
chenden Sprachforschung, zur Musik und zur Mathematik
runden das Standardwerk ab.

Auf der Grundlage von ›Pauly's Realencyclopädie der clas-
sischen Altertumswissenschaft‹ bearbeitet und herausgege-
ben von Konrat Ziegler, Walther Sontheimer und Hans
Gärtner.

5 Bände mit Abbildungen und Karten, 12700 Stichwörtern
und zahlreichen Literaturangaben.

»Niemals wird der Benutzer mit trockenen Zusammen-
stellungen oder Literaturhinweisen abgespeist:
jeder Beitrag ist ein lebendig geschriebener
Forschungsbericht.«
Die Welt

Egon Friedell im dtv

»Ein Kompendium an Weisheit und Einsicht,
an historischer Klugheit und dichterischer Inspiration,
an stilistischer Bravour, fachwissenschaftlicher
Genauigkeit und aller Freiheit der Phantasie.«
Saarländischer Rundfunk

Kulturgeschichte Griechenlands
dtv 30084

Kulturgeschichte der Neuzeit
In zwei Bänden
dtv 30061 und dtv 30062

Egon Friedell (1878–1938) studierte Philosophie und Germanistik und war als Theaterkritiker, Schriftsteller, Schauspieler und Feuilletonist tätig. Berühmt machte ihn die ›Kulturgeschichte der Neuzeit‹, die von 1927–1931 erschien. Von einer geplanten ›Kulturgeschichte des Altertums‹ wurde 1937 die ›Kulturgeschichte Ägyptens und des alten Orients‹ veröffentlicht und – im besetzten Norwegen – 1940 die ›Kulturgeschichte Griechenlands‹.

»Friedell hält von den Geschehnissen einer Epoche jene des Erzählens und Durchleuchtens wert, in denen das Kräftespiel offenbar wird, das zu organisieren und auszutragen uns heute als der geschichtliche Sinn einer Epoche erscheint. Wo das Beglaubigte, das geschichtlich Sichere nicht ausreichte, seine Interpretationen des Gewesenen zu stützen, verbreitete er die Stütze durch Einschmelzung des Wahrscheinlichen in das Sichere. Friedells Wahrscheinlichkeiten sind verführerisch. Sie bezeugen schöpferische Einbildungskraft und psychologischenSpürsinn.«
Alfred Polgar

Biographien bei dtv

Peter Brown
Augustinus von Hippo
<u>dtv</u> 30759

Patricia Clough
Helmut Kohl
Ein Porträt der Macht
<u>dtv</u> premium 24122

Alain Decaux
**Eduard VIII. und
Wallis Simpson**
Triumph der Liebe über
die Politik?
Eine Windsor-Biographie
<u>dtv</u> 30725

Françoise Giroud
Alma Mahler
oder die Kunst, geliebt
zu werden
<u>dtv</u> 30749
**Das Leben der
Jenny Marx**
Biographie
<u>dtv</u> 30632
Cosima Wagner
Mit Macht und mit Liebe
Eine Biographie
<u>dtv</u> premium 24133

Wolf Lepenies
Sainte-Beuve
Auf der Schwelle zur
Moderne
<u>dtv</u> 30750

Maurice Lever
Marquis de Sade
Die Biographie
<u>dtv</u> 30645

Elsemarie Maletzke
Jane Austen
Eine Biographie
<u>dtv</u> 30740

Donald A. Prater
Thomas Mann
Deutscher und Weltbürger
<u>dtv</u> 30660

Andrew Roberts
Churchill und seine Zeit
<u>dtv</u> premium 24132

Werner Ross
Der ängstliche Adler
Friedrich Nietzsches
Leben
<u>dtv</u> 30427

Who's who bei dtv

Von Ariel und Asterix
bis Zeus und Zacharias

Who's who in der Oper
Von Silke Leopold und
Robert Maschka
dtv/Bärenreiter 32530
Ein Abc der Opernfiguren
aus vier Jahrhunderten,
von Monteverdi bis Orff.

Who's who im Comic
Von Jürgen Kagelmann
dtv 32531
Ein Nachschlagewerk für
alle Comicfans und solche,
die es werden wollen.

Who's who der Tiere
Von Rudolf Schenda
dtv 32532
Mythen, Märchen und
Geschichten über hundert
wilde und zahme Tiere.

Who's who bei
Shakespeare
Von Rolf Vollmann
dtv 32533
Unterhaltsame Informa-
tionen zu Romeo, Julia
und allen anderen.

Who's who in der antiken
Mythologie
Von Gerhard Fink
dtv 32534
Wissenswertes über 800
Figuren aus der Antike.

Who's who bei Goethe
Von Michael Lösch
dtv 32535
Was das Werk Goethes im
Innersten zusammenhält:
Alles über die wichtigen
Figuren und die Rollen, die
sie spielen.

Who's who in der Bibel
Von Peter Calvocoressi
dtv 32536
Die Geschichten von mehr
als 450 Gestalten aus dem
Alten und Neuen Testa-
ment sowie den Apokry-
phen.

Who's who im Märchen
Von Ulf Diederichs
dtv 32537
Ein Lexikon der Märchen-
gestalten – die Geschich-
ten, Deutungen und Paral-
lelen zu anderen Märchen-
traditionen.

Who's who der Vornamen
Von Ernö und
Renate Zeltner
dtv 32538
Erläuterungen zu zahlrei-
chen Frauen- und Männer-
namen und darüber, wer
ihnen Ehre gemacht oder
Schande bereitet hat.